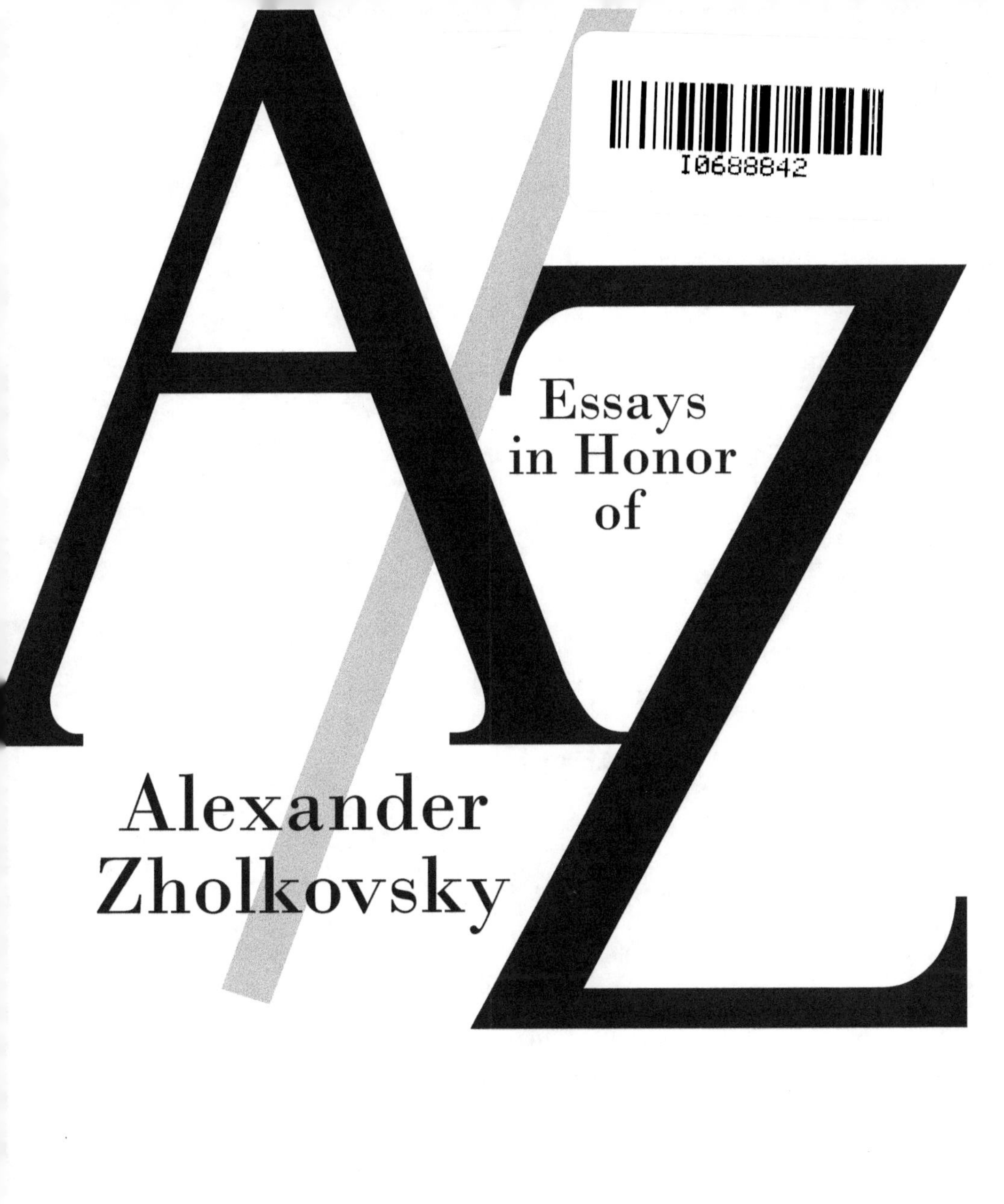
Essays
in Honor
of
Alexander
Zholkovsky

ACADEMIC
STUDIES
PRESS

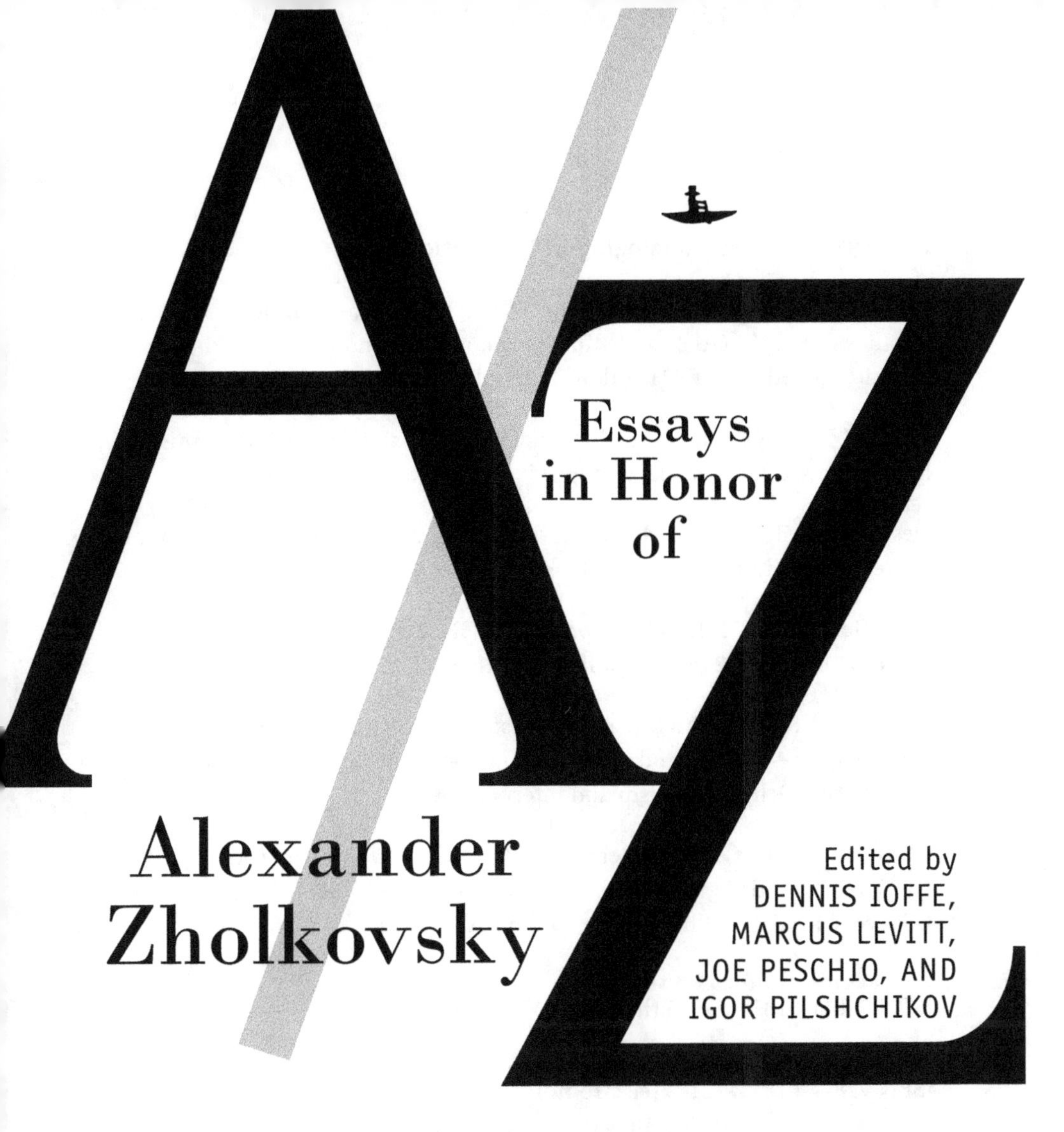

Essays in Honor of Alexander Zholkovsky

Edited by
DENNIS IOFFE,
MARCUS LEVITT,
JOE PESCHIO, AND
IGOR PILSHCHIKOV

Boston
2018

Library of Congress Cataloging-in-Publication Data

Names: Ioffe, Denis G., editor. | Levitt, Marcus C., 1954- editor. | Zholkovskii, A. K. (Aleksandr Konstantinovich), honouree. | Peschio, Joe, editor. | Pil'shchikov, I. A., editor.

Title: A/Z : essays in honor of Alexander Zholkovsky / edited by Dennis Ioffe, Marcus Levitt, Joe Peschio, and Igor Pilshchikov.

Description: Boston: Academic Studies Press, 2018. | Includes bibliographical references and index. | In English and Russian.

Identifiers: LCCN 2017043785 (print) | LCCN 2017050457 (ebook) | ISBN 9781618117212 (e-book) | ISBN 9781618117205 (hardback)

Subjects: LCSH: Russian literature—History and criticism. | Motion pictures—Soviet Union—History and criticism. | Zholkovskii, A. K. (Aleksandr Konstantinovich)—Criticism and interpretation.

Classification: LCC PG2932 (ebook) | LCC PG2932 .Z46 2017 (print) | DDC 891.709—dc23
LC record available at https://lccn.loc.gov/2017043785

ISBN 978-1-61811-720-5 (hardcover)

ISBN 978-1-61811-778-6 (paperback)
ISBN 978-1-61811-721-2 (electronic)

Book design by Kryon Publishing Services (P) Ltd.
www.kryonpublishing.com
Cover design by Ivan Grave.
Cover photograph by Lada Panova.

Published by Academic Studies Press in 2018
28 Montfern Avenue
Brighton, MA 02135, USA
P: (617)782-6290
F: (857)241-3149
press@academicstudiespress.com
www.academicstudiespress.com

Contents

Contributors ix

Acknowledgments xiii

Dennis Ioffe, Marcus Levitt, Joe Peschio, and Igor Pilshchikov
Александр Жолковский: От жизни логоса к логосу жизни xiv

Alexander Zholkovsky: From the Life of Meaning to the Meaning of Life xxviii

Anthony Anemone (*New York*)
"Dear Iosif Vissarionovich": The Unmaking of Kalatozov's *Mountain Eagles* 1

David Bethea (*Madison*)
Notes Towards an Evolutionary Poetics 22

Mikhail Bezrodny (*Heidelberg*)
«Против инварианта не попрешь» 46

Alina Bodrova (*Moscow*)
Неподцензурные редакции как подтекст: К литературной истории послания Пушкина «К.А. Тимашевой» 64

Nikolai Bogomolov (*Moscow*)
Заметки о песнях Булата Окуджавы 85

John E. Bowlt (*Los Angeles*)
Победы реализма 103

Marijeta Bozovic (*New Haven*)
"I'll Permit Myself to Continue for Pasternak": Reflections on Olga Sedakova's Long Modernist Century 114

Oksana Bulgakowa (*Mainz*)
Режиссер как звезда: Сергей Эйзенштейн в портретах и автопортретах . . . 135

Andrei Dobritsyn (*Lausanne*)
От Варрона до Панара: Комментарий к «Обедам» Баратынского 152

Alexander Dolinin (*Madison*)
Вослед Жолковскому. Пять заметок о рассказе Набокова «Весна в Фиальте» . . . 169

Mikhail Epstein (*Atlanta*)
Парадоксальные речевые акты в литературе: Трансформативы и контраформативы . . . 194

Stuart Goldberg (*Atlanta*)
Creating a Sincere Voice: One Poetic Device in Pushkin's Lyrics of the 1830s . . . 206

Vladimir Golstein (*Providence*)
Sacred Violence in Blok's "Dvenadtsat'" . . . 225

Mikhail Gronas (*Hanover*), Boris Orekhov (*Moscow*)
Что такое семантическое издание и почему в будущем все издания станут семантическими? . . . 246

Aage Hansen-Löve (*Munich / Vienna*)
«Scribo, quia absurdum» у Даниила Хармса: Трамвайные вопросы . . . 269

Leonid Heller (*Lausanne / Paris*)
«Я–город» из стекла, или Прозрачность и зверь в романе Замятина «Мы» . . . 285

Yuri Leving (*Halifax*)
Бомба . . . 304

Mark Lipovetsky (*Boulder*)
Трикстер vs. трикстер: «Учителя» и «ученики» у Эренбурга, Олеши, Булгакова и Бабеля . . . 327

Igor Mel'čuk (*Montréal*)
"Wordlets": One of Zholkovsky's Major Contributions to the Notion of Deep-Syntactic Structure . . . 350

Michael Meylac (*Strasbourg / Saint Petersburg*)
«Индия пусть»: Обоснование чужой одушевленности 361

Igor Nemirovsky (*Boston / Saint Petersburg*)
Федор Павлович Карамазов — человек пушкинской эпохи 374

Lada Panova (*Los Angeles*)
Магия старинного слова: О любовной элегии Осипа Мандельштама «Tristia» 400

Kevin M. F. Platt (*Philadelphia*)
Dmitry Golynko and the Weaponization of Discourse Poetry 419

Sarah Pratt (*Los Angeles*)
Small Talk, Whimsy, and *Gravitas*: A Few Quasi-Zholkovskian Vignettes of Encounters with Lidiia Ginzburg. 433

Oleg Proskurin (*Atlanta*)
«И бездны мрачной на краю» 447

Barry P. Scherr (*Hanover*)
Seeing the Forest Through the Trees: The Underlying Structure of Gumilev's "Les". 465

Wolf Schmid (*Hamburg*)
Книга Иова в «Братьях Карамазовых», или «надрывная» теодицея 479

Andreas Schönle (*London*)
Structures of Time and the Topos of Ruin in Kira Muratova's "Among Grey Stones". 492

Thomas Seifrid (*Los Angeles*)
The Paradox of Tolstoyan Interiority. 508

Igor P. Smirnov (*Konstanz*)
Обнажение мастера, засекречивающего прием (Источники груневальдского эпизода в романе Владимира Набокова «Дар») 526

Galin Tihanov (*London*)
Organicity: From the History of a Discourse. 547

Boris Uspensky (*Moscow / Naples*)
Из гоголевской антропонимики 553

Ilya Vinitsky (*Princeton*)
La Leçon d'Anatomie: Как царь Петр своих подданных от брезгливости не отучил 558

Ronald Vroon (*Los Angeles*)
"Though I Speak with the Tongues of Men and of Angels…": Some Notes on Velimir Khlebnikov's "Liminal" Neology 577

Michael Wachtel (*Princeton*)
Four Notes on Pushkin's Prose 600

Willem G. Weststeijn (*Amsterdam*)
Can We Know the Writer from His Work? The Case of Alexander Zholkovsky 610

Frederick H. White (*Orem / Salt Lake City*)
Aleksei Balabanov's "Cinema about Cinema" 622

Aleksey Yudin (*Ghent / Brussels*)
Символика пересечения границ в восточнославянских заговорах 642

Andrei Zorin (*Oxford / Moscow*)
Император или князь? (Комментаторская виньетка) 654

Contributors

ANTHONY ANEMONE
Associate Professor of Humanities and Literary Studies at The New School.

DAVID BETHEA
Vilas Professor of Slavic Languages and Literature at University of Wisconsin–Madison.

MIKHAIL BEZRODNY
Lecturer in Russian at Universität Heidelberg.

ALINA BODROVA
Associate Professor in the Faculty of Humanities at National Research University, Higher School of Economics.

NIKOLAI BOGOMOLOV
Professor and Chair in the Faculty of Journalism at Lomonosov Moscow State University.

JOHN E. BOWLT
Professor Emeritus of Slavic Languages and Literature at University of Southern California.

MARIJETA BOZOVIC
Assistant Professor of Slavic Languages and Literature at Yale University.

OKSANA BULGAKOWA
Professor at Johannes Gutenberg-Universität Mainz, Institut für Film-, Theater- und empirische Kulturwissenschaft.

ANDREI DOBRITSYN
Maître d'enseignement et de recherche at Université de Lausanne.

ALEXANDER DOLININ
Professor Emeritus of Slavic Languages and Literature at University of Wisconsin–Madison.

MIKHAIL EPSTEIN
Samuel Candler Dobbs Professor of Cultural Theory and Russian Literature at Emory University.

STUART GOLDBERG
Associate Professor of Russian at Georgia Institute of Technology.

VLADIMIR GOLSTEIN
Associate Professor of Slavic Studies at Brown University.

MIKHAIL GRONAS
Associate Professor of Russian at Dartmouth College.

AAGE A. HANSEN-LÖVE
Professor Emeritus of Slavic Philology at Ludwig-Maximilians-Universität München.

LEONID HELLER
Professor Emeritus in Section de langues et civilisations slaves at Université de Lausanne.

DENNIS IOFFE
University Lecturer at Ghent University and Research Fellow at University of Amsterdam.

YURI LEVING
Professor of Russian Literature and Film at Dalhousie University.

MARCUS LEVITT
Professor Emeritus of Slavic Languages and Literatures at University of Southern California.

MARK LIPOVETSKY
Professor and Chair in the Department of Germanic and Slavic Languages and Literatures at University of Colorado–Boulder.

IGOR MEL'ČUK
Professeur titulaire et émérite at Université de Montréal.

MICHAEL MEYLAC
Professeur des universités émérite at Université de Strasbourg.

IGOR NEMIROVSKY
Professor in the Department of Comparative Literature and Linguistics at Higher School of Economics in Saint Petersburg.

BORIS OREKHOV
Associate Professor in the Faculty of Humanities at National Research University, Higher School of Economics.

LADA PANOVA
Visiting Assistant Researcher in Slavic, East European and Eurasian Languages and Cultures at University of California–Los Angeles.

KEVIN M. F. PLATT
Edmund J. and Louise W. Kahn Term Professor in the Humanities and Professor of Russian and East European Studies at University of Pennsylvania.

JOE PESCHIO
Associate Professor of Russian at University of Wisconsin–Milwaukee.

IGOR PILSHCHIKOV
Research Associate Professor in the Institute for World Culture at Lomonosov Moscow State University; Senior Research Fellow at Tallinn University; and Visiting Associate Professor of Slavic, East European and Eurasian Languages and Cultures at University of California–Los Angeles.

SARAH PRATT
Vice Provost for Graduate Programs and Professor of Slavic Languages and Literatures at University of Southern California.

OLEG PROSKURIN
Visiting Associate Professor of Russian at Emory University.

BARRY P. SCHERR
Professor Emeritus of Russian at Dartmouth College.

WOLF SCHMID
Professor Emeritus of Slavic Literature at Universität Hamburg.

ANDREAS SCHÖNLE
Professor of Russian at Queen Mary University of London.

THOMAS SEIFRID
Professor and Chair in the Department of Slavic Languages and Literatures at University of Southern California.

IGOR P. SMIRNOV
Professor Emeritus of Slavic Literature at Universität Konstanz.

GALIN TIHANOV
George Steiner Professor of Comparative Literature at Queen Mary University of London.

BORIS USPENSKY
Professor Emeritus of Russian Literature at Università degli Studi di Napoli "L'Orientale" and Professor of Philology at National Research University, Higher School of Economics.

ILYA VINITSKY
Professor of Slavic Languages and Literatures at Princeton University.

RONALD VROON
Professor and Chair in the Department of Slavic, East European and Eurasian Languages and Cultures at University of California–Los Angeles.

MICHAEL WACHTEL
Professor of Slavic Languages and Literatures at Princeton University.

WILLEM G. WESTSTEIJN
Professor Emeritus of Slavic Studies at University of Amsterdam.

FREDERICK H. WHITE
Associate Vice President, Engaged Learning and Professor of Russian at Utah Valley University.

ALEKSEY YUDIN
Professor of Russian at Ghent University.

ANDREI ZORIN
Professor and Chair of Russian at University of Oxford; Professor at Moscow School of Higher Social and Economic Sciences ("Shaninka")

Acknowledgments

The editors of this volume would like to thank the forty extraordinary scholars who contributed articles. The breadth of interests and the quality of scholarship on display in their work makes for a fitting celebration of our honoree's scholarly and literary contributions. The Department of Slavic Languages and Literatures at University of Southern California and the Office of Research at University of Wisconsin—Milwaukee provided generous support to cover publication costs, as did a number of the contributors: Anthony Anemone, David Bethea, John Bowlt (and the Institute of Modern Russian Culture), Marijeta Bozovic, Alexander Dolinin, Mikhail Epstein, Mikhail Gronas, Mark Lipovetsky, Kevin Platt, and Barry Scherr. Finally, we would like to thank Igor Nemirovsky, Oleh Kotsyuba, and Kira Nemirovsky at Academic Studies Press, as well as Faith Wilson-Stein and our heroic copy editor, Marlyn Miller.

АЛЕКСАНДР ЖОЛКОВСКИЙ:

От жизни логоса к логосу жизни

В классической, вошедшей во все антологии русского формализма статье «Литература и биография» (1923) Борис Томашевский выделил два типа писателей. У одних есть только «житейская биография», никому, кроме них самих, не интересная, другие пишут «в расчете на то, что их жизнь будет постоянным экраном для их произведений». Но жизнь «писателя с биографией» — это «не послужной список и не следственное дело», а «творимая автором легенда его жизни»[1]. Так автор становится персонажем собственной биографической легенды.

То же, по-видимому, можно сказать и об исследователях: они бывают «с биографией» и «без». Александр Жолковский — исследователь с биографией и даже не с одной, а с несколькими, взаимосцепленными — научной, литературной и личной, которые, к тому же, сами стали у него объектом аналитической рефлексии. Вместо того, чтобы пересказывать здесь 39 статей, составивших фестшрифт Жолковскому, мы попытаемся уловить и описать связи между вышеупомянутыми аспектами его биографии. Как известно,

1 Б. Томашевский, "Литература и биография", *Книга и революция* 4 (1923): 6–9. Задолго до Томашевского аналогичное различение ввел Альберт Швейцер, противопоставивший в своей книге о Бахе два типа композиторов (а также писателей и художников): у одних творчество как бы существует отдельно от их повседневной жизни (Бах), у других же творчество, наоборот, тесно переплетается с личной биографией и без биографии непонятно (Бетховен) (см.: А. Швейцер, *Иоганн Себастьян Бах,* пер. Я.С. Друскина [М.: Музыка, 1965], 5). Томашевский, скорее всего, знал эту знаменитую книгу Швейцера, впервые вышедшую по-немецки в 1908 году.

одним из важнейших научных достижений юбиляра стала модель «Смысл ↔ Текст», разработанная им с коллегами в 1960-е годы. Траектория творческой жизни героя нашей книги прочерчивается от ранних работ по лингвистике и поэтике (изучение «жизни логоса», т.е. способов бытования смысла в тексте) к позднейшим виньеткам, в которых методы лингвопоэтического анализа применены автором к собственному биографическому тексту (постижение «логоса», т.е. смысла жизни). Этим объясняется заглавие нашей статьи.

Как сказано в остроумной аннотации к недавней книге Жолковского «Напрасные совершенства и другие виньетки», их автор «разбирает свою жизнь с помощью тех же приемов, которые раньше применял к анализу чужих сочинений»[2]. Действительно, в нарративной стратегии «Напрасных совершенств» реализованы аналитические интенции, напоминающие об исследовательских установках Жолковского. Это, в частности, предельная — на грани деконструкции — радикализация общего смыслового послания и скрупулезная «детализация» анализируемого объекта (литературного текста или собственного ежедневного бытия), разложение его на составляющие конструктивные (↔ смысловые) элементы.

В интервью, последовавшем за публикацией указанной книги (в списке работ автора, вышедших отдельным изданием, она числится за номером 30)[3] Жолковский согласился, что вопрос о соотношении его «мемуаристской маски» с его же «литературоведческой программой» заслуживает внимания. Объединяет их «желание быть верным каким-то установкам на правду, новизну, независимость»[4]. Различие состоит в том, что филологическая ипостась претендует на серьезность, доказательность, научность, в то время как «виньетистская пользуется правом на провокацию, игру, даже безответственность»[5]. В этом Жолковский неожиданно близок к Михаилу Гаспарову[6]: Гаспаров

---

2 Дмитрий Быков, [аннот. к кн.]: Александр Жолковский, *Напрасные совершенства и другие виньетки* (М.: АСТ, 2015).

3 http://www-bcf.usc.edu/~alik/rus/knigi.htm (accessed April 22, 2017).

4 Александр Жолковский, "«К роману меня совершенно не тянет»", *Лехаим* 283 (4 ноября 2015), http://old.lechaim.ru/6466 (accessed April 22, 2017).

5 Там же.

6 27 февраля 1988 г. Гаспаров писал Жолковскому: «Наша с Вами некороткая близость (это ведь лучше, чем неблизкая короткость?) — это такое шило, которого все равно в мешке не утаишь» ("«Знакомых мертвецов живые разговоры...»: Семь писем М.Л. Гаспарова", Публикация и комментарии

всегда четко противопоставлял позитивистскую и структуралистскую научность постмодернистскому творчеству — искусству, выдающему себя за науку[7], но «широким читательским массам» стал известен «Записями и выписками», в которых позволил себе всё, чего не позволял в научных книгах и статьях.

Александр Константинович Жолковский (для всех его знающих — только и исключительно Алик, и никакая возрастная разница тут не помеха) родился в Москве в один из самых страшных годов российской истории — 1937-й. Но молодость Жолковского пришлась на годы оттепельного энтузиазма, и исходной основой его жизнеощущения было «шестидесятничество»[8]. Однако этот «набор политических, эстетических и культурных установок», воплощением которого в гуманитарных штудиях стал исследовательский этос послевоенного структурализма, у Жолковского постепенно трансформировался в сторону «более богатой, плюральной, гибкой» модели — как в жизни, так и в науке[9].

В анналах славистики Жолковский приписан к структурно-семиотическому ее направлению, но в этой сфере он уже полвека с лишним бытует на правах «экстремиста», «аутсайдера», «раскольника» и «диссидента» (его собственные слова)[10]. А свою исследовательскую программу он определил как «пред-пост-структуралистскую» (pre-post-structuralist), впоследствии пояснив, что «громоздкое „пред-пост-“ может значить как „до-пост-“, так и „прото-пост-“»[11].

А.К. Жолковского, *М.Л. Гаспаров. О нем. Для него*, под ред. М. Тарлинской и М. Акимовой [М.: НЛО, 2017], 293).

7 М. Л. Гаспаров, *Записи и выписки* (М.: НЛО, 2001), 110.

8 Александр Жолковский, "«Автор — персонаж, и из самых уязвимых»", *Еврейское слово* 32/255 (2005), цит. по: http://www-bcf.usc.edu/~alik/rus/inter/evr.htm (accessed April 23, 2017).

9 Там же. Вряд ли, однако, это движение можно описывать как переход «от тотальной систематизации — к радикальной плывучести смыслов» (Вячеслав Курицын, *Русский литературный постмодернизм* [М.: О.Г.И., 2000], 181).

10 Alexander Zholkovsky, "автобио", http://www-bcf.usc.edu/~alik/rus/avtob.htm (accessed April 24, 2017), https://dornsife.usc.edu/alexander-zholkovsky/avtob/ (accessed April 24, 2017). А.К. Жолковский, "Ж/Z–97: I. Ж/Z: Заметки бывшего пред-пост-структуралиста (1991); II. Маргиналии аутсайдера (1997)", С.Ю. Неклюдов (сост., ред.), *Московско-тартуская семиотическая школа: История, воспоминания, размышления* (М.: ЯРК, 1998), 179, 183 и др.

11 Там же, 175, 175n1.

На структуралистскую и нонконформистскую стезю Жолковский ступил с того момента, когда, окончив в 1959 году филфак МГУ с выговором в личном деле, был тем не менее по протекции Вяч. Вс. Иванова принят в руководимую Виктором Розенцвейгом Лабораторию машинного перевода при Институте иностранных языков (МГПИИЯ)[12]. Жолковский успел оставить след во всех главных событиях структуралистского Sturm-und-Drang'а 60-х годов. Он — участник и один из хронистов легендарного совещания в Горьком, посвященного применению математических методов к изучению языка художественной литературы (1961)[13], участник московского Симпозиума по структурному изучению знаковых систем (1962)[14], сборника-манифеста «Структурно-типологические исследования», вышедшего под эгидой Сектора структурной типологии славянских языков Института славяноведения (1962)[15], полемики о структурализме и семиотике в журнале «Вопросы литературы» (1965–1971)[16].

Совместно со старшим другом и коллегой Игорем Мельчуком Жолковский разработал модель естественного языка «Смысл ↔ Текст»[17], а вместе с другим своим постоянным соавтором Юрием Щегловым (1937–2009) — сходную модель художественного

---

12 Там же, 175n2; Idem, “Смерть В.Ю. Розенцвейга” [декабрь 1998], *Звезда* 4 (2000): 208; Idem, *Напрасные совершенства*, 98.

13 См.: А.К. Жолковский, “Совещание по изучению поэтического языка: (Обзор докладов)”, *Машинный перевод и прикладная лингвистика* 7 (1962): 88–101.

14 Idem, “О моделировании языкового поведения слушателя музыки ”, Симпозиум по структурному изучению знаковых систем: *Тезисы докладов* (М.: Изд-во АН СССР, 1962), 135–137.

15 Idem, “Об усилении”, Т.Н. Молошная (отв. ред.), *Структурно-типологические исследования* (М.: Изд-во АН СССР, 1962), 167–171.

16 А.К. Жолковский, Ю.К. Щеглов, “Структурная поэтика — порождающая поэтика”, *Вопросы литературы* 1 (1967), 74–89. В полемике участвовали Валериан Кожинов, Исаак Ревзин, Юрий Лотман, Мирсаид Сапаров, Леонид А. Коган, Вячеслав Вс. Иванов, Валентин Зарецкий и др. Академик-секретарь Отделения литературы и языка АН СССР Михаил Храпченко «закрыл» дискуссию, напечатав в «Вопросах литературы» двухчастную статью «Семиотика и художественное творчество» (1971, №№ 9 и 10), в которой поставил семиотику на службу официальному марксизму.

17 См.: А.К. Жолковский, И.А. Мельчук, “О семантическом синтезе”, *Проблемы кибернетики* (М.: Физматгиз, 1967), 19: 177–238; и работы, перечисленные в статье Игоря Мельчука в настоящем сборнике.

произведения «Тема ↔ Текст»[18]. В этих моделях описание глубинной и поверхностной структуры языка *resp.* текста строится в виде многоступенчатого *вывода* «формы» из «содержания» на основе стандартных операций (в художественном тексте — *приемов выразительности*). Генеративный подход воспринимался как отклонение от основных направлений структурно-семиотических исследований, которое само воспринималось как отклонение от единственно верной марксистско-ленинской лингвистики (whatever that is) и единственно верной марксистско-ленинской эстетики (whatever that might be). Мельчук, Жолковский и Щеглов оказались диссидентами «в квадрате».

В 1968 году Жолковский закончил новаторскую диссертацию по синтаксису языка сомали (в то время еще бесписьменного), выполненную в рамках модели «Смысл ↔ Текст». Назначенная защита была «отложена на неопределенный срок», когда выяснилось, что ее автор фигурирует в числе «подписантов» письма́ в поддержку арестованных диссидентов Александра Гинзбурга и Юрия Галанскова, обвиненных в подготовке «Белой книги» по делу писателей Андрея Синявского и Юлия Даниэля[19]. Тем не менее «полугодом позже, весной 1969 г., благодаря поддержке коллег, защита диссертации все же состоялась (оппонировали А.А. Зализняк и А.Б. Долгопольский) — единственная успешная защита кандидатской диссертации диссидентом-гуманитарием! — и степень была утверждена ВАКом»[20]. Вскоре под

---

18 См.: А.К. Жолковский, Ю.К. Щеглов, *Математика и искусство* (*поэтика выразительности*) (М.: Знание, 1976); Idem, *Поэтика выразительности: Сборник статей* (Wiener Slawistischer Almanach. Sonderband 2) (Wien, 1980); *Russian Literature* 11.1 (1982), special issue: Developments of the Theory of Literature II; Alexander Zholkovsky, *Themes and Texts: Toward a Poetics of Expressiveness*, foreword by Jonathan Culler (Ithaca — London: Cornell University Press, 1984); Yuri Shcheglov and Alexander Zholkovsky, *Poetics of Expressiveness: A Theory and Applications* (*Linguistic & Literary Studies in Eastern Europe* 18), Introduction, Glossary, Index, Bibliography and general editing by Alexander Zholkovsky (Amsterdam — Philadelphia: John Benjamins, 1987); А.К. Жолковский, Ю.К. Щеглов, *Работы по поэтике выразительности: Инварианты — Тема — Приемы — Текст* (М.: Прогресс, 1996); Idem, *Ex ungue leonem: Детские рассказы Л. Толстого и поэтика выразительности* (М.: НЛО, 2016); и др.

19 *Хроника текущих событий* 5 (31 декабря 1968), 91. http://hr2.memo.ru/w/images/c/c8/Hr5.pdf (accessed April 25, 2017).

20 Zholkovsky, "автобио".

грифом Института языкознания АН СССР вышла основанная на диссертации монография[21].

В 1974 году началась новая волна гонений на инакомыслящих, ознаменованная, в частности, высылкой Солженицына из СССР. Жолковский был уволен из ИнЯза. Последние годы перед эмиграцией он работал в группе автоматического перевода Юрия Апресяна. Группа, также развивавшая модель «Смысл ↔ Текст», базировалась в отраслевом институте «Информэлектро» — одном из немногих, куда брали на службу политически неблагонадежных. На новой работе Жолковский, по его позднейшему признанию, был поглощен исключительно собственными научными интересами, к тому времени практически полностью сместившимися в область формальной поэтики[22]. Одновременно он организовал у себя на квартире домашний семинар по поэтике, который, по характеристике М.Л. Гаспарова, «был одним из маленьких центров неофициальной науки в неблагоприятные для нее годы»[23]. За три с половиной года (1976–1979) состоялось 45 заседаний[24]. Регулярными участниками семинара были москвичи Михаил Гаспаров, Елеазар Мелетинский, Ирина Семенко, Юрий И. Левин, Юрий Щеглов, Юрий Фрейдин, Татьяна Цивьян, Татьяна М. Николаева, Ольга Седакова, Ольга Ревзина и др., приезжали гости из других городов — Ленинграда, Риги и Тарту (в том числе Борис Гаспаров и Юрий Лотман) и даже иностранцы, да еще какие — например, Кирилл Тарановский и Хенрик Баран.

Между тем ряды редели: участники семинара один за другим отправлялись на ПМЖ за границу, большинство — по вымышленной причине воссоединения с несуществующими родственниками в Израиле, до которого, однако, добрались немногие. Летом 1979 года настала очередь самого́ организатора семинара. «Утомленный истеблишментом и антиистеблишментом почти в равной мере, я

---

21 А.К. Жолковский, *Синтаксис сомали* (*Глубинные и поверхностные структуры*) (М.: Наука, 1971).

22 А.К. Жолковский, “Из истории вчерашнего дня”, К.Ю. Рогов (ред.-сост.), *Семидесятые как предмет истории русской культуры* (*Россия/Russia* 1[9]) (М.: О.Г.И., 1998), 145, 148. Заглавие цитируемой статьи пародирует название неоконченной повести Льва Толстого «История вчерашнего дня».

23 М.Л. Гаспаров, “Семинар А.К. Жолковского — Е.М. Мелетинского: Из истории филологии в Москве 1970–1980-х гг.”, *Новое литературное обозрение* 77 (2006): 113.

24 Там же, 113–125; Жолковский, “Ж/Z–97”, 205.

эмигрировал», полушутя замечает Жолковский и вполне серьезно добавляет: «Самой общей и очевидной причиной эмиграции среди деятелей структурно-семиотического направления была, конечно, их идеологическая несовместимость с советским режимом, обострявшаяся по мере ужесточения официальной линии»[25].

В Израиль он не поехал.

По инициативе Тойна ван Дейка и Яна ван дер Энга Жолковский был приглашен в Амстердамский университет, где в течение семестра добросовестно представлял восточноевропейский структурализм. В аннотации к англоязычному изданию работ Жолковского и Щеглова по поэтике выразительности, вышедшему в серии «Linguistic & Literary Studies in Eastern Europe» амстердамского издательства John Benjamins[26], эта книга преподнесена как «the work of two major representatives of the so-called Moscow-Tartu school»[27]. Надо полагать, при взгляде извне схизма выглядела как спор о нюансах.

Своим учителем Жолковский неизменно называет Вячеслава Всеволодовича Иванова, но с красноречивой оговоркой в скобках: «несмотря на многократные мои с ним расхождения»[28]. Такой же запутанный клубок притяжения и отталкивания характеризует взаимоотношения Жолковского с другим лидером московско-тартуской семиотической школы — Юрием Лотманом[29]. Более конвенционально-успешно сложился его диалог с патриархом мирового структурализма Романом Якобсоном, который неформально посодействовал обретению новоиспеченным эмигрантом первого постоянного места работы в Америке: как вспоминает Жолковский, «его [Якобсона] закулисный положительный отзыв („Надеюсь, в Корнелле на этот раз не упустят удачной возможности", по-видимому, с намеком на неудачу со взятием туда Мельчука тремя годами раньше) сыграл свою роль в получении мною заветной tenure»[30].

25 Жолковский, "Ж/Z–97", 183n14, 163n15.

26 Shcheglov and Zholkovsky, *Poetics of Expressiveness* (см. выше, примеч. 18).

27 *New Book Information* (John Benjamins Publishing Company, 1987). Теперь и на сайте издательства: https://benjamins.com/#catalog/books/llsee.18/main (accessed April 26, 2017).

28 Zholkovsky, "автобио".

29 Жолковский, "Ж/Z–97", 195 и далее.

30 А.К. Жолковский, "Роман Осипович Якобсон: (Из мемуарных заметок)", *Роман Якобсон: Тексты, документы, исследования*, отв. ред. Х. Ба́ран, С.И. Гиндин (М.: РГГУ, 1999), 275.

С 1980 года жизненная и научная судьба Жолковского тесно связана с Северной Америкой. Начав новосветскую карьеру в Корнеллском университете и вскоре став там «полным» профессором и заведующим кафедрой, в 1983-м он внезапно покинул Лигу плюща и перешел в Университет Южной Калифорнии в Лос-Анджелесе (USC), где до сей поры продолжает трудиться в составе уникальной научно-преподавательской группы, возглавляемой ныне любимым учеником и последователем Жолковского Томасом Зифридом. Жолковский немало поспособствовал тому, чтобы Отделение славянских языков и литератур Университета Южной Калифорнии стало одной из ведущих славистических докторантур в США. Именно в «американский период» Жолковский написал и опубликовал абсолютное большинство своих книг и статей. С этой точки зрения его биография представляет прямую противоположность личным историям американских «профессоров-эмигрантов» от креативной славистики, например, Евгения Евтушенко и Василия Аксенова, но отчасти напоминает путь Иосифа Бродского.

Быстро адаптировавшись в новой для себя среде, Жолковский начал активно печататься по-английски. Собственно, его первые англоязычные статьи были опубликованы в ведущих международных теоретико-литературных журналах еще в предотъездные 1978–79 гг.[31] В 1984 году в издательстве Корнеллского университета вышла книга Жолковского «Themes and Texts», предваренная предисловием его коллеги по Корнеллу, знаменитого литературоведа-теоретика Джонатана Каллера[32]. В 1987 году в Амстердаме увидела свет вышеупомянутая монография Жолковского и Щеглова «Poetics of Expressiveness». В 1994 году в издательстве Стэнфордского университета вышла еще одна

31 См.: A.K. Zholkovsky, "The Literary Text — Thematic and Expressive Structure: An Analysis of Pushkin's Poem «Ya vas lyubil...»", tr. by L.M. O'Toole, *New Literary History* 9.2 [Soviet Semiotics and Criticism: An Anthology] (1978): 263–278; Ju.K. Shcheglov and A.K. Zholkovskij, "The Poetic Structure of a Maxim by La Rochefoucauld: An Essay in *Theme* ↔ *Text* Poetics", *PTL: A Journal for Descriptive Poetics and Theory of Literature* 3 (1978): 549–592; A.K. Žolkovskij, "How to Show Things with Words: On the Iconic Representation of Themes by Expression Plane Means", *Poetics* 8.4 (1979): 405–430. Ср.: «<В „Информэлектро"> AZ не делает совсем ничего и, готовясь к отъезду <...>, пишет и печатает за границей статьи по поэтике» (Жолковский, "Из истории вчерашнего дня", 145).

32 См. примеч. 18.

англоязычная книга Жолковского, озаглавленная «Text Counter Text»[33]. Перед Жолковским стоял выбор: либо стать двуязычным автором, как Бродский, либо, подобно Набокову, полностью перейти на английский.

Кажется, дилемма решилась сама собой: советский строй оказался менее долговечным, чем предполагалось. В эмиграцию уезжали навсегда, а оказалось, что на время (сейчас, наоборот, многие уезжают на время — как бы не оказалось, что навсегда). Перестройка открыла границы, и с 1988 года недавний эмигрант начинает ежегодно наведываться на «историческую родину», регулярно печатается и в США, и в России. Главные предметы его интереса — «новая и новейшая» русская литература: русский модернизм первой трети XX столетия, понимаемый расширительно, т.е. включая постсимволизм, авангард и близкие к ним течения послереволюционного искусства (Пастернак, Замятин, Бабель, Зощенко), и литераторы-современники (Василий Аксёнов, Фазиль Искандер, Булат Окуджава, Эдуард Лимонов, Саша Соколов)[34]. Из классиков — Пушкин и Лев Толстой. Главный объект изучения — поэтика малых жанров (стихотворение, рассказ, новелла); тематические инварианты, приемы выразительности, интертексты. Узнаваемая исследовательская манера — стремление показать специфику авторской поэтики, взяв для разбора одно, и притом короткое произведение; обнаружение общей темы или общего приема в двух или нескольких

---

33 Alexander Zholkovsky, *Text Counter Text: Rereadings in Russian Literary History* (Stanford: Stanford University Press, 1994). В названии книги обыгрывается музыкальный термин *punctum contra punctum* 'контрапункт', буквальным переводом которого является заглавие романа Олдоса Хаксли «Point Counter Point».

34 Что касается книг, то помимо изданий, перечисленных в примеч. 18 и 33, см. также: А.К. Жолковский, *Блуждающие сны и другие работы* (М.: Наука — Восточная литература, 1994); Александр Жолковский, Михаил Ямпольский, *Бабель/Babel* (М.: Carte blanche, 1994); Александр Жолковский, *Инвенции* (М.: Гендальф, 1995); Idem, *Михаил Зощенко: поэтика недоверия* (М.: ЯРК, 1999); Idem, *Избранные статьи о русской поэзии: Инварианты, структуры, стратегии, интертексты* (М.: РГГУ, 2005); Idem, *Полтора рассказа Бабеля: «Гюи де Мопассан» и «Справка/Гонорар»: Структура, смысл, фон* (М.: Комкнига [URSS], 2006); Idem, *Очные ставки с властителем: Статьи о русской литературе* (М.: РГГУ, 2011); Idem, *Новая и новейшая русская поэзия* (М.: РГГУ, 2009); Idem, *Поэтика Пастернака: Инварианты, структуры, интертексты* (М.: НЛО, 2011); Idem, *Поэтика за чайным столом и другие разборы* (М.: НЛО, 2014); и др.

хорошо известных, но никогда не сопоставлявшихся произведениях. Исследовательские симпатии — на стороне тех, кто «существенно связан с нарушением условностей, новаторством, сознательным или невольным подрывом литературного истэблишмента и в этом смысле с „революцией“»[35]. Исследовательские антипатии обращены против некритичного восприятия литературных текстов под диктовку установившегося канона[36]. Жолковскому присущ антидогматизм, неприятие всех форм авторитарности и монологизма, как официозных, так и оппозиционных. Многим это не нравится.

Через несколько лет Жолковский сделал еще один крутой поворот и выступил в новой, писательской ипостаси: он начал создавать художественные тексты, в которых «бывший теоретик Ж. оказывается автором мета-новелл о профессоре З.»[37], и записывать анекдоты из собственной жизни, превращая автобиографию в открытую серию мемуарных новелл-виньеток. В 1991 году вышел сборник рассказов «НРЗБ», немедленно сделавший автора одним из столпов русского литературного постмодерна, а в 2000-м, — первая порция виньеток (с тех пор год за годом появляются новые)[38].

Предисловие к «НРЗБ» написал Василий Аксёнов, давший книге краткое жанровое определение: «Жолковский по сути дела создает уникальный жанр творческого письма на грани беллетристики и структурального анализа»[39]. Здесь не место рассуждать о сходствах и различиях между поэтикой и стилистикой обоих писателей, но нельзя не вспомнить об одном примечательном событии. Произошло оно пять лет назад. Два рассказа Жолковского, давным-давно опубликованные, но сохранившиеся у Аксёнова в машинописи, едва не были напечатаны под именем автора «Победы»

---

35 Жолковский, *Инвенции*, 123.

36 Ср.: Idem, "К переосмыслению канона: советские классики-нонконформисты в постсоветской перспективе", *Новое литературное обозрение* 29 (1998): 55–68.

37 Жолковский, "Ж/Z–97", 190.

38 Александр Жолковский, *НРЗБ: Рассказы* (М.: Библиотека альманаха «Весы», 1991; Idem, *Мемуарные виньетки и другие non-fictions* (СПб.: Журнал «Звезда», 2000); Idem, *Эросипед и другие виньетки* (М.: Водолей Publishers, 2003); Idem, *НРЗБ:* [рассказы]. *Allegro mafioso:* [виньетки] (М.: О.Г.И., 2005); Idem, *Звезды и немного нервно: Мемуарные виньетки* (М.: Время, 2008); Idem, *Напрасные совершенства и другие виньетки* (М.: АСТ, 2015); Idem, "«На грани» и другие виньетки", *Новый мир* 2 (2017): 124–147; и др.

39 В. Аксенов, "Профессор Зет среди Иксов и Игреков", Жолковский, *НРЗБ*, 3. Подпись: Vassily Aksyonov.

и «Затоваренной бочкотары», причем приписал чужие рассказы Аксёнову его литературный душеприказчик[40], считающий себя, хоть и чересчур самонадеянно, знатоком аксёновского стиля. К огромному сожалению будущих историков литературы, Жолковский случайно узнал о готовящемся обнародовании своих произведений под маркой «шедевров зрелого Аксенова» и, вмешавшись, рассеял мрак заблуждения. В последний момент целый номер известного литературного журнала был переверстан — из него были исключены рассказы, кои, по словам незадачливого публикатора, оказались столь хороши, что «могли бы украсить самую взыскательно составленную антологию этого жанра». Публикация, увы, не состоялась, но зато стала сюжетной пуантой мемуарной виньетки[41].

Жолковский пробует себя в двух разных жанрах. Рассказы в *НРЗБ* — это fiction, но с достоинствами нехудожественных разборов литературных текстов. Мемуарные виньетки — это non-fiction, но с художественными достоинствами[42].

Нрзб (текстологическая помета, известная, кажется, только филологам, читающим разделы черновых редакций академических собраний сочинений) — это то, что в тексте должно быть, но чего в нем фактически нет, поскольку «оно» Н<е> Р<а>З<о>Б<рано>, т.е. не прочитано. В неразобранный фрагмент можно «вчитать» всё, что пожелает интерпретатор. В «НРЗБ» функцию «вчитывания» выполняют разборы текстов, которые Жолковский от своего имени делать не захотел, а «передоверил <…> профессору Зет своих рассказов»[43].

Виньетка — это то, чего в тексте нет, но что должно быть если не в нём, то рядом с ним. В хороших старых книгах виньетка — почти обязательный элемент оформления. Она изображает либо то, что в тексте есть, либо то, что в нём подразумевается. Находится она, как правило, не в тексте, а рядом — до него или перед ним. Иногда она не менее важна, чем сам текст.

---

40 По совместительству поэт и литературовед — Виктор Есипов.

41 Александр Жолковский, “Быть знаменитым...: 1. Being Vasilii Pavlovich; 2. Пятнадцать минут славы”, *Звезда* 11 (2012): 212–217; также в его кн.: *Поэтика за чайным столом и другие разборы* (М.: НЛО, 2014), 723–730. О пуантах см.: Idem, “Оппоненты и пуанты”, в его кн. *Напрасные совершенства*, 178–179.

42 Об этих жанрах см. статью Виллема Вестстейна в настоящем сборнике.

43 М.Л. Гаспаров, “Взгляд из угла”, *Новое литературное обозрение* 3 (1993): 47.

У этого слова есть и переносное значение. «Слово „виньетка“ как описание словесного жанра богаче развито в английском языке, — поясняет Жолковский. — Когда по-английски рассказывается или записывается что-то нецентральное, неглавное, необязательное, развлекательное, изящное, то это — „vignette“. По-русски же я в этом отношении более или менее новатор»[44]. Но маргинальность и периферийность не означают нерелевантности. Жолковскому нравится максима Уайтхеда о том, что вся европейская философия — это заметки на полях Платона, т.е. комментарий к Платону. Точно так же литературоведение — это маргиналии на полях чужих текстов и комментарии к ним, а виньетки — маргиналии на полях текста собственной жизни и комментарий к нему. Без комментария текст герметизируется и теряет смысл. Попросту говоря, без комментария нет смысла.

По свидетельству Лидии Гинзбург, «Шкловский утвержда<л>, что каждый порядочный литературовед должен, в случае надобности, уметь написать роман»[45]. «Но к роману меня совершенно не тянет», — парирует Жолковский, оттачивающий мастерство в малых жанрах. «Я ведь и в литературоведческой своей ипостаси предпочитаю разбирать короткое — каламбуры, максимы, стихи, новеллы»[46]. В одной из своих недавних книг[47] он дал заглавия всем ее разделам, эксплицитно описав свой жанровый репертуар: «силуэты»[48], «эссе и разборы», «разборки»[49], «виньетки», «фикшн». В новейшем сборнике «Выбранные места, или Сюжеты разных лет» (М.: КоЛибри, 2016) автор вновь объединил под одной обложкой fiction and non-fiction, Dichtung und Wahrheit.

---

44 Жолковский, "«Автор — персонаж, и из самых уязвимых»" (см. выше примеч. 8).

45 Лидия Гинзбург, *Человек за письменным столом* (Л.: Советский писатель, 1989), 34.

46 Жолковский, "«К роману меня совершенно не тянет»" (см. выше примеч. 4).

47 Александр Жолковский, *Осторожно, треножник*! (М.: Время, 2010). «Осторожно» — потому что треножник *колеблется* («...колеблет твой треножник» — цитата из стихотворения Пушкина «Поэту», использованная в заглавии двух литературно-публицистических эссе: «Колеблемый треножник» Ходасевича и «...Колеблет твой треножник» Солженицына).

48 Жанровое определение отсылает к заглавию известной книги Юлия Айхенвальда «Силуэты русских писателей».

49 Т.е. полемика (*разборка* [жарг.] — 'выяснение отношений с враждебной группировкой'; *полемика* — 'научный или философский спор', от греч. πολεμικά 'военные упражнения').

Шкловский назвал бы такую книгу «кентавром».

«Нахально литературный» заголовок «Выбранные места»[50] пародирует название книги Гоголя «Выбранные места из переписки с друзьями»[51], подзаголовок «Сюжеты разных лет» — типовое заглавие «Работы/Рассказы/[etc.] разных лет». Подзаголовок подсказывает, что общего между литературой и биографией: и у той, и у другой есть сюжет.

Свести воедино пестрый набор материалов автора побудило, по его словам, само название серии, в которой вышла книга, — «Персона». Разнородные работы объединены *персоной*, личностью пишущего («писателя с биографией» по классификации Томашевского).

М.Л. Гаспаров заметил, что хотя Жолковскому и не чужда «постструктуралистская игра мысли», она у него «осознанна и допустима только на фоне структуралистской строгости»[52]. Жолковский как никто другой осознаёт «прискорбную, но неустранимую неустойчивость гуманитарного дискурса, обреченного колебаться между крайностями науки и искусства»[53]. Однако в новейшем переиздании своих совместных с Ю.К. Щегловым трудов о поэтике детских рассказов Толстого он с легким сердцем признаётся, что всегда был и остается последовательным структуралистом:

> В изложении своих более поздних <...> работ соавторы перестали выпячивать теоретическую арматуру своих исследований, убрали ее в подмалевок, спрятали в подтекст, закатали в фундамент, но не переставали тайно пользоваться этой таблицей умножения для получения неплохих, как выясняется, результатов. Но длить это сокрытие не кажется мне

---

50 Автохарактеристика (см.: Александр Жолковский, "«Летним днем»: Эзоповский шедевр Фазиля Искандера", Новый мир 4 [2015]: 179).

51 Ср. у него же: "Выбранные места из переписки с Хемингуэем", в его кн. *Мемуарные виньетки и другие non-fictions*, 32–35; Alexander Zholkovsky, "Rereading Gogol's Miswritten Book: Notes on *Selected Passages from Correspondence with Friends*", Susanne Fusso and Priscilla Meyer (eds.), *Essays on Gogol: Logos and the Russian Word* (Evanston, Ill.: Northwestern Univ. Press, 1992), 172–184, also in his *Text Counter Text*, 17–34.

52 М. Л. Гаспаров, "Предисловие", А.К. Жолковский, Ю.К. Щеглов, *Работы по поэтике выразительности*, 8.

53 Жолковский, "Ж/Z–97", 190.

> уместным. Дело в том, что интеллектуальные моды приходят и уходят, а фундаментальные задачи литературоведения остаются, и можно ожидать возвращения интереса к структуралистским идеям и методам[54].

В наш постмодернистский век мы уже привыкли, что у каждого читателя «свой Пушкин» и «свой Толстой». Что ж удивляться, что у каждого читателя «свой Жолковский» и у всех он разный. Мы же хотим еще раз подчеркнуть его многоликую творческую самобытность, которая, надеемся, хотя бы отчасти отразилась в собранных здесь подношениях (oblata). Она же предрасположила авторов и соредакторов к выбору основного ПВ (приема выразительности), использованного в этой книге — ВАРконтр (контрастное ВАРЬИРОВАНИЕ)[55]. Мы не стали насильно упорядочивать это разнообразие, расположив статьи по алфавиту авторов — *от A до Z*.

Вопреки почтенному и полезному обычаю, мы не стали помещать в фестшрифте библиографию юбиляра. Во-первых, она в значительной части доступна у него на сайте[56]. Во-вторых, она очень большая: 35 книг и около 400 статей, не считая переводов и переизданий[57], плюс интервью и другие газетные материалы, плюс как минимум два-три десятка публикаций, по разным причинам не вошедших в автобиблиографию (тезисы, обзоры, рецензии и пр.). В-третьих, чтобы всё это дать единым библиографическим списком, нужно все публикации проверить de visu, а это, как видим, более 500 позиций, причем ранние работы напечатаны в труднодоступных изданиях советского времени (препринты академических институтов, ротапринтные сборники институтов и университетов etc.). Разыскать всё это можно и нужно, однако требует времени и усердия. Но ничего, к следующему юбилею выпустим отдельной книжкой.

Денис Иоффе, Маркус Левитт, Джо Пешио, Игорь Пильщиков

---

54 А.К. Жолковский, "От составителя", А.К. Жолковский, Ю.К. Щеглов, *Ex ungue leonem*, 6.

55 Ср. Жолковский, Щеглов, "Поэтика выразительности", § I.3 [Темы, предрасполагающие к ПВ] и V [Проведение через разное, или варьирование] (*Ex ungue leonem*, 125, 149 сл.).

56 http://www-bcf.usc.edu/~alik/alik.htm (University of Southern California, 2001–...).

57 См. http://www-bcf.usc.edu/~alik/eng/publ.htm (accessed April 24, 2017).

ALEXANDER ZHOLKOVSKY:

From the Life of Meaning to the Meaning of Life

In his classic article "Literature and Biography" (1923), included in all anthologies of Russian Formalism, Boris Tomashevskii singled out two types of writers. Some of them only have a "life biography" that is merely of interest to the writer him or herself, while others write "in the hope that their life will be a constant canvas for their works"; the life of a "writer with a biography" is "not a curriculum vitae or an investigative case," but "an author's legend of his life."[1] In this case the author becomes the protagonist of his own biographical legend.

The same thing can apparently be said about scholars: there are those "with a biography" and those without. Alexander Zholkovsky is an intellectual figure with biographies, both scholarly and literary, which, moreover, have in turn themselves become an object of his own study. Rather than summarizing the thirty-nine essays comprising this tribute to Zholkovsky, we shall instead attempt here to draw connections between his scholarly, literary, and personal biographies. One of our honoree's most significant scholarly contributions was the "Meaning ↔ Text"

1 Boris Tomashevskii, "Literatura i biografiia," *Kniga i revoliutsiia* 4 (1923): 6–9. Long before Tomashevskii, Albert Schweitzer drew a similar distinction. In his book on Johann Sebastian Bach he juxtaposed two types of composer (as well as of writer and artist): for the first, creation exists as if apart from everyday life (Bach), for the others—the reverse, art is intimately connected to their personal biography, and incomprehensible apart from it (Ludwig van Beethoven). See Al'bert Shveitser, *Iogann Sebast'ian Bakh*, trans. Iakov S. Druskin (Moscow: Muzyka, 1965), 5. Tomashevskii most likely knew this book, which came out in German in 1908.

(*Smysl* ↔ *Tekst*) model he developed with colleagues in the 1960s. The trajectory of his scholarly and creative work has so far described an arc from his early work in linguistics and poetics (the "life of meaning") to his later vignettes, in which he endeavors to apply similar methods to his own biographical narrative (the "meaning of life"). Hence our title.

As Dmitrii Bykov writes in his witty blurb for Zholkovsky's recent book *Pointless Perfections and Other Vignettes*, the author "analyzes his life with the help of the same techniques that he has used to analyze other people's works."[2] And indeed, the narrative strategy of *Pointless Perfections* recalls the principles of Zholkovsky's own scholarly writing. His radicalization of the overall communicative message and his scrupulous "detailing" of the analyzed object (whether of the literary text or daily existence itself) push his writing to the verge of deconstruction, pull it apart into its constituent (↔ semantic) elements.

In the interview that followed the publication of this book (number thirty on the list of the author's individually published works),[3] Zholkovsky agreed that the question of the relationship between his "mask as a memoirist" and his "research program" deserves attention. The two are united by "the desire to be faithful to certain attitudes toward truth, novelty, independence."[4] The difference is that the philological hypostasis strives to be serious, scientific, and based on proof, while the "vignette-icist has the right to provoke, play games, even be irresponsible."[5] In this Zholkovsky is unexpectedly close to Mikhail Gasparov,[6] who always clearly contrasted serious, genuine scholarship with Postmodern creations (that is, with art pretending to be scholarship).[7] In his book *Records and Extracts*, which

2 Dmitrii Bykov's blurb on the cover of: Aleksandr Zholkovskii, *Naprasnye sovershenstva i drugie vin'etki* (Moscow: AST, 2015).

3 Alexander Zholkovsky book list, accessed April 22, 2017, http://www-bcf.usc.edu/~alik/rus/knigi.htm.

4 "Aleksandr Zholkovskii: 'K romanu menia sovershenno ne tianet,'" *Lekhaim* 283, November 4, 2015, accessed April 22, 2017, http://old.lechaim.ru/6466.

5 Ibid.

6 On February 27, 1988, Gasparov wrote to Zholkovsky: "Our distanced affinity (isn't that better than affined distance?) is the kind of awl you can't hide in a sack [a Russian proverb meaning something very obvious]." ("'Znakomykh mertvetsov zhivye razgovory . . .': Sem' pisem M. L. Gasparova," compiled and with commentary by Alexander Zholkovsky, in *M. L. Gasparov: O nem; Dlia nego*, ed. Marina Tarlinskaia and Marina Akimova [Moscow: NLO, 2017], 293.)

7 Mikhail L. Gasparov, *Zapisi i vypiski* (Moscow: NLO, 2001), 110.

became known to the "broad mass of readers," he permitted himself to say everything he was unable to say in his scholarly works.

Alexander Konstantinovich Zholkovsky (for everyone who knows him, no matter who or of what age—Alik) was born in Moscow in one of the most terrifying years of Russian history—1937. He grew up during the exciting years of the Thaw, and in his basic worldview he was a child of the sixties.[8] However, his set of "political, aesthetic and cultural standards," which in postwar humanities became embodied in the ethos of Structuralism, gradually evolved in the direction of "a richer, pluralist, more flexible" model—both in life and in scholarship.[9]

In the annals of Slavic studies Zholkovsky is associated with its Structuralist-semiotic branch, but for more than a half century he has remained (in his own words) an "outsider," an "extremist," a "heretic," and a "dissident."[10] He has defined his research as "pre-poststructuralist," explaining that "the unwieldy 'pre-post-' could refer to both research 'before poststructuralism' and 'proto-poststructuralist' research."[11]

Zholkovsky started off on the Structuralist and nonconformist path from the moment he graduated from MGU's Philological Faculty with a mark of censure in his record; nevertheless, thanks to the patronage of Viacheslav Vsevolodovich Ivanov, he was accepted into the Laboratory for Machine Translation of the Institute of Foreign Languages (MGPIIIa), which was then run by Victor Rozentsveig.[12] He managed to leave his mark on all of the main events of the Structuralist Sturm und Drang of the sixties. He took part in and chronicled the legendary get-together in Gorky that

8 Aleksandr Zholkovskii, "'Avtor—personazh, i iz samykh uiazvimykh,'" *Evreiskoe slovo* 32 (255) (2005), accessed April 23, 2017, http://www-bcf.usc.edu/~alik/rus/inter/evr.htm.

9 Ibid. However, one can hardly describe this movement as a change "from total systematization to radical fluidity of meanings" (Viacheslav Kuritsyn, *Russkii literaturnyi postmodernizm* [Moscow: OGI, 2000], 181).

10 Alexander Zholkovsky, "Avtobio," accessed April 24, 2017, http://www-bcf.usc.edu/~alik/rus/avtob.htm; and Zholkovsky, "Avtobio," *USCDornsife*, accessed April 24, 2017, https://dornsife.usc.edu/alexander-zholkovsky/avtob/. Aleksandr Zholkovskii, "Zh/Z—97: I. Zh/Z: Zametki byvshego pred-post-strukturalista (1991); II. Marginaliia autsaidera (1997)," in *Moskovsko-tartuskaia semioticheskaia shkola: Istoriia, vospominaniia, razmyshleniia*, ed. Sergei Nekliudov (Moscow: Shkola "Iazyki russkoi kultury,"1998), 179, 183.

11 Zholkovskii, "Zh/Z—97," 175, 175n1.

12 Zholkovskii, "Zh/Z—97," 175n2; Zholkovskii, "Smert' V. Iu. Rozentsveiga," *Zvezda* 4 (2000): 208; Zholkovskii, *Naprasnye sovershenstva*, 98.

was dedicated to using mathematical methods in analyzing poetic language (1961);[13] participated in the Moscow Symposium on the Structural Analysis of Modeling Systems (1962);[14] and in the manifesto-like collection *Structural-Typological Studies* that came out under the aegis of the Sector of Structural Typology of Slavic Languages of the Institute of Slavic Studies (1962);[15] and in the polemics concerning Structuralism and semiotics in the journal *Voprosy literatury* (1965–71).[16]

Together with his friend and older colleague Igor Mel'chuk, Zholkovsky developed a model for natural language ("Meaning ↔ Text"),[17] and together with another collaborator Iurii Shcheglov (1937–2009) he created a similar model for artistic texts ("Theme ↔ Text").[18] In these models the description of the surface and deep structures of the language and of the text

---

13 See Aleksandr Zholkovskii, "Soveshchanie po izucheniiu poeticheskogo iazyka (Obzor dokladov)," *Mashinnyi perevod i prikladnaia lingvistika* 7 (1962): 88–101.

14 Zholkovskii, "O modelirovanii iazykovogo povedeniia slushatelia muzyki," in *Simpozium po strukturnomu izucheniiu znakovykh sistem: Tezisy dokladov*, ed. Iu. P. Rylina (Moscow: Izd. AN SSSR, 1962), 135–37.

15 Zholkovskii, "Ob usilenii," in *Strukturno-tipologicheskie issledovaniia*, ed. Tat'iana oloshnaia (Moscow: Izd. AN SSSR, 1962), 167–71.

16 Aleksandr Zholkovskii and Iurii Shcheglov, "Strukturnaia poetika—porozhdaiushchaia poetika," *Voprosy literatury* 1 (1967): 74–89. The debate involved Valerian Kozhinov, Isaak Revzin, Iurii Lotman, Mirsaid Saparov, Leonid A. Kogan, Viacheslav V. Ivanov, Valentin Zaretsky and others. Academician-Secretary of the Division of Literature and Language of the USSR's Academy of Sciences Mikhail Khrapchenko "closed" the discussion by publishing a two-part article, "Semiotics and Artistic Creativity," in *Voprosy literatury*, nos. 9–10 (1971) that declared semiotics to be in the service of official Marxism.

17 See Aleksandr Zholkovskii and Igor Mel'chuk, "O semanticheskom sinteze," in *Problemy kibernetiki* (Moscow: Fizmatgiz, 1967), 19:177–238; and the works listed in Igor Mel'chuk's article in the present collection.

18 See Aleksandr Zholkovskii and Iurii Shcheglov, *Matematika i iskusstvo (poetika vyrazitel'nosti)* (Moscow: Znanie, 1976). Aleksandr Zholkovskii and Iurii Shcheglov, *Poetika vyrazitel'nosti: Sbornik statei*, Wiener Slawistischer Almanach Sonderband 2 (Vienna: Wiener Slawistischer Almanach, 1980); "Developments of the Theory of Literature II," special issue, *Russian Literature* 11, no. 1 (1982); Alexander Zholkovsky, *Themes and Texts: Toward a Poetics of Expressiveness*, foreword by Jonathan Culler (Ithaca, NY: Cornell University Press, 1984); Yuri Shcheglov and Alexander Zholkovsky, *Poetics of Expressiveness: A Theory and Applications*, intro., glossary, index, biblio. and ed. Alexander Zholkovsky, Linguistic and Literary Studies in Eastern Europe 18 (Amsterdam: John Benjamins, 1987); Aleksandr Zholkovskii and Iurii Shcheglov, *Raboty po poetike vyrazitel'nosti: Invarianty—Tema—Priemy—Tekst* (Moscow: Progress, 1996); Zholkovskii and Shcheglov, *Ex ungue leonem: Detskie rasskazy L. Tolstogo i poetika vyrazitel'nosti* (Moscow: NLO, 2016); and others.

are constructed as multistep derivations of the "form" from the "content" on the basis of standard operations (in an artistic text, via "expressive devices"). This generative approach was perceived as a deviation from the only acceptable principles of Marxist-Leninist linguistics (whatever those were!) and from the only acceptable principles of Marxist-Leninist aesthetics (whatever those might be!). Mel'chuk, Zholkovsky, and Shcheglov turned out to be unregenerate dissidents.

In 1968 Zholkovsky finished an innovative dissertation on the syntax of Somali (which at that time still lacked a written language) that was written in terms of the "Meaning ↔ Text" model. His defense was "postponed for an undetermined time" when it was discovered that its author was among the signatories of a letter supporting the imprisoned dissidents Aleksandr Ginzburg and Iurii Galanskov, who were charged with preparing a "white book" describing the trial of the writers Andrei Siniavskii and Iulii Daniel.[19] Nonetheless, "a half a year later, in the spring of 1969, thanks to the support of his colleagues, the defense took place (the 'opponents' were A. A. Zalizniak and A. B. Dolgopol'sky). This was the sole successful defense of a 'kandidatskaia' dissertation by a dissident scholar in the humanities, and the degree was approved by VAK."[20] Soon a monograph based on the dissertation was issued under the imprimatur of the Institute of Linguistics of the Academy of Sciences of the USSR.[21]

In 1974 a new wave of persecution against nonconformists began, marked in particular by Alexander Solzhenitsyn's expulsion from the USSR. Zholkovsky was fired from the Institute of Foreign Languages. In his last years before emigration, he was part of Iurii Apresian's team working on the problem of machine translation. This group also worked on developing the "Meaning ↔ Text" model and was based in the research institute "Informelektro" of the Ministry of Electrotechnical Industry, one of the few that hired the politically unreliable. At this new post, by his own admission, Zholkovsky exclusively pursued his own scholarly interests, which by this time had almost completely shifted to formal

19 This was the samizdat "Belaia kniga po delu Siniavskogo i Danielia." See "Dopolneniia k spisku vnesudebnykh politicheskikh repressii 1968 goda," *Khronika tekushchikh sobytii* 5, December 31, 1968, p. 91, accessed April 25, 2017, http://hr2.memo.ru/w/images/c/c8/Hr5.pdf.

20 VAK—Vysshaia attestatsionnaia komissiia, Highest Attestation Commission. Zholkovsky, "Avtobio."

21 Aleksandr Zholkovskii, *Sintaksis somali (Glubinnye i poverkhnostnye sturktury)* (Moscow: Nauka, 1971).

poetics.[22] Simultaneously he organized a seminar on poetics at his apartment which, in Mikhail Gasparov's characterization, "was one of the small centers of unofficial research in those years that were so inhospitable to it."[23] In three and a half years (1976–79) the seminar met forty-five times.[24] Its regular members included the Muscovites Mikhail Gasparov, Eleazar Meletinsky, Iurii I. Levin, Iurii Shcheglov, Iurii Freidin, Tat'iana Tsivian, Tat'iana M. Nikolaeva, Olga Sedakova, and Olga Rezvina; among the out-of-town guests from Leningrad, Riga, and Tartu were Boris Gasparov and Iurii Lotman; and there were even several foreign guests, such outstanding figures as Kiril Taranovsky and Henryk Baran.

With time the seminar's ranks thinned as one participant after another set off to new PMZh's (permanent place of habitation) abroad, the majority supposedly to be united with fictional relatives in Israel, although few actually went there. In the summer of 1979 it was the turn of the seminar's organizer. "[I was] tired of both the establishment and the antiestablishment in almost equal measure," Zholkovsky commented, half in jest, and added in complete seriousness: "The most common and obvious reason for emigration among the leaders of the structural-semiotic movement was, of course, their ideological incompatibility with the Soviet regime, which was aggravated as the official line became tougher."[25]

He did not go to Israel. At the initiative of Teun van Dijk and Jan van der Eng, Zholkovsky was invited to the University of Amsterdam, where for a semester he diligently represented Eastern European Structuralism. In the description of the English version of Zholkovsky and Shcheglov's work on the poetics of expressiveness, which was published by John Benjamins Publishing Company in Amsterdam as part of the *Linguistic and Literary Studies in Eastern Europe* series,[26] the book is presented as "the work of two major representatives of the so-called Moscow-Tartu

22 Aleksandr Zholkovskii, "Iz istorii vcherashnego dnia," in *Semidesiatye kak predmet istorii russkoi kul'tury*, ed. Kirill Rogov, Natsiia i kul'tura, Rossiia/Russia 1 (Moscow: OGI, 1998), 145, 148. The title parodies that of Lev Tolstoy's unfinished "Istoriia vcherashnego dnia."

23 Mikhail Gasparov, "Seminar A. K. Zholkovskogo—E. M. Meletinskogo: Iz istorii filologii v Moskve 1970–1980-kh gg.," *Novoe literaturnoe obozrenie* 77 (2006): 113.

24 Ibid., 113–25; Zholkovskii, "Zh/Z—97," 205.

25 Zholkovskii, "Zh/Z—97," 183n14, 163n15.

26 Shcheglov and Zholkovsky, *Poetics of Expressiveness* (cited in note 18 above).

school."[27] One must presume that, viewed from the outside, the schism must have seemed more like a discussion of nuances.

Zholkovsky invariably names Viacheslav Vsevolodovich Ivanov as his mentor, but with the eloquent parenthetical qualification: "despite my many disagreements with him."[28] A similar tangle of attraction and repulsion characterizes Zholkovsky's relations with another leader of the Moscow-Tartu semiotic school, Iurii Lotman.[29] His dialogue with the patriarch of international Structuralism Roman Jakobson was more conventionally successful. Jakobson helped the freshly baked émigré find his first permanent position in America. Zholkovsky recalls that his "positive support behind the scenes ('I trust that this time Cornell will not miss out on this wonderful possibility'—an apparent reference to their failure to hire Mel'chuk three years earlier) played a role in my getting much-prized tenure there."[30]

From 1980 on, Zholkovsky's life and scholarly career were closely connected to North America. Having begun his new-world profession at Cornell, and soon becoming a full professor and department head there, in 1983 he suddenly left the Ivy League for the University of Southern California in Los Angeles, where he continues to work as part of a unique scholarly team, now headed by his favorite pupil and disciple Thomas Seifrid. During his time at USC Zholkovsky helped turn the Department of Slavic Languages into one of the leading doctoral programs in the country. In his "American period" Zholkovsky has written and published a majority of his books and articles. In this respect, his biography seems like the direct opposite of the histories of other émigré creative writer-professors such as Evgenii Evtushenko or Vasilii Aksenov, but perhaps recalls that of Joseph Brodsky.

Having quickly adapted to his new milieu, Zholkovsky began to actively publish in English. Actually, his first articles in English were published in leading international literary-theoretical journals even earlier,

27 Catalog: "Poetics of Expressiveness," *John Benjamins Publishing*, accessed April 26, 2017, https://benjamins.com/#catalog/books/llsee.18/main.

28 Zholkovsky, "Avtobio."

29 Zholkovskii, "Zh/Z—97," 195.

30 Aleksandr Zholkovskii, "Roman Osipovich Iakobson (Iz memuarnykh zametok)," in *Roman Iakobson: Teksty, dokumenty, issledovaniia*, ed. Henryk Baran and Sergei Gindin (Moscow: RGGU, 1999), 275.

in the pre-emigration years 1978 and 1979.[31] In 1984 Cornell University Press published Zholkovsky's *Themes and Texts*, with a foreword by his colleague at Cornell, the well-known literary theorist and scholar Jonathan Culler.[32] In 1987 the abovementioned monograph coauthored by Zholkovsky and Shcheglov, *The Poetics of Expressiveness*, came out in Amsterdam, and in 1994 Stanford University Press published still another English-language book by Zholkovsky entitled *Text Counter Text*.[33] Zholkovsky was faced with a choice: either become a bilingual author, like Brodsky, or switch completely to English, like Nabokov.

This dilemma apparently resolved itself, as the Soviet regime turned out to be less permanent than one might have thought. People went into emigration, they thought, forever, but it turned out not to be that way (today, in contrast, many leave Russia for a short while and might end up never returning). Perestroika opened the border, and starting in 1988 the recent émigré began to make yearly visits to his "historical homeland" and to publish both in America and in Russia. His main interests now were the "new" and "newest" Russian literature—Russian Modernism of the early twentieth century understood broadly, that is, including post-Symbolism, the Avant-Garde, and the closely related post-revolutionary art (Boris Pasternak, Evgenii Zamiatin, Isaac Babel, Mikhail Zoshchenko); as well as that of contemporaries (Vasilii Aksenov, Fazil' Iskander, Bulat Okudzhava, Eduard Limonov, Sasha Sokolov).[34]

31 See: A. K. Zholkovsky, "The Literary Text—Thematic and Expressive Structure: An Analysis of Pushkin's Poem 'Ya vas lyubil . . . ,'" trans. L. M. O'Toole, Soviet Semiotics and Criticism: An Anthology, *New Literary History* 9, no. 2 (1978): 263–78; Ju. K. Shcheglov and A. K. Zholkovskij, "The Poetic Structure of a Maxim by La Rochefoucauld: An Essay in *Theme* ↔ *Text* Poetics," *PTL: A Journal for Descriptive Poetics and Theory of Literature* 3 (1978): 549–92; A. K. Žolkovskij, "How to Show Things with Words: On the Iconic Representation of Themes by Expression Plane Means," *Poetics* 8, no. 4 (1979): 405–30. Cf.: "[In 'Informelektro'] AZ does absolutely nothing, and, preparing to leave [. . .], writes articles on poetics and publishes them abroad" (Zholkovskii, "Iz istorii vcherashnego dnia," 145).

32 Cited in note 18.

33 Alexander Zholkovsky, *Text Counter Text: Rereadings in Russian Literary History* (Stanford, CA: Stanford University Press, 1994). The title plays upon the musical term *punctum contra punctum* (counterpoint), used literally as the title of Aldous Huxley's novel *Point Counter Point*.

34 His books, apart from those mentioned in notes 18 and 33, include: Aleksandr Zholkovskii, *Bluzhdaiushchie sny i drugie raboty* (Moscow: Nauka, Vostochnaia literatura, 1994); Aleksandr Zholkovskii and Mikhail Iampol'skii, *Babel'/Babel* (Moscow: Carte blanche, 1994); Aleksandr Zholkovskii, *Inventsii* (Moscow: Gendal'f, 1995);

From the classical authors he wrote on Alexander Pushkin and Lev Tolstoy. His main interest is the poetics of small genres (poems, short stories, novellas) and their thematic invariants, expressive devices, and intertexts. His characteristic approach is to demonstrate the author's specific poetics based on the analysis of one, usually short work; and to uncover a common theme or common device in two or more well-known, but heretofore never juxtaposed, works. His sympathies as a researcher are on the side of those who "are significantly invested in breaking conventions, in innovation, in a conscious or unconscious undermining of the literary establishment, and in that sense with the 'revolution.'"[35] His antipathies as a researcher are for the uncritical acceptance of literary texts as dictated by the established canon.[36] Zholkovsky's work in general is marked by anti-dogmatism, the non-acceptance of the authoritarian or monological, whether official or oppositionist. Many do not like this.

After several years Zholkovsky reinvented himself as a different kind of writer. He began to create fictional texts in which the "former theoretician Zh. turns out to be the author of meta-novellas about Professor Z,"[37] and he also began to record anecdotes from his own life, turning autobiography into an open-ended series of memoiristic novellas-vignettes. The year 1991 saw the publication of his collection of Russian short stories *NRZB* that catapulted him into the ranks of literary Postmodernism, and in 2000 the first installment of his vignettes appeared; from that time new vignettes began appearing year after year.[38]

Zholkovskii, *Mikhail Zoshchenko: Poetika nedoveriia* (Moscow: Shkola "Iazyki russkoi kultury," 1999); Zholkovskii, *Izbrannye stat'i o russkoi poezii: Invarianty, struktury, strategii, interteksty* (Moscow: RGGU, 2005); Zholkovskii, *Poltora rasskaza Babelia: "Giui de Mopassan" i "Spravka/Gonorar"; Struktura, smysl, fon* (Moscow: Komkniga, 2006); Zholkovskii, *Ochnye stavki s vlastitelem: Stat'i o russkoi literature* (Moscow: RGGU, 2011); Zholkovskii, *Novaia i noveishaia russkaia poeziia* (Moscow: RGGU, 2009); Zholkovskii, *Poetika Pasternaka: Invarianty, struktury, interteksty* (Moscow: NLO, 2011); Zholkovskii, *Poetika za chainym stolom i drugie razbory* (Moscow: NLO, 2014); and others.

35 Zholkovskii, *Inventsii*, 123.

36 See Zholkovskii, "K pereosmysleniiu kanona: Sovetskie klassiki-nonkomformisty v postsovetskoi perspektive," *Novoe literaturnoe obozrenie* 29 (1998): 55–68.

37 Zholkovskii, "Zh/Z—97," 190.

38 Aleksandr Zholkovskii, *NRZB: Rasskazy* (Moscow: Biblioteka al'manakha Vesy, 1991); Zholkovskii, *Memuarnye vin'etki i drugie non-fictions* (St. Petersburg: Zhurnal Zvezda, 2000); Zholkovskii, *Erosiped i drugie vin'etki* (Moscow: Vodolei Publishers, 2003); Zholkovskii, *NRZB. Allegro mafioso* (Moscow: OGI, 2005); Zholkovskii,

Vasilii Aksenov wrote the foreword to *NRZB* and in it described the book in this way: "Zholkovsky essentially invents a unique genre of creative writing on the border between fiction and structural analysis."[39] This is not the place to consider the poetic and stylistic similarities and differences between Aksenov and Zholkovsky as writers, but it is impossible to leave one notable incident without comment. It happened five years ago. Two of Zholkovsky's stories that had long been published were found among Aksenov's papers in typescript and were almost published under the byline of the author of *Victory* and *Surplussed Barrelware* because the executor of his literary estate[40]—who a bit overconfidently considered himself a connoisseur of Aksenov's style—thought that they belonged to him. Unfortunately for future literary historians, Zholkovsky happened to find out about the forthcoming publication of his stories, which were to be presented as "masterpieces of the mature Aksenov," and he cleared up the misunderstanding. At the last moment the entire issue of this well-known literary journal had to be redone, and the stories that the unfortunate executor had called so good that "they could adorn the most demanding anthology of this genre" were removed. Hence the publication, alas, did not happen, though it did supply the plot for an autobiographical vignette.[41]

Zholkovsky experiments with two different genres. The stories in *NRZB* are fiction, though it with the merit of containing non-fictional analyses of literary texts. The autobiographical vignettes are non-fiction, but also possess artistic merit.[42]

"*Nrzb*" (a textological notation familiar mainly to literary scholars who read the section on rough drafts in academic collected works) is what should be in the text but actually is not, insofar as "it" is "**N**[e] **R**[a]**Z**[o]**B**[rano]," that is, illegible. An interpreter can read anything he or she wants into an illegible fragment; in *NRZB* textual interpretation of

Zvezdy i nemnogo nervno: Memuarnye vin'etki (Moscow: Vremia, 2008); Zholkovskii, *Naprasnye sovershenstva i drugie vin'etki* (Moscow: AST, 2015); Zholkovskii, "'Na grani' i drugye vin'etki," *Novyi mir* 2 (2017): 124–47; and others.

39 Vasilii Aksenov, "Professor Zet sredi Iksov i Igrekov," in Aleksandr Zholkovskii, *NRZB*, 3. Signed: Vassily Aksyonov.

40 The poet and literary critic Victor Esipov.

41 Aleksandr Zholkovskii, "Byt' znamenitym . . . : 1. Being Vasilii Pavlovich; 2. Piatnadsat' minut slavy," *Zvezda* 11 (2012): 212–17; republished in his book *Poetika za chainym stolom i drugie razbory*, 723–30. On the plot points, see Zholkovskii, "Opponenty i puanty," in *Naprasnye sovershenstva*, 178–79.

42 On these two genres, see Willem Weststeijn's article in the current volume.

the stories that Zholkovsky did not want to do under his own name is "entrusted [. . .] to Professor Z."[43]

A *vignette* is what is not in the text but what should be, if not in the text, then alongside it. In fine old books vignettes were an almost obligatory part of the design. They depict either what is in the book or what is presumed to be in it. As a rule, they are not found in the text but nearby—before or in front of it. Sometimes they are no less important than the text itself. The word also has a figurative meaning. "The word 'vignette' as the description of a verbal genre," Zholkovsky explains, "is more richly developed in English [than in Russian]. When something is not central, not major, not required, something entertaining or elegant, then this is a 'vignette.' In this context I am more or less an innovator in Russian."[44]

But to be marginal or peripheral does not mean to be irrelevant. Zholkovsky is fond of Alfred North Whitehead's famous maxim that Western philosophy is a series of footnotes to Plato, that is, a commentary on Plato. In exactly the same way that the study of literature is the creation of such footnotes to someone else's texts and comments on them, the vignettes are footnotes to the text of one's own life and commentary on it. Without commentary a text is hermetically sealed and loses meaning. To put it simply, without commentary there is no meaning.

According to Lidiia Ginzburg, "[Viktor] Shklovsky assert[ed] that every decent literary scholar should be able, in case of necessity, to write a novel."[45] "But I have no inclination at all to write a novel," Zholkovsky parries, preferring to hone his practice in smaller genres. "Even in my scholarly writing I prefer to analyze short things—puns, maxims, poems, novellas."[46] In one of his recent books[47] he gave titles to all of its sections, explicitly describing his own generic repertoire: "Silhouettes,"[48] "Essays and Reviews [*esse i razbory*]," "*razborki*,"[49] "Vignettes," "Fiction." In his latest collection

43 Mikhail Gasparov, "Vzgliad iz ugla," *Novoe literaturnoe obozrenie* 3 (1993): 47.

44 Zholkovskii, "'Avtor—personazh, i iz samykh uiazvimykh,'" as cited in note 8 above.

45 Lidiia Ginzburg, *Chelovek za pis'mennym stolom* (Leningrad: Sovetskii pisatel', 1989), 34.

46 "Aleksandr Zholkovskii," as cited in note 4 above.

47 Aleksandr Zholkovskii, *Ostorozhno, trenozhnik!* [Watch Out! A Tripod!] (Moscow: Vremia, 2010). "Watch out!"—because the tripod (i.e., reputation) gets *shaken* (a quote from Pushkin's "To a Poet," used in the title of two literary essays: Vladislav Khodasevich's "Shaken Tripod" and ". . . It Shakes Your Tripod" by Solzhenitsyn).

48 The genre definition refers to Iulii Aikhenval'd's book *Siluety russkikh pisatelei*.

49 That is, polemics (*razborka* [jargon]—"clarifying relations with a hostile group";

Selected Passages, or Topics of Various Years (Moscow: CoLibri, 2016), he again unites fiction and non-fiction, *Dichtung und Wahrheit*, under a single cover. Shklovsky would have called this kind of book a "centaur."

The "impudently literary" title *Selected Passages*[50] parodies Gogol's *Selected Passages from Correspondence with Friends*,[51] and *Topics [or "Plots" or "Stories"] of Various Years* recalls the customary subtitle "Works (Stories, etc.) of Various Years." The subtitle suggests what literature and biography have in common: a story.

According to Zholkovsky, the very title of the series in which the book appeared—"Persona"—prompted him to bring together this varied set of materials. The heterogeneous works are united by the personality of the writer, a "writer with a biography" according to Tomashevskii's classification.

Mikhail Gasparov remarked that although "Poststructuralist intellectual play" is not alien to Zholkovsky, this is "conscious and permissible only against a background of Structuralist rigor."[52] Zholkovsky like no one else realizes "the regrettable, but unavoidable instability of humanist discourse, doomed to fluctuate between the extremes of science and art."[53] However, in the latest reissue of his work with Shcheglov on the poetics of Tolstoy's children's stories, he admits with a light heart that he has always been and remains a consistent Structuralist:

> In presenting their later works, [. . .] the co-authors decided not to foreground the theoretical underpinning of their studies, and they left it in the background, hid it in the subtext, tucked it away in the foundation, but did not cease to make use of this multiplication table secretly to produce (as it turned out) good results. But to keep silent about this concealment does not seem proper either. The fact is that

---

polemic—a "scientific or philosophical dispute," from the Greek πολεμικά, "military exercises").

50 The author's own words. (See Aleksandr Zholkovskii, "'Letnim dnem': Ezopovskii shedevr Fazilia Iskandera," *Novyi mir* 4 [2015]: 179).

51 See Zholkovsky's own "Vybrannye mesta iz perepiski s Khemingueem," in his book *Memuarnye vin'etki*, 32–35; Alexander Zholkovsky, "Rereading Gogol's Miswritten Book: Notes on *Selected Passages from Correspondence with Friends*," in *Essays on Gogol: Logos and the Russian Word*, ed. Susanne Fusso and Priscilla Meyer (Evanston, IL: Northwestern University Press, 1992), 172–84, also in his *Text Counter Text*, 17–34.

52 Mikhail Gasparov, "Predislovie," in Zholkovskii and Shcheglov, *Raboty po poetike vyrazitel'nosti*, 8.

53 Zholkovskii, "Zh/Z—97," 190.

> intellectual fashions come and go but the fundamental tasks of literary criticism remain, and one can expect a return of interest in Structuralist ideas and methods.[54]

In our Postmodern age we have come to expect that every reader has "my Pushkin" and "my Tolstoy." It should not be a surprise that every reader has "my Zholkovsky" and that they are all different. We would like to stress again Zholkovsky's many-sided creative independence, which we hope is at least to some degree reflected in the offerings collected in this volume. This, indeed, is what *predisposed* the authors and coeditors to their choice of the main ED (expressive device) used in this book—VAR*contr* (contrasting VARIATION).[55] We did not attempt to force this variety into some fixed order, and so decided to present the articles in alphabetical order—*from A to Z.*

Counter to venerable and useful custom, we did not include a bibliography of the person being festschrifted. First of all, this is largely available on his own website.[56] Secondly, it is very large: thirty-five books and about four hundred articles, not including translations and reprints,[57] plus interviews and other newspaper materials; and there are at least two or three dozen publications for various reasons not included in Zholkovsky's own bibliography (abstracts, reviews, survey articles, and so forth). Thirdly, to put all of this into a single bibliographic list, we would need to check all publications *de visu*, and this, as we see, would amount to more than five hundred items, including early works printed in hard-to-access Soviet publications (preprints of academic institutions, rotaprint collections of institutes and universities, etc.). It is possible and necessary to seek all this out, but it would take time and diligent effort. Well, for the next anniversary we may publish this as a separate volume!

Dennis Ioffe, Marcus Levitt, Joe Peschio and Igor Pilshchikov

---

54 Aleksandr Zholkovskii, "Ot sostavitelia," in Zholkovskii and Shcheglov, *Ex ungue leonem*, 6.

55 See Zholkovskii, *Poetika vyrazitel'nosti*, sections 1.3 (Temy, predraspolagaiushchie k PV) and 5 (Provedenie cherez raznoe, ili var'irovanie) (*Ex ungue leonem*, 125, 149).

56 *Alexander Zholkovsky*, accessed July 21, 2017, http://www-bcf.usc.edu/~alik/alik.htm.

57 See List of Publications, *Alexander Zholkovsky*, accessed April 24, 2017, http://www-bcf.usc.edu/~alik/eng/publ.htm.

"DEAR IOSIF VISSARIONOVICH"

The Unmaking of Kalatozov's *Mountain Eagles*

ANTHONY ANEMONE
(New York)

"It is in the mountains that eagles dwell."
Lev Tolstoy, *Hadji Murat*

INTRODUCTION

In the case of many, if not all, leading Soviet film directors, a full account of their careers is impossible without considering projects that for various reasons were never completed, or that were made and shelved.[1] The career of Mikhail Konstantinovich Kalatozov (1903–73), one of the longest and most successful in the history of Soviet cinema, illustrates most of the ways of not completing films available to Soviet filmmakers of his generation.[2] When his first directorial project, *Slepaia* (script by

1 Perhaps the best-known examples in Russian cinema are Sergei M. Eisenstein's *Que viva Mexico!* (1930–31), *Bezhin lug* (1937), and the second (1946, released 1958) and third (1946–47) parts of *Ivan Groznyi*. In American cinema, the best example is without a doubt Orson Welles, whose career is littered with important projects never completed. Jonathan Rosenbaum, *Discovering Orson Welles* (Berkeley: University of California Press, 2007), 28–48, 67–89, 188–200, 296–307.

2 Starting as a chauffeur at Georgia's film studio in Tbilisi in 1923, Kalatozov worked as an actor, scriptwriter, cameraman's assistant, cameraman, and assistant director before

Sergei M. Tret'iakov), was criticized in the Moscow press for formalism and never released, Kalatozov used footage from it to make the pseudo-ethnographic *Sol' Svanetii* (1930).[3] His second silent feature, *Gvozd' v sapoge* (1931), made in the style of the *agitka* of the 1920s,[4] was publically savaged before its premiere, then shelved and forgotten for more than fifty years.[5] Even after Kalatozov established himself as a politically reliable director in the 1940s, several of his projects were never filmed,[6] perhaps the most intriguing of which was to have been a joint Soviet-English biopic about Kim Philby, the notorious English spy who had defected to Moscow a few years earlier.[7]

But the subject of this article concerns one particular unfinished project that had a crucial influence on Kalatozov's return to filmmaking after a ten-year lapse in the 1930s and on his entire "creative biography." For much of the 1930s, Kalatozov dreamed of making a movie about the nineteenth-century armed struggle of the Muslim tribes of the

---

directing his first film, *Sol' Svanetii*, in 1930. His final film, *Krasnaia Palatka*, was released in 1971. To this day, his 1957 film *Letiat zhuravli* is the only Russian or Soviet film to have won the most prestigious prize in the world of the cinema, the Palme d'Or at the Cannes Film Festival.

3 Set in a remote and primitive mountainous region of Georgia (Svanetiia) shortly after the revolution, *Slepaia* told a tragic story of poverty, ignorance, drunkenness, and violence among the Svans. The film's nameless heroine, the blind adopted daughter of a rich Svan family, is married off to a poor man so drunk he does not realize that the girl is blind. Her sight is restored after a medical operation, and her gratitude to the doctor is misunderstood by her husband, who, in the film's final section, kills the doctor out of jealousy, after which the girl commits suicide. Irina Ratiani, *Sergei Mikhailovich Tret'iakov: Kinematograficheskoe nasledie* (St. Petersburg: Nestor-Istoriia, 2010), 28–30, 220–42. For Tret'iakov's screenplay for *Sol' Svanetii*, see ibid., 284–94.

4 For a detailed account of the *agitka*, see Khandzhara Abul-Kasymova et al., eds., *Istoriia sovetskogo kino, 1917–1967* (Moscow: Iskusstvo, 1969), 1:69–84.

5 For the full story of the film's fate, including the polemic in the press, see Anthony Anemone, "The Polemic around Mikhail Kalatozov's *A Nail in the Boot*," *Studies in Russian and Soviet Cinema* 9, no. 2 (2015): 126–33.

6 In 1961, Kalatozov completed the director's script for *Shkola zhizni*, which was to unite his two main collaborators from *Letiat zhuravli*, scriptwriter Viktor S. Rozov and cinematographer Sergei P. Urusevskii. (Russian State Archive of Literature and the Arts [RGALI], f. 2453, op. 4, ed. khr. 1180.)

7 See American film producer Irving Allen's letter of August 19, 1969, to Vladimir Surin, director of Mosfil'm, in the archives of the Georgian State Museum of Theater, Music, Cinema, and Choreography (Tbilisi), f. 1, d. 5099, papka 1, ruk. 37-245.21.235/9.

North Caucasus against the Russian army.[8] Called *Gornye orly*, the script recounts the last year of the war from the point of view of Shamil, the Muslim commander and third imam of Dagestan and Chechnya.[9] The importance Kalatozov attached to this project is underlined by the fact that after spending several years researching and writing the script, he spent another three years struggling for permission to make the movie.[10] In his own words, "My screenplay about Shamil has endured only slightly fewer battles than Shamil himself."[11] On April 25, 1939, in a last-ditch attempt to break through the opposition of the Main Administration for Cinema (GUK) in Moscow, Kalatozov wrote a personal appeal to Stalin, requesting that the leader himself decide the fate of his script.[12] While no evidence has yet come to light that Stalin replied to the young filmmaker, either in a letter, phone call, or personal meeting, a careful reading of the events surrounding the unmaking of *Gornye orly* is crucial for several reasons: it clarifies a largely unknown period in Kalatozov's career, illustrates the complex ways that censorship worked in the world of Soviet filmmaking in the 1930s, and sheds light on the beginnings of Stalinism in Soviet cinema.

HISTORICAL CONTEXT

Who was Shamil? The leader of the longest war ever waged against Russia was born in 1797 to an Avar family in the Dagestani *aul* (village) of Gimry (Genub). Growing up, Shamil's closest friend was Khazi Muhammad (a.k.a. Khazi Mollah) (1795–1832), another pious and studious boy who would go on to play a major role in the religious and political life of the Caucasus. At an early age, both were drawn to the religious teachings of the so-called Naqshbandi Sufi brotherhood, which had only recently

8 To this day, the best and most detailed account in English of this war remains John F. Baddeley, *The Russian Conquest of the Caucasus* (London: Longman's, Green & Co., 1908).

9 The most reliable source on Shamil is Moshe Gammer, *Muslim Resistance to the Tsar: Shamil and the Conquest of Chechnia and Daghestan* (London: Frank Cass, 1994), although Leslie Blanch's highly romanticized *The Sabres of Paradise* (New York: Viking, 1960) is still worth reading.

10 Aleksandr S. Deriabin, "Piat' let i tri goda," *Kinovedcheskie zapiski* 27 (2004): 114–61.

11 Deriabin, "Piat' let," 159.

12 See the Appendix for the full text of this letter.

been reintroduced into Dagestan.[13] Although originally a purely religious teaching, Sufism in Dagestan would combine politics and religion into one movement by conflating a desire for religious revival with the struggle for freedom from foreign domination. Its followers, the Murids ("the committed ones") rejected all non-Muslim political authority, emphasized the equality of all social classes, and preached replacing local customary law (*adat*)[14] with Sharia law to expel the Russians from the Caucasus. By the end of the 1820s, Khazi Muhammad, with Shamil at his side, had won the support of most of Dagestan and established the first Imamate of Dagestan. He declared a holy war in 1829 and led a military struggle against the Russians until he was defeated and killed on October 17, 1832, at Gimry.[15] Following the brief reign of a second imam, Shamil was named the third imam of Dagestan in 1834.[16]

A military genius as well as a charismatic religious leader, Shamil waged a guerilla war against the Russians for another twenty-five years, on several occasions inflicting embarrassing defeats on much larger Russian forces.[17] His several escapes from all but certain defeat, and his ability to gather new forces to continue the struggle gained him the adulation of his Muslim guerillas as well as the respect of his Russian opponents. In the words of one modern historian, Shamil was "the second most famous person in the Russian Empire" and "had reached almost legendary status in Europe by the time of his capture."[18] In the end, the Russians' superior numbers and arms proved decisive.[19] Finally defeated and captured by the Russians at the siege of Gounib in 1859, Shamil spent the last twelve years

13 The reintroduction of Sufism into Dagestan was accomplished by Ismail Efendi toward the end of the eighteenth century. See Baddeley, *The Russian Conquest*, 233–34.

14 One of the central elements of the customary law (*adat*) of Dagestan and Chechnya was the blood feud (ibid., 245–50).

15 For a detailed account of Khazi Muhammad's military campaign, culminating in his final defeat at Gimry, see ibid., 251–83.

16 Ibid., 283–88.

17 The most detailed account of the Murid war can be found in Baddeley, *The Russian Conquest*, 230–482.

18 Thomas M. Barrett, "The Remaking of the Lion of Dagestan: Shamil in Captivity," *The Russian Review* 53, no. 3 (1994): 358–59. Barrett calculates that no fewer than twenty-eight books on Shamil and the conflict in the Caucasus were published in Europe and America between 1854 and 1856, and at least ten more in the three years between the end of the Crimean War and his capture in 1859.

19 Firouzeh Mostashari, *On the Religious Frontier: Tsarist Russia and Islam in the Caucasus* (London: I. B. Tauris, 2006), 57; Baddeley, *The Russian Conquest*, 440–45.

of his life as a privileged prisoner of the Russian tsar. In 1869, Nikolai I allowed him to make a pilgrimage to Constantinople and the Muslim Holy Land, where he died and was buried in Medina.[20]

SCRIPT

«И дики тех ущелий племена,
Им бог—свобода, их закон—война».
M. Lermontov, "Izmail-bei"

At the center of *Gornye orly* stand the towering figures of Shamil and his most important ally, Hadji Murat. Beginning with Hadji Murat's daring raid on the Russian fortress "Impregnable,"[21] the screenplay culminates in the 1859 siege of Vedeno, which led directly to Shamil's surrender later the same year. Focusing on the final year of the war, the main dramatic interest of the script centers on the imam's relationship with his two leading lieutenants, Hadji Murat and Daniel'-bek. Kalatozov's script openly polemicizes with Tolstoy's *Hadji Murat*, the canonical representation for most Russians of the war and its leading participants on both sides.[22] In *Hadji Murat*, the combatants are described in typical Tolstoyan fashion: common Russian soldiers are decent and sympathetic figures; generals and officers are insincere and hypocritical egotists. But while Tolstoy describes the Murids in similarly broad strokes as simple, honorable, and deeply religious men, Shamil and Hadji Murat are more complex characters. Tolstoy's Shamil is a military genius as well as a cruel and untrustworthy religious fanatic, while his Hadji Murat is a charismatic, brave, and honorable warrior flawed by pride, hatred, and a thirst for revenge.[23]

20 For the best account of Shamil's exile, see Barrett, "The Remaking of the Lion," 35–66.

21 Other Russian army fortresses in the Caucasus theater bore similar symbolic names, such as "Sudden" (*Vnezapnaia*) and "Stormy" (*Burnaia*), while the two most important settlements were named "Awe-Inspiring" (*Groznyi*) and "Ruler of the Caucasus" (*Vladikavkaz*).

22 The account of Hadji Murat's tragic end given in the main English language source is very close to Tolstoy's. See Baddeley, *The Russian Conquest*, 440–44.

23 For a fascinating discussion of Hadji Murat as a "noble savage" for whom honor and freedom are more valuable than life itself, see Harsha Ram, *Prisoner of the Caucasus: Literary Myths and Media Representations of the Chechen Conflict* (Berkeley, CA: Berkeley Program in Soviet and Post-Soviet Studies, 1999), 7–9. In one of his central insights, Ram notes that the usual dichotomies between violence/religion, culture/civilization, and freedom/lawlessness are suspended in the world of the noble savage.

Once he has defected to the Russians, Hadji Murat's tragic end is inevitable, yet Tolstoy (and his reader) continue to admire his courage, tenacity, and honesty to the very end.

While both authors share an admiration for those willing to fight and die for the cause of freedom, Kalatozov's characterizations of Shamil and Hadji Murat are quite different. Unlike Tolstoy's noble savage, Kalatozov's Hadji Murat is, despite the obvious religious incongruity, an almost Christ-like figure whose forfeiture of everything he holds dear becomes the apotheosis of sacrifice for a noble cause. If Tolstoy's Shamil is a religious fanatic, Kalatozov portrays him as a political and military leader who uses religion instrumentally to motivate his people in a doomed fight against overwhelming odds. He is willing to feign praying,[24] to invent God's instructions to his people,[25] and even lie to his own people to attain his ends.[26] Unencumbered by Islamic law, he allows Russian soldiers to drink vodka[27] and blesses the marriage between a Russian soldier and a Muslim woman.[28] His welcoming acceptance of two "renegade" (*beglye*) Russian soldiers into his army is of particular importance. Varlinskii is an artillery officer and political exile (perhaps a former Decembrist) who is willing to fight with Shamil against his fellow Russians "as long as there is a Tsar … always."[29] The orderly Petr Peterikov is a more developed and interesting character. Strong as a Russian bogatyr, he is a simple man whose character combines humor, political principle, and military heroism with a tragic fate. At their first meeting, assuming the unfamiliar Russian word *ordinarets* (orderly) must denote high military and social rank, Shamil asks the barely literate peasant to read a set of stolen Russian war plans[30] with predictably comic results.[31] But rather than building on

24 M. K. Kalatozov, *Shamil'*, *Iskusstvo kino* 12 (1937): 3–20.

25 Ibid., 8.

26 Ibid., 17.

27 Ibid., 13.

28 Ibid., 8. Shamil's approval of Peterikov marrying a Muslim woman whose husband had died fighting the Russians suggests that Kalatozov had a somewhat utopian view of the absence of religious prejudice among ordinary nineteenth-century Christians and Muslims.

29 Ibid., *Shamil'*, 6.

30 Interestingly, Tret'iakov's screenplay for Shengelaia's film *Eliso* also begins with the text of a secret Russian military communication that reveals the cruelty and even depravity of the Russian military campaign against the highlanders of the Caucasus. Ratiani, *Tret'iakov*, 243.

31 Kalatozov, *Shamil'*, 4.

the Gogolian theme of mistaken identity, Kalatozov follows Tolstoy's lead in emphasizing the moral depravity of the Russian army's campaign in the Caucasus; when he learns of the Russian army's plan to burn villages that refuse to submit to Russian authority, Peterikov instantly exclaims in horror: "The heathens ... no wonder Pugachev rebelled" (*Nekhristi ... Ne zria Pugachev buntoval*).[32] When Shamil asks him who Pugachev was, he replies: "Someone like you, but one of ours, from the Urals."[33] Together, Varlinskii and Peterikov suggest an essential continuity between Shamil's struggle against Russia imperialism and previous rebellions against tsarist tyranny by nobles (the Decembrists) and peasants (Pugachev) alike. In Kalatozov's scheme, each of these rebellions is part of a larger struggle for self-determination and freedom that has been waged by inhabitants of the Russian empire for centuries. Unfortunately, as Kalatozov would soon learn, including the struggle of Muslim tribes in the Caucasus against Russian imperialism in the history of progressive revolutionary struggles against tyranny was a controversial and even dangerous decision.

If Tolstoy provided Kalatozov a strong literary precursor, early Soviet cinema also influenced the script and the conception of *Gornye orly*. The single greatest cinematic influence was Sergei and Georgii Vasil'ev's *Chapaev* (1934), the Soviet cinema's first true blockbuster. Both are ideological adventure stories based on well-known historical conflicts that pitted the common people against traditional elites. More specifically, both contain intensely sympathetic and romantic images of popular uprisings led by simple but charismatic men against the powerful forces of tyranny and injustice. Chapaev and Shamil are both depicted as brilliant warriors and preternaturally wise father figures who preside over the battlefield and bless the doomed love of young soldiers in their command. Although individuals perish over the course of the wars, love ultimately becomes the symbol of a future world beyond the strife and conflicts of the present. And while neither leader lives long enough to enter the promised land of freedom, the larger struggles they lead live on after their deaths. Indeed, the promise of future victory is encoded in each film's final scenes. In *Chapaev*, it is seen in the final images of the Red Cavalry's counterattack and the artillery shell that pulverizes the White soldiers; in *Gornye orly*, in Shamil's final message to the Russian commander: "You cut off Hadji

32 The Russian word *nekhrist'* can mean both "brutish person" and "heathen."

33 Kalatozov, *Shamil'*, 4.

Murat's head and it changed nothing … you can cut off my head and it will change nothing … you can cut off his head and it will change nothing. No matter how many of us you kill, there will always be others to take our places."[34] More than mere historical figures, both Chapaev and Shamil become universal symbols of the eventual victory of freedom over tyranny.

Another important connection between *Chapaev* and *Gornye orly* is the motif of Russian soldiers who have defected to the other side. Near the center of each plot is a subplot concerning military orderlies who defect when they learn an appalling truth about the immoral power they serve. Both transformations occur as the result of seeing (or hearing) an official document not meant for the eyes (or ears) of ordinary soldiers: in *Chapaev*, Colonel Borozdin's orderly Potapov sees a memo condemning his brother to death by flogging as he polishes the floor of the colonel's office, and Peterikov hears Varlinskii read the general's order to destroy entire villages that refuse to submit to Russian authority. Even more interestingly, both use music symbolically at critical places in the narrative. Scholars of Russian film have written extensively about the ways that folk songs (e.g., the Reds singing "Chernyi voron") and classical music (e.g., Colonel Borozdin playing Beethoven's piano sonata "Apassionata") in *Chapaev* communicate the conflicting values of ordinary people and the elite on a purely emotional level: collectivity, solidarity in suffering, and self-sacrifice versus individualism, power, and elitism.[35] Although Kalatozov uses it more sparingly,[36] music (and dance) plays an important role in his film. The most salient example occurs near the script's end: on the morning of the last day of the siege of Vedeno, a handful of defenders, men and women, await the final attack by the Russians. As the Russians approach, the defenders begin dancing a *lezginka*, the classic dance of the Caucasus, while Peterikov accompanies them on the quintessentially Russian accordion. Confused and ill at ease,[37] the approaching Russian soldiers begin firing their rifles

---

34 Kalatozov, *Shamil'*, 18.

35 Julian Graffy, *Chapaev* (New York: I. B. Tauris, 2010), 45–48, 57–62; Aleksandr Ostretsov, "Muzyka fil'ma," in *Chapaev: O fil'me*, ed. Raisa Messer (Moscow: Kinofotoizdat, 1936), 147–61.

36 In response to a suggestion that he include more folk music, singing, and dancing in his script, Kalatozov responded dryly that "Shamil forbade singing and dancing: he was a severe man" (Deriabin, "Piat' let," 141).

37 Deriabin compares this scene to the "psychic [i.e., psychological] attack" of the cadets in *Chapaev*. Deriabin, "Piat' let," 124.

haphazardly, while the dancers, paying no attention to anything but the dance, fall one by one. Suddenly, taking advantage of the Russians' momentary confusion, Shamil and the rest of the survivors, two or three to a horse, gallop past, making good their escape.

Kalatozov's use of the *lezginka* to transform collective desperation and defeat into a symbolic victory points to another crucial cinematic influence on *Gornye orly*. As he wrote this scene, Kalatozov was almost certainly thinking of another recent movie about the clash between Russian imperialism and the Muslim inhabitants of the Caucasus in the nineteenth century, Nikoloz Shengelaia's classic silent feature *Eliso* (1928). One of the acknowledged masterpieces of the new Georgian Soviet silent cinema,[38] *Eliso* places the ill-fated love between Vazhia, a Christian Khevsur, and Eliso, a Muslim Chechen, against the background of Russia's brutal policy in the 1860s of relocating entire Muslim villages and resettling the border area with Cossacks.[39] Near the film's end, at a moment of collective despair, the Chechen villages respond to their exile by dancing a *lezginka* that symbolizes not only their resolve, despite everything, to preserve their national traditions and culture, but also the "spiritual triumph of the oppressed over their oppressors."[40] Watching it can help one imagine how Kalatozov might have filmed this moving and resonant scene.[41]

38 In Radunovich's opinion, *Eliso* was "the most popular and, perhaps, cinematically most accomplished feature film released by the Georgian film studio in the 1920s." Dušan Radunovich, "Incommensurable Distance: Versions of National Identity in Georgian Soviet Cinema," in *Cinema, State Socialism and Society in the Soviet Union and Eastern Europe, 1917–1989*, ed. Sanja Bahun and John Haynes (New York: Routledge, 2014), 57.

39 A noted modern historian of Georgia estimates that the Russians relocated approximately 90,000 people in the North Caucasus and Abkhaziia in the 1860s and 1870s, while an additional 418,000 emigrated to Ottoman Turkey. Stephen F. Jones, *Socialism in Georgian Colors: The European Road to Social Democracy, 1883–1917* (Cambridge, MA: Harvard University Press), 296n41.

40 Radunovich, "Incommensurable Distance," 58.

41 The scene in question begins approximately sixty-three minutes into the film, which is readily available on YouTube. In the stylistic highpoint of the entire film and one of the best examples of "rhythmical" or "musical" montage style in Georgian cinema of the 1920s, Shengelaia alternates shot length, switches between close-ups and medium shots that isolate feet, faces, and bodies; combines interior (i.e., psychological) and exterior shots; and uses reaction shots and camera angle and placement to create a thrilling, moving, and uplifting ending to the film. To compare the filmed version of the *lezginka* scene with Tret'iakov's script, see Ratiani, *Tret'iakov*, 275–81.

CENSORSHIP

While the thought of making a feature film about Shamil and the Muslim insurgency in the Caucasus may have come to Kalatozov in the early 1930s while he was studying at the Leningrad Institute for Art Studies (Leningradskii Institut iskusstvoznaniia), he did the bulk of the research and writing after he returned to Georgia in 1934 as the director of Tbilisi's film studio. At some point in 1935, he submitted the script of a film titled *Gornye orly* for approval, but it was returned to him with a demand for revisions.[42] The bone of contention was, apparently, that rather than depicting Shamil as a religious fanatic or a "national chauvinist," Kalatozov had portrayed him as the leader of an anti-colonialist national liberation struggle. Kalatozov's refusal to revise this aspect of his script meant that his film could not be produced in Georgia and, presumably, this played an important role in his decision to return to Leningrad,[43] where he hoped to restart his directorial career at Lenfil'm.[44]

In the summer of 1936, Kalatozov managed to convince Boris Shumiatskii, then the director of Soiuzkino and the most powerful man in the Soviet film industry, to read his script. By the end of the summer, Shumiatskii informed Kalatozov that he could not recommend moving forward.[45] He spelled his reasons out in an official response dated September, 16, 1936, that he shared with Kalatozov. Although generally encouraging the young writer's efforts, Shumiatskii noted that the script suffered from stylistic and generic inconsistencies, schematically drawn and unconvincing characters, and a lack of geographical specificity.[46] Still, in Shumiatskii's opinion, the main problem with the script was the absence of a "clear historical concept" (*chetkoi istorichekoi kontseptsii*) that could

42 Kalatozov's critics were the head of the Georgian film industry, Amvrosii Semenovich Titberidze (d. 1938), the first secretary of the Dagestani Party, Nazhmuddin Samurskii (pseud. of Efendiev, 1891–1938), and a leading Dagestani historian and literary critic, Iusup Nazhmutdinovich Shovkrinskii (1902–43). Deriabin, "Piat' let," 120–21.

43 In a March 20, 1936, letter to Iurii Lebedinskii, Kalatozov shed additional light on his decision to leave Tbilisi. After mentioning that he was "captivated with a particular historical topic," he ascribed his decision to quit his job as the director of the Tbilisi Film Studio to his desperate unhappiness with administrative work (*etu griaznuiu mantiiu administrativnogo oblacheniia*) and cultural life in Tbilisi, and to his desire to return to directing movies. RGALI, f. 1099, op. 1, ed. khr. 786.

44 Deriabin, "Piat' let," 151–53.

45 Ibid., 115, 127.

46 Ibid., 128–29.

explain the events of the Caucasian war.[47] Interestingly, in his original letter to Kalatozov, Shumiatskii had hinted that another reason for his rejection of the script was the potential political danger in raising the issues of military conflict and ethnic separatism in the Caucasus: "this theme is extremely significant and has already been ruined once (Kavaleridze), so we all have to be especially on our guard [*nastorozhennymi*]."[48] "Kavaleridze" is Ivan Petrovich Kavaleridze (1887–1978), a multitalented Georgian-Ukrainian artist whose film *Prometei* (1936) had recently been attacked on the pages of *Pravda* (February 13, 1936) and banned from exhibition despite its revolutionary plot (drafted into the tsarist army and sent to the Caucasus, a Ukrainian peasant is radicalized and, after he returns to his home village, inspires a peasant revolt).[49]

More to the point, although Shumiatskii did not mention it, was the fact that Kalatozov's script coincided with one of the first Moscow show trials.[50] Convicted of carrying out the assassination of Sergei Kirov and planning the assassination of other leading Bolsheviks, including Stalin himself, the sixteen members of the so-called "United Trotsky-Zinoviev Anti-Soviet Center" were convicted and sentenced to death when the trial concluded in late August 1936.[51] With the new Stalinist emphasis on Russian state power as the way forward to communism, a film about a popular revolt against Russia would be, as the experienced and politically savvy Shumiatskii certainly understood, dangerous, if not impossible. As if the situation was not already complicated enough, Shumiatskii was aware that the impeccably Stalinist writer Petr A. Pavlenko[52] was already

---

47 Ibid.

48 Ibid., 127.

49 In fact, Shumiatskii had been one of the first and most vociferous critics of Kavaleridze's *Prometei*. The details of his opposition can be traced in his comments at a private screening of the film he organized at the Kremlin for Stalin, Molotov, and Kalinin on February 7, 1936. Aleksandr S. Troshin, ed., "'Kartina sil'naia, khoroshaia, no ne "Chapaev"'... Zapisi besed B. Z. Shumiatskogo s I. V. Stalinym posle kinoprosmotrov, 1935–1937 gg.," *Kinovedcheskie zapiski* 62 (2003): 160–61, 183.

50 The trial lasted from August 19–24, 1936, and Kalatozov's script was dated August 30, 1936.

51 Robert Conquest, *Stalin and the Kirov Murder* (Oxford: Oxford University Press, 1989), 77–86; Roy Medvedev, *Let History Judge: The Origins and Consequences of Stalinism* (New York: Columbia University Press, 1989), 354–57.

52 Today, Pavlenko (1899–1951) is known, if at all, only as the author of the script for Eisenstein's *Aleksandr Nevskii* (1938), as well as for two postwar classics of Stalinist cinema directed by the Georgian director Mikhail Chiaureli, *The Vow* (*Kliatva*, 1946)

at work on a film script about Shamil and the "fifty-year-long struggle of the peoples of the Caucasus against the Russian tsar."[53]

Despite Shumiatskii's rejection, by the end of 1936 Kalatozov appeared to have reason for cautious optimism. The leading cinema journal *Iskusstvo Kino*, which had recently announced an initiative to support scriptwriters with constructive criticism of their work,[54] published the script for *Gornye orly* in the December 1936 issue.[55] A couple of months later, as promised, the journal published a discussion of the script by the journal's editors.[56] Despite the first speaker's sarcastic attack on some very basic historical errors in the original script,[57] most of the speakers approved of Kalatozov's vision of Shamil as the leader of a national liberation struggle against tsarist imperialism in the Caucasus. Nevertheless, approval for starting production was still not forthcoming, and by the end of 1937 Kalatozov appears to have given up on the project. In an interview published in the newspaper *Kino*,[58] he mentioned that he was already working on a short color and sound film about Russian folk culture, and that his next full-length project would be an adaptation of Konstantin Paustovskii's short story "Muzyka Verdi"[59] to be called *Nash syn*.[60]

Everything suddenly changed when Shumiatskii was arrested for "political blindness" and "wrecking" (*vreditel'stvo*).[61] According to

---

and *The Fall of Berlin* (*Padenie Berlina*, 1947). In the letter to Lebedinskii quoted above, Kalatozov was especially scathing about Chiaureli. RGALI, f. 1099, op. 1, ed. khr. 786.

53 Deriabin, "Piat' let," 116.

54 Interestingly, in his response to the harsh criticism of *Gvozd' v sapoge* in the journal *Proletarskoe kino*, Kalatozov had begged Soviet critics to provide filmmakers with constructive criticism. See Anemone, "The Polemic," 126.

55 Number 12, pages 3–20.

56 The collective discussion of Kalatozov's script by the editors of *Iskusstvo kino* occurred on March 9, 1937. Konstantin Iukov, "O stsenarii M. Kalatozova "Shamil,"" *Iskusstvo kino* 4 (1937): 61–64.

57 For example, Kalatozov had Hadji Murat attending a performance of *Carmen* at the Tbilisi Opera House during the 1851–52 season although the opera by Georges Bizet made its debut only in 1876.

58 Interestingly, the same issue carried an announcement that the director Moisei Z. Levin would soon start filming Pavlenko's *Shamil* script (Deriabin, "Piat' let," 118–19).

59 A film version of Paustovskii's story directed by Vladimir M. Gorriker was released in 1961 by Mosfil'm as *Muzyka Verdi*.

60 Marina Raku, *Muzykal'naia klassika v mifotvorchestve sovetskoi epokhi* (Moscow: Novoe literaturnoe obozrenie, 2014), 450.

61 Shumiatskii was executed on January 2, 1938.

one observer, once they heard the news from *Pravda*, "all of Moscow's film-makers gave parties on the night of January 9."[62] Kalatozov saw a chance to revive his *Gornye orly* script. Almost immediately, he and his supporters at Lenfil'm started lobbying. A discussion of the script that was hastily organized and held at Lenfil'm on January 18, 1938, resulted in a straightforward recommendation to move ahead on production.[63] By the beginning of February, the director of Lenfil'm, Miron E. Denisiako, had forwarded a recommendation to GUK requesting permission to include *Gornye orly* in the studio's production plan for 1938.[64]

As soon as he heard that Shumiatskii's replacement as the head of GUK, the former chekist Semen S. Dukel'skii, had questioned the advisability of producing *Gornye orly*, Kalatozov wrote directly to him.[65] In this remarkable letter dated March 7, 1938, Kalatozov went beyond defending his script to embrace the central rhetorical devices of Stalinist political discourse.[66] For example, he ascribed opposition to his script to recently exposed "enemies of the people" in Tbilisi and Moscow who rejected his interpretation of Shamil as the political leader of a "democratic liberation struggle" directed, not against Russians or Christians, but tsarist tyranny. In so doing, he continued, these "bourgeois nationalists" also repudiated views held by Karl Marx and Friedrich Engels that had recently been enshrined in the first Stalinist history text for school children.[67] After presenting historical evidence for his script's view of Shamil,[68] Kalatozov

62 Jay Leyda, *Kino: A History of the Russian and Soviet Film* (New York: Macmillan, 1960), 340.

63 Deriabin, "Piat' let," 137–47.

64 Ibid., 147–51.

65 Ibid., 119–23.

66 For those who know Kalatozov's most famous movies, especially the three great films made with cinematographer Sergei Urusevskii in the Thaw years between 1957 and 1964 (*Letiat zhuravli*, *Neotpravlennoe pis'mo*, and *Ia—Kuba*), the violent and paranoid rhetoric of Stalinist political discourse in this letter may come as a shock. But those who know his life and work better will recognize this as a tool that he handled with ease and used when necessary.

67 Andrei Shestakov, *A Short History of the U.S.S.R.: Textbook for 3rd and 4th Classes* (Moscow: Co-Operative Publishing Society for Foreign Workers in the U.S.S.R., 1938), 108–11.

68 Beyond the existence of some seven hundred Russians fighting on his side, Shamil's lack of religious prejudice is attested by his allowing for construction of a church in Vedeno and sanctioning interfaith marriages between Christians and Muslims. Deriabin, "Piat' let," 151–52.

expressed surprise that even after these enemies had been unmasked, his script had not yet been approved for production.

> Я полагаю, что после ликвидации и разоблачения буржуазно-националистической шайки, всячески препятствовавшей постановке моего сценария, после выхода в свет учебника Шестакова уже никаких препятствий к постановке „ШАМИЛЯ" быть не могло. Но здесь я встретил сопротивление со стороны вредителей из ГУКа, которые продержали этот сценарий в течение двух лет и даже не прочли его. Эти негодяи, будучи незнакомы со сценарием, всячески охайвали и пытались дискредитировать автора, который в ряде документов по другому поводу изобличал их вредительскую деятельность[69]. Нет никакого сомнения в том, что Шумятский и Усиевич[70], проводившие самую оголтелую политику великодержавного свинства в отношении национальной тематики, из тех же соображений противились постановке „ШАМИЛЯ"[71].

Despite or perhaps because of its similarities to a political denunciation, Kalatozov's letter seems to have had an almost instantaneous effect: an internal review of *Gornye orly* was put in motion at GUK and before the end of March an anonymous consultant recommended proceeding with the project.[72] On March 11, a memorandum signed by the director of Lenfil'm, the head of the script department, and the studio's leading script consultant informed Moscow that the script had been revised in accordance with their suggestions and, once again, requested permission to begin filming.[73] As Moscow remained stubbornly silent, Kalatozov, Leonid Trauberg, and other leading voices from Lenfil'm blamed the script's fate on continued meddling by enemies of the people.[74] By the

---

69 It is unclear what exactly Kalatozov is referring to here.

70 Shumiatskii's main assistant, Vladimir A. Usievich (1896–1938) was arrested at the same time as his boss.

71 Deriabin, "Piat' let," 147.

72 "Zakliuchenie na literaturnyi stsenarii 'Gornye orly.'" RGALI, f. 2208, op. 2, ed. khr. 23, l. 62.

73 Deriabin, "Piat' let," 154–55.

74 Deriabin thinks that the real reason is more likely that by 1938, decisions about sensitive political or historical topics were made at the highest levels of the party and were entrusted only to the most reliable directors, which the young Kalatozov had not yet become (ibid., 119–21).

summer of 1938, after several more months without news, Kalatozov once again seemed resigned to moving on to other projects. In June, he finished writing, in collaboration with Trauberg, the script of a short film for Lenfil'm tentatively called *Gibel' bogov*. After the studio returned the script for revisions, they reworked and resubmitted it with a new title, *Odna noch'*, which was rejected again in November.[75] By this point Kalatozov, desperate to get back to directing, turned his attention to finding a script that had already been approved for filming. Within a couple of months, he was working on a film called *Muzhestvo* based on a script by Georgii V. Kubanskii (1907–76). Already at work on this straightforward if far-fetched story of a heroic civilian pilot on the Afghan border who thwarts a band of anti-Soviet saboteurs through his brilliant flying,[76] Kalatozov learned that Dukel'skii had been removed from his position on April 7, 1939. As had happened when Shumiatskii had been arrested in January 1938, Kalatozov hoped that a vacuum of power among the central cinema leadership would present another opportunity to start up his movie. On April 25, 1939, he took the risky decision to write directly to Stalin.

"DEAR IOSIF VISSARIONOVICH"

The central and most controversial idea of his script is announced at the very beginning of Kalatozov's letter: "Bor'ba Shamilia s samoderzhaviem—eto ne 'bor'ba gortsev s russkimi,' a slozhnaia bor'ba s tiraniei, despotizmom, s sotsial'nym i natisonal'nym nasiliem, vsem tem, chto v segodniashnikh usloviiakh neset fashizm."[77] Instead of an ethnic and religious war between Muslim tribesmen and Orthodox Russians, Kalatozov insists that Shamil's insurgency was an early national liberation movement against the nineteenth-century equivalent of fascism.

---

75 Ibid., 122.

76 For an account of the aviation film in the Soviet Union in the 1930s, see Scott Palmer, "Aviation Cinema in Stalin's Russia: Conformity, Collectivity, and the Conflict with Fascism," in *Russian and Soviet History: From the Time of Troubles to the Collapse of the Soviet Union*, ed. Steven Usitalo and William B. Whisenhunt (Lanham, MD: Rowman & Littlefield, 2008), 200–214.

77 The comparison between tsarist colonial policies in the Caucasus in the nineteenth century and fascism one hundred years later makes more sense when one remembers that Kalatozov was writing a mere three months before Nazi Germany invaded Poland, setting off World War II. Kalatozov's letter to Stalin can be found in Deriabin, "Piat' let," 159–60.

But rather than putting his historical research to work, Kalatozov simply mentions his conclusion and ascribes nefarious political motives to those who argue otherwise. To describe Shamil ("this remarkable hero") as an ethnic chauvinist and religious fanatic is an act of slander, perhaps even treason, committed by "national chauvinists and great power historians" to incite religious and ethnic hatred between Russians and Muslims.[78] Religion (i.e., Sharia law), according to Kalatozov, merely provided Shamil with a common language and value system that could be used to secure the loyalty and support of his people. A second revisionist idea in the script was that, rather than a traitor, Hadji Murat, Shamil's chief lieutenant, was really a loyal servant and soldier until the end.[79] Again, rather than making an argument, Kalatozov accuses unnamed cinema administrators of wrecking (*vreditel'skoe rukovodstvo*) and of conducting a vindictive campaign to destroy him and his career: "They tried to expel me from the Party, threatened me with arrest, and, at last, after fourteen years of work in the cinema, they threw me out of the cinema [*vykinuli iz kino*]." In addition to using the tried and true Stalinist techniques of name-calling and character assassination, Kalatozov was not above distorting his own past. While there was, clearly, considerable opposition to his script in high places, there is no evidence that Kalatozov was ever threatened with arrest for *Gornye orly*, nor had he been "thrown out" of the cinema; at the time he was writing to Stalin, he was directing what would become his third full-length feature film.[80]

Having already accused past cinema bosses ("wreckers and bourgeois nationalists") of trying to ruin his career and inflame ethnic hatred, Kalatozov now accused their successors of political cowardice: "afraid of

---

78 Because attacks on "national chauvinists and great power historians" in the 1930s were closely associated with the policies of the former first secretary of the Georgian Party (1932–37) and recently appointed head of the NKVD, Lavrentii Pavlovich Beriia, it is tempting to speculate on a Georgian connection here.

79 While there is evidence that the Russian military considered the possibility that Hadji Murat had faked his defection, most historians seem to accept the traditional version. Deriabin, "Piat' let," 131.

80 The break in Kalatozov's directorial career in the 1930s was the result of the political fiasco of *Gvozd' v sapoge*. But, after *Gvozd' v sapoge* had been publically criticized and shelved, Kalatozov was sent to Leningrad, where he spent the first years of his "exile" completing his education at the Institute for Art Studies (1933–34). In fact, Kalatozov's fate after his second movie had been criticized and banned was so unusual—while still studying at the Institute, he was recalled to Tbilisi to become the director of the Tbilisi Film Studio—that it gave rise to persistent rumors that he must have been protected by powerful forces in the Georgian Communist Party.

making an incorrect interpretation of the conquest of the Caucasus, they refuse to read the script, terrified that 'something may come of this.'"[81] In the late 1930s, any one of these accusations, as Kalatozov knew, was sufficient to destroy more than a career. He concludes the letter with a direct appeal to Stalin to read the script and decide whether his stubborn efforts to make his film are, indeed, a "political error."

Kalatozov's decision to write the equivalent of a political denunciation accusing Moscow's leading cinema administrators of political cowardice, even without mentioning their names, was, it goes without saying, a dangerous move in 1939. Even more dangerous when one considers that his accusation could not but implicate the experienced bureaucrat and former chekist Dukel'skii, who had headed GUK since the arrest and execution of Shumiatskii and his main deputies in January 1938. Kalatozov was apparently unaware that while Dukel'skii had been removed from his position at the head of the cinema administration, he was still in Stalin's good graces. Neither purged nor arrested, only two days after he was removed from his cinema post he was named the commissar for the navy.[82] As far as we know, Kalatozov never received a response to his letter, neither from Dukel'skii nor from Stalin himself.

Although Kalatozov certainly did not know it, the final blow to his script was already being prepared. Its executioner, the obscure critic and literary historian Iakov Zakharovich Cherniak (1898–1955),[83] served as the main editor of the Committee on Cinema Affairs (which had recently replaced GUK) between 1938 and 1941. After describing the script's many strengths (e.g., its dramatic construction, use of folklore, legends, and little-known historical sources, inclusion of European responses, etc.), Cherniak concluded that Kalatozov's revisionist portrait of the war in the Caucasus raised important and potentially troubling political difficulties. Rather

81 As Peter Scotto has reminded me, the phrase *kak by chego ne vyshlo* is associated with Belikov, the teacher of Greek and Latin in Anton Chekhov's famous story "The Man in a Case" ("Chelovek v futliare," 1898), who was the epitome of bureaucratic cowardice. Mikhail Saltykov-Shchedrin had used the phrase in the exact same meaning in his "Contemporary Idyll" ("Sovremennaia idilliia," 1877–83).

82 Dukel'skii remained at the head of the cinema industry until his successor, Ivan Bol'shakov (1902–80), officially took up the position on June 3, 1939. Deriabin, "Piat' let," 122–23.

83 Cherniak's letter can be found in Deriabin, "Piat' let," 157–58. For details about his career, see: "Iakov Zakharovich Cherniak," *Elektronnaia biblioteka*, accessed March 14, 2017, http://www.belousenko.com/wr_Chernyak.htm.

than relying on the simplistic but increasingly common argument that it was "objectively progressive" for tsarist Russia to control the Caucasus in the nineteenth century, Cherniak focused instead on Kalatozov's use of the intertwined themes of treachery and loyalty in the script. While Hadji Murat's defection to the Russians had traditionally been interpreted as the result of Shamil's decision to name his own son as his successor,[84] Kalatozov argued that his "defection" was, in fact, part of a desperate plot, concocted by Shamil himself, to lead the Russian army into a trap. For the plan to succeed, Hadji Murat had to sacrifice his family, his life, and, what was just as important for a man from his world, his honor and reputation. And while, in Kalatozov's version, Hadji Murat only pretended to defect to the Russians, Daniel'-bek, Shamil's other main lieutenant, was feigning loyalty to Shamil; in fact, it was due to Daniel'-bek's treachery that the Russians learned that Hadji Murat's "defection" was a ruse. By blurring the lines between loyalty and treachery, Cherniak hinted, Kalatozov's script might suggest uncomfortable and dangerous parallels with Soviet political life of the late 1930s, when shocking revelations about treachery, hidden and uncovered, at the highest levels of the Soviet government, army, and party were constantly in the news.[85] If Hadji Murat had not been a traitor, was it possible that Lev Trotsky, Grigorii Zinoviev, Nikolai Bukharin, or any of the dozens of other leading party figures convicted of treachery were also innocent of the charges? Rather than stating this possibility openly, or directly accusing Kalatozov of political errors, Cherniak posed two simple questions—"What can come of this?" and "Is this really what the author intended?"—that illustrate the kind of political cowardice that Kalatozov had criticized in his letter to Stalin. Cherniak's review, which ended Kalatozov's efforts to get *Gornye orly* filmed, concludes with the following brutal Stalinist formula: "despite its many merits, in its present shape the script can neither serve the purposes of inculcating Soviet patriotism in the people, nor can it properly direct the hatred of our people toward traitors."[86]

84 Baddeley, *The Russian Conquest*, 440–42.

85 One of the participants in the *Iskusstvo kino* discussion of Kalatozov's script on March 9, 1937, Nikolai D. Otten (Potashinskii) (1907–83), had also suggested that Kalatozov's use of the theme of treachery needed to be clarified (Deriabin, "Piat' let," 133).

86 Deriabin, "Piat' let," 158.

CONCLUSION

The story of Kalatozov's failure to make *Gornye orly* raises more questions than it answers. The first concerns Stalin's role in the affair: did he ever respond to Kalatozov's letter? Stalin's intervention could help explain Kalatozov's rapid and seemingly effortless ascent to the heights of Soviet cinema over the next few years.[87] Without assuming the patronage of highly placed members of the Georgian Communist Party, it is also difficult to explain two other puzzling moments in Kalatozov's career in the 1930s: why, after *Gvozd' v sapoge* was publically banned, was he sent from Tbilisi to complete his education at the Leningrad Institute of Art Studies? And why, after three years of study but before he completed his dissertation, was he recalled to Georgia to serve as director of the Tbilisi film studio? Today, eighty years later, perhaps the most obscure part of *Gornye orly* affair is why Kalatozov was so convinced that his film could have been made in the late 1930s. To us, the dangers of making a historical film that justified armed opposition to Russian colonialism in the Caucasus seem painfully obvious. Similarly, there is little reason to doubt that a film about the impossibility of distinguishing loyalty from treachery might indeed lead viewers to ask awkward questions about the guilt and innocence of the victims of the Moscow show trials. That Kalatozov and the many filmmakers, critics, and cinema administrators who supported his film were unaware of all this should make scholars and historians of Soviet culture reconsider what we think we know about the actual workings of censorship in the Soviet Union in the 1930s.

87 Following the success of *Muzhestvo* (1939), Kalatozov's 1941 film *Valerii Chkalov* was one of the most successful Stalinist action pictures since *Chapaev*. After two workmanlike films to support morale on the home front during the early stage of the war, Kalatozov had become one of the most reliable and trusted Soviet film directors. In the summer of 1943, in a remarkable sign of official favor, he was named the representative of Soviet film to the United States and sent to Hollywood, where he lived for eighteen months.

APPENDIX

Full text of Kalatozov's letter to Stalin from Aleksandr S. Deriabin, "Piat' let i tri goda," Kinovedcheskie zapiski 27 (2004): 159–60.

27.IV.39

Дорогой Иосиф Виссарионович!

Четыре года тому назад я написал сценарий о Шамиле. Сценарий этот—плод творческой переработки исторического материала с позиции автора, считающего, что борьба Шамиля с самодержавием—это не «борьба горцев с русскими», а сложная борьба с тиранией, деспотизмом, с социальным и национальным насилием, всем те, что в сегодняшних условиях несет фашизм.

Я пять лет работал над материалами о Шамиле и пришел к выводу, что легенды о зоологическом шовинизме и религиозном фанатизме этого замечательного героя—плод глубоко продуманной тактики, с одной стороны, национал-шовинистической клики и, с другой стороны, великодержавных историков, пытавшихся развлечь ненависть русского народа к горцам и горцев к русским. И тем, и другим на руку были лже-исторические легенды о Шамиле.

То, что шариат, положенный в основу общественного строя государства горцев был только религиозной оболочкой, это подтверждается рядом фактов и документов. Также концепция о Хаджи-Мурате, показанная в сценарии, имеет ряд документальных подтверждений.

Вредительское руководство жестоко наказало меня за мое упорство добиться постановки сценария. Меня пытались исключить из партии, угрожали арестом и, наконец, после четырнадцати лет работы в кинематографии, выкинули из кино.

После долгих мытарств и после разоблачения врагов я снова вернулся в кино и сейчас работаю над художественной картинкой о героизме гражданских летчиков, но реализовать цель моей борьбы, цель моих творческих стремлений – так и не удалось до сегодняшнего дня. Сценарий о Шамиле претерпел немногим меньшую борьбу, чем сам Шамиль.

Вредители и буржуазные националисты не хотели допустить правильной, на мой взгляд, исторической концепции, показанной в сценарии. Нынешнее-же руководство кинематографии не решается ставить эту тему, очевидно, боясь неправильной политической трактовки эпохи завоевания Кавказа, даже отказываются прочесть сценарий, опасаются «как бы чего не вышло», хотя имеется ясная оценка, данная Шамилю в переписке Маркса с Энгельсом [в] недавно вышедшем кратком учебнике по истории народов СССР, под редакцией проф. Шестакова.

Дорогой Иосиф Виссарионович, прошу Вас, прочтите сценарий и скажите—совершаю-ли я, как коммунист-художник политическую ошибку, что так упорствую, добиваясь постановки этого произведения и нужно ли мне продолжать добиваться реализации сценария, отнявшего много лет упорной работы.

При сем предлагаю сценарий *Горные орлы*.

Режиссер «Ленфильма» М. Калатозов

Адрес: Ленинград
Ул. Красной связи, 17/5 кв. 9

NOTES TOWARD AN EVOLUTIONARY POETICS

DAVID BETHEA
(Madison)

*For Alik, one of our most brilliant theorists and daring readers,
and in memory of Yuri, his late, great sidekick.*

Does the idea of cultural evolution exist as a legitimate heuristic tool of humanistic study, and if it does, what does it look like? This question goes to the heart of contemporary thinking about what constitutes legitimate research in an age when the "humanities" (as self-sufficient silos of learning) are in retreat, at least to judge by deans' budgets, and "theory" (as in literary theory) has largely exhausted itself. Whether the debate is about pop culture versus high culture, "dumbing-down" versus MOOCs, Pushkin's *Onegin* versus Prigov's "Onegin Mantra," some train somewhere has left the station. At the same time, according to celebrated experts from the scientific side like E. O. Wilson, we have entered an age (or rather the age, virus-like, has entered us) of the *coevolutionary spiral*—the round dance partnering natural selection and genetics, on the one hand, and culture and learning, on the other.

Approximately 6 million years ago, the great apes' branch that led to the split of the Australopithecus (and then the *Homo* genus 4 million years after that) split from the branch that led to our modern-day chimpanzees and bonobos. The real "aha" moment for our purposes, however, came some 300,000 years ago, that is, *very* recently, when *Homo sapiens* branched off from other populations of *Homo*, thus bringing together in one slightly larger-brained hominid an enhanced ability to make tools, think symbolically (and eventually speak and write languages), and act socially.[1] This speeded things up immensely in evolutionary time, so that the transition from the strictly organic (where it all began more than 4 billion years ago) to the cultural created a burst of momentum that has been increasing in geometric-progression-like leaps and bounds ever since. Why such a burst of speed? Because an adaptation in the physiological realm (say, Stephen Jay Gould's example of the panda's thumb) works much more slowly than an adaptation in the cultural realm (say, the printing press or Turing's all-purpose computer). Thus, what in the botanical and zoological realms is a search for the randomly selected traits that allow for survival has become in the human, though still zoological, realm a search for the place where instinct becomes choice becomes consciousness. Not determinism, but how humans make meaning, how brain science becomes "mind" looking at itself.

And so, does terminology such as "multi-level selection"[2] and "path-dependent"[3] apply to human cultural interactions in a way that actually mimics Darwinian logic? With the birth of language and the ability to reflect on one's actions does the Darwinian basis get lost entirely, deconstructed, as it were, avant la lettre? What would it mean, if anything, to analyze a poem by Alexander Pushkin or Osip Mandelstam using the lessons of contemporary cultural evolution studies? And would such analysis move discussion forward? This is the topic of my essay.

EVOLUTIONARY POETICS?

First of all, the very idea of evolutionary poetics is admittedly a contradiction in terms. "Evolutionary" suggests a process that we are attempting to capture in its movement and "poetics" suggests a grammar-like scaffolding of rules that provides snapshots of meaning

1 This is not to say, of course, that these abilities (tool making, symbolic thinking, and social interaction) are not found elsewhere in the animal world and its cladistics, but only that the *sapiens* species was a definite advancement in this regard. See, for example, on crows' tool use: Ed Yong, "Scientists Have Found Another Crow That Uses Tools," *The Atlantic*, September 14, 2016, accessed April 25, 2017, https://www.theatlantic.com/science/archive/2016/09/this-crow-nearly-died-out-before-we-knew-it-uses-tools/499724.

2 That is, competition and cooperation within and between groups as a means of homing in on the process of collective adaptation. See below.

3 That is, steps cannot be skipped when tracking the path of biological evolution. See below.

in time. It is Werner Heisenberg's principle of the wave versus the particle as applied to the gap between science and culture, a point we will return to below. Here the metaphorical slippage is intentional, however, and the failure when using terminology ("evolutionary poetics") to prove anything definitive is, I will argue, a useful defeat. We can be encouraged in this argument by the knowledge that today a more sophisticated Lamarckism is being quietly resurrected as a counterbalance to strict Darwinism, the thrust of what is learned and how that learning process takes place ramifying outward from the individual (the DNA imprint in the phenotype) to that individual's kin, group, and beyond. The randomness and passivity of the Darwinian algorithm (*nature* does the selecting) are increasingly viewed as mediated and altered by the social and cultural choices we make over time. It is in this space between Jean Baptiste Lamarck and Charles Darwin, roughly speaking between genetics and epigenetics, that the adaptations wrought by the coevolutionary spiral take place.

As Wilson puts it,

> *Genes prescribe epigenetic rules, which are the regularities of sensory perception and mental development that animate and channel the growth of culture.*
>
> *Culture helps to determine which of the prescribing genes survive and multiply from one generation to the next.*[4]

And:

> *Successful new genes or gene combinations alter the epigenetic rules of the populations.*
>
> *The altered epigenetic rules change the direction and effectiveness of the channels of cultural acquisition.*[5]

---

4 E. O. Wilson, "Foreword from the Scientific Side," *The Literary Animal: Evolution and the Nature of Narrative*, ed. Jonathan Gottschall and David Sloan Wilson (Evanston, IL: Northwestern University Press, 2005), ix; italics in original.

5 Ibid., x; italics in original. Wilson continues, "The details of the coevolutionary spiral cannot be predicted from knowledge of the genes or even the circuitry of the brain alone. It can only be adduced by joining the relevant data of cognitive psychology, the social sciences, and the humanities with those of biology" (ibid., x).

Next, let us be clear about what an evolutionary approach to humanistic study in general, and literary study in particular, *cannot* do. For this we need only cite Wilson's criteria for distinguishing true science from "pseudoscience":

1. repeatability,
2. economy,
3. mensuration,
4. heuristics,
5. consilience.[6]

Humanistic study does not typically demonstrate its findings through "repeatability" and "mensuration." Our scholarly presentations tend to be structured as narratives, arguments, or concatenations of connected details, all of which have the pretense of objectivity, but what they are not is empirical experiments, using the exact same ingredients, that can be replicated by others in an identical environment. These presentations are also as a rule not amenable to measurement. The verifiability of a specific reading or approach, no matter how detailed, cannot be calibrated. By the same token, a case can be made for such studies possessing aspects of economy, heuristics, and consilience, but that would be *by analogy*, a logic of "like" rather than "is." Linguistic culture's greatest weapon and greatest curse is rhetorical demonstration via the logic of simile and metaphor, for it is precisely here that speed comes into play, but also lack of objectivity.

For example, an exception to the above (i.e., lack of objectivity) might be the historical poetics and research on versification of Mikhail Gasparov: scanning the oeuvres of groups of poets *does* yield large fields of observable data. It certainly has the "feel" of science. The same might be said for Jakobson's structuralist linguistic model of the "Slavic word." But an adaptation is a *departure* from a pattern: the way literature moves forward is the *sdvig*, the self-conscious sidestep, which is a culture's sign of health (and perhaps even its prospects for survival). And to be sure, as formalism developed into structuralism, leading practitioners like Roman

6 E. O. Wilson, "Foreword from the Scientific Side," x. Repeatability, as in duplication of the same experiment using the same methodology by other researchers; economy, as in the simplest explanation is the best; mensuration, as in what is being tested can be measured; heuristics, as in the best discoveries stimulate further inquiry; consilience, as in explanations are connected and consistent.

Jakobson and Iurii Tynianov were advancing their own evolutionary models of linguistic culture. The point, though, is that the moment Gasparov *interprets* his data, tells us what lines from Mandelstam's "Oda Stalinu" could *mean*, the great empirical prosodist is entering the realm of metaphor and analogy.[7] Pushkin's preference for iambic tetrameter is a fact of poetic history, but this fact is meaningless until we place it in context, demonstrate that there is a trend, then demonstrate that this is a deviation from a trend—breaking the mold, creating the equivalent (or is it the real thing?) of cultural adaptation. Therefore, when we analyze a moment where breaking a formal pattern becomes semanticized (see below) we very well could be approaching the idea of cultural adaptation: something that appears true, because it shows the culture finding betters ways to survive, without strictly speaking being scientific. To make matters more complicated, neuroscientist and evolutionary psychologist Steven Pinker argues convincingly that different art forms, including music, are not necessarily adaptations at all, but pleasurable *by-products* ("spandrels").[8]

Before looking at specific instances where something akin to biological adaptation appears to be taking place in the cultural/literary sphere, we would do well to incorporate a few evolutionary terms into our thinking, beginning with "multi-level selection," "path dependence," and "super-organism." Now, every group of living organisms exists in a connected environment and defines itself (or *is so defined by its will to survive*) against other groups. Multi-level selection is the evolutionary mechanism by which the responses to stimuli of a group's members are a function of the urge to either cooperate or compete. As David Sloan

7 A brilliant thinker like Gasparov was of course aware of the shift from empirical data gathering to interpretation (metaphor). His aim was not to explain "aesthetic effect," which will always be unquantifiable. For more on this divide, see Maksim Shapir, "'Tebe chisla i mery net': O vozmozhnostiakh i granitsakh 'tochnykh metodov' v gumanitarnykh naukakh," *Voprosy iazykoznaniia* 1 (2005): 43–62, accessed April 25, 2017, http://issuesinlinguistics.ru/pubfiles/2005-1_43-62.pdf.

8 Steven Pinker, *How the Mind Works* (New York: Norton, 1997). As Pinker writes of the function of music in evolutionary psychology, "Something else [...] explains how the whole is more than the sum of the parts. [...] Perhaps a resonance in the brain between neurons firing in synchrony with a soundwave and a natural oscillation in the emotion circuits? An unused counterpart in the right hemisphere of the speech areas in the left? Some kind of spandrel or crawlspace or short-circuit or coupling that came along as an accident of the way that auditory, emotional, language, and motor circuits are packed together in the brain?" (538).

Wilson has shown, the male water strider can find ways to mount the female water strider in an insistent manner that, if translated into human terms, would be regarded as "ungentlemanly" or "harassing." Here the male's within-group movements reveal him to be highly competitive in order to gain reproductive access. By the same token, the aggressive male's within-group behavior does little to advance a between-group survival agenda as it overwhelms the females and prevents them from developing strategies of cooperation with a between-group advantage. This is a case where competition appears to trump cooperation and the only reason the species is successful at surviving is because there also exists a subset of males who are "better behaved" and who, while marginally less adept at mating, somehow manage to keep the between-group dynamics (i.e., predators who could take advantage of the otherwise occupied females and their offspring) in proper balance. What is happening here is that multi-level selection is driving the species' ability to adapt and remain viable.

By contrast, consider the case of super-organism social-insect colonies whose "minds," as it were, located nowhere and everywhere, appear to manipulate (as in turn on and off) the activities of the hive's disparate ranks. Originally solitary wasp species produced larvae, which were then consumed by their adult mothers when the food supply became depleted (in human terms, infanticide and cannibalism). In order to save themselves the larvae started to excrete saliva that the mothers found nutritious. As researcher James H. Hunt established, the solitary wasp species "learned" sociality when the adult wasps that grew up from the larvae preferred to stay in the nest rather than fly off and reproduce elsewhere. It was at this point that the "solitary" wasps began to *cooperate* among themselves to form a community nest. All these steps had to be followed in this *path-dependent* fashion for the wasps to become the social insects we recognize today. In effect, in David Sloan Wilson's apt phrasing, the larvae became the "group stomach for the colony."[9]

Insect colonies and human beings are the only known species whose "eusocial" behavioral patterns show the ability of cooperation to "outthink" brute force. Whether by-product or adaptation, art is typically explained

9 David Sloan Wilson, *The Neighborhood Project* (New York: Little, Brown, 2011), 74; see also 70–73.

in an evolutionary sense as a promoter of cooperation over competition,[10] or of thinking about something imaginatively, "counterfactually," without having to act on it (i.e., the idea of withholding, then fulfilling expectations).[11] Art has also been parsed as a replication of the private sharing and back-and-forth play of mother and child or its emergence as a public behavior at a later stage in development.[12] Here, however, in order to fill out our picture we need to add a few more terms from the intersection of cognitive science and artificial intelligence theory: "feedback loop," "ratchet effect," "meme," "Noosphere/Omega point," and "going viral."

The feedback loop is pivotal to our discussion as it brings together several key concepts simultaneously: the neuronal pathways where electrical impulses are transformed into ideas that we can access and reaccess; creativity, where the brain takes off on its own and, to borrow Mandelstam's metaphor, jumps around between Chinese junks on a crowded river at a dizzying speed and path that cannot be followed;[13] the presence of a self-reflective "I" that personalizes the ideas and gives them depth and historical placement. But something else has happened as we move from studying a poem as a literary artifact (structuralism, poststructuralism) to looking at the same set of words on a page as a participant in an evolutionary process: the idea of the romantic poet recedes (it is not "about us," it is not about achieving poetic "immortality"), and the idea of the full-on democratization of culture as well as the unavoidable fact that each of us, as Richard Dawkins would say, is the mortal carrier of our immortal genes, proceed to center stage. What we do is no longer about (or solely about) appreciating or celebrating

---

10 Kathryn Coe, *The Ancestress Hypothesis: Visual Art as Adaptation* (New Brunswick, NJ: Rutgers University Press, 2003).

11 "*Fictional worlds engage emotion systems while disengaging action systems*" and "It appears as if *humans have evolved specialized cognitive machinery that allows us to enter and participate in imagined worlds*" (John Tooby and Leda Cosmides, "Does Beauty Build Adapted Minds? Toward an Evolutionary Theory of Aesthetics, Fiction, and the Arts," *SubStance* 94–95 [2001]: 8–9 [italics in original]). See also discussion in Brian Boyd, "Evolutionary Theories of Art," in *The Literary Animal*, ed. Jonathan Gottschall and David Sloan Wilson (Evanston, IL: Northwestern University Press, 2005), 168–69.

12 Ellen Dissanayake, *Art and Intimacy: How the Arts Began* (Seattle: University of Washington Press, 2015). See also Boyd, "Evolutionary Theories," 167.

13 O. Mandel'shtam, "Razgovor o Dante," in his *Slovo i kul'tura* (Moscow: Sovetskii pisatel', 1987), 109.

genius as a one-off turning point in a trend or tradition; instead we are called upon to see the larger picture, which is always moving, evolving, as a systematics or cladistics of culture. The gap between science and culture keeps recapturing our attention and, as it were, pulling us forward. The ratchet effect,[14] by which useful changes/adaptations in the culture (say, the canoes and kayaks constructed by the indigenous peoples of Alaska to access maritime food supplies) are preserved and passed on to the next generation, is recast under the pressure of the environment. The craft of canoe-making becomes, mutatis mutandis, the craft of composing in iambic tetrameter. The high symbolic/verbal culture of Pushkin and Mandelstam meets the memes "going viral"—memes being Dawkins's coinage for the idea of the gene in culture[15]—of the internet. In short, what is being preserved and what is being created now that "the train has left the station"?

This is where a philosopher-paleontologist like Pierre Teilhard de Chardin (codiscoverer of "Peking Man") can help. Teilhard places in proper evolutionary perspective both what has been lost (as in the second law of *cultural* thermodynamics) and what can still be gained: the noosphere, which is the "thinking layer" covering over the other layers making up the earth's surface (cf. Lotman's semiosphere), reaches a tipping point, an Omega, where mankind's ability to reflect upon itself becomes "hyperpersonal," that is to say, looks more and more like the activities of Wilson's super-organisms.[16] Metaphors can now be studied not only as figures of speech "out there" but as brain science "in here," as "ideas having sex."[17] The noosphere's "enormous layers, followed in the right

14 For the ratchet effect, see Michael Tomasello, *The Cultural Origins of Human Cognition* (Cambridge, MA: Harvard University Press, 1999), 5.

15 "The new soup is the soup of human culture. We need a name for the new replicator, a noun which conveys the idea of a unit of cultural transmission, or a unit of *imitation*. 'Mimeme' comes from a suitable Greek root, but I want a monosyllable that sounds a bit like 'gene'. I hope my classicist friends will forgive me if I abbreviate mimeme to *meme* ... It should be pronounced to rhyme with 'cream'. Examples of memes are tunes, ideas, catch-phrases, clothes fashions, ways of making pots or of building arches" (Richard Dawkins, "Memes: The New Replicators," in *The Selfish Gene* [1976; repr., Oxford: Oxford University Press, 2006], 192).

16 Pierre Teilhard de Chardin, *The Phenomenon of Man* (London: Collins, 1959), 19, 182–83.

17 "In hundreds of brain studies in recent years, researchers have puzzled over the brain's ability to link its knowledge to the symbolic code of language, where it can resonate with overtones of other meanings. Scientists have studied the brain's neural dictionaries as well as the biology of metaphors and figures of speech." Robert Lee Hotz,

direction, must somewhere ahead become involuted to a point that we might call *Omega*, which fuses and consumes them integrally into itself."[18]

The momentum toward hyperconsciousness of which Teilhard writes creates a need for and a vacuum waiting to be filled by modern-day Underground Men—those who are aware of the science but challenge the status quo in the name of evolving culture. Artificial intelligence expert Douglas Hofstadter puts it this way,

> One might suspect neuroscientists, as opposed to lay people, to be so familiar with the low-level hardware of the brain that they have come to understand just how to think about such mysteries as consciousness and free will. And yet often it turns out to be quite the opposite: many neuroscientists' great familiarity with low-level aspects of the brain makes them skeptical that consciousness and free will could ever be explained in physical terms at all. [...] The moral of the story is that being a professional neuroscientist is not by any means synonymous with understanding the brain deeply—no more than being a professional physicist is synonymous with understanding hurricanes deeply. Indeed, sometimes being mired down in gobs of detailed knowledge is the exact thing that blocks deep understanding.[19]

We cannot, in other words, get there from here. At the end of the day, in neurobiologist and Nobel laureate Roger Sperry's words, we come back to the reality of ideas (Fyodor Dostoevsky!) and their capacity to go viral:

> In the brain model proposed here, the causal potency of an idea, or an ideal, becomes just as real as that of a molecule, a cell, or a nerve impulse. Ideas cause ideas and help evolve new ideas. They interact with each other and with other mental forces in the same

---

"The Human Brain as a Word Cloud, on a Shared Drive," *Wall Street Journal*, April 28, 2016, accessed April 13, 2017, http://www.wsj.com/articles/the-human-brain-as-a-word-cloud-on-a-shared-drive-1461776401. The phrase "ideas having sex" is from Matt Ridley's blog, *The Rational Optimist*, accessed April 13, 2017, http://rationaloptimist.com/blog.

18 Teilhard de Chardin, *The Phenomenon of Man*, 259.

19 Douglas Hofstadter, *I Am a Strange Loop* (New York: Basic Books, 2007), 204–5.

brain, in neighboring brains, and thanks to global communication, in far distant, foreign brains. And they also interact with the external surroundings to produce in toto a burstwise advance in evolution that is far beyond anything to hit the evolutionary scene yet, including the emergence of the living cell.[20]

POETRY AS CULTURAL SELECTION?

Pushkin and the "Deep" Feedback Loop

As humanity draws closer to the Omega point and to the "post-" that lies beyond postmodernism, we rely on our poets and artists to point the way forward. They know rationally but also *feel* emotionally the culture changing around them and within them and thus can, as it were, tell the future (its contours, not its specifics) from the past. "Science can explain human nature," writes Brian Boyd, "but art's role is not to explain, but to engage and provoke."[21] This notion of provoking/stimulating is essential; as the human mind reacts creatively to the proddings of the environment, feeling and thought come closer together. Pushkin of course knows all this intuitively: "pobezhdennaia trudnost' vsegda prinosit nam udovol'stvie"; "um ne mozhet dovol'stvovat'sia odnimi igrushkami garmonii, voobrazhenie trebuet kartin i rasskazov" (it's not only about the sound, but about the sound and the sense coming together).[22] Indeed, the poet's famous parsing of the difference between inspiration (*vdokhnovenie*) and rapture (*vostorg*) focuses precisely on this note of realization, of internalizing the external, transforming sense impressions into thoughts:

> *Вдохновение* есть расположение души к живейшему принятию впечатлений, следственно к быстрому соображению понятий,

20 Roger Sperry, "Mind, Brain, and Humanist Values," in *New Views on the Nature of Man*, ed. John R. Platt (Chicago: University of Chicago Press, 1965), 82–83. Electronic reprint, accessed April 20, 2017, http://www.informationphilosopher.com/solutions/scientists/sperry/Mind_Brain_and_Humanist_Values.html.

21 Boyd, "Evolutionary Theories," 172.

22 Aleksandr Pushkin, "O poezii klassicheskoi i romanticheskoi," in his *Polnoe sobranie sochinenii v shestnadtsati tomakh* (Moscow-Leningrad: Akademiia nauk SSSR, 1937–49), 11:37. Electronic reprint, accessed April 20, 2017, http://feb-web.ru/feb/pushkin/texts/push17/vol11/y11-036-.htm.

> что и способствует объяснению оных. [...] *Восторг* исключает *спокойствие*, необходимое условие *прекрасного*. Восторг не предполагает силы ума, располагающей части в их отношении к целому[23].

Pushkin is so central to the Russian poetic tradition and its group dynamics that it seems almost fatuous to look at the feedback loop encircling the "I" in his life and work and speak of ratchet effects and path dependence. There are too many layers, too many stories, to go from the specific to the general and back again. Nevertheless, Pushkin became such a massive phenomenon over time, became "Pushkin," that his story is still telling in an evolutionary sense. The poet's popularity both among highbrow cognoscenti and pop-culture everymen (and everywomen) means that the memes associated with him have penetrated into the social fabric. One meme, a link to Pushkin's black heritage, is used to construct a humorous rap song aimed at combatting racist episodes at professional football (soccer) matches in St. Petersburg.[24] Another involves the very idea of love: people are interviewed on city streets and asked what they remember of Pushkin's poetry—in the majority of cases it is Tat'iana's love letter to Onegin or his Anna Kern-inspired "Ia pomniu chudnoe mgnovenie." In other words, people filter their own experiences of falling in love through Pushkin's words.[25]

Such memes catch Pushkin's presence on the frothy surface of Russian culture. To capture the full generative power of his creativity other, more embedded examples are needed, however. The shift from predictable meter (iambic tetrameter) to unpredictable rhythm, which is to say, from the monotony of acoustical repetition to the sound of enlivening syncopation (i.e., inspiration), happens at the end of

23 Aleksandr Pushkin, "Vozrazheniia na stat'i Kiukhel'bekera v 'Mnemozine,'" in his *Polnoe sobranie sochinenii v desiati tomakh* (Leningrad: Nauka, 1977–79), 7:29–30. Electronic reprint, accessed April 20, 2017, http://feb-web.ru/feb/pushkin/texts/push10/v07/d07-029.htm. On the origins and context of Pushkin's "Vozrazheniia," see Tatiana Krasnoborodko and Dar'ia Khitrova, "Pushkinskii nabrosok vozrazheniia Kiukhel'bekeru," in *Russian Literature and the West: A Tribute for David M. Bethea*, ed. Alexander Dolinin, Lazar Fleishman, and Leonid Litvak (Stanford, CA: Stanford Slavic Studies, 2008), 1:66–116.

24 Noize MC, "Pushkin's Rap," accessed April 25, 2017, https://www.youtube.com/watch?v=qAft7fisM3A.

25 David Bethea, Robert Coles, Shahari Moore, Christine List, and Donald Winter, "Looking for Pushkin," unpublished manuscript, consulted April 15, 2017.

the third and fifth quatrains of his programmatic "Poet."[26] The two most important lines semantically in the poem are also the ones with the fewest beats: "kak probud**i**vshiisia or**e**l" and "v shirokosh**u**mnye dubr**o**vy." The images of the awakened eagle and the madly racing poet are further reinforced and made into extensions of each other by the susurration of the wind—the "sh" sound of the regal bird rising into the air and of the forest's loud rustling—a calque for what is going on both outside and inside the poet. Another case is provided by Silvio, the dark Byronic antihero of "The Shot." The story centers on the fascination and danger of coming under the influence of a strong personality while still young and impressionable, as happens with the narrator. Silvio is a bully and a vengeful duelist, but his sullen power attracts. It also happens that the protagonist's name could decode in Russian as "sil'noe vliianie," or literally "strong influence," the partial portmanteau serving to initiate the plot precisely because the name sounds foreign, different, "mysterious" to the Russian ear. At the same time, the Byronic model of behavior featured in the work was precisely something Pushkin was struggling with in his own youth, so that the "I" loop deepens, and the reader is reminded in a stimulating, mnemonically pleasurable way that social mores evolve, correct themselves.

A final example from Pushkin, although there are countless others, involves the phrase "Beregi plat'e snovu, a chest' smolodu" from *Kapitanskaia dochka*. The words belong to old-school patriarch Grinev the elder, who delivers them to his son Petrusha, as the latter departs for military service. The words end up generating the entire plot, for in them we see the simultaneous intersection of, inter alia, the historical (the bloody Pugachev uprising caused largely by Catherine's corrupt and arbitrary policies), the personal (Pushkin's own difficult relationship with his father and his desire to prove himself in manly pursuits), the popular (the role of the peasants in the uprising and their language—i.e., the sayings), and the literary (a Russian historical novel versus Walter Scott). Especially key, however, is the saying's boomerang effect, its tendency to keep circling back on itself. The repetition of sound and sense that takes place in the exchange between nobleman and peasant, untried youth (*nedorosl'*) and surrogate father (*posazhennyi otets*), begins with the "**plat**'e" of the saying, which is the coat Grinev gives off his back (and does not preserve!) to

26 See Brett Cooke, "Poetic Experience in Puškin's 'Poet,'" *The Slavic and East European Journal* 33, no. 3 (1989), 335–57 esp. 346.

the stranger in the snowstorm, who leads them to safety and turns out to be Pugachev; transforms itself into the "**plat**it'" of a new barter economy, one that has sprung up between these ancient foes and that signifies not merely payment for a job well done, but overpayment and mutual respect; and ends up in the "**tulup**" (the hareskin coat) that Pugachev accepts from Grinev and that becomes the first move in the "potlatch" that continues and that saves the young man's life and allows him to see things from the other side.[27] Generosity and poetic justice trump blind adherence to rules and the heretofore predictable behavior of both sides.

I should also mention that these examples of the interplay between sound and sense in Pushkin presumably do not rise to the level of cultural adaptation. Studied by scholars, they work behind the scenes to alert the reader, whether consciously or subconsciously, to the presence of creativity through the pleasure of the solved riddle, the "defeated difficulty." The feedback loop deepens when we can see Pushkin's mind reflecting upon itself and teaching other minds the tools of the trade.

Solov'ev, Sophia, and Beauty (and Ugliness) in Nature[28]

An important interlocutor in the Russian context connecting the dots between science, philosophy, and poetry is Vladimir Solov'ev. According to Solov'ev, who began his training in natural science, three defining factors overarch species development in the organic world: (1) "vnutrenniaia sushchnost' ili prima materia zhizni, stremlenie ili khotenie zhit', t. e. pitat'sia i razmnozhat'sia"; (2) "obraz etoi zhizni, t. e. te morfologicheskie i fiziologicheskie usloviia, kotorymi opredeliaiutsia pitanie i razmnozhenie (a v sviazi s nimi i proche, vtorostepennye funktsii) kazhdogo ogranicheskogo vida"; (3) "biologicheskaia tsel' ne v smysle vneshnei teleologii, a s tochki zreniia sravnitel'noi anatomii, opredeliaiushchei otnositel'no tselogo ogranicheskogo mira mesto i znachenie tekh chastnykh form, kotorye v kazhdom vide podderzhivaiutsia pitaniem i uvekovechivaiutsia razmnozheniem."[29] It is this third factor,

27 See Sergei Davydov, "The Sound and Theme in the Prose of A. S. Puškin: A Logo-Semantic Study of Paronomasia," *The Slavic and East European Journal* 27, no. 1 (1983): 1–18, esp. 13.

28 V. S. Solov'ev, "Krasota v prirode," in his *Filosofiia iskusstva i literaturnaia kritika* (Moscow: Iskusstvo, 1991), 30–73.

29 Ibid., 53.

which is simultaneously aware of form and function, biological need and morphological response, and of how the parts relate to the whole and the whole to the parts, that most intrigues Solov'ev.[30]

The productive gap between science and philosophy (the gap that wants to be filled) is provided by Solov'ev's example of the nightingale's song (*solov'inaia pesnia*) and its challenge to strict Darwinian logic. Here, to return to our metaphor, a circle, or one-off connection, morphs into a returning feedback loop, with its play on words and its personal message, as one suspects the philosopher is saying something tongue-in-cheek about himself and his Sophianic visions. Recall that the surname "Solov'ev" comes from the Russian for "nightingale" and also recall that the thinker's "songs" in their many different genre guises and emotional registers are always at some basic level about *love*, which is more than sex. This, we might way, is another instance of how the feedback loop takes on depth and continues to return on itself. The philosopher knows full well that the utilitarian impulse (mating) is still present in the material result, but it is precisely the fact that the biological imperative seems transformed along the way into something more that is Solov'ev's point:

> В пении соловья материальный половой инстинкт облекается в форму стройных звуков. В этом случае объективное звуковое выражение половой страсти совершенно закрывает ее материальную основу, оно приобретает самостоятельное значение и может быть отвлечено от своего ближайшего физиологического мотива. [...] Эта песня есть преображение полового инстинкта, освобождение его от грубого физиологического факта—это есть животный половой инстинкт, воплощающий в себе идею любви, между тем как крики влюбленного кота на крыше суть лишь прямое выражение физиологического аффекта, не владеющего собою. В этом последнем случае всецело преобладает материальный мотив, тогда как в первом он уравновешен идеальною формой[31].

Thus beauty in the natural world, which those of us in our humanistic silos tend to view as a wholly human construct, is, according to Solov'ev,

30 Cf. Aristotelian entelechy.

31 Solov'ev, "Krasota v prirode," 39.

"the transfiguration of matter through its embodiment [*voploshchenie*] of another, supra-material element."[32] The philosopher will not allow something of natural beauty to be flattened out into the sex drive; he recognizes that drive as a starting point, but he refuses to rely on it as an explanation of the thing in and of itself. "A genuine theory of the beautiful [*prekrasnoe*] is the one that takes into account the true essence of beauty [*krasota*] in all its manifestations, both the simple as well as the complex."[33]

Solov'ev's theory of beauty in nature is most convincing, however, in those moments when the philosopher explains what is *not* attractive in a species, or more to the point, what about it is *genuinely repulsive*. Likewise, his ideas strike the reader as particularly apt when they address not only how but why the overall morphology of a species is somehow intermediate or insufficiently realized. Why, for example, is a worm inherently disgusting? Because its entire organism is arranged formally (part to whole, whole to part) around the most efficient, least aestheticized system of feeding and reproducing:

> Форма червя [...] есть прямое выражение, обнаженное воплощение двух основных животных инстинктов—полового и питательного—всей их безмерной ненасытности. Всего яснее это в тех внутренностных червях, которые питаются всем своим существом, всею поверхностью своего тела чрез эндосмос (всасывание) и затем не представляют никаких органов, кроме половых, а эти последние своим сильным развитием и сложным строением являют поразительный контраст с крайним упрощением всей остальной организации. Таковы, например, acanthocephali, у которых, не говоря уже о совершенном отсутствии органов чувств, нет ни рта, ни кишки, ни anus'а и на таком дефективном фоне ярко выделяются, по выражению Клауса, „мощные половые органы"[34].

Thus, what is worthy of comment here is a situation where matter dominates over form (*preobladanie materii nad formoi*)[35] to produce something

32 Ibid., 38: "preobrazhenie materii chrez voploshchenie v nei drugogo, sverkhmateri-al'nogo nachala."

33 Ibid., 34–35: "nastoiashchaia teoriia prekrasnogo est' ta, kotoraia imeet v vidu sobst-vennuiu sushchnost' krasoty vo vsekh ee iavleniiakh, kak prostykh, tak i slozhnykh."

34 Ibid., 61.

35 Ibid., 63.

enough out of balance to be unsightly. The worm turns out to be nothing more than an enclosed cavity for feeding and multiplying, and while it is much more advanced/sophisticated in terms of its inner organization than the diamond (Solov'ev's example from the non-biological realm), its exclusive realization (exposing to view, *obnazhenie*) of instinctual drives makes it, aesthetically speaking, ugly, whereas the diamond is beautiful. In this respect, the more internally complicated an organism, the greater its potential for either a higher form of beauty on the one hand, or a baser form of ugliness on the other. Intermediate forms—a starfish that could have remained an amorphous sea creature, a butterfly that begins in a worm-like state (the caterpillar that pupates) but also that cannot mate until it reaches its more attractive version, the turtle whose intricately embellished shell covers over (and to be sure, also protects) the homely creature inside, etc.—show how beauty is not simply emerging from matter, but coexisting with it in such a way that the matter is enhanced, is moved away from its original strict relationship with functionality and brute survival.

The challenge for Solov'ev the philosopher-poet is that the process he is describing, "Sophia" both as the perfected world and as the world morphing into that perfection, is like Heisenberg's wave and cannot be captured in words. The latter are always already in motion, hence not susceptible to snapshots. But to understand culture we need both the wave and the particles, and in this respect we cannot do without poetic language (metaphor) and poetic thought (analogy), which embodies the motion with stationary symbols on the page. The poet in Solov'ev sees that the nightingale's song is not the same as the rooftop caterwauling of a sexually aroused tomcat. "Sophia" is in the former, not the latter. "The question '*what is* a known subject?' never corresponds to the question '*from what* or whence *came* that subject?'"[36] The scientist dismisses the nightingale-tomcat contrast as the wishful thinking of intelligent design; the poet embraces the difference as his reason for being.

To summarize, then, there is nothing in Darwin's thinking to which Solov'ev inherently objects. Species exist in a dynamic relationship to their environment and are not hewn once and for all out of biblical tablets at a single moment of divine creation. Nature makes mistakes and works in fits and starts, and some species fall into oblivion because they are no

36 Ibid., 34: "Vopros o tom: *chto est'* izvestnyi predmet? nikogda ne sovpadaet s voprosom: *iz chego* ili otkuda *proizoshel* etot predmet?" (italics in original)

longer capable of surviving. But underlying the struggle not to die is a countervailing impulse to seek, in time, the proper form, which, when found, is both a veiling of the original matter and a transfiguring of it. "Beauty or the embodied idea is the better half of our real world, precisely that half which not only exists, but which deserves to exist."[37]

Mandelstam, Lamarck, and Poetic Reincarnation (Feedback Loop as Biography)

Now, if we look briefly at Mandelstam's thematically related Lamarck poem,[38] we see the impossible contrasts that go into a supremely creative nature, whether scientist or poet:

Был старик, застенчивый как мальчик,
Неуклюжий, робкий патриарх …
Кто за честь природы фехтовальщик?
Ну, конечно, пламенный Ламарк.

Если все живое лишь помарка
За короткий выморочный день,
На подвижной лестнице Ламарка
Я займу последнюю ступень.

Old, bashful, childlike, awkward, patriarchal—Mandelstam is getting at the idea that *adaptive man* breaks the mold of the socially predictable. These qualities do not "explain" anything. Put them all together, however, create sound and sense out of them, and we get the fiery scientist who fences for the honor and glory of nature. By virtue of a metempsychosis, a spiritual wave pattern, that makes Mandelstam both the fencer himself and the world he imaginatively names, the poet gladly takes his position on the lowest rung (which is also the highest rung, but out of modesty he does not say this) of the evolutionary ladder.

---

37 Ibid., 41–42: "Krasota ili voploshchennaia ideia est' luchshaia polovina nashego real'nogo mira, imenno ta ego polovina, kotoraia ne tol'ko sushchestvuet, no i zasluzhivaet sushchestvovaniia."

38 Osip Mandel'shtam, "7–9 maia 1932," in his *Sobranie sochinenii v chetyrekh tomakh* (Moscow: Art-biznes-tsentr, 1994), 3:61–62.

> К кольчецам спущусь и к усоногим,
> Прошуршав средь ящериц и змей,
> По упругим сходням, по излогам
> Сокращусь, исчезну, как Протей.

In this Lamarckian realm the poet will follow the inroads and declivities of lower order phyla and genera all the way back to the origins of life, where he will disappear into the plasm like Proteus, a.k.a. Pushkin himself. However, because Lamarck, not Darwin, is also Stalin's choice, the changes that will be wrought in him by his historical moment will be painful, even torturous. Indeed, the physical transformations the poet *willingly* takes on in the following stanzas (donning horn-shaped capes, foreswearing warm blood, growing suction cups) sound like nothing so much as the Isaiah-inspired seraph's brutal refashioning of the speaker's body in Pushkin's "Prorok."

> Он сказал: довольно полнозвучья,—
> Ты напрасно Моцарта любил:
> Наступает глухота паучья,
> Здесь провал сильнее наших сил.
>
> И от нас природа отступила—
> Так, как будто мы ей не нужны,
> И продольный мозг она вложила,
> Словно шпагу, в темные ножны.
>
> И подъемный мост она забыла,
> Опоздала опустить для тех,
> У кого зеленая могила,
> Красное дыханье, гибкий смех.

In the Stalinist age that the poet inhabits, God/the natural order is dead. Mozart's music has no place, a line that anticipates Theodor Adorno's words about the fate of poetry after Auschwitz. Nature is leaving the scene because there is nothing natural about what is happening. Man's cruelty to man is much more than is necessary to survive; it is the apocalypse. The longitudinal brain that supposedly defines humans has been wedged in the skull like a sword in its dark sheath; placed where it is that sword is no longer available to be drawn and wielded by the fiery fencing master. Drawbridge raised and escape blocked, all that remains of the Lamarckian magic are the verbal traces of the living sacrifice: the grave that is green (life growing out of death?), the breath that is red (the flaming swordsman's movements through the air?), the laughter that is resilient (the poet's subversive humor?). To oscillate between the particle and the wave, to be in history but also to ride it, is usually tragic. Once again, ultimately it is not about us.

Creativity and the Feedback Loop in Nabokov

As we know, Vladimir Nabokov's core interest as a scientist was more in the accurate naming of biological form, especially the microscopically observed genitalic features of his beloved Blue butterflies, than in entering into metaphysical debates about an "intelligence" that put that form there in the first place. "Harvard's lepidopterists [at the Museum of Comparative Zoology in the 1940s] complained that he prioritized 'description' over 'synthesis.'"[39] It could be argued, however, that it was the "inverse cause" situations—where the function of something is understood only after the fact of its appearance, and where that appearance could not be predicted beforehand—that most fired Nabokov's imagination. According to this line of thought, there are phenomena of resemblance in nature that are not explainable strictly in terms of adaptation and directionality. These are those knight's moves ("nature's rhymes") that so appealed to Nabokov the artist. To take an example from "Father's Butterflies," a natural selection process that does *not* take place when we expect it to but that still eventuates in survival is the caterpillar of the Siberian Owlet moth found on the chumara plant: the coloring of the insect's fetlocks and dorsal shape appears at the end of summer, while the lookalike shrub blooms in May. Following the logic of adaptation, "nature [has] defrauded one of the parties."[40]

How is nature's ability to create patterned surprises "mimicked" in Nabokov's play with ingenious feedback loops in his greatest art, including *Dar*? To begin with, the very structure of the novel, its blurring in and

---

39 Robert Michael Pyle, "Between Climb and Cloud," in *Nabokov's Butterflies: Unpublished and Uncollected Writings*, ed. Brian Boyd and Robert Michael Pyle (Boston: Beacon, 2000), 63.

40 Vladimir Nabokov, *The Gift*, trans. Michael Scammell and Dmitri Nabokov in collaboration with Vladimir Nabokov (London: Penguin, 2001), 390.

out of the "I" and "he" narrators, its tying-up of the plot with an Onegin stanza, itself a pseudo-genetic map for creating infinite meanings out of a single string (rhyme scheme), its merging of personal and literary history ("from Pushkin Avenue to Gogol Street")—all this challenges the reader to understand such patterning as "open" or "closed," or somehow both (i.e., a feedback loop). Is this structure an optical illusion à la M. C. Escher, a Möbius strip modeling space as "outside" and "inside" simultaneously?[41] Or is it, through some ancient deep-seated psychic trigger, the "memetic" (as in "meme") reproduction of that double helix of chemically paired on-off switches whose codes and mappings can store information indefinitely without physically transcending themselves (genetics)? Do the spirals and spheres that embed themselves in Nabokov's speculations about time—"The spiral is a spiritualized circle. In the spiral form, the circle, uncoiled, unwound, has ceased to be vicious; it has been set free. [...] A colored spiral in a small ball of glass, this is how I see my own life"[42]—trace back to Andrei Bely and Symbolists' notions of cosmic return, to Henri Bergson's cloud of "creative evolution," or to something else?

Fedor says of his father's prose, which he gets closer to by reading Pushkin:

> [T]he very body, flow, and structure of the whole work [i.e., *Butterflies and Moths of the Russian Empire*] touches me in the professional sense of a craft handed down. I suddenly recognize in my father's words the wellsprings of my own prose: squeamishness toward fudging and smudging, the reciprocal dovetailing of thought and word [...] and I doubt that the development of these traits under my frequently willful pen was a conscious act.[43]

The process is presented as virtually *physiological*, which again recalls Solov'ev and his "spiritualization of matter" and of nature, even human nature, "thinking itself forward." Perhaps the "body, flow, and structure" of a cultural construct are, again, not simply figures of speech. As animal behaviorist N. K. Humphrey puts it,

---

41 For more on the Möbius strip in Nabokov, see Irena and Omry Ronen, "'Diabolically Evocative': An Inquiry into the Meaning of Metaphor," *Slavica Hierosolymitana: Slavic Studies of the Hebrew University* 6–7 (1981): 378.

42 Vladimir Nabokov, *Speak Memory: An Autobiography Revisited*, in *Novels and Memoirs 1941–1951* (New York: Library of America, 1996), 594.

43 Nabokov, *Gift*, 377.

> Memes should be regarded as living structures, not just metaphorically but technically. When you plant a fertile meme in my mind you literally parasitize my brain, turning it into a vehicle for the meme's propagation in just the way a virus may parasitize the genetic mechanism of a host cell. And this isn't just a way of talking—the meme, say, for "belief in life after death" is actually realized physically, millions of times over, as a structure in the nervous systems of individual men the world over.[44]

This is what we mean in modern parlance by "going viral." Nabokov, for his part, was trying to get at this idea avant le lettre, but in his own writing, in a deeply personal, deeply cultural sense.

Biological evolution works by trial and error. To reinvoke Gould's example of the panda's thumb, the enlarged radial sesamoid is "good enough" to serve as an opposable digit.[45] Perhaps cultural evolution does as well? Let us finish the discussion then with an example of where this —cultural evolution hitting a momentary dead end—appears to be happening.

Fedor fears writing about his father because the words may not do justice to the unique intersection of life and work. The replication may not turn out to be distinctive enough to turn the circle into a spiral. "Father's Butterflies," which Nabokov was writing in connection with a possible continuation of *The Gift*, was one of the last things he composed before emigrating to America. The issue comes down to the strikingly close *metaphorical* parallels between famed population geneticist Sewell Wright's concepts of "adaptive landscape" and "genetic drift" and Konstantin Kirillovich's theory of "spherical classification."[46]

One of the most powerful theories in the history of evolutionary biology is Wright's notion of "adaptive landscape."[47] For Wright, an

44 Quoted in Dawkins, *The Selfish Gene*, 192.

45 Stephen Jay Gould, "The Panda's Peculiar Thumb," in his *The Panda's Thumb: More Reflections in Natural History* (New York: W. W. Norton, 1980), 19–26, esp. 24.

46 Nabokov, *Gift*, 350.

47 Wright's theory is arguably pertinent for the Nabokov of the 1930s in the following way. The Russian geneticist and evolutionary biologist Theodosius Dobzhansky, who emigrated to America in 1927, became enamored by Wright's adaptive-landscape metaphor when hearing him at a genetics congress in 1932. Thereafter, he collaborated with Wright and developed his ideas further. Dobzhansky's first major book, *Genetics and the Origins of Species*, appeared in 1937, as Nabokov was completing

organic population is best described in terms of hills and valleys, the higher points being areas of greater Darwinian fitness and the lower points or valleys being areas of declining fitness. Wright's special insight entailed what happens when smaller subpopulations located along the downslopes and border areas of fitness "hills" branch out and descend into "valleys" of diminishing viability, only then to ascend another fitness "peak." In this way "genetic drift functioned in a 'shifting balance' with natural selection to generate new species through alternating periods of genetic restriction (or 'bottlenecks') and expansion."[48] The question seemed to ask itself: why do the fit not simply become more fit? Why do those trending to the less fit not *automatically* disappear?

Now, a portion of Nabokov's text, whose weave is too dense to avoid quoting at length:

> By "species" he [Konstantin Kirillovich] intends the original of a being, nonexistent in our reality but unique and definite in concept, that recurs ad infinitum in the mirror of nature, creating countless reflections; each one of them perceived by our intelligence, reflected in that self-same glass and acquiring its reality solely within it, as a living individual of the given species. An aberration, or chance deviations are but the consequence of less "faithful" areas of the mirror, while the recurrent falling of a reflection on one and the same flaw may yield a stable local race, the idea of which tends toward the periphery of the circle, the center of which, in turn, is the idea of species. These races remain on the circumference of the species insofar as the spatial link (i.e., one with a locus on earth at a given point in time) between the type (i.e., the most precise sample at a given moment) and a local

The Gift but before he wrote "Father's Butterflies." Not only was he one of the major players (the so-called "four horseman") in the evolutionary synthesis of the 1930s–1940s, Dobzhansky was a world leader in refining the concept of species through greater taxonomic and morphological precision—one of Nabokov's keenest interests once he joined the Museum of Comparative Zoology in 1941. His signature stance of foregrounding the vast genetic diversity within a given species, so that recessive genes and alleles become significant in their own right in determining aspects of speciation, surely appealed to the Nabokov who opposed the domination of the predictably unfit by the predictably fit ("the rough haste of evolution's unskilled forces"). Nabokov corresponded with Dobzhansky in 1954, though how much previous to that he knew the celebrated scientist's work we can only speculate.

48 Edward Larson, *Evolution* (New York: Modern Library, 2004), 230.

> variant is supported by intermediate variations (that can manifest themselves as local races or chance deviations), in other words, so far as the species circle remains unbroken.[49]

What is most fascinating about this passage is that we are witnessing the mind of a genius trying to get to the future via metaphor but not yet possessing, as it were, sufficient "population genetics" rocket fuel for lift-off. The writer of these lines is feeling his way toward the "hills" of fitness and the "valleys" of unfitness Wright first brought to the world's attention as genetic landscape. For starters, the "original of a being, nonexistent in reality" sounds too much like a Platonic idea. However, he seems to get important things right: those individuals with traits that mutated ("chance deviations") tend to migrate to the periphery of the circle (Wright would say they "drift" into "valleys"). And the "spatial link" joining peripheral members to the "original" in the center (i.e., the members closest to the ideal for Nabokov, but simply more "fit" for Wright) through "intermediate variations" is also close. The "mirror of nature" with its "countless reflections" sounds like some *Naturphilosophie* hocus-pocus, but here too we can give the author a partial pass because he is trying to come up with a more vivid, less pedestrian sounding version of "replicate." The main impasse arises, however, from the very meaning of species. One can speculate that "the development of variational distinctions is subordinate to the circle enclosing the species,"[50] but one can never *prove scientifically*, because one cannot *predict unerringly*, that the variation has been caused by the overarching pattern. One can painstakingly describe a butterfly's genitalia through a microscope, as Nabokov did at the Museum of Comparative Zoology in the 1940s, but showing those parts in the process of *morphing from a subspecies into a new species* is another story. Here we are caught between art and science, the wave and the particle.

I close with some thoughts on style, which is a necessary component of poetic thinking and the latter's relation to cultural evolution. Let us not forget as we think about style, however, that the point is no longer personal fame (if that is what the style elicits), but simply the potential of that thinking to leave traces that continue to propel the ambient culture forward even after the mortal phenotype has left the scene. It is not about

49 Nabokov, *Gift*, 384.
50 Nabokov, *Gift*, 385.

genius, it is not about us. Evolutionary time is vast and indifferent. As Nabokov puts it, "We are right in saying quite literally, in the human, cerebral sense, that nature grows wiser as time passes."[51] The idea, the emergent meme, is to keep the focus on "nature growing wiser" and on using the gap between science and culture as a prod, not a closed door. Perhaps Olga Sedakova, herself a poet, says it best:

> Стиль—это не «человек» как «самобытность», а человек как ограничивающее и открывающее себя, выходящее за пределы своей самобытной данности путем ее сужения и приспособления к чему-то, без сомнения понятому как внешний императив и внутреннее желание вместе и сразу.[52]

This idea of personhood is, like Mandelstam's Lamarck, self-contradictory ("restricting and opening") because it is moving toward a fit that is never finished and because it feels a force and a need to adapt to that force at the same time. Once again we encounter that parts-to-whole and whole-to-parts feedback loop, cultural evolution's version of Aristotelian entelechy, that generates plots from compacted wordplay in Pushkin or will not allow the nightingale's song be flattened out to the sex drive in Solov'ev. In each generation of *Homo sapiens*, something like the neck of the giraffe (Lamarck's most famous example) grows itself not physiologically, in order to eat the leaves on the higher trees, but metaphorically, *culturally*, in order to nourish itself on new ideas. Perhaps that is what we should be thinking and writing about as we approach Teilhard's Omega point?

---

51 Nabokov, *Gift*, 387.

52 O. Sedakova, "Zametki i vospominaniia o raznykh stikhotvoreniiakh, a takzhe pokhvala poezii," *Volga* 6 (1991): 157.

«ПРОТИВ ИНВАРИАНТА НЕ ПОПРЕШЬ»

MIKHAIL BEZRODNY
(Heidelberg)

ЦЕНТОН КРЫЛОВА

Уже отмечалось, что, произнося: «Какие перушки! какой носок! / И, верно, ангельский быть должен голосок!», крыловская Лисица вторит сумароковской: «*Какие* ноженьки, *какой носок*»[1]. Любопытно, что позаимствовано и начальное словосочетание; его источник — «Соловей и Чиж» Хемницера: «*Какие перушки!* Куды как он пригож! / Затем ведь у него и голос так хорош!»[2].

Предпосылкой к склеиванию цитат стала общая для этих басен фигура восторга по поводу тождества наружности и дарования: в сюжете о нарядном чиже и невзрачном соловье[3] — восторга необоснованного, в сюжете о вороне и лисице — деланого. Центонность стиха «Какие перушки! какой носок!» сообщает

1 См.: С.А. Фомичев, "Последний русский баснописец", *XVIII век* (СПб.: Наука, 1996), 20: 268. Опыт предшественников отразился и в рифмопаре «*носок* : *голосок*» — ср. «кусок : сок : высок : *носок*» в «Вороне и Лисе» Сумарокова и «кусок : *голосок* : высок» в «Вороне и Сыре» Хвостова.

2 Цитируется это место и в стихотворении «Идиллия. Милонова птичка» Хованского: «Какие перушки прекрасные имеешь! / А петь еще сто раз прекраснее умеешь!»

3 Соловей упоминается в двух ранних печатных вариантах «Вороны и Лисицы»: Лисица высказывает уверенность, что Ворона поет «соловья <…> чище и нежнее» и «соловья нежнее» (И.А. Крылов, *Басни* [М.; Л.: Изд-во АН СССР, 1956], 317).

произведению, открывающему канонический басенный свод Крылова, статус оммажа предшественникам и басни басен.

ЛЕБЕДИНОЕ ОЗЕРО

О вертикали «дева — лебедь — озеро» в стихотворении Коневского:

Дева пустынной изложины,
Лебедь высот голубых,
Озеро! Ввек не встревожено
Дремлешь ты: праздник твой тих,

вероятно, помнил Хлебников, последователь Коневского[4] и автор:

О, лебедиво!
О, озари!

где «лебедиво» — лебедь+диво[5] либо Schwanenjungfrau, лебедь-дева[6], а «озари» — аналог «озера» или, во всяком случае, потенциальная рифма к нему[7].

THE MATRIX

Кажется, нигде иллюзия жизнеподобия не справляет свой триумф с тою полнотой, что в «Карениной», а между тем в основание характерологии этого романа положена жесткая схема. На учет берутся все способы сочетания добродетели (Д) и порока (П):

(1) Д + Д   Кити и Левин
(2) Д + П   Долли и Стива

4 Ср.: «Хлебников шел во многом от таких символистов, как Коневской...» (В. Саянов, *Очерки по истории русской поэзии XX века* [Л.: Красная газета, 1929], 96).

5 И тогда перевод «O, swanderful!» (найден в сети; авторство не установлено) безупречен.

6 См.: Я. Шенкман, "Будетляне, египтяне и хвост", *НГ Ex Libris* 275 (2004): 7.

7 Ср. у него же: «Сегодня строгою боярыней Бориса Годунова / Явились вы, как *лебедь в озере*. / Я не ожидал от вас иного / И не сумел прочесть письмо *зари*».

(3) П + Д   Анна и Каренин
(4) П + П   Анна и Вронский

Семья (1) — счастливая, (2) — полураспавшаяся, (3) — распавшаяся и (4) — незаконная. « … Каждая несчастливая семья несчастлива по-своему».

Если паре (1) приходится выдумывать причины для ссоры, то пара (4) доведена до самоубийства. Схема детерминирует сюжет: « … Совершенно для меня неожиданно, но несомненно Вронский стал стреляться». The Matrix has you.

БИЛЬЯРД И БОРДЕЛЬ

Сидя в клубе и прислушиваясь к звукам из бильярдной, Вронский думает о свиданье с Анной после скачек («Две страсти эти не мешали одна другой»). Входит пара офицеров-любовников, и один из них пробует заговорить с Вронским, но тот сперва отвечает сердито, а затем не отвечает вовсе (их страсть мешает ему предаваться мыслям о его собственных), и пара направляется в бильярдную.

Развитие этой темы дано в «Форели»:

Мы этот май проводим как в деревне:
Спустили шторы, сняли пиджаки,
В переднюю бильярд перетащили
И половину дня стучим киями
От завтрака до чая[8].

ВАСИЛИСКИ

Сонные глаза гепеушника из повести «Роковые яйца» скрыты «дымчатым пенсне», но вот «из-под стекол вбок, на одно мгновенье,

8 Следует читать: «Мы этот май проводим как в борделе: / Спустили брюки, сняли пиджаки, / В переднюю кровать перетащили / И половину дня стучим хуями / От завтрака до чая» (М. Кузмин, *Стихотворения* [СПб.: Академический проект, 1996], 769).

сверкнули вовсе не сонные, а наоборот, изумительно колючие глаза», после чего «они моментально угасли». Сходные портретно-поведенческие характеристики сообщены ряду персонажей «МиМ»:

> Арчибальд Арчибальдович «буквально сжига[л] швейцара глазами», после чего сжалился и «погасил свой острый взор»;
>
> из глаз конферансье «брызнули лучи, пронизывающие Канавкина насквозь, как бы рентгеновские лучи», после чего конферансье «погасил свой взор»;
>
> «обычно маленькие глаза свои» Афраний «держал под прикрытыми, немного странноватыми, как будто припухшими, веками», но иногда он «взглядывал на своего собеседника внезапно и в упор», а потом его взгляд угасал («Угас и взгляд гостя, и веки его опустились»; «Тут гость и послал прокуратору свой взгляд и тотчас, как полагается, угасил его»);
>
> Абадонна «на секунду снял свои [темные] очки».

Эти переклички уже обращали на себя внимание[9]. Было также замечено, что своими веками Афраний напоминает Вия[10]. В пользу плодотворности этой ассоциации говорит присутствие в «МиМ» очевидных реминисценций «Вия» (спасающий от нечистой силы крик петуха, полет ведьмы верхом), а также н е отмечавшееся, кажется, прежде сходство сцен убийства[11]:

---

9 См.: И. Белобровцева, С. Кульюс, *Роман Михаила Булгакова «Мастер и Маргарита»: Опыт комментария* (Таллинн: TPÜ Kirjastus, 2004), 281; Eaedem, *Роман М. Булгакова «Мастер и Маргарита»: Комментарий* (М.: Книжный клуб, 2007), 393–394; М.О. Чудакова, *Новые работы, 2003–2006* (М.: Время, 2007), глава «Сияя, сверкая и блестя. Но не только».

10 См.: Белобровцева, Кульюс, *Роман Михаила Булгакова…*, 281; Eaedem, *Роман М. Булгакова…*, 394.

11 В обоих случаях мы имеем дело с мотивом временного удаления преграды, удерживающей чудесного помощника от проявления его способностей; ср. гирю на ноге чудо-скорохода и зажатую ноздрю или прикрытый рот у персонификации ветра.

— Подымите мне веки: не вижу! — сказал подземным голосом Вий — и все сонмище кинулось подымать ему веки.
«Не гляди!» — шепнул какой-то внутренний голос философу. Не вытерпел он и глянул.
— Вот он! — закричал Вий и уставил на него железный палец. И все, сколько ни было, кинулись на философа. Бездыханный грянулся он на землю, и тут же вылетел дух из него от страха.

Абадонна оказался перед бароном и на секунду снял свои очки. В тот же момент что-то сверкнуло в руках Азазелло, что-то негромко хлопнуло как в ладоши, барон стал падать навзничь, алая кровь брызнула у него из груди и залила крахмальную рубашку и жилет. Коровьев подставил чашу под бьющуюся струю и передал наполнившуюся чашу Воланду. Безжизненное тело барона в это время уже было на полу.

Эта сцена из «Великого бала у Сатаны» получила отражение в «Пирах Валтасара»[12]:

> Берия заерзал и, на мгновение сняв пенсне, бросил на него свой знаменитый мутно-зеленый взгляд, от которого секретарь райкома откачнулся, как от удара.
>
> Сидевшие рядом с ним секретари райкомов как-то незаметно расступились, образовав между ним и собой просвет с идеологическим оттенком. Все секретари райкомов смотрели на него, удивленно приподняв брови, как бы силясь узнать, кто он такой и откуда он вообще взялся. <…>
>
> Берия отвел от него взгляд, и тот словно обвалился под собственным обломанным костяком, радостно рухнул — пронесло[13]!

ГАЛОШИ И ЛОШАДИ

В 1831 г. студенты Московского университета устроили обструкцию профессору М.Я. Малову: подняли шум во время лекции и изгнали его из аудитории. Эта история изложена в мемуарах участников обструкции — коротко у Герцена и подробно у Костенецкого.

12 Ср. также мотив сверхметкой стрельбы — в «МиМ» и «Пирах Валтасара».
13 Фазиль Искандер, *Сандро из Чегема* (М.: Московский рабочий, 1989), 1: 243.

Сцена собственно изгнания рисуется мемуаристами так:

> Малов сделал какое-то замечание, началось шарканье.
>
> — Вы выражаете ваши мысли, как лошади, ногами, — заметил Малов, воображавший, вероятно, что лошади думают галопом и рысью, и буря поднялась — свист, шиканье, крик: «Вон его, вон его, pereat!» Малов, бледный, как полотно, сделал отчаянное усилие овладеть шумом и не мог; студенты вскочили на лавки. Малов тихо сошел с кафедры и, съежившись, стал пробираться к дверям; аудитория — за ним, его проводили по университетскому двору на улицу и бросили вслед за ним его калоши[14].
>
> … все студенты вскочили с мест своих, начали ногами уже не шаркать, а колотить о передние доски скамеек, закричали на него: вон, вон!.. и пустили уже в него кто шапкой, а кто книжкой. Он стремглав бросился из аудитории, едва успел схватить свою шубу и шапку и побежал через двор на улицу. Тут вслед ему студенты кричали, атукали как на зайца, ругали его, и, когда он выбежал на улицу, то полетели в него и камешки, и толпа далеко по Тверской улице провожала его с гиканьем, бранью и атуканьем как дикого зверя[15].

Весьма вероятно, что по крайней мере в одном из изложений, герценовском, эта история была известна автору «Кондуита и Швамбрании». В главе «Галоши директора» рассказывается о том, как февральская революция повлияла на судьбу директора покровской гимназии:

> Гимназия ходила вся, дрожала от неистового гула, грохота, рева и сокрушительного топота. Директор впервые в жизни погнулся, покорежился. <…> Он кинулся в кабинет, напялил фуражку с кокардой, влез в шубу на ходу, не попадая в рукава, — и на улицу. За ним на крыльцо засеменил сторож Мокеич:
>
> — Галоши-то, Ювенал Богданыч! Галошки позабыли!

---

14 А.И. Герцен, *Собрание сочинений в 30 томах* (М.: Изд-во АН СССР, 1956), 8: 118.

15 Я.И. Костенецкий, “Воспоминания из моей студенческой жизни”, *Русский архив* 3 (1887): 339–340.

> Директор, не оборачиваясь и увязая в снегу блестящими штиблетами, прыгал на тонких ногах через мутные лужи. <…> На крыльцо с шумом и хохотом вылетели гимназисты.
>
> — Эх, как зашпаривает! Ату его! Гони! Ура! Карьерист! Рыбий Глаз!
>
> Мокрый снежок хлюпнулся в спину Стомолицкого. <…> Мокеич увещевал:
>
> — Пошто безобразничаете! Нехорошо. А еще ученые!
>
> Атлантида подкрался к нему сзади, выхватил из рук директорскую галошу и под общий хохот пустил ее в Стомолицкого[16].

Присутствует в истории об изгнании директора и лошадиный мотив, однако восходит он не к «маловской истории» в изложении Герцена, а к галерее педагогов кисти Чехова. В поисках поддержки Стомолицкий отправляется к ветеринару, председателю родительского комитета, и, преодолев брезгливость, пожимает его руку, от которой «пахло парным молоком, конюшней и еще чем-то тошнотворно-едким». Затем наносит визит секретарю родительского комитета, доктору, и, пока тот не освободился, ведет беседу с его сыном, который появляется со сломанной деревянной лошадью:

> — А-а! — воскликнул Оська. — Я знаю, вы кто. Вы лошадиный доктор. От вас пахнет так. <…> А мою лошадь вы вылечите[17]?

Стомолицкий сердито сообщает, что он директор гимназии, и задает Оське вопросы в духе Ипполита Ипполитовича: «куда впадает Волга» и «как звать твою лошадь»[18].

СМЕРТЬ ИЗМЕННИКУ

Инвариант: земная оболочка агента трансцендентных сил теряет прочность; его согласие улучшить условия ее существования

16 Лев Кассиль, *Собрание сочинений* (М.: Детская литература, 1965), 1: 157–158.

17 Там же, 161.

18 Там же, 161. Еще более очевидна чеховская реминисценция в главе «Лошадиное слово».

(= изменить своему предназначению) разрушает ее полностью. Варианты:

1. **«Шинель»** Гоголя. Герою на роду написано быть точной копией и совершенным копировальным устройством. Безуспешны попытки переименовать его:

> «Ну, уж я вижу, — сказала старуха, — что, видно, его такая судьба. Уж если так, пусть лучше будет он называться, как и отец его».

и модернизировать программу его поведения:

> … из готового уже дела велено было ему сделать какое-то отношение в другое присутственное место; дело состояло только в том, чтобы переменить заглавный титул да переменить кое-где глаголы из первого лица в третье. Это задало ему такую работу, что он вспотел совершенно, тер лоб и наконец сказал: «Нет, лучше дайте я перепишу что-нибудь». С тех пор оставили его навсегда переписывать.

Обстоятельства все же заставляют его нарушить заповедь «не в свои сани не садись»[19], и он погибает.

2. **«Красавица»** Набокова. В жанре физиологического очерка жизни эмигрантов излагается любимый символистами-соловьевцами сюжет о сошествии на землю Вечной Женственности. Ее земное воплощение, Ольга Алексеевна, не принадлежит никому и «бесстрастна в чистоте», подобно блоковской Российской Венере, но, вопреки соловьевскому видению, не «в теле нетленном на землю грядет», а страдает от житейской неустроенности:

> …волосы потеряли лоск, были плохо подстрижены, черному костюму пошел четвертый год, руки с блестящими, но

19 Причем буквально: экскурсия обладателя новой шинели в неведомую ему прежде часть города сопровождается противопоставлением бедных саней богатым: « … реже встречались ваньки с деревянными решетчатыми своими санками, утыканными позолоченными гвоздочками, — напротив, все попадались лихачи в малиновых бархатных шапках, с лакированными санками, с медвежьими одеялами».

> неряшливыми ногтями были в выпуклых жилках и дрожали от нервности, от хулиганского курения, — и лучше умолчать о состоянии чулок. <…> в сумке шелковые внутренности были так изодраны <…> надевая единственные башмаки, она заставляла себя не думать об их подошвах.

Ольгу Алексеевну знакомят с немцем, просившим «подыскать ему невесту — „настоящую русскую красоту“». Вынужденная принять его предложение, она следующим же летом умирает родами.

ШУКШИН И ТРАДИЦИЯ

1. **«Миль пардон, мадам!»** Воспоминания о том, как тирана не устранили, а ведь могли[20], с отсылками к классическим мотивам — меткой стрельбы:

— … А хорошо вы стреляете? — продолжал он. — Изрядно, — отвечал я, обрадовавшись, что разговор коснулся наконец предмета, мне близкого. — В тридцати шагах промаху в карту не дам, разумеется из знакомых пистолетов[21].	«Это хорошо, — говорит генерал. — Стреляешь метко?» Да, говорю, чтоб зря не трепаться: на пятьдесят шагов свечку из винта погашу.

и предания земле собственных конечностей[22]:

… он ногу эту поднял и отнес домой, потом похоронил ее на Ваганьковском кладбище и говорит, что поставил над нею памятник с надписью с одной стороны: «Здесь погребена нога коллежского секретаря Лебедева»,	Оба пальца — указательный и средний — принес и схоронил в огороде. И даже сказал такие слова:

20 Ср. альтернативно-историческую линию «Пиров Валтасара».

21 А.С. Пушкин, *Полное собрание сочинений в 10 томах* (Л.: Наука, 1978), 6: 66.

22 Отмечено А.К. Жолковским в переписке.

а с другой: «Покойся, милый прах, до радостного утра», и что, наконец, служит ежегодно по ней панихиду (что уже святотатство) и для этого ежегодно ездит в Москву[23].	— Дорогие мои пальчики, спите спокойно до светлого утра. Хотел крест поставить, отец не дал.

2. **«Срезал».** Вариация сюжета о простаке, который своими вопросами ставит мудрецов в тупик. Однако народопоклонническое умиление отсутствует — напротив: простак предстает циничным демагогом, и читательские симпатии оказываются на стороне посрамленных им кандидатов наук.

Прецедент — бунинские «Птицы небесные». В начале рассказа студент слышит, как стоящему у дороги путнику кричат с саней: «Держись, срежу!», а в третьей главке (в ред. 1927 г. удаленной, но, по-видимому, известной Шукшину) «срезают» самого студента:

> — Эко-ся! — сказал студент, подделываясь под его тон. — А ну-ка да нет там ничего, — на том свете-то?
>
> Сторож подумал, хитрыми глазами глядя в землю. И вдруг быстро и восторженно срезал его:
>
> — Так. А кто ж колчег-то строил?
>
> Студент опешил. «Какой такой колчег? Ковчег, что ли?» — хотел спросить он.
>
> Но сторож уже заметил, что срезал.
>
> — Вот то-то и оно-то! — воскликнул он восторженно.
>
> «Дикарь!» — подумал студент с сердцем и отвернулся.

3. **«Сапожки»**. Простонародный зачин — «Ездили в город за запчастями...» — противопоставлен барскому «Ехали на тройке с бубенцами...», а сюжет антитетичен сказочному slipper test: деревенский шофер дарит немолодой жене купленные в городе сапожки, каких она и во сне не носила, и пытается помочь «натиснуть», но поздно, поздно: от непосильной работы ноги распухли.

23 Ф.М. Достоевский, *Полное собрание сочинений в 30 томах* (Л.: Наука, 1973), 8: 411.

ИЗБР. СР.

Статья пятьдесят шестая[24]

Cicero	*Kant*
Quis est enim, qui totum diem jaculans non aliquando collineet?	Torheit und Verstand haben so unkenntlich bezeichnete Grenzen, daß man schwerlich in dem einen Gebiete lange fortgeht, ohne bisweilen einen kleinen Streif in das andre zu tun.

Статья пятьдесят седьмая

Сумароков	*Есенин*
Ты в жизни мне одна отрада, Одна утеха ты, мой свет!	Ты одна мне помощь и отрада, Ты одна мне несказанный свет.

Статья пятьдесят восьмая

Державин	*Тютчев*
Пернатых перьем испещренны, Одеты листьем и корой	Вдруг по деревьям испещренным, С их ветхим листьем изнуренным

Статья пятьдесят девятая

Державин	*Тютчев*
СКРОМНОСТЬ	SILENTIUM!
Тихий, милый ветерочек,	Молчи, скрывайся и таи

24 Предыдущие пятьдесят пять: *Toronto Slavic Annual* 1 (2003): 155–157; Ю. Левинг, А. Осповат, Ю. Цивьян (ред.), *Шиповник: Историко-филологический сборник к 60-летию Романа Давидовича Тименчика* (М.: Водолей Publishers, 2005), 25–26; Г. Левинтон, Н. Охотин (ред.), *Габриэлиада: К 65-летию Г. Г. Суперфина* (Tartu: Ruthenia, 2008), URL: www.ruthenia.ru/document/545435.html (accessed June 27, 2016); А. К. Байбурин, А. Л. Осповат (ред.), *Natale grate numeras? Сборник статей к 60-летию Георгия Ахилловича Левинтона* (СПб.: Изд-во Европейского ун-та в Санкт-Петербурге, 2008), 103–106; Корнелия Ичин (ред.), *Метаморфозы русской литературы* (Белград: Филологический факультет Белградского ун-та, 2010), 327–332.

Коль порхнешь ты на любезну,
Как вздыханье ей в ушко шепчи;
Если спросит, чье? — молчи.

Чистый, быстрый ручеечек,
Если встретишь ты любезну,
Как слезинка ей в лицо плещи;
Если спросит, чья? — молчи.

Ясный, ведренный денечек,
Как осветишь ты любезну,
Взглядов пламенных ей брось лучи;
Если спросит, чьи? — молчи.

Темный, миртовый лесочек,
Как сокроешь ты любезну,
Тихо веткой грудь ей щекочи;
Если спросит, кто? — молчи.

И чувства и мечты свои —
Пускай в душевной глубине
Встают и заходят оне
Безмолвно, как звезды в ночи, —
Любуйся ими — и молчи.

Как сердцу высказать себя?
Другому как понять тебя?
Поймет ли он, чем ты живешь?
Мысль изреченная есть ложь.
Взрывая, возмутишь ключи, —
Питайся ими — и молчи.

Лишь жить в себе самом умей —
Есть целый мир в душе твоей
Таинственно-волшебных дум;
Их оглушит наружный шум,
Дневные разгонят лучи, —
Внимай их пенью — и молчи!..

Статья шестидесятая

Goethe

Ich höre schon des Dorfs Getümmel,
Hier ist des Volkes wahrer Himmel,
Zufrieden jauchzet groß und klein:
Hier bin ich Mensch, hier darf ich's sein!

Лермонтов

И в праздник, вечером росистым,
Смотреть до полночи готов
На пляску с топаньем и свистом
Под говор пьяных мужичков.

Пастернак

А в отдаленье на поляне
В деревне пляшут мужики.
Как человек, я с ними весь:
Я вправе быть им только здесь.

Статья шестьдесят первая

Goethe

Gut verloren — etwas verloren!
Mußt rasch dich besinnen
Und neues gewinnen.
Ehre verloren — viel verloren!
Mußt Ruhm gewinnen,
Da werden die Leute sich
anders besinnen.
Mut verloren — alles verloren!
Da wär es besser: nicht geboren.

Faulkner

If you are a man, you can lie unconscious in the gutter bleeding and with most of your teeth knocked out and somebody can take your pocketbook and you can wake up and wash the blood off and it's all right; you can always get some more teeth and even another pocketbook sooner or later. But you cant just stand meekly with your head bowed and no blood and all your teeth too while somebody takes your pocketbook because even though you might face the friends who love you afterward you never can face the strangers that never heard of you before.

Статья шестьдесят вторая

Радищев

Облеки в одежду Медицейскую Венеру, она ничто иное будет, как развратная жеманка Европейских столиц.

Лотман

Статуя Аполлона в музее не выглядит голой, но попробуйте повязать ей на шею галстук, и она поразит вас своим неприличием.

Статья шестьдесят третья

Карамзин

Веют осенние ветры
В мрачной дубраве;
С шумом на землю валятся
Желтые листья.
...
Странник, стоящий на холме,
Взором унылым

Козьма Прутков

Вянет лист. Проходит лето.
Иней серебрится ...
Юнкер Шмидт из пистолета
Хочет застрелиться.

Погоди, безумный, снова
Зелень оживится!

Смотрит на бледную осень,
Томно вздыхая.

Странник печальный, утешься!
Вянет природа
Только на малое время;
Все оживится.

Юнкер Шмидт! честное слово,
Лето возвратится!

Статья шестьдесят четвертая

Пушкин

На холмах Грузии
  лежит ночная мгла;
Шумит Арагва предо мною.
Мне грустно и легко …

Бунин

На Альпы к сумеркам
нисходят облака.
Все мокро, холодно. Зеленая река
Стремит свой шумный бег по
черному ущелью.

Статья шестьдесят пятая

Пушкин

Откупори шампанского бутылку
Иль перечти «Женитьбу Фигаро».

Ходасевич

Ни «Моцарт и Сальери»,
  ни «Цыганы»
В тот день моей неутолили жажды.

Статья шестьдесят шестая

Пушкин

Не множеством картин
старинных мастеров

Тютчев

Есть в светлости осенних вечеров
Умильная, таинственная прелесть
Зловещий блеск и пестрота дерев,
Багряных листьев томный,
  легкий шелест.

Г. Иванов

Есть в литографиях
  забытых мастеров
Неизъяснимое, но явное дыханье,
Напев суровых волн и
  шорохи дубов,
И разноцветных птиц на
  ветках колыханье.

Статья шестьдесят седьмая

Бенедиктов

И вот — лазурная эмаль
Очей прелестных развернулась …
Она и рада, что проснулась,
И сна лукавого ей жаль.

Мандельштам

Невыразимая печаль
Открыла два огромных глаза,
Цветочная проснулась ваза
И выплеснула свой хрусталь.

Статья шестьдесят восьмая

Козьма Прутков

Тебе и горький хрен — малина,
А мне и бланманже — полынь!

Ахматова

От других мне хвала — что зола,
От тебя и хула — похвала.

Статья шестьдесят девятая

А.К. Толстой

Царь Александр Первый
Настал ему взамен.
В нем слабы были нервы,
Но он был джентльмен.

Сологуб

Кому служил я верно,
То был король один.
Он пахнул тоже скверно,
Но он был властелин.

Статья семидесятая

Baudelaire

L'âme d'un vieux poète erre dans
la gouttière.

Анненский

Душа старого поэта блуждает в водосточной трубе.

Маяковский

А вы
ноктюрн сыграть
могли бы
на флейте водосточных труб?

Статья семьдесят первая

Лев Толстой

… я решил вдруг, что я люблю ученую немецкую музыку <…> стал играть Бетховена и выговаривать *Беетховен*.

Андрей Белый

… музыкант, музыкальный критик или просто любитель музыки <…> произносил *Дёнкан*, *Ни́киш*, а не *Дунка́н* и *Никии́ш* …

Статья семьдесят вторая

Maupassant

Elle ne put pas achever le mot, je l'avais enlevée d'un effort, et je l'emportais, serrée contre moi. On est rudement vigoureux, allez, en certains moments!

Je rencontrai le bord du lit, et je tombai dessus sans la lâcher …

Il y faisait en effet fort bon et fort chaud dans son lit.

Une heure plus tard, la bougie s'étant éteinte, la patronne se leva pour allumer l'autre. Et comme elle revenait se glisser à mon côté, enfonçant sous les draps sa jambe ronde et forte, elle prononça d'une voix câline, satisfaite, reconnaissante peut-être: «Oh!.. la canaille!.. la canaille!..»

Олеша

Обложенная желтой ватой света, вдова сидела на громадной своей кровати, свесив голые ноги за борт. Она была готова ко сну.

Кавалеров шагнул. Она молчала как зачарованная. Кавалерову показалось, что она улыбается, манит.

Он пошел на нее.

Она не сопротивлялась и даже открыла объятия.

— Ах ты поползенок, — шептала она, — ишь ты, поползенок.

Статья семьдесят третья

Бунин

Там, в полях, на погосте,
В роще старых берёз,
Не могилы, не кости —
Царство радостных грёз.

Е. Тагер

И успокоиться в могиле
Не здесь, не на чужом погосте —
Чтоб в ленинградской глине гнили
Мои измученные кости.

Анненский

Эта резанность линий,
Этот грузный полет,

Бродский

Ни страны, ни погоста
не хочу выбирать.
На Васильевский остров
я приду умирать.

Твой фасад темно-синий
я впотьмах не найду.

Этот нищенски синий
И заплаканный лед!

между выцветших линий
на асфальт упаду.

Долматовский
За фабричной заставой,
Где закаты в дыму,
Жил парнишка кудрявый —
Лет семнадцать ему.

И душа, неустанно
поспешая во тьму,
промелькнет над мостами
в петроградском дыму.

Статья семьдесят четвертая

Блок

Так пел ее голос, летящий в купол,
И луч сиял на белом плече.

Ахматова

Играли на ее плечах
Лучи скудеющего света.

Статья семьдесят пятая

Саша Черный

Или мысли наши — жернова?
Или спор — особое искусство,
Чтоб, калеча мысль и
　теша чувство,
Без конца низать
　случайные слова?

Пастернак

Тогда просыпаются
　мельничные тени.
Их мысли ворочаются,
　как жернова.
И они огромны, как
　мысли гениев,
И тяжеловесны, как их слова.

Статья семьдесят шестая

Пастернак

Я был разбужен спозаранку
Щелчком оконного стекла.
Размокшей каменной баранкой
В воде Венеция плыла.

Заболоцкий

Был день как день.
Шныряли вапоретто.
Заваленная грудами стекла,
Венеция, опущенная в лето,
По всем своим артериям текла.

Статья семьдесят седьмая

Мандельштам

Начиналась улица у пяти углов,
А кончалась улица
  у больших садов.

Маршак

Собирались лодыри на урок,
А попали лодыри на каток.

Статья семьдесят восьмая

Мандельштам

Какая-то страсть налетела,
Какая-то тяжесть жива;
И призраки требуют тела,
И плоти причастны слова.

Окуджава

Она еще очень неспетая.
Она зелена, как трава.
Но чудится музыка светлая,
и строго ложатся слова.

Статья семьдесят девятая

Светлов

Пробитое тело
Наземь сползло,
Товарищ впервые
Оставил седло.
Я видел: над трупом
Склонилась луна,
И мертвые губы
Шепнули: «Грена ... »

Михалков

Из пасти у зверя
Торчит голова.
До берега ветер
Доносит слова:
«Непра ...
Я не ве ... »
Аллигатор вздохнул
И, сытый,
В зеленую воду нырнул.

Статья восьмидесятая, инфинитивная

Гандлевский

Устроиться на автобазу
И петь про черный пистолет.
К старухе матери ни разу
Не заглянуть за десять лет.

Кушнер

О, водить бы автобус из
Гатчины в Вырицу,
Знать всех местных
старух, стариков.

НЕПОДЦЕНЗУРНЫЕ РЕДАКЦИИ КАК ПОДТЕКСТ

К литературной истории послания Пушкина «К.А. Тимашевой»[1]

ALINA BODROVA
(Moscow)

При изучении проблем взаимодействия цензуры и текста особый интерес представляют сюжеты, связанные с текстовой вариативностью — но не только и столько такие, когда вследствие цензурного запрета произведение (или его фрагмент) начинает ходить в списках или распространяться в неподцензурной редакции параллельно с печатной, но такие, когда текст существует в двух (или более) вариантах, имеющих разную прагматику и

---

1 Статья подготовлена в ходе проведения исследования (проект № 16-01-0066 «Развитие институтов цензуры и литературный процесс в России 1820-х — 1860-х годов») в рамках Программы «Научный фонд Национального исследовательского университета „Высшая школа экономики“ (НИУ ВШЭ)» в 2016–2017 гг. и с использованием средств субсидии на государственную поддержку ведущих университетов Российской Федерации в целях повышения их конкурентоспособности среди ведущих мировых научно-образовательных центров, выделенной НИУ ВШЭ. Автор — доцент Национального исследовательского университета «Высшая школа экономики», научный сотрудник Института русской литературы (Пушкинского Дома) РАН.

рассчитанных на разные каналы распространения и разную аудиторию.

В более простых случаях мы имеем дело с подцензурными вариантами, заранее предлагающимися автором ввиду вероятного цензурного вмешательства, которые, однако, даются параллельно с основным авторским решением. Так, например, в беловой рукописи второй главы «Евгения Онегина», переписанной Пушкиным специально для посылки П.А. Вяземскому[2], к стиху II строфы «Царей портреты на стенах» было сделано авторское примечание: «Дл<я> Ценз<уры>: *Портреты Дедов на стенах*»[3] — и именно этот вариант «для цензуры» вошел затем во все прижизненные публикации романа в стихах[4]. В других случаях сосуществование цензурного и неподцензурного варианта текста может осложняться дополнительными смысловыми и/или прагматическими оппозициями: неподцензурный вариант может приобретать внутрикружковые («для нас» *vs.* «для всех») или гендерные («для нас» *vs.* «для дам») смыслы. При этом существенно, что особую выразительность неподцензурный вариант приобретает именно при

---

2 См. в письме Пушкина Вяземскому от 20-х чисел апреля 1825 г.: «Дельвиг у меня. Через него пересылаю тебе 2 главу Онегина (тебе единственно и только для тебя переписанного)» ([А.С.] Пушкин, *Полное собрание сочинений* [*в 16 томах*] [перенести на след. строку — Л.: Изд-во АН СССР, 1937–1949], 13: 165 [далее — *ПСС-16*]). Несмотря на эти уверения Пушкина и просьбу-приписку к брату Льву «не пакостить», т.е. не распространять еще не напечатанную Вторую главу в списках, этот беловой автограф послужил источником целого ряда копий. См. об этом: А.Ю. Балакин, "«Евгений Онегин», 2, VIII", С.Н. Пяткин (отв. ред.), *Пушкин и мировая культура: Материалы восьмой Международной конференции. Арзамас, Большое Болдино, 27 мая — 1 июня 2007 г.* (СПб. — Арзамас — Большое Болдино: АГПИ, 2008), 51–53. Любопытно, что выборочно просмотренные ранние списки Второй главы дают разные варианты чтения этой строки II строфы — «Портреты Дедов на стенах» (ПД, ф. 244, оп. 5, № 30, л. 2 об.; № 31, л. 1; № 66, л. 1) и «Царей портреты на стенах» (Там же, № 29, л. 1 об.).

3 ПД 932, л. 1; Пушкин, *ПСС-16*, 6: 557.

4 Учитывая, что этот беловой автограф был предназначен Вяземскому и, по-видимому, не должен был служить наборной рукописью для будущей публикации, речь не шла о «прямой» прагматике авторского указания: соположение вариантов «для цензуры» и «для нас» здесь становилось объектом литературной игры. Это обстоятельство представляется еще одним аргументом в пользу точки зрения М.И. Шапира, указывавшего на необоснованность возвращения в основной текст «Онегина» «бесцензурного» варианта этого стиха (М.И. Шапир, "«Евгений Онегин»: проблема аутентичного текста", М.И. Шапир, *Статьи о Пушкине* [М.: ЯСК, 2009], 277).

соположении с общедоступной, печатной, «приличной» версией, в интерпретации которой также невозможно не учитывать наличие «второго плана».

* * *

Яркой иллюстрацией подобной схемы оказывается история текста одного из московских стихотворений Пушкина 1826 г. — мадригала «Я видел вас, я их читал…», обращенного к Катерине Александровне Тимашевой, начинающей поэтессе и светской красавице.

К.А. Тимашевой
Я видел вас, я их читал,
Сии прелестные созданья,
Где ваши томные мечтанья
Боготворят свой идеал.
Я пил отраву в вашем взоре,
В душой исполненных чертах,
И в вашем милом разговоре,
И в ваших пламенных стихах;
Соперницы *запретной розы*
Блажен бессмертный идеал...
Стократ блажен, кто вам внушал
Не много рифм и много прозы[5].

Поэтическое обращение к Тимашевой, впервые напечатанное в альманахе «Радуга» на 1830 г.[6], которое первым читателям казалось не выходящим «из мудрых пределов золотой посредственности»[7],

5 Пушкин, *ПСС-16*, 3.1: 32.

6 См.: *Радуга: Литературный и музыкальный альманах на 1830 год*, изданный П. Араповым и Д. Новиковым (М., 1829), 78 (под заглавием: «К.А. Т–вой»).

7 Эта характеристика, данная поэтическому разделу «Радуги», не исключая «даже стих[ов] А.С. Пушкина и князя П.А. Вяземского», принадлежала А.А. Дельвигу, автору рецензии на альманах для «Литературной газеты» (см.: Л.Б. Модзалевский, Б.В. Томашевский, *Рукописи Пушкина, хранящиеся в Пушкинском Доме: Научное описание* [М. — Л.: Изд-во АН СССР, 1937], 289). Однако отзыв Дельвига подвергся сначала редакторской правке Пушкина, а затем еще более решительным исправлениям О.М. Сомова, который исключил

мало привлекало внимание комментаторов, устойчиво видевших в нем вполне традиционный по поэтике альбомно-комплиментарный текст. Такая трактовка поддерживалась опубликованными еще в 1862 г. сведениями о том, что автограф стихотворения, датированный 20 октября 1826 г., был вписан в альбом Тимашевой[8], а также галантными обмолвками в письме Пушкина к Вяземскому от 9 ноября 1826 г.: «Что Тимашева? Как жаль, что я не успел с ней завести благородную интригу! Но и это не ушло»[9]. С другой стороны, на интерпретаторскую традицию, по-видимому, влиял и известный отзыв В.Г. Белинского о посмертной републикации послания, в котором критик «Московского наблюдателя» увидел «что-то лелеющее чувство», «какую-то дивную, таинственную гармонию», состоящую «не в гладкости стиха, но во внутренней, сокровенной жизни, которою оно дышит», и, наконец, «простоту»[10]. Между тем интересующее нас стихотворение устроено далеко не так просто, как это казалось Белинскому, о чем говорят как неучтенные литературные контексты, так и оставшаяся не вполне отрефлексированной текстологическая история «Я видел вас, я их читал...».

Для начала, однако, суммируем обстоятельства создания стихотворения в общеизвестной, «альбомной» его редакции.

Знакомство Пушкина с Тимашевой, происходившей из фамилии Загряжских и принадлежавшей к московскому светскому обществу[11], очевидно, состоялось вскоре после возвращения

из текста, напечатанного в «Литературной газете» (2 [1830]: 15), упоминание о стихах обоих поэтов.

8 См.: С.Д. Полторацкий, “Подлинный собственноручный текст стихотворения Пушкина, написанного в 1826 году в альбом Е.А. Тимашевой”, *Наше время* 228 (1862): 912; этот автограф Пушкина, затем хранившийся в архиве Полторацкого, был обнаружен Ф.Я. Приймой, уточнившим текст первой публикации: Ф.Я. Прийма, “А.С. Пушкин. Стихотворение «Я видел вас, я их читал»”, *Литературный архив* 4 (1953): 11–12; воспроизведение: Там же, вклейка между с. 12 и 13.

9 Пушкин, *ПСС-16*, 13: 305.

10 [В.Г. Белинский] “[Рец. на]: Современник. Том десятый...”, *Московский наблюдатель* 17.II (1838): 516; Idem, *Полное собрание сочинений в 13 томах* (М.: Изд-во АН СССР, 1953), 2: 497.

11 Подробнее о Тимашевой, ее биографии и творчестве см.: Прийма, “«Я видел вас, я их читал»”, 12–22; А. Коровин, “«Соперница запретной розы»”, *Рифей: Уральский литературно-краеведческий сборник* (Челябинск: Южно-Уральское кн. изд-во, 1981), 97–99; С.А. Фомичев, “Катерина Тимашева — поэтесса

Пушкина из ссылки в старую столицу. Очень вероятно, что посредническую роль в этом сыграл П.А. Вяземский, с которым Тимашева и впоследствии поддерживала приятельские отношения и переписку[12] и которого Пушкин в ноябрьском письме из Михайловского спрашивал о ней. По всей видимости, Тимашева рискнула показать Пушкину альбом или тетрадь со своими стихами, которые были рассчитаны на самый узкий читательский круг и не предназначались к публикации[13]. Это подтверждается не только прямым сообщением в первых строках пушкинского мадригала (ср.: «…я их читал, / Сии прелестные созданья»), но и мотивно-тематическими перекличками между «Я видел вас, я их читал…»

пушкинской плеяды", *Временник Пушкинской комиссии* 23 (1989): 152–157; Idem, "Пушкин и альбомы его времени", *Альбом Елизаветы Николаевны Ушаковой* (факсимильное воспроизведение), сост. и коммент. Т. Краснобородько (СПб.: Logos, 1999), 258–262; А.Г. Никитин, "«Белая дама»", Idem, *Секретная рукопись Пушкина: По следам находок и утрат* (М.: Наука, 1992), 84–93; Е. Шальман, "«Соперница запретной розы»: Стихотворение Пушкина «К.А. Тимашевой»", *Октябрь* 2 (1995): 179–180; С.Е. Сорокина, *Усадьба на фоне истории: Хроника рода Тимашевых* (Оренбург: Оренбургское кн. изд-во, 2006), 194–197, 200, 204–205, 211–222 и др. (по указ.).

12 О знакомстве с Вяземским и интересе к его поэзии свидетельствует отсылка к его стихотворению «Весна» в небольшом послании Тимашевой «К Лизе» (Е.П. Киндяковой; о ней см. ниже), датированном 19 апреля 1826 г. (Фомичев, "Катерина Тимашева", 154). См. также упоминания о Тимашевой в переписке Вяземского и А.И. Тургенева: *Переписка Александра Ивановича Тургенева с кн. Петром Андреевичем Вяземским. Т. 1: 1814–1833 г.* (*Архив братьев Тургеневых* 6), под ред. и с примеч. Н.К. Кульмана (Пг.: ОРЯС РАН, 1921): 80 (Тургенев — Вяземскому, 11 января 1832 г.), 84 (Вяземский — Тургеневу, 18 января 1832 г.), 86, 93 (Тургенев — Вяземскому, 25 января 1832 г., 11 февраля 1832 г.), 97 (Вяземский — Тургеневу, 7 марта 1832 г.); *Переписка князя П.А. Вяземского с А.И. Тургеневым. 1824–1836* (*Остафьевский архив князей Вяземских* 3), под ред. и с примеч. В.И. Саитова (СПб.: С.Д. Шереметев, 1899): 229, 256 (Вяземский — Тургеневу, 26 марта 1833 г., 4 января 1834 г.), а также не напечатанные полностью письма Тимашевой к Вяземскому (РГАЛИ, ф. 195, оп. 1, № 2843 [письма 1831–1832 гг.]; фрагменты опубл.: Фомичев, "Катерина Тимашева", 153, 156) и копию одного из ответных писем Вяземскому, сделанную рукой Тимашевой (РГАЛИ, ф. 195, оп. 1, № 1315а [письмо от 17 февраля 1832 г.]).

13 Появление сочинений Тимашевой в печати относится уже к началу 1830-х гг., когда несколько ее стихотворений были опубликованы в «Литературной газете» и «Северных цветах» на 1831 и 1832 гг.: "К портрету ***", *Литературная газета* 12 (1831): 96; "Ответ", *Северные цветы на 1831 год* (СПб., 1830), 90–91 (подпись: «К….а Т…шева»); "К застенчивому" и "К незабвенному", *Северные цветы на 1832 год* (СПб., 1831): 93, 136–137 (подпись: «Е. Т….ва»).

и ранними стихотворениями Тимашевой, которые она много лет спустя скопировала в так называемую «черную тетрадь», начатую 16 августа 1866 г.[14]

В представительном, но довольно однообразном корпусе ее элегических текстов, датированных в позднем альбоме 1825–1826 гг., ведущее место занимает любовный цикл, посвященный «идеальному» возлюбленному (ср. «...ваши томные желанья / Боготворят свой идеал»), фигурирующему в стихах под условным именем Эдуард. См., например:

Послание к Лизе

Не спрашивай, мой Друг,
кто был мой идеал,
Кто сердце озарил
минутною красою,
Кто все прекрасное в себе соединял,
Кем жизнь любила я,
гордилась в ком собою.
<…>
Но чем, скажи, Эдуард,
виновна пред тобою,
Чем заслужила я измену от тебя[15]…

К нему

О разреши мое сомненье:
Скажи, ты ль у окна стоял
Или мое воображенье
Чертило мне мой идеал[16].

Однако наиболее близкую параллель к пушкинскому мадригалу дает построенный на сходной градации формулы «Блажен, кто…»[17] короткий текст Тимашевой, обращенный к К.А. Римской-Корсаковой (в будущем жене композитора А.А. Алябьева) и датированный 4 октября 1826 г.:

В альбом К. А. Р. К……вой

Блажен, кто с вашею душою

14 РГИА, ф. 1687, оп. 1, № 174, л. 1–34 об. Публикацию отдельных текстов Тимашевой, в том числе входящих в эту тетрадь, см.: Фомичев, "Катерина Тимашева", 154; Idem, "Пушкин и альбомы его времени", 260–262.

15 РГИА, ф. 1687, оп. 1, № 174, л. 11; адресат послания также Е.П. Киндякова.

16 Там же, л. 8 об.

17 Об этой формуле и ее судьбе в русской поэтической традиции см.: Г.А. Левинтон, "«Блажен, кто…» К истории формулы", В.Е. Багно (отв. ред.), *Русская судьба крылатых слов* (СПб.: Наука, 2010), 141–239.

Свою навек соединит,
Кто очарует вас собою
И новым чувством озарит.
Блажен, кому судьбою чудной
В удел дано любимым быть,
Стократ блажен, кто жизни трудной
Путь может с вами довершить[18].

На фоне этого альбомного стихотворения Тимашевой, сочетающего бесхитростность основной темы («блажен тот, кто будет любим вами, но еще блаженнее тот, кто станет вашим спутником [= мужем] навеки») с условностью перифрастического поэтического языка[19], ярче проявляется ироничная двуплановость пушкинского текста, в основе которого та же логическая конструкция, что и в мадригале Тимашевой («блажен тот, кого вы любите и воспеваете как Идеал, то еще блаженнее тот, кто уже стал вашим спутником [= мужем]»). Однако у Пушкина разработка мадригального сюжета осложняется введением темы поэтического творчества, а также энигматического уподобления адресата стихотворения «запретной розе». Появление этого сравнения в заключительном катрене, а также финальный пуант («Стократ блажен, кто вам внушал / Не много рифм и много прозы») подчеркивают ключевую роль последнего четверостишия, от интерпретации которого зависит, очевидно, и прочтение всего текста.

Хотя реальный прототип и литературная история образа «запретной розы» давно и хорошо известны исследователям, комментаторы пушкинского текста не пришли к единому мнению о том, какая прагматика и смыслы стоят за именованием Тимашевой «соперницей *запретной розы*». Как указал еще М.А. Цявловский[20],

18 Там же, л. 8; см. также: Фомичев, "Пушкин и альбомы…", 260.

19 Условность поэтического языка Тимашевой хорошо видна и в двух ее ответных стихотворениях, обращенных к Пушкину и, несомненно, вызванных его мадригалом, — «Послании к А.С. Пушкину» и «К портрету А.С. Пушкина». Эти тексты, датированные, соответственно, 22 и 25 октября, сохранились не только в ее альбоме (РГИА, ф. 1687, оп. 1, № 174, л. 6 об.–7, 10 об.), но и в ранних автографах, находящихся в архиве С.Д. Полторацкого (см.: Прийма, "«Я видел вас, я их читал»", 18–19).

20 М.А. Цявловский, "Заметки о Пушкине: 2. «Запретная роза» стихотворения Пушкина", *Пушкин и его современники* XXXVIII/XXXIX (1930): 220–221.

основываясь на записи в тетради Лонгинова-Полторацкого, «*Запретная роза* — Елизавета Петровна княгиня Лобанова-Ростовская (впоследствии Пашкова) урожденная Киндякова, разводившаяся тогда с Кн. Ив. Александр. Лобановым и названная так Кн. Вяземским»[21] в стихотворении с одноименным заглавием, которое было напечатано в 5-м номере «Московского телеграфа» на 1826 г.[22]

Скандальная история первого супружества Киндяковой, которая — что немаловажно — была родственницей и подругой Тимашевой, имела печальную известность в московском свете. В 1824 г. Киндякова стала женой князя И.А. Лобанова-Ростовского, но, по словам того же Вяземского, «замужем не была»[23], «поелику [Лобанов-Ростовский] никак ее не мо[г] зделать ни матерью, ни е....ной»[24], и страдала от своего положения девственной супруги, лишенной законных «блаженств», тем более что в нее был влюблен (и взаимно) полковник лейб-гусарского полка А.В. Пашков, который затем, в 1828 г., — после ее развода с Лобановым-Ростовским — на ней и женился.

Эти обстоятельства, по всей видимости, известные Пушкину, делают сопоставление героини с «запретной розой» по меньшей мере двусмысленным, особенно учитывая тот факт, что брак Тимашевой тоже не был удачным, и с 1823 г. она с маленькими сыновьями жила в Москве отдельно от мужа, Егора Николаевича Тимашева (1791–1849), наказного атамана Оренбургского казачьего войска (1822–1830), безвыездно пребывавшего по месту службы[25]. При

---

21 ОР РГБ, ф. 233, карт. 162, № 2, л. 57.

22 [П.А. Вяземский], "Запретная роза", *Московский телеграф* VIII.5 (1826): отд. II, 3 (выход в свет — 1 апреля 1826 г., см.: М.А. Цявловский, Н.А. Тархова (сост.), *Летопись жизни и творчества Александра Пушкина в 4 томах* [М.: Слово/Slovo, 1999], 2: 136).

23 См. письмо Вяземского А.И. Тургеневу от 9 апреля 1825 г. (*Остафьевский архив князей Вяземских* 3, 110).

24 Из письма Ф.И. Толстого-Американца В.Ф. Гагарину от 6 июня 1827 г. (С.Л. Толстой, *Федор Толстой-американец* [М.: ГАХН, 1926], 100).

25 Биография Е.Н. Тимашева наиболее подробно реконструирована на основании архивных документов в недавней книге С.Е. Сорокиной (*Усадьба...*, 180–253). Уже в первые годы брака (свадьба с Екатериной Александровной Загряжской состоялась в 1815 г.) Тимашев сошелся с компаньонкой жены (с которой прижил потом и детей), а в более поздние годы стал фигурантом дела о «насильстве» в отношении собственных крепостных.

этом намек на семейные обстоятельства Тимашевой прочитывается в двух финальных строках того же катрена («Стократ блажен, кто вам внушал / Не много рифм и много прозы!»), содержащих, по-видимому, как раз намек на ее супруга[26], который, очевидно, «внушал» Тимашевой «прозаические», семейные заботы и — учитывая его пребывание в Оренбурге — *почтовую прозу*[27], а

26 По-видимому, такой трактовки этой строки держалась впоследствии и Тимашева, в пользу чего косвенно свидетельствует несколько загадочная история *намеренно искаженной* публикации стихотворения в газете «Наше время» в 1862 г. (см.: Полторацкий, "Подлинный...", 912–913). В специальной заметке, посвященной этому стихотворению и завершавшейся более общим призывом публиковать только те варианты текстов, которые «находились или в разных рукописях самого поэта, или в различных изданиях его сочинений, сделанных им самим» (Там же, 913), С.Д. Полторацкий, приходившийся Тимашевой дальним родственником, напечатал текст стихотворения по автографу, сообщенному ему адресаткой послания, существенно изменив последний стих: «Стократ блажен, кто вам внушал / *И много рифм* и много прозы». По предположению Ф.Я. Приймы ("«Я видел вас, я их читал»", 14–15), подобная замена могла быть сделана только по просьбе Тимашевой, которой она могла понадобиться для того, чтобы смягчить оппозицию между «пламенными стихами», на которые ее вдохновляет «бессмертный Идеал», и прозой семейной жизни, на которую пушкинский текст бросал — в неискаженном своем виде — несколько двусмысленный отсвет. Можно предположить, что подобная щепетильность Тимашевой могла быть вызвана заботой о семейной репутации в связи с набиравшей обороты карьерой их младшего сына — А.Е. Тимашева (прославленного известным стихотворением А.К. Толстого), в тот момент начальника Корпуса жандармов и управляющего Третьим отделением, а впоследствии министра внутренних дел.

Публикация Полторацкого взывала любопытный отклик Г.Н. Геннади (кажется, до сих пор не учитывавшийся в литературе о послании к Тимашевой), который сообщал, что в его распоряжении имеется альбом, принадлежавший его «покойному родственнику <…> А. М. К. [может быть, кому-то из Куракиных, родственников жены Геннади], бывшему в сношениях со всеми литераторами той эпохи», в котором содержался текст как «Запретной розы» Вяземского, так и стихотворения Пушкина к Тимашевой ([Г. Геннади], "К редактору газеты «Наше Время»", *Наше время* 233 (1862): 931, подпись: «Гр<игорий> Кн<ижник>. 26 октября 1862»). Любопытно, что в собрании В. И. Нейштадта находилась тетрадь, принадлежавшая прежде А. Н. Афанасьеву (описание см.: А. С. Пушкин, *Полное собрание сочинений и писем в 20 томах* (СПб.: Наука, 2004), 2.1: 422–424), в которой также содержатся списки обоих стихотворений Вяземского и Пушкина (РГАЛИ, ф. 1345, оп. 2, № 329, л. 43–43 об., 55 об.), а кроме того, копии целого ряда неопубликованных стихотворений самой Тимашевой («Послание к Лизе», «К Эдуарду», «К Очарователю», «Послание к Застеньчивому», «Послание к Незабвенному» и еще два текста под заглавием «К Незабвенному» – Там же, л. 51 об.–54 об., 56 об.) – редкое свидетельство об их распространении в литературном кругу.

27 Такая трактовка последней строки была предложена Т.Г. Цявловской, см.: А. С. Пушкин, *Собрание сочинений в 10 томах* (М.: Художественная литература, 1974), 2: 559–560.

также имел законное право наслаждаться земным супружеским «блаженством».

Однако вопреки этим явно ироничным биографическим подразумеваниям, комментаторы стремились предложить скорее серьезную и комплиментарную интерпретацию последнего четверостишия. Так, Ф.Я. Прийма считал, что пушкинское сравнение «намекает на стремление Тимашевой уподобиться Лобановой-Ростовской не в поэзии, а в жизни, т.е. выказать презрение к мнению света и обрести права на личную свободу»[28], а в «бессмертном Идеале» предлагал — путем сложных и произвольных умозаключений — видеть Байрона[29]. С.А. Фомичев трактовал это сравнение как уподобление Тимашевой Деве Марии — Розе роз, запретной, т.е. целомудренной розе[30]. Наконец, Е.С. Шальман вовсе отказывался видеть здесь «бестактные намеки» и пытался предположить, что Пушкин имел в ввиду сопоставить не саму Тимашеву, а ее стихи со стихотворением Вяземского о «запретной розе», тем самым тонко похвалив ее «прелестные созданья»[31].

Парадоксально, но отношение Пушкина к сочинениям Тимашевой тоже часто трактовалось как весьма сочувственное[32], а явное предпочтение «женского», а не поэтического в заключительном пуанте — в таком прочтении — не умаляло отзывов о ее стихах в начальных строфах, а лишь дополняло их. Между тем, как кажется, здесь речь идет даже не об ироническом комплименте красоте Тимашевой, но о гораздо более саркастичном выпаде в адрес ее «прелестных созданий».

Последнее четверостишие структурно и отчасти лексически намеренно повторяет первый катрен, также имеющий охватную рифмовку с повторяющейся рифмой на *-ал*: *«читал : идеал» / «идеал : внушал»*, заставляющей вспомнить о предсмертной элегии Ленского (и о предположении О.А. Проскурина, отчего тот «задремал»

---

28 Прийма, "«Я видел вас, я их читал»", 18.

29 Там же, 20–21.

30 Фомичев, "Катерина Тимашева", 155–156. О богатой инструментовке этого топоса (в том числе его двусмысленном обыгрывании, как в пушкинской «Гавриилиаде»: «И вдруг летит в колени милой девы, / Над розою садится и дрожит») см.: Н.Н. Мазур, "Еще раз о деве-розе (в связи со стихотворением Баратынского «Еще как патриарх не древен я…»)", *Пушкинские чтения в Тарту* 4 (2007): 346–362.

31 Шальман, "«Соперница запретной розы»", 179.

32 Прийма, "«Я видел вас, я их читал»", 21–22; Шальман, "«Соперница запретной розы»", 179–181.

«на модном слове: *идеал*»)[33]. Такой рифменный и лексический повтор возвращает в последний катрен тему «прелестных созданий» Тимашевой, чтобы эффектней противопоставить томный и бессмертно-бестелесный идеал поэзии, которому всецело отдается героиня, забытому ей «прозаическому», земному блаженству, которому отдает предпочтение поэт. Это противопоставление поэтических устремлений женщины-сочинительницы равнодушию к истинным любовным радостям имеет свой жанровый шлейф и отсылает, как представляется, к традиции сатиры на женщин-поэтов[34], забывших предназначение «прекрасного пола» вызывать любовь и вдохновлять, а не творить самим.

Одним из авторитетных претекстов, принадлежащих к этой весьма разветвленной традиции, Пушкину могло послужить стихотворение Экушара-Лебрена «Мое последнее слово о женщинах-поэтах» («Mon dernier mot sur les femmes-poètes», 1811), о котором в контексте 1826 г. напоминала восходящая к этому тексту Лебрена эпиграмма Баратынского на женщин-сочинительниц («Не трогайте парнасского пера…»)[35], опубликованная в мартовском номере «Московского телеграфа»[36] и, по-видимому, связанная с той же модой на женское сочинительство в московском светском кругу.

Доказывая на мифологических и исторических примерах противоестественность и малую привлекательность женского сочинительства, особенно поэтического, Лебрен эффектно противопоставлял рифмованные строки, которые лишь отнимают обаяние у сочиняющей их красавицы, «сладкой прозе», которой она и так владеет без всякого поэтического искусства (отметим совпадающую с пушкинской рифму «*prose* : *rose*»):

---

33 О.А. Проскурин, *Поэзия Пушкина, или Подвижный палимпсест* (М.: НЛО, 1999), 173–176.

34 Показательно, что в посмертных публикациях — в «Современнике» 1838 г. (X: 177) и собрании сочинений (*Сочинения Александра Пушкина* [СПб.: И. Глазунов и К°., 1841], 9: 201) — стихотворение было напечатано под заглавием «К женщине-поэту», предложенным, по-видимому, П.А. Плетневым.

35 На связь эпиграммы Баратынского со стихотворением Лебрена в свое время указал В.И. Коровин (см. его статью "Две заметки о стихах Баратынского", *Новые безделки: Сборник статей к 60-летию В.Э. Вацуро* [М.: НЛО, 1995/1996], 436–440).

36 [Е.] Баратынский, "Совет", *Московский телеграф* VII: 3 (1826): отд. II, 124 (выход в свет 8 марта 1826 г. — Е.А. Боратынский, *Полное собрание сочинений и писем* [М.: ЯСК, 2002], 2.1: 153).

Les petits riens rimés et leurs petits succès,
Valent ils le bonheur? Quand la Beauté compose,
La Beauté perd de ses attraits
Elle parle sans art une si douce ***prose***!
L'encre sied mal aux doigts de ***rose***[37]...

Помимо этого, в сопроводительном тексте — «Любезному и благосклонному читателю, чрезмерно буквально понявшему в *Моем последнем слове* фразу *Чернила не пристали розовым пальчикам...*» («Au Lecteur poli et bénévole qui dans *mon dernier Mot* avait pris trop à la lettre *L'Encre sied mal aux doigts de rose*») — Лебрен еще раз проводил различие между порицаемым им женским сочинительством и приятными его сердцу любовными записочками (своего рода параллель к «прозе» в послании Тимашевой):

Oui, de Pathos le doux Législateur,
L'Amour défend longs vers et longue ***prose***
Au Sexe aimable, au Sexe inspirateur;
Mais il adore un Billet enchanteur,
Billet tracé par jolis doigts ***de rose***[38]...

Таким образом, даже в альбомной редакции послание оказывалось насквозь двусмысленным, а его финальное четверостишие, эффектно *совмещая*[39] развитые соответственно в первом и втором катренах темы «прелестных», «идеальных» созданий и пламенной

---

37 Ponce-Denis (Écouchard) Le Brun, *Œuvres*, mises en ordre et publiées par P.L. Ginguené (Paris: Crapelet, 1811), 3: 355. Перевод: *Рифмованные мелкие безделки и их мелкие успехи / Стоят ли они ли счастья? Когда красота сочиняет, / Она теряет в своем очаровании. / Без всякого искусства она говорит столь сладкой прозой. / Чернила не пристали розовым пальчикам...*

38 Ibid., 356. Перевод: *Да, нежный законодатель Пафоса, / Амур не дозволяет длинные стихи и многоречивую прозу / Прекрасному полу, полу вдохновляющему, / Но он обожает прелестные записочки, / Набросанные милыми розовыми пальчиками...*

39 О конструктивной роли приема выразительности СОВМЕЩЕНИЕ см.: А.К. Жолковский, Ю.К. Щеглов, "Структурная поэтика — порождающая поэтика", Ю.К. Щеглов, *Проза. Поэзия. Поэтика: Избранные работы* (М.: НЛО, 2012), 20, 22–32; А.К. Жолковский, Ю.К. Щеглов, *Ex ungue leonem: Детские рассказы Л. Толстого и поэтика выразительности* (М.: НЛО, 2016), 24–26, 124 и др.

«отравы» женского обаяния, иронично намекало на несомненную силу последнего и бесплотную бледность первых.

Эта сатирическая дихотомия, тонко намеченная в подарочном автографе, еще более выразительно проступает в неподцензурном варианте пушкинского текста, который сохранил для потомков С.А. Соболевский, но который до сих пор так и не стал известен в печати[40]. Как следует из копии, посланной Соболевским Плетневу в начале 1838 г., финальное четверостишие имело другую, скабрезную версию («для нас» в противоположность варианту «для дам»), в которой противопоставление бесплотных «томных мечтаний» истинным «блаженствам» земной любви было доведено до эксплицитной прямоты. Показательно, что сначала — как видно из хода записи — Соболевский припомнил «неприличную» версию финала и лишь затем, не сразу и неточно вариант «для дам»:

Я слушал вас, я их читал
Сии небрежные созданья
Где ваши томные мечтанья
Боготворят свой идеал.
Я пил отраву в вашем взоре
В душой исполненных чертах
И в вашем милом разговоре
И в ваших пламенных стихах.

для нас[41]

Покинув вас уж я любовью
Пылал, но луч в уме блеснул:

40 Копия Соболевского была учтена в комментариях, а также в разделе «Другие редакции и варианты» Большого академического издания (Пушкин, *ПСС-16*, 3.1: 578–579; 3.2: 1130–1131, примеч. М.А. Цявловского), однако, очевидно, по цензурным причинам не все ее варианты могли быть опубликованы. Столь же несомненно знакомство Цявловского, автора заметки о прототипе «запретной розы» (см. выше), с другим источником неподцензурного варианта окончания «К Тимашевой» — тетрадью Лонгинова-Полторацкого, которое также не отразилось в опубликованных работах исследователя.

41 Вписано между строчками.

Я в переулок повернул
И с горя влез на Парасковью.

для дам[42]

Соперницы заветной розы
Блажен бессмертный идеал
Стократ блажен, кто ей внушал
Единый стих и много прозы[43]!

Дошли до нас и позднейшие пояснения, восходящие, по-видимому, к тому же Соболевскому, — относительно биографической основы варианта «для нас», зафиксированные в тетради Лонгинова-Полторацкого. Там в качестве вариантов к посланию Тимашевой приведены лишь две последние строки этой версии («Я в переулок завернул / И с горя влез на Парасковью»), которые сопровождаются следующим примечанием: «Пушкин заказал себе нарочно панталоны с гульфом (их тогда носили мало), чтобы при случае воспользоваться беседой наедине с К.А. Тимашевой <…>, но это не удалось и потому он пародировал последний куплет <…>. Два первые стиха утрачены»[44].

Припомненный[45] Соболевским вариант «для нас» связывает послание Тимашевой с пластом скабрезных и прямо непристойных «московских» текстов 1826–1827 гг., также известных в записях Соболевского, в которых можно так или иначе предполагать пушкинское участие[46]. Ситуационно-тематические переклички

---

42 Вписано на правом поле.

43 ПД, ф. 244, оп. 8, № 11, л. 4 об. Внизу страницы был набросан еще один вариант последнего двустишия версии «для дам»: «Стократ блаженней <так!> кто ей внушал / Единый стих и много прозы» — по-видимому, Соболевский сначала вспомнил и записал эти две строки, а затем, восстановив четверостишие целиком, их зачеркнул.

44 ОР РГБ, ф. 233, карт. 162, № 1, л. 126 об.

45 О том, что запись делалась, скорее всего, по памяти, свидетельствует ряд исправлений прямо по ходу письма, а также неточности в тексте первых двух катренов и варианте «для дам», содержащих разночтения по сравнению с автографом и первой публикацией в «Радуге».

46 См. публикацию двух непристойных экспромтов: С.И. Панов, "Пушкин и Соболевский в 1826–1827 гг. (К публикации двух стихотворений)", *Новое литературное обозрение* 51 (2001): 134–147.

объединяют куплет про Парасковью с зачином экспромтной «стихотворной галиматьи», записанной Соболевским по ходу сочинения и затем снабженной указанием «С Пушкиным»:

Изобильную блядями
Я люблю, друзья, Москву
Ведь не даром между вами
Ебуном давно слыву.
<…>
Дружбы резвого похмелья
И любови здесь приют.

Щекатуренные рожи
Из окна на нас глядят
На луну оне похожи
И приветно томен взгляд[47].

Однако если непристойный экспромт (как и многие пушкинские и псевдопушкинские скабрезные эпиграммы) полностью принадлежал сфере неподцензурного сочинительства, то в случае с посланием к Тимашевой мы имеем дело с более сложной прагматикой текста, который — для посвященных (т.е. «для нас») — обретает дополнительное «измерение»: оба варианта последнего катрена проецируются друг на друга. В этом смысле формулировка записи в тетради Лонгинова-Полторацкого («*пародировал* последний куплет»), как кажется, несколько упрощает соотношение между двумя версиями текста: непристойная версия, не стесненная жанровыми (мадригал) и ситуационными (запись в альбом/для альбома) конвенциями, одновременно обнажает условность поэтического языка и акцентирует те смыслы, которые были заложены, пусть и на уровне подтекста, в «приличном» варианте[48]. Иными словами, версия «не для дам» бросает сильный иронический

47 Там же, 142.

48 Ср. важные для нас в этом отношении рассуждения юбиляра о типологии подтекстов и проблеме (авто)цитации применительно к творчеству Пастернака: А.К. Жолковский, “Заметки о тексте, подтексте и цитации у Пастернака: К различению структурных и генетических связей”, в его кн. *Поэтика Пастернака: Инварианты, структуры, интертексты* (М.: НЛО, 2011), 413–422.

отсвет и на печатный текст послания «К.А. Тимашевой», заставляя решительно отказаться от его комплиментарных и чисто «мадригальных» интерпретаций.

Сходный и близкий по времени пример вариативности текста и его параллельного бытования в «альбомном» и непристойном регистре обнаруживается в творческой практике Н.М. Языкова, известного своими экспериментами с традиционным поэтическим языком и жанровыми конвенциями[49]. Весной 1825 г. Языков записал в альбомы двух своих дерптских приятельниц и вдохновительниц — М.Н. Дириной и А.А. Воейковой — декларативный текст о назначении поэта вообще и собственном призвании в частности. В этих записях центральный фрагмент («Поэт свободен. Что награда...») варьировался и встраивался в разные контексты (в альбоме Воейковой он входит в состав послания под, видимо, условным заглавием «К Г. Д. Е.»[50], в альбоме Дириной он открывает цикл из трех элегий[51]), но формулировки — при всех их отличиях — оставались неизменно в рамках высокой поэтической традиции:

Поэт свободен. Что награда
Его торжественных трудов?
Не милость
царственного взгляда,
Не восхищение рабов!
Служа не созданному богу,
Он даст ли нашим божествам
Назначит<ь> мету и дорогу
Своей душе, своим стихам?
(запись в альбоме Воейковой)

Поэт свободен. Что награда
Его высокого труда?
Не жар чарующего взгляда,
Не золото и не звезда!
Служа не созданному богу,
Он даст ли *нашим* божествам
Назначить мету и дорогу
Своим торжественным мечтам?
Он даст ли творческий свой Гений
В земные цепи заковать,
Его ль на подвиг вдохновений
Коварной лаской вызывать?
(запись в альбоме Дириной)

49 О.А. Проскурин, *Литературные скандалы пушкинской эпохи* (М.: ОГИ, 2000), 252–258.

50 См.: Н.М. Языков, *Полное собрание стихотворений*, Редакция, вступ. статья и комментарии М.К. Азадовского (М. — Л.: Academia, 1934), 223–224, 750.

51 См.: *Письма Н.М. Языкова к родным за дерптский период его жизни (1822–1829)* (*Языковский архив* 1), под ред. и с объяснит. примеч. Е.В. Петухова (СПб.: ОРЯС ИАН, 1913), 423–424.

Этот же текст, в редакции близкой к диринскому альбому, Языков послал своему близкому приятелю Н.Д. Киселеву. В архиве последнего сохранился сделанный им список этого стихотворения под заглавием «К О.», на одном листе с другими текстами Языкова весны 1825 г.[52], в котором имеются характерные поправки, внесенные также Киселевым, но, очевидно, восходящие к авторским решениям:

> Поет свободен, что награда
> Его высокого труда?
> Не [жар чарующего] *милость царственного* взгляда,
> Не золото и не [звезда] *пизда*[53].

Как и применительно к посланию «К.А. Тимашевой», здесь также можно говорить о явной дистрибуции вариантов «для дам» — «для нас», последний из которых бросает определенный отсвет и на текст «альбомных» версий.

Неединичность примеров такого типа заставляет ставить вопрос о текстологическом статусе подобных вариантов, которые, очевидно, отличаются от других случаев текстовой вариативности дополнительной прагматико-стилистической нагруженностью. Варианты «для нас» и «для дам» по-разному маркированы по признакам охвата читательской аудитории, возможности циркуляции текста (печатный [т.е. подцензурный] / не-печатный [неподзцензурный] текст), а также, по-видимому, более тесно связаны на семантическом уровне — можно, вероятно, сказать, что нецензурный вариант оказывается своего рода подтекстом[54] для «приличной», подцензурной версии.

---

52 На том же листе находятся копии «Военной новгородской песни 1170 года» и «Элегии» («Счастлив, кто с юношеских дней...»).

53 ОР РГБ, ф. 129, карт. 21, № 47, л. 2.

54 Подобного рода семантическая соотнесенность текстовых вариантов может быть сопоставлена с понятием «эпический подтекст», предложенным Б.Н. Путиловым в статье «Об эпическом подтексте (на материале былин и юнацких песен)» (Б.Н. Путилов, В.К. Соколова [отв. ред.], *Славянский фольклор* [М.: Наука, 1972], 3–17) и развитым – применительно не только к фольклорным, но и к литературным текстам – Г.А. Левинтоном (см., например: Г.А. Левинтон, “К проблеме эпического подтекста”, А.К. Байбурин [отв. ред.], *Фольклор и этнографическая действительность* [СПб.: Наука, 1992], 162–169), которому я глубоко признательна за обсуждение этого сюжета и важные замечания.

P.S. В завершение сюжета с посланием Тимашевой позволим себе небольшой источниковедческий пост-скриптум, так как текстологическое значение рассмотренной копии Соболевского к уточнению творческой истории этого стихотворения не сводится. Обращение к этим материалам Соболевского позволяет иначе взглянуть на эдиционную судьбу целого ряда посмертно опубликованных пушкинских текстов.

Копия стихотворения, озаглавленного Соболевским «К Тимашевой», находится среди целого блока списков, также сделанных рукой Соболевского[55] на сложенных вместе листах большого формата. Помимо послания, на тех же листах записаны стихотворения «Какая ночь! мороз трескучий…» (под заглавием «Из поэмы *Опричник*») и «Кто знает край, где небо блещет…», пропущенные строфы из «Евгения Онегина», а также не попавшие в прижизненные издания сцены и фрагменты сцен из «Бориса Годунова»[56]. Часть строф «Онегина», сцены «Девичье поле. Новодевичий монастырь. Народ» и «Замок воеводы Мнишка в Самборе» и все стихотворения сопровождаются характерными карандашными и чернильными пометами рукой Плетнева: «Напечатано» или «печат<ано>»; сцена «Ограда монастырская» снабжена карандашной пометой «Не позволят».

Все перечисленные тексты, отмеченные соответствующими указаниями Плетнева, действительно появились на страницах «Современника» в 1838–1839 гг., при этом все публикации — за исключением стихотворения «Кто знает край»[57] и не считая

55 Соболевским заполнены первые восемь листов (ПД, ф. 244, оп. 8, № 11, л. 1–8 об.), далее тексты (это только сцены из «Бориса Годунова») записаны другим, неизвестным почерком, но содержат единичные исправления рукой Соболевского. Происхождение этой копии, в изданиях пушкинской трагедии не учитывавшейся (см., например: Пушкин, *Полное собрание сочинений и писем в 20 томах* [СПб.: Наука, 2009], 7: 569–574), заслуживает, как кажется, отдельного разыскания.

56 Неполное описание этого блока копий под не вполне корректным заглавием «Тетрадь С.А. Соболевского» см.: Пушкин, *Полное собрание сочинений и писем в 20 томах* (СПб.: Наука, 2004), 2.1: 424. В соответствии с принципами описания списков в этом томе издания, учтены только копии лирических текстов.

57 В копии Соболевского (ПД, ф. 244, оп. 8, № 11, л. 5–5 об.), в отличие от публикации в «Современнике» (*Современник* 9 [1838]: 143–145) и автографа (ПД 92), ст. 25 читается: «*Все вместе томной* и живой» вместо «*И томно-нежной* и живой», в ст. 6 «*По* воле» вместо «*На* воле». Кроме того, в копии мы находим эпиграф «Kennst

опечаток и цензурных пропусков — в точности воспроизводят копии Соболевского, которые, как можно полагать, и послужили для них источником[58]. Ср.:

Листы с копиями на след. строку Соболевского (Сбл) (ПД. Ф. 244. Оп. 8. № 11)	**Публикации в «Современнике»**
Л. 2–2 об. «Из поэмы Опричник» («Какая ночь! мороз трескучий…»)	*Современник* 11 (1838): 194–195.
Л. 3–4. <Пропущенные строфы из «Евгения Онегина»>	*Современник* 11 (1838): 185–186. Третья глава, строфы XXVII («Сокровище родного слова...», в ст. 1 «Сокровище» как в Сбл вместо «Сокровищем», в ст. 12 «звуки» как в Сбл вместо «муки») и XXVIII («И где ж мы первые познали...»; в ст. 10 «Или молчат» как в Сбл, в ст. 13 «Зевоту скуки, чуть не сон» как в Сбл). *Современник* 12 (1838): 80–81. Третья глава, строфы X («Увы, друзья, мелькают годы...», в ст. 5 «Все изменилося» как в Сбл),

du das Land, wo die Zitronen blühn?», в журнальной публикации отсутствующий, а в автографе — что существенно — записанный в ином виде (см. Пушкин, *ПСС-16*, 3.1: 96). Эти разночтения не позволяют с той же уверенностью, что в остальных случаях, считать копию Соболевского источником публикации в «Современнике». Можно предположить, что этот текст был определен Плетневым к публикации — по автографу, как и полагали комментаторы Большого академического издания (Там же, 3.2: 1156), — еще до получения пакета копий от Соболевского (они были присланы не позднее второй половины февраля — см. ниже). Во всяком случае, стихотворение «Кто знает край» — самое раннее по времени публикации из всех текстов подборки, которые появились в 10–13 томах «Современника» (цензурный билет 9-му тому журнала был выдан 27 марта 1838 г. (см.: Боратынский, *Полное собрание сочинений и писем* [М.: ЯСК, 2012], 3.1: 55), а дата цензурного разрешения — 29 марта — определенно носит фиктивный характер). С другой стороны, явные отличия копии Соболевского от известного автографа «Кто знает край...» заставляет внимательнее присмотреться к ее текстологическому статусу и, несомненно, включить ее в число релевантных источников текста.

58 Вопреки мнению комментаторов Большого академического издания, считавших источниками соответствующих публикаций автографы Пушкина.

	XXV («О вы, которые любили...», в ст. 8 «Любезного» вместо «любовника» (Сбл) — явно цензурная замена), XXVI («Не осуждайте безусловно...»; в ст. 6 «речь порока» — как читается бегло написанное слово «тень» в Сбл).
Л. 4 об. «К Тимашевой»	*Современник* 10 (1838): 177.
Л. 5–5 об. «Кто знает край, где небо блещет…»	*Современник* 9 (1838): 143–145.
Л. 6–12. <Отрывки из «Бориса Годунова», сцены, не вошедшие в прижизненные издания> (с л. 9 рука не Соболевского)	*Современник* 10 (1838): 153–156 («Замок воеводы Мнишка в Самборе. Марина. Рузя убирает ее; служанки»); 13 (1839): 166–168 («Девичье Поле. Новодевичий Монастырь. Народ»).

Подтверждается это предположение и эпистолярными свидетельствами. Так, 27 февраля 1838 г. редактор «Современника» Плетнев писал Жуковскому, обращаясь через него в Опеку, без разрешения которой публикации пушкинских текстов были воспрещены, с просьбой о дозволении напечатать ряд неизданных текстов, полученных от Соболевского:

> Милостивый государь Василий Андреевич! С.А. Соболевский, бывший, как известно вашему превосходительству, в самых близких сношениях с покойным А.С. Пушкиным, препроводил ко мне тетрадь с несколькими вариантами из Е. Онегина и еще двумя-тремя небольшими стихотворениями Пушкина, которые автор не внес в Собрание Сочинений своих. Г. Соболевский, полагая, что эти пьесы, хотя и забракованные сочинителем, не должны пропасть для публики, предлагает мне их напечатать в Современнике. Не желая приступить к этому без согласия Опеки семейства Пушкина, покорнейше прошу ваше превосходительство почтить меня уведомлением, примет ли это за благо Опека, которой Вы членом[59].

59 П.С. Попов (ред.), *Архив опеки Пушкина* (М.: ГЛМ, 1939), 216. Эти публикации принесли Плетневу неожиданные неприятности: несмотря на то, что он подал цитируемое прошение Жуковскому и, очевидно, заручился его согласием, никаких свидетельств этих переговоров в делах Опеки не оказалось, и в

Еще более значимым оказывается этот источник для истории текста «Евгения Онегина». В копии Соболевского, среди других пропущенных строф, находится текст трех строф Шестой главы романа в стихах, беловой автограф которой, как известно, не сохранился[60]. Единственным источником текста пропущенных строф до сих пор считается публикация Я.К. Грота[61], сделанная, по его указанию, «с писанных рукою князя Одоевского списков с автографов Пушкина»[62], причем источник публикации Грота впоследствии так и не был разыскан.

Сопоставление текстов копии Соболевского с публикацией Грота дает впечатляющие результаты: все фрагменты пропущенных строф и целые строфы из Второй, Третьей, Четвертой, Пятой и Шестой глав, напечатанные Гротом, за исключением мелких разночтений, вызванных дефектами рукописи или редакторскими поправками, совпадают с наличествующими в копии Соболевского. Соответствуют внешнему виду интересующей нас копии и описание источника, данное Гротом («три страницы в лист»[63], сохранившиеся в бумагах Плетнева[64]), а также указание публикатора на то, что «между оставшимися у Плетнева списками руки князя Одоевского есть и другие произведения Пушкина, особенно многие сцены из *Бориса Годунова*»[65]. Все это заставляет думать, что Грот, по-видимому, перепутал действительно похожие почерки князя Одоевского и Соболевского и держал в руках все те же копии, сделанные рукой последнего, которые, как мы попытались показать, представляют собой авторитетный, но до сих пор вполне не оцененный источник.

начале 1839 г. Плетнев подвергся нареканиям от Г.А. Строганова за будто бы самовольное печатание произведений Пушкина (Там же, 229–233), причем Жуковский, запрошенный Строгановым по этому делу, за Плетнева не вступился и не вспомнил о февральском письме своего давнего знакомца (Там же, 235–236).

60 Описание источников текста Шестой главы см.: Пушкин, *ПСС-16*, 6: 659.

61 Я.К. Грот, "Дополнения к изданиям Пушкина", в его кн. *Пушкин, его лицейские товарищи и наставники* (СПб.: ИАН, 1887), 208–213.

62 Там же, 208.

63 Там же.

64 Там же, 213.

65 Там же.

ЗАМЕТКИ О ПЕСНЯХ БУЛАТА ОКУДЖАВЫ

NIKOLAI BOGOMOLOV
(Moscow)

1

О пристрастии Жолковского к стихам (и особенно к песням) Б. Окуджавы хорошо известно. Не случайно он написал одну из первых научных статей о нем[1], без которой уже никакое серьезное исследование творчества Окуджавы немыслимо. Однако обратим внимание на одно обстоятельство, донесенное до нас самим автором:

> Как-то я чуть не месяц пролежал в постели с тяжелыми мигренями. Мигрени были от советской власти (и раз навсегда прошли 24 августа 1979 года с пересечением государственной границы); от нее же — возможность числиться на работе, лежа без движения в темной комнате с примочками на глазах. Впрочем, я не совсем бездельничал. Читать я не мог, но мог слушать, и Таня ставила мне в соседней комнате Окуджаву. Я и так знал почти все наизусть и уже пытался объяснять своим друзьям-лингвистам, бодро печатавшим под Окуджаву походный шаг, в

1 См.: А.К. Жолковский, "«Рай, замаскированный под двор»: заметки о поэтическом мире Булата Окуджавы", *Neue russische Literatur* 1 (1979): 101–120; переработанные варианты: А.К. Жолковский, Ю.К. Щеглов, *Мир автора и структура текста: Статьи о русской литературе* (Tenafly, NJ: Эрмитаж, 1986), 279–308; А.К. Жолковский, *Избранные статьи о русской поэзии: инварианты, структуры, стратегии, интертексты* (М.: РГГУ, 2005), 109–135. В последнем издании см. также полезное примечание (539–540).

> чем состоят его далеко не маршеобразные инварианты. А тут тесты стали прокручиваться во мне с машинной регулярностью, буквально напрашиваясь на структурный анализ[2].

Песни Окуджавы в его сознании сопрягаются с органическим неприятием советской власти, и это совсем не кажется натяжкой. Меж тем масса пишущих так или иначе попеняла Окуджаве за комиссаров в пыльных шлемах, членство в КПСС и призыв к подавлению вооруженного мятежа в 1993 году[3]. Как сам он писал, почти текстуально воспроизводя обвинения в свой адрес:

> Мой сын, твой отец — лежебока и плут
> из самых на этом веку.
> Ему незнакомы ни молот, ни плуг,
> я в этом поклясться могу.
>
> Когда на земле бушевала война
> и были убийства в цене,
> он раной одной откупился сполна
> от смерти на этой войне.
>
> Когда погорельцы брели на восток
> и участь была их горька,
> он в теплом окопе пристроиться смог
> на сытную должность стрелка[4].

В таком понимании говорить о связи стихов-песен Окуджавы с противостоянием советской системе, конечно, не приходится.

---

2 Александр Жолковский, *Эросипед и другие виньетки* (М.: Водолей Publishers, 2003), 527.

3 Автору этой статьи в свое время довелось принять участие в небольшой полемике по этому поводу. См.: Валерий Шубинский, “Как мыши кота хоронили, или Свидетельство защиты”, *Знамя* 2 (2005): 181; Н.А. Богомолов, “Окуджава диссидентом не был?”, *Знамя* 5 (2005): 203–204. Ср. также в книге Д. Быкова главу «Окуджава и диссиденты» (Дмитрий Быков, *Булат Окуджава* [М.: Молодая гвардия, 2009], 471–490).

4 Булат Окуджава, *Стихотворения*, вступ. ст. Л.С. Дубшана и В.Н. Сажина, сост. и подгот. текста В.Н. Сажина и Д.В. Сажина, примеч. В.Н. Сажина (СПб.: Академический проект, 2001; Новая Библиотека поэта), 322. Далее стихотворения Б. Окуджавы цитируются по этому изданию с указанием страниц в тексте.

Но достаточно посмотреть на корпус песен с датировками[5], чтобы увидеть, как резко отличаются песни приемлемые с точки зрения советской цензуры и иных инстанций, от неприемлемых. Вот характерные примеры: «Сентиментальный марш» написан в 1957 году, опубликован в 1959; «Веселый барабанщик» написан в 1959 году, «Последний троллейбус» — в 1957, а опубликованы оба в 1961. «Песенка об Арбате» написана в 1959, а опубликована в 1962 — и так далее. Зазор между созданием и публикацией текста минимален. Таких песен в 1950–1960-е годы Окуджава написал порядка сорока пяти.

И столько же, около 45 — тех, которые нельзя было опубликовать более десяти лет, а как правило печатались они уже в 1980–1990-е годы. Конечно, мы имеем здесь в виду лишь издания внутри СССР. Различные западные издания и издательства печатали стихи и песни Окуджавы весьма охотно, и это вовсе не всегда были перепечатки уже опубликованного. Пользуясь тем, что Советский Союз не подписывал конвенций об авторском праве, книги советских авторов выпускались без их ведома, без гонорара и, конечно, без должной подготовки текста. Так, известно, что издательство Flegon Press выпустило две книги стихов Окуджавы, и если одна была точным воспроизведением московского «Веселого барабанщика», то другая, судя по описанию, достаточно оригинальна[6]. Печатали стихи Окуджавы «Грани» (как в составе перепечатки московского самиздатского журнала «Синтаксис», так и в числе оригинальных произведений), а издательство «Посев» с 1964 по 1984 г. семь раз переиздавало сборник его стихов и прозы.

Однако нас волнует не это, а редакционные и цензурные препоны, которым подвергались песни Окуджавы. Конечно,

---

5 Составители сборника, названного в предыдущем примечании, отказались разрабатывать хронологию творчества Окуджавы, поэтому мы используем издание, выпущенное к 60-летию поэта и размноженное в некотором количестве экземпляров: Булат Окуджава, *Собрание сочинений в 12 томах* (М., 1984), Песни [Без указания номера тома]. При подготовке этого тома В.И. Акелькин и И.М. Зимин уточняли даты написания песен совместно с Б.Ш. Окуджавой. Конечно, и при этом возможны ошибки, но все-таки на значительную часть датировок можно полагаться.

6 Подробнее см.: Александр Громов, “Загадки Алека Флегона: К 50-летию издательства «Flegon Press»”, *Библиофилы России: Альманах* (М.: Любимая Россия, 2013), X: 408–476.

возможностей для такого анализа достаточно много, и мы здесь предлагаем только самый первый и беглый очерк[7].

Среди долго не печатавшихся песен были, конечно, те, которые сам Окуджава считал неудачными или несвоевременными — как «Ты в чем виновата…», которую он успел всунуть в сборник «Острова» (написана в 1958, сборник напечатан в 1959; впоследствии автор считал ее неуместной, не перепечатывал и не исполнял). На наш вкус к таким относятся «Арбат беру с собою…» (1957–1990)[8], «Песенка о присяге» (1958–1990), «Время идет…» (1960–1982), «Шла война к тому Берлину…» (1961–1988), «Море Черное» (1961–1996).

Некоторые песни, заметные и часто даже важные для развития творчества Окуджавы с трудом выдерживают существование без мелодии. К таким мы бы отнесли «На Тверском бульваре» (1956–1990), «Вот счастливый человек…» (1959–1993), «Часики» (1959–1993), «Песенка о Надежде Черновой» (1961–1989), «На мне костюмчик серый-серый…» (1961–1993), «Усталость ноги едва волочит…» (1961–1993).

Далее вступают в действие силы более близкие к тому, что нас интересует. Цензурные запреты были двух родов: прямо относящиеся к «антисоветским» (в данном случае не важно, на самом деле или лишь в воображении цензоров) и те, которые не находятся на главной линии развития советской литературы и наделяют советскую действительность «нехарактерными» для нее чертами. Иногда их бывает трудно отличить друг от друга, но по большей части все-таки ясно, что имеется в виду.

Прежде всего сомнительными, а то и вовсе запретными становились песни с «неконтролируемым подтекстом». К таким мы отнесли бы первую песню Окуджавы «Неистов и упрям…» (1946 или 1947–1977), «Песенку о голубом шарике» (1957–1980)[9], «Над синей

---

7 Дальнейшие подсчеты и перечисления песен 1950–1960-х годов отнюдь не являются академическими. В них не учтены песни к спектаклю «Вкус черешни» и к телефильму «Приключения Буратино», песни других композиторов и авторов СП на стихи Окуджавы, редко исполнявшиеся самим Окуджавой песни (см.: Виктор Юровский, "«Она еще очень неспетая…»: О забытых, малоизвестных и неизвестных песнях Окуджавы", *Голос надежды: Новое о Булате* [М.: Булат, 2012], 9: 300–337) и некоторые другие.

8 В скобках мы указываем год написания и год первой публикации в метрополии.

9 В известной статье И. Лисочкина «О цене шумного успеха», появившейся в ленинградской «Смене» и тут же перепечатанной центральной «Комсомольской

улицей портовой…» (1957–1993), «Песенку о петухах» (1961–1990; в 1964 опубликована за границей), «Ночной разговор» (1962–1976).

Следующий разряд — песни пессимистические, за которые Окуджаву постоянно критиковали в печати. К таким относятся «Вот так она любит меня» (1959–1982), «Разлюбила меня женщина…» (1959–1983), «Песенка о моей душе» (1960–1988), «Горит пламя, не чадит…» (1960–1993), «Маленькая женщина стоит у окна…» (1960–1990), «Песенка о московском трамвае» (1962–1976) и «Он наконец явился в дом» (1962–1989)[10].

Явно должны были бы натолкнуться на сопротивление ГлавПУРа многие песни о войне: вместо парадных колонн взвод уходит в туман, пропадая в неизвестности («Песенка о солдатских сапогах»; 1956/57, 1959–1980; в 1964 опубликовано за границей), вместо девичьей верности и мужского аскетизма — страстное свидание («Песенка о медсестре Марии»; 1958/1959–1988); совершенно неприемлемы дураки, радующиеся солдатскому пению, да и «четырежды проклятые» трехлинейки никак не компенсируются тем, что мы, солдаты, их «бережем, как законных своих» («Ах война, она не год еще протянет…», 1959–1993); снова в песнях появляются сомнительные типы, недовольные парадом («Ах, трубы медные гремят…», 1959–1990) и тем, что у них война отняла четыре года жизни («Четыре года», 1959–1986); совсем уж нетерпимо начало: «Не верь войне, мальчишка…» (1959–1987), на грани балансирует «Песенка о пехоте» (1961–1976), которую можно даже вставить в кинофильм[11], но от печатания лучше воздержаться.

Очень популярная в свое время «А мы швейцару…» (1957–1993) явно проходила по ведомству подражания блатным песням, в чем Окуджаву не раз упрекала газетная критика, — больше ничего хотя бы отдаленно напоминающего эту категорию в его творчестве найти невозможно. Совсем загадочно, почему оказывалась

правдой» о ней было сказано как о «воинствующем образчике» подтекста (цит. по: *От костра к микрофону*, Сост. А. и М. Левитаны [СПб.: РЕСПЕКС, 1996], 78).

10 Окуджава настаивал на замене в первой строке слова «явился» на «вернулся». Отметим, что причиной цензурно-редакторского скептицизма могли быть «религиозные» строчки: «Но знаешь, хоть бога к себе призови, / Разве можно понять что-нибудь в любви?» (цитируем их по 12-томному собранию сочинений).

11 Ее поет Юрий Визбор в «Июльском дожде» М. Хуциева.

неугодной прославленная «Надя-Наденька» («Из окон корочкой несет поджаристой…», 1958–1988). Прямых причин для запретов не было, кажется, и в случае с «Песенкой о моей жизни» («А как первая любовь — она сердце жжет…», 1962–1988).

Остается чертова дюжина песен, в которых не нужно было особенной фантазии, чтобы увидеть противостояние советской власти и ее институтам. Конечно, наиболее откровенными среди них были «Мастер Гриша», впервые опубликованный в 1989 году, и «Песенка про старого гусака» (1968–1989), написанная в связи с чехословацкими событиями. Вторая из этих песен относится к числу прямо и откровенно политических и перекликающихся с А. Галичем (перенос ударения в фамилии одного из чехословацких руководителей вслед за Окуджавой использован Галичем в стихотворении «Об ударениях»: у Окуджавы это гуса́к и Густав Гу́сак, у Галича — свобо́да и Людвик Сво́бода). Но эта песня исполнялась чрезвычайно редко и практически не распространялась на магнитофонах[12]. Значительно любопытнее «Мастер Гриша».

В 12-томнике эта песня датирована на основании слов самого поэта концом 1960 года. Однако это решительно невозможно. Она посвящена польским друзьям поэта, а в Польшу он впервые съездил в 1964 году, общался же с теми, кто поименно или криптонимно назван в посвящении, в августе 1967 года, во время второй поездки в эту страну, после чего был вызван на беседу в КГБ[13]. Они так или иначе были связаны с теми идеологическими движениями, которые привели к возникновению «Солидарности». В 1984 году, когда готовился том песен, «Солидарность» действовала в подполье, поэтому Окуджава постарался завуалировать связь песни с ее идеологией, которая на самом деле вполне очевидна, и трудно согласиться с Д. Быковым, видящим в «Мастере Грише» опасение перед пробуждением рабочего класса.

А что могло и должно было стать причиной опалы, наложенной на остальные песни, попавшие в наш список?

---

12 Кратко и точно история песни и породивших ее обстоятельств изложена в кн. Быков, *Булат Окуджава*, 555–556.

13 См. информацию КГБ: *Аппарат ЦК КПСС и культура 1965–1972: Документы* (М.: РОССПЭН, 2009), 408–409.

О «Песенке про Ваньку Морозова» (1957/58–1980) написано уже довольно много[14], и вполне достаточно сказано о нарочитом снижении любовного конфликта и переносе его из типичной для советской песни идиллии в сферу пародии, колеблющей самые основания искусства сталинского времени; об очевидном пересмеивании сакрального песенного текста; о том, что вся ситуация этой песни уже давала готовый материал для несколько более позднего «Красного треугольника» А. Галича. Добавим только, что эта песня стала благодатной почвой для открытой политической сатиры «За что ж вы Клима Ворошилова…»

«Настоящих людей так немного…» (1958–1990, заграничная публикация в 1986) прямым текстом говорила:

> Настоящих людей очень мало:
> на планету совсем ерунда,
> а на Россию — одна моя мама,
> только что она может одна?[15] —

и этого было более чем достаточно для неодобрения.

Четверостишие «Что нужно муравью, когда он голоден?..» (1958–1993) вносило отрезвляющую ноту в сказочный мир «московского муравья», добавляя в высокую романтику горькой

---

14 См., напр.: М.А. Александрова, “О романсовой традиции в лирике Булата Окуджавы”, *Известия Саратовского университета. Новая серия*, 12 [Серия Филология. Журналистика. № 4] (2012), 77–81. В примечаниях дана почти исчерпывающая библиография. Напомним только две вещи. Говоря о произведениях, которые долгое время не проходили в печать, он в первую очередь вспомнил: «Вот, например, „Песенка о Ваньке Морозове“, 30-летней давности вещь. За 30 лет нигде я ее не мог напечатать!» (Булат Окуджава, «*Я никому ничего не навязывал…*» [М.: Книжный магазин «Москва», 1997], 128). А на заседании Идеологической комиссии ЦК КПСС 26 декабря 1962 г. его ведущий, секретарь ЦК по идеологии Л.Ф. Ильичев произнес: «На мой взгляд, в серьезном конфликте со всем строем нашей жизни находятся некоторые песни Булата Окуджавы и стихи, на которые они написаны. Я хочу напомнить стихи о Ваньке Морозове и о „золотой молодежи“. Весь их строй, вся интонация <…> не от чистоты душевной, а от душевного надлома» (*Идеологические комиссии ЦК КПСС 1958–1964: Документы* [М.: РОССПЭН, 1998], 375). И хотя Окуджава откликнулся: «„Золотая молодежь“ — это не мои стихи», видимо, следует признать, что это «А мы швейцару…».

15 В данном случае цитируем по 12-томнику.

иронии, как некоторое время спустя Н. Матвеева в «Летучем голландце», который и остался вне печати, и в исполнении должен был измениться, чтобы не разрушить ее других морских песен.

«Плыл троллейбус по улице…» (1961–1993) вряд ли случайно не относится к числу самых популярных песен Окуджавы: ее аллегория настолько очевидна, что частого напоминания не выдерживает. К тому же Окуджава допустил тут явный стилистический ляп: во всех нам известных записях песни вторая строфа звучит:

> Троллейбус промчался мимо,
> женщину он обогнал,
> но все мужчины в троллейбусе
> долго смотрели ей вслед[16].

Понятно, что поэт обмолвился; но и в печатном варианте ему не удалось эту обмолвку исправить на более или менее грамотный текст.

«Песенка о московском метро» (1956, 1961–1988; заграничная публикация в 1967) и «Песенка старого шарманщика» (точная дата написания неизвестна; на Западе опубликована в 1967, в СССР в 1983) будут рассмотрены ниже.

Случай с непропуском «Песенки про дураков» (1961–1988, заграничная публикация 1964) — классический пример реализации поговорки «на воре шапка горит».

«Песенка веселого солдата» (1960/61–1988, заграничная публикация 1964) не случайно при исполнении называлась «Песенкой американского солдата» и, несмотря на это, служила причиной нападок на Окуджаву в прессе и с трибун. Вряд ли прошло незамеченным и то, что именно об этой песне вот что писалось в предисловии к его книге, изданной едва ли не самым опальном изо всех зарубежных издательств — «Посеве»:

> Из-за самых обыкновенных слов встают вдруг трагический образ Венгерской революции, подавленной советскими танками, забастовка в Новочеркасске, и мысли невольно обращаются к будущему: а что если? <…> Недаром по пришедшим из

16 Цитируется по 12-томнику; в НБП это отнесено к числу вариантов.

> России сведениям, Булату Окуджаве было недвусмысленно предложено на его музыкальных выступлениях именовать это стихотворение «Песенкой американского солдата»[17].

«Песенка о белой крови» (1961–1990) принадлежит к числу далеко не самых популярных песен Окуджавы, даже в «посевовском» сборнике ее не было. Д. Быков о ней писал: «...ничего загадочней „Песенки о белой крови" он не писал в жизни»[18]. Проще относится к ней В. Юровский: «...трагическая предыстория песни предопределила не частое и не публичное ее исполнение»[19]. Кажется, Быков в истолковании точнее: она действительно выходит далеко за пределы частного случая в жизни друга и непонятных слухов о вызванной экспериментами болезни. Но подробнее мы поговорим об этой песне далее.

«Песенка о старом больном короле...» (1961–1988; за рубежом напечатан в 1968) снижает и осмеивает «дело величавое войны», под которой в советские времена были склонны понимать только одну, главную войну, и потому надежнее казалось избегать каких бы то ни было аналогий, даже сказочных и иронических.

Наконец, «Ах ты, шарик голубой...» (1961–1988; за рубежом напечатан в 1964) относится к категории откровенно пацифистских, то есть запретных.

Как кажется, все эти рассуждения позволяют нам понять, что же именно слушал А.К. Жолковский, лежа в полутемной комнате с жестокой мигренью. Почти наверняка это был диск фирмы «Le Chant du Monde», изданный в 1968 и 1972 гг. Записанные на него 19 песен почти поровну представляют пригодные для советской власти и для нее в то время неугодные. До конца 1967 года в печати метрополии были опубликованы стихи 11 песен, звучавших на этой пластинке, 8 же оставались за пределами официального признания[20]. Перечислим их: «Песенка о моей жизни», «Песенка о

---

17 Н. Тарасова, "Булат Окуджава — современный Боян", Булат Окуджава, *Проза и поэзия*, 3-е доп. и испр. изд. (Frankfurt a. Main: Посев, 1968), 13.

18 Быков, *Булат Окуджава*, 370.

19 Юровский, "«Она еще очень неспетая...»", 304.

20 Напомним, что в мемуаре, с которого мы начали эту статью, прямо упоминается песня «Былое нельзя воротить...», не одобренная в СССР, но звучавшая с диска.

пехоте», «Песенка о голубом шарике», «Песня о солдатских сапогах», «Былое нельзя воротить…», «Песенка о московском метро», «Надя-Наденька» и «Песня старого шарманщика». Добавим к этому, что как случайно проскочившая цензуру воспринималась «Песенка про черного кота», опубликованная в 1966 в мало популярном журнале «Сельская молодежь», а потом, как бы впервые, — только в 1988. Так что несоветское начало на этой пластинке было выражено более чем отчетливо.

2

Попробуем теперь показать устройство потаенного смысла некоторых песен уже непосредственно, анализируя их текст.

Кажется, что «Песенка о московском метро» в специальном рассмотрении не нуждается, настолько заметна ее аллегоричность. Эта сторона смысла песни связана с реальностью начала 1960-х гг. Знаменитое посещение Хрущевым выставки в Манеже произошло 1 декабря 1962 года. 17 декабря состоялась встреча его и других партийных начальников с деятелями литературы и искусства. И по горячим следам этой встречи состоялось заседание только недавно (в ноябре) созданной Идеологической комиссии при ЦК КПСС — 24 и 26 декабря 1962 г. То, что внесено в стенограмму этого заседания из речи Окуджавы, имеет самое прямое отношение к песенке. Он говорил: «Когда я в 1956 г. молодым коммунистом приехал из Калуги в Москву и попал в московскую литературную организацию, меня прежде всего захватила и поразила какая-то странная разделенность людей на непонятные мне совершенно „левую“ и „правую“ стороны. Меня долго те и другие убеждали в преимуществах этих сторон. Наконец, я смог понять, что „правые“ — это придерживающиеся традиционной манеры, а „левые“ — это склонные к формализму писатели и поэты»[21]. Рассчитанная подоплека этого выступления была подмечена секретарем ЦК по идеологии Л.Ф. Ильичевым в записке Н.С. Хрущеву, сопровождавшей стенограмму выступлений: «В некоторых выступлениях (поэтесса Б. Ахмадулина, поэт Б. Окуджава) чувствовалось стремление представить обстановку в творческих организациях так, будто нет никаких идеологических

21 *Идеологические комиссии ЦК КПСС*, 344.

извращений, а просто идет борьба бездарных людей против талантливых»[22]. См. также преображенные памятью воспоминания З. Казбек-Казиева: «Булата потом из-за этой песни вызывали в ЦК, допытывались, что он хотел этим сказать. И Булат лукаво ответил, что он только повторил Маяковского: левой, левой, левой»[23].

Относительно недавно появилась небольшая статья А. Крылова, в которой был установлен тот источник, с которым песенка связывалась — стихотворение Владимира Фирсова «Моим друзьям». И действительно, трудно не поверить Окуджаве, когда он говорит: «Она не посвящена Фирсову. А просто это была такая полемическая песня. Он писал стихи и том, что был счастлив быть правым, а я в ответ написал песенку»[24]. Однако на самом деле история оказывается более сложной.

На ту же самую тему с «правой» стороны существуют несравненно более известные и многократно цитировавшиеся стихи, напоминающие песенку Окуджавы своей краткостью:

Мы спорили
О смысле красоты,
И он сказал с наивностью младенца:
— Я за искусство левое. А ты?
— За левое …
Но не левее сердца[25].

Автор их — знаменитый советский поэт Василий Федоров, написаны они в конце 1950-х годов (в некоторых изданиях оно датировано 1956 годом[26]; в собрании сочинений раздел «Не левее сердца» отнесен к 1958–1960 гг.).

И, как кажется, у нас есть все основания для того, чтобы включить это четверостишие в контекст возникновения «Песенки о московском метро». Прежде всего, В. Фирсов был поэтом

22 Там же, 383.

23 З. А. Казбек-Казиев, "Воспоминание", *Литературное обозрение* 3 (1998): 9.

24 Андрей Крылов, "«Былое нельзя воротить … »: Записки на полях окуджавоведения", *Грани* 240 (2011): 185.

25 Василий Федоров, *Собрание сочинений в 3 томах* (М.: Молодая гвардия, 1975), 1: 194.

26 См., например: Василий Федоров, *Стихотворения* (М.: Художественная литература, 1967), 17.

практически безвестным, тогда как у Федорова начинался зенит его административной (прежде всего) деятельности. В 1963 он стал секретарем Союза писателей, входил в руководство журнала «Молодая гвардия», активно действовал в самых почтенных московских издательствах.

На том заседании Идеологической комиссии, о котором мы не раз уж говорили, Фирсов выступал, заслужил резкую полемику со стороны Е. Евтушенко и одобрение Ильичева. Но вот как началось его выступление: «…я прочитаю стихи Василия Федорова:

Во дни великих испытаний,
Во дни психических атак
Сердца, не занятые нами,
Не мешкая, займет наш враг.
Займет, сводя все те же счеты,
Займет, засядет, нас разя.
Сердца сдавать — это же высоты,
Которых отдавать нельзя!»[27]

А через три месяца после выступления Фирсова и сам Василий Федоров в печати недружелюбно задел Окуджаву[28]. Таким образом, у нас есть все основания предполагать, что в «Песенке о московском метро» поэт отреагировал на выпады по крайней мере двух представителей «правой партии» Союза писателей.

О второй песне, разговор о которой был обещан, — «Шарманка-шарлатанка…» — в недавнее время появилось внешне серьезное исследование, опубликованное в одном из лучших филологических журналов[29]. Нам уже приходилось писать об этом сочинении, но, судя по всему, наша статья прошла незамеченной, прежде всего самим автором первоначальной работы Евг. Шраговицем[30], потому ряд аргументов здесь будет повторен.

27 *Идеологические комиссии ЦК КПСС*, 303. В предпоследней строке стенографистка допустила ошибку, должно читаться: «Сердца! Да это же высоты».

28 Василий Федоров, “Дорожить правдой”, *Литературная газета* (2 апреля 1963), 4.

29 См.: Евгений Шраговиц, “О двух песнях Б. Окуджавы”, *Новое литературное обозрение* 115 (2012): 199–214.

30 Почти дословно вся его аргументация повторена в новейшей книге: Евгений

Прежде всего, отметим, что автор статьи пропустил существенное упоминание шарманки в стихотворении Окуджавы 1964 года:

То падая, то снова нарастая,
как маленький кораблик на волне,
густую грусть шарманка городская
из глубины двора дарила мне.
И вот, уже от слез на волосок,
я слышал вдруг, как раздавался четкий
свихнувшейся какой-то нотки
веселый и счастливый голосок (274).

Стихотворение это важно тем, что в нем шарманка несет с собой амбивалентное ощущение: густая грусть перебивается веселым и счастливым голоском. Предыдущие шарманки Окуджавы дарили веселье и надежду, здесь же доминирует иное.

Для объяснения генезиса «Шарманки…» Шраговиц возводит его к стихотворению Г. Иванова «Шарманщик», и соблазн установить параллель так велик, что приходится делать невероятные допуски: «…естественно предположить <…> что какие-то копии „Шарманщика“ могли циркулировать в литературных кругах или даже быть напечатаны без ведома автора, как это случалось в Прибалтике перед Второй мировой войной» (48). Сам Шраговиц прекрасно знает и пишет о том, что стихотворение это по рукописи было впервые напечатано в 2001 году, через четыре года после смерти Окуджавы.

Но самое существенное заключается в том, что Шраговиц определенно утверждает: «Аллегория очевидна: шарманка — это эмоциональный мир поэта, или, если угодно, его олицетворение Музы…» (44), и далее на естественно возникающий вопрос, «почему шарманка названа „шарлатанкой“?» начинает связывать песню Окуджавы с известной песенкой «Ах, шарабан мой…»,

---

Шраговиц, *Загадки творчества Булата Окуджавы: Глазами внимательного читателя* (СПб.: Алетейя, 2015), 39–49. В дальнейшем мы цитируем статью Шраговица именно по этому, последнему варианту, указывая страницы в тексте.

уверяя нас, что «Окуджава избегает высокопарности и намеренно снижает пафос с помощью блатных ассоциаций, в данном случае связанных со словом „шарлатанка“; далее, уже в последней строке, снижение используется еще раз, так как выражение „когда под ребра бьют“ намекает либо на драку, либо на избиение следователем, часто упоминается в блатных песнях» (44).

Увы, это объяснение относится к числу мнимых, а понимание аллегории (которая на самом деле вовсе не аллегория) — неверно.

Если мы вспомним, что песня была написана в 1961 или 1962 году (другие датировки обоснованными не являются), а впервые опубликована только в 1983-м, больше двадцати лет спустя, следует предположить, что в ней имелся какой-то актуальный смысл, ясный на тот момент как слушателям, так и контролирующим инстанциям. Сейчас этот смысл утрачен, современные исполнители его уже не чувствуют и потому превращают песню в разудалое действо[31]. Давайте непредвзято посмотрим на текст, сделав предварительно одно замечание: название «Песенка старого шарманщика» — скорее всего вынужденное и маскировочное. Как «Песенка веселого солдата» в цензурных соображениях именовалась «Песенкой американского солдата», а «Молитва» — «Франсуа Вийоном», так и здесь Окуджава, похоже, дал временное ложное заглавие, избавившись от него, когда можно стало обходиться без этого трюка, отвлекающего внимание цензоров (а получилось, что и позднейших исследователей) от подлинного смысла.

При объективном чтении отчетливо получается, что герой стихотворения — вовсе не шарманщик. Это шарманка куда-то зовет неназванного в песне человека, они находятся в разных измерениях. Сладкие песни и призывы шарманки сталкиваются с неприглядными реалиями жизни «лирического героя»: «шагаю еле-еле», «ботинки жмут», «расплата за ошибки», «под ребра бьют». И здесь, как кажется, следует вспомнить ситуацию того времени, когда

31 Отчасти этому способствует, что песня Окуджавы основана на противоречии: драматическое содержание сопровождается аккомпанементом в мажоре, который и был подхвачен. Кстати сказать, это опровергает рассуждения Е. Шраговица насчет сближения «Шарманки…» со знаменитым городским романсом «Разлука ты, разлука…»: вторая поется в миноре, и Окуджава это прекрасно знал, поскольку на мелодию «Разлуки» была положена им песня «Не верь войне, мальчишка…».

была написана песня. В 1961 году сначала широко обсуждалась, а осенью на XXII съезде КПСС была принята новая программа этой партии, в которой рисовались самые радужные перспективы советской страны на ближайшие двадцать лет. Напомним только некоторые элементы этой программы:

> При коммунизме не будет классов, исчезнут социально-экономические и культурно-бытовые различия между городом и деревней; по уровню развития производительных сил и характеру труда, формам производственных отношений, бытовым условиям, степени благосостояния населения деревня поднимется до уровня города. С победой коммунизма произойдет органическое соединение умственного и физического труда в производственной деятельности людей. Интеллигенция перестанет быть особым социальным слоем, работники физического труда по своему культурно-техническому уровню поднимутся до уровня людей умственного труда. <…> При коммунизме все люди будут иметь равное положение в обществе, одинаковое отношение к средствам производства, равные условия труда и распределения и активно участвовать в управлении общественными делами. Утвердятся гармонические отношения между личностью и обществом на основе единства общественных и личных интересов. Запросы людей при всем их громадном разнообразии будут выражать здоровые, разумные потребности всесторонне развитого человека, —

и так далее, вплоть до того, что «семейные отношения окончательно очистятся от материальных расчетов и будут целиком строиться на чувствах взаимной любви и дружбы».

А судьба самого Окуджавы в годы, когда весь народ ликовал по поводу скоро грядущего коммунизма, выразительно описана всегда внимательным к общественной стороне литературного дела В. Сажиным:

> …у этой славы была и оборотная сторона: киевское телевидение исключило из передачи устного выпуска «Литературной газеты» «все стихи поэта Булата Окуджавы», <…> утвержденная к выпуску грампластинка в свет так и не вышла; 11 мая 1961 г.

> «Комсомольская правда» опубликовала речь секретаря ЦК ВЛКСМ С.П. Павлова на IV Всесоюзном совещании молодых писателей: «…что касается Булата Окуджавы и иже с ним, то уж таким сподручнее делить свои лавры с такими специалистами будуарного репертуара, как Лещенко» <и т.д.>[32]

Если мы спроецируем реальную ситуацию 1961 года на песню, то увидим, что перед нами совершенно отчетливое столкновение сладкого голоса шарманки и социальной действительности, единственным разрешением которого является мысль, не раз приходившая многим и многим в голову, как тогда, так и много позже: «Работа есть работа, / работа есть всегда». Конечно, «Шарманка-шарлатанка» вовсе не аллегория, хотя стремление к такому типу построения текста у Окуджавы далеко не единично[33]. Но характерно, что почти всегда, когда поэта спрашивали о песнях, которые можно было понимать аллегорически, он старался отрицать такое толкование (особенно это заметно в случае с «Песенкой о черном коте»). Так и в «Шарманке…» социокультурная ситуация преображена и поднята на уровень символа, который, как и положено символу, предельно многозначен. И вместе с тем понять сиюминутный, вскоре отмерший смысл стихотворения необходимо, если мы пытаемся восстановить его генезис и существование в истории.

Между прочим, наша гипотеза о политической актуальности позволяет объяснить и посвящение песни Евгению Евтушенко. В «Письме Есенину» (1965) Евтушенко посвятил несколько осудительных строк «румяному комсомольскому вождю», т.е. тому же С.П. Павлову, который подверг резкой критике и творчество Окуджавы[34].

Наконец, последняя песня, разговор о которой кажется нам существенным для этой статьи, — «Песенка о белой крови». Выше мы уже говорили, что современным исследователям она кажется

---

32 В. Сажин, "Слеза барабанщика", Булат Окуджава, *Стихотворения*, 68.

33 См.: Т. Бек, "Старые жанры на новом витке", И. И. Ришина (ред.), *Булат Окуджава, его круг, его век. II: Материалы Второй международной научной конференции, 30 ноября – 2 декабря 2001 г.* (М.: Соль, 2004), 81–85.

34 См.: *Весь Евтушенко: Стихи и поэмы 1937–2007* (М.: Слово/Slovo, 2007), 295–296.

или слишком интимной и связанной с трагическими событиями в жизни друга (смерть сына от лейкоза), или загадочной, требующей особого интеллектуального напряжения для восприятия. Понятно, что и в том, и в другом случае песня не могла получить особенного распространения. Нам же кажется, что Окуджава затронул в этой песне такие пласты советской жизни конца 1950-х и начала 1960-х годов, что исполнять ее публично было просто опасно. Хотя, конечно, и в ней нет прямых обвинений строю и даже аллегорий. Приведем ту «расшифровку» ее смысла, которую находим в книге Д. Быкова:

> Кровь — неотменимая подлинность, без которой нет ни человека, ни истории. Бояться надо не ее, а подмен, навязанных новыми временами. «Песенка о белой крови» — первое предупреждение о том, что жизнь пошла куда-то не туда: она сохраняет прежние атрибуты и правила, но все это — «чтобы видимость была». Белокровием болен не конкретный герой, о котором Окуджава никогда не сказал бы с протокольным безразличием — «тело вскрыли и зашили»: это болезнь страны, и отнимает она прежде всего будущее. Вот почему «мрут и в розницу, и оптом», вот почему «все качается, плывет»[35].

Безусловно надо согласиться, что белая кровь, какой она явлена в песне, — смертельная опасность. Но с чем связано ее появление? Приведем объяснение самого Окуджавы:

> В шестидесятом году у меня был приятель Лева Кривенко, он умер. Вот тогда у него был ребенок, и ребенок неожиданно заболел белокровием. А по Москве ходил слух, что всяк ие опыты… вызывают в детях все это… Вот я и написал ему посвящение[36]…

Д. Быков отделался от фразы про опыты и их последствия ссылкой на недостоверность слухов. Но всего лишь через год

35 Быков, *Булат Окуджава*, 375–376.

36 Б. Окуджава, "Записываю анекдотические истории: Булат Окуджава — Клубу друзей Булата Окуджавы", беседу ведет Л. Шилов; подготовил к печати И. Некрасов, *Голос надежды: Новое о Булате Окуджаве* (М.: Булат, 2004), [1]: 74.

после создания песенки вся страна сопереживала Гусеву из фильма «Девять дней одного года», где именно опыты вызывали даже не в детях, а во взрослых людях «все это». Атмосферные испытания ядерного оружия, о которых даже сейчас невозможно слушать без содрогания, привели в октябре 1961 года к взрыву термоядерной бомбы мощностью 57 мегатонн. Не только в СССР, где такие данные были строжайше засекречены, но и в других странах регулярно случались аварии на ядерных объектах с выбросами радиации и гибелью людей.

Окуджава обостряет ситуацию тем, что гибнет ребенок, да еще и не один, мы оказались в центре настоящей эпидемии. И никакая больница не помогает, потому что там главная забота — создать видимость благополучия[37]. Но при всем желании никак не удается разглядеть, чтобы он возлагал вину на «новые времена», что ему дороги «прежние атрибуты и правила». Она лежит на главном докторе, — так и хочется написать эти слова с прописных букв — создателе системы, уничтожающей все живое вокруг себя. И у автора нет ответа на вопрос последней строки: «В каком городе живет?!» Здесь может быть назван и какой-либо конкретный город, но с такой же степенью уверенности можно предположить, что имеется в виду миропорядок вообще, существующий сам собой. Но реальное его воплощение здесь и сейчас, в нашем городе и нашей больнице заставляет переживать происходящее как нечто очень личное.

И в этом, собственно, сила песен Окуджавы.

37 Д. Быков отметил «поразительную по бестактности» строку: «Мрут и в розницу и оптом». Но, пожалуй, стоит отметить, что «мрут» здесь (да и двумя строками выше) дает точную рифму к «врут», так что два слова оказываются ближайшими соседями. И тогда, пожалуй, «мрут» можно истолковать как слово, принадлежащее тому, кто врет. Вроде Земляники из «Ревизора»: «Все как мухи выздоравливают».

ПОБЕДЫ РЕАЛИЗМА[1]

JOHN E. BOWLT
(Los Angeles)

Наиболее ярким качеством послереволюционной культуры является не столько ее идеологическая монолитность, которая неумолимо подмяла под себя и сформировала советскую литературу, изобразительное и исполнительское искусство, но, скорее, ее разнообразие и многогранность развития. Давид Штеренберг, руководитель ИЗО НКП (секция изобразительного искусства при Народном комиссариате просвещения) и один из основателей ОСТ (Общество художников-станковистов) даже назвал эти годы «ренессансом художественной жизни»[2]. Правда, это длилось недолго, и со времени официальной ликвидации всех художественных группировок в 1932 году до первых диссидентских движений конца 1950-х годов развитие советской живописи и скульптуры почти не отмечено стилистическим разнообразием и индивидуальным своеобразием. Конечно, можно утверждать, что такие художники, как, например, Исаак Бродский и Александр Дейнека, хотя и приспособили свои взгляды под требования социалистического реализма, но все же смогли сохранить что-то из особенностей своих талантов и создавать работы, привлекательные острой повествовательностью, если не формальным экспериментом.

---

1 В своем эссе о «сталинском принципе» соцреализма критик Герман Недошивин сослался на «победы реализма, вдохновленные тем, что сама конкретная реальность становится красивой» (Г.А. Недошивин, "Сталинский принцип социалистического реализма в развитии советской живописи", *Ученые записки Академии общественных наук при ЦК ВКП(б)* 11 [1951]: 143).

2 D. Sterenberg, "Die künstlerische Situation in Russland", *Das Kunstblatt* 6.11 (1922): 486.

Тем не менее, социалистический реализм — это, скорее, результат общих усилий, а не процветание личной инициативы, то есть он, скорее, свидетельствует о поддержке отечественного и наглухо *закрытого* стиля, чем о готовности к ассимиляции иностранных влияний. Перефразируя архитектурную метафору Владимира Паперного, можно сказать, что советские 1920-е годы были «открытыми», а 1930-е-40-е — «закрытыми»[3]. «Открытость» подтверждается множеством художественных выставок как в стране, так и за рубежом в течение 1920-х годов: «Erste Russische Kunstausstellung» («Первая русская художественная выставка», Берлин, 1922), «Exhibition of Russian Painting and Sculpture» («Выставка русской живописи и скульптуры», Нью-Йорк, 1923), «Russian Art Exhibition» («Выставка русского искусства», Нью-Йорк, 1924), советский павильон на «XIV Esposizione Internazionale dell'arte della città di Venezia» («XIV Международная выставка искусств», Венеция, 1924), советский павильон на «Exposition Internationale des Arts Décoratifs et Industriels Modernes» («Международная выставка художественно-декоративных искусств», Париж, 1925), «Exhibition of New Russian Art» («Выставка нового русского искусства», Токио, 1927), «Soviet Russian Art and Handicraft Exposition» («Современное и прикладное искусство Советской России», Нью-Йорк, 1929) и «The Face of Soviet Art. An Aesthetic Synthesis» («Лицо советского искусства», Филадельфия, 1934).

Поэтому важно помнить, что возвращение к реализму в 1920-е годы, будь он «героический», «тенденциозный», «диалектический», «романтический», «монументальный» или «социальный»[4], было вызвано многими причинами и не в последнюю очередь продолжающимся осознанием сильной традиции русского реализма. В конце концов, последняя выставка членов Товарищества передвижных художественных выставок (передвижников) была открыта в Москве в феврале 1922 года и вызвала оживленные дебаты о необходимости восстановления реалистической традиции, что по времени совпало с созданием АХРР (Ассоциация художников революционной России), а Павел Радимов, последний председатель

3 См.: В. Паперный, *Культура Два*, 4-е изд. (М.: Новое литературное обозрение, 2016).

4 В.В. Ванслов, Л.Ф. Денисова (ред.), Из истории советского искусствоведения и эстетической мысли 1930-х годов (М.: Искусство, 1977), 28.

Товарищества, стал первым председателем Ассоциации. В начале и середине 1920-х годов процветали и другие группы реалистов, также последователей передвижников — такие как НОЖ (Новое общество живописцев) во главе с Самуилом Адливанкиным, Георгием Рязанским и др., и «Объединение художников-реалистов» во главе с Николаем Касаткиным и Сергеем Малютиным. Данная тенденция завершилась советской канонизацией Ильи Репина, пожалуй, самого талантливого передвижника, который в 1937 году был возведен на один уровень с Рафаэлем и Ван Дейком[5].

Тем не менее, важную роль в этом направлении сыграло воздействие европейского и американского реализма, которые приветствовались в Советской России в 1920-е годы и осуждались и отрицались в 1930-е. Особое значение имели французский сюрреализм, итальянское метафизическое направление (Scuola Metafisica) и немецкие экспрессионизм и новая вещественность (Neue Sachlichkeit). Об этих художественных течениях писались книги, они разбирались в печати и на открытых обсуждениях выставок в Москве, Ленинграде и в других городах. Следы сюрреализма могут быть обнаружены в творчестве Петра Вильямса, Бориса Земенкова, Александра Самохвалова, Александра Тышлера. Уже отмечалось преломление работ Де Кирико в творчестве Казимира Малевича[6]. Некоторые могут предположить, возможно, превратно, что программа социалистического реализма с его акцентом на воображаемое коммунистическое будущее, на мечты вместо реальности — то, что Андрей Жданов охарактеризовал как «романтику нового типа» — было также сюрреалистической затеей[7].

Тем не менее, если объединение социалистического реализма с сюрреализмом может показаться надуманным, взаимосвязь немецкого экспрессионизма и раннего советского реализма является одновременно и более логичной, и более сложной[8].

---

5 См.: Д. Родионович, *Илья Ефимович Репин* (М.: Искусство, 1937), 7.

6 См., например: C. Douglas, "Malevich and De Chirico", C. Douglas, C. Lodder (eds.), *Rethinking Malevich* (London: Pindar, 2007), 254–293.

7 "Речь секретаря ВКП(б) А.А. Жданова", *Первый Всесоюзный съезд советских писателей 1934: Стенографический отчет* (М.: Художественная литература, 1934), 2–5.

8 Вопрос о советской школе экспрессионизма в искусстве не был всесторонне исследован, хотя были сделаны некоторые попытки установить и определить экспрессионистскую литературу. См., например: Е.М. Браудо, Н.Э. Радлов

Лия Зивельчинская в своем синоптическом исследовании «Экспрессионизм» (1931) подчеркнула это явление, ссылаясь на ОСТ и группу «Октябрь» в качестве основных выразителей немецкого влияния[9]. Один из главных марксистских историков искусства 1920-30-х годов Иван Маца также указал на то, что советское искусство многим обязано западному[10], в то время как Константин Уманский в своей книге «Neue Kunst in Russland» приравнял большую часть нового искусства Советской России к экспрессионизму, огульно применив этот термин к работам Бориса Григорьева, Мартироса Сарьяна и даже Сергея Судейкина[11]. Говоря конкретно, имелись ввиду идеологическая программа и изобразительный репертуар поздних экспрессионистов, таких как Отто Дикс и Джордж Гросс, которые имели основополагающее значение для развития ОСТа. Сергей Лучишкин упоминал о глубоком впечатлении от «социальной сущности» и «выразительности» их картин[12].

В самом деле, даже беглый взгляд на ранние работы остовцев выявляет существенное влияние на них экспрессионизма: форма и содержание «Инвалидов войны» Юрия Пименова, например, вдохновлены увечными и инвалидами Дикса и Гросса, в то время как шедевр Андрея Гончарова «Смерть Марата» (1927) отдает дань уважения Конраду Феликсмюллеру. Символом этой готовности к осознанию европейского модернизма (если не конкретно немецкого экспрессионизма) является шедевр Дейнеки «Оборона Петрограда» (1927), который есть прямое переложение работы Фердинанда Ходлера «Выступление частей йенских студентов во время освободительной войны 1813 года» («Auszug der Jenaer Studenten zum Freiheitskampf van 1813», 1908).

(ред.), *Экспрессионизм: Сборник статей* (Пг.: Государственное издательство, 1923); В.Н. Терехина, *Экспрессионизм в русской литературе первой трети XX в.: Генезис. Историко-культурный контекст. Поэтика* (М.: ИМЛИ РАН, 2009).

9 Л.Я. Зивельчинская, *Экспрессионизм* (М. — Л.: Огиз; Изогиз, 1931), 82–86.

10 См. например: И. Маца, *Искусство эпохи зрелого капитализма на Западе* (М.: Изд-во Коммунистической академии, 1929), 171–177.

11 K. Umanskij, *Neue Kunst in Russland 1914–1919* (Potsdam: Kiepenheuer, 1920).

12 С.А. Лучишкин, *«Я очень люблю жизнь»: Страницы воспоминаний*, Предисловие М.Н. Яблонской (М.: Советский художник, 1988), 103.

Русские художники видели работы Гросса, Дикса, Феликсмюллера и других немецких экспрессионистов на «Первой всеобщей выставке немецкого искусства» (1924) и на выставке «Немецкого искусства последнего десятилетия» (1925) в Москве, они узнавали о теории, практике и организационных структурах современного немецкого искусства (например, Arbeitsrat für Kunst, Novembergruppe и т.д.), читая публикации в таких журналах как «Художник и зритель» и «Печать и революция» или благодаря интенсивному обмену людьми, идеями и произведениями искусства между Москвой и Берлином в начале 1920-х годов. Чтобы понять, насколько живым и плодотворным был германо-советский культурный обмен в 1920-е годы, достаточно вспомнить «Erste Russische Kunstausstellung» в Galerie Van Diemen в 1922 году, организованную Наркомпросом в целях демонстрации нового советского искусства за рубежом, гастроли Камерного театра Александра Таирова в следующем году, многочисленные издательства, такие как, например, «Геликон», которые работали одновременно и в Германии, и в Советской России, выставку АХРРа в Кельне в 1928 году[13], а также *приливы* и *отливы* художников и писателей из Советской России в Германию и обратно, таких как Натан Альтман, Андрей Белый, Наум Габо, Василий Кандинский, Эль Лисицкий, Марк Шагал, Виктор Шкловский, Илья Эренбург и многих других[14].

«Первая всеобщая выставка немецкого искусства» в Историческом музее в Москве в 1924 году и выставка «Немецкого искусства последнего десятилетия» в Музее нового западного искусства в Москве (ныне Гос. Музей изобразительных искусств им. А.С. Пушкина) и в Саратове (в следующем году) показательны

13 О выставке в Кельне и о международных связях АХРР см.: А.Н. Тихомиров, "О зарубежных связях АХРР", И.М. Гронский, В.Н. Перельман (сост.), *АХРР: Сборник воспоминаний, статей, документов* (М.: Изобразительное искусство, 1973), 169–188.

14 О русских в Берлине в 1920-е годы см., например: *Русский Берлин 1921–1923: По материалам архива Б.Н. Николаевского в Гуверовском институте*, сост., вступ. ст. и коммент. Л. Флейшмана, Р. Хьюза, О. Раевской-Хьюз (Париж: YMCA Press, 1983); F. Mierau (Hrsg.), *Russen in Berlin: Literatur, Malerei, Theater, Film 1918–1933* (Leipzig: Reclam, 1987); K. Schlögel (Hrsg.), *Russische Emigration in Deutschland 1918 bis 1941* (Berlin: Akademie-Verlag, 1995); K. Schlögel (Hrsg.), *Chronik des russischen Lebens in Deutschland 1918–1941* (Berlin: Akademie-Verlag, 1999).

для этого тесного художественного союза[15]. На обеих выставках демонстрировались гравюры Дикса из серии «Война», сцены с городскими рабочими Феликсмюллера, раздутые капиталисты Гросса и острые портреты Оскара Кокошки. Обе выставки широко освещались в советской печати, и непосредственное влияние представленных на них экспрессионистических работ, в частности, на молодых советских художников, вскоре было отмечено, например, Фридой Рогинской, которая упомянула о непосредственной близости Пименова к Диксу и «космическое одиночество» Вильямса[16]. Она также предположила, что, даже если немецкий экспрессионизм слишком негативен для подражания ему советскими художниками, он вносит свой вклад в торжество реализма над формализмом, благодаря его сосредоточенности на социальном содержании[17].

Причин этой готовности принятия нового немецкого искусства множество. Одна из них — традиционная близость современной немецкой и русской культур, чему свидетельствует колония русских художников в Мюнхене до Первой мировой войны (Владимир Бехтеев, Марианна Веревкина, Кандинский, Алексей Явленский и др.). Другая — то, что германская революция 1918 года на мгновение показалась свидетельством расширения пролетарской революции до уровня мировой, которая, по словам К. Маркса, была необходимым условием для рождения всемирного коммунизма. Более конкретная причина — философские убеждения немецких экспрессионистов в том, что искусство способно разоблачать недуги буржуазии, служить делу радикальной политики и нести социалистическое знамя — была особенно привлекательна для молодых активистов новых культурных институтов Советской России, особенно для студентов ВХУТЕМАСа (Высшие художественно-технические мастерские).

Правда, до воздействия экспрессионизма многие из молодых советских художников и скульпторов были «воинствующими

---

15 О выставке 1924 г. см.: А. Федоров-Давыдов, "Художественная жизнь Москвы", *Печать и революция* 4 (1924): 120–129; Я. Тугендхольд, "Выставка германского искусства", *Печать и революция* 6 (1924): 105–122; Н. Тарабукин, "По поводу выставки немецкого искусства", *Печать и революция* 6 (1924): 111–115. О выставке 1925 г. см.: И. Хвойник, "Немецкое искусство последнего десятилетия", *Советское искусство* 1 (1926): 71–72. См. также: А. Венгеров, "Перепутья западного искусства", *Художник и зритель* 2/3 (1924): 57–60.

16 Ф. Рогинская, "Обзор живописного сезона", *Красная новь* 7 (1926): 231.

17 Рогинская, "Обзор живописного сезона", 233.

формалистами»[18], учениками Малевича, Александра Родченко и Владимира Татлина. Хотя очевидно, что такие художники, как Вильямс, Константин Вялов, Дейнека, Пименов и Тышлер, несмотря на их временное увлечение «решением формальных задач»[19], не поддержали крайние выводы своих наставников и, конечно же, отвергли лозунг конструктивистов «Смерть искусству!»[20]. Один критик даже утверждал, что члены старого авангарда были «разрушителями, а не конструкторами»[21], и их «техницизм форм» ныне совершенствуется новым «психологизмом содержания»[22], что особенно проявилось в ранних работах Дейнеки и Пименова, которые объединили «плоскую картину с нервными, городскими ритмами»[23]. Правда, остовцы не пошли настолько далеко, чтобы осуждать абстрактное искусство как «метафизические мыльные пузыри»[24], но они, конечно, высказали серьезные замечания по поводу его возможностей, четко изложив свои взгляды в манифесте 1929 года[25]. С другой стороны, некоторые из них, не в последнюю очередь Штеренберг, считали, что русское искусство все еще слишком неопытно, слишком «отстало», чтобы бороться со сложностью абстрактного искусства[26].

В самом деле, такие художники как Дейнека и Вильямс считали живопись главным средством повествовательной, если не идеологической пропаганды, которая действует не манипуляцией абстрактных форм, а приспособлением этих форм к изобразительным, документальным целям, что они и продемонстрировали на выставке «Искусство в мастерской» и на решающей «Первой дискуссионной выставке объединений активного революционного искусства» 1924 года (откуда вышел ОСТ). В любом случае, после жестокого и

18 Недошивин, “Сталинский принцип…”, 171.

19 В. Костин, *ОСТ (Общество станковистов)* (Л.: Художник РСФСР, 1976), 23.

20 А. Ган, *Конструктивизм* (Тверь: Тверское изд-во, 1922), 19.

21 Я. Тугендхольд, “Живопись”, *Печать и революция* 7 (1927): 171.

22 Зивельчинская, *Экспрессионизм*, 86.

23 И. Хвойник, “Вторая выставка ОСТ”, *Советское искусство* 6 (1926): 46.

24 Н. Бухарин, “Некоторые мысли о советской живописи”, *О живописи, плакате и скульптуре за XV лет (1917–1933)* (М.: Всекохудожник, 1934), 27.

25 См.: “Платформа ОСТа (1929)”, *Советское искусство за XV лет* (М. — Л.: Огиз; Изогиз, 1933), 575.

26 Из выступления Давида Штеренберга в Комакадемии в Москве в 1928 г., цит. по: Зивельчинская, *Экспрессионизм*, 83.

насильственного десятилетия войны и революции (некоторые из остовцев активно участвовали в гражданской войне) они помнили и истолковывали это время «паники» с его «соответствующей гармонией или, скорее, диссонансом»[27]. «Инвалиды войны» Пименова являются ярким примером такой превратной ностальгии.

Основной причиной возрождения тематической живописи, которую ОСТ считал своей главной миссией, было общее понимание того, что конструктивизм (или авангард в целом), часто пропагандируемый как эстетическое расширение коммунистической доктрины, был, по сути, «аполитичен» или идеологически изменчив, поскольку он процветал также в буржуазной Европе и капиталистической Америке. Яков Тугендхольд разработал этот довод в своей критике конструктивистского советского павильона на всемирной выставке «Искусство и техника в современной жизни» («Exposition Internationale des Arts et Techniques dans la Vie Moderne»), утверждая, что «Парижская выставка показала, что конструктивизм в одинаковой степени свойственен и странам буржуазным, где создаются столь „левые“ буржуазные спальни, столь „левые“ библиофильские переплеты из шагреневой кожи, столь „левые“ дамские манто из горностая и соболей… Значит ли это, что революционная идеология *побеждает* буржуазное сознание, *врастает* в буржуазный мир, или, наоборот, что эти принципы вовсе уж не так революционны? Скорее второе»[28].

Во время сталинской гегемонии аргумент Тугендхольда был сокращен до одного банального утверждения, что формализм является продуктом «упадочного буржуазного искусства»[29]. С другой стороны, Тугендхольд и другие проницательные критики своего времени, такие как Николай Пунин, Николай Тарабукин и Абрам Эфрос не поддержали возвращение к русской реалистической традиции. Они считали, что тот реализм, который предлагали ахрровцы, например, как в картине Петра Шухмина «Приказ о наступлении», не в состоянии передать дух революции и, согласно Альфреду Курелла, является лишь продолжением традиций конца

27 С. Тартаковер, *Певцы человеческого* (Берлин: Книгоизд-во писателей, 1923), 7.

28 Я. Тугендхольд, *Художественная культура Запада* (М.—Л.: Гос. изд-во, 1928), 190. Курсив в источнике.

29 *Против формализма и натурализма в искусстве: Сборник статей* (М.: Огиз; Изогиз, 1937), 55.

19-го века[30]. Даже если в 1927 году Алексей Федоров-Давыдов, ведущий критик и впоследствии поборник дела социалистического реализма и сталинского стиля, заявил, что «все художники всех направлений стали реалистами»[31], для многих АХРР не был идеальной организацией, потому, что, по словам Бориса Арватова, как по форме, так и по содержанию пролетарское искусство должно быть «особым видом социального творчества»[32].

Следовательно, для многих канон ОСТа, применение новых приемов в плакате, кино и фотографии с одновременным сохранением образной традиции, возник как желанный и потенциальный компромисс в ответ на требование, что «современное содержание требует новой, современной формы»[33]. Стенографическую дискурсивность коммерческого и политического плаката с его акцентом на экономику формы, ясность сообщения и Nachbild'a, кадрирование, монтаж и «высшее воплощение амбиций»[34] кино, в частности, можно увидеть, например, в «Парашютисте над морем» Дейнеки[35]. ОСТ также отдал дань памяти, пожалуй, самому сильному и характерному качеству русской изобразительной культуры — ее зависимости от внешнего оправдания, будь то литературное название или социальный заказ, то есть когда изображение зависит от слова. Андрей Белый даже утверждал в 1917 году, что «подлинно революционны и Ибсен, и Ницше, и Штирнер, а вовсе не Энгельс, не Маркс»[36]. Эта привилегия слова может объяснить, как Дейнека

---

30 А. Курелла, "От «искусства революционной России» к пролетарскому искусству" *Революция и культура* 6 (1928): 39. Открытое письмо Диего Риверы к АХРР с отрицательным ответом см. там же: "АХРР и стиль пролетарского революционного искусства" (43).

31 А. Федоров-Давыдов, "Художественная жизнь Москвы", *Печать и революция* 1 (1927): 98.

32 Б. Арватов, "На путях к пролетарскому искусству", *Печать и революция* 1 (1922): 63.

33 Тугендхольд, "Живопись", 178.

34 Е. Деготь, "В поисках советского модернизма", *«Борьба за знамя»: Советское искусство между Троцким и Сталиным 1926–1936: Каталог выставки в Московском Музее современного искусства* (М., 2008), 9.

35 Некоторые из художников ОСТ, такие как Дейнека, также создавали плакаты. Они могли видеть примеры современных западных плакатов на выставке русского и иностранного плаката «Плакат за 6 лет» в Историческом музее в Москве в 1924 г.

36 Андрей Белый, *Революция и культура* (М.: Изд. Г.А. Лемана и С.И. Сахарова, 1917), 25.

и Пименов, например, смогли быстро приспособить свои ранние стили, основанные на кубизме, футуризме и супрематизме, к более дидактической и тенденциозной цели. Изобразительным результатом стал, по словам Федорова-Давыдова, «реализм экспрессионизма»[37], даже если он не дотягивал до подлинной «марксистской или материалистической эстетики»[38].

Конечно, такие картины, как «Дирижабль и детдом» Лабаса, хотя и лишены «интеллектуального пессимизма» немецкого экспрессионизма[39], все же содержат несогласованность и двусмысленность, которые, после введения всеобъемлющего социалистического реализма с его «историческим оптимизмом»[40] в 1934 году, будут устранены. Являются ли блондинистые, роботизированные «Текстильщицы» Дейнеки плодом его мужского воображения или они воплощение экспериментов Алексея Гастева по созданию идеального, механического труженика? Рождены ли дирижабли Лабаса советским завоеванием воздуха или они игривые игрушки диснеевской фантазии? Представляет ли мрачный «Милиционер» Вялова сдержанное уважение к порядку или он порождение страха перед новым, моторизованным городом?

Может быть, неоднозначность этих картин также отражает идейное расхождение внутри самого ОСТа, что привело к его расколу в 1930 году, который разделил группу на левых и правых. Левые продолжали признавать ценность эксперимента (Гончаров, Лабас, Тышлер, Штеренберг и другие), правые тесно сотрудничали с АХРР, проповедуя героический реализм (Вильямс, Лучишкин, Кузьма Петров-Водкин, Пименов и другие). В любом случае, к этому времени от экспрессионизма отказывались и консервативные критики — за его заигрывание с болезненными темами, чуждыми рабочим, и прогрессивные — за его склонность к «нелогичным» элементам «экстаза, интуиции, вдохновения»[41]. «Экспрессионизм», как и «формализм», вскоре стал общим термином, применяемым

---

37 А. Федоров-Давыдов, “Художественная жизнь Москвы”, *Печать и революция* 4 (1924): 122.

38 Р. Пельше, *Проблемы современного искусства* (М.: Московское театральное изд-во, 1927), 134.

39 Тугендхольд, “Живопись”, 175.

40 Недошивин, “Сталинский принцип…”, 186.

41 Б. Кушнер, “Божественное произведение”, *Искусство коммуны* 9 (1919): 1.

к любым художникам, чьи работы казались загадочными или темными и, независимо от их догматической принадлежности, такие художники осуждались за их отчужденность от советских масс (Древин, Соломон Никритин, Павел Филонов и многие другие)[42].

Благодаря упрочению массовой, политической и финансовой поддержки[43], АХРР в конце 1920-х годов вышел победителем в борьбе за новый (или обновленный) реализм и, в конце концов, его поучающие повествования стали краеугольным камнем советского социалистического реализма. Другие группы, не в последнюю очередь ОСТ, сотрясались внутренними конфликтами, они утратили живую и связующую цель, когда идея международного коммунизма сдалась формуле социализма в одной стране, и произошли такие экономические, демографические и культурные преобразования, которые позволили центростремительному сталинскому Советскому Союзу сломать творческие связи с Западом или, точнее, сохранить только те из них, что соответствовали принципам социалистического реализма — и, конечно же, экспрессионизм ему совершенно не подходил.

---

42 См.: О. Бескин, *Формализм в живописи* (М.: Всекохудожник, 1933), 9–13.

43 Вопрос о материальной состоятельности или несостоятельности различных советских художественных группировок 1920-х годов является сложным, но важным, и, в случае ОСТ, он был таким же решающим, как и идеологическая преданность, и контроль над нею. Если в самом начале ОСТ обращался к буржуазии, рожденной новой экономической политикой, то к концу 1920-х годов она исчезла. Политическая элита Коммунистической партии предпочитала более простые картины АХРР. Ассоциация в конце 1920-х стала чрезвычайно богатой организацией с многочисленными комиссиями, студиями, публикациями и выставками. Вильямс, Пименов, Константин Истомин, Игорь Грабарь и Сергей Герасимов опубликовали «Открытое письмо в редакцию» об этом неравенстве, см.: *Революция и культура* 6 (1928): 44–45.

"I'LL PERMIT MYSELF TO CONTINUE FOR PASTERNAK"

Reflections on Olga Sedakova's Long Modernist Century

MARIJETA BOZOVIC
(New Haven)

CONTEMPORARY CLASSICS: OLGA SEDAKOVA

Over the course of the last twenty-five years, Olga Sedakova has come to be recognized as one of the classics of the twentieth- and twenty-first-century Russian poetic canon. As Stephanie Sandler wrote in the introduction to a collection of articles on contemporary poetry published by the *Slavic and East European Journal* in 2007: "If one had to pick out four contemporary poets to represent the many trends now at work," Gennady Aigi, Joseph Brodsky, Elena Shvarts, and Olga Sedakova "would not be entirely inappropriate places to start."[1] Some might replace Brodsky with the more recently contemporary Dmitrii Prigov; from today's perspective, Arkadii Dragomoshchenko and Aleksei Parshchikov seem equally crucial voices to consider. Yet Shvarts and

---

1 Stephanie Sandler, "Introduction: Poetry at Heaven's Edge," in "At the Edge of Heaven: Russian Poetry since 1970," special issue, *The Slavic and East European Journal* 51, no. 4 (2007): 673.

I extend my particular gratitude to Maria Khotimsky for sharing materials from the forthcoming volume *Olga Sedakova: Poems, Philosophies, Points of Contention*, ed. Maria Khotimsky, Margarita Krimmel, Oleg Novikov, and Stephanie Sandler (University of Wisconsin Press and Novoe Literaturnoe Obozrenie, at press).

Sedakova have maintained their place on the growing and shifting shelf, and not only as representatives of Russian women's writing, although they are often read together and compared by critics.[2]

Sedakova has certainly been noticed by international scholars of Russian poetry, in no small part owing to the championship of Sandler and Catriona Kelly through numerous translations, articles, and graduate seminars.[3] But while it might be tempting to consider some of the "transition-era" poetry trends of the 1980s and 1990s passé, including divisions into Conceptualists and Metarealists, and to conclude that contemporary Russian poetry has moved on, Sedakova remains both an unusual and paradigmatic figure.[4]

Sedakova's collected works were recently released in four impressive tomes as: *Stikhi, Perevody, Poetica, Moralia*.[5] In 2007, she spent a semester at Stanford University, where she taught a course entitled "Russian Poetry after Brodsky." Her introduction to the series of lectures has been reprinted in the volume of essays entitled *Poetica* and currently stands as her general word on contemporary poetry. Sedakova's carefully crafted personal website, www.olgasedakova.com, is presented as a definitive online source. The site is beautifully organized according to genre, books of poetry by date of completion, and by the languages that she speaks—Russian, English, French, Italian, and German—most of which, we are told, she learned in order to read her literary heroes in the original.[6] These

2 See Catriona Kelly, "Olga Sedakova," in *A History of Russian Women's Writing, 1820–1992* (Oxford: Clarendon Press, 1994), 423–32, for an introduction to Sedakova's early poetry.

3 Much of the best English-language academic writing on Sedakova originates from Sandler, Kelly, or their former students. See, for example, Maria Khotimsky, "Singing David, Dancing David: Olga Sedakova and Elena Shvarts Rewrite a Psalm," *The Slavic and East European Journal* 51, no. 4 (Winter 2007): 737–52; and Benjamin Paloff, "The God Function in Joseph Brodsky and Olga Sedakova," *The Slavic and East European Journal* 51, no. 4 (2007): 716–36.

4 New generations are producing very different poetry and verbal art in Russia today, much of it explicitly political and socially engaged.

5 Ol'ga Sedakova, *Stikhi, Perevody, Poetica, Moralia: Sobranie sochinenii*, 4 vols. (Moscow: Universitet Dmitriia Pozharskogo, 2010). Note: the titles *Poetica* and *Moralia* are in Latin script.

6 In a May 1994 interview with Valentina Polukhina published on her website, Sedakova includes her list of literary heroes: "My next idol was Rilke, in whom I saw the Poet par excellence. In order to read him in the original I learned German. To read Dante I learned Italian. To read Baudelaire I mugged up on my French. *Les Fleurs du mal* had a major influence on me, which comes out in my book *The Wild Rose*." http://www.olgasedakova.com, accessed March 12, 2017; translation as provided on the website.

various re-presentations and "texts," understood broadly, frame Sedakova as a poet and how she demands to be read.

My aim here is to offer readings of several signature Sedakova poems, contextualized by her recent cultural production on the one hand, and on the other, by the tradition of Russian Modernist poetry that she so directly summons forth in all of her writings. Specifically, I look to Sedakova's "mirroring" of poem-manifestos by the two precursors that she most directly invokes and whom she defines her poetic project by: Boris Pasternak and Joseph Brodsky.

As the title of her Stanford lectures indicates, for Sedakova contemporary Russian poetry is defined and determined by the fact that it takes place *posle* (after) Brodsky. In turn, and as her poems and essays reveal, Pasternak remains the primary model for a productive twentieth-century Russian poetic tradition.[7] The sense of this pairing becomes evident after we see Sedakova return to both poets nearly compulsively in her creative and critical writings; like Pasternak and Brodsky, Sedakova understands herself fundamentally as a Russian philosophical poet, even as a philosopher-poet. That Brodsky liberated Russian poetry "to think" once more seems evident to Sedakova; that it remains capable of doing so is what she is out to prove.

I follow the example of Sandler and other readers in focusing on the mirror as the signature device of Sedakova's poetry, for it is a signature device in Brodsky and Pasternak as well. Sandler writes, "The mirror as a device in modern art and poetry suggests a fascination with difficulty and, perhaps, self-absorption. To choose a mirror (rather than, say, a window), is to choose against transparence, to choose an obstacle of sorts."[8] I will contrast Sedakova's most remarkable mirror poems to two famous mirrors in Pasternak and Brodsky.

In *Disenchanted Images: A Literary Iconology*, Theodore Ziolkowski writes that

---

7 I limit my consideration here to Sedakova's twentieth-century heroes. For a reading of Sedakova and Pushkin, for example, see Stephanie Sandler, "Pushkin among Contemporary Poets: Self and Song in Sedakova," in *Two Hundred Years of Pushkin*, vol. 1, *"Pushkin's Secret": Russian Writers Reread and Rewrite Pushkin*, ed. Joe Andrew and Robert Reid (Amsterdam: Rodopi, 2003), 175–89.

8 Stephanie Sandler, "Mirrors and Metarealists: The Poetry of Ol'ga Sedakova and Ivan Zhdanov," *Slavonica* 12, no. 1 (2006): 4.

> for anyone with a natural capacity for wonder, there is something inherently mysterious about mirrors. First, the mirror knows more than the viewer knows since it can see what is happening behind our backs. This property, in conjunction with the theory of the soul, has yielded the art of catoptromancy, or divination by mirrors. Second, the mirror has the disturbing ability to double everything. As the heresiarch of Uqbar puts it in Borges' fable of "Tlon, Uqbar, Orbis Tertius," "mirrors and copulation are abominable, since they both multiply the numbers of men." Third, the mirror contains within itself a strange world in which everything is inverted or backward, from the parting of one's hair to the print in a book.[9]

We might add to this list the identity-formation theory of Jacques Lacan's "mirror stage" and the notion of the mirror as a metaphor for artistic mimesis and still be nowhere near a comprehensive overview.[10]

In the case of contemporary poetry and its intensely charged backward glance, the mirror device—characteristic of what is almost a subgenre, the Russian Modernist mirror-poem—proves especially revealing. The mirror inspires and enforces self-reflection: it generates a moment when verse reflects on the nature of verse, when Russian poetry studies itself. Reading Pasternak, Brodsky, and Sedakova as a poetic triangle thus offers a new context for Sedakova's later work: we cannot but view all three through the glass of tradition, shaded by their anxieties over the poetic word as a medium and framed in the cultural context of the new, post-Soviet Russian poetry.

SEDAKOVA'S MIRRORS: POETRY IS ILLUMINATED

In Sedakova's early collections *Starye pesni* (1980–81) and *Dikii shipovnik* (1976–78), the mirror appears as a motif, a device, and a

9 Theodore Ziolkowski, *Disenchanted Images: a Literary Iconology* (Princeton, NJ: Princeton University Press, 1977), 162.

10 On the former, see Jacques Lacan, "The Mirror Stage as Formative of the *I* Function as Revealed in Psychoanalytic Experience," in *Ecrits: The First Complete Edition in English*, trans. Bruce Fink (New York: W. W. Norton, 2006), 75–81; and on the latter, Gunter Gebauer and Christopher Wulf, "Imitation, Illusion, Image," in *Mimesis: Culture, Art, Society* (Berkeley: University of California Press, 1992), 31–44. Among many other works on mirrors, see also Meyer H. Abrams, *The Mirror and the Lamp: Romantic Theory and the Critical Tradition* (Oxford: Oxford University Press, 1971).

self-reflective signature of the poet at work. Sandler links Sedakova with another "Metarealist," Ivan Zhdanov, adopting Mikhail Epstein's term for the trend that offered an alternative to Conceptualism that emerged in Russian poetry of the late 1970s and 1980s.[11] Sandler suggests that, as Metarealists,

> Sedakova and Zhdanov are drawn to mirrors as to magnets. They use them in a wonderfully counter-intuitive way—to call attention to the artifice of their poetry, but also to expose the visibility of the workings of a poet's mind as the poem is created. They overturn several foundational premises for mirror poems and, in the process, they make the mirror a signature.[12]

The mirror thus serves as an excuse for the Formalist trick of baring the device, but without the accompanying parody and irony typical of such poets as Prigov. Yet Sedakova's restrained songs prove quite difficult to penetrate; Sandler finds that the limpid clarity of her poems, just like her mirrors, turns surprisingly dark on closer inspection.[13]

I will use the most striking mirror-poem from *Starye pesni*, "Starushki" (1976–78), to introduce Sedakova's mirrors before launching into more in-depth readings of two poems from *Dikii shipovnik*.

> Старушки
>
> Как старый терпеливый художник,
> я люблю разглядывать лица
> набожных и злых старушек:
> смертные их губы
> и бессмертную силу,
> которая им губы сжала.

---

11 See Mikhail Epstein, "New Currents in Russian Poetry: Conceptualism, Metarealism, and Presentism," in *After the Future: The Paradoxes of Postmodernism and Contemporary Russian Culture*, trans. Anesa Miller-Pogacar (Amherst: University of Massachusetts Press, 1995), 19–50. See also Konstantin Kedrov, *Entsiklopediia metametafory* (Moscow: DOOS, Elena Pakhomova, 2000).

12 Sandler, "Mirrors and Metarealists," 5.

13 Ibid., 5.

(Будто сидит там ангел,
столбцами складывает деньги:
пятаки и легкие копейки...
Кыш!—говорит он детям,
птицам и попрошайкам,
кыш, говорит, отойдите:
не видите, что я занят?)

Гляжу—и в уме рисую:
как себя перед зеркалом темным[14].

The accentual verse song "Starushki" is as marked by deflections as by reflection. The poet is *kak*, or like an old artist, studying her subject as if for a painting, a visual representation. The grammatical gender of *khudozhnik* makes the lyric persona "like" the more familiar male viewing subject (the old master here may be read as Rembrandt), gazing at female figures as objects of study. The parenthetically set-off middle stanza in turn gives us another form of "as if," *budto*, again beginning the stanza with an unexpected comparison. The parenthetically contained angel appears to be concentrating on his surprisingly prosaic task with the same intensity as the painter, and hence, by a chain of metonymy, as the figure of the poet her/himself. The painter's models, the old women, are replaced by other plural objects of fascination: coins, and, perhaps equally, by the distractions (beggars, birds, children) that the angel would shoo away.

By the time we return to the poet in the last couplet, she is both the subject and object of the depicted gaze, as everything has become *kak sebia* in the final line and the final "as if" of the poem. We have thus slid from the lyric persona to the old artist, to the pious and spiteful old women, to the earthy angel, to beggars and children and birds, to currency—which by its nature stands for equivalence and exchangeability—and back to the poet, who perhaps sees a spiteful and pious old woman in her own reflection. (Sedakova, born in 1948, would have been thirty-three or thirty-four when she wrote this poem, but then, Pushkin began mourning his lost youth at the age of nineteen.) Similes, comparisons, and metonymic displacements link the two stanzas and final couplet: it is as if the true subject

14 The poems cited were originally published in *Starye pesni* and *Dikii shipovnik*, and are taken from Sedakova's website, http://www.olgasedakova.com.

of the painting or poem were ever-fleeting, only glimpsed when reflected off of another dark reflection. It is as if all possible subjects for poetry or painting turn out to be shadows hiding the true subject, which is both internal—the true self or the soul—and mystical (the enclosed angel). "Starushki" is a deconstructionist's dream, an exposed and endless chain of signifiers with the meaning eternally deferred. All we are left with is the *kak* and the final image of the dark mirror in the instrumental case; however, with an instrumental prosaically determined by the preposition *pered* and not, for example, with one of the sinuous poetic instrumentals of Marina Tsvetaeva's metaphors.

If this initial reading sets the tone, far more revelatory mirror encounters are to be found in Sedakova's *Dikii shipovnik.* All of the poems in this book function as lyrical "lives of saints." All feature as protagonists either hermits or artists—for Sedakova, I suspect, the two are much the same. Two recurrent and interconnected mirror motifs emerge throughout the collection: the first involves a confrontation with a living mirror, which serves either as a moment of revelation or as the revelation of failure. The second motif, to which I return later in this essay, is something like the shattered fairy-tale mirror of Hans Christian Andersen's 1845 "The Snow Queen": the devilish splinters of an original broken mirror lodge in human eyes and hearts to make beauty and love impossible. The mirrors of *Dikii shipovnik* thus seem to serve contradictory functions, as both conduits to and distorters of true reality. I turn to the most extreme poem of confrontation with a living mirror next.

Легенда шестая

Когда гудит судьба большая,
как ветер, путника смущая,
одежду треплет—и своя
душа завидней, чем чужая,—
монах старинный вопрошает:
—Скажи, кому подобен я?—

и видит: зеркало живое,
крылатое, сторожевое,
журча, спускается к нему—

и отражает ту же тьму,
какую он борол. Но в нем,
в дыханье зрячем за стеклом,
она—как облако цветное,
окружена широким днем.

Так чья-нибудь душа живая
не вытерпит прямого дня,
и, горе горем прикрывая
и слово словом заслоня,
тьму путевую соберет
вокруг себя—и в ней пройдет.

И в ней огонь его горит.
И свет, как притча, говорит.

The most haunting of Sedakova's vita-poems, "Legenda shestaia" (1976–78) shares much with "Starushki" in its deferrals of answer and reflection, in the visitation by an angel, and in the overarching Christian framework of light and dark. But this poem, like a parable (*kak pritcha*), is if anything even more deceptively simple. Meter, rhythm, rhyme, and lexicon all demonstrate the poetics of restraint so often characteristic of Sedakova's most ambitious poems. We are given iambic tetrameter lines in stanzas of varied length, closed off with the final couplet's strong masculine rhyme. Parts of speech rhyme mostly with identical parts of speech: verbs with verbs, adjectives with adjectives, participles with participles. The sensation of abstemiousness, of poetic self-denial, reaches its most drastic expression in the penultimate stanza's lines: "i, gore gorem prikryvaia / i slovo slovom zaslonia." It is as if the ascetic backdrop of this desert father story has spilled over into the poem's lexicon, refusing all but the most limited linguistic choices. There is nothing left but grief and the word, and the phonetic recombination of *gore* and *slovo* even yields the poem's last word, *govorit*.

In fact, the lexical asceticism of "Legenda shestaia" has caused all manner of grief for its translators, who have felt called upon to replace at least some of the last three stanzas' pronouns with their presumed corresponding nouns. Indistinct pronouns follow the initial introduction of the *putnik* and *monakh starinnyi* (ancient monk), presumably referring to the same character, although the initial traveler could just as well be Everyman, just as the soul in the second to last stanza is *ch'ia-nibud' dusha*, somebody's soul, and the lines "i svoia / dusha zavidnei, chem chuzhaia" (and your own / soul is more enviable than another's) might apply to any traveler. Several translators have read the *ona* of line 13 as referring to the soul itself; however, the immediately preceding feminine noun is *t'ma*, or darkness.

The parable itself is hardly narratable. A long-suffering monk questions his journey, asking the heavens, "*komy podoben ia?*" (whom do I resemble?). The word choice, *podoben*, again recalls the lives of the saints, as does the liturgical repetition of linking conjunction *i*, but the question also has something of the fairy tale about it. Instead of the longed-for reply (you are like a saint; you imitate Christ; you are the fairest in the land), the answer comes as a visual confrontation with an angel-mirror. If the previous poem hinted at ekphrasis by describing what an imagined painter might begin to draw, "Legenda shestaia" depicts an icon in purest and most indescribable form: "zerkalo zhivoe, / krylatoe, storozhevoe" (a living mirror, / winged, guardian). The reader can hardly begin to see what has been revealed to the old ascetic; he too asks for words and receives a vision. Sedakova seems to be aching to escape language, to tell the untellable. Like the poet/artist of the previous poem, the ascetic sees mainly darkness in the mirror, but in it and through it, and thus already past the threshold of the looking glass; in a realm where breathing itself has vision, the dark-clad soul finally experiences the light of revelation.

The poem could easily end there: the first two six- and eight-line stanzas form a perfect sonnet. However, Sedakova continues with eight additional lines, unpacking the meaning, offering general exegesis in poetic form. Back on the mortal side of the living mirror, one can replace words only with more words, and it is only through this darkness, as with parables, that *ogon' ego gorit* and *govorit* (his fire burns and speaks).

It is hardly surprising that these mirror poems turn out to be entirely about vision. They tell of revelations that break past the borders of language although the poet must re-cloak these visions in darkness in order to produce the poem—something like the mortal flesh that covers the immortal soul. Sandler sees unexpected darkness in Sedakova's Christian worldview, but we might temper Sandler's observation by recalling that the poet described *Dikii shipovnik* as a response to Charles Baudelaire's

1857 *Fleurs du mal*. Sedakova purposefully tackles images of great beauty and darkness but inverts them, reading Baudelaire very much through a subsequent Russian poetic tradition. Alexander Blok and the Symbolist world-beyond-the-looking glass certainly lurk in the background here and in the collective unconscious of Russian-language readers, but I will turn instead to the densely philosophical mirrors of Sedakova's beloved Boris Pasternak, and of Brodsky.

Sedakova demands that her poetic project be considered outside of an immediate cultural context: we need only follow her suggested trajectory for contemporary Russian poetry to see what she means. In the first of the Stanford lectures, Sedakova draws her listeners' attention to the title of her course:

> "Russian poetry *after* J. Brodsky." I mean by that: after his appearance, as a result of his appearance. Brodsky—in sharp counter-distinction with Soviet literature—renewed thought about poetry. And especially in his verses: by introducing new rhythms, resurrecting complex versification, renewing the accustomed poetic lexicon. And also in analytic thought: by speaking about poetry and poets as the medium of Language (which takes on in Brodsky a hypostasized tangibility), suggesting anew that we *think* about verse, about writers, about history—which had not been done for so long in Soviet philology, but as had been done by the poets of the Silver age, whose essays are no less interesting for us than their verse ("Safe Conduct" by B. Pasternak, "Discussing Dante" by O. Mandelstam) <...> I think that for Brodsky's essays we owe gratitude to America.[15]

It hardly requires teasing out to find the religious echoes in Sedakova's essays or her possible sources of inspiration in Brodsky's own hypostasized language. Brodsky "appeared" before the Russian people, and through his appearance, Russian poetry was "resurrected." In the same paragraph Sedakova draws a continuous line (or perhaps an interrupted but carefully resumed line) of the legacies of poetic freedom and complexity of analytic thought through Brodsky and back to the Silver Age poets. We notice that she goes straight to Pasternak and Osip Mandelstam, and not to the Symbolists or Tsvetaeva. (Of Mandelstam, whose essays she also

15 Ol'ga Sedakova, *Poetica* (Moscow: Universitet Dmitriia Pozharskogo, 2010), 513.

invokes here, Sedakova has said in interview that it is as difficult to write poetry after Mandelstam as after the Holocaust.)[16]

In the same essay, it is clear that she is not speaking for the Silver Age poets alone when she writes:

> But there are poets who see the whole of this entire fabric, all this accumulated "tradition" of multiplying texts, to whom the paradox of the very existence of poetry in this world is clear. Poets who begin from the beginning. In other words: those who don't think about the "objects of art" but about the tools; about the making of these tools. <…> I would say that [such writers] think by means of poetry. Such authors are not necessarily "critics" and "theoreticians." In order to think by means of poetry, it is not necessary to write analytic or philosophical tracts about it. In the splendid formulation of B. Pasternak ("Safe Conduct"), "the best works in the world, while speaking about the most diverse things, in fact tell the story of their own birth." In fact, the most interesting and most important information that a work of art can contain is information about its own origin. I will allow myself to continue speaking for Pasternak: such works not only carry inside of themselves information about their own birth or their place of birth—they bring you to that beginning. And as that place of origin, usually called "inspiration," is magical (I use that word here in the direct sense, having in mind that which does not enter the order of "natural laws"). The ability to give that experience to the reader is what constituted the essential power of poetry, its non-discursive thought, its active meditation. I speak here of poetry, but this equally applies to music, and to the plastic arts: unlike Brodsky, I do not draw a fundamental distinction.[17]

It is the dense philosophy of poetry that links Sedakova with Brodsky and Pasternak, for Sedakova too is a scholar-poet who searches out the

16 As Sedakova puts it, "The most powerful influence of my youth was Mandelshtam. What could one write after that? It was not a matter of writing post-Auschwitz, as they say now, but of writing post-Mandelshtam, writing in the wake of that new intensity and beauty, all that he achieved in his late poems" (from the interview with Polukhina on the Sedakova website).

17 Sedakova, *Poetica*, 507.

roots of Slavic songs and rhythms, who follows Mikhail Gasparov in tracing the descent of metrical forms though Russian poetry, as in her essays on Pasternak's "Chudo" and on Brodsky's achievements in formal freedom.[18] She casts her own essays in this same light, following the earlier poets' model and very much in dialogue with the *proza poeta* (poet's prose) of the early twentieth century, as well as with Brodsky's English-language *Less than One* (1986) and *On Grief and Reason* (1994). Poets' essays form an integral part of Sedakova's desire to think by means of poetry, allowing the philosophical inquiry to be extended and approached from many angles. I trace Sedakova's reflection in the living mirrors of her beloved old masters: Sedakova's mirror-poems are possible only after and because of Brodsky, and cross through him to reach for Pasternak—for whom Sedakova, as the title of my essay suggests, has allowed herself to continue speaking.

HALL OF MIRRORS: REFLECTIONS OF BRODSKY AND PASTERNAK

We find a fascinating mirror-encounter in Brodsky's 1992 English-language travelogue *Watermark*.[19] The poet finds himself in a Venetian palazzo, facing ancient mirrors reluctant to return his reflection. Instead, the Venetian mirrors continue to project the past: it is as if, used to reflecting the opposite wall, an image recorded over long exposure, the mirrors are no longer capable of adjusting to change or reflecting what now moves before them. Stuck, vampiric, and ultimately dangerous, these mirrors function as symbols of the exile's perpetual backward glance. The added possibility of passing through or entering the world of the mirror represents a kind of border-crossing that the poet seems to fear and reject. He jokes that he is no novelist (certainly not the kind that would stoop to such a cheap fiction), but the dizziness and deep inviting blackness speaks to a different kind of challenge: a loss of identity, perhaps the threat of madness, perhaps even the temptation of suicide.

18 See Sedakova, "Iosif Brodskii: Volia k forme," ibid., 490–503.

19 Joseph Brodsky, *Watermark* (New York: Farrar, Straus and Giroux, 1992), 55.

In poetry, one of Brodsky's most famous mirror moments occurs at the end of the opening poem of "Chast' rechi":

> я взбиваю подушку мычащим «ты»
> за морями, которым конца и края,
> в темноте всем телом твои черты,
> как безумное зеркало повторяя.

The cycle "Chast' rechi" contains several such tormented mirrors. It consists of twenty untitled, mostly twelve-line poems, with only this first entry deviating to sixteen lines. Written in 1975–76, only three years after the poet's forced emigration, the series is preoccupied with the rupture of exile; as the title suggests, that agony is always reflected through language itself. The theme of madness also enters into this first poem of the group, invariably linked with mirrors, reflecting surfaces, and with poetic language.

I read Brodsky's mirrors as functioning in three basic ways. First, we see mirrors that fail to reflect, as in the vampiric mirrors of *Watermark* and the writhing poet's body in "Chast' rechi." (It seems not too far of a stretch to think of identity formation, or the failure to achieve and maintain identity, in somewhat Lacanian terms: the poet fails to recognize himself in the symbolic mirrors of language and verse.) Next, there are mirrors as thresholds into another world, borders and boundaries to the world through the looking glass.[20] In Brodsky, what is beyond the mirror inevitably turns out to be more of the same "Empire," more words. This mortal world is with us everywhere, in the inherent limitations of our language and hence of our consciousness. Inevitably, the reflecting mirror is ultimately revealed to be the poetic word itself: in Brodsky's poems, mirror-failures usually go hand in hand with exile, with the ever-increasing distance from not only a mythical or Edenic origin, but from the Russian language, his very medium for poetry and hence for thought itself.

Sedakova's mirrors draw as much, even more so, from Pasternak's Modernist miracles as from Brodsky's poetic word as the medium of thought. Much has been written about "Chudo," clearly a crucial source-text for many twentieth-century and contemporary poets. Sedakova herself

---

20 For example, in Brodsky's 1972 "Торс" the reader is invited to enter a mirror in the middle of the poem. On either side, however, "ty v Imperii, drug" (you're in the Empire, friend). See Svetlana Boym, "Joseph Brodsky's Room and a Half," in *The Future of Nostalgia* (New York: Basic Books, 2001), 297–302.

wrote an essay on the poem, "Chetyrekhstrofnyi amfibrakhii ili 'Chudo' Borisa Pasternaka v russkoi poetichnoi traditsii."[21] But I will turn here instead to a mirror-miracle of even more direct relevance to Sedakova's signature device, Pasternak's 1922 "Zerkalo." Like "Chudo," "Zerkalo" is written in amphibrachic tetrameter, a recognizable Pasternakian legacy.

As Jean Marie Schultz points out, two poems compete in Pasternak's "Zerkalo." An earlier version of the poem, published in 1920, consisted of only the first six stanzas of the ten-stanza poem that ultimately appeared in *Sestra moia—zhizn'* (1922). Without the last four stanzas, the poem is even more radically dehumanized: the original cut away much of what little subjectivity we see, including the second-person addressee of the penultimate stanza, and even the establishment of the familiar "i ne b'et stekla!" (but doesn't break the glass!) as refrain. Paradoxically, it was this earlier version of the poem that Pasternak titled "Ia sam." Schultz reads the poem as capturing and enacting a battle between the internal and external worlds suggested in the two titles, "Ia sam" and "Zerkalo."[22]

In the 1935 "Marginal Notes on the Prose of the Poet Pasternak," Roman Jakobson concluded that Pasternak's style was marked by the lack of a unifying theme or of a fully constituted hero, and was constructed instead around contiguous relationships as around many diverging threads:

> To define our problem: the absolute commitment of the poet to metonymy is known; what remains to be determined is the thematic structure of his poetry. The hero is as if concealed in a picture-puzzle, he is broken down into a series of constituent and subsidiary parts, he is replaced by a chain of objectivized situations and surrounding objects, both animate and inanimate.[23]

Other readers of Pasternak have followed suit in their interpretations. Schultz reads the lyric persona hidden behind the effaced title "Ia sam" as simultaneously there and absent. The four stanzas added to the first version of the poem "bring forward a lyrical self whose presence compels a re-interpretation of the text as a new poem that shifts from an impersonal

21 The essay is dated to 1994 and reappears in *Poetica*, 206–26. See also the illuminating reading by Sandler in "Pushkin among Contemporary Poets," 175–89.

22 Jean Marie Schultz, "Pasternak's 'Zerkalo,'" *Russian Literature* 13, no. 1 (1983): 95.

23 Schultz, "Pasternak's 'Zerkalo,'" 90–91; Roman Jakobson, "Marginal Notes on the Prose of the Poet Pasternak," in *Pasternak*, ed. Donald Davie and Angela Livingstone (London: Macmillan, 1970), 146.

representation of nature to the description of a personal and internalized scene."[24] The encounter with the mirror does not even begin to reveal the figure of the poet; or conversely, the poet is to be found not in the expected place, but everywhere else.

Equally striking, given the comparison to Brodsky's purely verbal mirror representations, is Pasternak's turn to the visual. The more common "Zerkalo" of the title contrasts with the oft-repeated second word of the poem, the grammatically indeclinable *triumo*, linked later with *stekla* (glass). All three draw attention to the materiality of this mirroring. The original six stanzas feature only the suggestions and remnants of human presence through objects abandoned by the missing actors: we see only the steaming cocoa, the forgotten glass, the book in the grass. All nature seems to pulse with life in the powerful mysterious wind, reclaiming the world from the human. The mortal witness to all this is only implied and presumed; what we actually see has been captured by the all-encompassing mirror, which alone has the power to capture, to contain—and to survive—forces beyond the human.

Furthermore, as critics have pointed out, this mirror is clearly a photograph. The presence of chemicals like collodium and saltpeter draw us into the materiality and technical means of working with the photographic medium. In so many respects, the photograph is temptingly superior to the eye. If human subjectivity is fragmented, fleeting, incapable of beholding and piecing together the mystery—just as Pasternak's lyric persona has been shattered, mesmerized, hypnotized, drugged by the medicinal scent, and broken apart, so unlike the glass—then a camera must capture the miracle.

Pasternak's interest in photography is well known. The poems of *Sestra moia—zhizn'* positively brim with snapshots, portraits, lighting sources, fixing solution—and here, an animated landscape.[25] Poems such as "Zerkalo" attempt to mimic and appropriate for poetry the more-than-human potential of the camera eye. After all, Pasternak was a contemporary of Dziga Vertov, creator of the camera-eye of Kino-glaz and the 1920s avant-garde film masterpieces *One-Sixth of the Earth* (1926), *The Eleventh Year* (1928), and *Man with a Movie Camera* (1929). Like the camera-eye, the poetry-photograph

24 Schultz, "Pasternak's 'Zerkalo,'" 91.

25 See Molly Thomasy Blasing, "Writing with Light: Photo-Poetic Encounters in Tsvetaeva, Pasternak, and Brodsky" (PhD diss., University of Wisconsin-Madison, 2014). The Pasternak family archive contains a wealth of material relevant to this topic; see also Victor Erlich, ed., *Pasternak: A Collection of Critical Essays* (Englewood Cliffs, NJ: Prentice-Hall, 1978).

can see more than the pitiful human organ: it captures details and penetrates into places and times unavailable to mortal eyes. However, Pasternak experiences the photograph as a veritable, and not only technological miracle. Instant illumination promises to capture an entire pulsating and infinitely complex natural world, hinting at the perfect instant transfer of information. This poem seems almost to generate film: we might think not only of Vertov, but also of Andrei Tarkovskii’s 1975 *Zerkalo.* In Tarkovskii’s most memorable scene, an inexplicable gust of wind sweeps rhythmically across the fields. To the viewers, if not the heroes, the presence of the divinity is palpable.

SEDAKOVA’S SYNTHESIS

Кот, бабочка, свеча

Chat séraphique, chat étrange
Ch. Baudelaire

I

Из подозренья, бормотанья,
из замиранья на лету
я слабое повествованье
зажгу, как свечку на свету:
пусть дух, вернувшийся из чащи,
полуглядящий, полуспящий,
свернется на ковре, как кот:
кот серафический, молчащий—
и малахит его редчайший
по мне событья узнаёт.
<…>

III

И мы пойдем, как заклинанье,
в кошачье зрение, в нигде,
в тень, отразившую сиянье,
в сиянье тени на воде:
душа венчает поколенья,

как сон, враждебный пробужденью,
венчает бодрствующий день,—
и зеркальце летит над нами,
держа в волшебной амальгаме
лица невиданного тень.

IV

Как если бабочка ночная
влетит—и время повернет,
и, что-то отражать скучая,
то вычеркнет, то отчеркнет—
вас не тянуло обернуться,
расплескивая жизнь из блюдца,
туда, где всё произошло?
где облика немая сцена
неповторимо неизменно
глядит в Нарциссово стекло.
<…>

VIII

И ты сияешь за пределом
той темноты, где я живу,
чтоб темнота похорошела
и сон увидел наяву
сиянье трезвое, густое,
сиянье бденья золотое
и помнящее про него—
как будто вся душа припала
к земле, с которой исчезало
любимейшее существо[26].

I will move quickly through this last poem, "Kot, babochka, svecha" (1976–78), zooming in on only a few stanzas to highlight the form and

26 See Richard McKane's elegant translation on Sedakova's website, www.olgasedakova.com, under "Cat, Butterfly, Candle."

mirror imagery before moving back out to grasp the grander synthesis that Sedakova attempts. Here Sedakova includes all of the major influences traced above and then some: we have a butterfly poem à la Brodsky, the *chat seraphique* of Baudelaire's *Fleurs du mal*, and the disturbing enchanted forces of nature and the poet's soul visible though Pasternak's photographic looking glass.

Sedakova's poem opens with recognizably Pasternakian amphibrachs. We begin with what could be a domestic scene—cat and candle—and follow the enigmatic feline gaze into the realm of distant myths. Sedakova's poem resembles Brodsky more than Pasternak as it soars into the historical, from dreams of the Argo and classical antiquity to the shadow over the water and the biblical apparitions typical of the *Dikii shipovnik* collection. All three eponymous objects link metonymically to the *zerkal'tse* (little mirror) that appears in stanza three. This dream is the cat's vision or a hallucination provoked by the cat's gaze, illuminated initially by candlelight and then by the reflection across the water. The flying *zerkal'tse* is another angel-mirror reflecting the greater divinity, just as a candle in Sedakova is always part of the much larger Light. Here the poet has promised only a weak narrative, and in truth this poem is more a collection of fragmented images than a parable. This mosaic of imagery, just like the metric form, seems pieced together out of other poems.

From the title, and from the odd opening lines of stanza four ("Kak esli babochka nochnaia / vletit—i vremia povernet [What if a moth / flies in—and turns time round]"), we must recognize in the little flying mirror the butterfly of Brodsky's best-known metaphysical poem, the 1972 "Babochka." In "Exile as Pupation: Nabokov and Brodsky," David Bethea uses Vladimir Nabokov as foil to Brodsky's poetry of exile. Both Nabokov and Brodsky "recognize the butterfly as an image for art in an exilic world where meaning is never self-evident."[27] However, Bethea casts Brodsky as a quintessential Romantic ironist, an Ivan Karamazov questioning the justice of God's universe. The divinity is absent; for Brodsky, the abandoned world is composed entirely of language. His precision, so unlike the visual detailing of the entomologist Nabokov, is purely verbal: Brodsky's poem "has to do with inherent *poetic* qualities, with the elaborate stanza form and metrical scheme, themselves as delicate and carefully wrought as

27 David Bethea, *Joseph Brodsky and the Creation of Exile* (Princeton, NJ: Princeton University Press, 1994), 250.

the butterfly wing they mimic."[28] Likewise, Brodsky's butterfly is dead, an abstraction, "an embodiment of time, or more precisely, of the integers (days) by which we count and delimit time."[29] The link between the wonder inspired by the tiny insect and Brodsky's own verse is tenuous, unexpected even to the poet himself. As Bethea puts it, "Brodsky cannot *see* God's plan when he looks at the colors and patterns in the butterfly's wing, yet he can *feel* something analogous when his own poetic line, not knowing in advance what will come next, responds to the movement of his hand, which in turn pulsates with the unbidden gift of *nemaia rech'*. The poem is his butterfly, his attempt to impress a design on the blank page of reality."[30]

In contrast to Brodsky and much more like Pasternak, Sedakova *sees*. In "Kot, babochka, svecha," we glimpse her response to Brodsky's metaphysical musings on the butterfly, yet tellingly, she eschews Brodsky's technical virtuosity for the greater simplicity of Pasternak's early poems. Sedakova's butterfly also longs to reflect something, "chto-to otrazhat' skuchaia." Here too we see a fundamental anxiety about the power of the poem to reflect (thus echoing Brodsky's favorite theme), but paradoxically this infinite longing combines with a faith in the possibility of Pasternak's miracle. Sedakova closes the poem with the line, "i ty siiaesh' za predelom" (and you shine beyond the limit).

The visual turn is thus more than just another device in Sedakova's work: if Brodsky remains exquisitely aware of the inadequacies of his medium, Sedakova believes in the possibility of immediacy and instantaneous transmission of thought—albeit *elsewhere*. For Sedakova, ultimately a larger truth or concept (faith) must be communicated and communicable, and it transcends any individual artistic medium. Sedakova's mirror thus serves as her only means of suggesting the immediate communication experienced by her holy men and women. On closer inspection, these poems all turn out to be about the undying dream of perfect communion, despite the original sin committed by culture. The mirror serves as miracle-working device, a living icon; the sacred image finds its imperfect counterpart in the poetic text. In the later poem "Litsiniiu" (1979–83), Sedakova even alludes directly to her early poem. However, when it appears as a poem-within-a-poem, "Kot,

28 Ibid., 242.
29 Ibid., 244.
30 Ibid., 249.

babochka, svecha" has been fully transformed into a picture: "Staryi obraz babochki i svechi prinesu ia iz triuma: / nuzhno mne pogliadet' sil'noi smerti kryl'ia i korni (From below the deck I will bring forth an old picture of a butterfly and a candle: / I need to examine the wings and roots of powerful death)."[31] The word "obraz" illuminates the entire project: Sedakova sees herself as an icon painter—a mortal, but seeking to create the sacred.

Perhaps another way of understanding the ambition and dimensions of Sedakova's oeuvre as a whole is to view the project as canon re-formation, in a sense, as the direct counterpart to the Conceptualist challenges and deconstructions of the 1970s and 1980s. Sedakova gathers back together the pieces of a giant broken mirror. I alluded earlier to the fairy tale of the Snow Queen and the twisted Satanic mirror that long ago distorted human perception. We see it directly in Sedakova's "Strannoe puteshestvie" (1979–83): "—Tak, kak dusha tvoia noet i zrenie khochet razbit'— / zerkalo zloe, krivoe, uchivshee vas ne-liubit' (As your soul aches and your vision wants to smash / the evil, crooked mirror that has taught you not to love)." In "Vstrecha," we see the same story in more muted form. The poet conjures a reflection in the wine of a cup broken long ago: "Sobrem nashu chashku, razbituiu vdrebezgi s goria, / i v vine ee vse otrazimsia (We'll reassemble the glass broken in fragments through grief / and in its wine we'll all be reflected).[32] In these poems, the fragmented mirror is cultural original sin, the babel of languages, the rupture in the unity of the poetic fabric. In her poems as in her poetic and scholarly essays, Sedakova painstakingly gathers together the fragments and attempts to reassemble the long Russian poetic twentieth century into one seamless whole.[33]

I have attempted readings of several of Sedakova's signature poems and of her most self-conscious poetic device. The mirror leads backwards in time, showing how Sedakova seeks to combine the achievements of Brodsky, which she views as a partial resumption of the Modernist project, with the technological and metaphysical insights of Pasternak. She aims to work through, to repeat, and to continue the dialogue of their dense poetic philosophy—reflected in her own (new, post-Soviet) faith. The difficult work of re-forming the shattered Russian poetic canon is

31 From the cycle *Vorota, okna, arki* (1979–83).

32 Ibid.

33 For a similar turn of thought in the Anglo-American poetic tradition, see Marjorie Perloff, *21st-Century Modernism: The "New" Poetics* (Malden, MA: Blackwell, 2002).

for Sedakova a serious religious project. Sedakova's own re-presentation of her body of work, in the recently published volumes of the collected works, in the Stanford lectures, and through her website and online presence, calls for such rereading. Via familiar paradox, the emerging narrative leads away from language to a yearning for the more direct modes of communication seemingly available to other media. Sedakova looks beyond the poetic word to the miracle-working icon that communicates instantly, that reveals without words or logic—without the temporality required for narrative or the verbal logic required even of lyric poetry. This interplay of word and image, and the turn to visual media for metaphors of more perfect communication is hardly new: as I have suggested, Pasternak similarly looked to photography, and his poems give birth to moving images.

I would like to close by suggesting that Sedakova, despite all expectations and for all the timeless quality of much of her verse, is still a poet of the digital age. Might we consider Sedakova's icons in another light? Digital performance hardly enters her subject matter and form overtly; however, something like a digital mode of thinking nevertheless seeps in.[34] Recent presentations of her work speak to this strange coexistence of the timeless and the timely: on the one hand, we are presented with a classically published collection in blue-cloth tomes, and on the other, the digital and visually organized collection of her website. Is it an accident that Sedakova's is one of the more impressive and tightly controlled contemporary Russian poet's websites (*sait poeta*)? Even the simultaneous presentation of her poetry in all of the different languages that she learned for the love of Charles Baudelaire, Rainer Maria Rilke, and Dante Alighieri—all easily accessible and comprehensible regardless of the reader's initial selected language—hint at an oddly literal faith that Babel can be undone.

34 See Jay David Bolter and Richard Grusin, *Remediation: Understanding New Media* (Cambridge, MA: MIT Press, 2000), 50.

РЕЖИССЕР КАК ЗВЕЗДА

Сергей Эйзенштейн в портретах и автопортретах

OKSANA BULGAKOWA
(Mainz)

Что может быть увлекательнее совершенно бесстыжего нарциссизма, ибо что есть эти страницы как не бесчисленный набор зеркал, в которые можно смотреться и в ответ будешь глядеть сам, при этом любого и самого разнообразного возраста.

Эйзенштейн, *«Мемуары»*[1]

Эйзенштейновская биография — почти готовая метафора судьбы художника двадцатого века между всеми возможными выборами и искушениями, идеальный материал для традиционного воспитательного романа или академической или психоаналитической биографии (буржуазный родительский дом, война, революция, советское левое искусство, европейская богема, Голливуд, бегство в архаическую культуру Мексики, возвращение в сталинскую Россию). Неудивительно, что в последние двадцать лет несколько режиссеров пытались превратить жизнь Эйзенштейна в жанровый фильм и раскрыть в его фигуре патетическое, трагическое и гротескное измерение, как это пытался сделать в форме сознательно

---

1 С.М. Эйзенштейн, *Мемуары в 2 томах*, Сост. и коммент. Н.И. Клеймана (М.: Редакция газеты «Труд», Музей кино, 1997), 1: 272.

наивного биопика канадский режиссер Ренни Бартлет («Eisenstein», 2000). Правда чаще Эйзенштейн становился фигурой мелодрамы — в стиле кемпа («Возвращение Броненосца» Геннадия Полоки, 1996), в стиле ретро-Queer («Loin de Sunset» Игоря Минаева, 2008) или в попсовом варианте стареющего Питера Гринуэя («Eisenstein in Guanajuato», 2015). Если советский режиссер Полока превратил в сюжет развенчание эйзенштейновской тоталитарной эстетики[2], его западные коллеги сделали упор на нетрадиционной сексуальной ориентации героя. Эксцентрический актер Симон МасБерни в фильме Бартлета построил фигуру Эйзенштейна на конфликте между восхищением прекрасным торсом своего ассистента Гриши и ненавистью к собственному уродливому телу и неподвластными ему желаниями этого тела. Гринуэй обещал открыть экстатическое озарение Эйзенштейна после дефлорации, но лишь его камера закружилась вокруг постели на шахматной доске. Визуального взрыва не последовало, слезы в глазах экранного Эйзенштейна, возвращающего своего соблазнительного любовника жене и детям под душераздирающую музыку напомнили скорее стилизацию (или неуверенную пародию) мелодрам Дугласа Сирка, чем радикальную и брутальную эстетику Гринуэя 80-х годов.

Сам Эйзенштейн обращался с этой темой гораздо более изощренно, и его интеллектуальный маскарад далек от простых решений и Бартлета и Минаева и Гринуэя. В серии своих поздних рисунков, которая сложными путями попала в собрание западноевропейских гравюр и частных коллекций Эрмитажа, он изобразил роскошных матросов, продающих свои тела неуклюжему и полноватому мужчине, напоминающему Эйзенштейна. Подписаны эти рисунки чужим именем — Dr. Laupts. Под этим псевдонимом

2 Начальник биржи труда должен найти для съемок расстрела на Одесской лестнице по заданию режиссера непрофессиональных актеров, типажей. Но он дает роль матери убитого ребенка бедной безработной актрисе, в которую влюблен и которую вынужден потом уволить, следуя эстетической программе постановщика. Эйзенштейн появляется в этом фильме как фигура на дальнем плане, управляющая массами, и он не подозревает о том, какие драмы его теория о замене фиктивного и игрового подлинным и неигровым развязывает в (кино-)реальности и как теория разрушает жизнь его анонимных статистов. Полока возвращает этим статистам фиктивную индивидуализацию и делает их жертвами эйнштейновской тотальной воли (и тоталитарной эстетики) и — героями слезливой любовной мелодрамы.

военный врач Жорж Сен-Поль (1870–1937), занимавшийся исследованием сексуальных отклонений, напечатал в 1896 исповедь анонимного итальянского гомосексуалиста. Книга вышла под название «Le Roman d'un inverti» с предисловием Эмиля Золя. Эксплицитные пассажи были опубликованы по латыни, чтобы не смущать читающих дам. Эйнштейновская серия может быть прочитана как поздний элегический комментарий к кинотелам его молодых матросов, снятых им в «Потемкине» с нежностью Жана Жене и восхищением позднего Фассбиндера.

Мексиканский искусствовед и куратор Оливье Дебруа следовал иной стратегии в своем опусе об Эйзенштейне и пригласил своих друзей, известных художников и интеллектуалов, принять в нем участие. «A Banquet at Tetlapayac» (2001) реконструирует один вечер — вечерю? — во время съемок «Que viva Mexico!» и использует мотивы из новеллы Катерины Энн Портер «Гасиенда», в которой писательница иронически рисует драматические перипетии в эйзенштейновской группе. Одного актера укусила змея; голова другого серьезно пострадала во время съемок казни; третий застрелил свою сестру из пистолета оператора. Менеджер группы интригует против капризного режиссера-диктатора, считая его высокомерным сексуальным извращенцем. Эти латентные и открытые конфликты обсуждаются во время ужина в кругу антропологов, эстетов, троцкистов и гомосексуалистов, советников Эйзенштейна на мексиканском фильме. Декоративный киноязык Дебруа ломает дикцию документально снятой дискуссии рафинированными ракурсами и экстремальными крупными планами. Его не-актеры пришли на съемки в своей современной одежде, они не играют исторических фигур, они говорят своим языком и обсуждают то, что до сих пор актуально в их среде: как соотносятся представления космополитической авангардистской элиты, узурпировавшей архаические практики, с реальной народной — архаической — культурой? Что делать с выразительными стереотипами, который предложил иностранец (русский режиссер), создавший декоративные клише национального кино-канона, перенятые мексиканцами как готовый стандарт самовыражения? Одной из тем их дискуссии становится телесность и сексуальность, которая мифологизируется, чтобы стать базисом искусства. Фильм работает с отсылками, понятными только инсайдерам, которые и составили немногочисленную публику этого почти неизвестного фильма.

Все эти картины в разных жанрах уделяли подчеркнутое внимание телу режиссера и его сексуальности (не насилию, которое Эйзенштейн считал для своего искусства более значительной темой), но не приблизились к тому пониманию телесности, которое было важно для Эйзенштейна не в плане биографическом, но эпистемологическом. Теория и познание в его представлении были определены телесно; гений понят как человек, чувствующий диалектическое развитие космоса, потому что в биологической природе своей он бисексуален. Это физиологическая предпосылка всех «creative dialectics», замечал Эйзенштейн в мексиканском дневнике[3] и вклеил туда копию письма Магнусу Хиршфельду, датированную 23 мая 1931 г., спрашивая пионера сексологии, открывшего на свои средства Институт сексуальных наук с богатым архивом, о доказательствах бисексуальности Гегеля[4].

ТЕЛО РЕЖИССЕРА

Интерес к телу режиссера довольно необычен. Он невидимка по ту сторону камеры, выделить его в массе толпящихся на площадке людей подчас непросто. Даже близость к камере не гарантирует точности, потому что там стоит — сидит, лежит — оператор. В начале века с фигурой режиссера не был связан обычный автобиографический маскарад само-инсценировки (символистов, футуристов, имажинистов и реалистов, как рабочие сапоги молодого Горького). Ценность режиссера как автономного художника не стала еще общим местом. Теория авторского кино — поздняя теория 50-х годов, что до сих пор поддерживается финансово и юридически: тантьемы получают лишь представители двух старых творческих профессий, композитор и сценарист.

Эйзенштейн был, однако, особым случаем. В июне 1926 г. он потребовал признания за ним авторства «Броненосца Потемкина»,

---

3 РГАЛИ, ф. 1923, оп. 2, ед. хр. 1138, л. 139.

4 Письмо опубликовано в кн.: Oksana Bulgakowa, *Eisenstein und Deutschland* (Berlin: Henschel, 1998), 96–97. См. также: Оксана Булгакова, *Судьба броненосца: Биография Сергея Эйзенштейна*, пер. с англ. А. Скидана под ред. Я. Левченко (СПб.: Изд-во Европейского ун-та в Санкт-Петербурге, 2017).

что принесло ему один процент от сборов фильма по всему миру. Специальная комиссия «Совкино» рассмотрела его заявление и решила, что в принципе ни режиссеры, ни кинооператоры не обладают юридическими правами на авторство, но поскольку монтажный лист Эйзенштейна можно считать литературным источником «Потемкина», режиссер может быть официально признан автором картины. Молодой 27-летний гений, с хорошим буржуазным образованием, радовавший журналистов остротами на английском, французском и немецком, стал объектом любопытства знатных иностранцев в Москве и прессы в Европе и Америке. Он был лучшим промоутером своих фильмов. Встречи и фото с celebrities (Фэрбенксом или Корбюзье в Москве, Бэнкрофтом и Яннигсом в Бабельсберге), премьеры фильмов в Берлине и Москве сделали из фигуры режиссера Эйзенштейна видимую персону.

Премьера «Потемкина» 18 января 1926 г. в кинотеатрах «Метрополь» и «Художественный» стала спектаклем. Оба здания украсили так, чтобы они напоминали броненосец, а кассиров, билетеров и киномехаников одели под моряков. «Потемкин» состязался с «Робин Гудом», то есть с Дугласом Фэрбенксом, звездой фильма. Киногазеты публиковали цифры посещаемости как дуэль между СССР и США. За первую неделю в «Метрополе» «Потемкин» собрал аудиторию в 29 458 зрителей, а «Робин Гуд» привлек только 21 282. В «Художественном» на «Потемкина» сходило 39 405 человек, и только 33 960 купили билеты на «Робин Гуда». Александр Родченко и Антон Лавинский сделали шесть плакатов, и к выходу фильма приурочили выпуск двух книг. В одной были напечатаны сценарий и отчеты Тиссэ о рискованных методах съемки. Вторая книга называлась «Эйзенштейн» и вышла в серии о звездах кино с текстом Виктора Шкловского.

За границей Эйзенштейн дал огромное количество интервью, выступал на радио, читал лекции и встречался со всеми необходимыми знаменитостями. В Париже его опекал Жан Пенлеве, сын тогдашнего премьер-министра, в Берлине Дмитрий Марьянов, женатый на дочери Альберта Эйнштейна, который содержал нечто вроде красного салона. Стефан Цвейг пообещал Эйзенштейну познакомить его с Фрейдом, как он уже сделал это для Дали. Эйзенштейн завтракал с Пиранделло, пил чай у Асты Нильсен и обедал у американского миллиардера Отто Кана. Его календарь был забит встречами с Маринетти, Кокто, Джойсом, Шоу. Он позировал со знаменитой кинозвездой — собакой Рин Тин Тин (эффектное фото для прессы) — и шутил, что проверяет на ней рефлексы Павлова. Когда студия Парамаунт начала рекламную кампанию в его защиту, Эйзенштейна фотографировали с Марлен Дитрих, символическим добавочным капиталом.

Между 1924 и 1933 гг. Эйзенштейн был моделью фотографов самых разных направлений. Родченко, Дебабов, Ман Рей, Андре Кертеш, Жермена Круль, оператор Луиса Бунюэля Эли Лотар, Маргарет Бурк-Уайт придали его телу статус звезды — и дома и заграницей. Его писали Жан Шарло, Давид Бурлюк, Мартирос Сарьян, Петр Вильямс. Но лишь две работы выделяются на фоне живописных традиционных портретов. Кики, знаменитая модель художников Монпарнаса, любовница Ман Рея, изобразила Эйзенштейна в стиле наивной живописи. Ее портрет был опубликован 20 декабря 1930 г. в журнале «Pour Vous». Эйзенштейн наделен чувственным ртом Григория Александрова, а на заднем плане синего горизонта виден кораблик, каким его рисуют дети. Кики подарила Эйзенштейну экземпляр своих мемуаров с двусмысленной надписью: «Я тоже люблю большие корабли и моряков» («Car moi aussi j'aime les gros bateaux et les matelots»)[5]. Мексиканский художник Роберто Монтенегро изобразил Эйзенштейна на фреске «Новый свет» как испанского конкистадора в латах XVI века, завоевателя мира — с вьющейся между пальцем кинопленкой, инструментом его завоевания.

Обычно режиссера помещают на фотографиях в окружении определенных аксессуаров — камера, пленка, монтажный стол, мегафон, облегчая зрителю узнавание, совсем в смысле иконографических деталей Эрвина Панофского. Предмет в руках определяет, что изображено — меч в руках дамы означает, что перед нами добродетель, крылья вокруг лодыжек пухлого младенца, что это Амур. Лишь позже фотографы пытались через стилистику (освещения или композиции) дать синефилам понять, с кем они имеют дело (как на известных фотопортретах Альфреда Хичкока или Орсона Уэллса).

---

5 Эйзенштейн, *Мемуары*, 1: 203.

Эйзенштейн был инсценирован в обоих жанрах — и как фигура с атрибутом и как воплощение своего стиля. Родченко посадил его на пустую Одесскую лестницу. Дмитрий Дебабов снял его у мувиолы и дал в руки пленку (это фото особенно часто повторяли на обложках книг об отце русского монтажа, но так снимали и Пудовкина, и Капру, и Годара). Круль и Лотар использовали экспрессионистский свет, моделируя тело и лицо режиссера. Ганс Рихтер и Ман Рей

Ил. 1

пробовали представить Эйзенштейна как авангардиста при помощи модернистского задника с геометрическими формами. Андре Кертеш придал образу Эйзенштейна декоративную таинственность, усадив его в твидовом костюме на полу рядом с длинным свитком абстрактных рисунков. Авангардный художник предстал как нечто нерасшифровываемое, но декоративное и укрощенное существо, орнаментальный иероглиф (ил. 1). Но в середине 20-х годов эти виды портрета устарели. Фотоколлажи заменили телесность и ее инсценировки. Эль Лисицкий вставил на своем автопортрете 1924 года в глаз циркуль и перекрыл лицо рукой. Его сотрудник Сергей Сенкин вмонтировал в свое лицо вместо глаза лупу. Михаил Кауфман, человек с киноаппаратом, заменил свое несовершенное око кинообъективом. В 1924 г. берлинский художник Умбо представил Эгона Эрвина Киша, «неистового репортера» на « ярмарке сенсаций» как киборга: вместо глаз фотоаппарат, вместо ног колеса. (Братья Стенберги переняли этот коллаж как готовую заготовку в свой плакат для фильма «Берлин. Симфония большого города» без указания источника.) Дмитрий Дебабов повторил этот жест в эйнштейновском потрете и тоже заменил глаз режиссера камерой.

Фотографии в американских газетах отказались от подобных изощрений. Они являли взору хорошо одетого, современного делового человека: темный костюм, сорочка со свободным воротничком, полосатый галстук, неизменный платок в нагрудном кармане. Матери Эйзенштейн писал в это время:

> Да, чтобы Ты не беспокоилась об моей экипировке: гардероб мой — 1 смокинг; 1 черный костюм (брюки в желтую полоску — afternoon dress; 1 темно-синий костюм (к нему две пары светло-бежевых брюк — NB. белых не носят); 1 светло-серый; 1 светло-коричневый; 1 потемнее; пары светло-желтых ботинок; 1 темных; 1 черных; 1 лаковых к смок[ингу]; 1 пальто (типа очень светлых и шелковых Teddy-Bear — самое модное, что носят); 1 пальто дорожное (gabardine) —оба куплены в «Old England» на Boul[evard] des Italiens; 1 пальто деми-сезон. Это все из авансов Парамоунта. Кажется, будет возможность и тебе кое-что выслать[6].

---

6 Владимир Забродин, *Эйзенштейн: кино, власть, женщины* (М.: НЛО, 2013), 241.

ПЛАТЯНОЙ ШКАФ РЕЖИССЕРА

Поскольку начал свой путь в искусство Эйзенштейн как художник по костюмам, любопытно заглянуть в его платяной шкаф. На детских фотографиях Эйзенштейн выглядит как маленький лорд: кружевной воротник, бархатный пиджак, матроска. Поздние эдипальные описания отца целятся на эту комильфотность: Михаил Осипович Эйзенштейн ездил каждую весну в Париж покупать новые шелковые галстуки и лаковые ботинки.

> Папá — сам lion de plâtre. Тщеславный, мелкий, непомерно толстый, трудолюбивый, несчастный, разорившийся, но не покидавший белых перчаток (в будни!) и идеального крахмала воротничков. Папá — о сорока парах лаковых ботинок, с каталогом-списком, где поименованы приметы: «с царапиной» etc. С курьером Озолсом в мундире, подававшем по списку желанную пару из подобия многоярусного крольчатника, подвешенного в коридоре[7].

Хорошо одетые мужчины в фильмах Сергея Михайловича всегда показаны иронично.

В 20-е годы Эйзенштейн донашивал перелицованный гардероб отца, присланный из Берлина, либо ходил в рубашке, сшитой из шерстяных одеял. Его оператор Эдуард Тиссэ всегда носил клетчатый костюм, сорочку с накрахмаленным воротничком и начищенные желтые туфли. Под его влиянием Эйзенштейн сменил свою шерстяную рубаху на клетчатый пиджак. Для поездки за границу в 1929 г. Эйзенштейн, Александров и Тиссэ облачились в одинаковые синие костюмы, сшитые специально для этой цели. Так что письмо матери со списком купленной в «Old England» на бульваре Итальянцев одежды, там, где запасался галстуками его отец, необычно. Однако вернувшись домой, Эйзенштейн предпочитал днем ходить в пижаме, следуя некой установившей моде. Станиславский, поехавший в конце 20-х годов в Кисловодск, замечал, что все «хамы» ходят здесь в пижамах, и эту моду переняли и «наши», то есть Качалов. В 30-е годы Сергей Эйзенштейн ходит днем в пижаме, и его английская знакомая

7 Эйзенштейн, *Мемуары*, 1: 93.

Ил. 2

Мэри Сетон в ужасе от этой привычки. Чтобы как-то эстетизировать его облик, она дарит ему две одноцветные шелковые пижамы, алую и голубую, но на фотографиях он всегда в полосатой (ил. 2). В такой пижаме фотографируется в 1941 г. за пишущей машинкой писатель Николай Тихонов.

ЖЕСТ

Техники этих живописных и фотографических портретов были для самого Эйзенштейна малоубедительны. В работах других его восхищало умение схватить жест и передать характер одной линией, как это умел американский карикатурист Уильям Стейг, рисунки которого из книги «About people» (1939) Эйзенштейн перерисовывал — негодующий, жеманный, застенчивый, гордый (ил. 3). Фотографы работают со светом, Эйзенштейн инсценирует жест. Поэтому он считал, что Лисицкому автопортрет удался: Глаз это рука, инструмент. Он увидел этот коллаж на обложке книги «Foto-Auge» Франца Роу

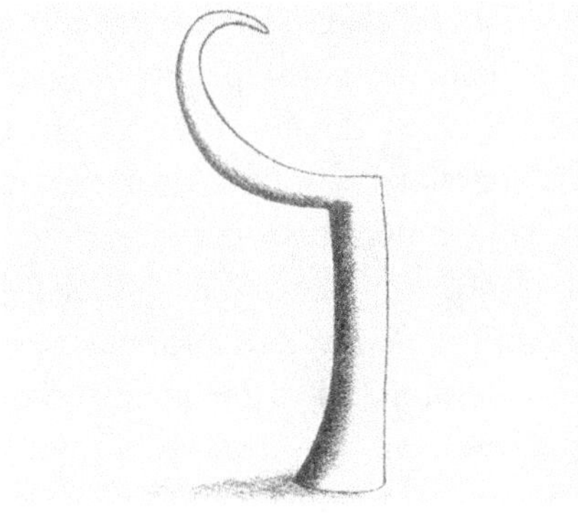

Ил. 3

в 1929 г. и тут же обнаружил предков авангардиста в архаической практике: жест Лисицкого с заменой лица рукой точно воспроизводил маску индейцев аноноко (ил. 4)[8]. Мысль о том, что глаз повторяет движение руки или обход тела вокруг объекта изображения, Эйзенштейн развивает в главе о Диснее. Движение, жест и портрет в этом смысле неразделимы[9].

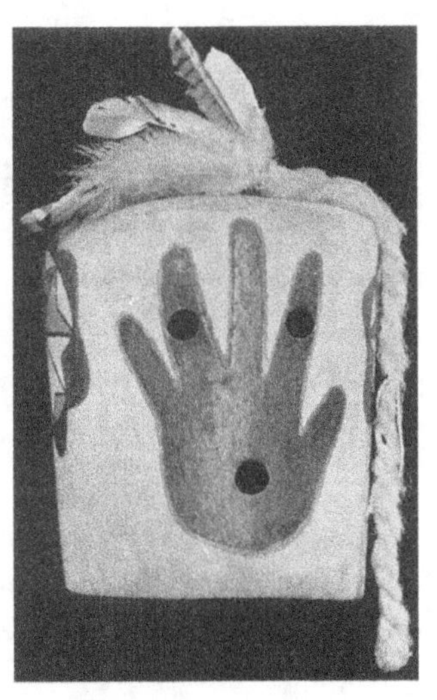

Ил. 4

Иногда он пытался помочь фотографам, инсценируя свои позы, либо окружая себя предметами, которым он своими фильмами помог наполниться новым смыслом — броненосец, лестница, трон. На одном из портретов профиль режиссера сливается с мачтами корабля. Он снимается на царском троне в Зимнем дворце, повторяя последний кадр своего «Октября» (1927) (ил. 5) или позирует как Дон Кихот на съемках пародийного фильма о борьбе независимых кинематографистов против коммерческого кино и кинокамера становится его Росинантом. Маргарет Бурк-Уайт сфотографировала его на крыше своего ателье в Крайслер-билдинг, только что достроенного, при этом Эйзенштейна бреет молодой человек, очень похожий на Бунюэля (но это не Бунюэль)[10]. Он забирается под юбку

8 Kenneth Macgowan, Herman Rosse, *Masks and Demons* (New York: Harcourt, Brace & Co, 1923), 90; Sergej Eisenstein, *Метод / Die Methode*, hrsg. von Oksana Bulgakowa (Berlin: PotemkinPress, 2009), 4: 56–57.

9 Там же, 809–810.

10 Позже — уже в Москве, она подарила ему книгу своих фоторепортажей о России с посвящением: «To Sergei Eisenstein, the only man to be shaved in my studio, 800

молодой мексиканки или усаживается перед Мигелем Альваресом Браво в кресло как мексиканский мачо, однако фотографу удалось уловить неуверенность в уверенной позе (ил. 6). В двойном портрете — Эйзенштейн и Брехта — Сергей Третьяков поправляет жест, объединяющих двух антагонистов в нежное и близкое объятие.

Эйзенштейн комментирует лишь одно фото на обложке американского издания его статей «The Film Sense» («Киносмысл»), подготовленного его студентом Джеем Лейдой. Книгу Эйзенштейн получил через шесть месяцев после выхода, но ровно в день рождения: «27.1.43. В день памяти самого печального события моей жизни — в день моего рождения пришла наконец моя книга *Film Sense*, изданная Harcourt & Brace New York под смотрениеми радением Jay'я Leyd'ы. Кажется, первый р[а]з в жизни по поводу моей первой книги абсолютно доволен тем, как она вышла. Лучше не придумаешь. Джейка абсолютный молодчина. Даже супер-обложка такая, какую мне хотелось: абсолютно бульварная, желтая с черным, как обложка детективного романа. На ней мой лик с абсолютно непристойным взглядом и улыбкой Джоконды»[11]. Фото это было сделано Лейдой в 1935 г.

Ил. 5

На официальных фотографиях 40-х годов стареющий Эйзенштейн опять стал элегантным ребенком из благополучного дома — хорошо пошитые костюмы (чаще всего Яковом Райзманом, отцом режиссера Юлия Райзмана), галстук, орден и шляпа от «Стетсона». Разве что его волосы по-прежнему не

feet above the sidewalk — the highest shave to be received by any living». Крайслер был в течение 11 месяцев 1930/31 гг. самым высоким зданием в мире.

11 РГАЛИ, ф. 1923, оп. 2, ед. хр. 1169, л. 9.

Ил. 6

поддавались приручению, несмотря на лысину. Дома его частное — грузное — тело было упрятано в пижаму. Времена, когда его портреты ставились как портреты звезды, прошли. Но даже это отяжелевшее тело становилось в движении эксцентричным, о чем свидетельствуют его жесты на заснятой на пленку речи 18 февраля 1940 г. для радио.

ГЛАГОЛЬНЫЕ АВТОПОРТРЕТЫ

Эйзенштейн пристально анализирует техники автопотрета в литературе и живописи. В конце 30-х годов он интенсивно читает автобиографии (Стендаля, Немировича-Данченко, Станиславского), биографии (Стендаля, Нерваля, Дюма-отца, Толстого, Кэрролла) и биографические романы Цвейга и Эмиля Людвига. Идеальным автопортретом он считает не нарциссические изображения Андреа дель Сарто, который всегда вписывал себя в собственные картины и дал свое лицо даже мадонне. Эйзенштейн посвящает длинное эссе пейзажу Эль Греко «Гроза над Толедо», считая картину автопортретом[12]. В кино таким автопортретом становится по его мнению ритм монтажа. Фотографии Эжена Атже, на которых отсутствуют люди, он читает как « глагольные» портреты, при их созерцании он чувствуют, как хрустят его суставы и поясница:

> …магия Atget не только (или не столько) в зрительном восприятии, сколько в моторном. Вы становитесь телегой (p. 48). Вы были шарабаном (p. 47). Это вы извиваетесь узлом

12 Сергей Михайлович Эйзенштейн, *Монтаж*, сост. и коммент. Н.И. Клеймана, Вл. Забродина (М.: Музей кино, 2002), 405–463.

> корней (р. 94). Это вы лестницей заворачиваетесь из-за угла (ср. 43). Это вы пережили драму раздавленных цилиндров и шапокляков (р. 82). Atget снимает глагольной метафорой, заставляя вас играть, а не созерцать. Метафорой не формы, а метафорой поведения: постановки «фигуры», тенденции двигаться определенным образом, убегом или приходом. <…> Ищу подтверждения или подкрепляющих доводов в биографии — и черным по белому прыгают в глаза первые же строчки: «Тридцать лет назад один актеришка, покинувший бродячий театр, начал фотографировать Париж: Э. Атже»[13].

Эйзенштейн выписывает длинную цитату из эссе Эмиля Людвига о Леонардо (используя английский перевод), в котором сформулированы похожие мысли. Людвиг считает, что все творчество Леонардо основано на принципе автопортретности, который реализуется не только в картинах, изображающих мужчин и женщин, но и в его аппаратах — «stonecutter, crowbar, redging machine»[14]. Эти техники автопортрета в пейзаже или натюрморте восхищают Эйзенштейна, наверное, и потому, что он работает в кино, где вещи и ландшафты заменяют актера. Чаплин реализуется в башмаках, врач броненосца делается через пенсне. Стоит ли читать коляску в «Потемкине» таким портретным автобиографическим следом (брошенный матерью ребенок)?

В своих рисунках Эйзенштейн часто перенимает принцип игры с разными ролями, на этом построены его мемуары, в которых все персонажи выступают зеркалами и проекциями себя, любимого[15]. Но мемуары он пишет в 1943–1944 гг., рисунки возникают раньше. В 1915 г. он перенимает принципы визуального «Spoonerism»'а французского карикатуриста Гранвиля, втиснувшего в серии «Метаморфозы дня» (1829) зверей в человеческие одежды и телесный костюм современников. Эйзенштейн тоже создает свой зоологический театр современной жизни, изображая себя как

13 Там же, 265. Эйзенштейн цитирует предисловие к книге E. Atget, *Lichtbilder*, eingeleitet von Camille Recht (Paris — Leipzig: Henri Jonquières, 1930), 8.

14 Emil Ludwig, *Genius and Character*, tr. by Kenneth Burke (New York: Harcourt, Brace & Co, 1927), 176; Сергей Эйзенштейн, *Избранные произведения в 6 томах*, гл. ред. С.И. Юткевич (М.: Искусство, 1972), 3: 153–154.

15 См. мою статью "Подражание как овладение. Шкловский — Эйзенштейн: био-автобиография", *Киноведческие записки* 11 (1991): 220–230.

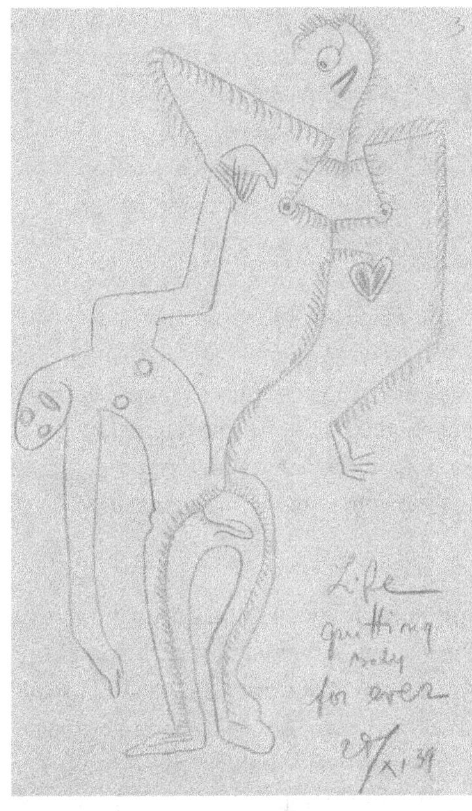

Ил. 7

поросенка, крысу, зайца, всегда проигрывающего в схватке с требуемой формой и дисциплиной[16].

Первой страстью Эйзенштейна стал цирк, и одна пантомима, которая произвела на него огромное впечатление, рассказывала историю утраты тела как сказку об освобождении. К мотиву бегства от собственного тела Эйзенштейн возвращался всю жизнь. Одна из его графических серий называется «Life quitting the body» (1939), и может быть также интерпретирована как автопортрет (ил. 7).

В своих рисунках, прямо обозначенных автопортретами, Эйзенштейн избегает рисовать лицо, подставляя вместо этого спину или профиль — и в реалистическом варианте («Autoritrata», 1944) и в маленьких карикатурах, в которых схвачен жест при помощи линии (ил. 8). Линия была для него всегда совершенным средством изображения и выразительности. Когда линия и жест сливаются, и рисунок может быть завершен одним штрихом, магия воздействия обеспечена. Эту технику Эйзенштейн копирует у Олафа Гульбрансона, Стейга, Сола Стейнерга и Диснея, создавшегося собственный *глагольный* автопортрет в образе Мики Мауса:

> Молодой, в маленьких усиках. Очень элегантный. Я сказал бы танцевально-элегантный, он чем-то неотразимо похож на своего

16 Эти рисунки можно увидеть на странице: http://www.fondation-langlois.org/flash/e/stage.php?NumPage=746

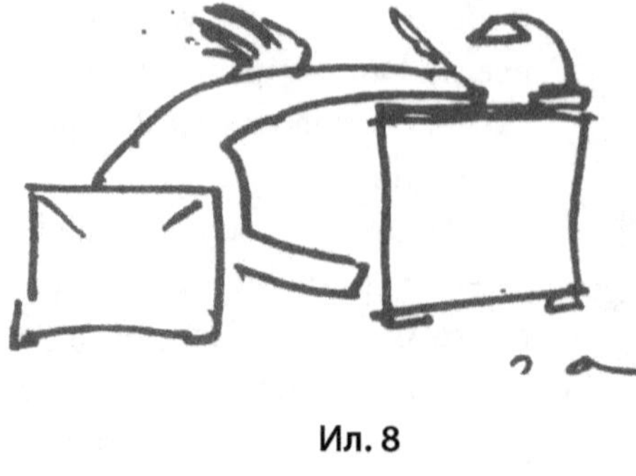

Ил. 8

> героя. В Микки есть такое же изящество, свобода жеста, элегантность. Ничего удивительного!
>
> Как выясняется — метод таков. Дисней проигрывает лично «партию», «роль» Микки для того или иного фильма. Кругом десяток-другой его художников, налету схватывающих уморительные ракурсы позирующего и играющего шефа. И бесконечно живые и жизненные, только потому и заразительные через всю гиперболизацию рисунка, что взяты с живого человека, — заготовки для мультипликации готовы[17].

Линия следует движению, воплощенному в контуре, поэтому автопортретом становится и подпись, завершающая жест. Поначалу Эйзенштейн подписывал свои рисунки кодированным V^2 (и на одной ранней фотографии 1922 г. его тело воспроизводит позой перевернутый знак V) (ил. 9). Позже он приближает свою подпись форме эллипса, понимаемого им не как след, а как законченный автопортрет: в виде парящего эмбриона. Письмо, танец и рисунок схожи. Чувство, быть закованным, запертым в теле, он сможет преодолеть — преодолевает — покидая это тело. Поэтому линия, сводящая тело к контуру, одновременно и изображение и избавление — в жесте как и в движении письма:

> Динамика линий и динамика «хода» — а не «пребывания» как в линиях, так и в системе явлений и перехода их друг в друга — остается у меня постоянным пристрастием. Может быть, отсюда же и склонность, и симпатия к учениям, провозглашающим динамику, движение и становление своими основоположными принципами[18].

17 Eisenstein, *Метод / Die Methode*, 794–795.

18 Эйзенштейн, *Мемуары*, 2: 122.

Ил. 9

ОТ ВАРРОНА ДО ПАНАРА

Комментарий к «Обедам» Баратынского[1]

ANDREI DOBRITSYN
(Lausanne)

Стихотворение Баратынского «Обеды», написанное не позднее октября 1839 года, появилось впервые в альманахе «Утренняя Заря» на 1840 год:

Я не люблю хвастливые обѣды,
Гдѣ сто обжоръ, не вѣдая бесѣды,
Жуютъ и спятъ. Къ чему такой содомъ?
Хотите ли, чтобъ умъ, воображенье
Привелъ обѣдъ въ счастливое броженье,
Чтобъ духъ игралъ съ играющимъ виномъ,
Какъ знатоки Эллады завѣщали?
Старайтеся, чтобъ гости за столомъ,
Не менѣе Харитъ своимъ числомъ,
Числа Каменъ у васъ не превышали[2].

Как уже отмечалось в комментариях к изданию 1936 года, «стихотворение это любопытно возвратом Баратынского к его

---

1 Исследование выполнено за счет гранта Российского научного фонда (проект № 17-18-01701) в Институте мировой культуры МГУ.

2 Е.А. Боратынский, *Полное собрание сочинений и писем* (М.: Языки славянских культур, 2012), 3.1: 99–101.

ранним французским источникам. „Обеды“ написаны в духе Панара (1694–1763), его „Les lois de la table“, переведенного Вяземским („Устав столовой“). У Панара та же тема преимущества немноголюдного пиршества перед многолюдным <…>»[3].

В действительности, многие произведения Панара, которого Мармонтель именовал «Лафонтеном водевиля», воспевают застольное веселье и оказываются даже ближе к «Обедам», чем упомянутые комментаторами «Les lois de la table». Они не обходят и тему скучного «хвастливого обеда», бывшую общим местом французской поэзии XVIII века; ее можно рассматривать как частный случай идиллического топоса, рисующего бегство от суетной роскоши и от шумного света в уединение или в тесный дружеский круг. Вот характерный пример:

J'aime mieux un dîner modique	Я больше люблю скромный обед,
Par mon appétit préparé:	Приготовленный моим аппетитом,
Que de voir un lieu magnifique	Чем видеть великолепный зал,
Par l'art à grands frais décoré,	Искусно и дорого украшенный,
Où, foulant le marbre Italique,	Где, попирая итальянский мрамор,
Et sous un plafond bien doré,	Под позолоченным потолком,
Dans un grand fauteuil rembourré	В большом кресле, чьи подушки
Par la mollesse Asiatique,	Устроила [сама] азиатская изнеженность,
D'un nombreux & gros domestique,	Многочисленными толстыми слугами
A table on se voit entouré[4].	Мы окружены за столом.

Имеет смысл вспомнить и другое стихотворение Панара: «Очарование застольного водевиля» («Le Charme du Vaudeville à table»). Поэт говорит, что на обедах поначалу царят скука и тяжелая серьезность, но к десерту приходит застольная песня, за ней шампанское, в гостях пробуждается веселье, а застолье охватывает *счастливое броженье* остроумной беседы.

---

3 Е.А. Баратынский, *Полное собрание стихотворений*, ред., коммент. и биогр. ст. Е. Купреяновой, И. Медведевой, вступ. ст. Д. Мирского (Л.: Советский писатель, 1936), II: 296.

4 [Charles-François] Pannard [= Panard], *Théâtre et Œuvres diverses* (Paris: Duchesne, 1763), IV: 337.

Que feroit-on dans un repas,
Si la Chanson n'en étoit pas?
Rappellez-vous ce qui s'y passe,
Malgré la quantité des mets appétissans,
Qu'avec un ordre exquis sur la table on entasse,
Bientôt le sombre ennui vient assoupir les sens.
Dans une langueur insipide,
Sur l'assiette baissant les yeux,
Tous les gens du festin gardent le sérieux;
Les hommes sont pesans, le beau sexe est timide:
Point de gaïté, cela dure jusqu'au dessert.
Aussitôt qu'on le sert,
Le joyeux Vaudeville arrive.
Quel changement! sa voix récréative
De tous les Conviés excite les transports;
<…>
C'est alors qu'un joyeux Convive,
Saisissant un flacon scellé,
Qui de Reims & d'Aï tient la liqueur captive,
Fait sauter jusqu'à la solive
Le liége déficelé.
<…>
De-là naissent les ris, les transports éclatans;
La séve & tout son feu, jusqu'au cerveau montans,
Font naître des débats, des querelles polies
Qui réveillent l'esprit de tous les Assistans.
On attaque, on répond, les traits & les saillies

Что бы мы делали за обедом,
Если бы при этом не было песни?
Вспомните, что происходит,
Несмотря на количество аппетитных блюд,
Расположенных на столе в изысканном порядке,
Скоро мрачная скука приходит усыпить чувства.
В вялом томлении,
Уткнув в тарелку глаза,
Все гости пира хранят серьезность;
Мужчины тяжеловесны, прекрасный пол робок,
Никакого веселья, и так вплоть до десерта.
Как только его подают,
Приходит веселый Водевиль.
Какая перемена! Его увеселяющий голос
Возбуждает восторги всех участников,
<…>
И тогда веселый гость,
Схватив закупоренную бутылку
С плененным нектаром Реймса или Аи,
Запускает до потолочных балок
Освобожденную пробку.
<…>
Отсюда рождаются смехи, вспышки восторга;
Огненный сок, ударив в голову,
Рождает споры, вежливые ссоры,
Пробуждающие остроумие всех присутствующих.
Все нападают, отвечают, остроты и колкости

S'enchaînent l'un à l'autre, & partent
sur le tems[5].

Следуют одна за другой,
выстреленные вовремя.

Весьма популярная в свое время комедия Буйи и Пэна «Фаншон виолистка» (Jean-Nicolas Bouilly [1763–1842], Joseph Pain [1773–1830], «Fanchon la Vielleuse»[6] также противопоставляет многолюдным церемонным пиршествам, куда остроумие не приглашено, обеды в тесном дружеском кругу, оживляемые колкостями и остротами.

Je déteste la manie
De donner de grands repas;
On dîne en cérémonie,
On symétrise les plats,
On y rit
Sans esprit,
Mangeant froid, parlant de même,
On perd par ce faux systême <sic>
Les bons mots et l'appétit.

Ненавижу манию
Давать большие обеды;
Все едят церемонно,
Блюда ставят симметрично,
Там смеются
Без остроумия,
Еда холодная, разговоры тоже,
Из-за этой ложной системы теряются
Удачные остроты и аппетит.

Petite table réveille
Les élus qui sont admis;
On est près de la bouteille,

Небольшой стол пробуждает
Допущенных к нему избранных;
Все рядом с бутылкой,

---

5 Panard, Théâtre et Œuvres *diverses,* IV: 416–418. Насколько глубоко поэтическая фразеология французского поэта проникла в память Баратынского, можно судить по неожиданной реминисценции из Панара в «Последнем поэте»:

И по-прежнему блистает
Хладной роскошию свет,
Серебрит и позлащает
Свой безжизненный
скелет <…>

Aux promesses des Gens de Cour
Malheureux l'homme qui se fie!
<…>
Mais hélas! le dedans, trop digne de pitié,
N'offre à notre vûe allarmée
Qu'une carcasse inanimée,
Qu'un vrai squelette d'amitié.

Перевод: «Несчастен человек, доверяющий / обещаниям придворных! <…> Но увы, внутренность, достойная жалости, / являет нашему тревожному взгляду / лишь бездушный [= безжизненный] каркас, / настоящий скелет дружбы» (Panard, Théâtre et *Œuvres diverses,* IV: 174).

6 О ее успехе сообщает рецензия, напечатанная в *Magasin encyclopédique, ou Journal des sciences, des lettres et des arts* (Paris, An XI = 1803), V: 119–121. Комедия много раз переиздавалась.

On est près de ses amis. — Все рядом со своими друзьями.
Le dessert — Десерт,
Que l'on sert — Когда его подают,
Aiguise encore la saillie: — Еще больше заостряет колкость,
C'est alors que la folie — И тогда безумство
Vient apporter son couvert[7]. — Приносит свой прибор.

Десерт, как уже говорилось, упомянут в этом комедийном водевиле не случайно, оживление сотрапезников заметно увеличивалось, когда на десерт подавали шампанское. Об этом нам сообщает и песня «Десерт» участника «Современного погребка» Ж.-Б. Раде (Jean-Baptiste Radet [1752–1830], «Le Dessert»). В ней также проскальзывает тема «безразличия к большим обедам»:

A ce vin mousseux qui la tente — Этому пенистому вину, ее соблазняющему,
Elle cède, en boit, et bientôt — Она уступает, пьет и скоро
Elle rit, babille, — Смеется, щебечет,
Son cœur est ouvert, — Сердце ее открыто,
Et sa gaîté brille — И ее веселье блистает
Au moment du dessert. — Во время десерта.

Etrangère à la gourmandise, — Чуждая гурманству,
Indifférente aux grands repas, — Безразличная к большим обедам,
Lise d'un peu de friandise — Лиза от маленького лакомства
En secret ne se défend pas: — Не отказывается, когда никто не видит;
Elle rit, babille, etc.[8] — Смеется, щебечет, и т.д.

Вообще, достоинства узкого круга сотрапезников сравнительно с «grands repas» продолжают восхваляться вслед Панару во многих пьесах начала XIX века. В песне Прево д'Ирэ «Малый стол» (Prévot d'Iray, «La Petite table») этой теме придается «античная» окраска:

---

7 J[ean] N[icolas] Bouilly, Joseph Pain, *Fanchon la Vielleuse: Comédie en trois actes, mêlée de Vaudeville* (Paris: Barba, an XI = 1803), 30–31. Эта пьеса издавалась в 1803 г. неоднократно, каждый раз с иной пагинацией. Приведенный водевиль поется в сцене IV второго акта.

8 Le Caveau mod*erne, ou Le Rocher de Cancalle, Chansonnier de table, Composé des meilleures Chansons de l'*ancien Caveau, *des Diners du Vaudeville, de la Société Epicurienne.*

Pour moi les mets ont peu d'appas
Près des plus graves personnages;
L'ennui qui naît des grands repas
Date du banquet des sept Sages:
Plus heureux le fils d'Apollon
Qui partage l'ivresse aimable
D'Epicure et d'Anacréon
A la petite table!
<…>
Un air symétrique et guindé,
Là, grâce au ciel, n'est plus de mise;
Un mot n'est jamais hasardé
S'il n'est dicté par la franchise:
Dès que l'on rit, on n'est plus sot;
Dès qu'on est gai l'on est aimable:
Une folie est un bon mot
A la petite table[9].

Блюда мало меня привлекают,
Когда рядом с ними важные персоны;
Скука, возникающая на
больших обедах,
Родилась [еще] на пиру
семи мудрецов;
Счастливей сын Аполлона,
Разделяющий приятное опьянение
Эпикура и Анакреона
За малым столом!
<…>
Симметричный и чинный строй
Там, хвала небу, больше не принят,
Речи не произносят,
Если они не продиктованы
чистосердечием,
Как только ты засмеялся, ты уже не
глуп,
Как только развеселился, уже
любезен;
Безумство — одобрительное слово
За малым столом.

На французские истоки стихотворения Баратынского указывает и стих «Чтобъ духъ игралъ съ играющимъ виномъ» (хотя это пожелание и приписывается «знатокам Эллады»[9,10]). Очевидно, что «дух» следует понимать здесь как галлицизм, кальку с французского *esprit*, значащего и 'остроумие', и 'ум', и 'дух'. «Играющее вино» — шампанское. Развернутую параллель к цитированному стиху дает

Dite des Gourmands, etc., etc., etc., par les Auteurs du Journal des Gourmands et des Belles, 2e éd. corr. et aug. (Paris: Capelle et Renand, 1807), [I]: 265–266.

9 Le Caveau moderne (1807), [I]: 273–274. Песня впервые появилась, видимо, в 1798 году в *Les Diners du Vaudeville* 6.21 (Germinal, An 6): 42–44 и в *Le spectateur du Nord: journal politique, littéraire et moral (Juillet 1798): 60–61,* затем неоднократно перепечатывалась.

10 В черновом варианте поэт апеллировал к знатокам древности не в связи с игрой вина и остроумия, а мотивируя финальную сентенцию. Согласно реконструкции Е.Н. Купреяновой, текст мог выглядеть так: «В том древности забытой руководят / Нас знатоки: да гости за столом / Не менее Харит своим числом / Числа Камен у вас не превосходят» (Баратынский, *Полное собрание стихотворений*, II: 143). Как показано ниже, такая мотивировка вполне отвечает действительности.

весьма популярная в ту эпоху пьеса Дюсиса «К моему [винному] погребу» (Ducis, «A mon caveau»):

Que de fois ta verve légère,	Как часто твой легкий пыл,
Aï, dans des soupers brillans,	Аи, на блестящих ужинах
En mille éclairs étincelans	Тысячью сверкающих блесток
Fit jaillir l'esprit de Voltaire!	Заставлял бить ключом остроумие Вольтера!
Ta séve agitant les cerveaux,	Твой сок, возбуждающий умы,
Rompant ses fers, bacchante aimable,	Любезная вакханка, разрывая узы,
Autour de lui tomboit à table,	Вокруг него [Вольтера] падал на стол
En torrent de mousse adorable,	Потоком восхитительной пены
De ris, de verve, de bons mots[11].	Смеха, пыла, острых слов.

За этим сопоставлением Дюсиса стоит достаточно разветвленная традиция. Во-первых, оно отсылает к очень известному сравнению в «Светском человеке» («Le Mondain», 1736) самого Вольтера, где о шампанском (точнее, о *vin d'Aï*) говорится: «De ce vin frais l'écume pétillante / De nos Français est l'image brillante» (= «игристая пена этого прохладного вина — / сверкающий образ наших французов»). Те же строки цитируются и аббатом Делилем: «Aï brille à leur tête, Aï, dans qui Voltaire / De nos légers Français vit l'image légère» (= «Во главе их [вин] блистает Аи, Аи, в котором Вольтер / Видел легкий образ наших легких [= легкомысленных] французов»)[12].

Через полтора десятилетия после вольтеровского «Светского человека» в сборнике стихотворений аббата Латтэньяна было напечатано послание Александра Танво (Alexandre Tanevot, Tannevot), где шампанское прямо сравнивается с остроумием:

…Ton esprit dans le sein d'une Bacchique troupe,	Твое остроумие среди вакхического войска,
Comme une Champagne pétillant,	Как играющее шампанское
Verse la joie à pleine coupe[13].	Льет радость полными кубками.

11 *Mercure de France* XXVI (1806): 7; *Almanach des Muses* (1806): 227; *Esprit des journaux français et étrangers* XI (1806): 268–269.

12 Jacques Delille, *Le Trois Règnes de la Nature*, avec des Notes, par M. Cuvier, de l'Institut, et autres Savants, (Paris: Nicolle, etc. 1808), II: 89.

13 [Gabriel-Charles de Lattaignant], *Pieces Dérobées à un Ami* (Amsterdam, 1750), I: 18; также в его четырехтомнике *Poésies de M. l'Abbé de L'Attaignant; contenant Tout ce qui a paru de cet Auteur* (Londres: Duchesne, 1757), I: lv–lvj.

В начале следующего века ту же традицию продолжает песня Депре «Шампанское» (Desprez, «Le Vin de Champagne» [incipit «Il part, il fuit à flots pressés ... »]):

Quand le bouchon, débarrassé	Когда пробка, освободившись
Du fil qui le captive,	От державшей ее веревки,
Vole avec bruit, au loin chassé	Шумно вылетает, выгоняемая
Par la liqueur active,	Беспокойным напитком,
Je crois, dans les brillans accès	Мне кажется, я вижу, как в сверкающем пароксизме
D'une aimable folie,	Любезного безумства,
Voir jaillir d'un cerveau français	Брызжет из французского ума
L'éclair de la saillie[14].	Молния остроты.

Образ играющего шампанского как источника *esprit* мы видим уже в «Пирах» (стихи 128–139 редакции 1821 г.):

И между тем, друзья мои,
В простые чаши бог похмелья
Роскошно лил сынам веселья
Свое любимое *Аи*.
В нем укрывается отвага;
Его звездящаяся влага
Души божественной полна:
Свободно искрится она;
Как гордый ум, не терпит плена,
Рвет пробку резвою волной —
И брызжет радостная пена,
Подобье жизни молодой[15].

Позволим себе здесь коснуться развития этой темы в «Евгении Онегине», поскольку оно оказывается связанным со стихами Баратынского. Вот строфы XLV–XLVI четвертой главы пушкинского романа:

Вдовы Клико или Моэта
Благословенное вино

---

14 *Le Caveau moderne* (1807), [I]: 167.

15 Баратынский, *Полное собрание стихотворений*, II: 167.

В бутылке мерзлой для поэта
На стол тотчас принесено.
Оно сверкает Ипокреной;
Оно своей игрой и пеной
(Подобием того-сего)
Меня пленяло: за него
Последний бедный лепт, бывало,
Давал я. Помните ль, друзья?
Его волшебная струя
Рождала глупостей не мало,
А сколько шуток и стихов,
И споров, и веселых снов!

*

Но изменяет пеной шумной
Оно желудку моему,
И я *Бордо* благоразумный
Уж нынче предпочел ему.
К *Аи* я больше не способен;
Аи любовнице подобен
Блестящей, ветреной, живой,
И своенравной, и пустой...
Но ты, *Бордо*, подобен другу,
Который, в горе и в беде,
Товарищ завсегда, везде,
Готов нам оказать услугу
Иль тихий разделить досуг.
Да здравствует *Бордо*, наш друг!

Аналогичное противопоставление блестящего, как ветреная любовница или как светский остроумец, но столь же ненадежного шампанского «благоразумному» красному вину (только не бордоскому, а бургундскому) имеется во французском «Словаре светских людей»:

> Il est du vin de Bourgogne, comme du bon esprit, dont l'impression est moins vive, mais dont on ne se lasse point; & le vin de Champagne

ressemble au bel esprit, qui brille & qui réjouit davantage, mais qui n'est pas toujours de service.

(= Есть бургундское вино, подобное [человеку, исполненному] здравого смысла, чьи впечатления не так живы, но от которого не устаешь; а вино шампанское похоже на остроумца, который блистает и сильнее веселит, но не всегда бывает к твоим услугам)[16].

Что касается строчки «(Подобием того-сего)», она, как отметил Набоков, отсылает к стиху из «Пиров»: «Подобье жизни молодой»[17]. Ю.М. Лотман поясняет, что она намекает еще и на цензурную историю поэмы Баратынского, когда «напуганный последекабрьской атмосферой цензор запретил сравнение Аи и „гордого ума“». Кроме того, на основании сравнений, имеющихся у Баратынского и Вяземского, Лотман утверждает, что «пушкинское „подобие того-сего“ могло восприниматься как ироническая отсылка к литературному штампу „шампанское — молодость“»[18]. Если же учитывать еще и традицию французской вакхической поэзии, за *подобием того-сего* можно разглядеть и другие аллюзии, в том числе весьма фривольные; вот пример из кардинала де Берниса («Le Pouvoir de la Beauté»):

Le Champagne est prêt à partir;
  Dans sa prison il fume,
Impatient de te couvrir
  De sa brillante écume.

Sais-tu pourquoi ce vin charmant,
  Lorsque ta main l'agite,
Comme un éclair étincellant <sic>,
  Vole et se précipite?

Шампанское готово литься,
  Оно кипит в своей темнице,
Ему не терпится облить тебя
  Своей сверкающей пеной.

Знаешь, почему это
  очаровательное вино,
  Когда его встряхивает твоя рука,
Подобно блистающей молнии
  Стремительно летит?

---

16 *Dictionnaire des Gens du Monde, Historique, Littéraire, Critique, Moral, Physique, Militaire, Politique, Caractéristique & Sociale* (Paris: Costard, 1771), III: 379 (art. «Vins»).

17 *Eugene Onegin: A Novel in Verse*, by Aleksandr Pushkin, translated from the Russian, with a Commentary, by Vladimir Nabokov, Rev. ed. (London: Routledge & Kegan Paul, 1975), 2: 481.

18 Ю.М. Лотман, *Роман А.С. Пушкина «Евгений Онегин»: Комментарий, Пособие для учителя* (Л.: Просвещение, 1980), 253.

Bacchus en vain, dans son flacon,
Retient l'amour rebelle;
L'Amour sort toujours de prison
Sous la main d'une belle[19].

Напрасно Вакх в своем сосуде
Удерживает бунтующую любовь;
Амур [любовь] всегда
вырывается из тюрьмы
Под рукой красавицы.

Любопытно, что в «Звездах» (incipit «Мою звезду я знаю, знаю…»), опубликованных в той же «Утренней заре на 1840 год», что и «Обеды», Баратынский продолжает обыгрывать символику шампанского, но уже в другом ключе. «Звезды» в известном смысле продолжают тему более раннего стихотворения «Бокал» (не позднее февраля 1836), но в них повторяется и ранняя метафора «Пиров» («Его звездящаяся влага / Души божественной полна…»).

* * *

Что касается точного ограничения на число сотрапезников, указанного в финале «Обедов», оно восходит к античности. Как сообщает Авл Геллий (*Noct. Attic.* XIII, xi), правило было сформулировано Варроном:

> Dicit autem conuiuarum numerum incipere oportere a Gratiarum numero et progredi ad Musarum, ut, cum paucissimi conuiuae sunt, non pauciores sint quam tres, cum plurimi, non plures quam nouem. «Nam multos» inquit «esse non conuenit, quod turba plerumque est turbulenta <…>»

> (= Он [Варрон] говорит, что количество сотрапезников должно начинаться с числа Граций и заканчиваться числом Муз, то есть начинаться с трех и доходить до девяти, так что, когда их совсем мало, их должно быть [все же] не меньше трех, а когда много, не больше девяти. «Не следует, — говорит он, — быть многочисленными, многолюдная толпа обычно [слишком] шумна [суматошна] <…>»)

19 *Le Caveau moderne* (1808), II: 81.

Это соображение цитировалось в большом числе французских изданий античных авторов (например, Плутарха[20] или Марциала[21]), в мифологических и прочих словарях[22], в описаниях жизни Древнего Рима (всевозможных «Antiquités Romaines»)[23].

Мнение Варрона обсуждает и Эразм в «Разговорах», переводившихся, разумеется, на французский язык. Вот пример такого перевода, где, кстати, сохранено имеющееся в латинском оригинале слово *Хариты*:

> Mais il me vient ici quelque chose dans l'esprit touchant le nombre des Convives. Varron l'a réduit à trois pour le moins, & à neuf pour le plus. Car il y a trois Charites, c'est à dire, trois Graces qui président à l'Humanité & à la Bienveillance; & il y a neuf Muses qui conduisent les beaux Arts <…>
>
> (= Но мне пришло в голову кое-что о числе Сотрапезников. Варрон сводит его минимум к трем и максимум к девяти. Ибо есть три Хариты, то есть три Грации, предстоящие Человечности и Благоволению; и есть девять Муз, водительствующих изящными искусствами <…>)[24]

---

20 Plutarque, *Œuvres mêlées*, traduites du Grec par Amyot…, avec des notes et des observations par MM. Brotier, Vauvilliers, et Clavier, Nouvelle éd., rev. et corr. (Paris, Janet et Cotelle, 1820), I: 479–480.

21 M. Val. Martial, *Epigrammes*, traduction Nouvelle et complète, par feu E.T. Simon (Paris: Guitel, 1819), III: 341.

22 *Nouveau Dictionnaire des Origines, Inventions et Découvertes, dans les Arts, les Sciences, la Géographie, le Commerce, l'Agriculture, etc.*, par M. Fr. Noël et M. Carpentier (Paris: Janet et Cotelle, 1827), II: 520. Здесь варроновская мысль приписана Феогниду.

23 См. например рецензию на *Dictionnaire des antiquités romaines ou Explication abrégé des cérémonies, des coutumes…*, Ouvrage traduit & abrégé du grand Dictionnaire de Samuel Pitiscus, 2 vol. (Paris: Delalain, 1766), напечатанную в *Journal encyclopédique ou universel* III.1 (1767): 46.

24 Erasme, *Les Colloques*, Ouvrage très interessant, par la diversité des Sujets, par l'Enjoûment, & pour l'Utilité Morale, Nouvelle traduction, par Monsr. Gueudeville (Leide: Pierre van der Aa & Boudouin Jansson van der Aa, 1720), III: 250. Латинский оригинал (Colloquia: Convivium profanum, 2717–2719): «Verum conuiuarum de numero hic mihi quiddam in mentem venit, quos neque pauciores tribus neque plures nouem esse oportere scripsit Varro. Tres enim sunt Charites, id est Gratiae, humanitatis ac beneuolentiae praesides, et nouem sunt Musae, honestiorem studiorum duces».

К этому пассажу дается ссылка на Авла Геллия, и добавлено пояснение:

> Car, dit il, quand on est d'avantage, l'Assemblée est turbulente; ce n'est plus qu'une *Cohuë.*
>
> (= Ибо, говорит он [Варрон], когда гостей больше, собрание становится беспорядочным, оно превращается в толкучку)[25].

Необходимо напомнить и о латинской поговорке *Septem, convivium; novem, convicium.* Она приводится в «Истории Августов» («Historia Augusta»): в главе V, посвященной жизнеописанию Луция Вера, рассказывается, как Вер первым, кажется, дал пир, в котором приняли участие двенадцать человек, невзирая на поговорку *Septem, convivium; novem vero convicium* («Семеро — трапеза, девятеро же — шум и гам»).

Этой же сентенции соответствует пассаж из «Эфемерид или проведения дня» Авсония[26]:

> sex enim convivium cum rege iustum:
> si super, convicium est.
>
> (= Шесть человек, считая с хозяином, верное число для обеда,
> больше — шумное сборище.)

Как поговорка, так и строки Авсония неоднократно приводятся (с переводом) в различных французских источниках, порою вместе с мнением Варрона. Де Мери в «Общей истории пословиц» пишет следующее:

> *Septem convivium, novem convicium.* Sept à table, c'est raisonnable, neuf, c'est vacarme. C'est le sentiment de Marcus Varron, qui

25 Ibid.

26 Жиль Менаж, приводя поговорку в своем «Этимологическом словаре», так указывает на источники: «Septem, convivium; novem, convicium, *apud Capitolinum in Vita Lucii Veri, & apud Ausonium in Ephemeride*» ([Gilles] Ménage, *Dictionaire etymologique, ou Origines de la langue françoise* [Paris: Jean Anisson, 1694], 207). Глава 5 «Истории Августов» приписывалась как Элию Спартиану, так и Юлию Капитолину.

ne veut pas que le nombre des convives excède celui des Muses, ni qu'il soit au-dessous de celui des Grâces. Vénus réclamerait contre cette prétention, malgré l'adage *numero impari gaudet.* En effet, la confusion règne dans une table trop nombreuse; chacun ne pouvant s'entretenir qu'avec son voisin, cela fait un murmure continu et un mélange de voix discordant. Le sage ne peut placer son mot ni retrouver une pensée <…>

(= «Семеро — трапеза, девятеро — шум и гам». Семеро за столом — разумное число, девятеро — галдеж. Таково [и] мнение Марка Варрона, не желавшего, чтобы количество сотрапезников превосходило число Муз или было меньше числа Граций. Венера возражала бы против этого предписания, несмотря на поговорку «радуется нечетному числу»[27]. В самом деле, беспорядок царит за слишком многочисленным столом; каждый может говорить только со своим соседом, от чего происходит непрекращающийся ропот и нестройная мешанина голосов. Мудрец не может ни вставить своего слова, ни услышать [чужую] мысль <…>)[28]

Заметим, что в стихотворении Баратынского слово *Содом* имеет как будто не совсем те же коннотации, что *vacarme* или *cohue* в приведенных фрагментах. «Хвастливый обед», по-видимому, протекает в скучном молчании: «сто обжор, не ведая беседы / жуют и спят». Античные же авторы утверждают, что большая толпа гостей слишком шумна и создает *convicium*; их французские последователи замечают, что общая беседа в большой толпе обедающих невозможна, а разнобой многих одновременных разговоров создаст невыносимый галдеж (*cohue*).

Следующий пассаж эксплицитно снимает это противоречие, объясняя, что бессмысленный гам многолюдных обедов

---

27 Имеется в виду сентенция Виргилия «Numero Deus impare gaudet» (Virg. *Buc.* VIII, 75).

28 C. de Méry, *Histoire générale des proverbes, adages, sentences, apophthegmes, dérivés des moeurs, des usages, de l'esprit et de la morale des peuples anciens et modernes; accompagnée de remarques critiques, d'anecdotes, et suivie d'une notice biographique sur les poètes, les moralistes et les philosophes…* (Paris, Delongchamps, 1828), I: 149 (№ 33).

эквивалентен молчанию («Мудрец не может ни вставить своего слова, ни услышать [чужую] мысль», по вышеприведенному мнению де Мери):

> De combien de dîners somptueux, **tumultueux**, **et par conséquent taciturnes**, les hymnes de nos convives n'ont-ils pas chassé l'ennui, la cérémonie et le dégoût!
>
> (= Со скольких пышных обедов, **шумных** [суматошных] **и потому молчаливых**, песнопения наших сотрапезников изгнали скуку, церемонность и отвращение!)[29]

«Литературные вечера» собирают вместе мнения Варрона, Архестрата (цитируемого Афинеем), «Истории Августов» и предписание старинного римского закона против роскоши:

> Varron, le plus savant des Romains, pensoit qu'il ne falloit pas être à table moins que les Grâces, ni plus que les Muses. La loi Fannia réduisit les convives à cinq. Athénée cite un passage d'Archestrate, poëte de Syracuse, qui n'en admet pas davantage. <…> Jules Capitolinus en admettoit sept.
>
> (= Варрон, самый ученый из римлян, полагал, что за столом не должно быть [участников] менее чем Граций и более чем Муз. Закон Фанния ограничивал число гостей пятью. Афиней цитирует пассаж из сиракузского поэта Архестрата, который тоже не допускает большего числа <…> Юлий Капитолин разрешает семерых.)[30]

Здесь имеется в виду цитированный Афинеем (*Deipnosoph.* I, 4e) пассаж Архестрата (пер. Н.Т. Голинкевича):

> Должно обед проводить за одним, но роскошным застольем,
> Быть же должно за столом три-четыре участника, в крайнем

29 *L'épicurien français, ou, Les diners du caveau moderne* XII.36 (1808): 192.

30 Jean-Marie-Louis Coupé, *Les soirées littéraires, ou Mélanges de traductions nouvelles des plus beaux morceaux de l'Antiquité* (Paris: Honnert, 1799), XVII: 164–165.

Случае — пять, но не боле: иначе не пир это будет,
Сборище грубых солдат, что пришли перепортить припасы[31].

Аргументация Архестрата та же, что и в последующих вариациях этой темы: если гостей больше известного числа, пир превратится в шумное сборище. Не исключено, что высокоученый Варрон, предлагая свою изящную и мифологически подкрепленную формулировку, мог исходить из менее замысловатой рекомендации сиракузского поэта. Кроме того, у обсуждаемого правила имелись и внелитературные основания: хотя Варрон мотивирует его лишь соображениями светского общежития, в Риме того времени (I в. до н.э.) еще помнили о законодательных ограничениях на количество приглашенных. Разные предписания ограничивали как расходы на пир, так и число гостей. О законах против роскоши (leges sumptuariae[32]) говорят, например, Авл Геллий (II, 24) и Макробий. Последний свидетельствует, что lex Fannia (161 г. до н.э.), как и предшествовавший ему lex Orchia (182 г. до н.э.), ограничивал число пирующих (*Sat.* II, 13), но точные цифры в «Сатурналиях» не называются. Их приводит Афиней в Пире софистов (*Deipnosoph.* VI, 274c): «Этот закон разрешал угощать у себя не свыше трех человек гостей, а в базарные дни — не свыше пяти: таких дней бывало три в месяц» (пер. Н.Т. Голинкевича)[33].

* * *

К моменту выхода в свет «Утренней зари на 1840 год» в России еще оставались читатели, воспитанные на французской доромантической литературе. Для них «Обеды» выглядели как миниатюра во французском стиле, и ассоциировались прежде

---

31 Афиней, *Пир мудрецов*, В пятнадцати книгах, Книги I–VIII, Издание подготовили Н.Т. Голинкевич, М.Г. Витковская, А.А. Григорьева, О.Л. Левинская, Б.М. Никольский (М.: Наука, 2004), 9.

32 Некоторые законы против роскоши устанавливали ограничения на богатство одежды и украшений, но обычно выражение *leges sumptuariae* понималось как *leges cibariae*, то есть законы о еде, см.: Vincent J. Rosivach, "Lex Fannia sumptuaria of 161 BC", *The Classical Journal* 102.1 (2006), 1.

33 Афиней, *Пир мудрецов*, 342. Как уже было сказано выше, согласно «Истории Августов», первым, кто решился пригласить на пир целых двенадцать человек, был Луций Вер (II век н.э.).

всего с уже полузабытой поэзией «Современного погребка» и его предшественников, особенно Панара. Мы видим, однако, что основой стихотворения является высказывание Варрона. Латинский писатель говорит: «следует ограничивать число гостей (от Харит до Муз), иначе будет шумная толкучка»; русский поэт делает композиционную перестановку: «не люблю на обеде содома со многими гостями, чтобы этого избежать, ограничивайте их число (от Харит до Муз)». Но поскольку для Баратынского, сложившегося в александровскую эпоху, естественной формой для пиршественной тематики была французская вакхическая поэзия, то и латинская апофтегма оказалась оформленной *à la Panard*.

ВОСЛЕД ЖОЛКОВСКОМУ

Пять заметок о рассказе Набокова «Весна в Фиальте»[1]

ALEXANDER DOLININ
(Madison)

Замечательному эссе 1993 г. о рассказе Набокова «Весна в Фиальте» (далее ВФ) А.К. Жолковский дал заглавие, одолженное у Эдгара По, — «Philosophy of Composition»[2]. «Философией сочинительства» По назвал последовательность рационально обоснованных выборов (или шагов), которые делает поэт или писатель в процессе порождения художественного текста и его смыслов. На примере собственного стихотворения «Ворон» он показал, какими соображениями руководствовался, выбирая его длину, меланхолический тон, «самую поэтическую на свете тему» — «смерть прекрасной женщины», лирического героя, эту женщину любившего и потерявшего, метр, строфу, место действия и главные образы, приобретающие в конце текста символические значения. Обращаясь к ВФ, где герой-рассказчик тоже оплакивает «смерть прекрасной женщины», Жолковский создает элегантное «порождающее описание» текста и прослеживает, шаг за шагом, логику его построения и развитие

1 Я сердечно благодарю В.А. Мильчину и Б.А. Каца за полезные замечания, советы и консультации.

2 А.К. Жолковский, “Philosophy of Composition: О структуре одного литературного текста”, в его кн. *Очные ставки с властителем: Статьи о русской литературе* (М.: РГГУ, 2011), 268–279.

основных тем. Это описание кажется мне абсолютно точным, но оно, конечно, не могло охватить все детали рассказа. Поэтому, отталкиваясь от него, я хотел бы обратить внимание на те аспекты ВФ, которые остались вне поля зрения юбиляра, и предложить некоторые мелкие дополнения к его работе.

1. ПРОТОТИПЫ

В статьях о ВФ часто можно встретить ошибочные утверждения, будто в рассказе отразилась любовная связь Набокова с Ириной Гуаданини, которую считают прототипом Нины. Как превыспренно выразился Г. Барабтарло, ВФ — это повесть, основанная «на весьма личной и мучительной пяди зыбучего песка» и «современная тому самому происшествию, запал которого, вероятно, и привел в движение механизм фабулы»[3]. Между тем известно, что роман Набокова с Гуаданини начался в январе 1937 г., а ВФ написана девятью месяцами раньше, в апреле 1936-го[4]. Недоразумение есть следствие того, что в рассказе действительно имеется отголосок одного биографического факта, замеченный зоркими исследователями[5]. О первом женихе Нины, героини ВФ, в рассказе говорится: «…боевой офицер из аккуратных <…> теперь работает инженером в какой-то очень далекой тропической стране, куда за ним она не последовала» (563)[6]. По сути дела, здесь изложена история брака Ирины Гуаданини — ее муж, в прошлом офицер, а затем инженер, уехал на работу в бельгийское Конго, а Ирина осталась в Париже. Чарльз Никол называет это совпадение «необычайным и подозрительным»

---

3 Геннадий Барабтарло, *Сверкающий обруч: О движущей силе у Набокова* (СПб.: Гиперион, 2003), 214.

4 Брайан Бойд, *Владимир Набоков. Русские годы: Биография*, авториз. пер. Г. Лапиной (М.: Независимая газета; СПб.: Симпозиум, 2001), 504–505, 496.

5 Charles Nicol, "«Ghastly rich glass»: a Double Essay on «Spring in Fialta»", *Russian Literary Triquarterly* 24 (1991): 173–184; Gerard de Vries, D. Barton Johnson, *Vladimir Nabokov and the Art of Painting*, with an essay by Liana Ashenden (Amsterdam: Amsterdam University Press, 2006), 96–97.

6 Все цитаты из рассказа даются в скобках по изданию: Владимир Набоков, *Собрание сочинений русского периода в пяти томах* (СПб.: Симпозиум, 2000), 4: 562–582 (комментарии Ю. Левинга: Там же, 773–776). Существенные изменения, внесенные Набоковым в английский перевод ВФ, в работе не рассматриваются.

(«extraordinary and suspicious»)[7], хотя, на мой взгляд, оно объясняется довольно просто.

По всей вероятности, Набоков познакомился с Ириной на ужине у ее матери В.Е. Кокошкиной в Париже 21 февраля 1936 г. В письме к жене с почтовым штемпелем «21 февраля» он пишет: «Сегодня буду у Ходасевича, а вечером у Кокошкиной». Некоторыми впечатлениями об этом суаре ВН делится в письме со штемпелем «24 февраля», где он в частности замечает: «У Кокошкиных я встретил читательниц замечательных — вот для кого стоит писать»[8]. Очень возможно, что одной из «замечательных читательниц» и была Ирина, сумевшая своими восторгами заинтересовать тщеславного Набокова, который, естественно, навел справки о ней и ее прошлом. Однако никакого продолжения их знакомство тогда не имело, потому что Набоков вскоре (28 февраля) уехал из Парижа в Берлин. То обстоятельство, что в ВФ, написанной два месяца спустя, он использовал один факт из жизни своей новой знакомой, свидетельствует как раз о том, что никаких отношений между ними тогда не было: иначе Набоков, конечно же, не стал бы наделять легкомысленную и безотказную героиню узнаваемыми чертами своей тайной пассии. Его самого беспокоила опасность узнавания совсем других прототипов рассказа. В письме Зинаиде Шаховской он просил ее не верить сплетне, будто бы в ВФ он изобразил своего кузена Николая (Нику) Набокова и его жену Наталью, родную сестру Шаховской:

> …я встревожен дурацкой сплетней, которая дошла до меня — будто я в «Весне в Фиальте» вывел Нику и Наташу. По существу это, разумеется, совершенно нелепо (вы-то хорошо знаете, что я чистейшей воды выдумщик и никого не сую в свои вещи), но мне противно, что это могут раздуть — потому очень прошу вас, если сплетня дойдет до вас, опровергнуть ее моим же возмущением. Добро бы в Фердинанде моем вздумали искать

7 Nicol, "«Ghastly rich glass»", 182.

8 Vladimir Nabokov, *Letters to Véra*, ed. and tr. by Olga Voronina and Brian Boyd (New York: Alfred A. Knopf, 2015), 265, 266. Письма Набокова к жене, опубликованные пока только в переводе на английский язык, цитируются по копиям с русского оригинала, любезно присланным мне Б. Бойдом.

> автора, а так ведь вовсе бессмысленно, даром, что никакого, конечно, сходства личного с Н<абоков>ыми нет[9].

Мы не знаем, существовала ли на самом деле «дурацкая сплетня» или Набоков решил заранее дезавуировать возможные подозрения, которые, как он опасался, могли возникнуть у Шаховской и ее родственников. Следовательно, если уж искать прототипы главных героев ВФ (что на самом деле совсем не обязательно), то в первую очередь нужно обратить внимание на Николая и Наталью Набоковых (они разошлись в 1938 или 1939 г.).

Любопытно, что в самой ВФ, по наблюдению О. Лекманова, есть скрытый намек на родство рассказчика и автора. Рассказчик знакомится с Ниной зимой в гостях у его тетки, в ее «лужском имении», «первым знаком приближения» к которому был «красный амбар посреди белого поля» (565). Как заметил О. Лекманов, точно такой же красный амбар упоминается в «Других берегах», где описывается зимняя Выра, лужское имение Набоковых: «...все было ново и весело — и валенки, и снеговики, и гигантские синие сосульки, свисающие с крыши красного амбара». Зная об этом совпадении деталей, мы можем заключить, что рассказчик ВФ знакомится с Ниной в имении родителей Набокова и, следовательно, приходится ему двоюродным братом, как Николай Набоков[10].

2. ИМЕНА ПЕРСОНАЖЕЙ

По мнению Г. Барабтарло, «имя самого повествователя, Василий, связано с именем сочинителя (его святой, князь Владимир, был назван Василием в крещении, что Набоков должен был отлично знать)»[11]. На мой взгляд, однако, полезнее вспомнить не крещение

9 Princess Zinaida Schakovskoy, *Corresspondence*. Vladimir Vladimirovich Nabokov Papers. Manuscript Division, Library of Congress. Box 22 (reel 13): Addition (недатированная открытка с олимпийским штемпелем 1936 г.).

10 Набоков, *Собрание сочинений русского периода*, 5: 201. О. Лекманов, “Владимир Набоков: принцип не совсем обманутых ожиданий (по рассказу «Весна в Фиальте»)”, С. Доценко, И. Белобровцева, В. Хазан, *Русская эмиграция: Литература. История. Кинолетопись* (Иерусалим: Мосты культуры; Гешарим — Таллинн: Таллиннский пед. ун-т, 2004), 119.

11 Барабтарло, *Сверкающий обруч*, 214.

князя Владимира (которое никакого отношения к ВФ и вообще к Набокову не имеет[12]), а других Василиев из набоковских рассказов того же времени — Василия Ивановича из «Набора» и его полного тезку из «Облака, озера, башни». Оба они не аватары автора, а его создания, или, как шутил Набоков, «galley slaves», которых он впускает в свое пространство-время: с первым из них автор сидит рядом на скамейке, второй приходит к нему после кошмара «увеселительной поездки», умоляет «отпустить», говорит, что «сил больше нет быть человеком» и получает «вольную». Существенное отличие героя ВФ от двух его тезок состоит в том, что он является рассказчиком, но это не только не способствует его отождествлению с автором, но, напротив, заставляет их различать, ибо все герои-рассказчики у Набокова, начиная с «Соглядатая», ненадежны (unreliable) и не тождественны невидимому или замаскированному автору. Как заметил А.К. Жолковский, хотя рассказчик ВФ сближен с автором «интеллектуальной изощренностью и виртуозным слогом», в то же время он наделен «сюжетной уязвимостью и, хуже того, наивностью в вопросах эстетики» и потому является «ограниченным и ненадежным свидетелем, объектом всевидящей авторской иронии»[13].

Имя героя в рассказе дается только в уменьшительно-ласкательной форме: дважды Нина называет его Васенькой (565, 578). В русской литературе первого ряда есть, кажется, лишь один персонаж, которого тоже зовут тем же уменьшительным именем — Васенька Весловский у Толстого в «Анне Карениной». Добродушный и беспечный бонвиван, он приезжает в имение к Левину, где волочится и за беременной Китти, и за дворовыми девками: «А ты на чужих жен не зарься, а пуще всего домогайся, как бы свою завести», — говорит ему какой-то мужик. Когда в приступе безумной ревности Левин выгоняет его из дома, он, как ни в чем не бывало, переезжает к Вронскому и начинает флиртовать с Анной, которая в отношениях с ним сама впадает в «игривый тон». Совпадение уменьшительных имен здесь едва ли случайно. В многолетних любовных отношениях с Ниной набоковский Васенька, позарившийся на чужую жену, до

12 Заметим, что в комментариях Набокова к «Слову о полку Игореве» крестильное имя князя Владимира не упоминается.

13 Жолковский, “Philosophy of Composition”, 274.

поры до времени культивирует и ценит лишь их веселую беспечность, игривость, необязательность, легкость, то есть те качества, которые характеризуют веселого Весловского.

Установить литературную генеалогию имени героини ВФ — «маленькой узкоплечей женщины с пушкинскими ножками» — не представляется возможным. Слишком много разномастных Нин произвела на свет русская классическая литература, особенно сентименталистская и романтическая: адресатки любовных посланий Державина и Жуковского; ветреная жена, изменяющая мужу, в повести Карамзина «Чувствительный и холодный» и в эпиграммах И. Дмитриева; добродетельная поселянка, которой жестокосердые родители не позволили выйти замуж за любимого, в повести кн. Шаликова «Темная роща, или Памятник нежности»; главная героиня поэмы Баратынского «Бал», страстная сенсуалистка, кончающая жизнь самоубийством от неразделенной любви; «Клеопатра Невы», блестящая Нина Воронская, сидящая рядом с Татьяной уже-не-Лариной на великосветском балу; «русская Дездемона» Нина Арбенина в драме Лермонтова «Маскарад», его же «маленькая Нина» в «Сказке для детей» и мн. др. Из этого пестрого собрания А.Б. Пеньковский попытался извлечь некий базовый для «золотого века» русской культуры миф о Нине как о «прекрасной женщине, живущей всепоглощающими страстями, которые она не может удовлетворить и во имя которых готова пренебречь принятыми в обществе нравственными законами»[14]. Обязательные составляющие мифа, как он полагает, это «не подчиняющаяся никаким доводам разума, не знающая границ и свободная от „предрассуждений" света роковая страсть и неизбежная нравственная или также и физическая гибель как расплата и возмездие, но одновременно и как оправдание и возвышение, вызывающие поэтому смешанную реакцию осуждения и сочувствия»[15]. Ясно, что порхающая по жизни набоковская Нина с ее «беспечным, тороватым, дружеским любострастием» (впрочем, равно как и подавляющее большинство ее соименниц) в матрицу Пеньковского никак не укладывается, хотя литература «золотого

---

14 А.Б. Пеньковский, *Нина: Культурный миф золотого века русской литературы в лингвистическом освещении*, Изд. 2-е, испр. и доп. (М.: Индрик, 2003), 67.

15 Там же, 77.

века» все-таки отбрасывает на рассказ слабый отблеск[16]. Например, как заметил Жолковский, в сцене последнего объяснения рассказчика и Нины есть реминисценция сразу двух стихотворений Пушкина, «Признание» (Я вас люблю — хоть я бешусь…») и «Ты и вы» («Пустое вы сердечным ты…»)[17], а многозначная последняя фраза ВФ «Нина <…> оказалась все-таки смертной» (582) кажется ироническим ответом на последний стих послания Жуковского «К Нине» («О Нина, о Нина, сей пламень любви…»): «О Нина, о Нина, бессмертье наш жребий».

У мужа Нины, венгерца Фердинанда, как и у Гумберта Гумберта в «Лолите», — королевское имя с неприятным для русского уха звучанием. Все помнят двух литературных персонажей с фамилией Фердыщенко — «неприличного и сального шута» у Достоевского в «Идиоте» и дурака-градоначальника у Салыткова-Щедрина в «Истории одного города». Начальное *Ферд* (Fehrd) на идише (как и немецкое Pferd) значит лошадь, что, возможно, объясняет, почему Фердинанд в застольном разговоре, браня критиков своих книг, сравнивает их с натуралистами, которые вместо того, чтобы толковать о лошадях, начали бы говорить о седлах, черпаках и похожей на оскаленную лошадь Mme de Vere, и тут же вспоминает белых лошадей на картинах голландского художника Вувермана. На лошадиное имя Фердинанда указывает и острота его приятеля Сегюра: «Tu es très hippique ce matin» (579; букв. пер.: «Ты сегодня очень конский»).

В процитированном выше фрагменте письма к З. Шаховской Набоков дает понять, что в Фердинанде есть некоторые автопортретные черты. По всей видимости, это относится лишь к внешности («зачесанные с висков назад волосы»; «костистое и <…> породистое лицо», 572), к метафорическим характеристикам его «поразительной прозы» («демонское обаяние», «цианистые каламбуры», «расписные окна», «страшное драгоценное стекло», «озорные узоры») и к литературной злости («…каким ядом прыскал, каким бичом хлестал, если его задевали! <…> вчерашний рецензент,

16 Ср.: С.Я. Сендерович, *Фигура сокрытия: Избранные работы* (М.: Языки славянских культур, 2012), 2 (О прозе и драме): 551.

17 Жолковский, "Philosophy of Composition", 272. Ср.: «…и я сказал, наше дешевое, официальное «ты» заменяя тем одухотворенным, выразительным „вы", к которому кругосветный пловец возвращается, обогащенный кругом: — А что, если я вас люблю?» (579).

воя от боли, волчком вертелся во прахе»). С другой стороны, имя Фердинанда, его симпатии к «варварской Москве» и прочим «политическим крайностям», его страсть к коллекционированию уродств, его демонстративный цинизм, который призван *épater les bourgeois*, в литературном контексте середины 1930-х годов прямо отсылают к одному из самых модных тогда писателей — Луи-Фердинанду Селину и его скандальному роману «Путешествие на край ночи», героя которого зовут Фердинанд Бардамю. Идентификацию поддерживает образ ночи, которым рассказчик ВФ описывает сочинения Фердинанда[18]. До своей поездки в СССР летом-осенью 1936 г. Селин неоднократно заявлял о своем интересе к коммунизму (как, впрочем, и фашизму), а его роман в 1934 г. перевели на русский язык и сочувственно обсуждали на первом съезде Союза советских писателей. Советские критики видели в нем искреннего, страстного критика капитализма, погружающегося в беспросветную «черную ночь», а в его романе — социально обусловленный и, следовательно, «праведный» цинизм, выражение отчаяния и ненависти к ложным буржуазным ценностям[19].

Приятель Фердинанда, — «душка Сегюр», как называет его Нина, — носит фамилию древнего французского дворянского рода. В третьей главе «Других берегов» Набоков вспоминает не самым добрым словом книги детской писательницы Софьи де Сегюр (урожд. Ростопчина)[20], которая была замужем за племянником генерала Филиппа-Поля де Сегюра, автора знаменитой «Истории Наполеона и его Великой Армии в 1812 году». «Вульгарная сентиментальность» этих книг в его памяти ассоциируется с любившим их Василием Рукавишниковым, «дядей Рукой», — «поклонником изящного» той

---

18 Ср.: «...теперь уже ничего не видно через это страшное драгоценное стекло, и кажется, что если разбить его, то одна лишь ударит в душу черная и совершенно пустая ночь» (571). «Что касается пьесы, то никто ничего не понял в ней; сам я не видел ее, но хорошо представляю себе эту гиперборейскую ночь...» (579). Любопытно, что в статье «Возрождение аллегории», напечатанной в том же 61-м номере «Современных записок», что и ВФ, П.М. Бицилли сравнил Набокова с Селином.

19 Хорошую подборку отзывов см. в полезной книге: *Л.-Ф. Селин в России: Материалы и исследования*, Сост., примеч. и коммент. Маруси Климовой (СПб.: Общество друзей Л.-Ф. Селина, 2000), 56–63, 65–70.

20 См.: Набоков, *Собрание сочинений русского периода*, 5: 187.

же сексуальной ориентации, что и «душка Сегюр». При Фердинанде Сегюр играет роль, напоминающую положение при Наполеоне его исторического однофамильца, сначала ординарца, а потом адъютанта императора.

3. ВЫМЫШЛЕННЫЕ ТОПОНИМЫ

Как было давно замечено, Фиальта, «фиалковое» название небытного приморского городка, представляет собой контаминацию адриатического Фиуме (ныне Риека) и крымской Ялты, причем в самом рассказе созвучие Фиальты с Ялтой и фиалками эксплицировано: «...во впадине его названия мне слышится сахаристо-сырой запах мелкого, темного, самого мятого из цветов, и не в тон, хотя внятное звучание Ялты» (563)[21]. В обоих городах Набоков был, о чем упоминает в «Других берегах»[22]; оба, как и Фиальта, делились на старый и новый город[23]; оба — Ялта в

21 Бойд, *Владимир Набоков. Русские годы*, 496–497. Омри Ронен, считавший прототипом Фиальты не столько Ялту и Фиуме, сколько Аббацию, добавил к списку созвучных топонимов еще и венецианский Риальто (Омри Ронен, "Подражание, антипародия, интертекстуальность и комментарий", *Новое литературное обозрение* 42 (2000): 259; Omry Ronen, "Emulation, Anti-Parody, Intertextuality", in his *The Joy of Recognition: Selected Essays*, ed. by Barry P. Scherr and Michael Wachtel [Ann Arbor: Michigan Slavic Publications, 2015], 269). Влажный воздух Фиальты, ее «оранжерейно-влажная сущность», «опоенное дождем» море заставляют вспомнить о гиганте Эфиальте, герое древнегреческих мифов, сыне Посейдона и Ифимедии. Согласно мифам, Ифимедия зачала Эфиальта и его брата-близнеца Ота от морской воды, которую она черпала ладонями и выливала себе на чресла.

22 Набоков, *Собрание сочинений русского периода*, 5: 151, 296–297.

23 Ср.: «Фиальта состоит из старого и нового города; но между собой новый и старый переплелись... и вот борются <...> и тут у каждого свои приемы: новый борется честно пальмовой просадью, фасадом меняльной конторы, красным песком тенниса, старый же из-за угла выползает уличкой на костылях или папертью провалившейся церкви» (577). «Fiume consists of the old town built on a hill, with crooked narrow streets, and the new town stretching along the shore, with fine broad streets, handsome squares and numerous elegant public buildings» (*The Encyclopedia Americana in 30 volumes* [New York, Chicago: Americana Corporation, 1919], XI: 303). В Ялте «центральную часть котловины между рекой Гувой и Учан-Су и склон Дарсана занимает Новый город. <...> По склонам отрога Яламах-Сыра расположен Старый город с Воронцовской и Мордвиновской слободками. <...> К сожалению, улицы Старого города неблагоустроены и

большей степени, Фиуме в меньшей — связаны с биографией Чехова и его рассказами о любви («Дама с собачкой», «Ариадна»). Тема адюльтера и некоторые детали в ВФ не могут не вызывать чеховские ассоциации, на что уже обращали внимание критики. М. Шрайер прочитал рассказ как диалогическую инверсию сюжета «Дамы с собачкой» и указал на несколько сходных мотивов[24]. Жолковский мимоходом отметил «чеховское сверкание какой-то серебряной бумажки»[25], которая в рассказе выполняет функцию люксметра, регистрирующего перемену освещения (574, 581). Любопытно, что в «Ариадне» на солнце сверкают трубы музыкантов, приехавших из Фиуме[26], но Жолковский, скорее всего, имел в виду не эту параллель, а знаменитый чеховский образ горлышка (вариант: стеклышка) от разбитой бутылки, блестящего в лунном свете на плотине, — образ, который Чехов использовал в рассказе «Волк» (1886)[27], рекомендовал брату Александру как образец описания природы[28] и, наконец, передоверил Тригорину в «Чайке»[29]. Кроме сверкающей

узки, особенно по Воронцовской слободке» (К.Ю. Бумбер и др. [ред.], *Крым: Путеводитель* [Симферополь, 1914], 485–487).

24 Maxim D. Shrayer, *The World of Nabokov's Stories* (Austin: University of Texas Press, 1999), 191–237.

25 Жолковский, "Philosophy of Composition", 272.

26 А.П. Чехов, *Полное собрание сочинений и писем в 30 томах. Сочинения в 18 томах* (М.: Наука, 1977), 9: 118.

27 «На плотине, залитой лунным светом, не было ни кусочка тени; на середине ее блестело звездой горлышко от разбитой бутылки. Два колеса мельницы, наполовину спрятавшись в тени широкой ивы, глядели сердито, уныло…» (Чехов, *Полное собрание сочинений и писем. Сочинения* [М.: Наука, 1976], 5: 41).

28 «В описаниях природы надо хвататься за мелкие частности, группируя их таким образом, чтобы по прочтении, когда закроешь глаза, давалась картина. Например, у тебя получится лунная ночь, если ты напишешь, что на мельничной плотине яркой звездочкой мелькало стеклышко от разбитой бутылки…» (Чехов, *Полное собрание сочинений и писем в 30 томах. Письма в 12 томах* [М.: Наука, 1974], 1: 242).

29 «Т р е п л е в. <…> Тригорин выработал себе приемы, ему легко… У него на плотине блестит горлышко разбитой бутылки и чернеет тень от мельничного колеса — вот и лунная ночь готова…» (Чехов, *Полное собрание сочинений и писем. Сочинения* [М.: Наука, 1978], 13: 55). Нет нужды напоминать, как зовут героиню «Чайки», за которую, как в ВФ, борются два писателя, известный и начинающий. В романе Набокова «Истинная жизнь Себастьяна Найта» одно из имен героини, соблазняющей двух писателей, известного и начинающего, — Нина Речная.

серебряной бумажки, к этой метонимии, ставшей своего рода фирменным знаком чеховской поэтики, отсылает и другая, даже более близкая деталь: «ревнивый блеск взъерошенных бутылочных осколков по верху стены» (564), исподволь вводящая важную для ВФ тему ревности и соперничества.

Омри Ронен увидел в ВФ пример соревновательности Набокова с Чеховым. «Здесь, — пишет он, — нежное описание „оранжерейно-влажной сущности" адриатической весны в городке, <...> очевидно вступает в стилистическое и тематическое состязание с раздраженными жалобами на дождь (да и на любовь) в „Ариадне" Чехова и в его письмах»[30]. Следует отметить, однако, что у Чехова в письме к В.М. Соболевскому имеется не менее нежное описание весны в Ялте: «...наступила великолепная весна. Светло до боли в глазах, тепло, цветут фиалки и миндаль, у моря ласковый вид»[31]. Не отсюда ли пришел в ВФ «плотный букет темных, мелких, бескорыстно пахучих фиалок», вдруг появившийся в руках у Нины в финальной сцене, и «белое сияние» солнца, ослепляющее рассказчика?

Во «впадине» названия Фиальты явственно слышится не только фиалка, но и фиал — слово из поэтического лексикона пушкинской эпохи и Серебряного века. Любопытно, что Бунин, ругавший рассказ, запомнил название приморского городка без «т». «Чего стоит эта одна пошлость — Фиала», — писал он Борису Зайцеву в 1946 г.[32]

Подобно всем прочим поэтическим сосудам, — чаше, бокалу, кубку, стакану, — фиал входит в многочисленные перифрастические формулы *пить/лить/проливать фиал чего-то* (чувства или состояния), причем образ может иметь как положительные, так и

30 Ронен, "Подражание, антипародия...", 259. Чехов побывал в Фиуме и Аббации в сентябре 1894 г., когда там шли проливные дожди, на что он и жаловался в письмах. Герой-рассказчик «Ариадны», подобно герою ВФ, приезжает в Аббацию «в ясный, теплый день после дождя, капли которого еще висели на деревьях», и начинает жаловаться на погоду много позже, с наступлением осени, когда «пошли дожди и стало холодно».

31 Чехов, *Полное собрание сочинений и писем. Письма* (М.: Наука, 1980), 8: 117–118. Набоков мог знать это письмо по изданию: *Письма А.П. Чехова*, под ред. М.П. Чеховой (М.: Книгоизд-во писателей в Москве, 1915), 5: 362.

32 Цит. по: "Письма И. Бунина к Б. Зайцеву", публикация А.Ф. Зеверса, *Новый Журнал* 138 (1980): 170–171.

отрицательные значения. Чаще всего в русской поэзии встречается фиал любви и/или наслаждения. Вот несколько примеров в хронологическом порядке:

Любви фиал! — В душе питать
Союз священный и единый!
Что б ни было, не изменять,
Любить и вопреки судьбины!
(Жуковский, «Тост», 1814)

Зизи, кристалл души моей,
Предмет стихов моих невинных,
Любви приманчивый фиал,
Ты, от кого я пьян бывал!
(«Евгений Онегин», 5, XXXII)

И выпив весь фиал блаженств и наслаждений,
Чтоб жизненный свой путь достойно увенчать,
В борьбе со смертию испробуй духа силы, —
И вкруг созвав друзей, себе открывши жилы,
Учи Вселенную, как должно умирать.
(А. Майков, «Древний Рим», 1845)

Я целовал,
Твердя: «О, Лада!»
Я ей давал
Любви фиал,
Она шепнула мне: «Не надо!»
(К.Бальмонт, «Лада», 1908)

Когда я близ тебя, мне чудится Египет,
Вот ночи Африки звездятся в вышине.
Так предвещательно и так тревожно мне,
Фиал любви еще не выпит.
(К.Бальмонт, «Юной кубанке», 1908)

О, счастье вступить за черту завоеванного
Священного сна

И выпить фиал наслажденья любовного
До самого дна!
(Б.Лившиц, «Эрос», 1909)

Медлю я покинуть долы
И смеюсь, встречая тень:
Мне любви фиал тяжелый
Каждый новый полнит день.
(Вяч. Иванов, «Медлю я покинуть долы…», переложение из романа Новалиса «Генрих фон Офтендингер», 1910)

С другой стороны, выпитый до дна, разбитый или наполненный отравой фиал — это символ смерти, подобный традиционной смертной или Христовой чаше. Так, Тютчев в «29-ое января 1837 года» писал о гибели Пушкина: «Кто сей божественный фиал / Разрушил, как сосуд скудельный?»; «смертный фиал» появляется в стихотворении А. Майкова «Ex tenebris lux» («Скорбит душа твоя. Из дня...», 1887); Г. Адамович и молодые парижские поэты-эмигранты из его окружения любили цитировать строфу стихотворения И. Анненского «Не могу понять, не знаю…»: «Из разбитого фиала / Всюду в мире разлита / Или мука идеала, / Или муки красота».

На присутствие «фиала» в «Фиальте» можно было бы и не обращать внимания, если б центральные для рассказа темы Эроса и Танатоса не сопрягались в нем с мотивом чаши/сосуда, жажды и питья[33]. Он вводится в описании аптечной витрины, «где за стеклом давно изнемогали от жажды большие бледные губки в синей вазе» (564). Двойное значение слова «губки» здесь подготавливает эротическую метафорику мотива: Нинино «дружеское любострастие» рассказчик сравнивает с родниковой водой, которой она «из своего ковшика охотно поила всякого, только напомни» (566–567); сам он испытывает «дикую жажду ее вкрадчивого прихода», когда ночует с ней в одном доме (576), а на предпоследней встрече с Ниной в Париже у него «разрывается сердце», когда он глядит на нее издали «со своим липким стаканчиком» (580).

33 Мотив жажды как «универсальный символ психологической мотивации, страсти, желания» обсуждался С. Сендеровичем, который связал его (на мой взгляд, безосновательно) с «Любовью к трем апельсинам» Карло Гоцци (см.: Сендерович, *Фигура сокрытия*, 2: 550–551).

Во второй половине рассказа, однако, эротическая метафорика уступает место мортальной и эвхаристической символике. Сцена в парижском кафе, как замечает рассказчик, представляет собой кощунственную карикатуру на Тайную Вечерю, где Фердинанд пародирует Христа, а внимающие ему гости — апостолов (572). Соответственно, напиток, который в этой сцене жадно пьет Нина («Она <…> сутулилась, присосавшись к соломинке, и с какой-то детской быстротой понижался уровень жидкости в бокале»), должен напоминать о Чаше причастия с кровью Христовой, то есть о смерти и воскресении. С кровью прямо ассоциируется и «большой стакан с ярко-красным напитком, бросавшим овальный отсвет на скатерть» (Bloody Mary? томатный сок, «рифмующийся» с «томатовым носом клоуна» на рекламе цирка? клюквенный сок паяцев Блока?), — во время завтрака рассказчика с Ниной, Фердинандом и Сегюром в Фиальте его пьет заезжий англичанин (о коем речь пойдет ниже) за соседним столиком. Заметив этот напиток, Фердинанд восклицает: «Я тоже хочу этой голубиной крови», — «обращаясь к лакею, который понял его желание, посмотрев по направлению перста, бесцеремонно указывавшего на стакан англичанина» (579).

Если знать, что через несколько часов прольется кровь Нины, то шутка Фердинанда приобретает характер зловещего предзнаменования[34]. Эпитет «голубиная» (то есть кроткая, мягкая, нежная, незлобивая) в контексте рассказа может относиться только к Нине, к ее «честной простоте, ей одной присущей», к ее отзывчивости, незлобивости, к ее «стонущей [как сизый голубок? — А.Д.] нежности»[35]. Получается, что всем пишущим о Нине, —

34 Еще одним предзнаменованием гибели можно считать упоминание о «каких-то красных кожаных кошельках», которые Нина рассматривает в «случайной лавке под аркадами» (567). Они перекликаются с красным кожаным мешочком Анны Карениной, символической деталью, открывающей и закрывающей трагический сюжет. Заметим также, что Нина, как и Анна, в поезде читает английский роман. По наблюдению Жолковского и Лекманова, железнодорожный мотив ВФ связан с «Анной Карениной» (см.: Жолковский, "Philosophy of Composition", 270–271; Лекманов, "Владимир Набоков", 121).

35 В русской поэзии 1920-х годов голубиная кровь нередко связывается со смертью. В стихотворении Эренбурга «Тело нежное строгает стругом…» (1922) Петр I казнит свою возлюбленную-«голубку»: «…И летит отхваченная бровь, / Стружки снега, матерная ругань, / Голубиная густая кровь» (И. Эренбург,

Фердинанду, Васеньке и подразумеваемому (implied) автору, — как вампирам, потребна ее «голубиная кровь», чтобы после смерти собрать нинины «разъединенные черты» в законченный портрет. Как замечает Жолковский, для Набокова «смерть и искусство — это, в сущности, некая единая инстанция, стоящая за и над жизнью»[36].

Кроме Фиальты, в рассказе фигурирует еще один вымышленный топоним — гора Св. Георгия — «расплывчато очерченная» в начале (562) и «нежно-пепельная <...> с собранием крапинок костяной белизны на боку (какая-то деревушка)» (581) в финале[37].

Местная достопримечательность, она не только видна из Фиальты в паре с «кладбищенским кипарисом», но и представлена в дурных художественных отражениях — на «цветных снимках с нее, которые тут же туриста ожидают» и в виде уродливого письменного прибора, — «каменного подобия горы Св. Георгия с черным туннелем у подножия, оказавшимся отверстием чернильницы» (574), — который Фердинанд, коллекционер уродств, покупает в сувенирной лавке, а потом оставляет на перилах кофейни.

Название горы тоже могло быть подсказано крымскими реалиями: мыс Фиолент когда-то называли мысом Св. Георгия; недалеко от него, в море, находится Георгиевская скала, на которой, по легенде, в 891 г. тонущим морякам явился Георгий-Победоносец, а на высоком берегу над ней — древний Свято-Георгиевский монастырь; Судакскую долину с севера защищает гора Ай-Георгий (Айор-Даг), то есть гора Св. Георгия. Если Набоков читал основополагающую работу А.Н.Веселовского «Св. Георгий в легенде, песне и обряде»,

---

Собрание сочинений в восьми томах [М.: Художественная литература, 1990], 1: 97). У Цветаевой в «Ханском полоне» (1921) «Кровь голубина» — это кровь распятого Христа (Марина Цветаева, *Стихотворения и поэмы*, Вступ. ст., сост., подгот. текста и примеч. Е.Б. Коркиной [Л.: Советский писатель, 1990], 234). Бальмонт в переводе сонета Эредиа «La jeune morte» («Юная ушедшая»), приведенном в его очерке «Гаданье» из книги «Где мой дом» (1924), добавил отсутствующую в оригинале «кровь голубиную» в просьбу мертвой девушки не убивать прилетевшего на ее могилу голубя: «Кровь голубиная да не мелькнет, алея. / Будь милым, пощади, крылатого жалея» (К.Д. Бальмонт, *Собрание сочинений в семи томах* [М.: Книжный клуб «Книговек», 2010], 6: 255).

36 Жолковский, "Philosophy of Composition", 270.

37 Любители набоковских анаграмм легко составят полную роспись «Владимир Набоков-Сирин» из букв последнего описания.

он мог заметить в ней упоминание о другой горе Св. Георгия близ турецкого черноморского города Амастрида (ныне Амасра)[38].

Каким бы ни было происхождение топонима, ясно, что он нужен Набокову, чтобы читатель ВФ вспомнил легенды о Георгии-Победоносце и их отражения в изобразительном искусстве. Попробуем разобраться, почему.

4. КТО ТУТ ГЕОРГИЙ, КТО ДРАКОН?

Если спроецировать сюжет легенды о Св. Георгии-змееборце, спасшем деву-царевну, обреченную на гибель, от страшного дракона, которому он отрубил голову(ы), на любовный треугольник ВФ, то роль царевны, естественно, достанется Нине, а дракона — ее мужу. Змееподобная сущность Фердинанда и его искусства эксплицирована в самом рассказе. Читатели его прозы испытывают «офиологический холодок» (570); он «прыскает ядом» в своих критиков и неотразимо действует «на мелких млекопитающих» (571), а попав в автомобильную катастрофу, отделывается «местным и временным повреждением чешуи» (582)[39]. Уродливая чернильница в виде горы с черным туннелем в ней, которую покупает Фердинанд, тоже напоминает о драконе, так как на многих западноевропейских картинах и русских иконах Св. Георгий поражает его копьем у горы с черной пещерой или норой, откуда он выполз.

Развивая аналогию Фердинанда и дракона, Ю. Левинг предложил интерпретацию ВФ как модернистской травестии георгианской легенды, где победоносцем оказывается сам рассказчик[40]. В кратком

---

38 А.Н. Веселовский, "Разыскания в области русских духовных стихов. II: Св. Георгий в легенде, песне и обряде", *Сборник Отделения русского языка и словесности Императорской Академии Наук* 21.2 (1881): 49.

39 И. и О. Ронены в статье «Diabolically Evocative: An Inquiry into the Meaning of a Metaphor» (1981), до сих пор остающейся одной из лучших работ о поэтике Набокова, относят Фердинанда к ряду набоковских демонических художников и видят в его изображении «портрет насмехающегося Змея» (цит. по: Ronen, *The Joy of Recognition*, 93).

40 См.: Юрий Завьялов-Левинг, "Убить дракона: Георгиевский комплекс в рассказе Набокова «Весна в Фиальте»", *Russian Language Journal* 52.171/173 (1998): 159–178.

авторском изложении эта интерпретация выглядит следующим образом:

> Рассказ являет собой модернистскую модель мифа о Св. Георгии, в котором дракона представляет Фердинанд, <...> а его противника — сам повествователь. С выпадением из классической схемы третьего элемента (смерть Нины) исчезает объект гипотетического спора. Герою приходится вступать в духовный, а не физический поединок, — в котором копье замещено пером, — и не с драконом, а с собственной памятью. Результатом и безусловной победой метафизического противостояния становится факт написания героем «Весны в Фиальте», чья композиция, таким образом, предвосхищает структуру «Дара», устроенного по принципу ленты Мебиуса. Писательский дар символически закодирован в горе с именем Победоносца, под видом сувенира-*чернильницы*, реализующей его творческую потенцию. Теряя в конце концов контроль над похищенной любовницей (сказочная жертва дракона), герой овладевает бо́льшим: он обретает то, от чего отказывается его противник-писатель, — дар самовыражения. (773–774)

В интерпретации Левинга, безусловно, есть зерно истины, но сводить конфликт к борьбе героя со своей памятью и объявлять Васеньку победителем противостояния, на мой взгляд, неверно. С точки зрения рассказчика, вспоминающего пятнадцатилетнюю историю отношений с Ниной, ее гибель — это, безусловно, поражение, так как судьба, постоянно сводившая их (подобно тому, как в «Даре» судьба «сводит» Федора и Зину), давала ему шанс попытаться освободить свою возлюбленную от «лжи и бреда» ее жизни. Он сам признает, что, довольствуясь случайными и короткими встречами с ней, попусту тратил «что-то изящное и неповторимое» и пренебрегал «всем тем скромным, но верным, что, может быть, шопотом обещало оно», хотя его и посещали мысли о «жизни с Ниной, жизни едва вообразимой, напоенной наперед страстной, нестерпимой печалью» (576–577). Только в Фиальте, перед самым расставанием (как потом выяснится, навсегда), он предпринимает робкую попытку признаться Нине в любви и тем самым перевести их банальную связь в другой, более одухотворенный регистр, но тут же пугается своих слов:

> Мы стояли, как будто слушая что-то; Нина, стоявшая выше, положила руку ко мне на плечо, улыбаясь и осторожно, так, чтобы не разбить улыбки, целуя меня. С невыносимой силой я пережил (или так мне кажется теперь) все, что когда-либо было между нами, начиная вот с такого же поцелуя, как этот; и я сказал, наше дешевое, официальное *ты* заменяя тем одухотворенным, выразительным *вы*, к которому кругосветный пловец возвращается, обогащенный кругом: «А что, если я вас люблю?» Нина взглянула, я повторил, я хотел добавить... но что-то, как летучая мышь, мелькнуло по ее лицу, быстрое, странное, почти некрасивое выражение, и она, которая запросто, как в раю, произносила непристойные словечки, смутилась; мне тоже стало неловко... «Я пошутил, пошутил», — поспешил я воскликнуть, слегка обнимая ее под правую грудь. (581)

Уже сама вопросительная форма признания, да еще с частицей «что если»[41], выдает сомнения Васеньки, боязнь сделать решительный шаг, и потому неожиданная для него реакция Нины заставляет его сразу же обратить свои слова в шутку. Между тем странное выражение на лице Нины, ее смущение отнюдь не обязательно означают нежелание или неспособность перейти на высокий язык

---

41 Форму объяснения в любви герой мог позаимствовать из стихотворения Альфреда де Мюссе «À Ninon» (1837), первая строфа которого звучит так: «Si je vous le disais pourtant, que je vous aime, / Qui sait, brune aux yeux bleus, ce que vous en diriez? / L'amour, vous le savez, cause une peine extrême; / C'est un mal sans pitié que vous plaignez vous-même; / Peut-être cependent que vous m'en puniriez» (Alfred de Musset, *Poésie complète*, Texte établi et annoté par Maurice Allem [Paris: Gallimard, 1951], 383). В переводе Апухтина, озаглавившего стихотворение «Нине» (!), вопросительная форма сохранена: «Что, чернокудрая с лазурными глазами, / Что, если я скажу вам, как я вас люблю? / Любовь, вы знаете, есть кара над сердцами, — / Я знаю, любящих жалеете вы сами... / Но, может быть, за то я гнев ваш потерплю» (А.Н. Апухтин, *Полное собрание стихотворений*, Сост., подгот. текста и примеч. Р.А. Шацевой [Л.: Советский писатель, 1991], 353). Следующие четыре строфы в «À Ninon» тоже начинаются с вопросительного «Si je...», а в «Нине» Апухтина — с «Что, если я...». Набоков, как известно, перевел два стихотворения Мюссе — «Майская ночь» и «Декабрьская ночь» — из того же сборника «Poésies nouvelles», что и «À Ninon».

любви. Может быть, перед Васенькой впервые приоткрывается та ее «скромная, но верная» сущность, о которой он догадывался, но его трусость оставляет Нину во власти дракона-Фердинанда и обрекает на гибель. У судьбы (или подразумеваемого автора рассказа, что в случае Набокова одно и то же), давшей герою последний шанс разорвать порочный круг, после его капитуляции нет других вариантов освобождения Нины от «лжи и бреда ее жизни» кроме смерти. Отвергнутая Васенькой Нина переходит в инобытие чужого, не васенькиного, литературного текста, а сам герой, по своей вине проворонивший настоящую любовь, остается в своем пошлом мире «с женой, дочками, доберман-пинчером (полевые венки, перстень и тонкая трость)» (577), наказанный за малодушие.

Как неоднократно отмечалось ранее, смертоносным орудием судьбы в ВФ становится цирк, а ее агентом, ипостасью автора — заезжий англичанин в клетчатых (то есть клоунских) шароварах[42]. В поле зрения рассказчика он попадает трижды: сначала у аптеки, где, как мы помним, изнемогают от жажды сухие губки; затем на улице, когда Васенька, проследив его вожделеющий взгляд, направленный в сторону, видит Нину; и, наконец, в кафе со стаканом «голубиной крови»:

> Я заметил в его прозрачных глазах то же упрямое вожделение, которое уже раз видел, но теперь оно никоим образом не относилось к Нине, на нее он не смотрел совершенно, а направлял пристальный, жадный взгляд на верхний угол широкого окна, у которого сидел. <…> Между тем англичанин вдруг решительно поднялся, встал на стул, оттуда шагнул на подоконник и, выпрямившись во весь свой громадный рост, снял с верхнего угла оконницы и ловко перевел в коробок ночную бабочку с бобровой спинкой.
>
> — …это как белая лошадь Вувермана, — сказал Фердинанд, рассуждая о чем-то с Сегюром. (578, 579)

42 См.: Barbara Heldt Monter, "«Spring in Fialta»: The Choice That Mimics Chance", Alfred Appel, Jr. & Charles Newman (eds.), *Nabokov. Criticism, reminiscences, translations and tributes* (Evanston, Ill.: Northwestern University Press, 1970), 129–130; Linda Nadine Saputelli, "The Long-Drawn Sunset of Fialta", Julian W. Connolly, Sonia I. Ketchian (eds.), *Studies in Russian Literature in Honor of Vsevolod Setchkarev* (Columbus, Ohio: Slavica, 1986), 233–243; Nicol, "«Ghastly rich glass»", 182–183; Жолковский, "Philosophy of Composition", 277, 278.

Мы не знаем, к чему относится оборванная реплика Фердинанда, заключающая сцену с англичанином, но в контексте творчества Набокова автореферентное значение сравнения не вызывает сомнений. Белая лошадь имеется почти на всех картинах голландского художника Филипса Вувермана (Philips Wouwerman, 1619–1668) и представляет собой его опознавательный знак, «собственноручную подпись», по которой опознается авторство[43]. Аналогичным образом у Набокова в качестве «собственноручной подписи» автора выступают бабочки, которые появляются во всех его романах и нескольких рассказах[44]. За два месяца до того, как Набоков начал работу над ВФ, из печати вышел номер «Современных записок» с последней частью «Приглашения на казнь», где герой начинает преодолевать страх смерти, когда перед казнью находит в своей камере великолепную ночную бабочку с мохнатой спинкой — посланницу богоподобного автора. Похожая ночница, пойманная англичанином — коллекционером, в отличие от Фердинанда, не уродств, а прекрасного, — отсылает именно к этой сцене, напоминая о том, что, по Набокову, смерть есть лишь очередная стадия метаморфоза.

Белая лошадь снова возвращает нас к легенде о Св. Георгии, потому что в живописной и иконописной традиции его атрибутом, как правило, является белый скакун, с которого он поражает дракона. Очевидно, Набоков отождествляет со змееборцем отнюдь не Васеньку, а безымянного любителя бабочек, за которым стоит невидимый, но всесильный автор, «переводящий» Нину в «коробок» своего текста. Это, кстати сказать, объясняет, почему на роль авторского заместителя в рассказе выбран именно англичанин. Ведь Св. Георгий — это покровитель Англии, чей официальный флаг, красный крест на белом фоне, носит название георгиевского. Более

---

43 Ср.: «Wouwerman — whose pictures may nearly always be told by a white horse, which is almost his sign-manual…» (Edward T. Cook, *A Popular Handbook to the National Gallery*, 6th ed. [London — New York: Macmillan, 1901], I (Foreign Schools): 453; пер.: «Вуверман — чьи картины почти всегда можно узнать по белой лошади, которая является чуть ли не его собственноручной подписью»).

44 См. перечень всех бабочек и мотыльков, упомянутых в произведениях Набокова: Dieter E. Zimmer, *A Guide to Nabokov's Butterflies and Moths* (Hamburg, 2001), 287–334.

того, день Св. Георгия отмечается в Англии 23 апреля, то есть в день рожденья Набокова.

5. ГОЛОС ИЗ ОГНЕННОГО ОБЛАКА

При всей насыщенности ВФ литературными аллюзиями и реминисценциями, в тексте есть только одна точная цитата. После того, как Васенька на вокзале случайно встречает уезжающую в Париж Нину, знакомит ее со своей женой и узнает, что она выходит замуж за Фердинанда, он вспоминает давно слышанный французский романс:

> ...все ускользало прочь с безупречной гладкостью, и я держал скомканный до неузнаваемости перронный билет, а в голове назойливо звенел Бог весть почему выплывший из музыкального ящика памяти, другого века романс (связанный, говорили, с какой-то парижской драмой любви), который певала дальняя моя родственница, старая дева, безобразная, с желтым, как церковный воск, лицом, но одержимая таким могучим, упоительно полным голосом, что он как огненное облако поглощал ее всю, как только она начинала:
>
> On dit que tu te maries,
> tu sais que j'en vais mourir,
>
> и этот мотив, мучительная обида и музыкой вызванный союз между венцом и кончиной, и самый голос певицы, сопроводивший воспоминание, как собственник напева, несколько часов подряд не давали мне покоя, да и потом еще возникали с растущими перерывами, как последние, все реже и все рассеяннее приплескивающие, плоские, мелкие волны или как слепые содрогания слабеющего била, после того как звонарь уже сидит снова в кругу своей веселой семьи. (569–570)

Набоков цитирует здесь начало чрезвычайно популярной в 1860–80-е годы песни для женского голоса «Ay Chiquita!» («Ах, Чикита!») испанского композитора Себастьяна Ирадьера (Sebastian de Iradier Salaverri, 1809–1865) с французским текстом Поля Бернара. Как рассказывалось в предисловии к песеннику конца XIX в., приехав в Париж, Ирадьер вошел в круг Россини, а его слава достигла своего апогея, когда на сцене театра «Водевиль» опереточная певица Жюльет Бо исполнила в какой-то комедии его знаменитую «Чикиту». «Песня произвела в Париже подлинный фурор, а ее припев был у всех на устах»[45]. В песне покинутая женщина обращается к своему неверному возлюбленному, который бросил ее и женится на другой, говорит, что скоро умрет, и предупреждает, что вина за ее смерть всегда будет на его совести:

On dit que tu te maries,
Tu sais que j'en vais mourir.
Ton amour, c'est ma folie.
Hélas! je n'en puis guerir.

Prends garde que dans l'église
Quand viendront les fiancés,
Dans l'ombre l'écho ne dise
Le psaume des trépassés.

Adieu! le passé se brise…
Tu veux un nouvel amour;
Mais ne crois pas qu'il suffise,
Pour oublier, d'un seul jour.

Qui voudrait, qui voudrait encore
Qui voudrait m'aimer, ah! dis-moi?
Aimer celle qui t'adore
Et qui meurt, qui meurt pour toi.
Qui voudrait, qui voudrait encore
Ay Chiquita!
Qui voudrait aimer celle qui t'adore
Et qui meurt, qui meurt pour toi.

En passant devant ma porte,
Si tu vois prier le soir,

---

45 *Échos d'autrefois: Romances et Chansons en vogue au Temps de la Crinoline. I: Le Cahier de la Grand'Mère. II: Le Cahier du Grand-Père*, Deux volumes avec accompagnement de Piano, Préface d'Henri Heugel (Paris: Heugel & Cie, 1900), iv.

Dis-toi c'est la pauvre morte,
La morte de désespoir!

Tandis que pour te complaire
L'épouse te sourira,
Sous un voile funéraire
C'est moi qu'on emportera.

Ton cœur ne saura que faire
D'aimer ou bien de gémir.
Je resterai ton calvaire,
Car tu m'auras fait mourir.

Qui voudrait, qui voudrait encore, etc[46].

(Перевод: Говорят, что ты женишься. Ты знаешь, что я от этого умру. Твоя любовь — это мое безумие. Увы, я не могу от него излечиться. // Смотри, чтобы в церкви, когда туда войдут новобрачные, эхо в полумраке не зазвучало бы погребальным псалмом. // Прощай! Прошлое разбивается… Ты хочешь новой любви; Но не думай, что тебе хватит одного дня, чтобы меня забыть. // *Припев:* Ах, скажи мне, кто же еще, кто же еще захочет, кто захочет полюбить меня? Полюбить ту, которая тебя обожает и которая умирает, умирает из-за тебя. Кто захочет, кто ж еще захочет — ах, Чикита! — кто ж захочет полюбить ту, которая тебя обожает и которая умирает, которая умирает из-за тебя. // Проходя вечером перед моей дверью, если услышишь молитвы, скажи себе: это отпевают бедную покойницу, которую отчаяние свело в могилу. // Когда, чтоб тебе угодить, твоя супруга тебе улыбнется, меня унесут под траурным покрывалом. // Твое сердце не будет знать, что делать: любить или стенать? Я останусь твоей Голгофой, потому что ты меня погубил. *Припев.*)

Считается, что песня была написана под впечатлением любовной драмы, в 1861 г. взбудоражившей Париж. Актриса Мария Гарсия,

46 Ibid., 58–59.

узнав, что ее любовник, известный критик, поэт и писатель Арсен Уссе (Arsène Houssaye, 1815–1896), женится на богатой аристократке из Перу, пришла в отчаяние, явилась к нему и сказала: «Прощай! Ты приговорил меня к смерти». Накануне свадьбы она попыталась принять яд; когда же эта попытка самоубийства не удалась, выбросилась из окна, чудом осталась в живых, но вскоре умерла от нервного расстройства[47].

На первый взгляд может показаться, что Васенька вспоминает песню и стоящую за ней историю несчастной любви потому, что его взволновало и расстроило известие о том, что Нина выходит замуж (знак волнения — скомканный билет). Однако сравнение могучего голоса певицы с огненным облаком подсказывает иную интерпретацию. Согласно традиции, восходящей к Ветхому Завету[48], из огненного облака глаголет Бог, истина, высшая правда, как, например, в пасхальной «Чаше времен» (1914) Андрея Белого:

И голос поднимается
Из огненного облака:
«Вот чаша благодатная, исполненная дней!»
И огненные голуби
Из огненного воздуха
Раскидывают светочи, как два крыла над ней[49].

Следовательно, песня, звучащая из облака, не выражает чувства слушающего, а обращается к нему и сообщает нечто такое, чего он до сих пор не знал. Сетования оскорбленной женщины, которая называет ушедшего от нее возлюбленного виновником ее будущей смерти и предрекает ему муки совести, в контексте рассказа могут быть соотнесены лишь с чувствами Нины, чья гибель, подобно гибели Марии Гарсиа, подтверждает истинность пророчества. Если

---

47 Arsène Houssaye, *Les confessions. Souvenirs d'un demi-siècle 1830–1880* (Paris: E. Dentu, 1885), IV: 22; Henri d'Alméras, *La vie Parisienne sous le Second Empire* (Paris: Albin Michel, 1933), 248–249.

48 Ср. особенно начало «Книги пророка Иезекииля»: «И я видел: и вот бурный ветер шел от севера, великое облако и клубящийся огонь, и сияние вокруг него. А из середины его как бы свет пламени из середины огня <…> Такое было видение подобия славы Господней. Увидев это, я пал на лице свое и слышал глас Глаголющего...» (1:4–5; 2:1).

49 Андрей Белый, *Стихотворения* (Берлин: Изд-во З.И. Гржебина, 1923), 465.

мы внимательно посмотрим на историю ее отношений с Васенькой, то мы увидим, что у нее были основания чувствовать себя обиженной и оскорбленной. После встречи в Берлине, когда, как сообщает рассказчик, «уже никакие преграды не разделяли [их]», и он «бессовестно испытывал степень ее тайного терпения» (568), Васенька преспокойно женится на своей Елене Константиновне[50], хотя Нина к этому моменту оставила своего жениха и, судя по всему, совершенно свободна.

Об истинных чувствах Нины нам остается только догадываться, потому что ее голос в рассказе, как и голос Лолиты в «исповеди» Гумберта Гумберта, почти полностью заглушен голосом героя-рассказчика, навязывающего читателю свое восприятие событий и их участников. Отсылка к старинному романсу и давно забытой драме несчастной Марии Гарсиа в таком случае вполне может служить ключом[51], позволяющим нам усомниться в полной правдивости того, что герой сообщает нам о характере, мотивах и поступках погибшей любовницы, и увидеть за историей случайных встреч и упущенных шансов еще одну драму женской любви.

---

50 Любопытно, что те же имена — Елена Константиновна и Нина — носят две героини-соперницы в романе П. Боборыкина «Перевал» (1894). Первая из них ученая дама-археолог, вдова, несчастливая в любви, вторая — неверная жена, легкомысленная мастерица «высшего любовного спорта».

51 Сразу же после процитированного фрагмента Васенька упоминает следующую встречу с Ниной в Париже, где он сталкивается с ней в гостинице, причем она держит ключ в руке (570). Их последний поцелуй на площадке в Фиальте тоже связан с мотивом ключа: «У ног наших валялся ржавый ключ, и на стене полуразрушенного дома, к которой площадка примыкала, остались висеть концы какой-то проволоки» (581).

ПАРАДОКСАЛЬНЫЕ РЕЧЕВЫЕ АКТЫ В ЛИТЕРАТУРЕ

Трансформативы и контраформативы

MIKHAIL EPSTEIN
(Atlanta)

В существующей теории речевых актов, разработанной Джоном Л. Остином (John L. Austin), выделяются констативные (constative) и перформативные (performative) высказывания. Констативы сообщают о фактах, констатируют некое положение вещей: «Мама мыла раму», «Земля вращается вокруг Солнца». В отличие от них, перформативы сами исполняют то, о чем сообщают, т.е. осуществляют те действия, о которых объявляют, самим фактом такого объявления. Например, перформативны дипломатическое «Объявляем войну» и джентльменское «Вызываю на дуэль». «Провозглашение» (annunciation) является, пожалуй, самым известным типом перформативных высказываний. «Провозглашается независимость нашей республики», «Объявляю Олимпийские игры открытыми». Другой тип перформативов — контрактивные высказывания: «Договорились: жду тебя в среду». «Обещаю не подвести». «Спорим, что он не придет». «Завещаю все мое имущество сыну» и т.д. Перформатив — это «слово есть дело». Перформативные высказывания не могут оцениваться как истинные или ложные; поскольку они не соотносятся с внеречевой ситуацией, их можно назвать *самоистинными*.

ТРАНСФОРМАТИВНЫЙ РЕЧЕВОЙ АКТ

Наряду с констативными и перформативными высказываниями можно выделить еще один класс: *трансформативные*. Они трансформируют исходную коммуникативную установку (presupposition) речевого акта, сообщают об отношении говорящего к собеседнику нечто такое, что радикально меняет само это отношение. К их числу относятся признания: «Я тебя люблю». «Я больше тебя не люблю». «Я решил уйти от тебя». «Я — твой отец». «Я убил твою сестру». «Мы больше не друзья». Они меняют коммуникативные роли говорящих вплоть до противоположных. Друзья становятся любовниками или, наоборот, врагами; малознакомые люди оказываются отцом и сыном; господин и раб меняются местами, и т.п. Знаками такой трансформации может быть прекращение знакомства, переход с «вы» на «ты» и наоборот, переход к внеязыковым способам коммуникации или дискоммуникации (удар, драка, выстрел…)

Например, «я тебя люблю» — это, как правило, не чисто констативное высказывание, которое сообщает о наличии такого чувства (в отличие от высказывания в третьем лице: «Иван любит Марью»). Это и не перформативное высказывание, так как оно не осуществляется актом самого говорения (в отличие, например, от провозглашаемого священником: «объявляю вас мужем и женой»). Это трансформативное высказывание, поскольку оно не только сообщает нечто об отношении говорящего к собеседнику, но и меняет это отношения самим фактом сообщения о нем. Признание в любви — коммуникативный акт, преобразующий изнутри сам процесс коммуникации. Это момент напряженной бифуркации в эмоционально-речевой сфере: от признания в любви предполагается переход к внесловесной коммуникации — языку жестовому, тактильному (прикосновение, объятие, поцелуй), либо, в случае отрицательного ответа, разрыв коммуникации (молчание, уход, пощечина). Разумеется, в реальности выбор намного богаче, важно лишь подчеркнуть, что трансформатив — это речь, взрывающая сами условия речи.

Часто трансформативные высказывания описывают отношения между говорящими, т.е. выстраивают метауровень ситуации общения. Однако далеко не все подобные высказывания являются трансформативными. Например, «давай больше общаться», «нам нужно лучше понимать друг друга» — метаречевые, но не трансформативные речевые акты.

Трансформативами богаты сочинения Ф. Достоевского. Например, в «Преступлении и наказании» трансформативом в разговоре Раскольникова с Соней служат его слова «погляди-ка хорошенько», вдруг открывающие Соне, кто перед ней. Это уже не благодетель ее отца, каким она раньше его воспринимала, но убийца ее подруги.

> — Так не можешь угадать-то? — спросил он вдруг, с тем ощущением, как бы бросился вниз с колокольни.
>
> — Н-нет, — чуть слышно прошептала Соня.
>
> — *Погляди-ка хорошенько.*
>
> ....
>
> — *Угадала?* — прошептал он наконец.
>
> — Господи! — вырвался ужасный вопль из груди ее[1].

Знаком изменившихся отношений служит немедленный переход Сони на «ты» с Раскольниковым. Раньше только он говорил ей «ты», а она обращалась к нему на «вы». Но теперь перед ней — не господин студент, а преступник, отверженный, ее брат по несчастью:

> — Нет, нет *тебя* несчастнее никого теперь в целом свете! — воскликнула она, как в исступлении... за *тобой* пойду, всюду пойду! О господи!.. Ох, я несчастная!.. И зачем, зачем я *тебя* прежде не знала! Зачем *ты* прежде не приходил?[2]...

В рассказе А. Чехова «Толстый и тонкий» встречаются два друга детства и непринужденно предаются гимназическим

---

1 Ф.М. Достоевский, *Полное собрание сочинений в 30 томах* (Л.: Наука, 1973), 6: 315. Курсивом в цитатах здесь и далее выделены элементы трансформативных высказываний.

2 Там же, 316.

воспоминаниям. Но вот оказывается, что один из них стоит на несколько ступеней выше по служебной лестнице:

> — Нет, милый мой, поднимай повыше, — сказал толстый. — *Я уже до тайного дослужился... Две звезды имею*[3].

После этого меняется все: и манера обращения, и интонация, и даже внешность тонкого. С «ты» он переходит на «вы», начинает употреблять подобострастные словоерсы и обращается к другу уже не «Миша», а «ваше превосходительство»:

> Тонкий вдруг побледнел, окаменел, но скоро лицо его искривилось во все стороны широчайшей улыбкой; казалось, что от лица и глаз его посыпались искры. Сам он съежился, сгорбился, сузился... <...>
>
> — Я, ваше превосходительство... Очень приятно-с! Друг, можно сказать, детства и вдруг вышли в такие вельможи-с! Хи-хи-с. <...> Милостивое внимание вашего превосходительства... вроде как бы живительной влаги[4]...

Первооткрывателем трансформативов, хотя и не в специально лингвистическом смысле, можно считать Аристотеля. В «Поэтике» (XI) он выделяет два элемента трагического действия: перипетию и узнавание:

> Перипетия — это перемена происходящего к противоположному... Так, например, в «Эдипе» вестник, пришедший с целью обрадовать Эдипа и избавить его от страха перед матерью, объяснив ему, кто он был, произвел противоположное действие[5].

Трансформативный речевой акт именно ведет к перипетии, перевороту ситуации. Причем часто это происходит благодаря

---

3 А.П. Чехов, *Полное собрание сочинений и писем в 30 томах. Сочинения в 18 томах* (М.: Наука, 1975), 2: 251.

4 Там же.

5 Аристотель, *Поэтика*, перевод, введение и примечания Н.И. Новосадского (Л.: Academia, 1927), 53.

узнаванию, т.е. выявлению иной идентичности в говорящем либо его собеседнике.

> Узнавание, как обозначает и самое слово, — это переход от незнания к знанию, или к дружбе, или вражде тех, кого судьба обрекла на счастье или несчастье. А самые лучшие узнавания те, которые соединены с перипетиями, как, например, в «Эдипе»[6].

Трансформативный тип высказывания аналогичен совмещению перипетии и узнавания. Высказывается нечто, что приводит к перестановке ролей говорящих и изменению типа коммуникации между ними. Так, Эдип узнает от старого пастуха, что, вопреки приказу Иокасты, тот пощадил младенца, самого Эдипа, который впоследствии становится убийцей своего отца и мужем своей матери.

Пастух
О, горе! Страшно молвить…
Эдип
А мне страшней услышать… Говори!..
Пастух
Дитя — я помню — звали царским сыном… <…>
Когда ты тот, кем он тебя назвал,
О, царь мой, ты несчастен!..
Эдип
Горе! Горе!
Отныне мне все ясно. Свет дневной,
Погасни же в очах моих! Я проклят,
И проклятым рожден — я осквернил
Святое ложе, кровь святую пролил[7]!

Изучение трансформативов имеет для философии и логики не меньшее значение, чем изучение перформативов и семантических

6 Там же.

7 Софокл, “Эдип-царь”, пер. с греч. Д.С. Мережковского, Д.С. Мережковский, *Полное собрание сочинений* (М.: М.О. Вольф, 1912), XIV: 105–106.

парадоксов. В таких высказываниях, как «критянин говорит, что все критяне лжецы» (парадокс Эпименида), объект высказывания совпадает с его субъектом, что ведет к известным логическим парадоксам (если критянин прав, то он лжет). В трансформативах объект высказывания чаще всего совпадает с его адресатом: «Ты подлец», «Я тебя никогда не любила», «Я жду от тебя ребенка», «Ты написал на меня донос», «Я тебя убью», «Между нами все кончено», «Все, что я говорила тебе раньше, — неправда». Именно превращение адресата сообщения в его объект, как в случае узнаваний или интимных признаний, чаще всего ведет к трансформативному эффекту, к установлению или разрыву коммуникации или изменению ее типа. Впрочем, возможно и совпадение объекта с субъектом, если это принципиально меняет роль адресата: «Я — Мессия», «Я — твой отец», «Я тайный советник» и т.д.

КОНТРАФОРМАТИВНЫЙ РЕЧЕВОЙ АКТ

Еще один тип речевого акта, соотносимый с перформативным, — *контраформативный* (counterformative). Это перформатив наоборот: он осуществляет *противоположное* тому, что сообщает или провозглашает.
Приведем примеры контраформативов в бытовой речи:

«Не слушайте ничьих советов!»

Это высказывание требует не слушать советов — и вместе тем дает совет. Послушаться его — значит не послушаться.

«Ты уже спишь? — Да!»

Примером контраформатива, развернутого в целое поэтическое произведение, может служить стихотворение Ф. Тютчева «Silentium». Его крылатая строка «Мысль изреченная есть ложь» — яркий образец контраформативного акта, само осуществление которого находится в противоречии с его содержанием. Понятие «ложь» относится и к той мысли, которая высказана в данной фразе, а значит, истинно ее опровержение: «мысль изреченная не есть ложь».

Ролан Барт характеризует высказывание «я мертв» из новеллы Эдгара По «Правда о том, что случилось с мистером Вальдемаром» как «языковой скандал».

> …в известном смысле можно сказать, что перед нами — перформативная конструкция, но такая, которую ни Остин, ни Бенвенист, конечно, не предвидели в своих анализах <…> В нашем случае невозможная фраза перформирует собственную невозможность[8].

По сути, Барт дает точное определение контраформатива как перформатива наоборот. Контраформативные речевые акты не осуществляют то действие, которое они обозначают, но демонстрируют свою несовместимость с ним, свою невозможность или ложность.

Контраформативным может быть целый текст, который сообщает о том, что данный предмет не стоит внимания, что выставка не удалась, что книга пустая и бессмысленная, что помпезное мероприятие выеденного яйца не стоит, — и тем не менее длинно, обстоятельно рассказывает о том, что, по утверждению автора, не заслуживает сообщения. Контраформативы часто встречаются во вступительных, начальных разделах текста, задавая упругую динамику противоречия между исходным содержанием и конечной целью сообщения (или видимым ее отсутствием). «Итак, премьера состоялась. Но писать в сущности не о чем...» И далее следует подробный отчет о том самом событии, которое, по исходной заявке, вообще не достойно описания.

Типичный пример контраформатива — такие зачины, предваряющие долгие рассуждения: «Не знаю, что и сказать». «Тут и говорить не о чем». «Мне трудно об этом судить».

Можно выделить *фундаментальные* контраформативные высказывания, значение которых противоречит базовой прагматике — самой возможности высказывания. «Я мертв» и «Я не человек» относится к этой категории. Сюда подходит

8 Ролан Барт, "Текстовой анализ одной новеллы Эдгара По", пер. с фр. С.Л. Козлова, Ролан Барт, *Избранные работы: Семиотика. Поэтика*, сост., общ. ред. и вступ. ст. Г.К. Косикова (М.: Прогресс, 1989), 453–454.

любая самоидентификация, отличная от человеческой: я слон, я полевой цветок, я камень, я планета, я клетка. Например, одно из стихотворений Е. Евтушенко начинается так: «Я кошелек. Лежу я на дороге»[9]. Прием персонификации, когда в сказках или стихах начинают говорить вещи, стихии, деревья, может рассматриваться как контраформативный.

«Я не умею говорить».
«Я не умею писать».
«Мне нечем и не на чем писать».

Круг контраформативов можно расширить, включив в них практически все высказывания от первого лица, предикат которых стоит в настоящем времени и не выражен глаголами «пишу», «думаю», «знаю», т.е. глаголами интеллектуального действия, совместимыми с актом письма. Высказывания типа «я бегу» или «я плыву» по сути контраформативны, поскольку их прямой смысл исключает параллельную письменную деятельность, на которую указывает первое лицо настоящего времени.

К числу контраформативов можно отнести и такие высказывания, прагматический эффект которых — намеренно или нет — противоречит их прямой интенции. Таковы сократовское «я знаю, что ничего не знаю» и гегелевское «история учит человека тому, что человек ничему не учится из истории».

Утверждение «Я умнее всех», произнесенное без оттенка самоиронии, может свидетельствовать об отсутствии у говорящего того качества, которое он приписывает себе. Последняя книга Фридриха Ницше «Ecce Homo» названиями своих глав: «Почему я так мудр», «Почему я так умен», «Почему я пишу такие хорошие книги», «Почему я являюсь роком» — провоцирует их интерпретацию как контраформативов.

Самокритика и самоирония, как правило, относятся к контраформативному типу высказывания, очень существенному для всего дискурса гуманитарных наук. Непонимание или недооценка контраформативности может привести к межкультурным или межэтническим конфронтациям. Например, культура А устами своих

9 Евг. Евтушенко, *Обещание* (М.: Советский писатель, 1957), 64.

заслуженных и уважаемых представителей покаянно заявляет о своем несовершенстве, о преобладании в ней узкого канона, в котором слабо представлены ценности других культур, таких, как B и C. Культура B делает из этого вывод, что культура A глубоко ущербна, поскольку она принижает себя. Культура C из этой самокритики культуры A делает еще более решительный вывод о своем превосходстве над нею. Между тем именно самокритика культуры A свидетельствует об ее открытости, о ее готовности вбирать ценности других культур, что нисколько не умаляет ее достоинства, а напротив, ставит выше тех культур, которые настаивают на своей исключительности, гордятся своей «суверенностью». Самокритика контраформативна, поскольку акт признания своих недостатков есть первый и важнейший шаг к их преодолению. Прагматика высказывания (позитивная) здесь вступает в противоречие с его семантикой (отрицательной, критической).

Контраформативы представляют собой малоисследованный тип языковых парадоксов, возникающих в результате расхождения семантических и прагматических аспектов сообщения, message и medium. Контраформативы образуются из разрыва *между передаваемой информацией и эффектом ее передачи*. Сам факт, время, длительность передачи сообщения могут вступать в противоречие с его содержанием, когда, например, громко призывают к молчанию или долго говорят о том, что говорить не о чем.

Следует отличать контраформативы от семантических парадоксов самореференции, типа «парадокса лжеца». Последние связаны с циркулярностью значения, использованием одного понятия на двух уровнях — субъекта и объекта высказывания («это предложение ложно»). Контраформативы образуются не собственно в области семантики (значения), а в области соотношения семантики и прагматики: значение сообщения противоречит факту или цели его передачи.

СОЕДИНЕНИЕ ТРАНСФОРМАТИВОВ И КОНТРАФОРМАТИВОВ

До сих пор трансформативы и контраформативы обсуждались раздельно, но они могут соединяться и дополнять друг друга, усиливая парадоксальность речевых актов.

Выделим один тип контраформатива, основанный на парадоксе коммуникативной установки. Говорящий ищет согласия собеседника, приводит аргументы, объясняет мотивы, иногда даже угрожает в случае разногласия. Но если собеседник охотно идет ему навстречу, это вызывает крайнее неудовольствие и может привести к полной трансформации коммуникативных отношений. Например, если говорящий из деланной скромности принижает свою роль и превозносит собеседника, а собеседник принимает это за чистую монету и начинает куражиться, возникает конфликт. Или если один из партнеров заявляет другому: «Я ухожу от тебя» — в сознательной или бессознательной надежде, что его удержат от этого шага, то покорное согласие — «что ж, уходи» — может вызвать ярость. В этом случае контраформативы, заявляя или утверждая одно (семантика), подразумевают другое, прямо противоположное (прагматика).

В рассказе Дениса Драгунского «Гордость и предубеждение. Откровенно, по-мужски»[10] отец девушки вызывает ее друга на разговор и требует оставить дочь в покое. Просто так погулять можно, а о женитьбе пусть не мечтает. Молодой человек отвечает, что он и не собирается жениться. Отец, оскорбившись, выгоняет его из дома, хотя собеседник сразу же согласился исполнить его просьбу. Слишком легко, поскольку отцу хотелось бы встретить какое-то сопротивление, свидетельство привязанности молодого человека к своей дочери.

Таков контраформативный аспект речевого поведения персонажей, но есть и трансформативный. Начинается разговор вежливо: «я не осуждаю вас», — а кончается эмоциональным взрывом: «вон отсюда». Трансформативом здесь служат фразы: «Аня — хорошая девочка, да. Ну и всё. Почему я должен на ней жениться?»[11] Эти же фразы выступают и как контраформативные, поскольку в устах молодого человека, выражая согласие с отцом, они несут противоположный смысл: инициатива отказа теперь исходит уже от самого «жениха».

---

10 Денис Драгунский, *Взрослые люди* (М.: АСТ, 2013), 25–26.

11 Там же, 26.

Далее парадоксальность речевой ситуации усиливается, и функции трансформатива и контраформатива опять-таки переходят друг в друга:

> В коридоре Толю ждала Аня.
>
> — Значит, *хорошая девочка и всё?* — прошипела она.
>
> — Поехали ко мне, — сказал он. — А завтра с утра — в загс.
>
> — Спасибо, я подумаю. Тебя довезти до станции?
>
> — Сам дойду[12].

Фраза про «хорошую девочку» теперь разрушает и отношения молодых людей, хотя Толя, вопреки своему прежнему заявлению, предлагает регистрацию брака. Соглашаясь с советом отца («не жениться»), он достигает прямо противоположного эффекта (ему отказывают от дома), а действуя вопреки запрету («с утра — в загс»), добивается лишь его усиления (теперь его выпроваживает уже и дочь). Мы видим, как семантика речевого акта вступает в противоречие с его прагматикой: согласие — разъединяет, а несогласие — усиливает разъединенность. Такая динамическая игра, «перестрелка» между семантикой и прагматикой и составляет коллизию речевых актов в рассказе.

Как пример слияния контраформатива и трансформатива в одном кратчайшем речевом акте приведем манеру поэта и художника Дмитрия Пригова представлять себя в полной официальной форме, как «Дмитрия Александровича». Точно так же он обращался ко всем собеседникам, даже к ближайшим друзьям, — по именам-отчествам, которые безукоризненно помнил. По сути, это было контраформативное высказывание. Строгая, официальная манера обращения в глубоко неформальной среде художников-концептуалистов, с одной стороны, противоречила речевому этикету этой среды, с другой, подтверждала, что само общение в ней есть своеобразный перформанс. Это обращение смещало смысл сразу в противоположные стороны: официозности и фамильярности (игры). Официозное раскрывалось в плане семантики (имя-отчество), а игровое — в плане прагматики (вовлечение в концептуальный перформанс).

---

12 Там же.

Эта контраформативность приводила к трансформациям в актах коммуникации. Исходная неформальная установка, благодаря такому официальному обращению, подвергалась критике, устанавливалась дистанция. Но постепенно сама эта дистанция начинала восприниматься как пространство игры, в котором собеседник мог инициировать для себя и другие разные роли, оставаясь в рамках почтительного дискурса. Эта трансформация происходила непрестанно, от реплики к реплике, и составляла часть того, что Д.А. Пригов называл «мерцающей эстетикой», когда дистанция между автором и героем, а значит, и степень «цитатности» постоянно меняются[13]. По мысли Пригова, мерцательное отношение между автором и текстом пришло на смену концептуальности, причем очень трудно определить (не только для читателя, но и для автора) степень искренности при погружении в текст и чистоту дистанции при отстранении от него[14]. В центре оказывается драма взаимоотношений между автором и текстом, колебание между текстом и позицией вне текста. Сам Д.А. Пригов то «влипал» в свои речевые акты, педалируя «новую искренность», то «отлипал», подчеркивая дистанцию по отношению и к своей коммуникативной роли, и к собеседнику. Таким образом, парадоксальность речевых актов интегрировалась в эстетический проект концептуализма.

13 См.: М.Н. Эпштейн, *Постмодерн в русской литературе* (М.: Высшая школа, 2005), 449.

14 Там же, 438–447.

CREATING A SINCERE VOICE

One Poetic Device in Pushkin's Lyrics of the 1830s

STUART GOLDBERG
(Atlanta)

What constitutes a sincere voice in poetry? A definition broad enough to encompass multiple periods and authors might sound as follows: A sincere voice in poetry is firstly a *human* voice, a voice that somehow manages by its inflections to imply a thinking and speaking subject constituted outside the frame of literature. A sincere voice is also a voice that has the qualities necessary to convince its interlocutor that it speaks in good faith, conveying—though not necessarily directly—that which it believes to be a truth, or truths, about self or world. Moreover, it expresses these truths not as a function of their being universally accessible or accepted, but in a manner that demonstrates their being personally experienced, interrogated, or lived.[1]

1 This definition is purposely cast broadly enough to encompass a range of sincere voices, including those that fall into the category of the "authentic," i.e., those implying not as much a "congruence of avowal and [. . .] feeling" (Lionel Trilling, *Sincerity and Authenticity* [Cambridge, MA: Harvard University Press, 1972], 2), as truth to a self not, or at least not overly or overtly, circumscribed by societal custom. A "resonantly" sincere voice in my parlance is one that goes beyond a lack of evidence to the contrary or simple historical, situational, or genre-based assumptions (often, indeed, against them) to impress upon the reader—not through avowals, but through its framings, modulations, and vocal gestures—its sincerity.

It is clear that in order for such a sincere voice to be audible to a given reader, as in any communicative act, there must be sufficient overlap of cultural and linguistic codes to allow for the message, in this case, the sincerity of what is conveyed, to be registered.[2] In the 2009 collection *The Rhetoric of Sincerity*, the editors begin their introduction with an acknowledgement of sincerity's performativity, its "bodily, linguistic and social performances." Sincerity is "culturally specific" and dependent not only on words, but on gesture, tone, mimicry, and so on.[3] Since sincerity and its embodiments are thus culturally embedded and ever-evolving, a search for universal agreement about sincerity is fruitless. Sincerity's meaning changes with time and cultural milieu, as does its poetic signature. However, we can seek to identify the framings and markings that allow one who shares the author's code (or whose cultural codes the author engages) to register a resonant sincerity in the same way we might seek those registering irony or any other emotive tonality.[4]

In what follows, I will examine in Alexander Pushkin's works not biographical sincerity (the pursuit of which is futile) or avowals of sincerity (and their potential ideological and rhetorical inconsistencies), but rather the sincere voice, which is the "audible" result of a purportedly successful encoding or "performance" of sincerity by the poet. To this end, I will explore the functioning of one complex (multidimensional) compositional/stylistic device to which Pushkin appears to have turned, consciously or unconsciously, in order to engender a sincere voice in his lyrics of the 1830s. In some small part, I hope to address the question of how a sincere voice can become inscribed in poetry—despite the manifold obstacles erected by poetic language. As a result of the natural wearing of poetic tropes, forms, and voices, once sincerity—or at least the appearance of sincerity—has been established as a value,[5] it becomes necessary to continually reinvent sincerity as a poetic "device."

2 Cf. Roman Jakobson's model of the speech act ("Closing Statement: Linguistics and Poetics," in *Style in Language*, ed. Thomas A. Sebeok [Cambridge, MA: MIT Press, 1960], 353); Jürgen Habermas on potential success or failure, in the speech act, of sincerity, as of other validity claims (*The Theory of Communicative Action*, 2 vols. [Boston: Beacon Press, 1984–87], 1:15–17).

3 Ernst van Alphen and Mieke Bal, "Introduction," in *The Rhetoric of Sincerity* (Stanford, CA: Stanford University Press, 2009), 3, 2.

4 See Jakobson, "Closing Statement," 354–55.

5 See Lazar Fleishman on the "orientation toward the author's 'candor' and 'sincerity' already in [Konstantin] Batiushkov's elegies," "Iz istorii elegii v pushkinskuiu epokhu,"

A resonantly sincere voice, I will argue, emerges in strangely similar ways in two poems by Pushkin from the 1830s, which grow out of radically different genre traditions.[6] Both betray a certain pattern—a sudden flash of sincerity or immediacy, in other words, of what feels to the reader like a momentary revealing of a "true" Pushkin from behind masks of artistic perfection and protean elusiveness, and which is constructed as a counterpressure or release from a preceding accumulation of traditional imagery and phraseology.

"DLIA BEREGOV OTCHIZNY DAL'NOI"

The first example is Pushkin's late elegy, "Dlia beregov otchizny dal'noi" (1830). Note that the elegy as a genre is pulled between an imperative to express strong feeling (i.e., to be at least *outwardly* sincere) and a strong inertia, despite a breadth of theme and quite meaningful artistic evolution over the first quarter of the nineteenth century in terms of plot, emotional register, and phraseology.[7] The second example comes from Pushkin's "Ia pamiatnik sebe vozdvig nerukotvornyi" (hereafter, "Pamiatnik," 1836). A monument or "capstone" poem broadly speaking is first and foremost a poem of self-positioning, and hence does not easily lend itself to immediacy. The fact that these poems represent contrasting poetic

---

Pushkinskii sbornik: Uchenye zapiski Latviiskogo universiteta 106 (1968), 35; Andrew Kahn, *Pushkin's Lyric Intelligence* (Oxford: Oxford University Press, 2008) on "the demands of a Romantic print culture for conspicuous individuality" (86).

6 This claim to sincerity must be seen as conditional. In regard to the passages in question, for good reason, given their publication history, we do not have contemporary reader reactions expressly underscoring a perceived sincerity—one possible "gold standard" in terms of reception. At the same time, even if the collective body of literature on Pushkin and his milieu can help to approximate in an informed way the "horizon of expectations" (Hans Robert Jauss, "Literary History as a Challenge to Literary Theory," *New Literary History* 2, no. 1 [1970]: 7–37) of the poet's contemporaries, Pushkin's poetics complicate the privileging, in regard to the reception of his work, of any given set of readers, contemporary or future (see Boris Gasparov, "Pushkin and Romanticism," in *The Pushkin Handbook*, ed. David M. Bethea [Madison: University of Wisconsin Press, 2005], 551–52).

7 On the development of the elegy, see, for example, Fleishman, "Iz istorii"; Leonid Frizman, *Zhizn' liricheskogo zhanra: Russkaia elegiia ot Sumarokova do Nekrasova* (Moscow: Nauka, 1973); Vadim Vatsuro, *Lirika pushkinskoi pory: "Elegicheskaia shkola"* (St. Petersburg: Nauka, 1994); Oleg Proskurin, *Poeziia Pushkina, ili Podvizhnyi palimpsest* (Moscow: Novoe literaturnoe obozrenie, 1999).

modes—elegy and Horatian ode—makes the compositional and technical similarity particularly curious.

Для берегов отчизны дальной
Ты покидала край чужой;
В час незабвенный, в час печальный
Я долго плакал пред тобой.
Мои хладеющие руки
Тебя старались удержать;
Томленье страшное разлуки
Мой стон молил не прерывать.
Но ты от горького лобзанья
Свои уста оторвала;
Из края мрачного изгнанья
Ты в край иной меня звала.
Ты говорила: «В день свиданья
Под небом вечно голубым,
В тени олив, любви лобзанья
Мы вновь, мой друг, соединим»
Но там, увы, где неба своды
Сияют в блеске голубом,
Где [тень олив легла] на воды,
Заснула ты последним сном.
Твоя краса, твои страданья
Исчезли в урне гробовой—
А с <ними> поцалуй свиданья. . .
Но жду его; он за тобой[8]. . .

As is well known, the first two lines of this poem had initially read: "Dlia beregov *chuzhbiny* dal'noi / Ty pokidala krai *rodnoi*" (my italics). Pushkin's biographer Pavel Annenkov called the reversal "much harder to explain" than a revision to the opening of the poem "Pod nebom golubym strany svoei rodnoi" (1826),[9] while Pavel Shchegolev, in a questionable

8 Aleksandr Pushkin, *Polnoe sobranie sochinenii*, 16 vols. (hereafter, *PSS16*) (Leningrad: Akademiia nauk SSSR, 1937–59), 3:257. Line numbers added.

9 Pavel Annenkov, *Materialy dlia biografii Aleksandra Sergeevicha Pushkina* (St. Petersburg: Voennaia tipografiia, 1855), 188.

biographical reading, contested the traditional addressation of the poem to Pushkin's Odessa flame, the Austrian-Italian Amalia Riznich, arguing that the change was made to camouflage a secret, true addressee, a conclusion also reached by Georgii Makogonenko.[10] Modest Gofman, followed by Mikhail Bakhtin and Samson Broitman, have seen here, instead, a shift in perspective (from *his* to *hers*).[11] All these reactions are impacted, I will suggest, by a common, at times perhaps not wholly conscious desire not to see in this strikingly penetrating poem a questionable change of addressee.[12] That the latter set of authors is stretching to justify the "shift in perspective" is indicated by the fact that (1) it is quite unnatural to say in Russian "Ty pokidala krai rodnoi" about a woman who is returning to her homeland; (2) Pushkin had already, in 1826, conceived this geography from *Riznich's* more effectual perspective; and (3) because Odessa, where Pushkin and Riznich parted, though the most pleasant and urbane of Pushkin's places of exile, was "krai rodnoi" to neither. Skirting this argument entirely, we can note that even before these changes the poem functioned as a renewal of a particular prototypical elegiac plot.

Consider what appears to be Pushkin's initial conception. In the earliest extant version of the poem, we already find the lovely architectonic structure highlighted by Bakhtin. It can be paraphrased as: parting (ersatz death) → [leading to] the promise of a kiss (thwarted); [then] death → [leading to] an ersatz kiss (to be paradoxically realized).[13] At the same time, we find a partial regendering of that archetypal situation most concretely rendered in the parting scene from Konstantin Batiushkov's 1811 "Elegiia iz Tibulla: Vol'nyi perevod."[14] There Tibullus, the male poet, is departing:

---

10 Pavel Shchegolev, "Amaliia Riznich v poezii A. S. Pushkina," in his *Iz zhizni i tvorchestva Pushkina* (M.: Gos. izd. khud. lit., 1931), 272–74, esp. 274n1; Makogonenko, *Tvorchestvo A. S. Pushkina v 1830-e gody (1830–1833)* (Leningrad: Khudozhestvennaia literatura, 1974), 51, 82–83.

11 Modest Gofman, "Neizdannye rukopisi Pushkina," *Okno: Trekhmesiachnik literarury* 3 (1924): 372; Mikhail Bakhtin, *Iskusstvo i otvetstvennost': K filosofii postupka; Avtor i geroi v esteticheskoi deiatel'nosti* (Kiev: Next, 1994), 74–75; Samson Broitman, *Poetika russkoi klassicheskoi i neklassicheskoi liriki* (Moscow: Rossiiskii gos. gumanitarnyi universitet, 2008), 35–36.

12 In Shchegolev's article on the subject, such logic is represented in the coarsest form (see "Amaliia," 272). The history of Gavrila Derzhavin's "Lastochka" (1796), for instance, demonstrates quite powerfully that sincerity does not have to be undermined by the repurposing of poetic material.

13 Bakhtin, *Iskusstvo*, 76.

14 Cf. also Ovid, *Tristia*, book 1, 3. On Batiushkov's influence on Pushkin more generally, see esp. Nadezha Eliash, "K voprosu o vliianii Batiushkova na Pushkina," *Pushkin i ego*

Час гибельный настал,
И снова Делия, печальна и уныла,
Слезами полный взор невольно обратила
На дальный путь. Я сам, лишенный скорбью сил,
«Утешься»,—Делии сквозь слезы говорил;
«Утешься!»—и еще с невольным трепетаньем
Печальную лобзал последним лобызаньем[15].

Batiushkov-cum-Tibullus's poem, which, like Pushkin's elegy, contains an embedded idyll, also ends with a scene of *imagined* reuniting, next to which, Pushkin, in his copy of *Opyty v stikhakh i proze* (1817), wrote "Prelest."[16]

In Pushkin, it is the heroine who departs, rather than the hero, and it is the heroine, not the hero, who offers consolation, though, at the same time, the hero's tears, his fading (cf. "lishennyi skorb'iu sil" [Batiushkov] and "moi khladeiushchie ruki" [Pushkin]) and his final "lobyzan'e" are retained. Even in this initial version, the architectonic structure and regendering represent a significant poetic *zamysel*. However, it was Pushkin's sparse but subtle changes that allowed the unchanged final words to sound with the ring of tangible sincerity they now enjoy.

Two potentially contradictory impressions hold sway as we read the final version—acceptance of the poem as a fully formed and highly potent lyric statement and, when we look closely, a recognition of the poem's remarkable concatenation of elegiac (and idyllic) formulas. How does the poem retain its resonance for non-naïve readers despite these elegiac clichés, and what purpose do they serve? I will posit that, here, they do more than just provide a system of ready semantic/emotional resonance.[17]

---

sovremenniki: Materialy i issledovaniia, fasc. 19–20 (1914): 1–39; Mikhail Gershenzon, "Pushkin i Batiushkov" in his *Stat'i o Pushkine* (Moscow: Gosudarstvennaia Akademiia Khudozhestvennykh Nauk, 1926), 18–30; Proskurin, *Poeziia Pushkina*. Eliash finds in the description of "Lila's" death in "K drugu" (1815) a source for "Dlia beregov" (34–35).

15 Konstantin Batiushkov, *Opyty v stikhakh i proze* (Moscow: Nauka, 1977), 206.

16 *PSS16*, 12:259. On the role of idyllic topoi in the development of the Russian elegy, see Vatsuro, *Lirika*, 126-37.

17 See Viktor Vinogradov, *Stil' Pushkina* (Moscow: Khudozhestvennaia literatura, 1941), 117; on the function of Alexander Blok's use of traditional imagery, see Iurii Tynianov, *Arkhaisty i novatory* (Munich: Wilhelm Fink Verlag, 1967), 517; Proskurin, *Poeziia Pushkina*, 200, 236–37.

The opening change, which turns a mild gender reversal within a prototypical elegiac situation into a truly new emotional-situational framing (the bewailing of the *woman's* departure, and not of her exile, but her *return home*) is, I would assert, enough to set the reader feeling that here we have something new, specific, personal, allowing the reader to enjoy the artistic beauty with which the elegiac situation is developed without particularly questioning its relevance in regard to an actual life.

After this, the force of literary cliché in the poem traces an arc of traditionality that first intensifies and then abates. It moves from the innovative opening lines (1–2) through the moderate cliché used by the lyric persona in lines 3–12, to the beautiful, but static and traditional idyllic formulas of the heroine's direct speech (lines 13–16).[18] Then it comes back to the hero's animated transformation of the same images in elegiac, rather than idyllic mode in lines 17–19.[19] Finally, after a redux of elegiac formulas in lines 20–22, to escape from elegiac cliché in lines 23–24,[20] we have a leap into a whole new element in the final half line.

The poem's posthumous 1841 publication in the almanac *Utrenniaia zaria* with the typically elegiac one-word title "Razluka" underscores the extent to which Pushkin's contemporaries sensed its identity as elegy. Note the reproduction of the following elegiac topoi: memory and sorrow (line 3); appellation to an addressee with free-flowing, sincere, and potent feeling (lines 4, 8); [death]/fading/illness of the hero (line 5); pained parting and a bitter or bittersweet kiss (lines 7, 9; cf. Batiushkov: "Pechal'nuiu lobzal poslednim lobyzan'em"); an inversion of the "pathetic fallacy" (lines 17–20; cf. the emotional structure of Batiushkov's "Posledniaia vesna," in which the young hero dies on the backdrop of spring/summer, a variation on Charles Hubert Millevoye's "La Chute des Feuilles"[21]); the all-swallowing grave (lines 21–22).

---

18 Cf. Vsevolod Grekhnev, *Mir pushkinskoi liriki* (Nizhnii Novgorod: Nizhnii Novgorod, 1994), 330–31; Broitman, *Poetika*, 38, 41; Antiokh Kantemir in Batiushkov's "Vecher u Kantermira" (1816): "Ia *nepritvorno* liubliu goluboe nebo i vechno zelenye olivy stran poludenykh" (*Opyty*, 42, emphasis mine).

19 Grekhnev, *Mir*, 332–33; Broitman, *Poetika*, 38.

20 Broitman, *Poetika*, 43–44.

21 On Millevoye, see Stepan Savchenko, "Elegiia Lenskogo i frantsuzskaia elegiia," *Pushkin v mirovoi literature: Sbornik statei* (Leningrad: Gosudarstvennoe izdatel'stvo, 1926), 75–76; Vatsuro, *Lirika*, 203–12; Proskurin, *Poeziia Pushkina*, 70ff.

The heroine's words in lines 13–16 (together with some elements contributed in their transformation below—the shine of the heavens, the waters) can be compared to a number of idyllic and quasi-idyllic passages from Batiushkov, in particular, where consonant images occur in several different contexts. These include a general context ("Ni krotkii blesk lazuri neba," from "Probuzhdenie" [1815?]),[22] the Russian South ("Pod nebom sladostnym poludennoi strany," from "Tavrida" [1815]),[23] Italy ("Lazur' i purpury bezoblachnykh nebes, / Vy, topoly, vy, drevnie olivy"; "Pod nebom sladostnym Italii moei," both from "Umiraiushchii Tass" [1817]),[24] and Elysium. The latter is represented in passages from "Elegiia iz Tibulla" ("vechnyi mai mezh roshchei i polei"; "shum biiushchikh vod")[25] and "Elizii" (1810) ("Dolu, k tikhim beregam; Tam, pod ten'iu mirtov zybkoi, / Nam liubov' spletet ventsy").[26]

One might also compare the heroine's promise, particularly in its aspect of eternity/stasis ("Pod nebom *vechno* golubym") to Friedrich Schiller's "Elysium," with its "Ewiger Mai" (eternal May; cf. Batiushkov), reuniting of true lovers after death, and their ensuing "ewig Hochzeitfest" (eternal wedding feast).[27]

The heroine's words (even allowing for Mediterranean olive trees in the place of myrtle) thus do not simply represent idyllic cliché, or even a clichéd vision of Italy, but contaminate this latter topos with an allusion to the Elysian idyllic topos of the elegy.[28] This allusive quality of the heroine's speech functions as more than just a harbinger of her death and

22 Batiushkov, *Opyty*, 231.

23 Ibid., 232.

24 Ibid., 326, 327.

25 Ibid., 208.

26 Ibid., 342. Pushkin's knowledge of this latter text, published only in 1834, is unlikely, though not excluded (Igor Pilshchikov, private correspondence). See Pilshchikov on the multifarious French translations and imitations of Janus Secundus's "Basium II," which inspired Batiushkov's imitation in "Elizii" (Pil'shchikov, "Simvolika Eliziia v poezii Batiushkova," *Antropologiia kul'tury* 2 [2004]: 99–107, see also 91–93). These represent another potential, if also uncertain, source for Pushkin's knowledge. If Pushkin was aware of these texts, most prominently by Pierre de Ronsard, Claude Joseph Dorat, and Pierre François Tissot, it may not be irrelevant with regard to "Dlia beregov" that they form part of a tradition of poetic "kisses" (*Basia*, *Baisers*).

27 Friedrich Schiller, *Werke: Nationalausgabe* (Weimar: Hermann Böhlaus Nachfolger, 1989), 1:123.

28 On the Elysian idyllic topos of the elegy, see Vatsuro, *Lirika*, 131–37; Pil'shchikov, "Simvolika," 86–123.

foreshadowing of the true nature of the meeting. It will also serve later in the poem to underscore the figmental, static, and conventional nature of her imagining of the meeting.

Both emotionally and stylistically, the words in quotation marks can hardly represent a living woman's speech—even, it seems, the speech of one who has read far too many elegies and idylls.[29] Any true voice the heroine may have had is clearly lost to the pursuit of poetic perfection. At the same time, it is the *emotional paucity* of the heroine's beautiful promise that sets off as a foil the unexpectedly meaningful hope for repayment in the final lines.

Broitman senses a transcending of elegiac cliché in these final lines. He locates this in well-noted rhythmic irregularities, but also in the stylistic change from "lobzan'e" to "potsalui" (kiss).[30] "Potsalui," however, while stylistically neutral rather than marked, was used by the elegiac poets,[31] and Pushkin himself uses these words as synonyms in contiguous lines.[32] "Potsalui svidan'ia" is, moreover, a subtle poetic trope, a form of metonymy. So this would not seem to be the source underlying Broitman's entirely valid impression.

The seemingly minor changes Pushkin made to these lines assure that no hint of awkwardness or hesitation will distract from the final three words.[33] In the original version, the line "No sladkii potsalui svidan'ia" had been too corporeal[34] and, together with the ensuing "Ego ia zhdu; on za toboi…" lacked the syntactic cohesion and flow of the final version. In

29 Bakhtin sees the "real'naia intonatsiia geroini" refracted through the axiological system of the hero and aesthetic prism of the author (*Iskusstvo*, 74–75); Grekhnev a "deep psychological collision" between hero's (proto-Realist) and heroine's (Romantic) worldviews (Grekhnev, *Mir*, 330–31); Broitman the "nesliianost' i nerazdel'nost'" of their worldviews (*Poetika*, 42). All imply a heroine whose psychology is presented with more depth than is actually suggested by her speech.

30 Broitman, *Poetika*, 43–44.

31 Cf. Batiushkov, *Opyty*, 214; N. M. Karamzin's 1796 elegy "K nevernoi."

32 "Bakhchisaraiskii fontan" (1821–23), *PSS*16, 4:159. Cf. also Evgenii Baratynskii's usage within the stylistically-marked elegiac context of his "Potselui" (1822).

33 Note that while Pushkin, in his revisions, removes the inversion at the beginning of line 24, establishing a natural, conversational tone, in the first stanza, where he is operating with elegiac cliché, he introduces an additional trope (Ia umolial → Moi ston molil), *increasing* the literariness of this passage.

34 Cf. Batiushkov's sensual Elysium, analyzed in Pil'shchikov, "Simvolika," 86–99. By 1815, Batiushkov himself had become disillusioned with the "'crude, earthly pleasures,'" with which poets had filled their depictions of Elysium (ibid., 112–13).

addition, the inversion in this latter line was slightly infelicitous (ego as opposed to what?).

The final version—"A s <nimi> potsalui svidan'ia… / No zhdu ego; on za toboi…"[35]—corrects these inadequacies. Moreover, the easing of the syntactic break between the lines has the effect of accentuating the syntactic break before the final three words. A reversed foot sets these words apart, almost like a line break. (Such a foot is far more common in Russian iambs in line initial position, as in lines 3 and 13 above.[36]) Stylistically, this final three-word phrase is particularly "nonpoetic." The concept of a debt upon which this usage is based is, after all, an unpoetic concept. Dictionaries give almost exclusively prosaic instances. What can be *za kem-nibud'*? Examples include: *rubl'*, *nedoimok*, *delo*, *mazurka*, *otvet*, in a satirically prosaic moment in Alexander Griboedov's *Gore ot uma* (completed 1824)—a card debt; in Pushkin's prose, famously—*vystrel*.[37] Here, it is particularly the concreteness of the debt (the kiss she promised and had almost violently broken off) that is underscored and that plays off the not-this-worldly context in which it is to be paid.

Beyond stylistics, however, the poem's success is strongly bound up in the "pragmatics" of this phrase. In deep contrast to the consolatory, but coolly detached words of the "heroine," this slightly playful but poignant intonation is appropriate between lovers. It gathers a particular freshness and emotional intensity in that it is directed not only to the departed, but to the deceased. Moreover, lines 17–23, though written in the second person, are made up of exposition that can be directed toward the heroine (who is presumably aware of the circumstances of her death) only as tribute. In contrast, lines 23–24 seem spoken to and for the heroine. Unlike the preceding lines, they communicate new information, a new "take" on events and the promise. Because of this contrast, the reader has a sense, here, of sudden access to the hero and heroine's private conversation.

Finally, the belief in an afterlife projected here is anything but doctrinal or conventionalized. (Cf., in my earlier definition of the sincere voice, "truths… personally… interrogated or lived.") The last thing we imagine, despite the Edenic images of the heroine's invitation, is an

35 On the editorial conjecture, see *PSS16*, 3:1223.

36 Kiril Taranovski, *Ruski dvodelni ritmovi I–II* (Belgrade: Naučna knjiga, 1953), 25, 31.

37 The idiom "Ochered' za *kem, chem*" ("Chem chashche prazdnuet litsei" [1831]) is differentiated under a separate heading in *Slovar' iazyka Pushkina* (Moscow: Azbukovnik, 2000), 2:14.

embodied meeting in a Dantean Christian paradise or sentimentally imagined Elysium. In any case, we are not asked by the poem to envision a material paradise or, in fact, to believe in the reality of the kiss ourselves. Rather, the lyric persona's belief is a priori personal, an expression of his inimitable individual feeling, and in the subtle logic of the final line ("No zhdu ego; on za toboi…"), it is actually the fact of the heroine's debt that inspires his belief.[38]

In the poem's three final words, the "otherworldly" (the concept) combines organically and unexpectedly with the casually intimate (the style) to draw us from the stable dichotomies of the elegiac worldview upon which Pushkin has so far played in his various rearrangements and inversions, and bring us, instead, into a realm of experiential transcendence. The extent of the lift that we experience together with the hero is dependent both on the depth of the resonantly and unexpectedly personal emotion of the final words and the ballast of elegiac clichés that is instantly heaved off.

"IA PAMIATNIK SEBE VOZDVIG NERUKOTVORNYI…"

Like "Dlia beregov," which recasts elements of theelegiac tradition, "Pamiatnik" begins with significant revisions of the Horatian/Derzhavinian model made from within that model's plot structure. Il'ia Feinberg and Oleg Proskurin's analyses, for instance, demonstrate the extent to which Pushkin is able in the first stanza to compact a monstrously complex network of meaningfully intersecting cultural references into a very few words, boldly contrasting his legacy with that of Tsar Alexander and, in general, worldly power and glory, and inscribing into the cultural paradigm of "monument" a personal and contemporary context.[39] I would add that, if Gavrila Derzhavin's monument, like Horace's, is ersatz architectural—imagined as a physical structure though it is immaterial—Pushkin's is an ersatz monument with a human face. This human face

38 One can, in fact, see Pushkin here precisely *overcoming* the "ubiquitous preciousness of posthumous, elegiac reunions in Russian poetry in the early 1810s" (Joe Peschio, *The Poetics of Impudence and Intimacy in the Age of Pushkin* [Madison: University of Wisconsin Press, 2012], 77) and the stylized images of dear shades (*teni*) in Pushkin's own poetry (as in the contemporaneous "Zaklinanie" [1830]).

39 Il'ia Feinberg, *Chitaia tetradi Pushkina* (Moscow: Sovetskii pisatel', 1985), 583–85; Proskurin, *Poeziia Pushkina*, 275–88.

emerges implicitly as a contrast (in one possible reading) to the sculpted face of Tsar Alexander on the angel atop the pillar on Palace Square; through the "glavoiu nepokornoi" by which Pushkin's monument exceeds it in stature—a *head*, which naturally ought to carry a face, and a character trait—*nepokornyi*—that puts a "face" onto it; and finally, through the epithet attaching to the monument itself—*nerukotvornyi*, which carries with it as an echo the indelible image of Spas Nerukotvor[en]nyi, that striking form of icon which is precisely a disembodied face.[40] Derzhavin's opening stanza, in comparison, is almost entirely impersonal and differs quite insignificantly from Horace.

The middle stanzas, however, contrast with this bravura opening. Formally beautiful, they can seem surprisingly untelling in terms of Pushkin's legacy. Here, despite a number of revisions accommodating to his needs the Horatian/Derzhavinian urtext, Pushkin follows particularly closely the conventions of the "microgenre" to which the poem belongs.

As Lev Pumpianskii notes, no other literature was able to generate a monument poem that would stand at the center of a modern cultural tradition.[41] This in and of itself speaks to Pushkin's remarkable creative achievement. At the same time, the wide-ranging readings that attempt to make sense of the middle stanzas, and particularly stanza 4, speak to their problematic status as the heart of Pushkin's legacy poem.

Lines 5–6 and 9–12 hew particularly closely in their topoi to Derzhavin's "Pamiatnik" (1796) and "Lebed'" (1804) and their Horatian sources (Odes 3.30 and 2.20), while the arguments surrounding stanza 4 betray a range of bewildered reactions to Pushkin's choices:

> И долго буду тем любезен я народу,
> Что чувства добрые я лирой пробуждал,
> Что в мой жестокой век восславил я Свободу
> И милость к падшим призывал[42].

To wit: Is this vision of Pushkin's legacy the semi-ignorant opinion of the "people" that Pushkin rejects (as Mikhail Gershenzon argues), or,

40 On the semantics of this word, see esp. Mikhail Mur'ianov, "Dva etiuda o slovoupotreblenii Pushkina: 1, Epitet *nerukotvornyi*," *Voprosy literatury* 4 (1989): 206–14.

41 Lev Pumpianskii, "Ob ode A. Pushkina 'Pamiatnik'" (1923), publ. Nikolai Nikolaev, *Voprosy literatury* 8 (1977): 136.

42 *PSS16*, 3:424.

again, the opinion of the people, who have their own measure of what is important in poetry and with whom Pushkin on some level agrees (as Solov'ev contends)? Is this a shift to a future perspective, as Pumpianskii finds, in which "no one will care about 'new sounds'"? Why did Pushkin's long-standing and frequently expressed resistance to demands for social utility in poetry change here (Solov'ev and Gershenzon)? And why did Pushkin switch to the utilitarian "chuvstva dobrye" after having ("firmly and without the usual [thick] corrections," according to Semen Vengerov) written "zvuki novye" in the draft? Is this not a "rejection of self" (*samootritsanie*), even artistic "suicide" (Aleksandr Evlakhov)? Might Pushkin even be ironic here?[43] Could the whole poem be a parody of Derzhavin's text (Vikentii Veresaev)?[44]

Or perhaps we should simply decide (along with Alekseev and others) that Pushkin is being perfectly (and uncharacteristically) straightforward here.[45] Sergei Bondi gives the finest apology for the fourth stanza. He unsurprisingly ties "vosslavil ia Svobodu" to the importance for the Decembrists of Pushkin's revolutionary poetry, and writes of "chuvstva dobrye": "Potrebovalos' by proanalizirovat' vsiu poeziiu Pushkina, chtoby podtverdit', kak mne kazhetsia, iasnoe dlia kazhdogo ser'eznogo i chutkogo chitatelia vpechatlenie ot vsego tvorchestva Pushkina v tselom—chuvstva osoboi glubiny, pravdy i svetlosti."[46] Most impressive is his analysis

43 In light, particularly, of Pushkin's well-known ironic self-portrait as "Dante" in laurels (see Mikhail Alekseev, *Stikhotvorenie Pushkina "Ia pamiatnik sebe vozdvig. . .": Problemy ego izucheniia* [Leningrad: Nauka, 1967], 132–36), drawn in 1835 or 1836, it seems not much of a stretch to imagine that "Pamiatnik" is on some level imbued with what Nikolai Gumilev called "svetlaia ironiia," that a "vertiginous" and unstable irony (or simply its potentiality) contends in these middles stanzas with seriousness, and in fact enables the high seriousness of Pushkin's monument poem.

44 Mikhail Gershenzon, *Mudrost' Pushkina* (Moscow: Knigoizd. pisatelei, 1919), 51; Vladimir Solov'ev, "Znachenie poezii v stikhotvoreniiakh Pushkina," *Vestnik Evropy* 12 (1899): 709–11; Pumpianskii, "Ob ode," 149; Solov'ev, "Znachenie," 702–8 and Gershenzon, *Mudrost'*, 53–61; Semen Vengerov, cited ibid., 64; Aleksandr Evlakhov, cited ibid., 66 (cf. Pumpianskii, "Ob ode," 149); Vikentii Veresaev, *V dvukh planakh: Stat'i o Pushkine* (Moscow: Nedra, 1929), 117, 121. All but Pumpianskii are dismissively cataloged in Alekseev, *Stikhotvorenie*, 45–52. On this stanza, see also Feinberg, *Chitaia*, 578–83, 586–89.

45 Alekseev, *Stikhotvorenie*, 49.

46 Sergei Bondi, *O Pushkine: Stat'i i issledovaniia* (Moscow: Khudozhestvennaia literatura, 1978), 467.

of the topos of mercy for the fallen in Pushkin's works from 1826 to 1836, which is as thorough and compelling as Gershenzon and Solov'ev's elucidation of Pushkin's rejection of demands for the utility of art.[47] At the same time, however, Bondi's great receptivity to the Pushkin of stanza four leaves him indisposed to the final stanza, which he finds superfluous: "Vse uzhe skazano [. . .] [*sic*!]."[48]

Whatever we feel about these arguments, it is hard to argue against the fact that stanza four, on its own, provides a foreshortened image of Pushkin's legacy. Granted, there were good reasons, poetic and pragmatic, for the changes in the manuscript. In comparison even to Horace's "Aeolian song," not to mention Derzhavin's "zabavnyi slog," the draft version, "zvuki novye," is strikingly nondescript. Also, in the line, "Chto zvuki novye dlia pesen ia obrel," the Slavonic, high-style *obrel* harmonizes with archaic elements of the poem's odic style, but could potentially give the line a hint of incongruousness.[49] "I milost' k padshim prizyval" was also far more precise and evocative than "Miloserdie vospel," which can sound like the memorializing of a ruler's past act, rather than a calling of the ruler to conscience. In addition, David Bethea's framework for looking at Pushkin, which incorporates a potential anxiety before Derzhavin as a man of deeds and poet of deeds, may help explain why he chose to highlight these socially oriented aspects of his legacy here.[50] And yet, in total, these central three stanzas can seem awkwardly reminiscent of the Soviet Pushkin, the Pushkin of the jubilees.

The final stanza is quite different, departing even more radically than the first from Horace and Derzhavin.

> Веленью Божию, о Муза, будь послушна,
> Обиды не страшась, не требуя венца,
> Хвалу и клевету приемли равнодушно,
> И не оспоривай глупца.

---

47 Ibid., 468–75.

48 Ibid., 475.

49 On the poem's bolder archaisms, see Viacheslav Ivanov, "K issledovaniiu arkhaizmov v 'Pamiatnike' Pushkina," *Izbrannye trudy po semiotike i istorii kul'tury* (Moscow: Iazyki russkoi kul'tury, 2000): 62–67.

50 David M. Bethea, *Realizing Metaphors: Alexander Pushkin and the Life of the Poet* (Madison: University of Wisconsin Press, 1998), 74–75, 78–81, 163–64, 219n192.

The kernel of Pushkin's development is present in the end of Horace's poem: "sume *superbiam* / quaesitam meritis" (my literal translation: "assume the pride by merit procured").[51] In Mikhail Lomonsov's translation, this was already "vzgordisia"; in Derzhavin—"vozgordis' [...] I prezrit kto tebia, sama tekh prezirai."[52] This aloofness, conveyed in a single word's secondary connotations by Horace, becomes the heart of Pushkin's stanza. But Pushkin's aloofness relates not only to his critics, but also those who laud him. In his most radical departure from the ur-plot, he tells his muse to neglect entirely the laurels that are the heart of Horace and Derzhavin's closings (and of which he is already certain): "ne trebuia ventsa."[53] Bethea writes that here "Pushkin 'undoes' Derzhavin by turning his proud sentiments inside out," but also underscores the "hint of pride" that goes along with these "three imperatives of acceptance" and the way that this pride is, in the end, "miraculously, indistinguishable from Christian humility."[54] All this represents a radical departure from and complication of Derzhavin/Horace.

The poem follows a pattern now familiar from "Dlia beregov." After a potent and quite original opening and then a series of formally perfect, but perhaps insufficiently personal statements, a personal voice begins to break through (the final stanza). Then, in the poem's final words, we

---

51 Horace, *Odes and Epodes*, ed. and trans. Niall Rudd (Cambridge, MA: Harvard University Press, 2004), 216.

52 Mikhail Lomonosov, *Izbrannye proizvedeniia* (Leningrad: Sovetskii pisatel', 1986), 255; Gavrila Derzhavin, *Sochineniia* (St. Petersburg: Akademicheskii proekt, 2002), 224. "Vozgordit'sia"—"gordym, nadmennym, spesivym sdelat'sia" (*Slovar' Akademii Rossiiskoi*, 6 vols. [St. Petersburg: Tipografiia pri Imperatorskoi Akademii Nauk, 1789–94], vol. 2, col. 241–42]). Perhaps the secret (besides raw poetic talent) to the success of Derzhavin and Pushkin's monument poems, in contrast to others, is in this *sume superbiam*, which expresses in kernel "prevoskhoditel'nyi pokoi." As Zholkovsky has strikingly demonstrated, "prevoskhoditel'nyi pokoi" was an invariant situation in Pushkin's poetry (Alexander Zholkovsky, "Prevoskhoditel'nyi pokoi: Ob odnom invariantnom motive Pushkina," in *Raboty po poetike vyrazitel'nosti: Invarianty, Tema, Priemy, Tekst; Sbornik statei*, ed. Aleksandr Zholkovskii and Iurii Shcheglov [Moscow: Progress, 1996], 240–60), and it also played a role in Derzhavin's "Poetic World" (cf. his ode "Na shchast'e" [1789], particularly in the context of its final strophe). When Derzhavin remade Horace, and Pushkin—Derzhavin, they were translating into their own idiom sentiments that, despite the perhaps uncomfortable haughtiness implied, fit their own poetic paradigms.

53 Cf. Pumpianskii, "Ob ode," 150.

54 Bethea, *Realizing Metaphors*, 233.

experience a leap into a new element, a new degree of the *personal*, which at the same time only gestures at a more real, more immediate poet's inner life. For, at the same time, in harmony with the aloofness Pushkin claims here for his muse, he shuts down any confessionality in this very moment of sudden self-revelation: "I ne osporivai gluptsa."

In addition to its intonation—which is built upon aphoristic brevity, mild rudeness, and one-sided emotionality (all characteristics distinguishing it from the preceding three lines)—as in "Dlia beregov," there are formal elements that set this final line apart. Like the fourth line of each preceding stanza, it is a short iambic tetrameter line.[55] In addition, a mild rhythmic dissociation is experienced when we set the final rhyme in the context of the preceding syllables (ne trebuia ventsa—ne osporivai gluptsa).[56]

The personalizing effect also relates to this line's semantics. The terseness, self-assurance, but also courage implied in Pushkin's decision to forgo a more positive, directly self-flattering ending,[57] the centeredness this implies (particularly against the backdrop of consonant elements, for instance, in "Poetu" [1830] and "Iz Pindemonti" [1836]) are palpably evocative of Pushkin, at the least of the Pushkin we think we know, the "Pushkin" that Pushkin has created and left for us.

Alexander Zholkovsky's analysis of Pushkin's invariants, and particularly the highly characteristic invariant structure "prevoskhoditel'nyi pokoi," can help us better understand why the impression of "Pushkin's" presence is so powerful in this final stanza, despite the traditionality of the topos.[58] The invariant situation "prevoskhoditel'nyi pokoi" implies a

---

55 Alekseev, *Stikhotvorenie*, 122.

56 This effect of rhythmic dissociation becomes salient against the backdrop of the pre-rhyme-syllable euphonies that accentuate the masculine rhymes in each of the preceding stanzas. Compare *tropa—stolpa*: t-a-liquid (r/l); *ubezhit—piit*: labial stop (b/p)-i (both, in Valerii Briusov's terminology, "*(priblizitel'naia) poglashaiushchaia rifma s perestanovkoi ili s razryvom*" (see his "Levizna Pushkina v rifmakh," in his *Sobranie sochinenii*, 7 vols. [Moscow: Khudozhestvennaia literatura, 1973–75], 5:178, 183); *drug stepei kalmyk—suchchii v nei iazyk*: vowel series u-i-^{j}ei (cf. ibid., 171, "rabot umolk—dorogu volk"); *probuzhdal—prizyval*: identical prosody and *soglasovanie nachanl'nykh zvukov* (ibid., 179).

57 See Bethea, *Realizing Metaphors*, 233.

58 Zholkovsky, "Prevoskhoditel'nyi pokoi"; Zholkovsky, "Struktura teksta 'Ia vas liubil . . .' Pushkina," *Russian Literature* 7 (1979): 7–8. The sentiment with which Pushkin ends his poem is found in Proverbs 26:4 ("Ne otveshchai bezumnomu po bezumiiu

victorious elevation (stasis) over the fray, over the passions, conflicts, and contradictions (motion) that seek to embroil (and in the past embroiled) the lyric subject (or other figures/objects to which this condition is imputed).[59] Both the opening and closing stanzas of "Pamiatnik" present clear examples of different facets of "prevoskhoditel'nyi pokoi."[60] Because this situation runs as a leitmotif, developing organically and in manifold variations throughout Pushkin's works, readers of "Pamiatnik" who are familiar with these works cannot help but sense that the relation to the world implied in these stanzas was part of Pushkin's personal truth—a truth deeply interrogated through art. For those familiar with the poet's biography, which Pushkin himself sets into complex play with the literary record,[61] this appears also to be a truth interrogated through life.

Could one then conclude, perhaps, that what I call the sincere voice is really an illusion, a misapprehension of what is better characterized as the aura attaching to invariant elements of Pushkin's "Poetic World," that is, his creative identity? It seems not. Embodiments of the poet's invariants emerge in every manner of genre and context, and, of course, not every realization betrays a pointedly sincere intonation. And still, particularly for a poet like Pushkin, one who falls on that side of the sincerity divide where integrity of vision outweighs confessionality, harmony with the author's invariants can be a crucial component of the emergent aura of the sincere voice.

Lidiia Ginzburg, in her article "Pushkin i Benediktov," notes Pushkin's simultaneous, differing public and private (that is, within his circle) stances on Vladimir Benediktov's work.[62] Here, in one poem, we have the

---

ego"), and, perhaps with greater relevance, in Ivan Dmitriev's translation of Horace's ode 2.16 (see Alekseev, *Stikhotvorenie*, 223, citing Wilhelm Busch; Horace's ode, incidentally, is made up of four-line stanzas with a shortened final line). The Islamic sources of this phrase, of particular relevance to Pushkin and his circle (see: "Al'bom Onegina," fragment 3 [1828, see ibid.]; letter to Petr Viazemskii [*PSS16*, 13:100]) are cogently analyzed, together with French intermediaries, in Andrei Dobritsyn, *Vechnyi zhanr: Zapadnoevropeiskie istoki russkoi epigrammy XVIII–nachala XIX veka* (Bern: Peter Lang, 2008), 478–85.

59 See Zholkovsky, "Prevoskhoditel'nyi," esp. 246; Zholkovsky, "Struktura teksta," 7–8.

60 Zholkovsky, "Prevoskhoditel'nyi," 240–41.

61 Cf. Iu. M. Lotman, *Pushkin: Biografiia pisatelia*, in his *Pushkin* (St. Petersburg: Iskusstvo-SPB, 1995), 67–71, 180–83; Proskurin, *Poeziia Pushkina*, 59–60; Bethea, *Realizing Metaphors*, 137–38.

62 Lidiia Ginzburg, "Pushkin i Benediktov," *Vremennik Pushkinskoi komissii* 2 (1936): 148–54.

impression of Pushkin working in two modes, public and private—not in the sense that the last stanza contains private information, but in the sense that it seems crafted for and addressed to self, and that the implied audiences differ, even if the real ones do not.[63] In addressing himself (and not just formally, through the stand-in of his "genius," the muse), Pushkin reveals himself, despite his protectiveness in regard to his private sphere, or at least gives us the sense that he does.

CONCLUSIONS

As we have seen, in both "Dlia beregov" and "Pamiatnik," the final phrase:

1. represents a personal truth, the persuasiveness of which is linked not to its being universally accessible or accepted, but to the sense that it is interrogated or lived by the poet;
2. is set off and accentuated syntactically, stylistically, and through other formal means, and can thus be seen as a single "verbal gesture";
3. is marked by an unconventional (given the literary/genre context) and, at the same time, unexpectedly apropos and intimate intonation; and
4. because of a shift in implicit audience, can be experienced, together with its immediate context, as a moment of sudden access on the part of the reader, following more traditionally oriented ("public") passages.

In addition, the composition of the two poems, despite their radical divergence in terms of genre and the stylistics thus implicated, follows a common arc from the individual to the traditional and genre-dependent, back to the individual and finally into a new quality of voice. This creates initial "buy in" on the part of the reader in terms of the poem's relevance to an individual life, as well as cultural resonance, and, at the same time, importantly, a store of traditionality, against the backdrop of which

---

63 See Pushkin's prominent publication of those works where he continued to implicitly call for a pardoning of the Decembrists (Bondi, "Pamiatnik," 470–74) with the unpublished "personal lyrics" (David Powelstock, "Burying the Elegiac Corpse: Selfhood in Pushkin's Late Lyrics," *Pushkin Review* 3 [2000]: 88–91).

the radical departure of the final lines and then the final phrase can be adequately perceived.

We may argue about whether the voice that emerges in these closing phrases is an example of resonant sincerity—sincerity is, after all, mutable and code-dependent. However, there is little question that the phrases *resonate* and that what underlies their potency is an isomorphic complex of poetic devices. I believe it possible to call this isomorphic complex of devices a method and the resulting intonation an example of Pushkin's highly successful inscribing in his poetry of a sincere voice.

SACRED VIOLENCE IN BLOK'S "DVENADTSAT'"

VLADIMIR GOLSTEIN
(Providence)

Он был скорее набожен, но в церковь ходил редко и попов, особенно сибирских, не любил. Говорил о Христе с восторгом.

Baron Aleksandr Vrangel on Dostoevsky[1]

Alexander Blok's narrative poem "Dvenadtsat'" is undoubtedly a central text of the Russian Revolution. But since this revolution and its Stalinist aftermath, in particular, proved rather destructive, and since the Soviet Union eventually collapsed, critics have increasingly approached Blok's endorsement of the revolution as an embarrassing myopia, a failure to comprehend both politics and religion. Blok's controversial image of Christ leading the way for twelve violent and destructive Red Guardsmen has been challenged and met with skepticism. When not openly criticized or dismissed, it is explained away by references to Blok's embrace of various fashionable fin-de-siècle thinkers (Karl Marx, Friedrich Nietzsche, and Rudolf Steiner), not to mention Blok's engagement with occult practices, or his own sexual pathologies.

The twenty-first century, however, has discarded a number of previous certainties. History clearly did not end, neither with the triumph of Bolshevism, nor with its demise. Blok's criticism of militaristic,

1 Aleksandr Vrangel, "Iz vospominanii o Dostoevskom v Sibiri," in *F. M. Dostoevskii v vospominaniiakh sovremennikov*, ed. Arkadii Dolinin (Moscow: Khudozhestvennaia literatura, 1964), 1:169

overreaching, yet decaying empires acquires a new relevance that no longer needs to be explained away by reference to some long-forgotten literary, religious, or medical subtext. Consequently, his view of revolutionary upheaval, where Christ leads the elemental revolt against an arrogant, materialist civilization, plainly remains as relevant as ever.

Blok was clearly aware of how controversial his poem was. Trying to come to terms with his puzzling and subversive ending, he articulated a number of rather contradictory pronouncements. One type of argumentation that Blok employs is rational and logical; it is presented as a self-evident truth for those who are willing or able to consider Russia's historical development through the biblical context:

> Если бы в России существовало действительное духовенство, а не только сословие нравственно тупых людей духовного звания, оно давно бы «учло» то обстоятельство, что Христос с красногвардейцами. Едва ли можно оспорить эту истину, простую для людей, читавших Евангелие и думавших о нем[2].

Blok also articulates another, less rational reason for Christ's presence. It is not so much the result of intellectual deduction, but rather of poetic vision: "Razve ia voskhvalial? . . . Ia tol'ko konstatiroval fakt: esli vgliadet'sia v stolby meteli na etom puti, to uvidish' Isusa Khrista."[3] What becomes essential in this second approach is the ability to look. This approach is artistic; it relies on one's openness to sensual experience and one's ability to gaze into elemental power and discern Christ among the columns of the snowstorm.

I would posit that the combination of these two approaches suggests a certain dynamic: as a historical judge and liberator, Christ unleashes the violent and terrifying storm. Artists and visionaries can stare into this storm and discern a new pattern emerging from it. Beyond the elemental upsurge lurks a resolution: Christ and his ability to transform the storm into harmony.

---

2 Aleksandr Blok, *Sobranie sochinenii v vos'mi tomakh*, ed. Vladimir Orlov et al. (Moscow: Khudozhestvennaia literatura, 1960–63), 7:330.

3 Ibid.

Let us start with the first, historical reason, which has been well studied by the scholars, who—to paraphrase Blok—"read and thought about him" (cf. "chitavshikh Evangelie i dumavshikh o nem)."[4] Historical-philosophical essays such as "Katilina" (1918) or "Krushenie gumanizma" (1921) testify that for Blok, the Russian Empire had been in a decline comparable to the decline of Roman Empire. Placed within the context of Blok's writings, the appearance of Christ—the leader of rebels against a decaying and corrupt empire—is almost inevitable.

Christ functions as a messenger of Divine Judgment on an oppressive and godless regime. In his prose counterpart to "Dvenadtsat'"—"Katilina"—Blok asserts, "velikoi kul'ture [...]—Rima [...]—byl proiznesen naveki i bespovorotno prigovor na drugom sude—na sude nelitsemernom, na sude Iisusa Khrista."[5] Likewise, Blok viewed contemporary civilization as fully submerged in lies and corruption, and badly in need of drastic renewal: "My (ves' mir) strashno izlogalis'. Nuzhno nechto sovershenno novoe."[6]

To stress the role of Christianity in the collapse of the pagan Roman Empire is one thing; but to suggest that Christ is also behind the collapse of the Orthodox Russian Empire is something else entirely. Nevertheless, as Fyodor Dostoevsky's "Legend of the Grand Inquisitor" had already suggested, state and religion lose their legitimacy when they resort to Christ as a cover for their earthly misdeeds. Furthermore, Dostoevsky understood that the modern state—one that finds its legitimacy in both social and religious institutions—could be more effectively challenged by revolutionary Christians than by atheists. He thus has one of his characters in *The Brothers Karamazov* quote a comment from a French security officer.

> We are not particularly afraid [. . .] of all these socialists, anarchists, atheists, and revolutionists; we keep watch on them and know all their goings on. But there are a few peculiar men among them who believe in God and are Christians, but at the same time are socialists. Those are the people we are most afraid of. They are dreadful people.

---

4 Ibid.

5 Blok, *Sobranie sochinenii*, 6:73.

6 Aleksandr Blok, *Zapisnye knizhki, 1901–1920* (Moscow: Khudozhestvennaia literatura, 1965), 320.

> The socialist who is a Christian is more to be dreaded than a socialist who is an atheist.[7]

It is that type of revolution—a true threat to the bourgeois status quo—that Blok envisioned in his "Dvenadtsat." Such a revolution could truly transform things, as opposed to a revolution that simply makes the haves into have-nots and vice versa.

Blok knew that such millenarian expectations for the Russian Revolution had very little in common with the Bolshevik's seizure of power. He thus concluded: "Marksisty—samye umnye kritiki, i bol'sheviki pravy, opasaias' 'Dvenadtsati.'"[8] Likewise, he is known to have remarked to Evgenii Zamiatin: "Bol'shevizma i revoliutsii—net ni v Moskve, ni v Peterburge. Bol'shevizm—nastoiashchii, russkii nabozhnyi—gde-to v glushi Rossii, mozhet byt' v derevne. Da, navernoe, tam."[9]

Blok's position on the interaction between religion and revolution is unorthodox, to say the least. Within the Russian context, uprisings and revolutions are seen as atheistic, if not demonic. Even before Dostoevsky's *The Demons*, Fedor Tiutchev had delivered this diagnosis:

> Уже давно в Европе существует только две действительные силы: Революция и Россия. Эти две силы сегодня стоят друг против друга, а завтра, быть может, схватятся между собой. [. . .] Прежде всего Россия—христианская держава, а русский народ является христианским не только вследствие православия своих верований, но и благодаря чему-то еще более задушевному. Он является таковым благодаря той способности к самоотречению и самопожертвованию, которая составляет как бы основу его нравственной природы. [. . .] Антихристианский дух есть душа Революции, ее сущностное, отличительное свойство[10].

7 Fyodor Dostoevsky, *The Brothers Karamazov*, ed. Susan McReynolds Oddo, trans. Constance Garnett (New York: W. W. Norton, 2011), 63.

8 Blok, *Sobranie sochinenii*, 7:329.

9 Evgeny Zamyatin, "Alexander Blok," in his *A Soviet Heretic: Essays by Yevgeny Zamyatin* (Chicago: University of Chicago Press, 1970), 212.

10 Fedor Tiutchev, *Publitsisticheskie proizvedeniia* (Moscow: Direct Media, 2015), 220.

Despite his admiration for Tiutchev and Dostoevsky, Blok became convinced, however, that Russia—with Konstantin Pobedonostsev in charge of its religious life and the last two tsars in charge of its politics—had become the very opposite of Tiutchev's dream. The Russian state had become anti-Christian; as in the days of the Roman Empire, Christ was needed to liberate his flock from bondage. Pushing further the paradoxical insights of Dostoevsky's "Legend of the Grand Inquisitor," Blok applied to Russia Dostoevsky's separation of Christ from the official Church. For Blok, the Russian Empire of the nineteenth century has committed the mistake of the seventh-century West: it has accepted Satan's gift of "kingdoms of earth."

Articulating his concerns about the "ossification" of the sacred, elemental, and artistic, Blok frequently attacked the official church for its decline into spiritual ossification. Thus, criticizing a collection of essays on religious and philosophical matters, Blok stresses the ease with which religious expression can stagnate, so that instead of moral and spiritual development, it produces stasis:

> Елейность есть косность, более ужасная, чем косность какого-нибудь профессора физики. Этот род мистической покорности неосвятим [. . .] где же тут путь к религии. [. . .] Только Андрей Белый до конца понял, что завещано развитие, а не топтание на месте; последнее, пожалуй, страшнее не «позитивистам», а «мистикам», особенно православного толка[11].

For Blok, the ossification of the official Orthodox Church reached the point of no return in the hands of the notorious minister of ecclesiastical affairs and ober-procurator of the Holy Synod, Konstantin Pobedonostsev. Blok considered Pobedonostsev's interference in the politics of his time as a virtual coup d'état. Referring to Pobedonostsev's demand to prosecute young radicals accused of an attempt at regicide, Blok writes:

> Победоносцев настоял на требовании о повешении и, ухватив кормило государственного корабля, не выпускал его четверть века, стяжав себе своей страшной практической деятельностью и [. . .] гробовым холодом своих теорий—имя старого упыря[12].

11 Blok, *Sobranie sochinenii*, 5:608–9.
12 Ibid., 5:301.

Blok viewed Pobedonostsev's regime as the worst manifestation of the state's power and arrogance, and equated him with the Grand Inquisitor, a person whose cold theories have enslaved his subjects, thus serving Satan rather than Christ. As opposed to a Roman world that did not know Christ, modern-day empires, including the Russian one, had consciously rejected and subverted the Christian message.

In Dostoevsky's "Legend of the Grand Inquisitor," the Grand Inquisitor is stripped of his religious aura and is exposed as a dangerous fraud. Conversely, Christ and his radical teachings of love and liberation—heretical in the eyes of the earthly and ecclesiastical powers—are reasserted and re-sacralized. In his thinking, Blok clearly follows Dostoevsky, as he relocates the center of sanctity by removing it from the state and its official church. Blok, for example, refused to attend church services at St. Isaac, the main church of the empire, because he viewed the church as being overwhelmed with state imagery, and thus desacralized. At the same time, Blok began to associate the concept of holiness and the sacred with the anti-state rebellion. In canto 2 of "Dvenadtsat'," we learn that the revolutionaries attack the old world with the words, "Pal'nem-ka pulei v sviatuiu Rus'."[13] Yet, the same rebels appeal to God to bless their violent rebellion: "Mirovoi pozhar v krovi—Gospodi, blagoslovi!"[14] For Blok, the tsarist regime lost not only its legitimacy; it also lost its "holy" status, which now belonged to the new revolutionary Russia. Rebellion against the imperial status quo began to be seen by Blok as a "pro-Christian" action.

The process of stripping the old regime of its sacred elements (while investing the new one with sanctity) is bound to be paradoxical; and so are its verbal descriptions. Oxymoron, therefore, overwhelms

---

13 Ibid., 2:350. The use of the concept "holy Russia" by the social and political opposition to the state is hardly a new phenomenon. According to Michael Cherniavsky's study of different aspects of this concept: "'Holy Russia' represented a national popular ideal. [. . .] This ideal carried an antistate connotation, and it was developed and preserved among the common people, the peasants, the rebels against society. [. . .] For the educated classes, 'Holy Russia' provided an established symbol for their own antistate convictions, which grew out of the ever increasing pressure of the bureaucratic state" (Michael Cherniavsky, "'Holy Russia': A Study in the History of an Idea," *The American Historical Review* 63, no. 3 [1958]: 637).

14 Blok, *Sobranie sochinenii*, 3:351.

the text of the poem. One of the most blatant examples is Blok's use of the concept of "zloba" (malice, anger), which in the first canto becomes "sacred malice" (sviataia zloba), as well as "sad" or "melancholy" malice (grusntaia zloba): "Zloba, grustnaia zloba kipit v grudi . . . chernaia zloba, sviataia zloba." Canto 8 juxtaposes Pet'ka's prayer for the soul of Kat'ka—"Upokoi, Gospodi, dushu raby Tvoeia"—with his desire to slash people with a knife and drink their blood: "Vyp'iu krovushku za zaznobushku, chernobrovushku." And finally canto 11 depicts the rebels in the following extremely nihilistic terms: "I idut bez imeni sviatogo / Vse dvenadtsat'—vdal'. / Ko vsemu gotovy / Nichego ne zhal'."[15] All these paradoxical assertions serve as an oxymoronic prelude to the concluding lines of the poem, in which Christ appears ahead of our bloodthirsty rebels.

ARTISTIC VISION OF CHRIST

Blok arrived at his vision of Christ at the conclusion of the poem not only by cultural, political, and theological reasoning, but also by artistic insight. It is this artistic logic that the poem fully embodies, as it presents us with images of storm and wind and encourages us to recognize Christ within this elemental turmoil. Why and how does Christ emerge from the spirit of "Dvenadtsat'"? Blok himself anticipates and makes his readers anticipate Christ ahead of "Dvenadtsat'," as the visual, audio, and emotional pressures are combined to materialize into his appearance.

For Blok, true artists and true revolutionaries are open to elemental cataclysms, to natural and historical upheavals and pressures. Artists and revolutionaries do not generate them, but rather ride them like surfers ride waves or dancers move to music. In his essay "Katilina," Blok asserts the equivalence between the poet Catullus and the rebel Katilina, who in their respective actions responded to the storms that were blowing through the Roman Empire:

> Личная страсть Катулла, как страсть всякого поэта, была насыщена духом эпохи; ее судьба, ритмы, ее размеры [. . .] были внушены ему его временем [. . .] поэтому в эпохи бурь и тревог

15 Ibid., 3:349–56.

> нежнейшие и интимнейшие стремпления души поэта также преисполняются бурей и тревогой[16].

In a note that he wrote to the poem's illustrator, Iurii Annenkov, Blok resorts to artistic intuition to explain Christ's appearance:

> Самое конкретное, что могу сказать о Христе: белое пятно впереди, белое, как снег, и оно маячит впереди, полумерещится—неотвязно; и там же бьется красный флаг, тоже маячит в темноте[17].

The action of these colors, the waving in the wind of white, red, and dark calls to mind another powerful image of revolution: Eugène Delacroix's *La Liberté guidant le peuple* (1831). I maintain that Delacroix's painting with its elemental power and dynamic color captures the trajectory of Blok's own poem: in both cases we have an allegorical figure who leads the group of rebels through the streets of the revolutionary city. The comparison of Blok's poem with Delacroix's painting puts Blok's own vision in a sharper relief. Like other radical Romantic artists (Heinrich Heine, Henrik Ibsen, Thomas Carlyle), both Delacroix and Blok stress the elemental force that the revolution unleashes, the power rendered visually by the wind. Furthermore, this elemental uprising is connected with the unleashing of sexual energy. Delacroix's and Blok's rebels are a far cry from traditional class-conscious revolutionaries who are aware of their historical or economic mission.

The impact of Delacroix's painting was magnified for Blok by Heinrich Heine's famous description of this canvas. Heine saw the painting immediately after its first exhibition at the Salon of 1831. His memorable description highlights not just the painting's "sensualistic nature" or its message of liberation, but more importantly, the sacralization of its half-criminal figures.

At the time of writing "Dvenadtsat," Blok was fully engaged with Heine, editing his collected works, writing exegeses, and arguing for the increased relevance of Heine for revolutionary Russia:

16 Ibid., 6:83.

17 Ibid., 3:629.

> Сейчас Гейне стал ближе, чем когда-нибудь, к миру, что, наконец, может быть услышан голос подлинного Гейне именно теперь, среди того взбаламученного моря, которое представляет из себя европейский мир, где трещит по швам гуманистическая цивилизация. [. . .] Нота Гейне звенит сейчас в воздухе всей Европы[18].

Blok's assertion of Heine's relevance should be seen against the background of his complaints about the liberal Russian intelligentsia's failure to appreciate the complexity of Heine's artistic thought—the same misfortune that had clearly befallen Blok's own "Dvenadtsat'."[19] Indeed, if one compares the original text of Heine's reading of Delacroix with its Russian translation—the one that Blok had in his library—Blok's insights into the nature of the Russian Revolution become more explicit.

What strikes the reader of the Russian translation is a peculiar choice of words that the translator, Petr Veinberg, utilized to soften Heine's explicit terminology. Veinberg replaces Heine's *heilige* or *de-heilgentern* (saint, sacred, sanctified) with the Russian terms *velikii* or *vazhnyi* (great, significant or important)—undermining Heine's project (further developed by Blok) to cast revolutionary activity in religious and even Christian terms. Furthermore, Veinberg simply drops Heine's assertion that for Delacroix the revolutionary idea "sanctifies people." Blok must have found Heine's text extremely congenial, as both poets shift sanctity toward the rebels and outlaws.

Below is Heine's description of Delacroix rendered in contemporary English. I highlight Heine's original wording indicating Veinberg's substitutions in brackets:

> The sanctity [*velikaia vazhnost'*] of the subject permits no rigorous criticism of the color, which might have proven less than flattering. [...] A group of people during the revolution is depicted, and in their midst, nearly an allegorical figure, a young woman stands out, a red Phrygian cap on her head, and flintlock in one hand and in the other a tricolor flag. She strides over corpses, calling men to battle,

18 Ibid., 6:126–27.

19 Ibid., 6:124.

> naked to the hips, a beautiful, impetuous body [...] a curious blend of Phryne, fishwife, and goddess of liberty [...] [her] figure seems rather to depict the savage power of the people throwing off an oppressive burden. [...]
>
> The hero charging forward with his gun has in his face the mark of the galleys and in his wretched clothes the smell of assizes; but that is just the point, a great idea has ennobled these common people, this *crapule*, and sanctified them [absent in Veinberg translation] and awakened the slumbering dignity within their souls. Sacred [*velikie*] July days of Paris. [...] The gods in heaven who watched the great struggle cheered in admiration, and gladly would they have risen from their golden chairs and gladly would they have come down to earth to become citizens of Paris![20]

Like Delacroix and Heine, Blok sees the revolution as an activity that partakes of the divine. Yet, while both Delacroix and Heine suggest a synthetic image that combines license and transgression ("a goddess, Phryne, and fishwife"), Blok offers Christ instead.

Needless to say, Blok's substitution of rebellious *Liberté* with Christ is highly significant. Neither Delacroix nor Heine suggests what we might call "an exit strategy," they just seem to savor and sanctify revolutionary energy itself. Delacroix's allegorical figure clearly can unleash the storm, but does she possess a mechanism to control it? What happens once the furies of revolution are unleashed? As opposed to his rebellious predecessors, Blok is aware that Christian intervention of love and forgiveness is needed to reign in the violent storm.[21] Blok substitutes an ephemeral Christ adorned by a wreath of white roses for Delacroix's half-dressed and earthy woman who unleashes the elemental energy of the revolution. The femininity of Christ, which Blok highlighted when he called him a

20 Heinrich Heine, "The French Painters," in *Paintings on the Move: Heinrich Heine and the Visual Arts*, ed. Susanne Zantop, trans. David Ward (Lincoln: University of Nebraska Press, 1989), 130. Veinberg's Russian translation can be found in Genrikh Geine, *Polnoe sobranie sochinenii*, ed. Petr Veinberg (St. Petersburg: Izd-vo A. F. Marksa, 1904), 2:480.

21 Delacroix, in fact, focuses our attention on the ambivalent function of the female figure of Liberty. While *Liberté*'s naked breast and bayonet convey the elemental power of a woman who goes violently berserk—the same breast, in conjunction with the boy on the left, implies motherhood and nourishment rather than elemental violent upsurge.

"feminine spirit" (*zhenstvennyi prizrak*), only underscores how different Blok's Christ is from feminine *Liberté.*

But most significantly, Delacroix's *Liberté* fits perfectly into the world of the painting—she moves to the same rhythm and is carried by the same storm as the rest of the group. Christ, in Blok's poem, is a figure not of this world; he does not belong to it rhythmically, visually, or thematically. Being full of sound and fury, *Liberté* lacks the ability to transcend and rein in the violence. For Blok, however, the Russian Revolution was different from the French one. It aspired to something more transformative than just liberty. In his "The Intelligentsia and Revolution," Blok wrote:

> Дело художника, *обязанность* художника—видеть то, *что* задумано, слушать ту музыку, которой гремит «разорванный ветром воздух». Что же задумано? Переделать все. Устроить так, чтобы все стало новым[22].

An important part of such a transformation was the transformation of elemental fury. Blok, tried as he might, failed to imagine anyone other than Christ—this "agnets krotkii v belykh rizakh," this innocent figure "v tsepiakh i rozakh"[23]—who is capable of transforming revolutionary violence.

As much as Blok resents the old world, he does not want to settle only for its destruction. He keeps on returning to the love and harmony that should be reintroduced once the destruction is over. In his "Intelligentsia and Revolution," a seemingly bloodthirsty justification of revolutionary violence, Blok nevertheless stresses the fundamental value of Christianity: "'Sovershennaia liubov' izgoniaet strakh [...] liubov' tvorit chudesa, muzyka zavorazhivaet zverei. A [...] vse vy zhili bez muzyki i bez liubvi. [...] Borot'sia s uzhasami mozhet lish' dukh. [...] A dukh est' muzyka."[24] Likewise, Blok remarked: "Tol'ko muzyka sposobna ostanovit' krovoprolitie, kotoroe stanovitsia tosklivoi poshlost'iu, kogda perestaet byt' sviashchennym bezumiem."[25]

22 Blok, *Sobranie sochinenii*, 6:12.

23 Ibid., 2:84.

24 Ibid., 6:16–20.

25 Ibid., 6:92.

Love, spirit, storm, and music frequently merge in Blok's mind, and they clearly merge in the conclusion of "Dvenadtsat.'" The most revealing feature of Blok's Christ is the change in the rhyming and rhythmic pattern through which he is introduced into the narrative. Christ is the carrier of that music that will pacify the revolutionary waves.

The last canto of the poem consists of seven quatrains, followed by the stanza of nine lines that describes Christ. The rhyming pattern (abab) is observed throughout the quatrains. The last stanza, however, is rhymed differently: abaccddee. In other words, starting with the fourth line of this last nine-line stanza we have a clear violation, a break in the pattern. This break is all the more obvious as the first and third lines of the stanza feature a rhyme that has already occurred (with a slight modification) earlier in the canto: "Tak idut derzhavnym shagom; Kto tam mashet krasnym flagom." We expect the continuation of the rhyming pattern, yet it does not occur.

This last stanza also introduces the break in the rhythmical pattern. As opposed to the four lines that embrace it (namely, the first, second, third, and the ninth), the third ictus is unfulfilled in each of the five lines in the middle of the stanza. This marked shift in the stress distribution highlights Christ gliding above the earthly rhythms: "nezhnoi postup'iu nadv'iuzhnoi."[26] Christ is marching to a different drummer from the Red Guard soldiers; he controls the storm, rather than being controlled by it.[27]

Blok's presentation of Christ's tender gaze invokes the Gospel miracle of Christ walking on water toward his twelve disciples:

> A strong wind was blowing and the waters grew rough. When they had rowed three or three and a half miles they saw Jesus approaching the boat, walking on water; and they were terrified. But he said to them, "It is I; don't be afraid."[28]

---

26 Ibid., 3:359.

27 As early as 1921, Iurii Tynianov noticed the rhythmical change that introduces Christ into the poem, while also observing the sudden switch from the colloquial to the lyrical. See Leonid Dolgopolov, *Poema Aleksandra Bloka "Dvenadtsat'"* (Leningrad: Khudozhestvennaia literatura, 1979), 68.

28 John 6:15–20.

The description of this episode in another Gospel specifically mentions Christ pacifying the wind and storm:

> Then he got into the boat and his disciples followed him. Without warning, a furious storm came up on the lake, so that the waves swept over the boat. But Jesus was sleeping. The disciples went and woke him, saying: "Lord, save us! We are going to drown." He replied, "You of little faith, why are you so afraid?" Then he got up and rebuked the winds and the waves and it was completely calm.[29]

The biblical God does not always appear as awe-inspiring, be it storm, wind, or their equivalent. In one passage, which was well known to Blok (he referred to it in his prose), God reveals himself as a comforting small voice that calms and encourages Elijah, who is hiding from prosecution. I believe it is exactly this role of a comforter that Blok envisions for Christ in his poem.

> And behold, the Lord passed by, and a great and strong wind rent the mountains, and broke in pieces the rocks before the Lord; but the Lord was not in the wind, and after the wind an earthquake; but the Lord was not in the earthquake: And after the earthquake a fire; but the Lord was not in the fire; and after the fire a still small voice. And it was so, when Elijah heard it, that he wrapped his face in his mantle and went out and stood in the entering in of the cave. And, behold, there came a voice unto him, and said, What doest thou here, Elijah?[30]

Commenting on this passage, Blok writes:

> Мы помним женственный лик этого Утешителя в страшном видении пророка Илии и на раскольничьих иконах [...] женственно-нежный образ Духа Святого, возносящий горе, обещающий нам, что времени больше не будет[31].

29 Matthew 8:23–26.

30 1 Kings 19:11–15.

31 Blok, *Sobranie sochinenii*, 5:598.

It is this caring, comforting image that Blok sees on the other side of the revolutionary snowstorm. In his comment on Elijah's Comforter, Blok merges together the Old Testament vision of Elijah, the Apocalypse's "end of time," and a very popular Orthodox prayer to the Holy Spirit, the Comforter, known as "The Tsar of Heaven" (*Tsariu Nebesnyi*). Here are the words of the prayer that seem to capture Blok's own aspirations for the revolution:

> Царю Небесный, Утешителю, Душе истины, Иже везде сый и вся исполняяй, Сокровище благих и жизни Подателю, прииди и вселися в ны, и очисти ны от всякия скверны, и спаси, Блаже, души наша.

The need to pacify the destruction, to cleanse and transform the storm, became of paramount importance for Blok. In the year of his death, Blok wrote a letter to the mother of a newborn in which he articulates the need to rein in the violence:

> Но во мне есть, правда, 1/100 того, что надо было передать кому-то, вот эту лучшую мою часть я бы мог выразить в пожелании Вашему ребенку. [. . .] Это пожелание такое: пусть . . . он будет человек *мира*, а не войны, пусть он будет спокойно и медленно созидать истребленное семью годами ужаса[32].

Blok frequently envisions Christ as some sort of a mediator between the storm-bringer and storm-pacifier. Christ—like a true artist—is a dialectical entity, capable of this mediation precisely because he partakes of both. In his comments on the role of Christ in the collapse of Rome, Blok writes:

> Конечно, мир [Rome], как и у нас в Европе, был расколот прежде всего пополам; старая половина таяла, умирала и погружалась в тень, новая вступала в историю с варварской дикостью, с гениальной яростью. Но [. . .] уже всё явственнее был слышен какой-то третий звук, не похожий ни на те, ни на другие. [. . .] Я говорю, конечно, о третьей силе, которая тогда вступила в мир и [. . .] стала равнодействующей между двумя

32 Ibid., 8:532.

> мирами, не подозревавшими о её живучести. В те времена эта сила называлась христианством. Никаких намеков на существование подобной третьей силы европейский XVIII век нам ещё не дает[33].

These lines taken from Blok's essay on Vladimir Solov'ev (1912) contain, in fact, a peculiar synopsis of "Dvenadtsat'," which also depicts the death of the old world, the barbaric energy of the new one, and the presence of a third force that strives to transcend the confrontation. While the French Revolution did not manifest any such force, the Russian Revolution did, as it aspired to something beyond the social and political order and strove for the spiritual reorientation of the world: "peredelat' vse [. . .] 'mir i bratstvo narodov.'"[34] But even though he detected the presence of this force in Russia, Blok hesitated to call it Christian.

Blok clearly observed the primitive energies, the long-dormant hatreds and anger awakened by revolution. He also began to feel that only a force drastically different from these earthly passions could mediate and transform violence. Confronted by an elemental explosion, this visionary artist—relying on his artistic intuition—was destined to discover the image of a harmonizing Christ on the horizon. Blok provided the following explanation of this discovery as early as 1912, in his essay "Iskusstvo i gazeta":

> Поднимается буря или встречается ледяная гора—это неизвестная стихия, подобная стихии искусства, до сих пор не исследованная даже мировыми гениями, которые, [. . .] были несовершенными сравнительно «инструментами божества», не могли, отвлеченные как все люди, заботами, услышать весь голос стихий. В минуту бури или столкновения с ледяной горой над морем, над стихией возникает видение Креста, как в бретонских легендах. Это—религия, которая исполняет предчувствием и мирит со стихией, вероятно и до сих пор скорее некультурных рыбаков, чем цивилизованных миллиардеров с «Титаника»[35].

33 Ibid., 6:156–57.

34 Ibid., 6:12–13.

35 Ibid., 5:475.

This vision of the cross, which rises above the rebellious elements, is a direct equivalent to the vision of Christ walking above the storm at the conclusion of "Dvenadtsat." And, as Blok knew already in 1912, this vision is more accessible to uncultured fishermen and ignorant rebels than to the civilized intelligentsia.

Only those who stay in touch with the elemental are capable, through sensuous intimation, to detect the cross barely visible beyond the storm. Religion, therefore, like art, plays a dual role for Blok: it partakes of the elemental, but it also has the ability to harmonize the elemental with the social. In his "O naznachenii poeta" (1921), Blok explains the poet's vocation in terms that clearly suggest the harmonizing function that the poet has associated with Christ:

> Поэт—сын гармонии. [...] Три дела возложены на него: во первых—освободить звуки из родной безначальной стихии, в которой они пребывают; во вторых—привести эти звуки в гармонию, дать им форму; в третьих—внести эту гармонию во внешний мир[36].

Blok's dual aspiration to both unleash and control the storm manifests itself clearly in his attitude toward the bourgeoisie. On the one hand, Blok exhibits an almost pathological hatred for this class.

> Господи, Боже! Дай мне силу освободиться от ненависти к нему [i.e., the bourgeois—VG] [...] которая душит злобой, перебивает мысли. [...] Я задыхаюсь от ненависти, которая доходит до какого-то патологического истерического омерзения, мешает жить. Отойди от меня, сатана, отойди от меня, буржуа [...] лучше я или еще хуже его, не знаю, но гнусно мне, рвотно мне, отойди, сатана[37].

But Blok is also aware that this anti-bourgeoisie animus overlooks the spiritual wealth of the bourgeoisie. So Blok strives to destroy the stifling power of the material, while preserving the spiritual; otherwise, all will be ruined:

36 Ibid., 6:162.
37 Ibid., 7:328.

> Буржуем называется всякий, кто накопил какие бы то ни было ценности, хотя бы и духовные. [...] Этот догмат воскресает во всякой революции. [...] Его явление знаменует самый высокий подъем, взлет доски качелей, когда она вот-вот перевернется вокруг верхней перекладины. Догмат о буржуа есть один из самых крайних и страшных в революции—ее высшее напряжение, когда она готова погубить самою себя. Задача всякого временного правительства—удержать качели от перевертывания, следить, однако, за тем, чтобы размах не уменьшался [...] вести (страну) все время по краю пропасти, не давая ни упасть в пропасть, ни отступать на безопасную и необрывистую дорогу, где страна затоскует в пути и где Дух Революции отлетит от нее[38].

This statement reveals the dialectical complexity of Blok's thinking in general, and in this poem in particular. Any revolution has to harness its destructive energy by directing it against the material and not against the spiritual. Blok's diction captures the complex paradox that he is articulating: even though he does not want the swing of rebellion to go full circle, the very etymology of the word "revolution" suggests exactly that. The dialectical task that Blok expects a provisional government to carry out can only be performed by a supernatural force. Consequently, "Dvenadtsat'" depicts how the political banners expressing support for the provisional government are abandoned to the snowy slush on the ground, proving its failure to carry out its complex task.

On a number of other occasions, Blok stressed this need to overcome the destructive abysses of the Russian spirit, the abysses that he tends to associate with the notorious figure of Rasputin.[39]

> [В] миллионах душ—пламя вражды, дикости, татарщины, злобы, унижения, забитости, недоверия, мести—то там, то здесь вспыхивает; русский большевизм гуляет, а дождя нет, и Бог не посылает его! Боже, в какой мы страшной зависимости от Твоего хлеба! [...] Теперь мы забыли и Твой Промысл, а своего промысла у нас по-прежнему нет, и мы зависим от

38 Blok, *Zapisnye knizhki*, 378.

39 Ibid., 342, 359.

> колосьев, которые ты можешь смять грозой, истоптать засухой и сжечь. Грозный Лик Твой, такой, как на древней иконе, теперь неумолим перед нами! И вот задача русской культуры—направить этот огонь на то, что нужно сжечь, буйство Стеньки и Емельки превратить в волевую музыкальную волну; поставить разрушению такие преграды, которые не ослабят напора огня, но организуют этот напор[40].

Blok keeps on returning to the urgent need to change human nature if the revolution is to succeed: "poroda, kotoraia nosit nazvanie 'chelovecheskogo roda' iavno nesovershenna i dolzhna byt' zamenena bolee sovershennoi porodoi."[41] But who can accomplish this task? The figure of Rasputin suggests that the main obstacle to this process is the connection of elemental energy (admired by Blok) with lust, greed, and sexual rivalry, the forces that disintegrate into civil war and slaughter. In "Dvenadtsat," Kat'ka's murder is caused by sexual rivalry after all.

In his notebook entry of May 3, 1919, Blok observes: "kto pogubil revoliutsiiu (dukh muzyki)?—Voina."[42] And the war—in Blok's imagination—is frequently driven by lust, greed, and rivalry. The question, therefore, remains: who can rein in these Rasputin-like features? In a letter to Vladimir Mayakovsky, Blok articulates the paradoxical aim of a revolution to simultaneously destroy and create; to become, therefore, a dialectical force capable of combining the two:

> Разрушение также старо, как строительство, и так же *традиционно* как оно. Разрушая постылое, мы также скучаем и зеваем как тогда, когда смотрели на его постройку. Зуб истории гораздо ядовитее, чем вы думаете, прокятие времени не избыть. [...] Разрушая, мы все те же рабы старого мира: нарушение традиции—та же традиция [...] все будут рабами, пока не явится третье, равно не похожее на строительство и на разрушение[43].

40 Blok, *Sobranie sochinenii*, 7:296–97.

41 Ibid., 7:406.

42 Blok, *Zapisnye knizhki*, 458.

43 Blok, *Sobranie sochinenii*, 7:350.

As he did in his description of the fall of Rome, Blok describes in this letter the deadly clash of the old and the new, while expressing his hope that a mediating third force will emerge; a force capable of rearranging human affairs on principles other than mastery or slavery, destruction or accumulation.

Blok's friends immediately recognized the appearance of Christ at the end of the poem as the manifestation of this transcending force capable of transforming rivals into brothers. Andrei Bely commented:

> «Впереди Исус Христос»—что это?—Через все, через углубления революции до революции жизни, сознания, плоти и кости, до изменения наших чувств, наших мыслей, до изменения нас в любви и братстве [. . .] вот к какому «впереди» это идет[44].

According to Bely, Blok was searching for this transcendence of familiar relationships all his life:

> Все его искания, весь его максимализм был— воплощение, воплощение и воплощение: довоплотиться до братства, потому что «товарищ»—это еще не братство; «товарищ» это еще официальное имя, пока «товарищ» не станет «братом»—не будет в «товарище» товарища[45].

Both Bely and Blok act like shamans who try to talk a Christian spirit into the violent upheaval that overtook Russia. How realistic were such expectations?

BLOK'S CAUTIOUS SKEPTICISM

Blok frequently juxtaposes his utopian dreams with a sense of irony and resignation. On a number of occasions he suggests that the eternal return is all there is to human affairs. Thus, in his notebooks, he observes:

---

44 Andrei Belyi, "Rechi Andreia Belogo i A. Shteinberga na otkrytom zasedanii Vol'noi filosofskoi assotsiatsii v Peterburge, posviashchennom pamiati Aleksandra Bloka: Andrei Belyi," in *Pamiati Aleksandra Bloka*, ed. Razumnik Ivanov-Razumnik et al. (London: Overseas Publications Interchange, 1980), 52.

45 Ibid., 51.

"Katilina. Kakoi blizkii, ZNAKOMYI, pechal'nyi mir!—I srazu—gorech' padeniia. Kak skuchno, izvestno. Nu chto zh, Khristos pridet [. . .] I eto tozhe skuchno."[46] Like his hero, Heine, Blok does not always seem to know where irony ends and heaven begins.

Blok learned from Dostoevsky that Christ would have to appear again to the European world, since his original mission of transforming the Roman Empire had failed. In Dostoevsky's "Legend of the Grand Inquisitor," the storm unleashed by Christ has been long subdued by the stifling regime of the Grand Inquisitor. It appears that Blok's hopes are as strong or as weak as that of Dostoevsky, who in his "Legend" brings back both Christ and his message of gentle love while remaining fully aware, however, that the only force that is acceptable to Christ (the kiss he gives the Inquisitor) does not guarantee immediate results. Both authors remain therefore on the level of hope against hope.

While clearly acknowledging the insight of Dostoevsky, Blok adds to that his dose of irony. Blok comments on Dostoevsky:

> Он (Достоевский) был послан в мир на страдание и воплотился. Он мечтал о Боге, о России, о восстановлении справедливости, о защите униженных и оскорбленных и о воплощении мечты своей. Он верил и ждал, чтобы рассвело. И вот перед героем его, перед ему подобными действительно рассвело, на повороте темной лестницы [. . .] самое страшное лицо, лицо, воплощение хаоса и небытия: лицо Парфена Рогожина. Это был миг ослепительного счастья. И в тот же миг все исчезло, крутясь как смерч. Пришла падучая. Таков был результат воплощения прежде времени: воплотилось небытие[47].

This passage is obviously self-referential. While attributing it to Dostoevsky, Blok, in his turn, expressed high hopes in connection with revolution, but like Dostoevsky, he also had an intimation of Rogozhin. What if around the corner lies not the glorious and transformative revolution, but Rogozhin with a knife? We remember that even though Myshkin's epileptic fit prevented the murder, Rogozhin did eventually kill Nastasia Filipovna. Blok is well aware of the explosive sexual rivalry that

46 Blok, *Zapisnye knizhki*, 402.
47 Blok, *Sobranie sochinenii*, 5:78–79.

destroyed Myshkin, Rogozhin, and Nastasia Filipovna; in "Dvenadtsat'," a similar rivalry threatens to engulf the revolution. It is hardly surprising that a knife functions prominently in Blok's poem: before fatally shooting Kat'ka, Petrukha attacked her with a knife. It is these Rasputin-like elements of the Russian soul that a true Russian Revolution was supposed to transcend. Myshkin, however, failed to redeem Rogozhin; his interference was premature. By the time he finished "Dvenadtsat'," Blok was forced to pin his hopes only on Christ: without him, the Revolution would be equally premature.

ЧТО ТАКОЕ СЕМАНТИЧЕСКОЕ ИЗДАНИЕ И ПОЧЕМУ В БУДУЩЕМ ВСЕ ИЗДАНИЯ СТАНУТ СЕМАНТИЧЕСКИМИ?

MIKHAIL GRONAS, BORIS OREKHOV
(Hanover / Moscow)

Seid umschlungen, Millionen!
J. C. F. von Schiller, *An die Freude*

Наша наука чаще всего занимается прошлым, настоящим реже, а будущим почти никогда.

А Александру Константиновичу Жолковскому, как знают его коллеги, ученики и читатели, присуща интеллектуальная чуткость и неувядающий юношеский интерес к *самоновейшему* в культуре, к тому, что происходит прямо сейчас или вот-вот произойдет. Поэтому мы решили посвятить ему статью-предсказание о будущем филологии и литературоведения. Статья состоит из двух частей: в первой содержится наше пророчество, которое, в соответствие с законами этого жанра, темно и загадочно. А во второй мы попытаемся его истолковать.

I

В будущем все научные издания станут *семантическими*. А потом они сольются в одно — единственное и единое — *семантическое издание* (или *семантическую сеть*) всего культурного наследия человечества.

II

От цифровых текстов к семантическим

Очевидно, что формы существования текстов зависят от принятых в обществе технологий хранения и воспроизводства информации. В бесписьменных культурах главный носитель информации — индивидуальная и коллективная память, соответственно и тексты, которые эти культуры стремятся сохранить, существуют как объекты, приспособленные к мнемоническому выживанию. Формальная организация фольклорных текстов, например описанные Лордом и Пэрри формулы эпоса, или пропповский набор функций в волшебной сказке — это элементы мнемонической технологии, которые соотносятся с памятью как паровой двигатель с паром.

На смену памяти пришли письмо и печать — технологии, которые привели к появлению *рукописи* и *книги*. Изобретение и распространение компьютера вызвало к жизни *цифровой текст*. Когда компьютеры объединились во всемирную сеть и научились обмениваться документами при помощи гиперссылок, основной формой существования текста стал *гипертекст*. А уже в конце 90-х изобретатель протокола обмена гипертекстами (и, стало быть, Интернета) сэр Тим Бернерс-Ли заговорил о том, что придуманная им Всемирная Паутина устарела, а на смену ей придет новая — *семантическая* (semantic web)[1]. По мысли Бернерса-Ли сегодняшняя сеть, то есть сеть гипертекстов — «человеческая, слишком человеческая»; она сплетена из документов, созданных людьми и для людей. Машина (например, поисковая машина), конечно, очень хорошо ищет нужные нам слова, но больше, в сущности, помочь ничем не может, потому что Интернет (как ни парадоксально это звучит) немашиночитаем. А грядущая Семантическая Сеть свяжет уже не поверхностные представления текстов, а стоящие за ними

1 См.: Tim Berners-Lee, "Semantic Web Road map" [October 14, 1998], URL: https://www.w3.org/DesignIssues/Semantic.html (accessed April 14, 2017); Tim Berners-Lee, James Hendler and Ora Lassila, "The Semantic Web", *Scientific American* 284.5 (2001): 34–43. URL: https://www.scientificamerican.com/article/the-semantic-web/ (accessed April 14, 2017).

смыслы и данные, и откроет их для автоматического анализа. От поиска слов мы перейдем к пониманию причин, следствий, связей и отношений между вещами, явлениями, процессами, потоками данных. Семантическая сеть станет новой формой существования текста, в которой будут наконец реализованы возможности новых носителей информации, компьютера и компьютерных сетей. Для воплощения семантической утопии нужно было всего лишь научиться представлять документы в машиночитаемом виде, т.е. в виде упорядоченных и универсально распознаваемых структур данных. Бернерс-Ли и его соратники разработали довольно простые инструменты, при помощи которых обычные документы можно превратить в семантические. Каждой сущности (ресурсу) приписан универсальный (т.е. неизменный, универсально распознаваемый) идентификатор (URI). Области знаний и данных описываются в виде иерархически организованных онтологий. Отношения и свойства сущностей (ресурсов) задаются набором простых утверждений (субъект/предикат/объект), Resource Description Framework. Если добавляемая в Интернет информация будет организована подобным образом, она, наконец, оживет, данные заговорят друг с другом, цифровые тексты станут *семантическими,* обещал Бернерс-Ли в 1998 году.

Прошло почти 20 лет, а семантическая утопия сэра Тима так и не наступила[2]. Сам термин semantic web воспринимается теперь как чересчур амбициозный, и, как видно из графика популярности соответствующего поискового запроса в Google Trends, постепенно выходит из моды (см. рис. 1).

Главная причина неудачи проекта состоит в известном парадоксе tragedy of commons: для преобразования обычных документов в семантические требуется затратить время и усилия; а обещанное общее благо («семантическая утопия») — недостаточная мотивация для большинства авторов и публикаторов, которых вполне устраивает досемантический Интернет.

---

2 Тем не менее, об идее семантического Интернета еще помнят: Abraham Bernstein, James Hendler, Natalya Noy, "A New Look at the Semantic Web", *Communications of the ACM* 59.9 (2016): 35–37, DOI: 10.1145/2890489 (accessed April 14, 2017). Бернерс-Ли в последние годы предпочитает говорить о *связанных данных* (Linked Data).

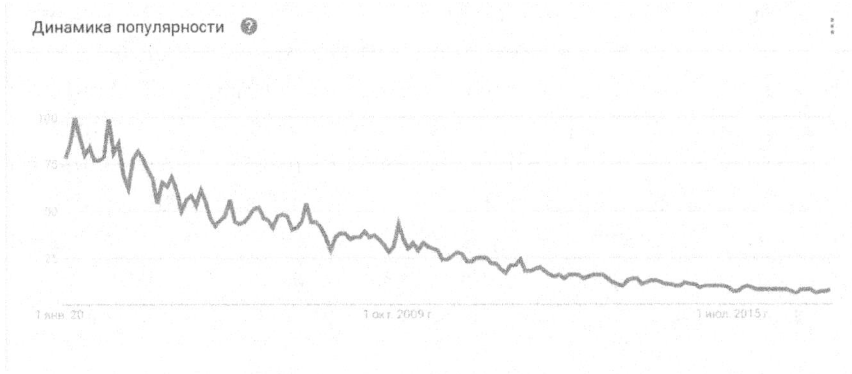

Рис. 1 Динамика популярности понятия «semantic web» в поисковых запросах Google, https://goo.gl/O2Tzs9

При этом очень много отдельных элементов семантической сети реализованы[3], и мы пользуемся ими ежедневно, когда обращаемся к упорядоченным и связанным структурам данных — например, сравнивая цены в интернет-магазинах, покупая авиабилеты, или когда одним кликом отправляем информацию о событии (приглашение пообедать, поход к доктору) из электронного письма в календарь. Иными словами, семантическая сеть прижилась в тех случаях , когда такая организация информации выгодна и полезна ее владельцу или публикатору.

Наш тезис состоит в том, что культурное наследие человечества, в частности литературные тексты, также относится к зоне потенциального применения семантической сети. Прежде всего потому, что речь идет о текстах, которым наша культура приписывает особую ценность; стало быть ценными (эстетически, исторически, и т.д.) для нас являются и стоящие за этими текстами смыслы и знания, и мы готовы ради них потрудиться, т.е. потратить усилия на упорядочивание данных. Филологи и историки культуры (так же как продавцы авиабилетов) заинтересованы в превращении вверенной им области знания в семантическую сеть.

---

3 Fabio Ciotti, Francesca Tomasi, “Formal Ontologies, Linked Data, and TEI Semantics”, *Journal of the Text Encoding Initiative* 9 (2016), URL: http://jtei.revues.org/1480 (accessed April 14, 2017).

Мало того, мы (наша цивилизация и наша профессия) этим уже давно занимаемся. Комментарии, индексы, выявление цитат, параллельных мест, установление авторства и датировок, функций у В.Я. Проппа или инвариантов у А.К. Жолковского и Ю.К. Щеглова — все эти древние и новые филологические практики почти ничем не отличаются от составления семантической сети. Недаром для обозначения совокупности упорядоченных сведений об издании мы пользуемся термином *критический аппарат*. Аппарат — синоним машины; от него один шаг до машиночитаемости и *семантических изданий*.

Что такое семантическое издание?

Семантическое издание — это представление текста в виде связанных данных. Для этого текст должен быть размечен, т.е. его элементам приписана информация об их значении в виде организованных меток в машиночитаемом формате. Притом формат должен быть универсальным: т.е. для разметки одних и тех же сущностей в разных текстах должны использоваться одни и те же метки. Универсальная разметка связывает данные разных текстов в предсказанную Бернерсом-Ли семантическую сеть; в этом смысле никакое семантическое издание не существует само по себе — no semantic edition is an island. Поэтому в пределе предметом семантического издания является не отдельный текст или собрание текстов, а вся совокупность написанного (и изобретенного, изображенного, сочиненного, сыгранного и т.д.) человечеством.

Что значит представить текст в виде данных? Данные — это набор отношений. Данные выражают прямую, эксплицированную и поэтому понятную компьютеру взаимосвязь сущностей. Скажем, если мы целый день мерим температуру воздуха, у нас могут получится вот такие данные: 8:00 — +18°C; 9:00 — +19°C; 10:00 — +20°C … 16:00 — +26°C; 17:00 — +26°C. Здесь время увязано с уровнем температуры, связь эта обозначена графически, с помощью тире. Символы обозначающие участников отношения — время и температуру — единообразны и отграничены друг от друга: между часами и минутами стоит двоеточие; перед значением температуры стоит плюс (дело было летом), а после — кружок, означающий «градус». Каждое наблюдение отделено от остальных с помощью точки с запятой, а час и градусы разведены тире. Эту последовательность легко представить в виде таблицы:

время	8:00	9:00	10:00	16:00	17:00
температура	+18°	+19°	+20°	+26°	+26°

Легко и написать программу, которая прочтет эту последовательность символов, разложит наши сущности по ячейкам памяти и проведет их количественный анализ (например, построит регрессионную модель и предскажет изменение температуры в будущем). Текст, даже самый прозрачный и очевидный, такого комфорта не предоставляет.

Вместо списка или таблицы мы могли бы написать:

> Проснулся в 8. Вставать не хочется. Температура +18. Провалялся час в постели. За это время температура выросла на один градус. Вставать все еще не хочется. Еще час провалялся! И снова на градус! etc…

Получилась изящная дневниковая виньетка. Но компьютеру она не по плечу: сущности не помечены и не отграничены друг от друга, установить связи между ними невозможно.

Помочь компьютеру можно при помощи *разметки*. Она могла бы выглядеть так:

> Проснулся в 8. [время, 8:00] Вставать не хочется. Температура +18. [температура, +18°C] Провалялся час в постели. [время, 9:00] За это время температура выросла на один градус. [температура, +19°C] Вставать все еще не хочется. Еще час провалялся! [время, 10:00] И снова на градус! [температура, +20°C]

О РАЗМЕТКЕ

Разметка — главный инструмент семантического издания. Разметкой называют систему нотации, которая позволяет компьютеру отличать одни сущности от других. Именно она и делает текст машиночитаемым. Сущности, о которых идет речь, бесконечно разнообразны — это все возможные виды данных (знаний, смыслов и т.д.), содержащиеся в тексте в любом виде (эксплицитно или имплицитно) и на любом уровне. Человек без труда понимает их смысл и отличает их друг от друга, машине же для этого требуется разметка. Зато с уже размеченными сущностями машина может делать то, что не по силам уже человеку: находить их мгновенно в миллионах текстов, обнаруживать связи и зависимости с другими данными, описывать статистические закономерности и исторические тенденции.

Простейший и самый распространенный пример разметки — *структурная* разметка документа. Человек без труда различает заголовок, основной текст, примечание и заметку на полях. А для компьютера всё это просто последовательности символов. Разметка (в данном случае теги языка HTML) подсказывает, что вот эта часть текста обладает особым качеством — является заглавием (тег <h1>), а эта — абзацем (тег <p>). Браузер интерпретирует эти теги и превращает их в формальные элементы веб-страницы.

В основе современных лингвистических корпусов лежит *лингвистическая* разметка: сложные запросы, которые мы можем задавать к поисковым механизмам этих корпусов, также в конечном счете могут быть успешны только потому что в тех коллекциях, по которым мы ищем, нужные нам сущности были заранее выделены, то есть размечены. Так, базовым свойством современных корпусов является морфологическая разметка, то есть приписанные каждому слову определенные свойственные данной форме грамматические характеристики: часть речи, словоизменительный класс, место в словоизменительной парадигме. Всё это дает возможность компьютеру «понимать», что перед ним существительное, прилагательное, глагол или что-то еще. Такая разметка делается, в основном, автоматически, что позволяет составлять корпуса из мощных текстовых коллекций, достигающих десятков миллиардов словоупотреблений.

Разумеется, мы хотим объяснить компьютеру не только грамматику, но и смыслы — все, что понимает и может увидеть в тексте человек. Для этого нужна *семантическая* разметка — система нотации, которая выделяет в тексте сущности, отграниченные друг от друга не формально, а содержательно. Сюда входит разметка лексико-семантических групп, например глаголы движения, названия животных, растений, термины родства, еда и напитки, предметные онтологии, социальные отношения и т.д.

Чтобы передать компьютеру не только смыслы, но и знания, заключенные в текстах, понадобится *энциклопедическая* разметка. Она указывает на типы данных традиционные выделяемые в критических аппаратах и указателях: именованные сущности, персоналии (авторы, адресаты, персонажи, исторические лица и т.д.), названия изданий, произведений; географическая информация (топонимы) и хронология (даты, упоминаемые в текстах, и датировки произведений).

Наконец, *историко-культурная* разметка выделяет в тексте более сложные сущности, например, литературные жанры, аллюзии на исторические события, следы влияния идей, школ или авторов, цитаты и т.д. Сюда же входят такие подвиды разметок, как, например, текстологическая (происхождение и описание источника текста, отношения между версиями текста), риторическая разметка (риторические фигуры), стиховедческая разметка, и разметка параллельных текстов (сведения об отношениях переводных эквивалентов).

Из этого списка ясно, что огромная часть того, чем занимаются лингвисты, филологи и литературоведы, может быть превращено в разметку. Список разметок принципиально открыт и потенциально бесконечен, поскольку бесконечно количество сущностей, которые могут когда-либо кого-нибудь заинтересовать. Если вас интересуют инфинитивы в русской поэзии, анаграммы у Мандельштама, прически героев Толстого, скрытые цитаты из Монтескье у Джойса, институты дуэли или бала в русской классике, палиндромы в древнекитайских хрониках, карлики у Вячеслава Иванова, колики у Всеволода Иванова, что угодно, где угодно, когда угодно, на каком угодно языке, под любым углом зрения, в контексте любой методологии — вам ничто не мешает добавить соответствующую разметку к семантическому изданию интересующего вас текста или группы текстов. Нужно только позаботиться о том, чтобы эта разметка стала универсальной, т.е. соотнести ее с общим реестром всех существующих разметок. Это последнее действие гарантирует связанность данных, и через них связанность всех семантических изданий.

Откуда возьмется разметка?

Во-первых, филологи будущего (или электронные издатели, грань между этими профессиями будет зыбкой) будут сами добавлять разметку в семантические издания. Результаты филологических и литературоведческих исследований часто можно представить в виде разметки. Любой добросовестный исследователь при публикации неизбежно уделяет место так называемой «метаразметке», информации, относящейся ко всему тексту сразу: когда, где, кем. Электронные издатели уже и сейчас довольно часто размечают структуру публикуемых текстов и текстологические элементы.

Во-вторых, поскольку количество возможных разметок ничем не ограничено, тексты могут размечаться и сторонними участниками. Уже сейчас одной из тенденций развития digital humanities становится привлечение дополнительных ресурсов через «crowdsourcing», в основе которого лежит уверенность в том, что можно достичь впечатляющих результатов, если за решение некоторой задачи возьмется достаточное число неравнодушных энтузиастов, не обязательно принадлежащих к высококвалифицированному сообществу[4]. Семантические издания будут включать инструменты для коллективной и распределенной разметки[5].

В-третьих, в руках человека оказывается всё больше инструментов автоматической разметки. Уже довольно давно

---

4 Вот несколько недавних примеров. Большую помощь в оцифровке 90-томного собрания сочинений Л.Н. Толстого оказали включившиеся в процесс «простые» люди, исправлявшие ошибки распознавания: http://tolstoy.ru/projects/tolstoy-in-one-click/ (accessed April 14, 2017). Набором рукописных дневников для проекта «Прожито» (см. ниже) также занимаются люди, вовлеченные в эту деятельность благодаря социальным сетям, а не профессиональной занятости. Заинтересованные пользователи, просмотревшие большое число фотографий поверхности Марса, помогли обнаружить место падения советской автоматической станции «Марс-3» (https://geektimes.ru/post/175827/ [accessed April 14, 2017]). Немного более специальный пример (потому что требующий от участников особой подготовки): сайт «Ancient Lives» (https://www.ancientlives.org/ [accessed April 14, 2017]), привлекающий волонтеров для трансрибирования и электронного издания греческих папирусов.

5 Такие программные инструменты есть уже сейчас, например, разработанная в MIT программа для коллективного редактирования и комментирования: http://www.annotationstudio.org/ (accessed April 14, 2017).

лингвисты и инженеры работают с программами-лемматизаторами, присваивающими каждой словоформе в тексте информацию о ее нормализованном виде (лемме). Аналогичные инструменты стали появляться и для других уровней организации текста, в частности, парсеры определяющие морфологические и синтаксические свойства лексем и семантические парсеры. Методы машинного обучения и статистического анализа языка могут применяться для более тонких разметок, например для нахождения тем/топиков характеризующих разные фрагменты текста.

Наконец, в-четвертых, за свою двухтысячелетнюю историю филология накопила огромные массивы сведений, содержащихся в комментариях, списках параллельных мест, примечаниях, указателях к бумажным изданиям и в разного рода библиографических справочниках, и т.д. Все аппараты традиционных научных изданий и так называемая справочная литература уже являются упорядоченными данными. Их осталось только дооцифровать и связать едиными стандартами разметки[6]. Семантические издания будут опираться на инструменты автоматического перевода данных из формата критических аппаратов прошлого в форматы современной стандартизированной разметки.

Семантическая сеть культуры

Попробуем обобщить сказанное в виде схемы, передающей архитектуру (т.е. общее устройство) семантической сети культуры (см. рис. 2). Эта сеть состоит из связанных семантических изданий. Семантическими издания становятся благодаря разметке. Источники разметки: работа филологов издателей и филологического сообщества, сообщество читателей в целом (crowdsourced community), инструменты автоматической разметки, автоматическая обработка и интеграция уже существующих данных (критических аппаратов). Список разметок открыт (т.е. можно добавлять новые разметки), но унифицирован; существует единообразный стандарт разметок. Все размечаемые во всех текстах сущности получают

6 Один из подступов к этой проблеме — электронная версия указателя персоналий и географических названий из 91-го тома Полного собрания сочинений Толстого: http://index.tolstoy.ru/ (accessed April 14, 2017).

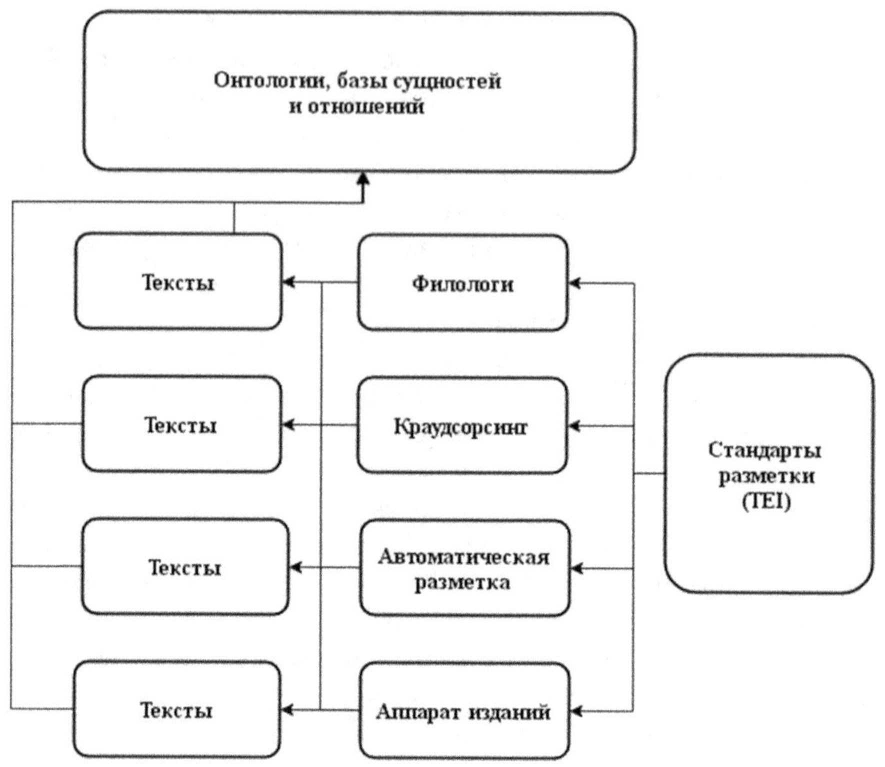

Рис. 2 Архитектура семантической сети культуры

уникальный идентификатор; свойства сущностей и отношения между сущностями, как и в классической семантической сети Бернерса-Ли, хранятся в универсально доступных базах (основой базы идентификаторов ресурсов и онтологий может стать Википедия).

Насколько утопичен этот проект? Нам кажется, движение к связному семантическому представлению в каком-то виде (наверняка не в точности так, как мы описали) неизбежно. Как уже сказано, несмотря на (быть может, временную) неудачу глобального проекта семантической сети, все больше областей информации оказываются охвачены ее элементами и идеологией «связанных данных». Культурное наследие — одна из таких областей. Несколько важных тенденции в филологии, лингвистике, и компьютерном анализе данных последнего десятилетия можно считать предпосылками для появления семантических изданий и семантической сети культуры.

Прежде всего, в последние десятилетия как лингвисты, так и литературоведы активно используют так называемые *корпуса*, т.е. размеченные электронные собрания текстов с надстроенным поисковым механизмом. Несмотря на претензии филологов к устройству этих ресурсов[7], они связывают данные воедино, дают широкую панораму словоупотребления, в том числе и в культурно значимых текстах. Некоторые корпуса уже включают семантическую разметку, другими словами, позволяют искать, например, всех животных, растения, имена родства, еду и напитки, а также разные другие сущности[8]. Семантическое издание в предлагаемом нами смысле можно рассматривать как разновидность корпуса с некоторыми существенными добавлениями и надстройками, важнейшие из которых — связанность со всеми остальными корпусами посредством унифицированной разметки и общей базы сущностей. Семантическую сеть культуры можно определить как *корпус всех корпусов*.

Движение к унификации разметки — другая важная составляющая семантического Zeitgeist'a. Платформой для семантических изданий, по всей видимости, станет TEI (Text Encoding Initiative): это сообщество специалистов и разработанные этим сообществом правила кодирования текстов на основе формата XML. Сайт TEI[9] содержит тысячи страниц описания принципов и конкретных примеров разметки, призванных унифицировать представление данных и максимально упростить взаимную конвертацию форматов. TEI (созданный еще в 1980-е) становится стандартом электронного представления текстов, а вокруг этого стандарта формируется набор полезных для исследователей и электронных издателей инструментов, таких, как облегчающие кодирование расширения

7 См. А.С. Бодрова, И.А. Пильщиков, "Проблемы корпусного подхода к задачам авторской лексикографии", Л.Л. Шестакова (отв. ред.), *Авторская лексикография и история слов: К 50-летию выхода в свет «Словаря языка Пушкина»* (М.: Азбуковник, 2013), 59–61; Б.В. Орехов, "О перспективах филологического корпуса", *Труды Отделения историко-филологических наук РАН. 2015* (М.: Наука, 2016), 147–155.

8 Категории семантической разметки, доступные в Национальном корпусе русского языка, перечислены на этой странице: http://ruscorpora.ru/reqsem.html (accessed April 14, 2017).

9 http://www.tei-c.org/ (TEI Consortium, 2007–...).

для программ-редакторов текста, веб-сервисы, реализующие автоматическое преобразование между разными форматами[10].

Семантическая сеть предполагает наличие постоянно поддерживаемой универсальной базы сущностей, свойств сущностей, и онтологий извлекаемых из текстов. Википедия (вернее ее представление в виде открытых машиночитаемых данных, DBpedia) — это наиболее логичный и общепризнанный претендент на роль такой базы. Наконец, в самые последние годы на наших глазах происходит очередная революция в области автоматического анализа данных и машинного обучения. Методы глубинного обучения и нейронных сетей позволяют автоматически размечать все более и более сложные сущности, обнаружение которых еще несколько лет назад требовало бы квалифицированной ручной работы историков и филологов.

Мы верим, что эти тенденции со временем приведут к появлению семантических изданий, которые затем сольются в единую семантическую сеть. Верим и призываем миллионы текстов поскорее обняться. А пока этого не произошло, с ранними прототипами инструментов семантической сети культуры можно познакомиться на примере существующих проектов, основанных на близких идеях и технологиях.

Примеры семантических изданий и инструментов

У текстов, и у отдельных элементов текста, есть временное измерение: датировки, упоминаемые даты, внутренняя хронология и т.д. Разметка этих данных свяжет одновременные события в разных текстах и приведет к появлению универсальной хронологии культуры. Прообразом такого инструмента в применении к русской дневниковой прозе стал электронный корпус личных дневников «Прожито»[11]. Этот ресурс выполняет главную функцию семантического издания — позволяет текстам взаимодействовать друг с другом. Хронологическая разметка дневниковых записей

---

10 Пожалуй, двумя главными препятствиями на пути неизбежного рождения всеобщего семантического издания в будущем стоят разнообразие форматов кодирования текста и авторское право. TEI в той или иной степени дает оружие для борьбы с первой из этих сложностей.

11 http://prozhito.org/ (М. Мельниченко [и др.], 2015–...).

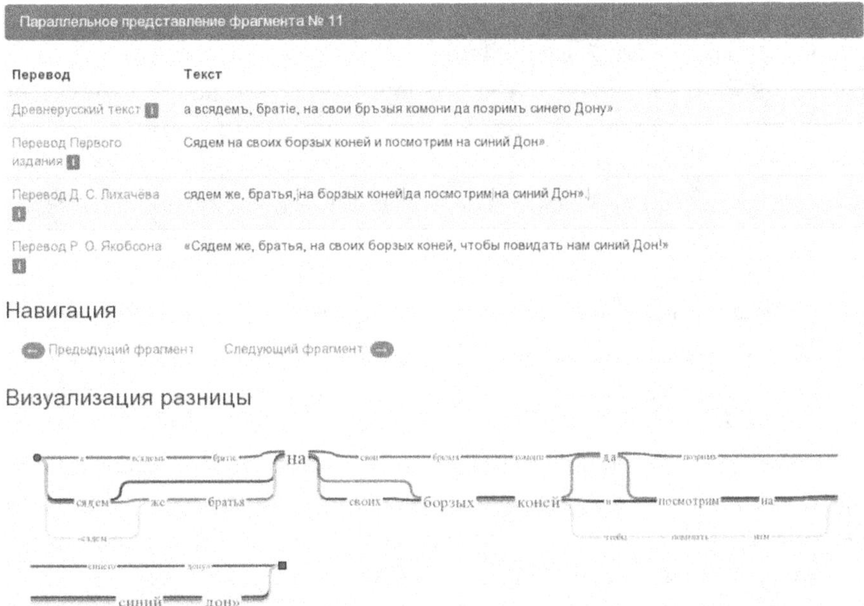

Рис. 3 Визуализация разницы переводов «Слова о полку Игореве»

сводит вместе все записи, сделанные в один и тот же день, и, тем самым, воссоздает экзистенциальную панораму этого дня, дает возможность «прожить» его, погрузившись в опыт и переживания современников. Добавление хронологической разметки материалов прессы и кинохроники сделает подобные проекты еще более информативными и многомерными.

Пример более традиционной филологической разметки — параллельные тексты и переводные эквиваленты. На основе такой разметки построен «Параллельный корпус переводов „Слова о полку Игореве“»[12]. «Слово», как известно, текст со сложной судьбой: когда рукопись была утеряна в московском пожаре 1812 года, памятник остался без материального носителя, то есть без надежного источника. Во-первых, это способствовало живучести проблемы подлинности. Во-вторых, породило множественность гипотетических конъектур и интерпретаций конкретных мест в тексте. В итоге «Слово» стало многослойным культурным артефактом, без общепринятого эталонного облика, кроме того,

12 http://nevmenandr.net/slovo (Б. Орехов, 2007–...).

требующим дополнительной репрезентации — в виде перевода на современный русский язык. Таких переводов существуют сотни, а различия между ними исторически обусловлены, а значит, культурно значимы, и взывают к исследовательскому вниманию. Корпус переводов «Слова» представляет их в «выровненном», параллельном, виде: каждому месту в каждом переводе сопоставлен эквивалентный ему отрезок текста в другом переводе, тексты оказываются связаны не номинально (по названию), а непосредственно. Сопоставление выполнено с помощью специального вида разметки, фиксирующего т.н. «выравнивание» (см. рис. 3). Всё это помогает исследователю сравнивать переводы, уточнять их разницу, искать этой разнице историко-культурное объяснение.

Еще один проект такого рода: корпусное параллельное представление французской поэзии в русских переводах первой трети XIX века[13], позволяющее выявлять особенности межкультурного взаимодействия в стихах: в корпусе видно, что и как поэты передают на своем языке, что теряют (намеренно или под действием условий языка или поэтической традиции), а что добавляют к исходному тексту.

Разметка персоналий в массивах текстов позволяет восстанавливать социальные и интеллектуальные сети прошлого и исследовать их динамику. Одним из первых проектов такого рода стал сайт «Mapping the Republic of Letters»[14] представляет в виде электронного ресурса размеченное эпистолярное наследие деятелей эпохи Просвещения. Разметка включает информацию об адресате, месте и времени отправления и получения письма. Таким образом, создатели сайта смогли построить впечатляющую анимированную карту, показывающую движение корреспонденции (и, фактически, стоящих за ней идей) в Западном мире в XVII—XIX вв. Как показано на сайте в разделе частных исследовательских применений получившегося ресурса, уже в существующем виде разметка позволяет проверить некоторые гипотезы и устойчивые представления, например, касающиеся космополитизма тех или иных авторов. В частности, можно сравнить «сеть» по переписке нескольких деятелей Просвещения.

---

13 http://nevmenandr.net/fr/ (А. Бодрова, Б. Орехов, 2011–...).

14 http://republicofletters.stanford.edu/ (Stanford University, 2013–...).

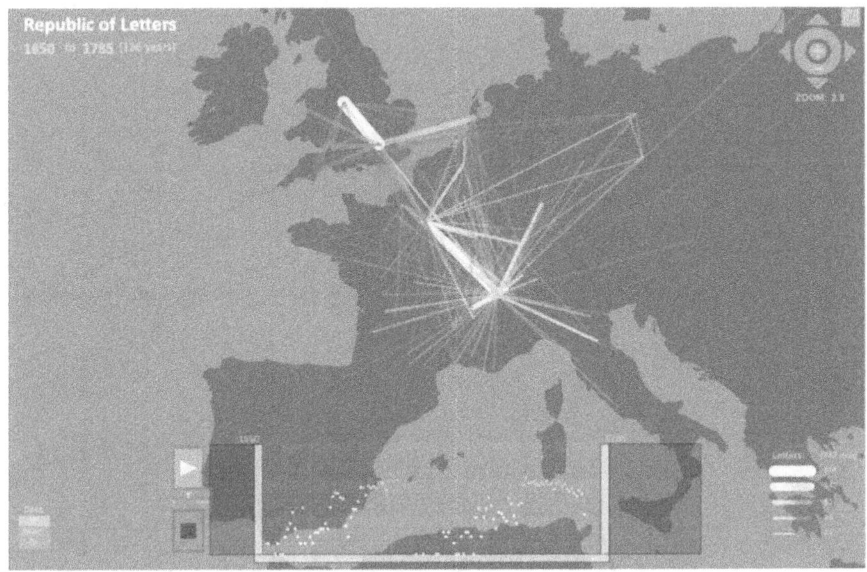

Рис. 4 Карта корреспонденции Дж. Локка и Вольтера из проекта «Mapping the Republic of Letters»

Подобный же подход — разметка переписки русских классиков XIX века и попытка реконструкции социальных связей литературного сообщества — представлен в проекте «Facebook прошлого»[15] (см. рис. 5).

Социальные сети можно восстанавливать не только по эпистолярных данным, но и при помощи статистического анализа совместной встречаемости размеченных персоналий. Пример такого подхода — социальные карты деятелей культуры на основе разметки исторических изданий энциклопедии Британника и Википедии в проекте Эволюция Знания (Knowledge Evolution Project)[16] (см. рис. 6).

15 http://web-corpora.net/Facebook_of_the_Past/facebook.html (М. Гронас, Б. Орехов [и др.], 2015–...). На нынешнем этапе трудность в том, что собрания сочинений ориентированы на изолированные связи писателя со своими корреспондентами, то есть мы не можем по опубликованным там материалам восстановить «горизонтальные» отношения тех, кто общался с авторами, между собой. Поэтому получается неполная схема сети, отраженная на иллюстрации ниже. В будущем, когда будут оцифрованы и размечены пропущенные в академических собраниях тексты, эти недостающие социальные связи будет возможно восстановить и дополнить имеющуюся картину.

16 http://knowevo.cs.uml.edu/ (Mikhail Gronas, Anna Rumshisky, Alexey Romanov, Yen-Fu Luo 2013–...).

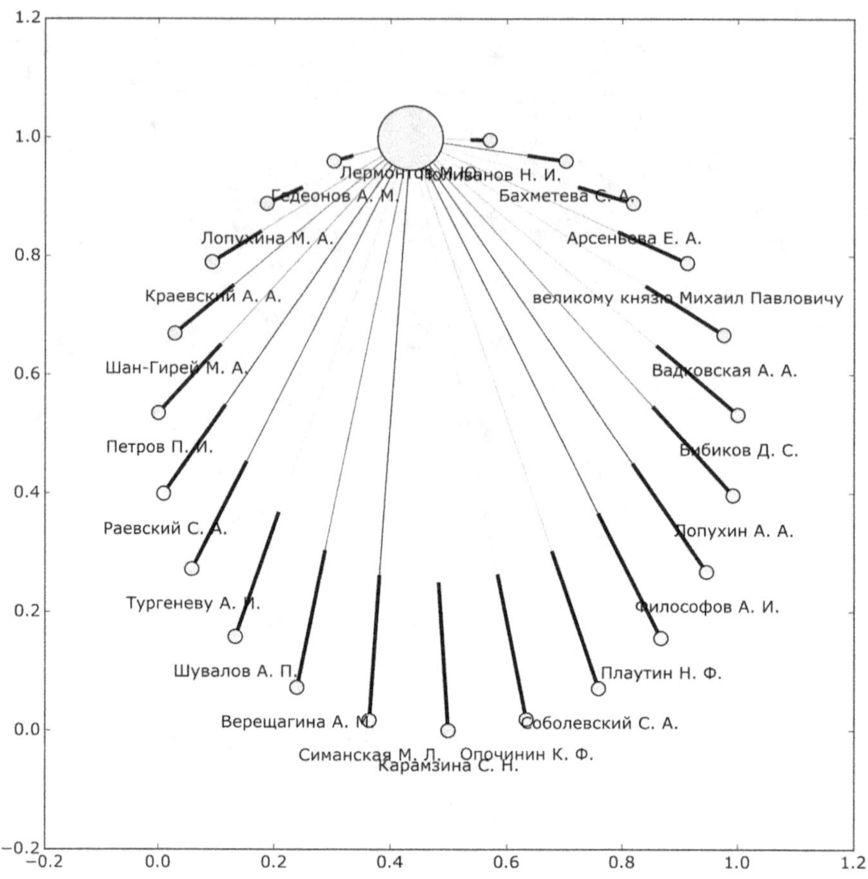

Рис. 5 Социальная сеть М. Ю. Лермонтова из проекта «Facebook of the Past»

Учитывая разметку хронологических отношения между упоминаниями исторических лиц и характер цитирования можно выстроить карту интеллектуальных связей (см. рис. 7).

В этом же проекте сделана попытка семантического «ресайклинга» — т.е. превращение в машиночитаемую разметку данных накопленных за 200 лет в каталоге Библиотеки Конгресса США. Каталог содержит библиотечные шифры (легко сводимые к тематической и хронологической разметке) и ежегодные реестры приобретения книг. Анализ этих данных позволяет визуализировать глобальные тенденции в развитии знания: рост и угасание, появление и исчезновение предметных областей, отношения между

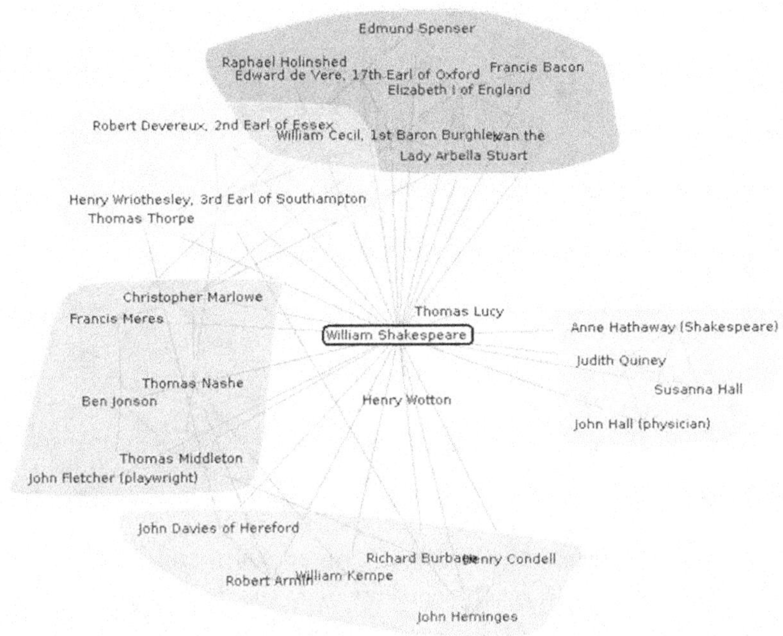

Рис. 6 Социальная карта Шекспира по энциклопедиям XIX–XXI вв.

областями. На иллюстрациях ниже представлены карты областей (галактики) знания в Библиотеке Конгресса по данным на 1881, 1912, 1947 годы (см. рис. 8, 9, 10). Каждый кружок — предметная область или дисциплина. Размер кружка соответствует пропорциональному размеру дисциплины (процент от всех книг в коллекции библиотеки). Близость областей на карте передает степень взаимной цитации между областями, т.е. интердисциплинарные связи. Карты иллюстрируют исторический процесс интердисциплинарного перемешивания в конце XIX и первой половине XX века. В 1881 году области наук автономны, а к 1947 году взаимосвязаны и переплетены[17].

Те же данные использованы в «геологической» карте знаний для иллюстрации разнице в скорости накопления знаний по предметным областям (рис. 11, 12)[18].

17 См. интерактивную анимированную карту: http://knowevo.cs.uml.edu/demos/congress-lib/v3/

18 Анимированная карта: http://knowevo.cs.uml.edu/demos/congress-lib/surface/

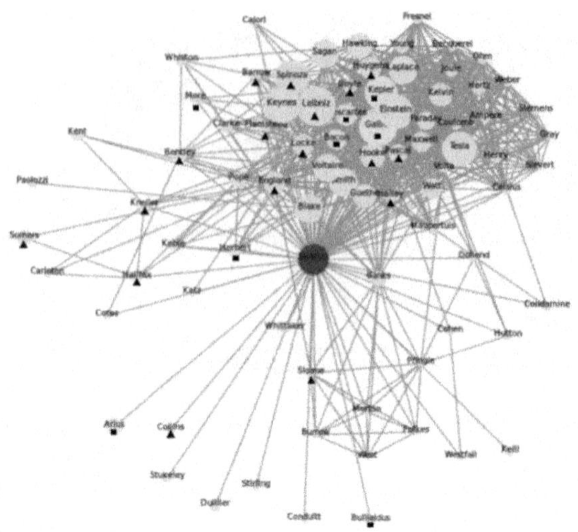

Рис. 7 Интеллектуальная сеть Исаака Ньютона. Квадратом помечены ученые, которые повлияли на Ньютона, треугольником — современники Ньютона, остальные узлы — его последователи (Knowledge Evolution Project)

Рис. 8 Галактика знаний по данным Библиотеки Конгресса: 1881

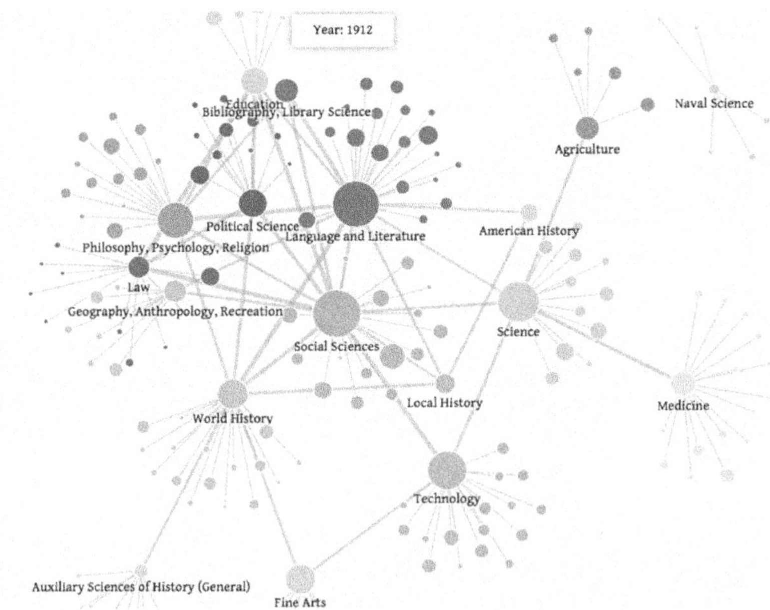

Рис. 9. Галактика знаний по данным Библиотеки Конгресса: 1912

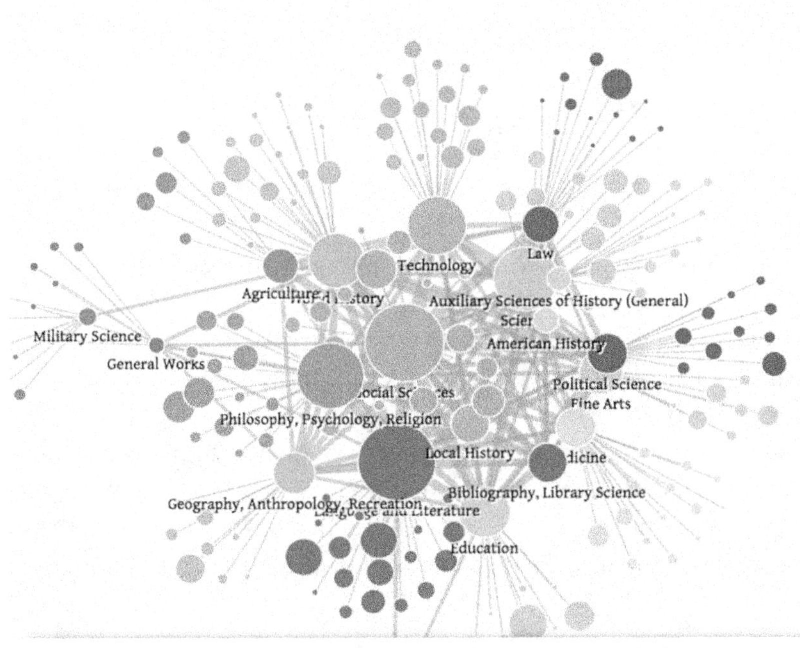

Рис. 10. Галактика знаний по данным Библиотеки Конгресса: 1947

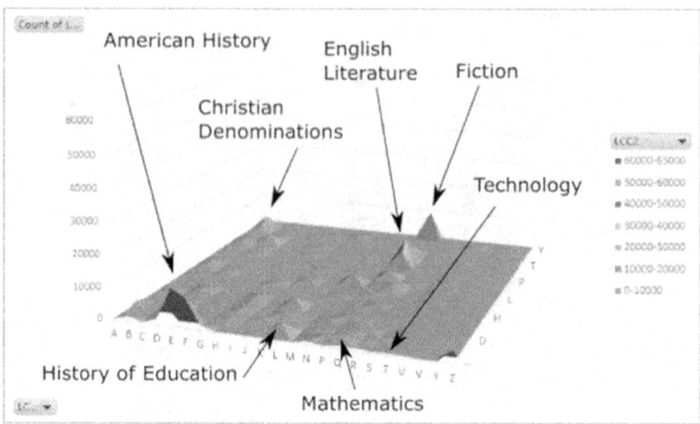

Рис. 11 Рельеф знаний по данным Библиотеки Конгресса, 1900

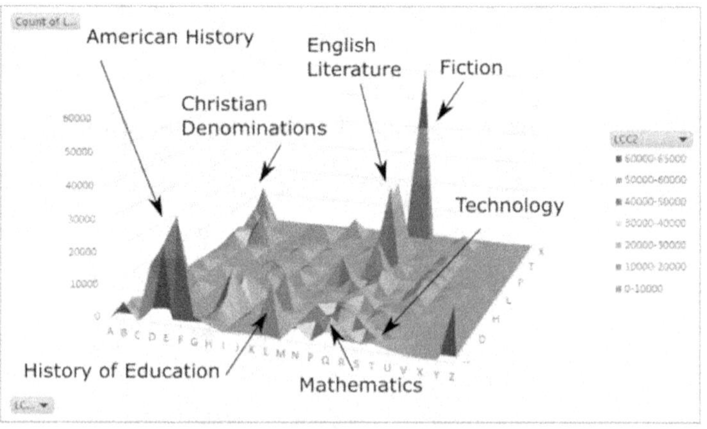

Рис. 12 Рельеф знаний по данным Библиотеки Конгресса, 1950

Еще одна проекция тех же данных, «пульс знания», позволяет соотносить изменения в удельным весе дисциплин с историческими процессами (рис. 13)[19].

Обратим внимание читателя на расширение полосы, представляющей Американскую историю (вторая снизу), в 1861–1866 гг., и расширение полосы, представляющей всемирную историю (первая сверху), в 1914–1919 гг. Очевидно, что рост интереса к

19 Интерактивная визуализация: http://knowevo.cs.uml.edu/demos/congress-lib/rivers/

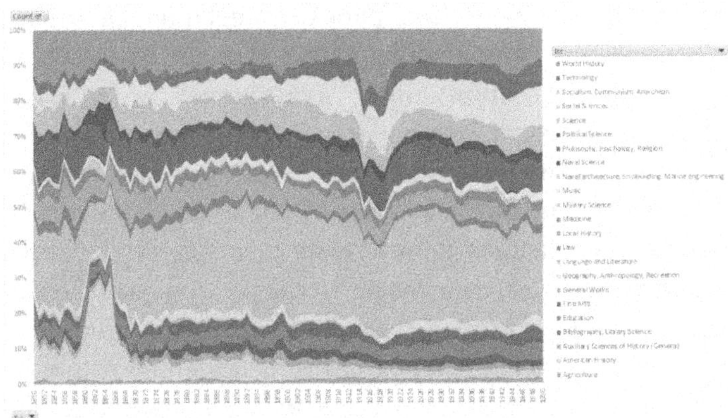

Рис. 13. Пульс знания: распределение книг в Библиотеке Конгресса по предметным областям (1850–1950)

истории в обоих случаях вызван войнами: гражданской войной в США и первой мировой.

К описываемому здесь образу семантического издания стремится и инициатива Tolstoy Digital, подразумевающая превращение толстовского текста в данные. На текущем этапе уже осуществлен перевод 90-томного издания в формат TEI[20]. Ср. также концепцию представления «Калевалы» в виде семантической сети[21], и семантическое представление социальной сети раннего Нового времени в Англии в проекте «Six Degrees of Francis Bacon»[22].

NO PASARAN

Приведенные примеры могут показаться яркими (особенно когда они снабжены визуализациями), но не слишком интересными с научной точки зрения. Скептик должен усомниться: зачем было городить огород, сливать воедино все написанное, размечать сущности вручную и автоматически, если результаты — карты, социальные

20 http://digital.tolstoy.ru/tolstoy_search/data/ (accessed April 15, 2017).

21 Eero Hyvönen, Tuomas Palonen, Joeli Takala, "Narrative Semantic Web — Case National Finnish Epic Kalevala", *Poster Papers, the 7th Extended Semantic Web Conference, Heraklion, Greece*, June, 2010, URL: http://seco.cs.aalto.fi/publications/2010/hyvonen-et-al-narrative-sw-2010.pdf (accessed April 15, 2017).

22 http://www.sixdegreesoffrancisbacon.com/ (Carnegie Mellon University, 2015–...).

сети авторов и персонажей, хронологии, списки параллельных мест — по большому счету тривиальны, поверхностны и не слишком приближают нас к пониманию культурных и исторических феноменов. Мы отчасти согласимся со скептиком: действительно многие исследования такого рода пока разочаровывают. Но напомним, что этот подход к культуре появился совсем недавно, мы наблюдаем пока младенчество изучения сети культуры. В примерах, которые мы привели, задействованы самые простые, лежащие на поверхности данные (даты, имена, названия дисциплин). Тем не менее, многие из полученных результатов далеко не тривиальны (и не могли бы быть получены в досемантическую эпоху). А уже очень скоро будет задействована глубинная семантическая разметка добываемая, например, нейронными сетями. Тогда мы сможем автоматически отвечать на самые разные действительно сложные и интересные вопросы: *О чем думал, чем занимался, что написал автор в тот или иной конкретный день или час? О чем чаще всего думают герои книг, когда смотрят на небо? Как, при каких обстоятельствах, отчего смеялись, плакали, падали в обморок в XVIII, XIX, XX веке? Почему изменилось отношение к публичной казни в эпоху Просвещения? Как менялись механизмы внимания и памяти в истории нашей цивилизации?* И этот последний вопрос подводит нас к самому главному:

Компьютер и Интернет — безусловное зло. Эти технологии делают нас невнимательными и забывчивыми. Поскольку спрятаться от них совершенно невозможно, единственный способ борьбы — это тушить пожар пожаром. Семантическая сеть культуры и новые семантические инструменты, которые уже возникают и еще возникнут — это способ вернуть культуре связность и единство, одно из орудий (отобранное у врага!) в партизанской войне против электронного забвения и рассеяния.

«SCRIBO, QUIA ABSURDUM» У ДАНИИЛА ХАРМСА
Трамвайные вопросы

AAGE HANSEN-LÖVE
(Munich / Vienna)

ЕСТЬ ЛИ ЖИЗНЬ ПОСЛЕ СМЕРТИ? НЕСВОЕВРЕМЕННЫЕ ВОПРОСЫ

Нередко вопросы веры ставятся у Даниила Хармса таким прямым и бестактным образом, что вопрос выглядит по меньшей мере неуместным (хотя, впрочем, именно с этой целью он и произносится): «Вы верите в бога?» Или, к примеру, вопрос того пассажира трамвая, который публично хочет узнать у своего соседа — и это в 1940 году! — «есть ли загробная жизнь или ее нет? Скажите, как по-вашему?»[1]

Оба «философствующих» мужчины в трамвае[2] находятся как в публичном, так и для данного интимного вопроса провоцирующе неправильно выбранном месте, причем сам вопрос здесь не функционирует в своем содержательном свойстве как вопрос веры, а скорее в своем коммуникативном и прежде всего прагматическом, и даже практическом смысле: когда задается вопрос веры, ломается действующее в обществе (того времени, того общества, того государства) табу — публично высказывать или просто иметь религиозные убеждения, которые были запрещены и строго

1 Даниил Хармс, "В трамвае", в его *Полном собрании сочинений*, сост. Ж.-Ф. Жаккар и В.Н. Сажин (СПб.: Академический проект, 1997), 2: 156.

2 Там же.

преследовались. Первичная реакция на поставленный вопрос может изначально касаться только его легитимности или же запрещенности — как это мог бы быть, к примеру, публичный вопрос в трамвае, пользуется ли сосед контрацепцией, или выступает ли за активную эвтаназию, или, в данном случае: можно ли считать Сталина слабоумным диктатором.

Один и тот же вопрос — но какой мог бы быть весомее и, таким образом, важнее, чем вопрос о загробной жизни? — оказывается идиотской провокацией, подвергающей опасности как вопрошающего, так и ответчика. В обществе с предписанным атеизмом вопрос о существовании бога не только запрещен, но — особенно в такой поставленной форме — совсем не героичен, а нелеп. Он подвергает опасности участников и по сути не выполняет никаких религиозных целей: для этого он задан слишком «между делом» — как если бы это был вопрос, можно ли верить в действие аспирина или вред табака или в действенность обоих вещей.

Уже то, что двое мужчин философствуют в трамвае, несет на себе отпечаток легкого сумасшествия, хотя это и не кажется чем-то действительно необычным. Они философствуют — но не ведут разговор о религии! При этом они занимаются в высшей степени «русским» народным спортом: а именно обсуждают безответные «вечные вопросы» при каждом удобном и неудобном случае...

Один пассажир объявляет сначала о своем фундаментальном неприятии предположения «жизни после смерти» и обоснует его стереотипными сомнениями в достоверности религиозных высказываний — будь-то ислам, христианство или буддизм. Чудеса или другие сверхъестественные свидетельства категорично отвергаются — между прочим, как и в аргументации Великого инквизитора Достоевского, который упрекает Христа в принуждении масс отказаться от веры в чудеса из-за религиозной гордыни, чтобы еще крепче и самоотверженнее привязать их к нему.

То же самое касается с точки зрения философствующего пассажира трамвая вещих снов: их исполнение — не что иное, как случайность. Его единственный интерес исчерпывается вопросом «загробной жизни». Его собеседник не отворачивается в испуге или гневе, но реагирует на заданный философский тон без какой-либо помехи, формулируя заранее подготовленный ответ, который находит свою кульминацию в апофатичной формуле, а именно: на соответствующий вопрос нет ответа: «Только вы сами сможете ответить на этот вопрос»[3].

Потусторонний мир существует, если он ответит «да», и не существует, если ответ будет «нет»: решающим здесь является не семантика или содержание вопроса или ответа (т.е. высказывания), а интенциональность, определение ценности, т.е. *прагматическое свойство речевого акта и его модальность*: «Только ответить надо с полным *убеждением*, без тени сомнения, или, точнее говоря, с абсолютной верой в свой ответ»[4]. Какой-никакой веры тут недостаточно, она должна быть «абсолютной», чтобы удостоверить абсолютный вопрос или поставленный под вопрос Абсолют.

Аргумент здесь, как и в похожих других местах у обэриутов, хотя бы у Хармса, Липавского или Друскина, сомнительный и соприкасается с манипулятивным введением в заблуждение: ведь определяемое (definiendum) уже заключено в определении (definiens): «Абсолют» ответа конституирует Абсолют вопроса и/или наоборот. Тот, кто следуя парадоксу веры по Кьеркегору[5], поднимет вопрос со всей абсолютной серьезностью, тот уже *предвосхитит ответ* либо получит его во всей абсолютности. Ибо как раз абсолютное и есть решающая составляющая веры, а не просто некое «считать достоверным» или предположение «вероятности» — то самое правдоподобие, о котором пишет Якобсон в своем определении реализма[6]. С этой точки зрения реализм не репрезентирует объективно реальную данность, но формируется за счет совпадения между высказыванием и моделью вероятности как референциальная

---

3 Там же. Ср. тему пари у Паскаля: «Разумнее верить, чем не верить» (*Pensées de Pascal sur la religion*, § 233). В каком-то смысле концепция машины вероятности у Паскаля (L'utilité des preuves par la machine) и Deus ex machina в литературе очень близки друг к другу. Ср.: А.К. Жолковский, "Deus ex machina", *Труды по знаковым системам* (Тарту, 1967), III: 146–155; Idem, "Быть или не быть Богом: К одному парадоксу авторской власти у Достоевского", В. Маркович, В. Шмид (ред.), *Парадоксы русской литературы* (СПб.: ИНАПРЕСС, 2001), 234–247.

4 Хармс, "В трамвае", 157.

5 К парадоксу веры у Кьеркегора ср.: Лев Шестов, *Киргегард и экзистенциальная философия* (Париж: Дом книги и современные записки, 1939).

6 Роман Якобсон, "О художественном реализме", в его кн. *Работы по поэтике* (М.: Прогресс, 1987), 387–393.

рамка. И рамка эта не абсолютна, а как раз относительна, культурно и исторически обусловлена и вариабельна.

У Хармса и Кьеркегора абсолютное не «предполагается» в смысле «предположения», считающего что-то вероятным, но «принимается» в смысле «дара», как это развернуто у Хармса в его притче «О подарках» (по Эмерсону)[7]. Вера — это не предположение, но своего рода «принятие» — так же, как при «притягивании духа» имеется в ввиду взаимная и энергетически подтверждающаяся притягательность. Так, только притягиваемый может быть притянут: он должен быть уже изначально притягиваемым, чтобы попасть в это положение. Все экзистенциальные ситуации (по Хайдеггеру)[8] — такие как рождение и смерть — становятся такими пустыми формулами, ведь их невозможно критически переосмысливать и зависят, таким образом, от тавтологичной или парадоксальной интервенции[9], чтобы о них можно было сообщать.

Кроме того, с логической точки зрения здесь появляется совершенно несоразмерный призыв к «Абсолюту»: он является как объектом вожделения, т.е. веры, так и его субъектом, или же тем «моментом», через которое приводится в действие «движение веры» (Кьеркегор)[10]. Вера в Абсолют предполагает абсолютную веру, которая уже заведомо овладела желаемым; она интенционально выдумывает его, а не просто находит. Но именно в этом скорее и заключается дешевый порочный круг, который работает скорее с эвидентностями, чем с аргументами, а точнее: заставляет работать на себя других[11]. Другие в экспериментальной сцене Хармса — это

7 Хармс, "Трактат более или менее по конспекту Эмерсона", *Неизданный Хармс. Полное собрание сочинений. Трактаты и статьи. Письма. Дополнения к т. 1–3*, сост. В.Н. Сажин (СПб.: Академический проект, 2001): 28–30.

8 Мартин Хайдеггер, *Бытие и время*, §§ 46–53.

9 Aage Hansen-Löve, "Paradoxien des Endlichen. Unsinnsfiguren im Kunstdenken der russischen Dichter des Absurden", *Wiener Slawistischer Almanach* 44 (1999): 125–183.

10 Sören Kierkegaard, *Furcht und Zittern*, übers. E. Hirsch (Düsseldorf — Köln: Diederichs, 1950), 52.

11 По Друскину, сущность «очевидности» в том, что в ней доминирует представление обо «Всем», т.е. не каждая часть должна доказывать свое отношение к «эвидентности», но только в рамках веры. Здесь очевидность сочетается с «Я» верующего: «Очевидность же — я сам. Она мгновенна как и я сам» (Яков Друскин, "Признаки вечности", в его кн. *Лестница Иакова: эссе, трактаты, письма*, подгот. текста и примеч. Л.С. Друскиной, С.С. Полигнотовой [СПб.: Академический проект, 2004], 468). Без акта

собеседники поневоле того пассажира, который поставил неуместные вопросы.

ПАРАДОКСЫ ВЕРЫ — МЫ ЕДЕМ ДАЛЬШЕ...

Что же происходит дальше в философском трамвае? После того как второй пассажир расстроил первого вопрошателя о боге заявлением, что эта проблема решаема только при занятии абсолютной позиции — зная при этом, что речь здесь может идти лишь о парадоксе. Поскольку каждая точка зрения уже сама по себе партикулярна и является продуктом выбора между многими вариантами, она по определению одностороння. Всесторонняя же точка зрения перестала бы быть таковой — так же, как и абсолютная позиция, как того требует тотальная вера. Она была бы при этом абсолютно индифферентна и выполняла бы сама таким образом Шеллингова Заповедь о чистоте индифференции магическо-мифического мышления или же самого религиозного начала[12].

Но в трамвае работают другие правила, чем в мюнхенском идеализме. Первый пассажир, который начал расспросы, возражает на более или менее полезные советы второго сожалеющим отказом: он хотел бы, конечно, обладать даром абсолютной веры, «Я бы охотно ответил себе» (там же) — но увы, у него нет для этого необходимой веры. Во всяком случае абсолютной. А вопрос, на который можно ответить только самому себе, не является на самом деле вопросом, т.к. вопрос всегда направлен к другому, именно по той причине, что сам ты не можешь справиться с ним. Конечно, можно было бы при вопросе к себе спросить свое alter ego, у которого всегда готовы все ответы, потому что это была бы часть Ego или, возможно, та самая часто цитируемая «лучшая половина», под которой, как правило, подразумеваются жены мужей (наоборот реже).

Вопрос, на который нужно ответить самому себе и притом ответить «с верой», потому что иначе не получишь ответа, был бы собственно не настоящим вопросом, в крайнем случае он мог бы

веры нет эвидентности. Эта эвидентность всегда обладает признаками пустоты и Ничто.

12 Friedrich Wilhelm Joseph von Schelling, "Philosophie der Kunst", in: idem, *Sämtliche Werke* (Stuttgart: J.G. Cotta'scher, 1859), 5: 379–380. Ср. Р.М. Габитова, *Философия немецкого романтизма (Гельдерлин, Шлейермахер)* (М.: Наука, 1989), 81 сл.

быть «риторическим», т.к. по меньшей мере „частично» ответ всегда уже был бы известен заранее: одной ногой в правде, другой ногой — в грязи... «А чтобы *ответить с верой, надо быть уверенным* в истинности своего ответа. А где мне взять эту уверенность?»[13]

Здесь порочный круг можно ухватить руками, как и тавтологическую алогику.

В известной степени: замкнутый круг верующего и молоток философа. Ведь если сначала нужно иметь убеждение, чтобы обладать верой, на чьи вопросы можно ответить все равно лишь самому себе — для чего все это? Убежденному совсем необязательно верить — он был бы уже на надежной стороне и в зоне несомненного знания! Деятели убеждения, как и мыслители убеждения — оба действуют в свете тотальной очевидности. Либо ее имеют, либо нет. Как абсолютный слух, который, однако, не обязательно производит гениального или хотя бы хорошего музыканта. Как раз наоборот — абсолютный слух может помешать развитию музыкальности, как и абсолютная вера — религиозному началу. Ведь оно в буквальном смысле является чем-то относительным (re-ligio), связующим. А также — сомнительным. Тот, кто требует абсолютной веры — нередко от другого — тот требует (как фундаменталисты всех стран) собственно невозможного и препятствует тем самым движению, свободному пространству, динамике. Так, второй философ ошибочно полагает, что убеждение — это не что иное как вера, которую «нельзя приобрести», которую «можно только развить в себе». Приобретать vs. развивать: нацеленно, стремиться транзитивно, с одной стороны, и стать нетранзитивным, расти, допустить раскрытие, с другой.

Риск веры находится полностью на стороне верующего (или нужно было бы сказать: кредитора?), в то время как основатели религий и их сотрудники, а также последователи довольствуются полезными советами или прекрасными пируэтами мысли. По эффективности своей применимости они похожи на те подарки, о которых речь пойдет дальше. Так как абсолютный подарок совершенно непригоден, непреднамерен и потому в сущности — невидим. Если он проявляет себя, то сразу же вступает в силу тот жестокий и смешной принцип Гёте: «Как только становится заметно намерение, портится настроение».

---

13 Хармс, “В трамвае”, 157. Курсив мой. — *AAHL*.

Итак: второй пассажир — а он, заметим, совсем не безбилетник — отвечает проницательно, что истинная вера не может быть предметом приобретения или обучения, а может лишь сама развиться. То же самое можно сказать, между прочим, обо всех остальных громоздких ценностях бытия: об Эросе и Танатосе, о Добре и Прекрасном — не говоря уже об Истине, которая совсем не желает, чтобы с ней обращались как с товаром. Она должна «развиться» в своем роде сама по себе, причем она может принадлежать только одному владельцу, т.к. существует только одна собственная вера — как «единственный и его собственность» (Макс Штирнер)[14], которой не было бы, если бы она не была присовокуплена к личности (ad personam) и не выступала в качестве единичной и персональной очевидности, которую нельзя обобщить. Все эти ценности не являются общими, но частными вещами. Как в случае той двери к закону у Кафки (в его притче «Перед законом»), которая стоит открытой для того одного, отдельного человека из деревни — и только потом, по истечении срока, она закроется.

Первый пассажир заявляет: «Как же я могу развить в себе веру в свой ответ, когда я даже не знаю, что отвечать, да или нет»[15]. И это понятно — вопрос о том, каким будет ответ, нельзя знать заранее: это натянутое желание иметь надежность веры нарушает еще больше, чем все прежнее, самые простые правила разума. Ведь как можно достигнуть или потребовать несомненности в вопросе, на который издавна дан ответ: тогда это уже не был бы вопрос, и ответ как таковой тоже нет. Нельзя отрицать лишь одного: соответствующий вопрос веры предполагает только ответ Да/Нет или, чтобы привести Кьеркегора — Или-или, но никакого Либо *и* Либо. Либо бог есть, либо его нет[16]. Знал бы верующий заранее, как ему нужно отвечать, у него не было бы веры и того постулата «верую, ибо абсурдно», который привязывает его, если не приковывает ex negativo к высшему Добру.

Ответ второго пассажира на вопрос Да/Нет звучит более-менее лаконично, чтобы не сказать цинично: «Выберите себе то, что вам

---

14 Max Stirner, *Der Einzelne und sein Eigentum* (Leipzig: Wigand, 1845).

15 Хармс, "В трамвае", 157.

16 Серен Кьеркегор, *Или-или. Фрагмент из жизни*, пер. Натальи Исаевой и Сергея Исаева (М.: Академический проект, 2014); Idem, *Повторение*, пер. П.Г. Ганзена, сверенный с оригиналом, исправленный, дополненный и прокомментированный Д.А. Лунгиной (М.: Лабиринт, 1997).

больше нравится»[17]. Но как при таком важном вопросе, самом важном вопросе вообще может идти речь о «нравиться»?

«Сейчас будет наша остановка, — сказал первый Собеседник и оба встали со своих мест, чтобы идти к выходу»[18]. В этом решающем месте в действие вступает третья инстанция: «какой-то военный чрезвычайно высокого роста»[19] — в отличие от обоих философствующих пассажиров это довольно точно определенный персонаж, чей высокий рост кажется абсолютно несущественным в отличие от его очевидной причастности к официальной государственной власти (военная форма), которая выступает еще и как подслушивающий Большой Брат (Big Brother), который все записывает — все-таки! — «и меня, извините, заинтересовало»[20]. Этот мужчина еще и вежлив! Значит и он богоискатель: совсем в противоположность к своей официальной речи и своей форме, которая определяет его как члена государства атеистов. Нет, у него тоже есть вопрос — который, однако, указывает в совсем другом направлении, чем вопрос обоих философов. Ведь его «заинтересовало»: «как это могут два еще молодых человека серьезно говорить о том, есть ли загробная жизнь, или ее нет?»[21].

Да, вот оно. Мужчина в военной форме выполняет и в то же время разочаровывает ожидания пассажиров и невольных соучастников сцены: он выполняет ожидание пассажиров — ожидание того, что официальное лицо — или даже офицер? — займет в решающем идеологическом вопросе сторону господствующего мнения, объявив всю постановку вопроса необоснованной или во всяком случае бессмыслицей! С другой стороны, формулировка его критики непрофессиональна, ибо неожиданна, неподходяща и неадекватна. Он отказывается от взыскания или чего-либо худшего и ограничивается лишь ответом, который соответствует неофициальному или скорее здравому смыслу/common sense просвещенного и благоразумного общепринятого бытового мышления. Типично «русский» вопрос о существовании бога или потустороннего мира сокращается — притом в устах представителя

17 Хармс, “В трамвае”, 157.

18 Там же.

19 Там же.

20 Там же.

21 Там же.

официально атеистического государства — до вопроса здравого смысла, который объявляет занятие вопросами веры — к тому же «молодыми людьми» — чем-то смешным и абсолютно противоестественным.

Не вопрос или ответ имеют здесь какой-то вес; речь идет исключительно о постановке вопроса как таковой, которая объявляется абсурдной. Молодые люди должны заниматься вопросами посюстороннего мира, а не потустороннего, который может заинтересовать разве что старшее поколение или же «Старый свет». Однако, эта интервенция (военная) настолько банальна, что в сравнении с вопросом о боге она не может иметь никакого значения. Военный разочаровывает нас дважды: он отказывается от ожидаемого официального действия, а также от какой-либо противоположной позиции, которую можно было бы хоть как-то принять в расчет. Он ограничивается более чем банальным указанием на ожидаемую витальность собеседников, чья юность должна была бы изобличить лживость темы их разговора. Это выглядит так, как будто милиционер грозит террористу пальцем, чтобы тот спрятал идиотскую бомбу подальше.

И вот еще что: остановка прерывает и прорывает движение веры и ее вербализацию через мир необходимости, чья «сила притяжения» действует таким образом, что вещи просто «должны быть сделаны» — каждый пассажир должен будет однажды выйти, каждый путешественник по жизни прибудет однажды на ту станцию, где ему придется сойти. Может быть, он пересядет и поедет дальше или сойдет окончательно, потому что жизненный путь точно отмерен, а конечная станция достигнута. Таким образом, переход в потусторонний мир, о котором на протяжении всего жизненного пути постоянно шла речь, окажется *остановкой в пустыне* (И. Бродский)[22] — а именно, остановкой в пустыне бытия, которое симулирует потусторонность с помощью обрыва киноленты смерти.

В то же время обрыв философской беседы о вечных вопросах — совершенно произволен, банален, искусственен: его можно сравнить с детской отговоркой при сочинении письма, когда можно бросить писать дорогим родителям, потому что закончился обеденный

22 Иосиф Бродский, *Остановка в пустыне* (Нью-Йорк: Изд-во им. Чехова, 1970).

перерыв или вышли чернила — или как это прекрасно сказано у Ахматовой: «так как мне бумаги не хватило» («Поэма без героя»).

Конец дискуссии о вопросах про жизнь и смерть наступает в тот момент, когда собеседники, очевидно, должны выйти — независимо от того, выяснили они свои вопросы или нет. Поездка подошла к концу, текст тоже, но все вопросы остались открытыми, а мы никогда не узнаем, что же эти очевидно молодые собеседники решили и что вообще хочет сказать этот текст?

ПОДАРОК ИЛИ ДАР ВЕРЫ

Вера в своей парадоксальной сущности предполагает отсутствие очевидности потустороннего, метафизического, спасения и т.п., т.е. всего того, что в мифе вневременного присутствия (во всяком случае в рамках экстаза, в магическом кругу и т.д.) само собой разумеется: нужно верить, потому что предмет веры блистает отсутствием; необходимо верить, потому что это «абсурдно» (credo quia absurdum), полнота бытия не вмещается в узость жизни, тотальность коллективного диссоциируется с уникальностью отдельного человека («единственный» у Кьеркегора). Дефициентность (нехватка) отсутствующего порождает и обуславливает веру; таким образом, находящийся в эвидентности человек — в действительности неверующий[23].

Вера в самой своей утонченной форме — это чистая интенциональность, чистая направленность позиции отдельной персоны на возвращение мессии, который уже один раз являлся. Риск веры[24] всегда предполагает возможную и доступную нигилистическую или еретическую альтернативу: либо человек чувствует себя в силу своего витального и общественного инстинкта в присутствии своего существования «как дома» — и

---

23 Здесь уместно вспомнить дискуссию о «вере древних греков», т.е. о вопросе, сделала ли необходимой веру мифическая эвидентность в античности. См.: Поль [Мари] Вен, *Греки и мифология: вера или неверие?* (Москва: Искусство, 2003).

24 Romano Guardini, *Christliches Bewusstsein: Versuche über Pascal* (Leipzig: Hegner, 1935). О «парадоксах веры» у Кьеркегора и Хармса см.: Aage A. Hansen-Löve, “Paradoxien des Endlichen: Unsinnsfiguren im Kunstdenken der russischen Dichter des Absurden”, *Wiener Slawistischer Almanach* 44 (1999): 125–183.

тогда он не стремится на чужбину потустороннего мира, о котором он к своему ужасу в христианстве ничего узнать не может; либо его «здесь и сейчас» так катастрофичны, что остается только побег в потусторонность, к с нетерпением ожидаемому концу.

То же самое касается чуда, которое не является вопросом фактического, а скорее вопросом означающего в используемом здесь смысле: оно не должно быть доказуемым, но должно затрагивать; и тот, к кому оно относится, и есть всегда в то же время затронутый. С герметической точки зрения почти каждое действие или каждая реалия могли бы быть в своей потенции «чудом», если их рассматривать sub specie aeternitatis / «с точки зрения вечности» — будущего[25].

О СВЕРХПОДАРКАХ

Еще год назад Хармс рассматривал вопрос о бессмертии совсем по-другому — а именно, в упомянутом псевдотрактате «Более или менее по конспекту Эмерсона» (1939)[26]. Здесь речь сначала идет, как известно, о парадоксе подарка[27] и затем в конце концов о «приближении к бессмертию»[28]. Искаженная аргументация, разумеется, не спускается здесь с высот теологической спекуляции в низины трамвайной сцены, но движется наоборот от странностей даримых объектов к смыслу жизни, исполнение которого далеко выходит в соответствии с трактатом за границы простого удовлетворения желаний: «постоянно делай то, чего тебе не

---

25 Д. Хармс, “Есть ли чудо?..”, в сост.: “Дневниковые записи Даниила Хармса”, публ. А. Устинова, А. Кобринского, *Минувшее* 11 (1992): 502. Ср.: Lisanne Sauerwald, *Mystisch-hermetische Aspekte im Kunstdenken der russischen Dichter des Absurden* (Würzburg: Ergon, 2010), 332 ff.

26 *Неизданный Хармс*, 28. Ср.: [Ralph Waldo Emerson], “Gifts” [1844], *Emerson's Essays*, ed. Sherman Paul (London: Dent, 1980), 289–293; Aage Hansen-Löve, “Die Gabe des Glaubens / das Opfer des Verstandes: Daniil Charms' Geschenk-Artikel”, Rainer Grübel, Gun-Britt Kohler (Hrsg.), *Gabe und Opfer in der russischen Literatur und Kultur der Moderne* (*Studia Slavica Oldenburgensia* 13) (Oldenburg: BIS, 2007), 263–282.

27 О невозможности подарка — в отличие от «несовершенных подарков» Хармса — писал полвека позже Деррида: Jacques Derrida, *Donner le temps. 1: La fausse monnaie* (Paris: Galilée, 1991).

28 *Неизданный Хармс*, 29.

хочется»[29] — этот хороший совет походит на простое понимание того, что предписания любого толка — а именно религиозные, этические — отличаются тем, что они неприятны или выполнимы только при сопротивлении: вопреки удовлетворению чувства насыщения, полового чувства либо желания приобретения, как провозглашает этот трактат. Но это и есть не что иное как нулевое послание, чья простота позволяет усомниться в интеллектуальном статусе трактата. Во всяком случает мало чего останется, если оставить все упомянутые инстинкты неудовлетворенными: если только, конечно, отказ от таковых не гарантирует бессмертия, которое в свою очередь, как ни странно, «всегда связано со смертью»[30]. С чем же — простите — еще? Если, конечно, не имеется в ввиду бессмертие при жизни успешного автора, мыслителя, литературоведа...

Ответ и здесь будет идиотским, ибо — что совсем очевидно — вопрос тоже таков. Так что в итоге под пунктом 5 остается пустое предложение — как квинтэссенция вопроса о «бессмертии» в буквальном смысле или «Пятое измерение» (по Малевичу)[31]: «Прав тот, кому Бог подарил жизнь как совершенный подарок»[32]. Тогда жизнь и *является* именно *тем* подарком (т.е. подарком жизни) — и он «совершенный»[33].

ВЫ ВЕРИТЕ В БОГА? ВОПРОС КАК ТАКОВОЙ

В одном до некоторой степени финальном тексте Хармса нам встречается еще раз вопрос веры: в повести *Старуха* при типично советской ситуации очереди, в рамках соответствующего разговора — а точнее в очереди перед кассой, где очевидно «произошёл какой-то скандал»[34] — между нашим героем (автором-неудачником или волшебником, что собственно одно и то же) и одной «молоденькой дамочкой» разворачивается абсурдный диалог. При

29 Там же.

30 Там же, 30.

31 «Пятое измерение — экономия» (ср.: Казимир Малевич, *Собрание сочинений в пяти томах*, сост., публ., вступ. и заключит. ст., подгот. текста, коммент. и примеч. А.С. Шатских [М.: Гилея, 2004], 5: 475).

32 *Неизданный Хармс*, 30.

33 М. Ямпольский, *Беспамятство как исток (Читая Хармса)* (М.: НЛО, 1998), 175, 318.

34 Хармс, *Полное собрание сочинений*, 2: 169.

этом дама предлагает нашему герою взять на себя его покупки, так как он холостяк и неопытен в этом деле («бакалавр»). Весь разговор протекает в слегка непристойном ключе, причем «дамочка» берет инициативу в свои руки и заставляет рассказчика попотеть («Она: И я тоже хотела бы выпить с вами водки»[35]).

Эротическая линия резко прерывается одним внезапным вопросом, заданным рассказчиком от первого лица:

> Простите, можно вас спросить об одной вещи?
>
> ОНА (*сильно покраснев*): Конечно, спрашивайте.
>
> Я: Хорошо, я спрошу вас. Вы верите в Бога?
>
> ОНА (*удивленно*): В Бога? Да, конечно.
>
> Я: А что вы скажете, если нам сейчас купить водки и пойти ко мне. Я живу тут рядом.
>
> ОНА (*задорно*): Ну что ж, я согласна!
>
> Я: Тогда идёмте[36].

Но рандеву не состоится: мужчина решает сбежать (ведь у него дома на полу развалилась старуха), он прыгает в проезжающий мимо трамвай и едет к своему другу Сакердону Михайловичу. Таким образом, как эротическая, так и религиозная первичная сцена преодолевается или же избегается, вытесняется из сознания, причем возникает вопрос, что же все-таки сподвигло героя спросить «дамочку» о ее вере в бога? То, что она отвечает с удивлением, никого не удивит; скорее уж удивителен тот факт, что ее ответ оказывается позитивным, как будто это само собой разумеется: «В Бога? Да, конечно». Как будто он спросил не о Высшем существе, а о том, не хотела бы она пойти с ним в постель: «Да, конечно» — таким был бы без сомнения ее ответ. На вопрос о вере — вряд ли, или уж скорее: с сомнением. И как может кто-то так уверенно верить в бога и в то же время пойти в постель с первым встречным мужчиной. (Впрочем, почему нет?)

Этот кажущийся второстепенным случай будет подвешен на том крючке памяти читателя Хармса, который отвечает за вопросы веры. Там уже кое-что накопилось. И оттуда протягиваются

35 Там же, 171.

36 Там же.

невидимые нити ко всевозможным другим эквивалентным гвоздям, которые горят в руках распятого автора. Ведь он сразу же после этого случая начнет врать своему другу Сакердону Михайловичу, что он исписал кучу бумаги, и будет изображать встречу с «дамочкой» в неправдивом свете. Тем не менее, он признается, что свидание с дамой не вышло, так как в его квартире бесчинствует старуха. Сакердон абсолютно неверно понимает ситуацию, так как он предполагает, что «старуха» — это жена его друга. В то время как тот — заядлый холостяк. И только вопрос Сакердона «Вы веруете в бога?» невозможно стряхнуть с себя, даже если он приводится как пример того, как выглядит бестактный или неприличный вопрос[37]:

> — Ну, — сказал я, — тут уж нет ничего общего.
> — А я и не сравниваю, — сказал Сакердон Михайлович.
> — Ну, хорошо, — сказал я, — оставим это. Извините только меня, что я задал вам такой неприличный и бестактный вопрос.
> — Пожалуйста, — сказал Сакердон Михайлович. — Ведь я просто отказался отвечать вам.
> — Я бы тоже не ответил, — сказал я, — да только по другой причине. <...>
> — По-моему, *нет верующих или неверующих людей. Есть только желающие верить и желающие не верить.*
> — Значит, те, что желают не верить, уже во что-то верят? — сказал Сакердон Михайлович. — А те, что желают верить, уже заранее не верят ни во что?
> — Может быть, и так, — сказал я. — Не знаю.
> — А верят или не верят во что? В Бога? — спросил Сакердон Михайлович.
> — Нет, — сказал я, — в бессмертие.
> — Тогда почему же вы спросили меня, верую ли я в Бога?
> — Да просто потому, что спросить: «Верите ли вы в бессмертие?» — звучит как-то глупо, — сказал я Сакердону Михайловичу и встал[38].

37 Там же, 175.
38 Там же, 175–176. Курсив мой. — *AAHL*.

Ситуация напоминает без сомнения сцену в трамвае — даже «выход» из разговора: наш герой собирается совершенно немотивированно покинуть своего друга (из-за колбасы и водки он все же остается). Но она же и запутаннее.

Как раз тот вопрос о боге, который он сам задал «дамочке», задает ему теперь Сакердон Михайлович, причем он вынужден объяснить, почему вопрос ему кажется неприличным, а точнее: что он не верит в бога, но скорее в бессмертие (что некоторым образом кажется противоречивым).

Сюда прибавляется домысливание парадокса веры с оглядкой на знаменитое предположение Достоевского[39], что (левые) материалисты и нигилисты больше всех верят в бога, так как они интенсивнее, чем просто «тепловатые», ex negativo и парадоксальным образом прикованы к отвергаемому ими объекту презрения.

---

39 Альбер Камю, цитируя «Бесов» Достоевского, тоже пользуется подходящей парадоксальной формулой: «Ставрогин если верует, то не верует, что он верует. Если же не верует, то не верует, что он не верует» (Ф.М. Достоевский, *Полное собрание сочинений в 30 томах* [Л.: Наука, 1974], 10: 469; Albert Camus, "Le mythe de Sisyphe", in: idem, *Œuvres complètes* [Paris: Gallimard, 2006], 1457).

У обэриутов идея о вере тождественна с концептом веры. Ср. у Хармса в записях 1937 г.: «Человек не „верит" или „не верит", а „хочет верить" или „хочет не верить". Если люди, которые не верят и не не верят, потому что они не хотят верить и не хотят не верить. Так я не верю в себя, потому что у меня нет хотения верить или не верить» (Хармс, *Полное собрание сочинений*, 2: 196; подчеркнуто в оригинале). Очевидно, что в этом определении самое главное — кавычки. И гностическая фигура собственной негации. Почти то же самое можно прочесть у Якова Друскина: «...строго говоря я не могу сказать: я верю но — я не неверю. <…> из этого следует, что я верю. <…> «не верю» уже есть некоторое реальное ощущение присутствия Бога… Я не утверждаю ни — я верю, ни — я не верю. Ничего не утверждаю, ничего не знаю, только говорю: я не неверю. И вдруг это не неверие становится самой полной верой. Передо мною открывается полная очевидность, независимая ни от меня, ни от моих желаний, чувств, намерений: жив Господ, жива душа моя.» (Я. Друскин, *Неофициальная мысль* [машинопись], подгот. текста Л.С. Друскиной, А. Герасимовой [б.м., б.г.]: 295–296).

Лирическое выражение этой идеи у Хармса звучит так: «Нам так приятно знать прошедшее. / Приятно верить в утвержденное. <…> Охаживать приятно темные углы наук. / Делать веселые наблюдения. / И на вопрос: есть ли Бог? — поднимаются тысячи рук, / склонные полагать, что Бог — это выдумка. <…> Мы считали врагом Галилея, / давшего новые ключи. / А ныне пять обэриутов, / еще раз повернувшие ключ в арифметиках веры, / должны скитаться меж домами / за нарушение обычных правил рассуждения о смыслах» (Даниил Хармс, "Хню", *Полет в небеса*, сост., подгот. текста и примеч. А.А. Александрова [Л.: Советский писатель, 1988], 127).

Это кажущееся противоречие веры интегрируется у Хармса в двойной парадокс, который звучит так: *Невозможно не верить* — по аналогии с основным принципом психологии интеракции радикального конструктивизма, согласно которому *невозможно не* коммуницировать[40]. «*Есть только желающие верить и желающие не верить*».

То есть все по сути являются волей-неволей верующими, только одни хотят ими быть, а другие — нет. Или наоборот: вера — это предмет воли и, таким образом, решения каждого человека, и она противоречит парадоксальным образом очевидным убеждениям агностика: ведь «те, что желают не верить, уже во что-то верят», и наоборот. Вот вывод Сакердона Михайловича, с которым наш автор лишь условно или приблизительно соглашается.

Как и в начале наших рассуждений о бессмертии (которое, между прочим, здесь снова вступает в игру) мы еще раз сталкиваемся с ситуативным свойством игры в вопрос-ответ, прагматика которой практически полностью «проглатывает» ее тематику. Не только в Россию надо верить, но и — в веру. Точно так же обстоят дела с искусством. А как иначе?

Перевод с немецкого Екатерины Васильевой.

---

40 Ср. известное высказывание психолога Пауля Вацлавика (Paul Watzlawick), что не общаться невозможно («Man kann nicht nicht kommunizieren»).

«Я–ГОРОД» ИЗ СТЕКЛА,

или Прозрачность и зверь в романе Замятина «Мы»

LEONID HELLER
(Lausanne / Paris)

Самая знаменитая русская антиутопия, «Мы» (1920–1921) Евгения Замятина, повествует об Апокалипсисе, о конце света и о конце индивида, индивидуальной личности. Сведем свести общеизвестное содержание к нескольким пунктам, важным для нас в данной статье.

Рассказчик и главный герой романа по имени Д-503 — гражданин идеального общества, построенного в результате «последней» революции, — «нумер» среди тысяч других нумеров. В то же время это нумер исключительный: на своем посту главного инженера он руководит строительством «Интеграла», космического корабля, который вскоре отправится покорять межзвездные пространства и нести всей разумной Вселенной математически-безошибочное «иго счастья», то самое, на котором основано совершенство Единого Государства.

Заметим в скобках, что роман мастерски иллюстрирует амбивалентность всякой утопии. Город Единого Государства окружен высокой стеной, отрезан от внешнего мира. Принято думать, что изоляция вообще свойственна утопиям. Однако в «Мы» изоляция предстает не как очевидность, а как проблема, для нее находится решение: описываемая утопия вырывается из тенет городского пространства вверх, к новой размерности. Не замыкаясь на себе, она ставит своей целью тотальную экспансию. Возможно, это и определяет часть ее трудностей, во всяком случае, часть трудностей с ее самооправданием, — как показывает судьба ее привилегированного представителя Д-503.

Происшествия романа, складываясь в неожиданную цепь, толкают идеальный Город к гибели. Безумная любовь — буйство страстей, невиданная гроза — буйство стихий, не имеющее себе равных техническое достижение — постройка космолета, медицинское открытие, позволяющее вырезать из мозга «узелок фантазии», антигосударственный заговор, мятеж… Повествование подводит героя и его мир к краю бездны, в которой они, по всей вероятности, сгинут. Конец романа неоднозначен — я к нему вернусь.

Город Единого Государства — единственный город на всей планете. За его пределами повсюду царствует природа. Этот живой, дикий, неустойчивый мир населяют как будто скифские всадники, голые, покрытые шерстью, сросшиеся со своими разномастными лошадьми подобно кентаврам. Они являют собой полную противоположность нумерам: те облачены в «юнифы», подчинены государственным сексуальным нормам, погружены в жесткую, холодную, гладкую городскую среду.

Дело в том, что Город — это прежде всего мир стекла.

Из вечного стекла отлита окружающая его Стена. Жилые дома построены из стеклянных кирпичей и, за исключением нормированных интимных моментов, когда разрешено опустить шторы, открыты на всеобщее обозрение:«… среди своих прозрачных, как бы сотканных из сверкающего воздуха, стен — мы живем всегда на виду, вечно омываемые светом <...>»[1]

Из стекла сделана внутренняя меблировка, кресла, столы, даже ночные горшки. Из стекла — общественные здания, отмеченные надписями из золотых букв. «Огромный, насквозь просолнеченный полушар из стеклянных массивов» (18) — это аудиториум, храм знаний, в котором собираются нумера, чтобы повышать свой идейный и умственный уровень. Из стекла — мостовые и тротуары Города. Стеклянные лестницы железнодорожных станций ведут в подземелья с освещенными полупросвечивающими стенами.

1 Евгений Замятин, “Мы”, в его *Сочинениях* (М.: Книга, 1988), 20. В дальнейшем тексте цифры в скобках отсылают к страницам этого издания.

Завод, где строится межпланетный корабль, его цеха, машинное оборудование и сам корабль — все из сплошного стекла.

Витрификация, «остекленение» мира составляет одну из главных пружин романа и тему настоящей статьи.

Постараемся бегло набросать для нее историческую перспективу. Утопия не всегда имеет дело с прозрачными домами, однако русская традиция, которую продолжает Замятин, издавна обращается к различным вариациям этого образа. Так, в «Новейшем путешествии» (1784) Василия Лёвшина мы летим на Луну и в стране счастливых лунатиков видим дома с золотыми крышами, все стены которых «построены были из тех прозрачных цветных камней, кои составляют величайшую нашу зависть и великолепие»[2].

В неоконченном эпистолярном романе Владимира Одоевского «4338-й год» (1840) прибывший в Петербург китайский студент рассказывает другу о своих впечатлениях:

> Наконец я в центре русского полушария и всемирного просвещения; пишу к тебе, сидя в прекрасном доме, на выпуклой крыше которого огромными хрустальными буквами изображено: Гостиница для прилетающих. Здесь такое уже обыкновение: на богатых домах крыши все хрустальные или крытые хрустальною же белою черепицей, а имя хозяина сделано из цветных хрусталей. Ночью, как дома освещены внутри, эти блестящие ряды кровель представляют волшебный вид <…>[3]

Эта игра света, многоцветность, хрустальные объемы напоминают не то ледовое веселье при дворе Анны Иоанновны, описанное Лажечниковым, не то феерический харбинский фестиваль снега и льда[4]. Нечто похожее рисуют и другие рассказы о будущем,

---

2 В. Лёвшин, "Новейшее путешествие, сочиненное в городе Белеве", В. Гуминский (сост.), *Взгляд сквозь столетия: Русская фантастика XVIII и первой половины XIX вв.* (М.: Молодая гвардия, 1977), 79.

3 В.Ф. Одоевский, "4338-й год", В. Шестаков (ред.), *Русская литературная утопия* (М.: Изд-во Московского ун-та, 1986), 105.

4 См., например: Sabine Breuillard, "Invention de Harbin", Hélène et Gilles Menegaldo (dir.), *Les Imaginaires de la ville: Entre littérature et arts* (Rennes: Presses Universitaires de Rennes, 2007), 39–52.

например, антиутопический рассказ Н.Д. Федорова «Вечер в 2217 году» (1906), многие детали которого предвосхищают замятинский роман:

> Матовые чечевицы засияли на улицах, борясь с разноцветными огнями бесчисленных окон, а вверху еще умирал яркий зимний день, и его лучи золотили и румянили покрытые морозными цветами стекла городской крыши[5].

В утопии Одоевского светские дамы носят платья из «эластичного хрусталя». Почти такой же образ возникает у Замятина: героя соблазняет женщина в платье из *стеклянного шелка*: совпадение, быть может, и случайное, но показывающее близость Замятина традиции. Интересен смысл просвечивающего шелка; если прозрачность принадлежит символике Единого Города, то у героини, выворачивающей наизнанку «официальные» ценности, это знак греховности, бунтарства: инверсия, характерная для «антитетического» замятинского письма, которое не присваивает постоянного значения ни одному из вызываемых им к жизни элементов внешнего мира[6]. Не будем об этом забывать в дальнейшем.

Описанный в романе Чернышевского «Что делать?» (1863) фаланстер на две тысячи человек, архитектура которого подсказана Хрустальным дворцом с выставки 1851 года в Лондоне, всем хорошо знаком, как знакомы и нападки Достоевского на воплощенный в фаланстере рационалистический идеал. Не будем комментировать знаменитую дискуссию, в которую «Мы» включается по всему диапазону тем. Заметим другое: здание фаланстера имеет двойную структуру. Роскошный жилой дом, место жизни и празднеств, где простенки сведены к узким столбам, обрамляющим громадные окна, защищен от перемен климата наружной конструкцией, сделанной, как в павильоне Пакстона, из стекла и чугуна[7]. Пародией дворца из «Что делать?» предстает в «Мы» Древний Дом, музей прошлого, место, где Д-503 поддается искушению запретной свободной любви.

---

5 Н.Д. Федоров, "Вечер в 2217 году", *Русская литературная утопия*, 186.

6 О диалектической семантике романа «Мы» см., напр.: Leonid Heller, "La prose de E. Zamjatin et l'avant-garde russe: Notes sur les correspondances des arts", *Cahiers du Monde Russe et Soviétique* XXIV.3 (1983): 217–239.

7 Н.Г. Чернышевский, *Что делать?*, изд. подгот. Т.И. Орнатская и С.А. Рейсер (Л.: Наука, 1975), 284.

Защищенное стеклянным колпаком, но сложенное из старых кирпичей, с крошечными окнами, это единственное непрозрачное здание во всем Городе, построенном как воплощение мечты Чернышевского.

Сравнивая старые и новые тексты, легко различить две главных риторических (семиотических?) мотивировки для применения прозрачных и искрящихся материалов в утопической архитектуре.

Первая основана на сближении стекла, кристалла, хрусталя и различных драгоценных камней. Их использование демонстрирует необычайное богатство изображаемого мира, богатство, способное разрешить все проблемы реальной жизни (здесь я не говорю об экзотике и инаковости, маркировка которых составляет другую функцию утопической риторики). Когда Лёвшин говорит об алмазных стенах, он отсылает к древней традиции, восходящей и к народным сказкам, и к легендам о пресвитере Иоанне и его сказочном индийском государстве. Одоевский сходному образу придает иной смысл, в игру входит вторая мотивировка. Связанная с той же традицией богатством и красочностью своих сооружений, его утопия говорит об открытии и освоении новой технологии: именно она будет гарантировать благотворный прогресс как экономики, так всего общества. Стекло, необходимое в химии, в оптике, в приборах, которые начиная с XVII века производят переворот в восприятии мира, символизирует новую науку. Вместе с тем, в России уже Ломоносов в своем знаменитом «Письме о пользе Стекла» (1752) признает за ним эстетическое и даже моральное значение, сравнивая его чистоту и прозрачность с чистотой спокойного сознания.

Начиная со второй половины XIX века, в эпоху получивших широкую огласку научных и псевдонаучных изысканий в области света и лучистых энергий стекло и кристалл становится важным источником вдохновения во всех областях искусства[8]. В период модернизма стеклянные и хрустальные здания работают по всей Европе как весьма продуктивные топосы и в архитектуре, и в литературе, обозначая отдаленное счастливое будущее или миф о

8 Относительно топоса и темы кристалла см.: Ulrich Johannes Beil, *Die Wiederkehr des Absoluten: Studien zur Symbolik des Kristallinen und Metallischen in der deutschen Literatur der Jahrhundertwende* (Frankfurt a. Main — Bern [etc.]: Peter Lang, 1988); Regine Prange, *Das Kristalline als Kunstsymbol: Bruno Taut und Paul Klee: zur Reflexion des Abstrakten in Kunst und Kunsttheorie der Moderne* (Hildesheim — Zürich — New York: Georg Olms, 1991); и др.

нем, как, скажем, в романе Стефана Жеромского «Канун весны» («Przedwiośnie», 1924). Они входят в постоянный инструментарий утопии и научной фантастики. Вспомним «Хрустальный век» Уильяма Генри Хадсона («The Crystal Age», 1887), где кристалл и стекло также используются как метафора невинности и чистоты веры жителей утопии, или, если взять пример обратного, «Когда Спящий проснется» Герберта Дж. Уэллса («The Sleeper Awakes», 1899), одну из первых антиутопий нашего времени, с очень мрачным видением промышленного мира, где фабричная мегалополия отделена от неба стеклянным куполом.

В то же время, зодчие, нацеленные в будущее, и те из них, кто продолжал «феерическую» (и мистическую) традицию, вроде Пауля Шеербарта, Венцеля Хаблика или Бруно Таута[9], и те, кто примыкал к функционалистской технологической линии — Вальтер Гропиус, Людвиг Мис ван дер Роэ, в России Владимир Татлин и следующие за ним конструктивисты, — возводят стекло вместе со сталью и железобетоном в статус знаковых материалов новаторского строительства. Эль Лисицкий, один из ведущих художников советского авангарда, повторит ломоносовское сравнение: «Стекло чисто, как совесть пролетариата»[10].

Среди русских утопистов, занятых этими вопросами, выделяется поэт-футурист Велимир Хлебников: в своих прозаических отрывках 1914–1916 годов он набросал — может быть, прослышав о фантазиях Шеербарта или Хаблика, — подробную и последовательную, вполне оригинальную концепцию стеклянного градостроительства и архитектуры. Он изобретает новый, «верхний» фасад города:

> Город сверху: сверху сейчас он напоминает скребницу, щетки. Это ли будет в городе крылатых жителей? В самом деле, рука

9 См., например: Paul Scheerbart, *Glasarchitektur* (Berlin: Verlag der Sturm, 1914); Timothy O. Benson [et al.], *Expressionist Utopias: Paradise; Metropolis; Architectural Fantasy*, [2nd ed.] (Berkeley: University of California Press, 2001); Oswald Mathias Ungers (Hrsg.), *Die Gläserne Kette: visionäre Architekturen aus dem Kreis um Bruno Taut, 1919–1920* (Berlin: [Ausstellungskatalog], 1963); Matthias Schirren, *Bruno Taut: Alpine Architektur: A Utopia / Eine Utopia* (Munich: Prestel, 2004); Ruth Eaton, *Ideal Cities: Utopiansim and the (Un)Built Environment* (Antwerp: Mercatorfonds; London and New York: Thames and Hudson, 2002); и др.

10 Sophie Lissitzky-Küppers (ed.), *El Lissitzky: Life, Letters, Texts* (London: Thames and Hudson, 1980), 337.

> времени повернет вверх ось зрения <…>. На город смотрят сбоку, будут — сверху. Крыша станет главное, ось стоячей[11].

Уже у Одоевского мы видели крыши, рассчитанные на взгляд сверху летящего путешественника — тогдашняя эпоха была отмечена живым интересом к воздушным шарам и воздухоплаванию. Александр Вельтман («Предки Калимероса», 1836) и Владимир Соллогуб («Тарантас», 1845) придумывают полеты на гиппогрифах, Тургенев в «Призраках» (1864) воскрешает прием Лесажа и Гете: его герой парит в небесах в объятиях духа. Дома в подобных фантазиях могут раскрыться взору наблюдателя, но такая проницаемость чаще всего служит целям аллегории или сатиры. Иначе в мечтаниях модернистов, которые мыслят в категориях преображения материальной среды и в планетном масштабе. Хлебников изобретает новые правила жилья для человечества, получившего крылья, окончательно победившего земное тяготение, — это шаг прямо в космическую эру.

Поэт освобождает форму жилых зданий. Легкие обитаемые стеклянные элементы подвешиваются к металлоконструкциям разного вида. Гирлянды прозрачных кабин держатся на выгнутом стебле, на выпрямленной в небо башне, играющей роль ствола, — это дом-цветок или дом-дерево. Или: «Дом-пленка. Состоял из комнатной ткани, в один ряд натянутой между двумя башнями»[12]. У каждого будет своя частица «комнатной ткани», отдельная кабина, в которой он сможет путешествовать, выбрать приемную конструкцию, пришвартоваться к ней и поселиться на время или навсегда.

Стекло и прозрачность наделены здесь очень современной функцией: можно говорить о стремлении открыть жилище, впустить внутрь окружающую среду, слить его с природой, залить светом, и в то же время сделать архитектуру более легкой, менее громоздкой, невидимой, почти неощутимой.

С этой точки зрения эксперименты Хлебникова приобретают смысл, близкий к идеям другого российского мастера. Сергей

---

11 Велимир Хлебников, “Мы и дома”, в его кн. *Творения*, сост., подгот. текста и коммент. В.П. Григорьева и А.Е. Парниса (М.: Советский писатель, 1986), 595.

12 Там же, 599.

Эйзенштейн, вдохновленный последними достижениями в области архитектуры, в 1927–1928 гг. работал над проектом фильма под названием «Стеклянный дом» («Glass House»), где большая часть действия происходит в «прозрачном небоскребе»[13]. Взгляд в нем беспрепятственно проходит во все стороны, сквозь стены, пол, потолок; разнонаправленное движение кинокамеры схватывает сложную пластику пространства, которое модулируют дымы, пары, дыхание, с разной степенью плотности, густоты, прозрачности заполняющие комнаты-клетки небоскреба. При таком движении кинематографическая форма «рушится в себя», подобно тому, как, по выражению историков, в стеклянном небоскребе Миса ван дер Роэ «проваливается в себя» форма архитектурная[14].

Следующий отрывок из «Мы» соответствует, как мне кажется, общей концепции Эйзенштейна:

> …сквозь стекла потолка, стен, всюду, везде, насквозь — туман. Сумасшедшие облака, все тяжелее — и легче, и ближе, и уже нет границ между землею и небом, все летит, тает, падает, не за что ухватиться. Нет больше домов: стеклянные стены распустились в тумане, как кристаллики соли в воде. (588)

Трудно выразительнее описать, как прозрачность ведет к исчезновению формы, ее дематериализации, «проваливанию в себя»; вряд ли сомнительно влияние замятинской образности на режиссера.

---

13 См., напр., Oksana Bulgakowa, *Sergej Eisenstein — drei Utopien: Architekturentwürfe zur Filmtheorie* (Berlin: PotemkinPress, 1996); Antonio Somaini, "Utopies et dystopies de la transparence. Eisenstein, *Glass House*, et le cinématisme de l'architecture de verre", *Appareil* 7 (2011), URL: https://appareil.revues.org/1234

14 См. François Albéra, "«Du projet de film au film comme projet» [commentaire de S. Eisenstein, «*Glass House*: notes pour un film»", *Faces: Journal d'architectures* 24 (1992): 51. Приводимое выше выражение о форме, которая «проваливается в себя» (s'abîme) в небоскребе Миса ван дер Роэ взято из работы Manfredo Tafuri, Francesco Dal Co, *Architecture contemporaine* (Paris: Gallimard — Milan, Electa, 1991), 128–129 (пер. с итал.). См. также Albéra, "Destruction de la forme et transparence au cinéma et dans les arts plastiques", *Cahiers du Musée national d'art moderne* 48 (1994): 49–63.

Итак, стеклянный дом с его прозрачностью интересует многих художников. Однако «Мы» — редкий, если не единственный утопический роман, который и на уровне символики, и на уровне повествования строится на последовательном, проходящем через весь текст расследовании стекла как главного материала городской среды.

Стекло в Городе обеспечивает *полную видимость* человеческой жизни. Продолжим процитированный выше отрывок: «...среди своих прозрачных <...> стен — мы живем всегда на виду, вечно омываемые светом. Нам нечего скрывать друг от друга. К тому же это облегчает тяжкий и высокий труд Хранителей» (20).

Разумеется, эта жизнь на виду у Хранителей похожа на жизнь в Паноптикуме Бентама[15]. Однако Замятин вносит в модель постоянного тайного наблюдения за заключенными радикальное изменение.

У Бентама стражник с легкостью наблюдает за всеми узниками, оставаясь вне их поля зрения. Установив асимметрию взглядов, такая система уподобляет наблюдателя верховной власти, отделяя последнюю от общества, которым она управляет. В Городе Единого Государства, в прекрасной счастливой тюрьме, все наблюдают, следят и шпионят за всеми. Имеется армия Хранителей, но, кроме того, каждый выполняет роль хранителя своего брата и становится его сторожем. Высшая инстанция, предмет культа (Благодетель), связана с гражданами за счет эффекта рассредоточения власти: в начале романа герой чувствует в себе самом суммарную силу всех нумеров: «Вы так вдохновенно все озирали, — как некий мифический бог в седьмой день творения <...>» (12). Функционально эта модель гораздо ближе к тоталитарной реальности, чем толкование Бентама, предложенное Фуко[16].

Но этим не исчерпывается смысло- и сюжетопорождающая роль стекла. Смотреть и быть видимым это одно, а совсем другое — постоянно видеть себя в отражениях, отсылаемых многочисленными стеклянными панелями и зеркалами, которые

15 О связи замятинской модели всеобщего надзора с моделью Бентама я писал в статье: Leonid Heller, "Zamjatin: prophète ou témoin? *Nous autres* et les réalités de son époque", *Cahiers du monde russe et soviétique* XXII.2/3 (1981): 137–165.

16 См.: Michel Foucault, "L'œil du pouvoir" (entretien avec Jean-Pierre Barou et Michelle Perrot), Jeremy Bentham, *Le Panoptique* (Paris: Belfond, 1977), 7–31.

составляют обстановку Единого Города. С одной стороны: «Справа и слева сквозь стеклянные стены я вижу как бы самого себя, свою комнату, свое платье, свои движения — повторенными тысячу раз» (29). С другой стороны, роман настойчиво возвращается к образу настоящего зеркала: «Я — перед зеркалом. И первый раз в жизни <…> вижу себя ясно, отчетливо, сознательно <…> как кого-то „его“» (45–46). Сам герой постепенно изменяется и появляется в зеркале как свой неузнаваемый, посторонний двойник — больной, следовательно, свободный и инакомыслящий человек, поскольку хорошее здоровье является первым качеством гражданина утопии. И вновь отражения:

> Кругом — стеклянная, залитая желтым солнцем пустыня. Я вижу: как в воде — стеклянной глади подвешены вверх ногами опрокинутые, сверкающие стены, и опрокинуто, насмешливо, вверх ногами подвешен я. <…> вот какие-то машины — фундаментом вверх, и антиподно приклеенные ногами к потолку люди, и еще ниже — скованное толстым стеклом мостовой небо. (62–63)

Странный опрокинутый мир кажется раздутым, его поверхность раскрывается и всасывает в себя гротескную фигуру героя. Герой поглощается городом.

По поводу стеклянных штор Миса ван дер Роэ писали: «Архитектура отделяется от города, отражая потоки его движения. <…> Диалог между объектом и образом города пропадает. Из города изымаются мельчайшие непроницаемые пространства.»[17] В «Мы» также присутствует это качество неожиданной непроницаемости-зеркальности стекла, которое ослепляет и отражает, а иногда — как мы только что видели — играет с многократно размноженным и деформированным образом героя, заставляя его слиться с окружающей обстановкой. И вместе с тем, конечно же, стекло, освещенное «нашим солнцем», голубым и «равномерно распределенным» (634), пропускает сквозь себя взгляды с обеих сторон.

---

17 M. Tafuri, F. Dal Co, цит. по: François Albéra, «Du projet de film au film comme projet», 51.

Исследуя взаимоотношения между стеклом, полной света обстановкой и взглядом, роман строит подлинную «метафизику прозрачности». Двухмерная психика граждан-нумеров подобна зеркальной поверхности стекла, образ скользит по ней, не оставляя следа; но бывает, что поверхность «размягчается», образ проникает вглубь, и тогда нумер «заболевает», в нем формируется душа (63–64). Таким образом, функция прозрачности, удвоенной преломлением, теряет однозначность. Стекло перестает быть простым материалом: оно мотивирует (в том значении, в каком употребляли это слово формалисты) ту диалектику плоскости и объема, которая организует «антитетическое», подвижное пространство текста и значительную часть его символических механизмов.

Но и этого мало: качества стекла не ограничиваются прозрачностью и зеркальностью. Стекло диктует Городу его геометрию,

> …непреложные прямые улицы, брызжущее лучами стекло мостовых, божественные параллелепипеды прозрачных жилищ, квадратную гармонию серо-голубых шеренг. (12)

Прямолинейная и ортогональная планировка дублируется кольцевой геометрией, что чрезвычайно важно для символики книги, так как кольцевая структура ассоциируется не только с солнцем, одним из лейтмотивов романа, не только с идеальной урбанистико-утопической планировкой, но и с пауком, символом господства. Процитируем специалиста по фантастическим городам: «Колдовская сила кольцевой формы — это паутина, в центре которой выжидает прожорливое жадное чудовище»[18]. Именно это происходит в романе: Благодетель, то есть диктатор, верховный нумер, во время праздника сходит в центр стадиона с концентрическими кругами трибун и ступеней, словно гигантский Паук в центр своей паутины (96).

В качестве отступления скажу, что на мой взгляд эта сцена была подсказана Замятину серией символистских эскизов Мстислава Добужинского «Городские сны», опубликованной в 1917–1918 гг.

18 Jean Roudaut, *Les Villes imaginaires dans la littérature française* (Paris: Hatier, 1990), 130.

и посвященной теме современного города[19]. Один из рисунков представляет небоскреб, на который падает тень чудовищного невидимого нам паука. Другая аллюзия к циклу обнаруживается в другом месте романа. На рисунке Добужинского «Поцелуй» изображен город, пораженный катастрофой, подробности которой отсылают нас к «Последнему дню Помпеи» Брюллова, а посреди рушащихся зданий сливается в поцелуе прекрасная обнаженная пара, освещаемая отблеском пожара. В конце замятинского романа мир начинает рушиться, разгорается восстание, Город охватывает неистовство, и вдруг герой видит:

> И на секунду, несясь стремглав, застыло: вон, во втором этаже, в стеклянной, повисшей на воздухе, клетке — мужчина и женщина — в поцелуе, стоя — она всем телом сломанно отогнулась назад. Это — навеки, последний раз… (138)

«Во втором этаже, в стеклянной, повисшей на воздухе, клетке — мужчина и женщина»: зарисовка, как у Хлебникова. И ироническая инверсия образа Добужинского, которого следует добавить к списку художников — Кустодиев, Петров-Водкин, Григорьев, Анненков, — диалог с которыми составляет одну из особенностей замятинского письма. В данном случае поражает метаморфоза, которой в «Мы» подвергается ставший после Верхарна клишейным образ города-спрута. Добужинский рисует картину, предваряющую фильм Фрица Ланга: «метрополис» с титаническими постройками, чьи квази-мегалитические массивы, испещренные рядами крошечных окон, заполняют пространство и закрывают небо громоздящимися друг на друга массами в экспрессионистской перспективе. Хаотическое, тяжеловесное, грозное скопление масс уступает в «Мы» место минималистской компоновке простых форм. Город Единого Государства не случайно почти лишен волнистого, изгибающегося, цветного стекла модерна, югенд-стиля; на него дан намек в описании космолета: «изящный удлиненный эллипсоид из нашего стекла —

---

19 См. репродукции в кн.: Yevgeny Kovtun, Liudmila Rybakova (eds.), *Fantastic and Imaginative Works by Russian Artists* (Л.: Аврора, 1989; и аналогичные изд. на нем., фр. и фин. яз.); Troels Andersen, Ksenia Grigorieva (éds.), *Заблудившийся трамвай: Art et poésie russes 1900–1930: Textes choisis* (Paris: Centre Georges Pompidou, 1979).

вечного, как золото, гибкого, как сталь» (59–60). Но это исключение; повсюду в Городе трактовка материала, и сам материал, жесткий, гладкий, однотонный (многоцветность, пестрота отличает в книге все старое) возвещает конструктивизм, который возникает в тот же момент, в 1920–1921 гг., когда писался роман, и которому суждено достигнуть расцвета в последующее десятилетие.

Прозрачность города и неба позволяют Замятину вслед за Хлебниковым вернуться к вертикальной оси взгляда. Мы наблюдаем над городом интенсивное уличное движение, в распоряжении почетных граждан, по всей вероятности, имеются небольшие летательные аппараты, и сам Д-503 совершает несколько увеселительных полетов, прежде чем возглавить запуск космического корабля (другая возможность обозреть Город сверху):

> Город внизу — весь будто из голубых глыб льда. (614)

> Легкие, тяжелые тени от облаков, внизу — голубые купола, кубы из стеклянного льда <…> (616)

> …выпуклый сине-ледяной чертеж города, круглые пузырьки куполов, одинокий свинцовый палец аккумуляторной башни. (659)

В стеклянно-кристаллическом ледовом «верхнем фасаде» Города снова видно напряженное совмещение плоскости и обьемов, чертежа и выпуклостей, подчеркнутое вертикалью башни; редукционистский, динамичный, легкий урбанизм, который приводит на мысль аксонометрии Эль Лисицкого, полу-супрематистские, полу-конструктивистские *Проуны*, «ПРОекты Утверждения Нового»[20].

Итак, как кажется, в «Мы» изображены не темные, скученные, мрачные, удушающие городские джунгли модернистских пророков, а Город воздушный, полный света, почти хлебниковский, почти свободный от силы тяжести, — образ парадоксальный для антиутопии, но не для замятинской поэтики.

---

20 Подробнее см., например: Sophie Lissitzky-Küppers (Hrsg.), *El Lissitzky: Maler, Architekt, Typograf, Fotograf* (Dresden: Verlag der Kunst, 1967).

Остановимся коротко на символике аккумуляторной башни. Модернистские мегалополисы — например, в упомянутых выше произведениях Герберта Дж. Уэллса или Н.Д. Федорова — бывают накрыты стеклянным куполом, который защищает их от непогоды, заменяя собой небесный свод. В «Мы» проводится иная концепция. Город, изолированный от природной среды, выставляет в открытое небо башню, о которой сказано, что это и фаллический символ его экспансии, и символ его борьбы за освоение пространства и времени. Устремленная в облака своей радиоантенной в форме огромной позолоченной стрелы, башня заставляет вспомнить о петербургском Адмиралтействе[21], а учитывая «конструктивистский» уклон градостроителей в «Мы», о татлиновском Памятнике III Интернационалу, внутри двойной спиральной структуры которого вращались стеклянные геометрические формы. Башня выполняет тройную задачу: она черпает из атмосферы электричество, распределяет его, обеспечивая энергоснабжение, и, главное, контролирует метеорологические явления. Она должна гарантировать прозрачность — «равно распределенную» — неба и Города, иначе говоря, идеальный климат. Проблема в том, что, по всей видимости, эта система защиты в ходе романа начинает разлаживаться. В Город постепенно просачивается туман, над ним все более сгущаются, тяжелеют облака, превращаясь в свинцовые тучи, наконец, символически, одновременно с мятежом, направленным прежде всего на разрушение Стены, разражается гроза.

Идею метеорологических башен мы можем найти уже в «Новой Атлантиде» Бэкона, однако она принимает особое значение на фоне влияния на русский модернизм взглядов Николая Федорова и, в частности, его призывов к регулированию природы. Федоров является также первым русским теоретиком покорения космоса, поэтому любопытно обнаружить в романе другого космического мечтателя Замятина долю анти-федоровского скептицизма.

В более общем плане вполне ясно, что упрощенно-утопическая топография и светопроницаемость Города могут толковаться как развернутая метафора сциентистского подхода, лишенного тайны,

21 Т. Лахузен, Е. Максимова, Э. Эндрюс, *О синтетизме, математике и прочем…: Роман «Мы» Е. Замятина* (СПб: Астра-Люкс, 1994).

ибо не знающего ни интуиции, ни эмоции, и заполняющего эту пустоту отражениями самого себя.

Однако роман не содержит деклараций, он накапливает доказательства того, что ничто на свете не является ни простым, ни действительно прозрачным. Все может обратиться в свою противоположность в любой момент. Читатель помнит, что несколько раз город появляется в тексте отраженным вверх ногами в стекле мостовой. Бездна, провал (и, тем самым, иконографический и композиционный принцип матрешки, «проваливания в себя», то есть воспроизведения фигуры внутри нее самой) является одним из ключевых мотивов «Мы».

Недра светлого, прозрачного Города скрывают другие пространства. Там находится построенное из стекла метро с его туннелями и конторами, и удивительный лабиринт мрачных коридоров с бетонными стенами и потолками — обширное и все еще действующее убежище, оставшееся со времен войны, которая закончилась тысячу лет назад. Здесь собираются заговорщики, и здесь таится единственный проход, через который можно выбраться из Города наружу, в мир природы, за Зеленую Стену.

Над Городом же разыгрывается богоборческая драма. Выше упоминалось, что в самом начале романа героя охватывает чувство связи с другими нумерами, чувство принадлежности к почти всесильному коллективному существу, которое свергло Бога предков. Д-503 ощущает в себе способность все разрушить: «…и я как башня, я боюсь двинуть локтем, чтобы не посыпались осколки стен, куполов, машин…» (12). Эта картина возвращается в конце романа. Влюбившись и против своей воли содействуя заговорщикам, герой вновь бросает вызов Богу, Благодетелю. Он терпит поражение, однако совершает то, к чему так стремился и чего так боялся вначале. Сгущающиеся по мере развития действия тучи, подобные элементам фантастической конструкции, возвещают катастрофу: «Во весь дух несутся тучи. Их пока мало — отдельные зубчатые обломки. И так: будто наверху уже низринут какой-то город, и летят вниз куски стен и башен <…>» (114).

Вопреки впечатлению, которое он производит, Единый Город оказывается не монолитным. Как и герой, он дробится, рассыпается, отражается, преломляется. Под ногами героя оказывается перевернутый город «наоборот», как в гротеске, под ним мрачный подземный город, а вверху черный «небесный город», который только и ждет, чтобы обрушиться и раздавить город райский. Тот же Город виден сверху, издалека, и сбоку, и изнутри. Взгляд направляется по таким сложным размерностям и маршрутам, что его движение как бы образует в тексте сетку кристалла.

Задержимся на хрустале, кристалле; их применение перекрещивается, порой совпадает с применением стекла. В Городе сама жизнь уподобляется кристаллу:

> …солнце <…> голубовато-хрустальное <…> (20);
> …процесс отвердения, кристаллизации жизни еще не закончился <…> (23);
> …нет такого ледокола, какой мог бы взломать прозрачнейший и прочнейший хрусталь нашей жизни… (83) и т.д.

Это семантическое поле, как мы уже убедились, дополняется зеркалами и льдом. Приблизительный подсчет показывает, что слова «стекло, хрусталь, кристалл, лед, зеркало» и их грамматические формы составляют около 0,5% всей лексики романа. Это много. Сеть метафор укрепляет отношения между стеклом и зеркалом, стеклом и хрусталем, зеркалом и льдом, льдом и водой, водой и кристаллом… И в этом многозначном круговращении образов (которое стоило бы исследовать глубже) текст черпает богатство своих сопоставлений, преобразований, превращений.

С самого начала сказано: Д-503 представляет себя башней, синекдохой города, идентифицирует себя с Единым Государством. По сути банальная аналогия соединяет его, микрокосмос, с городом, макрокосмосом. И так же, как город изменяет мир, он преображает человека. В стеклянном мире человек меняется. Он не только видит себя в зеркальном отражении, но становится сам зеркалом, стеклом, хрусталем: «Я стал стеклянным» (44). Точно так же, как стекло или хрусталь, он имеет противоположные характеристики: твердый, стойкий, способный верить, — и, наоборот, хрупкий, исчезающий, как кристалл соли, брошенный в воду, как прозрачные стены, которые растворяются в тумане: «…я — кристалл, и я растворяюсь в ней…» (90).

Тема прозрачности настойчиво возвращается и порождает новую инверсию, парадоксальную и основополагающую для романа. Город скрывает под своей поверхностью тайную опасность:

> …мы, на земле, все время ходим над клокочущим, багровым морем огня, скрытого там — в чреве земли. <…> И вот вдруг бы тонкая скорлупа у нас под ногами стала стеклянной, вдруг бы мы увидели… <…> Все было на своем месте — такое простое, обычное, закономерное: стеклянные, сияющие огнями дома, стеклянное бледное небо, зеленоватая неподвижная ночь. Но под этим тихим прохладным стеклом — неслось неслышно буйное, багровое, лохматое. И я, задыхаясь, мчался <…> (44–45)

Человек сливается с городом, он — «Я-город», как мог сказать Хлебников[22]. Он был башней, теперь он стал в некотором роде Древним Домом или самой Землей, — прозрачным и упорядоченным снаружи, закрытым для взгляда и буйным внутри. В свой журнал Д-503 заносит свои впечатления, мысли, воспоминания, мечты. Вокруг он непрерывно видит образы самого себя как «другого», но когда его взгляд, чаще всего во сне, проникает сквозь оболочку его собственного тела, этот «другой» оказывается и там, принимая различные животные формы, ужасные и гротескные. Внутри себя, во сне, в бреду герой обнаруживает нечто «скорпионообразное», ощущает себя фагоцитом, а затем микробом, сравнивает нумеров (и себя заодно) с инфузориями в капле воды. Или же видит сон, в котором становится лошадью, спаривающейся со стулом (72, 89, 145, 86). Неизвестное существо растет в нем и хочет вырваться наружу:

> Я стал стеклянным. Я увидел — в себе, внутри.
>
> Было два меня. Один я — прежний, Д-503, нумер Д-503, а другой… Раньше он только чуть высовывал свои лохматые лапы из скорлупы, а теперь вылезал весь, скорлупа трещала <…> (44)

22 Ср.: В. Хлебников, "Юноша Я-Мир", *Собрание произведений Велимира Хлебникова*, под общей ред. Ю. Тынянова и Н. Степанова (Л.: Изд-во писателей в Ленинграде, 1930), IV: 35.

И вырывается, когда его негроподобный, «ловкий, как горилла» друг уносит любимую им женщину: Д-503 вступает с ним в борьбу, сам превращаясь в такого же сильного и свободного зверя (99). Прежде мы идентифицировали героя с Городом, здесь мы, вероятно, вправе форсировать аналогию и говорить о появлении Зверя в городе утопии.

Не буду останавливаться на возможном фрейдистском толковании этой ситуации.

Интереснее было бы вспомнить Павла Филонова и его «Зверей в городе».

Укажем на другое сходство. В романе явно читается отсылка к роману Стивенсона «Странная история доктора Джекила и мистера Хайда». Наравне с рассказами об оборотнях или людях-животных, подобные истории исследуют границы между зверем и человеком, человечностью и животным началом. Их можно рассматривать, как и серии превращений, обнаруженных в замятинском романе, в свете рефлексии над законами эволюции.

Тема эволюции проходит через весь роман. Его воплощает герой, страдающий от атавизма своих волосатых рук. Человек развивается, его кристаллизация представляет собой эволюционный процесс, в отличие от инволюции диких скифов-кентавров, живущих вне Единого Города.

Зооморфные перевоплощения Д-503 — микроб, насекомое, лошадь, горилла — занимают свои места на лестнице живых существ («на подвижной лестнице Ламарка», как говорил Мандельштам), той, что ведет к человеку и по чьих ступенях он заново поднимается при онтогенезе.

У романа двусмысленный конец. Похоже, что эволюция все-таки движется вперед. Городу, отлитому из вечного хрусталя, грозит смерть, Зеленая Стена рушится — хотя и прозрачная, она, тем не менее, материальна. Но защитники Города строят новую, высоковольтную ограду. Новая стена почти нематериальна. Последние слова героя полны надежды: «И я надеюсь <...> я уверен — мы победим. Потому что разум должен победить». (154). Экстраполируя эти надежды, можно предполагать, что Город будет отстроен из этого нового материала, электромагнитного поля, более прочного, чем сталь, которая ржавеет, и стекло, которое бьется.

И когда Город преодолеет возврат к звериному началу, научно очищенное человечество сможет вновь возобновить свою эволюцию — от кристаллических существ оно пойдет далее, к существам, свободным от связи с Землей, — по примеру жителей хлебниковских стеклянных домов, — или, еще дальше, к состоянию дематериализованных существ, как в финале «Приглашения на казнь» Набокова, как в космических грезах Федорова и Циолковского. Другими словами, революции, как говорит нам героиня, будут существовать вечно, однако остается впечатление, что различные формы тоталитаризма, подобные описанным в романе, также неизбежно будут повторяться и в будущем. Эволюция продолжается.

БОМБА

YURI LEVING
(Halifax)

Когда личность юбиляра сама представляет из себя мобильный сгусток взрывной энергии, тем затруднительнее выбор для темы филологического подношения. Первое личное впечатление от Алика (а тот, кто раз и навсегда лично познакомился с Professor'ом Zholkovsky, называть его иначе решительно не имеет возможности) — еще иерусалимских времен, конца девяностых, когда он щеголял меж узких каменных улочек Мишкенот Шаананим, худой и высокий, в парусиновых туфлях и льняном пиджаке, и ему как-то шла вся атмосфера легкой скандальности, сопутствовавшая организованной Д.М. Сегалом конференции. Вторая вспышка — уже калифорнийская — незадолго перед катастрофой 9/11: с широкой юношеской улыбкой загорелый Алик въезжает на кафедру славистики (располагавшуюся, надо заметить, на третьем этаже), перебирая поршнями острых колен, на детских размеров велосипеде. Позже выяснилось, что таким образом Алик перемещается по кампусу от факультетской парковки до кабинета, в котором аккуратными рядами красовались его же, Алика, многочисленные публикации (аспирантам свои книжки Жолковский отдавал по символической цене, что-то вроде пяти долларов за штуку, настаивая, что полученная *даром* книжка ценится меньше, нежели приобретенная). Без оглядки на политкорректность он остро шутил со студентками. Как-то завидев его возвращающимся на кафедру из бассейна, я бодро поприветствовал (риторическим, как мне показалось) вопросом — «Купались?»; он строго посмотрел на меня и поправил: «Плавал».

* * *

Природа художественного творчества во многом подражает модели Творения, какой мы ее понимаем из религиозных доктрин и научных гипотез, с той разницей, что только Всевышнему дано творить *из ничего*. Оригинальная функция человека творящего (homo creator) состоит в том, чтобы преобразовывать уже имеющийся материал, придавая ему новые формы. Прерогатива художника в мировой литературе состоит в преодолении набора готовых топосов и поиске новых сюжетов. Чем талантливее автор, тем, как правило, выше его способность к обновлению и рекомпозиции знакомого материала. В поэтике модернизма и постмодернизма утилизация «бывшего в употреблении» литературного сырья приобретает принципиальную важность; идиосинкратичная авторская стилистика состоит не в том, чтобы скрыть, что корабль сколочен из чужих досок[1], а в том, чтобы он при этом органично «плыл».

Представим себе известное произведение К. Малевича «Черный квадрат» (1913). Квадрат Малевича — апофеоз внутреннего противоречия, парадигма «конца», порождающего новое «начало». Идея закрашенного черной краской холста — манифест отрицания, точка на традициях предшествующего искусства. Но само по себе данное «нулевое» художественное высказывание ретроспективно сыграло роль качественного скачка в развитии современного искусства, послужив важнейшим шагом в расширении наших границ эстетического восприятия.[2] Схожим скачкообразным путем развивается и наука, революционизируя парадигмы предшественников: в 1869 году Д.И. Менделеев открывает фундаментальный периодический закон химических элементов; спустя сорок шесть лет, в 1915 году, Альберт

---

1 О. Мандельштам, "Письмо о русской поэзии", в его кн. *Слово и культура* (М.: Советский писатель, 1987), 175–176.

2 Спустя сто лет после создания «Черный квадрат» приобрел концептуальный статус, породив как литературные интерпретации, так и множество визуальных вариаций (см.: Ирина Карасик автор-сост. *Приключения черного квадрата* [СПб.: Palace Editions, 2007], 30–36). Любопытно, однако, что, согласно социологическим опросам и экспертному мнению искусствоведов, большая часть российской публики не приняла канонизации Малевича, продолжая «сомневаться в эстетической ценности абстрактного искусства» (Екатерина Кудрявцева, *Казимир Малевич: метаморфозы «Черного квадрата»* [М.: Новое литературное обозрение, 2017]: 383–384).

Эйнштейн формулирует теорию относительности. Показательны попытки описания искусствоведами феномена картины Малевича в космических и пространственных терминах «ноль-пространства» и «черной дыры»[3]. Астрофизические метафоры здесь уместны, если вспомнить, что Малевич первый раз рисует черный квадрат, работая над декорациями авангардистской оперы «Победа над Солнцем», а впервые выставляет работу на публичное обозрение в так называемом красном углу — месте, обычно занимаемом иконой. Сам Малевич воспринимал Всевышнего антропоморфно, едва ли не как собственную проекцию:

> Не найдя себе начало, я воскликнул:
> и создал меня господь по образу и подобию
> Своему, и так я имею теперь представление
> о Боге, лик его и лик мой носят
> тождественность.
> Но в веках создания моего я утерял
> во многом части лика своего и в будущих
> веках утеряю все подобие Первородного
> начала. <…>
> Так сменяю
> первобытный рай Нового мира
> и в Шестой день создам себя
> по образу Бога[4].

«Черный квадрат» возник в удушливой атмосфере накануне Первой мировой войны. Культурная энтропия, идеологический нигилизм, политическая анархия коснулись основ европейской цивилизации; при

---

3 Ср.: «…пластические и живописные достоинства [„Черного квадрата“] несомненны и своеобычны: черный квадрат вписан в белое мерцающее поле так, что возникает небывалое ощущение не воздушного, не пустого космического, не „абстрактного“, в декоративном смысле слова, пространства, но пространства вообще, пространства в своей понятийной самости. Пространства, лишенного начал и концов, протяженности и масштаба, по отношению к которому черный прямоугольник воспринимается как своего рода „ноль-пространство“, „антипространство“, „черная дыра“, „сверхтяжелая звезда“ — из тех категорий высочайшей пробы поэтической научной фантастики, которая появится еще через полвека» (М. Герман, *Модернизм. Искусство первой половины XX века* [СПб.: Азбука-Классика, 2005], 199–200).

4 Казимир Малевич, *Черный квадрат* (СПб.: Азбука, 2001), 371–372.

этом особенность культурно-исторических циклов такова, что после каждой мнимой «последней катастрофы» общество в итоге приходит к самообновлению, открывая новые ресурсы и гуманитарные горизонты. В России деформация культурной парадигмы в первой четверти XX века коснулась прежде всего лингвистического поля: до кульминационной редукции кириллического алфавита в результате реформы орфографии 1918 года[5] к разрыву с пунктуацией призывали сами литераторы — как представители символизма, так и авангарда. Наиболее радикальные из поэтов испытывали художественный эффект от жестов молчания (ср. «Поэму конца» В. Гнедова и эксперименты Ничевоков) или заполняли семантические пустоты формальными экспериментами. В ранней книге Крученых «Взорваль» бешеный темп поэтической речи приводит к морфологическому сдвигу, ритмическим перебоям, повторам и парономазии: по наблюдению К. Ичин, «ритмическая скорость стиха Крученых и экономия речевых средств путем введения морфологических аналогов в неологизмах удачно сопровождалась летящими, отрывающимися от земли буквами, исполненными Кульбиным и Розановой (в первом и во втором изданиях книги 1913 года)»[6]. Параллельно в изобразительном искусстве происходит смещение от утонченной смешанной палитры в сторону примитивизма и даже временный тотальный отказ от использования цвета в живописи (казус Малевича). Принцип неминуемого центробежного заполнения высвобожденных пустот в пространстве (ср. с текстовой паузой) напоминает каббалистическую модель творения Вселенной — за сжатием неизменно следует сверх-взрыв[7]. Эрозия и хаос — часть

---

5 Постановление президиума Высшего совета народного хозяйства называлось «Об изъятии из обращения общих букв русского языка» (от 10 октября 1918 года по новому стилю).

6 Корнелия Ичин, *Авангардный взрыв: 22 статьи о русском авангарде* (СПб.: Изд-во Европейского ун-та в Санкт-Петербурге, 2016), 142. Ср. там же: «...взрывы Крученых, Малевича и Розановой объединила общая мысль о необходимости взрыва во всех видах искусства; в этом смысле сама книга „Взорваль“ уподоблялась бомбе, — таким образом, ее создатели вслед за Ницше и Малларме использовали „ключевую метафору в модернистском дискурсе“» (144; закавыченная последняя фраза — из статьи Н. Гурьяновой: Nina Gurianova, "A Game in Hell, Hard Work in Heaven: Deconstructing the Canon in Russian Futurist Books", *The Russian Avant-Garde Book, 1910–1934* [New York: MoMA, 2002], 27).

7 Согласно школе цфатского каббалиста Ицхака Лурии (1534–1572), мир был создан в результате великого «цимцума» — сокращения пространства, сопровождавшегося «разбиением сосудов». В каббалистической терминологии

творческого процесса, но только Создатель-Творец контролирует весь процесс на макроуровне: от изначальной *точки рождения* и далее в его перманентном развитии.

У А. Белого — по-видимому, первым в русской поэзии употребившего словосочетание «атомная бомба»[8], — в Прологе к «Петербургу» заложен образ расширяющегося города-точки (предвосхищающий образы взрыва и насилия в романе):

> Это только кажется, что [Петербург] существует.
>
> Как бы то ни было, Петербург не только нам кажется, но и оказывается — на картах: *в виде двух друг в друге сидящих кружков с черной точкою в центре*; и из этой вот математической точки, не имеющей измерения, заявляет он энергично о том, что он — есть: *оттуда, из этой вот точки, несется потоком рой отпечатанной книги; несется из этой невидимой точки* стремительно циркуляр[9].

В статье «Точка» (1922) П. Флоренский сравнивал точку с зерном, а Гете — с пупом, в котором находится средоточие жизни[10]. Б. Лившиц цитировал собственную полемику с Маринетти: «...во имя чего вы предлагаете уничтожить знаки препинания? Во имя красоты скорости, не правда ли?..», уточняя, что русские еще за пять

это означает «сжатие», «удаление» или отход божественного присутствия из материального мира. Творение представляется как процесс сокращения и заполнения «пустот» и «разрывов», когда Бог сократился внутри Самого Себя, собрался в центральный пункт, сжав свет и удалившись на периферию этого средоточия, оставив незанятую сферу в самой сердцевине центра.

8 В поэме «Первое свидание» (1921): «Мир — рвался в опытах Кюри / Атомной, лопнувшею бомбой / На электронные струи / Невоплощенной гекатомбой» (Андрей Белый, *Стихотворения и поэмы*, сост., подгот. текста и примеч. А.В. Лаврова и Джона Малмстада. [СПб.: Академический проект — М.: Прогресс-Плеяда, 2006], 31–32). О связи этих строк с философскими концепциями Ф. Ницше: Magnus Ljunggren, "Bely's Exploding «Atomic Bomb»", *Slavic and East European Journal* 60.4 (2016), 744–748.

9 Андрей Белый, *Петербург. Роман в восьми главах с прологом и эпилогом*, изд. подгот. Л.К. Долгополов (М.: Наука, 1981), 10. Курсив в цитатах здесь и далее наш, за исключением оговоренных случаев. — *Ю.Л.*

10 Священник Павел Флоренский, *Сочинения в 4 томах*, сост. и общ. ред. игумена Андроника (А.С. Трубачева) и [др.] (М.: Мысль, 1996), 2: 583. Статья («Вып. 1-й. Точка») представляет собой часть незавершенного труда «Symbolarium (Словарь символов)» (под редакцией проф. П.А. Флоренского и проф. А.И. Ларионова).

лет до итальянцев избавились от знаков препинания, замедляющих темп, чтобы подчеркнуть непрерывность словесной массы и ее «стихийную космическую сущность»[11].

В. Кандинский утверждал, что «геометрическая точка — это невидимый объект и, следовательно, он должен быть определен в качестве объекта нематериального. В материальном отношении точка равна нулю: «В этом нуле скрыты, однако, различные „человеческие" свойства. В нашем представлении этот нуль — геометрическая точка — связан с высшей степенью самоограничения, то есть с величайшей сдержанностью, которая тем не менее говорит»[12]. Между изображенным символом и высказыванием «нулевого порядка» устанавливается параллелизм. Геометрическая точка «является теснейшей и единственной в своем роде связью молчания и речи», более того, в представлении художника, она обладает *энергетическими свойствами*:

> С последовательным отрывом точки от узкой сферы привычного действия ее молчавшие до сих пор внутренние свойства приобретают все более мощное звучание.
>
> Эти свойства — их энергия — всплывают одно за другим из ее глубин и излучают свои силы вовне. И их действие и влияние на человека все легче преодолевает скованность. Словом, мертвая точка становится живым существом[13].

Вслед за Белым Кандинский обращает внимание на внутренний заряд точки, чей потенциал состоит в возможности расширения и взаимодействия с окружающей средой посредством *столкновения* и *напряжения*:

> Точка — это результат первого столкновения [художественного] орудия с материальной плоскостью, с грунтом. Такой основной

11 Б. Лившиц, *Полутораглазый стрелец: Воспоминания*, вступ. ст. М. Гаспарова, подгот. текста, послесл. и примеч. А. Парниса (М.: Художественная литература, 1991), 177.

12 Впервые: [W.] Kandinsky, *Punkt und Linie zu Fläche: Beitrag zur Analyse der malerischen Elemente* (München: Albert Langen, 1926). Цит. по: Василий Кандинский, *Точка и линия на плоскости*, пер. с нем. Е. Козиной (СПб.: Азбука-классика, 2005), 63.

13 Там же.

> плоскостью могут являться бумага, дерево, холст, штукатурка, металл и т.д. Орудием может быть карандаш, резец, кисть, игла и т.д. В этом столкновении основная плоскость оплодотворяется[14].

Напряжение точки, в итоге, всегда концентрическое, несмотря на то, что она «не обнаруживает ни малейшей склонности к перемещению в каком-либо направлении, как по горизонтали, так и по вертикали»[15].

Теоретик живописи не был первым в русской культуре, кто задумывался о пунктуационной диалектике. Н.С. Лесков в рассказе «Импровизаторы»:

> Когда летом 1892 года, в самом конце девятнадцатого века, появилась в нашей стране холера, немедленно же появилось и разномыслие, что надо делать. «*Врачи говорили, что надо убить запятую*, а народ думал, что надо убить врачей». <…>
>
> Это случилось, говорят, оттого, что простым людям всего своевременно и терпеливо не объяснили и, главное, не показали им нигде эту самую «запятую», чтобы они видели, как она им вредит. Это, может быть, и в самом деле хорошо было бы показать, но только сделать это было очень трудно: *запятая видима только под микроскопом, а в слободах и селениях, где живет «народ по преимуществу», микроскопов (или «мелкоскопов») нет*[16].

Лесков увязывает катастрофическое событие (вспышку холеры) с удалением запятой, ведущей себя наподобие опасного вируса-микроба. История трактата о точке Кандинского — своего рода апофеоз развития литературной традиции и обоснование философии черного квадрата как увеличенной до гигантских размеров жирной точки.

Идея творчества как катастрофы имманентна новейшей русской литературе и гуманитарному знанию — от Велимира Хлебникова, которому словотворчество представлялось «взрывом языкового молчания, глухонемых пластов языка»[17], до Ю.М. Лотмана, написавшего в работе под характерным названием «Культура и взрыв», что «момент

---

14 Там же.

15 Там же.

16 Н.С. Лесков, *Собрание сочинений в 11 томах* (М., Гос. изд-во художественной литературы, 1958), IX: 322–323.

17 Велимир Хлебников, *Творения*, сост., подгот. текста и коммент. В.П. Григорьева и А.Е. Парниса (М.: Советский писатель, 1986), 624.

взрыва [в языке] есть момент непредсказуемости»[18]. Рассматривая русскую литературу и живопись XX века под определенным углом, можно выделить устойчивый *катастрофический дискурс*, вобравший в себя элементы космогонии, эсхатологии, и научно-популярных теорий о возникновении Вселенной.

В культуре авангарда взрывоопасность лингвистического ресурса ощущалась в виде неисчерпаемых запасов богатств языка и, одновременно, как потенциальная трансгрессия смысла (заумь). Хлебников мечтал разложить всю полноту языка на основные единицы «азбучных истин» с тем, чтобы построить для звуковеществ «что-то вроде закона Менделеева» («Наша основа», 1919). Под влиянием естественнонаучного лексикона начала века обновляется литературоведческая терминология; революционной «деавтоматизации» языка удается добиться представителям формалистской школы, искавшим взаимодействия со смежными точными научными дисциплинами[19]. В своем дескриптивном словаре Ю.Н. Тынянов оперирует такими понятиями, как «моторно-энергетическая основа ритма», «зачатки и рудименты систем», «распад жанра», «автоматизация динамической системы», «типы эволюции структур» и т.д.[20] Не в последнюю очередь благодатным компендиумом теоретикам советского формализма послужили отечественные исследования в области органической химии[21]. Речь

---

18 Ю.М. Лотман, *Семиосфера: Культура и взрыв. Внутри мыслящих миров...* (СПб.: Искусство-СПБ, 2001), 108.

19 Наблюдения о вероятных терминологических заимствованиях и концептуализации русскими формалистами понятий из современной немецкоязычной психологической науки см. в монографии: И.Ю. Светликова, *Истоки русского формализма. Традиция психологизма и формальная школа* (М.: НЛО, 2005), 68–70, 117–123; о методологической ориентации русских формалистов на достижения в биологии и химии: И.А. Пильщиков, "Наследие русской формальной школы и современная филология", *Антропология культуры* (М.: Ин-т мировой культуры МГУ, 2015), 5: 325–326.

20 Примеры взяты из ст.: Ю.Н. Тынянов, "Литературный факт", *Поэтика. История литературы. Кино*, изд. подгот. Е.А. Тоддес, А.П. Чудаков, М.О. Чудакова (М.: Наука, 1977), 255–270; и Ю.Н. Тынянов и Р.О. Якобсон, "Проблемы изучения литературы и языка", Там же, 282–283. Тынянов был автором предисловия к первому собранию сочинений Хлебникова, изданному в 1928–1933 гг.

21 Особую категорию метафор — «геологические или тектонические» — у Тынянова выделил Лев Гудков: «Все многообразие выражений исторического у Тынянова и его коллег можно разбить на несколько типов: это фиксация *актуального взаимодействия* (литературная борьба, революция, разрыв, измена, смена,

идет не столько о прямых терминологических заимствованиях, сколь о близости понятийного аппарата, в частности, в работах по русской поэтике Тынянова и научном дискурсе Менделеева:

Ю.Н. Тынянов	Д.И. Менделеев
В эпоху разложения какого-нибудь жанра — *он из центра перемещается в периферию, а на его место из мелочей литературы, из ее задворков и низин вплывает в центр новое явление* (это и есть явление «канонизации младших жанров», о котором говорит Виктор Шкловский). Так стал бульварным авантюрный роман, так становится сейчас бульварною психологическая повесть[22]. — Итак, особую важность при рассмотрении вопроса о *колеблющихся признаках*, выступающих в слове, приобретает *лексическая*	*Культурной почвой* может называться только та, на которой уже жили растения, а следовательно находилось большее или меньшее количество растительных остатков, в мало или вполне измененном виде — *в состоянии перегноя*[23]... Органические остатки обыкновенно *темнее цветом*, чем другие составные начала почвы, и потому поглощают **больше тепловых** лучей; затем они же **отеняют** почву, препятствуют высыханию самого верхнего слоя и тем способствуют *процессам разложения*... Из сказанного

война и т.п.); *органические метафоры времени* как жизненного цикла (рождение, рост, одряхление, умирание); *генеалогические* структуры (ветви родового дерева — младшие, старшие); *геологические* или *тектонические метафоры* (формация, верхние и нижние пласты, их смещения и сдвиги); *вещественные состояния* (сгустки, слеживания и проч.); явления *природно-космического плана* (фазы луны, течение времени); *психологические состояния* (например, усталость); *пространственные метафоры времени*, в которых фиксируется движение культурного образца от символического функционального „центра" культуры — смыслопорождающих групп и образований, инновационных по своей роли, — к исполнительской „периферии"; *персонифицированные методологические формы*, выражающие ценностные детерминации в образованиях типа „эпоха, история нуждалась, требовала, делала неизбежным, необходимым" и проч.» (Л.Д. Гудков, "Понятие и метафоры истории у Тынянова и опоязовцев", М.О. Чудакова (отв. ред.), *Тыняновский сборник: Третьи Тыняновские чтения* [Рига: Zinātne, 1988], 91 [курсив в источнике]).

22 Тынянов, *Поэтика. История литературы. Кино*, 257–258. Курсив в источнике, полужирный курсив наш. — *Ю.Л.*

23 Д.И. Менделеев, "Лекции земледельческой химии (1880–1881)", в его Сочинениях (Л. — М.: Изд-во АН СССР, 1951), XVI: 175.

окрашенность слова. При *затемнении значения* (а стало быть, и основного признака значения) в слове выступает тем ярче его общая окраска, происходящая от его принадлежности к той или иной речевой *среде*.

Каждое *слово окрашивается* той речевой средой, в которой оно преимущественно употребляется. *Различие одной речевой среды от другой зависит от различия условий* и функций языковой деятельности. Каждая деятельность и состояние имеют свои особые условия и цели, и в зависимости от этого то или иное слово получает большую или меньшую значимость для нее — и *ею втягивается*[24].

следует, что наилучшая почва — **смешанная**[25].

В хозяйстве, как и в химии, не должно упускать из виду основного химического закона — **сохраняемости вещества**. *Вещество только претерпевает различные физические и химические изменения*, переменяет место и форму, но не творится и не пропадает[26]…

Вода, действуя химически и механически на горные породы, протекая, *уносит с собою и остатки разрушения; при этом первоначально осаждаются крупные частицы, образующие песок*, а глина, по мелкости своих частиц, уносится далее и отлагается только при спокойном состоянии воды, принося в виде наносов плодородие[27]…

Наполняя «Проблему стихотворного языка» (1924) геологическими метафорами, Тынянов называет историю литературы, выясняющую характер литературного произведения и его факторов, «как бы *динамической археологией*». Для демонстрации явления единства лексической категории он приводит примеры из области скрещения лингвистики и абстрактной астрономии и анализирует четыре лексических оттенка слова «земля». Вывод Тынянова: нельзя сказать про марсианина, что тот упал на землю (Land), потому что, говоря о марсианине и марсианской поверхности (Boden), мы отправляемся в различных словоупотреблениях от первого значения (tellus), в котором слово «земля» сознавалось

24 Тынянов, *Проблема стихотворного языка. Статьи* (М.: Советский писатель, 1965), 89.

25 Там же, 175–176. Выделения полужирным шрифтом здесь и далее принадлежат Менделееву.

26 Там же, 170.

27 Там же, 172.

все время единым[28]. Следовательно, наличие основного признака значения сказывается с большой силой на осуществимости того или иного словоупотребления. Похожий эффект имел в виду Мандельштам, заметивший, что, если бы «физик, разложивший атомное ядро, захотел его вновь собрать, он бы уподобился сторонникам описательной и разъяснительной поэзии»[29].

Даже внутри идеальной «периодической таблицы поэтических элементов» литературные величины пребывают в колебании. В стихотворении «Радий» В. Парнаха (посвященном Н. Гончаровой и М. Ларионову) проскальзывает анти-хлебниковская инвектива:

Один только грамм
Радия
Взорвет весь земной шар
Планетных сил исчадие[30]!

Эйфория урбанистической поэзии модернизма первых десятилетий XX века рассеялась к концу Второй мировой войны, после чего авторы вдруг ощутили острейший разлад физики и лирики[31]. Шестого и девятого августа 1945 г. «атомная смета физики» — по определению М. Зенкевича из стихотворения 1965 года[32] — оказалась без покрытия: в эти дни американские бомбардировщики сбросили ядерные бомбы на японские города Хиросиму и Нагасаки; хрупкость мира была доказана опытным путем. Как признал И. Эренбург,

> ...более оглушительного опровержения XIX веку, чем Хиросима, нельзя было придумать. <...> Конечно, открытия Эйнштейна поразили меня еще в начале двадцатых годов, хотя я их и плохо

28 Тынянов, *Проблема стихотворного языка*, 78–80.

29 О. Мандельштам, *Разговор о Данте*, подгот. текста и примеч. А.А. Морозова (М.: Искусство, 1967), 12.

30 Валентин Парнах, *Жирафовидный истукан: 50 стихотворений, переводы, очерки, статьи, заметки*, сост., вступ. ст. и коммент. Е.Р. Арензона (М.: Пятая страна; Гилея, 2000), 52.

31 Сочетание восходит к названию стихотворения Б. Слуцкого «Физики и лирики» (1959; «Что-то физики в почете. / Что-то лирики в загоне»).

32 Михаил Зенкевич, *Сказочная эра: Стихотворения. Повесть. Беллетристические мемуары*, подгот. текстов, примеч., краткая биохроника Сергея Зенкевича (М.: Школа-Пресс, 1994), 345.

> понимал. Хиросима меня потрясла размерами бедствия, но я не давал себе отчета в происшедшем. Атомная бомба меня возмутила оттого, что она была в тысячу или в десять тысяч раз сильнее обыкновенных бомб[33].

В сентябре 1945 года С. Эйзенштейн работал над заметкой под странным, на первый взгляд, названием: «Мир и атомная бомба». Предложениями, как у Шкловского, отбитыми отдельными абзацами, рефлексируя по поводу того факта, что «над логовом восточного агрессора взрывается первая в мире атомная бомба», задолго до доктрины ядерного сдерживания режиссером формулируется парадоксальное благо взрыва:

> Веками борьбы и крови шло человечество к тому, чтобы осознать себя обреченным вне объединения.
>
> На протяжении месяца встречаются оба тока: взрыв атомной бомбы, разбившей оковы материи, кажется одновременно спаявшим нации мира в сознании неразрывности народов, понявших дальнейшую немыслимость войн.
>
> Оружие сверхуничтожения навсегда должно уничтожить саму тенденцию уничтожать друг друга[34].

Эйзенштейн заворожен не разрушительной силой нового оружия, а перспективами творчества, открывающимися в результате неизбежного переворота в восприятии художником цивилизации и культуры после катастрофы. Для него трагедия Хиросимы — точка, но это — не точка конца, а сингулярность, порождающая будущее: «…образ Человека, в творениях своих отражающего то, что в обнаженно завершающихся формах [взлетает] из уходящих туч войны, подобно багровым шарам из Qualm'a <клубов дыма — *нем.*> над разрушенной Хиросимой — первой точкой земного шара…»[35]. Независимо от Эйзенштейна сенсация пронзает религиозного

---

33 Илья Эренбург, "Люди, годы, жизнь. Книга VI", в его *Собрании сочинений в девяти томах* (М.: Художественная литература, 1967), 620.

34 Сергей Михайлович Эйзенштейн, *Неравнодушная природа*, сост. и коммент. Н.И. Клеймана (М.: Музей кино; Эйзенштейн-центр, 2006), 2. О строении вещей: 8.

35 Там же, 9.

Н. Оцупа, который «в темной буре атомных энергий» чувствует себя «счастливей, чем толстовский Сергий»[36].

Немногие художники обладали аналитической глубиной Эйзенштейна или визионерством Оцупа, чтобы приветствовать атомный арсенал как предвестие *мирной* эпохи. Для русской послевоенной поэзии, напротив, характерно нагнетание апокалиптических настроений и постепенный рост пропагандистской риторики, связанной с гонкой вооружений. Поначалу Алексей Сурков не без налета легкомысленности пробовал играть сексуальными метафорами на грани фола:

> Запасы атомных бомб в избытке
> Расставлены напоказ.
> И головы подняли недобитки
> Восточных и северных рас. <…>
> У них ведь совести нет,
> И не на что ставить пробу и пломбы…
> Они от своих щедрот
> Пихают кукиш атомной бомбы
> Голодной Европе в рот.
> *«Возвысьте голос, честные люди!» (1947)*[37]

— возможно, подхватывая мотив имплицитной угрозы насилия над юной пионеркой у Ярослава Смелякова:

> Вот она стоит
> под небосводом,
> в чистом поле,
> в полевом венке, —
> против вашей
> статуи Свободы
> с атомным светильником

36 Николай Оцуп, "Дневник в стихах. Часть третья" [1945–1950], в его кн. *Океан времени: Стихотворения. Дневник в стихах. Статьи и воспоминания*, Вступ. ст., сост. и подгот. текста Л. Аллена, коммент. Р. Тименчика (СПб.: Logos — Дюссельдорф: Голубой всадник, 1993), 435.

37 Алексей Сурков, *Сочинения* (М.: Гос. изд-во художественной литературы, 1959), 2: 285.

в руке.
«Аленушка» (1946)[38]

В идеологизированном опусе «Сильнее атомной бомбы» (1949) А. Безыменский клеймил американских магнатов:

Послушайте!
Вы!
Господин Уолл-стрит,
Хозяин
хиреющих сити!
Всему, что работает,
мыслит, творит,
Вы атомной бомбой
грозите. <…>

Но это не все.
Побеждают века,
сердца,
и пространства,
и вещи
та сила,
которая так велика,
Что нам ее
сравнивать не с чем.

Сады коммунизма
уже зацвели
Под солнцем
советской власти!
Счастливою стала
шестая земли —
Всемирная
родина счастья[39].

38 Ярослав Смеляков, *Стихотворения и поэмы*, сост., подгот. текста и примеч. В.П. Ланиной (Л.: Советский писатель, 1979), 180.
39 Александр Безыменский, *Избранные произведения в двух томах* (М.: Художественная литература, 1989), 2: 93–95.

Но к капиталистическим грехам подверстывается ответственность за немецкие концлагеря, и дважды лауреат Сталинской премии уже уподобляет атомный Холокост печам Освенцима (с ударением на последний слог в едва знакомом пока топониме):

> Хор атомщиков хвастливо
> Мощь бомбы своей восхваляет,
> Которая силой взрыва
> Город уничтожает.
> Сжигает труды человечьи
> В море огня и дыма
> Бледнеют пред нею печи
> Майданека и Освенцима[40]!

Партийная установка считывалась обслуживающими режим авторами[41], интенсивно осваивавшими метафоры Судного дня накануне Холодной войны. В июльском номере 1949 года «Нового мира», за месяц до испытания Советским Союзом своей первой атомной бомбы, Е. Долматовский уличает США в вероломстве в Японии: «гравированный доллар — монета предательства, / злая бомба, в которую атом зажат»[42], и предупреждает, что если не обуздать всемирное зло в виде ядерной энергии, то «...это будет последняя казнь на земле» (ср. повесть Р. Кима «Девушка из Хиросимы», 1954)[43].

По мере осознания реальной опасности применения оружия массового поражения и радиоактивной контаминации тональность поэтического высказывания меняется; в обстановке коллективной растерянности по обе стороны железного занавеса[44] начинают

---

40 Аркадий Кулешов, “Слово к Объединенным Нациям”, пер. с белорус. К. Титова, *Новый мир* 4 (1948): 81.

41 Подробнее об истории вопроса: Christoph Garstka, “The Politicization of the Bomb in Post-War Soviet Poetry”, Urs Heftrich, Robert Jacobs, Bettina Kaibach, Karoline Thaidigsmann (eds.), *Images of Rupture between East and West: The Perception of Auschwitz and Hiroshima in Eastern European Arts and Media* (Heidelberg: Universitätsverlag Winter, 2016), 217–228.

42 Евг. Долматовский, “Слово о завтрашнем дне. Из книги”, *Новый мир* 7 (1949): 167.

43 Bettina Kaibach, “«Abel, Abel, Where is Your Brother Cain?» Vasilii Grossman on Auschwitz and Hiroshima”, *Images of Rupture between East and West*, 192–193.

44 В Нью-Йорке в 1958 г. выходит книга активиста Русского независимого общества взаимопомощи в Америке (РООВА) Т. А. Березнего под хлестким

появляться тексты, апеллирующие к высшей — сакральной — силе. Родиону Березову[45], одному из тех, кому не пришлось проживать на «всемирной родине счастья» (Безыменский), хотелось надеяться, что

И атомные бомбы и радары, —
Все это временно, лишь их создатель вечен.
Пусть сам себе наносит он удары,
Пусть он порой морально искалечен,

Но, если не угаснет искра Божья
В его душе от первых дней мятежной,
Он, побродив века по бездорожью,
Найдет пути в бескрайнем и безбрежном.
«Найдет» (1949)[46]

Необходимость поиска адекватной интонации для искренности в поэзии назревает в изменившемся мире 1950-х. В духе Т. Адорно, подчинившего вопросы художественной эстетики проблемам морали («Писать стихи после Освенцима — варварство»[47]), в стихах К.Д. Померанцева элегическая нота отвергается как заведомая этическая безвкусица:

названием «Русский мужик и водородная бомба. Характеристика русского крестьянства и его отношение к войне»: «Современный человек познал устройство вселенной, низвел весь материальный мир к 102 атомам, разгадал устройство атома, наконец сделался творцом новых планет и путешественником в междупланетном пространстве, но тот же человек-творец сделался потенциальным разрушителем планеты, на которой он живет <…> Где выход?» (Указ. соч., 13).

45 Имя современному читателю известное больше из довлатовских записных книжек: «Заболел старый писатель Родион Березов…» (Сергей Довлатов, “Записные книжки. Ч. II. Соло на IBM”, в его *Собрании сочинений* [*в четырех томах*], сост. и подгот. А.Ю. Арьев (СПб.: Азбука-Классика, 2002), 232.

46 Родион Березов, *Дождь и слезы. Стихи* (Сан-Франциско: Дело, 1949), 49. На экземпляре книги в собрании библиотеки Южно-Калифорнийского Университета в Лос-Анджелесе (USC), изданной в том же году, когда написано стихотворение советского коллеги Безыменского, имеется дарственная надпись: «Влад. Александр. Барону де-Баркову на память от потерявшего Родину, но никогда не забывающего ее».

47 «...nach Auschwitz ein Gedicht zu schreiben, ist barbarisch...» (Theodor W. Adorno, *Kulturkritik und Gesellschaft I* [*Gesammelte Schriften* 10/1] [Frankfurt a. Main: Suhrkamp, 1997], 30).

«Душа встрепенулась тревожно,
Как будто в эфире скользя…».
Так дальше писать невозможно,
Так чувствовать даже нельзя.
Как будто все неизменно,
И не было в сумерках дней,
Ни атомных снов Хирошимы,
Ни зарева концлагерей[48].

Пограничной по отношению к эмигрантским и придворным советским стихотворцам кажется позиция внутреннего эмигранта Варлама Шаламова. Его моральная установка в «Атомной поэме» (1954) ближе жителю города Сан-Франциско Березову:

То расщепленное ядро
Нам мира вывернет нутро —
Гремучую природу. <…>
И приподняв покров земной,
Мир предстает передо мной
Артиллерийским складом.

Мы лишь теперь понять могли
Все лицемерие земли,
Коварство минерала. <…>
Все то, что знал любой поэт
Назад тому пять тысяч лет,
Теперь ученый-физик,

Едва не выбившись из сил,
Лабораторно воскресил,
Снабдил научной визой. <…>
И раньше Божия рука
Карала мерзости греха,
Гнала из рая Еву.
И даже землю сплющил Бог,

---

48 К. Померанцев, “[Стихи]”, *Литературный Современник* (Мюнхен) 3 (1952), 39.

Когда Он удержать не мог
Прорвавшегося гнева[49].

Болезненное несоответствие темпов научного прогресса и нравственной деградации человечества продолжит волновать русскую поэзию, в частности, в 1958 году И.В. Чиннова:

О Воркуте, о Венгрии (— о чем?)
О Дáхау и Хиросиме…
Да, надо бы — как огненным мечом,
Стихами грозными, большими.

Ты думаешь о рифмах — пустяках —
Ты душу изливаешь — вкратце,
Но на двадцатый век тебе в стихах
Не удается отозваться[50].

Не придя к удовлетворительному толкованию находящихся за пределами рационального понимания опустошительных катастроф первой половины столетия, современники подвергли сомнению самое индивидуальную миссию поэта. Правда растерянность длилась недолго: соблюдение шаткого международного паритета на фоне научно-технического прогресса в космической сфере вкупе с оттепельными надеждами позволили уже к середине 1960-х возродить популярность и вес поэтического слова. Эмигрантская поэтесса Миртала Кардиналовская в коротком стихе пародировала призывные клише эпохи космической эйфории, предлагая им собственный скромный ответ в виде каламбура, обыгрывающего *шаг* и *структурную единицу* стиха:

«Завоюем облака!
Победим Сатурн!
И по миру разметем
пепел звездных урн!»

49 Варлам Шаламов, *Собрание сочинений* [*в четырех томах*], сост., подгот. и примеч. И. Сиротинской (М.: Художественная литература; Вагриус, 1998), 3: 58–63.

50 И. Чиннов, "«О Воркуте, о Венгрии…»", *Опыты* 7 (1958): 5.

Я же кроткою стопой
к небу подойду,
попрошу, чтоб сберегло
от людей звезду[51].

К.И. Чуковский отметил как-то в переписке с иностранным корреспондентом повальное увлечение среди советской молодежи «знанием рифмы»:

> Сейчас происходит замечательная вещь: появились сотни даровитых поэтов среди геологов, физиков, химиков, биологов. Все это прекрасная, бодрая, свежая молодежь — хорошо вооруженная знаниями, благородная, новая формация русской интеллигенции — post war[52].

Не все представители послевоенного поколения согласились бы с умилением Чуковского; иные предпочитали прекрасному торжеству точной науки отщепенство гуманитария. Б. Слуцкий сожалел, что «сладенькие ямбы» обладают «слабенькими крыльями»:

Так что даже не обидно,
А скорее интересно
Наблюдать, как, словно пена,
Опадают наши рифмы
И величие степенно
Отступает в логарифмы.
«Физики и лирики» (1961)[53]

Среди сторонников мнения, что винить в создавшемся ретроградстве можно лишь самих поэтов, был и И. Сельвинский:

Да, брат, физики в почете,
Им теперь и черт не брат:

---

51 Миртала Кардиналовская, *Стихи* (Бостон, 1972), 71. Предисловие к сборнику («Стихи скульптора», 3–4) написано Р.О. Якобсоном.

52 Письмо С. Гринберг от 1964 г., цит. по: Л. Ржевский, “Загадочная корреспондентка К. Чуковского”, *Новый Журнал* 123 (1976), 106.

53 Борис Слуцкий, *Стихотворения* (М.: Художественная литература, 1989), 37.

Будто демоны в полете
О Венере говорят <…>

Вывод:
Электроном опаленный,
Открывает физик Новь.
Рвется к лире Аполлона
Старомодная любовь.
«Физики и лирики» (1962)[54]

С.И. Кирсанов предвидел, что в будущем у человечества проснется ностальгия по жизненному укладу эпохи *до* космических исследований:

И я привык
　　　　смотреть со стороны
на странные явления вдали,
на мчащегося около Луны
искусственного спутника Земли.
<…>
Хвосты ракет за тучами скользят,
их водят электронные умы…
Скажи,
　　　　тебе не хочется назад
в двадцатый век, где прежде жили мы?
«Через триста лет…» (1962)[55]

Утопический взгляд из будущего в настоящее проскальзывал и ранее в технократических текстах русской поэзии В. Брюсова и Д. Мережковского («И силой, движущей незримый атом»[56]); в американской прозе его апробировал В. Набоков («Ланс», 1951). Но, несмотря на идеологическую разницу в мотивировках создателей,

---

54 И. Сельвинский, *Собрание сочинений в шести томах* (М., Художественная литература, 1971), 1: 645.

55 Семен Кирсанов, *Собрание сочинений* [*в четырех томах*] (М., Художественная литература, 1974), 1: 212–213.

56 Д. Мережковский, *Стихотворения и поэмы*, (СПб.: Академический проект, 2000), 576.

различия между советскими и эмигрантскими текстами не столь принципиальны, а «сады коммунизма» Безыменского — не попытка ли это вернуться в тот самый рай, откуда были изгнаны первобытные любовники?

В период брежневской идеологической реакции атомный Холокост предсказуемо утилизируется в советской поэзии официозным пафосом. Как известно, стихотворение «Журавли» (1968) было навеяно Р. Гамзатову посещением расположенного в Хиросиме комплекса с памятником девочке Садако Сасаки, одной из десятков тысяч японских жертв, хотя отредактированные строки об аварских «джигитах», благодаря Марку Бернесу, позже стали восприниматься гимном солдатам, погибшим в Великой Отечественной войне. Факты причудливо преломлялись в поэтической призме, позволяя, к примеру, Р. Рождественскому дерзко аллитерировать «и „боинг", и бог» в «Хиросиме» (1971–1973; полковник П. Тиббетс разбомбил Хиросиму на четырехдвигательном пропеллерном тяжелом бомбардировщике «Би-29: Суперфортресс» марки Боинг):

> В восемь пятнадцать,
> над миром взлетев,
> взвыл торжествующе
> дымный клубок!
> Солнце зажмурилось,
> похолодев.
> Вздрогнули оба:
> и «боинг»,
> и бог!..
> Штурман воскликнул:
> «Ой, как красиво!..»[57]
>
> В эту секунду

57 Эсхатологическая повестка дня, не исключено, что подсказана здесь Рождественскому последними кадрами кинофильма «Доктор Стрейнджлав» (1964, реж. Стэнли Кубрик); под песню Веры Линн «We'll Meet Again» на экране, за окном кабины американских пилотов, раскрываются зонтики атомных взрывов. Выстраивая финал кинотекста по принципу контрапункта, Кубрик сталкивает несовместимые по смыслу звукоряд и изображение конца мира.

в расплавленной мгле
рухнули
все представленья о зле.
Люди узнали,
что на Земле
есть Хиросима.
И нет Хиросимы[58].

Риторика насилия и травматическое переживание метафор взрыва или взрывных метафор в поэзии и, в известной мере, в литературоведении обязаны близости образного ряда описываемых феноменов. В десятилетие после хиросимской трагедии литературный критик моделировал природу художественного творчества как физически измеряемый процесс высокого духовного напряжения, в результате которого порождается вещество стиха:

> Почувствовав, что найденное слово прижилось в строке, [поэт] продолжает бомбардировать эту устойчивую фразу *словами, подобно физику, который бомбардирует атомное ядро нейтронами.* <…> Или поэт, например, берет строчку известного стихотворения <…> и начинает «ядерную бомбардировку» <…>[59]

Лингвистические и концептуальные матрицы, заимствованные на ранних этапах футуристами и формалистами из смежных дисциплин химии и геофизики, и позже освоенные советской и эмигрантской поэзией послевоенного периода, спустя десятилетия обнаруживаются в филолого-философских трудах позднего Ю.М. Лотмана. Природу взрывной творческой энергии ученый представлял как последовательность качественных эволюционных переходов:

> Каждый момент взрыва имеет свой набор равновероятных возможностей перехода в следующее состояние, за пределами

58 Роберт Рождественский, *Линия* (М.: Молодая гвардия, 1973), 61–62.
59 Н. Носов, “Поговорим о поэзии”, в его кн. *На литературные темы (Глазами сатирика)* (М.: Советский писатель, 1957), 39.

> которого располагаются заведомо невозможные изменения. Последние мы исключаем из рассуждений. Всякий раз, когда мы говорим о непредсказуемости, мы имеем в виду определенный набор равновероятных возможностей, из которых реализуется только одна. При этом каждая структурная позиция представляет собой набор вариантов. До определенной точки они выступают как неразличимые синонимы. Но *движение от места взрыва все более и более разводит их в смысловом пространстве*[60].

Инвариантность поэзии и процесс селекции в прозаическом материале как центральные для художественного творчества проблемы сформулировал незадолго до Лотмана Иосиф Бродский (1979). Будучи высшей формой существования языка, технически поэзия сводится к размещению слов с наибольшим удельным весом в наиболее эффективной и внешне неизбежной последовательности: «В идеале же — это именно *отрицание языком своей массы и законов тяготения*, это устремление языка вверх — или в сторону — к тому началу, в котором было Слово»[61]. Творчество начинается в точке сомнения художника и развивается путем преодоления опыта катастрофы — частной или коллективной.

Точка-пуля из экзистенциальной обоймы («Все чаще думаю — / не поставить ли лучше / точку пули в своем конце» Маяковского[62]) возвращается туда, где ей место: в параграф учебника с правилами пунктуации; Малевич заканчивает свой жизненный и творческий путь написанием реалистического автопортрета в виде человека эпохи Возрождения. Квадрат взорвался, а круг замкнулся.

---

60 Лотман, *Семиосфера: Культура и взрыв…*, 108.

61 И. Бродский, “Поэт и проза”, *Сочинения Иосифа Бродского* (СПб.: Пушкинский фонд, 1995), IV: 71.

62 В.В. Маяковский, “Флейта-позвоночник”, в его *Полном собрании сочинений в 12 томах* (М.: Гос. изд-во «Художественная литература», 1939), 1: 209.

ТРИКСТЕР vs. ТРИКСТЕР

«Учителя» и «ученики» у Эренбурга, Олеши, Булгакова и Бабеля

MARK LIPOVETSKY
(Boulder)

Предлагаемая статья во многом опирается на идеи А.К. Жолковского, высказанные им в работе «Диалог Булгакова и Олеши о колбасе, параде чувств и Голгофе» (1987). В этой статье убедительно доказывается структурное и композиционное сходство в системе характеров и мотивной структуре между «Завистью» (1927) Юрия Олеши и «Собачьим сердцем» (1925) Михаила Булгакова. И тут, и там мощной отцовской фигуре противостоит фигура непокорного «сына» — хотя идеологические аффилиации «отцов» и «детей» у Булгакова и Олеши прямо противоположны. И в той, и в другой повести систему характеров образуют две пары, в которых «мудрому» отцу противостоит лже-отец (или лже-учитель): Преображенскому — Швондер, Андрею Бабичеву — Иван Бабичев. Соответственно, нерадивому сыну/ученику (Шариков, Кавалеров) контрастен послушный сын/ученик (Борменталь, Володя Макаров). Причем, если одна пара представляет ценности «старого мира», то вторая — нового, создаваемого революцией.

Вместе с тем, как отмечает ученый, в обеих повестях значительную роль приобретают карнавально-провокаторские мотивы. В «Собачьем сердце» Жолковский обращает внимание на двойнические отношения Преображенского и Шарикова, где «профессор, пользующийся симпатиями автора, выступает в качестве изощренного философа-провокатора, бросающего вызов господствующей идеологии; но он же — консерватор, сторонник status quo. А Шарикову, персонажу явно отрицательному, достается <…> выигрышная роль карнавального шута, нарушителя порядка»[1]. А в «Зависти» Иван Бабичев изображен как пародийный Христос и «типичный карнавальный шут — король дураков»[2].

Отталкиваясь от последних характеристик, нетрудно увидеть в этих повестях реализацию тропа трикстера, который порождает в советской культуре целую плеяду суперпопулярных героев от Остапа Бендера до Сандро из Чегема, служа в то же время продуктивной моделью жизнетворчества (Хармс, Глазков, Синявский, Пригов и др.) В своей книге «Charms of Cynical Reason»[3] я доказывал, что трикстер в советской культуре становится центральным героем модерности — правда, развивающейся подпольно и на полукриминальных основаниях; недаром советский трикстер, как правило, занимает позицию критическую по отношению к «официальной» советской модерности — как говорил Остап Бендер: «Я не хочу строить социализм».

От обычного плута советского трикстера отличает его «интегральный» характер — плутовство, если оно и присутствует, является прежде всего иллюстрацией к его цинической философии, которая в то же время лишена свойственного цинизму прагматизма и тяготеет к тому, что П. Слотердайк называл «кинизмом» — то есть бескорыстному и бесстыдному перформативному низведению (часто до уровня «телесного низа») и вышучиванию всех авторитетных дискурсов и символов[4]. По крайней мере, три важнейшие черты характеризуют этого персонажа.

---

1 А.К. Жолковский, "Диалог Булгакова и Олеши о колбасе, параде чувств и Голгофе", *Синтаксис* 20 (1987): 96.

2 Там же, 105.

3 См.: Mark Lipovetsky, *Charms of Cynical Reason: Transformations of the Trickster in Soviet and Post-Soviet Culture* (Boston: Academic Studies Press, 2011).

4 «Зерно кинизма заключается в критической, иронической философии по отношению к так называемым потребностям, в выявлении их принципиальной бесконечности и абсурдности. <…> Только веселый кинизм целей никогда не поддастся искушению забыть, что жизни нечего терять, кроме себя самой» (П. Слотердайк, *Критика цинического разума* [М.: АСТ; Екатеринбург: У-Фактория, 2009], 305, 306).

Во-первых, это его амбивалентное, трансгрессивное и лиминальное состояние, благодаря которым трикстер воплощает опасную свободу от социальных норм и границ и в то же время функционирует как медиатор, соединяющий в себе противоречивые черты. Так, Шариков нарушает традиционные нормы цивилизованного поведения, постоянно медиируя между животным и человеческим состояниями. Иван Бабичев амбивалентно соединяет черты шута и пророка, комедию и трагедию.

Во-вторых, трикстеров отличает перформативность, превращающая любой жест и любое высказывание в спектакль. Шариков все время «играет» человека, но постоянно не выдерживает роль. Театральность практически всех действий Ивана проанализирована в статье Жолковского (105). Именно открытое и, как правило, саморефлексивное лицедейство трикстера ответственно за обязательную комедийную составляющую этого образа.

В-третьих, для трикстеров характерны особые отношения с сакральным — то, что Жолковский называет «провокаторски-евангельскими мотивами» или карнавальными чертами. Сюда же добавляются и двойнические отношения с богоподобными «отцами», прямо уподобляемыми жрецам. Двойничество Шарикова и Преображенского, по мнению ученого, укрепляется мотивами насилия и карнавальной трактовкой еды. Иван Бабичев также составляет двойническую пару своему сановному брату Андрею — так мифологический трикстер пародийно дублирует культурного героя, но его разрушительные поступки, тем не менее, являются формой созидания[5].

---

5 Приведенные мной характеристики трикстера опираются на следующие исследования: Пол Радин, *Трикстер: Исследование мифов североамериканских индейцев*, с комментариями К.Г. Юнга и К.К. Кереньи, пер. А. Тавровского и В. Кирющенко (СПб.: Евразия, 1999) [пер. кн.: Paul Radin, *The Trickster: A Study in American Indian Mythology*, 1956]; Barbara Babcock-Abrahams, "«A Tolerated Margin of Mess»: The Trickster and His Tales Reconsidered", *Journal of the Folklore Institute* 11.3 (1975): 161–165; Е.М. Мелетинский, *Поэтика мифа* (М.: Наука, 1975), 188–194; Michael Carroll, "The Trickster as Selfish-Buffoon and Culture Hero", *Ethos* 12.2 (1984): 105–131; Lewis Hyde, *Trickster Makes This World: Mischief, Myth, and Art* (New York: North Point Press, 1998); William J. Hynes (ed.), *Mythical Trickster Figures: Contours, Contexts, and Criticisms* (Tuscaloosa — London: Univ. of Alabama Press, 1993); Giancarlo Maiorino (ed.), *The Picaresque: Tradition and Displacement* (Minneapolis: Univ. of Minnesota Press, 1996).

Вполне ожидаемо, что структура философского повествования предполагает столкновение отцов/учителей и детей/учеников. Однако, остается непонятным, почему в прозе 1920-х годов это столкновение выдвигает в качестве важной составляющей фигуру трикстера — как одного из центральных участников дебатов о новом человеке и новом мире. Поставив рядом с повестями Олеши и Булгакова роман Ильи Эренбурга «Хулио Хуренито» (1921) и «Одесские рассказы» (1921–1924) Исаака Бабеля, легко заметить, что и в этих произведениях значительная роль принадлежит отношениям между сыном и отцом (отцами) — у Бабеля, и учителем и учениками — у Эренбурга. Причем, в них также на первый план выходят фигуры трикстеров — Хулио Хуренито и Бени Крика.

Таким образом, перед нами четыре произведения, написанные если не одновременно, то с небольшим временным разрывом, в каждом из которых трикстер выступает в одной из четырех ролей, обнаруженных Жолковским в «Собачьем сердце» и «Зависти». Он может быть «мудрым учителем» (Хулио Хуренито) и «лжеучителем» (Иван Бабичев), нерадивым учеником/сыном-изгоем, лишаемым отцом права на равенство с собой (Шариков), и сыном-королем, празднующим свое торжество над поверженным отцом (и вообще «отцами») (Беня Крик). Выступая в каждой из этих «ролей», трикстер, разумеется, меняет семантику, сохраняя, тем не менее, ядро образа — позволяющее опознать его как трикстера.

Как изменяется трикстер в каждой из этих функций? Как изменяет каждую из функций? Что каждая из «ролей» трикстера говорит о становящейся советской модерности? Как они соотносятся друг с другом? Какие потенциальные возможности этого тропа обнаруживаются в каждой его модификации?

«УЧИТЕЛЯ»

На первый взгляд, кажется, нет ничего общего между победоносным, героическим Хулио Хуренито из «Необычайных похождений Хулио Хуренито и его учеников…» Эренбурга и жалким, да еще и дополнительно униженным автором вралем-инженером Иваном Бабичевым из «Зависти» Олеши. Между Учителем — и королем пошляков. Однако, при ближайшем рассмотрении, сходство этих персонажей оказывается довольно значительным.

Эренбург в «Хуренито» представляет свой, масштабный проект интеллектуальной и культурной революции, которую можно интерпретировать как революцию, осуществляемую модернизмом в ответ на катастрофические сдвиги мировой истории. Воплощением этой революции становится заглавный герой романа — трикстер, впервые в истории русской литературы представленный как воплощенный философский дискурс. Философствующий трикстер Эренбурга, вместе с тем, плотно вписан в современность, в первую очередь — ее политические контексты: от Первой мировой войны до русской революции и большевистского террора.

Подобную роль играет и Иван Бабичев: шут из пивной, рассказчик небылиц, он видит свою миссию в историческом возмездии — возмездии девятнадцатого века двадцатому. Планируемый им бунт («заговор чувств») — это тоже проект революции. Только на первый взгляд речь идет о сопротивлении рационалистической («конструктивистской») модерности, олицетворяемой Андреем Бабичевым с его «Четвертаком» и Володей Макаровым с его поклонением машинам. Иван не случайно находит ученика и последователя в Кавалерове, чей метафорический талант прямо перекликается с визуальным авангардом XX века[6], а якобы созданная Бабичевым невидимая анти-машина Офелия — похожа на арт-машины сюрреалистов. Таким образом, Иван противопоставляет одномерному рационализму, понимаемому как существо современности, новый, обостренный аффективный режим, в котором каждое чувство доведено до своего предела и явлено как самодостаточная ценность.

Иван называет себя «королем пошляков», видя себя дирижером хора, водителем парада и вождем «мирного восстания»- «вот они, носители великих чувств, ныне признанных ничтожными и пошлыми»[7]. Но и семеро учеников, собранных Хуренито, воплощают наипошлейшие национальные стереотипы. Аналогично, если Кавалеров, во многом подобен автору «Зависти»[8], то седьмой,

---

6 См.: Marina Kanevskaya, “The Crisis of the Russian Avant-Garde in Iurii Olesha’s *Envy*”, *Canadian Slavonic Papers* 43.4 (2001): 475–493.

7 Ю.К. Олеша, *Избранное*, вступ. ст. В.Б. Шкловского, примечания В.В. Бадикова (М.: Художественная литература, 1974), 62. Все цитаты из повести Олеши приводятся по этому изданию.

8 Как известно, в речи на Первом съезде советских писателей Олеша признавался: «Мне говорили, что в Кавалерове есть много моего, что этот тип является автобиографическим, что Кавалеров — это я сам. Да, Кавалеров смотрел на мир

самый верный, ученик Хулио Хуренито носит имя «Илья Эренбург». Есть также несомненное созвучие между «завистью» Кавалерова и решительным «нет», которое выбирает из всех слов языка еврей Эренбург (за что Хуренито награждает его поцелуем, как впоследствии и «Великого Инквизитора» — Ленина).

«[О]н никогда никого не учил; у него не было ни религиозных канонов, ни этических заповедей, у него не было и простенькой, захудалой философской системы <…> он был человеком без убеждений»,[9] — говорит о Хуренито его ученик Эренбург. Отсутствие поддающихся суммированию идей предполагает перформативный характер философии Хуренито. Путем демонстрации противоречий и парадоксов, провокациями и розыгрышами этот герой, во-первых, обнажает «универсальный диффузный цинизм» (П. Слотердайк), доминирующий как в западном обществе, перед и во время Первой мировой войны, так и в России, охваченной революцией. Во-вторых, он доводит все авторитетные дискурсы — от гуманизма до коммунизма — до их максимально абсурдного, саморазоблачительного осуществления, подвергает их ритуалу публичной растраты, чем предвосхищает практики концептуалистов. Его метод — гиперидентификация с авторитетным дискурсом, как когда он, например, создает республику Лабардан или собирает деньги на памятник «Чемпиону цивилизации», украшенный ожерельем из человеческих зубов, которые Айша вырвал у немцев, убитых на поле боя. Таким образом Хуренито разрушает фундаментальные оппозиции современной цивилизации — между цивилизацией и дикостью, миром и войной, демократией и тиранией, свободой и рабством, моралью и аморальностью.

Множество стилистических перекличек с Ницше позволяют увидеть в перформансах Хуренито реализацию завета Заратустры: «Убивают не гневом, а смехом! Вставайте, помогите нам убить дух

моими глазами. Краски, цвета, образы, сравнения, метафоры и умозаключения Кавалерова принадлежали мне. И это были наиболее свежие, наиболее яркие краски, которые я видел. Многие из них пришли из детства, были вынуты из самого заветного уголка, из ящика неповторимых наблюдений» (*Первый Всесоюзный съезд советских писателей 1934: Стенографический отчет* [М.: Художественная литература, 1934], 235).

9 Илья Эренбург, *Необычайные похождения Хулио Хуренито и его учеников…* (Москва — Берлин: Геликон, 1922), 4. Все цитаты приводятся по этому изданию.

тяжести»[10]. Ср. слова Хуренито: «Оскорбляй святыни, преступай заповеди, смейся, громче смейся, когда нельзя смеяться, смехом, мукой, огнем расчищай место для него, грядущего, чтобы было для пустого — пустое» (44)[11].

Вместе с тем, несмотря на «дьявольское» неверие в добро, Хуренито довольно отчетливо уподобляется Христу, хотя и с заметным сдвигом. См. наблюдения Ж. Хетени:

> События жизни Учителя подогнаны под общеизвестные эмблематические штампы жизнеописание Иисуса. Хуренито умирает весной в пасхальное время года, в 33 года. Родился он за 12 лет до конца века, умирает в 21-м году, 12 марта. <…> Итальянец Эрколе Бамбуччи становится его последователем в сцене, которая парафразирует и профанирует библейскую сцены чудотворства Христа «встань и иди». Хуренито в конце своей речи перед смертью съедает грушу и вытирает лицо платком — это своеобразная тайная вечеря в обществе учеников, которые скоро откажутся от него: рассказчик предает Учителя именно так как апостол Петр отрекся от Христа <…> Рассказчик называет обстоятельства смерти «величайшей мистерией», но в конце этой мистерии Учитель уходит в противоположном Христу и небу направлении — он не поднят на крест, а брошен в канаву[12].

Сходное амбивалентное сплетение трансгрессивных и сакральных мотивов можно обнаружить и в репрезентации Ивана Бабичева. Его жизнеописание напоминает житие святого, в котором чудеса заменены сугубо трикстерскими проказами, вроде заказного сна о Фарсальской битве, мыльного пузыря величиной с воздушный шар и цветка, выросшего из бородавки. Если Хуренито своими

10 Ф. Ницше, "Так говорил Заратустра", пер. с нем. Ю.М. Антоновского, Ницше, *Сочинения в двух томах*, сост., ред. и автор примеч. К.А. Свасьян (М.: Мысль, 1996), 2: 30.

11 См. также суждение Б. Парамонова: «…Заратустра может считаться литературным предком Хуренито: взят сам тип мудреца-парадоксалиста, романа нет вне монологов Хуренито, он к ним и сводится» (Борис Парамонов, *Конец стиля* [СПб.: Алетейя — М.: Аграф, 1997], 406).

12 Ж. Хетени, "Энциклопедия отрицания: «Хулио Хуренито» Ильи Эренбурга", *Studia Slavica Academiae Scientiarum Hungaricae* 45 (2000): 318.

провокациями демонстрирует отсутствие границы между противоположными категориями, относящимся к абстрактным основаниям политического дискурса, то у Ивана стратегия иная — он разрушает границу между фактом и фикцией, обманом и реальностью. Эффект, который проказы Ивана производят на его отца, директора гимназии и латиниста — олицетворение классической парадигмы в культуре — это эффект эпистемологического кризиса, когда невозможно рационально подтвердить или опровергнуть происходящее: «Отец был напуган. Долго затем искал его взгляда, но он прятал глаза <…> Он почернел, — я думал, что он умрет» (53).

Более того, если первое из чудес разрешается амбивалентно: отцу не приснилась битва, но лошади снились кухарке, при том, что «лошадь видеть — ложь» (53). Второе чудо разоблачается самим Иваном — он знал, что «в этот день над городом пролетел аэронавт Эрнест Вителло <…> Надо вам сказать, что опыты мои над мыльными пузырями не привели к тем результатам, о которых я мечтал» (54). Однако, тут вмешивается повествователь, в свою очередь, в скобках, подрывающий истинность признания Ивана:

> (Факты говорят за то, что в те времена, когда Иван Бабичев был двенадцатилетним гимназистом, воздухоплавание не достигло еще широкого развития, и вряд ли над провинциальным городом устраивались в то время полеты. Но если это и выдумка — то что же! Выдумка — это возлюбленная разума.) (54)

Наконец, третье чудо, в результате которого из бородавки злобной тетки вырос цветок, «скромный полевой колокольчик» (55) — реальность этого события никак не комментируется, и эпистемологический кризис переносится с персонажей на читателя.

Амбивалентность Ивана как трикстера, таким образом, помещает его в лиминальную зону между фактом и фикцией, а точнее, между рациональным и иррациональным. Бабичевская репутация «механика», умельца, впоследствии инженера, т.е. воплощения рациональности, подтверждается перечислением его фокусов, более свойственных трикстеру, и проповедей, обличающих в Иване потенциального пророка. Как ни странно, интегральным в переплетении противоречивых характеристик героя становится описание *танца* Бабичеа как некоего эквивалента его личности. Для читателей Олеши, сведущих в философии Ницше[13], акцент на танце не мог не вызвать ассоциацию с известными строками из «Заратустры»: «Я бы поверил только в такого Бога, который умел бы танцевать»[14]. Разумеется, танец «Кувшинчик» — «некий танец, рассчитанный на использование внешних своих особенностей: полноты, лености, — был он увалень» (55) — это скорее, пародия на танцующего бога Ницше. Но эта пародийная сакральность согласуется и с тем, как проповеди Ивана окружаются ореолом театральности, намеренного остранения героя от занимаемой им позиции: «Он сам понимал, что слушатели не верят ему. Он и сам говорил с некоторым поигрыванием в уголке глаза» (57).

Вместе с тем, сакральность Ивана находит продолжение в «слухе» — а вернее, легенде — о его появлении на свадьбе у инкассатора на Якиманке, пародирующем первое чудо Христа — в Кане Галилейской. И дело не только в том, что Иван не превращает воду в вино, а наоборот, вино — в воду. Допрос в ГПУ, во время которого Иван называет себя «королем пошляков» (позднее он назовет себя «королем подушек»), аналогично резонирует с допросом Христа Пилатом и утвердительным ответом арестованного на вопрос о том, является ли он «царем иудейским». Чудо в Кане Галилейской обращено на частную жизнь и поэтому обычно интерпретируется как «пробное», предварительное чудо Христа, который в ответ на просьбу Богоматери отвечает: «… что Мне и Тебе, Жено? еще не пришел час Мой» (Иоан. 2:4). Шутовской Христос в чаплинском котелке — это, конечно, не то же самое, что Христос и даже Великий Провокатор Эренбурга, но радикализм Ивана определяется как раз тем, что для него «невеликая» частная жизнь и есть самое главное «поле чудес»: именно здесь, по его убеждению, произошла антропологическая катастрофа, и именно о ней возвещают его проповеди. Смысл этих проповедей можно понять как противоположный эренбурговскому

13 «Ницше или, если угодно, ницшеанская парадигма, была основной составляющей миросозерцания литературной интеллигенции, при этом сосуществуя в наивно-противоречивом согласии с народолюбием…» (Григорий Фрейдин, “Революция как эстетический феномен: С очками Ницше на носу и осенью в сердце у русских читателей Исаака Бабеля (1923–1932)”, *Новое литературное обозрение* 4 [1993], 233).

14 Ницше, “Так говорил Заратустра”, 29.

тотальному скептицизму по отношению ко всему святому и укорененному в традиции. Однако это не так.

Появившись на воображаемом митинге в честь открытия «Четвертака» (в «Сказке о встрече двух братьев»), Иван произносит проповедь о подушке — сниженную версию Нагорной проповеди:

> …Что говорил он [Андрей Бабичев]? Он издевался над кастрюлями вашими, над горшочками, над тишиной вашей, над правом вашим всовывать соску в губы детей ваших… Он учит вас забывать что? Что хочет вытолкнуть он из сердца вашего? Родной дом — дом, милый дом! Бродягами по диким полям истории он хочет вас сделать <…> Вот подушка. Я король подушек. Скажите ему: мы хотим спать каждый на своей подушке. Не трогай подушек наших! Наши еще не оперившиеся, куриным пухом рыжеющие головы лежали на этих подушках, наши поцелуи попадали на них в ночи любви, на них мы умирали, — и те, кого мы убивали, умирали на них. Не трогай наших подушек! Не зови нас! Не мани нас, не соблазняй нас. Что можешь ты предложить нам взамен нашего умения любить, ненавидеть, надеяться, плакать, жалеть и прощать?.. Вот подушка. Герб наш. Знамя наше. Вот подушка. Пули застревают в подушке. Подушкой задушим мы тебя (77)…

Защищая повседневность и укорененность в ней индивидуальной (семейной) судьбы, Иван, в сущности, говорит о том же, о чем проповедовал Хуренито:

> Не люди приспособились к войне, война приспособилась к людям. Из урагана она превратилась в сквозняк. <…> Зато уничтожить эту приспособившуюся войну нельзя. <...> Она будет менять свои формы, как ручей, порой скрываться под землей и напоминать до отвратительности трогательный мир. <…> Война не будет войной, она умело рассосется по сердцам; ограда города, забор дома, порог комнаты станут фронтами (167).

Обытовление войны и рутинизация насилия означают, с одной стороны, разрушение повседневности, а с другой — войну между членами одной и той же семьи. И то, и другое происходит в «Зависти». Поэтому Бабичев не опровергает, а скорее, уточняет, и корректирует направление революции, олицетворяемой Хуренито.

Однако война поколений внутри семьи («Вы произведете на свет вашего врага»), которую проклинает Иван, начата его собственным поколением — его отношения с отцом и предполагаемые «бунты» его братьев (Андрея и погибшего брата-революционера Романа) тому свидетельством. Да и его текущая война с братом, а его дочери Вали с ним самим продолжает ту же логику. И если поколение братьев Бабичевых воплощает ницшевскую попытку «превзойти человека», сохраняя при этом верность ценностям индивидуальной свободы, то следующее за ним поколение Володи Макарова и Вали стремится «превзойти» и эти пределы — став безличной машиной, которая, как нетрудно догадаться, уничтожит отцов. Именно этот прогноз реализован — не Четвертаком, — а Офелией, которая в «Сказке о встрече двух братьев» убивает Андрея Бабичева, а в финальном бреду Кавалерова — Ивана. Если Андрей создает Четвертак как прообраз идеального общества, питающего человека и не претендующего на власть над ним, то Иван в Офелии создает пародийный и страшный образ «нового человека» — объединившего сверхвозможности машины с нормальными, неизбывными страстями рода человеческого. Такое сочетание порождает супер-убийцу — чья мощь обращена в первую очередь на тех, кто создал и воспитал, на тех, кому принадлежит власть (по крайней мере, символическая) — на отцов и учителей.

А то, что возможности этого нового человека будут обращены именно на убийства, следует из рутинизации войны, о которой шла речь выше. И если Володя Макаров еще не убивает, а только играет в футбол и лишь полушутливо, из ревности к Кавалерову, угрожает Бабичеву: «Тогда я убью тебя, Андрей Петрович» (46), то Хуренито видит нового человека как тип, много позже описанный Ханной Арендт в книге «Эйхман в Иерусалиме»:

> ...Мне хочется в последние мои часы прозреть иное, следующее, туманное. Вот идет человек с папкой бумаг. У него сзади в кармане браунинг. Не бойтесь, это не бандит, но честный чиновник. Утром он отстучал нечто на машинке за номером и расстрелял человека, с ним несогласного. Сейчас он пообедал и бодро идет на заседание. (207)

Тем не менее, и Хулио Хуренито и Иван Бабичев повержены их авторами — в первом случае трагически (хотя и не без снижающих обертонов), во втором — откровенно фарсово. Разочарованный Хуренито, вместо героического финала, выбирает «пошлую» смерть за пару английских сапог. Иван погибает от жала Офелии в видении Кавалерова, а наяву, оставшись в живых, унизительно сослан автором на кровать Анички Прокопович.

Почему? В «Хулио Хуренито» герой убеждается в том, что даже самая сокрушительная революция заканчивается восстановлением той самой репрессивной рутины, против которой был направлен бунт. В «Зависти» же поворотным моментом становится отказ от *брато*убийства. Когда Иван понимает, что — сам не зная того — благословил Кавалерова на убийство Андрея, он сравнивает себя с Эдипом (параллель, «возбужденная» якобы случайным упоминанием Иокасты в начале повести) — причем, Эдипом, ослепляющим себя, то есть принимающим самонаказание за невольное преступление:

> — Валя, выколи мне глаза. Я хочу быть слепым, — говорил он, задыхаясь, — я ничего не хочу видеть: ни лужаек, ни ветвей, ни цветов, ни рыцарей, ни трусов, — мне надо ослепнуть, Валя. Я ошибся, Валя… (82)

В сущности, Иван приходит к пониманию того, что его бунт по своей логике ничем не отличается от того, против чего он восстает — от переноса войны и вражды в семейные отношения, в повседневный быт. Аналогичный смысл приобретает и замечательное по своей пророческой силе объявление Хуренито о «торжественных сеансах уничтожения иудейского племени в Будапеште, Киеве, Яффе, Алжире и во многих иных местах» (110) — как обозначение того страшного горизонта, к которому устремлена цивилизация, привыкнувшая к войне.

Таким образом, и Хулио Хуренито, и Иван Бабичев, великолепные трикстеры-учителя, терпят поражение, когда убеждаются, что мир, впитавший в себя войну и превративший войну во внутрисемейный быт, этот мир не поддается их методам интеллектуального бунта. Являясь в известной степени последствием начатого ими подрыва заскорузлых устоев, новый мир, во-первых, воспроизводит все те же устои, а во-вторых, сплетает их с циничным презрением к человеку и человеческой жизни. «Ученики», плоть от плоти нового мира превосходят «учителей» в своем цинизме, перешагивая через границы, от которых «учителя» отшатываются (Бабичев и братоубийство, Хуренито и предвосхищаемый им Холокост). Более того, доводя до логического итога полученные ими уроки, «ученики» готовы к убийству «учителей».

«УЧЕНИКИ»

Как ни странно, но ближе всех к мифологическому трикстеру стоит Шариков Булгакова. Это странно именно потому, что трикстер в советской культуре однозначно воспринимается как привлекательный персонаж, тогда как Шариков столь же однозначно написан как герой, вызывающий отвращение и негодование автора и читателя. Но именно Шариков наиболее полно соответствует той модели трикстера, которую К.-Г. Юнг опишет почти через тридцать лет после создания «Собачьего сердца» в статье «О психологии образа трикстера», опубликованной в коллективной монографии 1956-го года, с которой, собственно, и начинается научное изучение трикстера. По Юнгу, трикстер представляет собой отражение «абсолютно недифференцированного человеческого сознания, которое соответствует душе, едва оставившей животный уровень»[15]. Однако, при этом трикстер также является «одновременно Богом, человеком и животным»:

> Он и недочеловек, и сверхчеловек, бестия и божество, а самая главная и бросающаяся в глаза его черта — его бессознательность. <…> С другой стороны, он во многих отношениях глупее животных и постоянно попадает то в одну, то в другую нелепую ситуацию. Хотя он и не зол по-настоящему, он вытворяет самые жестокие вещи лишь из откровенной бессознательности и несвязанности <…> Трикстер — это примитивное космическое существо божественно-животной природы, с одной стороны, превосходящее человека благодаря своим сверхчеловеческим качествам, а, с другой — уступающее ему из-за своего неразумия и бессознательности[16].

15 Радин, *Трикстер*, с комментариями К.Г. Юнга…, 271.

16 Там же, 277–278.

Этот набор характеристик действительно многое объясняет в логике «Собачьего сердца». Трансформация животного в трикстера проливает свет на разрыв между симпатичным псом Шариком и бездумным разрушителем Шариковым. Формула: «Бог + человек + животное» вполне описывает Шарикова как синтез Шарика, Клима Чугункина и творческого гения профессора Преображенского. Синтез, в котором, как доказывает Булгаков, побеждает Клим Чугункин, чьи черты активируют худшие свойства животного (бессознательного) и полностью вытесняют «супер-эго» рациональности, воплощенной Преображенским.

Преображенский, а вслед за ним и постсоветский читатель видит в Шарикове лишь недочеловека. Вместе с тем, в этом трикстере несомненны и черты «божества». Дело лишь в том, что демиургические свойства трикстера переведены Булгаковым на язык политики, и примитивные рефлексы человека-собаки представлены в повести как строительный материал, из которого создается (усилиями Швондера и ему подобных) новое советское мироздание. Наконец, юнговская концепция трикстера также проливает свет на двойнические отношения, связывающие Шарикова и Преображенского («спасителя»): и тот, и другой претендуют на роль божества, превзошедшего возможности обычного человека. Сверхсила Преображенского представлена как концентрированное выражение модерности с ее властью науки: «…во время этих обедов Филипп Филиппович окончательно получил звание божества»[17], «Профессор Преображенский, вы — творец!!» (525). Напротив, сверхсила Шарикова состоит в полном отказе от каких бы то ни было ограничений, предполагаемых современной цивилизацией: «Все у вас как на параде <…> Мучаете себя, как при царском режиме» (538).

Шариков как зеркальное — с наоборотной точностью — подобие Преображенского воплощает ницшевскую метафору: «Что такое обезьяна в отношении человека. Посмешище или мучительный позор. И тем же должен быть человек для сверхчеловека: посмешищем или мучительным позором»[18]. С одной стороны, налюбовавшись на посмешище и мучительный позор, сверхчеловек Преображенский

17 М.А. Булгаков, *Сочинения* (М.: Книжная палата, 1999), 513. Далее все цитаты из «Собачьего сердца» приводятся по данному изданию.

18 Ницше, “Так говорил Заратустра”, 8.

решает повернуть назад — к обыкновенному человеку. С другой, выходит, что Шариков этот самый обыкновенный человек и есть; обыватель — он же трикстер, то есть «и недочеловек, и сверхчеловек, бестия и божество».

В этом, собственно, и состоит важнейшее открытие «Собачьего сердца»: как доказывает Булгаков, благодаря революции трикстер, воплощение бессознательного, обозначил социальную норму существования — будучи персонификацией трансгрессии, он парадоксальным образом задал новые границы обыденности[19]. В этой новой лиминальной обыденности модернистский бунт против отцов-учителей превращается в банальный донос, использующий политические обвинения («приказал своей социал-прислужнице Зинаиде Прокофьевой Буниной», «как явный меньшевик со своим ассистентом») для захвата жилплощади.

Происходит это, скорее всего, в силу того, что обыденность пропиталась чертами лиминальности — именно это состояние Эренбург описывал как привыкание войны к людям, именно против нового быта — превратившего безбытность катастрофы в повседневность — были направлены проповеди Ивана Бабичева. Именно против этой новой нормы, определяемой термином «разруха», протестует Преображенский — и своим размеренным бытом, и своим знаменитым монологом. Но и он обречен на поражение, о чем, собственно, и свидетельствует сюжет «Собачьего сердца».

Персонажи, подобные Шарикову, такие, как герои Эрдмана и Зощенко, как правило, не вызывают ассоциаций с трикстером, даже несмотря на явную склонность к плутовству и трансгрессиям. Думается, это свидетельствует о том, что «юнговская» модель

---

19 К аналогичному пониманию приходит и Алексей Толстой в повести «Похождения Невзорова, или Ибикус» (1923). Е. Толстая отмечает, что главный герой «Ибикуса», «который замышлялся как еврейский нувориш, сделан русским “маленьким человеком”» (Елена Толстая, *«Деготь или мед». Алексей Н. Толстой как неизвестный писатель (1917–1923)* [М.: Изд. РГГУ, 2006], 439). В этой трансформации мне видится существо замысла Толстого. Еврейское происхождение героя было отброшено как возможное обоснование его исключительности, тогда как автору важно было показать, как безумные обстоятельства с железной необходимостью превращают скромного обывателя, лишенного трикстерских склонностей и талантов, в вдохновенного и, в конечном счете, удачливого самозванца и плута.

трикстерства почему-то не прижилась в советской культуре. Почему? Наверное, потому что с трикстером и трикстерской свободой связывается прежде всего представление о сверхчеловеческом (в ницшевском смысле) преодолении «нормы» изнутри советской лиминальной обыденности — представление, персонифицированное Остапом Бендером и его последователями. Одесско-еврейско-криминальная генеалогия этого персонажа[20] прямо связывает его с «Одесскими рассказами» Бабеля, в которых образ трикстера младшего поколения, свергающего иго «отцов», окрашен в тона, контрастные по отношению к Шарикову.

Криминальная среда представляет собой прототип взаимопроникновения лиминальности и повседневности как той (революционной) почвы, на которой окрашенный в ницшеанские тона трикстер становится воплощением нормы. Однако, бабелевский трикстер — Беня Крик ни в коем случае не воплощает норму. Напротив, он вырастает в фигуру плебейского супермена — короля криминальной Одессы.

При этом Беня Крик не очень похож на трикстера — он никого не обманывает и не претерпевает превращений (он сразу же «дан» как готовый персонаж). И однако же он трикстер — не только по профессии (вор — традиционный вариант трикстера), но и в силу своей амбивалентности (грабитель и убийца как эпический герой), и по своим «проделкам» (поджог полицейского участка), и по своей *театральности*. К Бене, несмотря на его кажущуюся власть над реальностью вполне приложимо бахтинское определение шута, плута и дурака — т.е. вариантов трикстера — как «лицедеев жизни», чье «бытие совпадает с их ролью, и вне этой роли они вообще не существуют»[21]. Лицедейство Бени постоянно подчеркивается повествователем. Театрален сам наряд Короля, неотличимый от наряда его воинства: «Он был одет в оранжевый костюм, под его манжеткой сиял бриллиантовый браслет»; «Аристократы Молдаванки, они были затянуты в малиновые жилеты, их плечи

---

20 См. об этом М.П. Одесский, Д.М. Фельдман, *Миры И.А. Ильфа и Е.П. Петрова: Очерки вербализованной повседневности* (М.: РГГУ, 2015), 52–63. См. также «Алмазный мой венец» В. Катаева и ст.: Н. Камышникова-Первухина, “Остап”, *Слово\Word*, 64 (2009), URL: http://magazines.russ.ru/slovo/2009/64/ka8.html

21 М.М. Бахтин, *Вопросы литературы и эстетики: Исследования разных лет* (М.: Художественная литература, 1975), 309.

охватывали рыжие пиджаки, а на мясистых ногах лопалась кожа цвета небесной лазури»[22]. В сущности, здесь можно увидеть и ироническое (чересчур прямолинейное) осуществление тезиса Ницше о возможности только эстетического оправдания бытия: «...только как *эстетический феномен* бытие и мир *оправданы* в вечности...»[23]. Тому подтверждением служат и многочисленные примеры театрализации жизни, рассыпанные по «Одесским рассказам».

Ограбление конторы Тартаковского сопровождается ремаркой: «и началась опера в трех действиях» (1: 131). Беня разъезжает по городу в машине с музыкальным ящиком, играющим марш из оперы «Смейся, паяц» (опера, конечно, называется просто «Паяцы»). Его монологи — обращенный к неутешной тете Песе, а затем над могилой Мугинштейна — это крайне театральные монологи, почти арии. Разумеется, в высшей степени театральны и двойные похороны Мугинштейна и «неизвестного вам, но уже покойного Савелия Буциса» (1: 137), оборачивающиеся коронацией Бени. Театральна демонстрация сексуальной мощи Бени в рассказе «Отец», представленное через восприятие единственного зрителя — вернее, слушателя этого спектакля — Фроима Грача, который хочет выдать за Беню свою перезревшую дочь. Его ожидание, конечно, является расплатой за издевательское испытание Бени на Тартаковском («все, в ком еще квартировала совесть, покраснели, услышав это решение» [1: 128]), но не это главное. Являясь прямой реализацией слов Арье-Лейба: «Вы можете переночевать с русской женщиной, и русская женщина останется вами довольна» (1: 127) — эта сцена, вместе с тем возбуждает ассоциативную связь и со следующей, откровенно «ницшеанской» характеристикой Бени: «Если бы к небу были приделаны кольца, вы схватили бы эти кольца и притянули бы небо к земле» (1: 127).

Последний пример особенно показателен, поскольку он проясняет природу Бениного лицедейства, «переносный смысл» всех его поступков. Перед нами трикстер, *играющий* ницшеанского

---

22 И. Бабель, *Сочинения в двух томах*, сост. и подгот. текста А.Н. Пирожковой, коммент. С.Н. Поварцова (М.: Художественная литература, 1990), 1: 122, 123. В дальнейшем цитаты приводятся по этому изданию.

23 Ницше, *Сочинения в двух томах*, 1: 75. Курсив в источнике.

сверхчеловека — так, как он его понимает, по оперному или военному образцу. «Преодоление человеческого», явленное Королем, вызывает не только восхищение, но и ужас: не случайно устроенные Беней похороны/коронация сопровождаются следующей реакцией: «…люди, тихонько отойдя от Савкиной могилы, бросились бежать, как с пожара. Они летели в фаэтонах, в телегах и пешком» (1: 136).

Превосходство над нормой выражается, прежде всего, в том, как Беня расправляется с «отцами» — с собственным отцом Менделем Криком (рассказ и пьеса «Закат»), с главой бандитов Фроимом Грачом («Отец»), с социальными авторитетами — Тартаковским, Эйхбаумом, полицейским приставом. Беня безусловно стоит выше морали: в высшей степени показателен тот факт, что кажущееся противоречие — в рассказе «Отец» Беня женится на дочери Грача, а в рассказе «Король» на дочери Эйхбаума — никак не обсуждается рассказчиком. Король имеет на это право.

Надо заметить, что сверхчеловеческие амбиции Бени довольно часто резонируют с «все поделить» Шарикова. В сфере «королевской» деятельности находится не только «перераспределение» богатства внутри еврейской общины[24], но и поддержание симметричного «баланса» обид и «ответок». Однако разрушительная энергия Шарикова в репрезентации Бени Крика вырастает в означающее сакрального, поскольку сакральное начало, присущее трикстеру, в «Одесских рассказах» реализуется через мотив траты — в том числе и человеческих жизней. Ретроспективно этот мотив резонирует с философией Ж. Батая, представляя собой демонстрацию предельной свободы — от всего, что почитается ценностью. По Батаю, потлач, т.е. трата «позволяет дарящему субъекту превосходить себя, а взамен подаренного предмета приобретает превосходство <…> Он обогащается презрением к богатству, и то, чего он алчет, становится

24 И. Герасимов показывает, что Бабель весьма точно изображает логику еврейской преступности в Одессе 1910-х годов. Историк характеризует ее как особую форму социальной «самоорганизации и даже самоуправления (на уровне банд)» в ситуации национальной дискриминации и социального расслоения. См.: Илья Герасимов, "Еврейская преступность в Одессе начала XX в.: От убийств к краже? Криминальная эволюция, политическая революция и социальная модернизация", И. Герасимов [и др.] (ред. и сост.), *Новая имперская история постсоветского пространства* (Казань: Центр исследований национализма и империи, 2004), 501–544.

результатом его щедрости»[25]. Для Бабеля этот мотив, несомненно, вызывал ассоциации с Ницше: с волей к власти и пафосом свободы от мещанских добродетелей.

У Бабеля трата пышна и эстетически самодостаточна. Ее выразительным ритуалом становится сцена налета на Эйхбаума в рассказе «Король»:

> Девять пылающих звезд зажглись на скотном дворе Эйхбаума. Беня отбил замки у сарая и стал выводить коров по одной. Их ждал парень с ножом. Он опрокидывал корову с одного удара и погружал нож в коровье сердце. На земле, залитой кровью, расцвели факелы, как огненные розы, и загремели выстрелы (1: 122).

Хронотопом траты становится в «Одесских рассказах» пир (в «Короле» и «Закате») и кладбище (в «Как это делалось в Одессе» и «Отце»). Кладбище недаром является местом Бениного триумфа — именно кладбищенский нищий становится эпическим рапсодом, воспевающим Бенины подвиги. И это не случайно: Бенина философия растраты распространяется и на человеческую жизнь — как это видно из его речи над могилой Мугинштейна. Здесь прямо дискредитируется представление о достоинстве честной жизни: «честный труженик, погибший за медный грош» и «за весь трудящийся класс» — в своей жизни он «видел пару пустяков. Чем занимался он? Он пересчитывал чужие деньги» (1: 135). «Честный труженик» «страдает за всех тех, кто пьет водку, не умея пить ее» (1: 136) — в отличие от те, кто, подобно самому Бене, «получает удовольствие от горя и радости» (1: 136). Жизнь «честного труженика» поэтому предназначена для жертвоприношения. Как, впрочем, и жизнь его бездумного убийцы.

Сам Беня Крик убит выстрелом в затылок в финале киносценария для одноименного фильма (1926). Но этот Беня — вовсе не трикстер, а «просто» бандит и убийца, практически не отличимый от Фроима Грача (они и убиты вместе). Что же касается Бени «Одесских рассказов», то он, укорененный в эстетически самодостаточной трате, в отличие от всех остальных трикстеров

---

25 См.: Жорж Батай, *Проклятая часть: Сакральная социология*, сост., общая ред. и вступ. ст. С.Н. Зенкина, коммент. Е.Д. Гальцовой (М.: Ладомир, 2006), 149.

в литературе этого периода — избегает прямого поражения. Два поздних рассказа, «Конец богадельни» (1932) и «Фроим Грач» (1933) обычно не включаются в цикл (хотя «Конец богадельни» печатался с подзаголовком «Из одесских рассказов»), но фактически завершают его. Во «Фроиме Граче» небрежно расстрелян красноармейцами «истинный глава сорока тысяч еврейских воров» (2: 258), пришедший в ЧК договариваться о судьбе арестованных налетчиков. И если для расстрелявшего его красноармейца «все одинакие» (2: 258), то для следователя ЧК Борового, не знающего ответа на вопрос: «зачем нужен этот человек в будущем обществе» (2: 259), Фроим Грач дорог именно как *герой* трикстерского эпоса. В «Конце богадельни» советские начальники морят голодом, обманывают, а затем изгоняют с кладбища — важнейшего из хронотопов «Одесских рассказов» — *рапсодов и хранителей* этого эпоса, кладбищенских нищих и среди них, Арье-Лейба.

Боровой подчеркивает, что «одноглазый Фроим, а не Беня Крик, был истинным главой сорока тысяч одесских воров. Игра его была скрыта, но все совершалось по планам старика — разгром фабрик и казначейства в Одессе, нападения на добровольцев и на союзные войска» (2: 259). Иначе говоря, Фроим сохранил роль «отца», несмотря на видимые триумфы Бени Крика. Та же роль «старших», хранителей памяти и учителей повествователя в «Короле» и «Как это делалось в Одессе» сохраняется и за кладбищенскими нищими. Следовательно, большевики лишь завершают тот бунт против отцов и авторитетов, который начинал Беня. И та спокойная жестокость, с которой новые власти убивают Грача и с которой выгоняют на улицу стариков-нищих — все это резонирует с «королевской» логикой растраты «пустяковых» жизней.

Итак, Бенины «стратегии», адаптированные советским режимом, оборачиваются против тех ценностей индивидуальной свободы, которые воплощала его версия ницшеанства. Напротив, в новой версии они воплощают безразличие ко всему, что не укладывается в простые схемы классовой борьбы. Однако, можно сказать и иначе: трикстерский произвол, настоянный на циничной растрате всего ценного и, прежде всего, человеческих жизней, становится основанием советской *власти* — с которой Королю еще предстоит вступить в конкуренцию: именно об этом будет написана дилогия Ильфа и Петрова.

ТРИКСТЕР И РУССКАЯ МОДЕРНОСТЬ: ВМЕСТО ЗАКЛЮЧЕНИЯ

Существующая научная литература о влиянии Ницше на советскую культуру, позволяет говорить о том, что Ницше оставался важнейшим философом модерности и в стране победившего марксизма[26]. Трикстер с его хаотической амбивалентностью, трансгрессией и лиминальностью, перформативно явленной свободой, а также скрытой или явной сакральной семантикой весьма полно, хотя и комедийно, реализует ницшеанскую концепцию личности. В сущности, каждый из трикстеров, обсуждаемых в настоящей статье, может быть прочитан как «маленький Ницше», а в совокупности они представляют всю парадигму ницшеанского трикстерства, которое станет скрытым лейтмотивом советской культуры — как в ее официальных, так и неофициальных проявлениях. Сходства между стратегиями персонажей Эренбурга, Олеши, Булгакова и Бабеля предполагают, что через образ трикстера ницшеанская — то есть модернистская — концепция личности испытывалась на прочность новой социальной реальностью, рождающейся в 1920-е годы.

Прорастание такого понимания трикстера можно увидеть и в более ранних культурных феноменах, таких как «Мелкий бес» Сологуба (с дихотомией Передонова / Саши Пыльникова) или концепции театральности, созданной Николаем Евреиновым[27], или блоковских декларациях о «человеке-артисте». Негативный трикстер-революционер-провокатор Липпанченко появляется и в «Петербурге» Белого. Революция придает этой проблематике политическую остроту — прежде всего в связи с дебатами о «новом человеке».

---

26 Bernice Glatzer Rosenthal, *New Myth, New World: From Nietzsche to Stalinism* (University Park: Pennsylvania State Univ. Press, 2002); Idem (ed.), *Nietzsche and Soviet Culture: Ally and Adversary* (Cambridge: Cambridge Univ. Press, 1994); Dragan Kujundžić, *The Returns of History: Russian Nietzscheans After Modernity* (New York: SUNY Press, 1996); Edith W. Clowes, *The Revolution of Moral Consciousness: Nietzsche in Russian Literature, 1890–1940* (Dekalb, Ill.: Northern Illinois Univ. Press, 1988).

27 О связи теории Евреинова с Ницше пишет В. Максимов в статье «Философия театра Николая Евреинова» (в кн.: Николай Евреинов, *Демон театральности*, сост., общ. ред. и коммент. А. Зубкова и В. Максимова [М. — СПб: Летний сад, 2002], 5–31, особенно 8–10).

Соединение ницшеанства с трикстерством создает возможность для критической позиции по отношению к любым формам авторитарности и догматизма, при том, что предлагаемая критика остается не столько политической, сколько культурной, хотя и проблематизирует по ходу своего осуществления самые устойчивые аксиомы культурной «нормы». Иначе говоря, сама эта *адогматическая* позиция оказывается весьма радикальной — то есть революционной — однако, при этом лишенной четкой политической привязки (даже в случае Шарикова — его «большевизм» весьма сомнительного свойства). Однако все эти тексты свидетельствуют и о том, что огрубленный и соединенный с грубым насилием трикстерский цинизм становится социальной нормой нового мира, и именно на этой почве возникает конфликт между трикстерами — отцами и учителями и их последователями в следующем поколении. По отношению к этой норме, олицетворяемой Шариковым, возникает новый Король — вор и убийца, чье могущество основано на безжалостной и пышной растрате всего ценного.

В чем же состоит смысл столкновения трикстеров-учителей, Хулио Хуренито и Ивана Бабичева, и учеников, Шарикова и Бени Крика? Два поколения трикстеров во многом отражают расщепление российской модерности, обостренное и обнаженное революцией. Один путь связан с развитием модернистской культуры, ее методичным и глубоким подрывом ценностей и дискурсов традиционалистского общества; это путь, который многие историки связывают прежде всего с интеллектуальной революцией Серебряного века. Хулио Хуренито и Иван Бабичев воплощают именно этот, широко известный сценарий.

Напротив, Шариков и Беня Крик непосредственно связаны с другим типом русской модерности, который историк Илья Герасимов называет «плебейской», находя ее воплощение в самоорганизации городских «низов» рубежа веков. Лишенное самостоятельного идеологического дискурса это общество всегда балансировало на грани закона и криминальности. По мнению Герасимова, революция легитимизировала и распространила на все общество состояние полулегальности, укорененное в городских низах, одновременно придав неформальным нормам этих сообществ статус универсальных социальных норм. Среди этих норм первостепенное значение принадлежит террору и вообще насилию. Говоря о советском режиме 1920-х-1930-х годов, Герасимов видит парадокс в том, что, «consciously pursuing a very modernist agenda of large-scale social engineering», он опирается на «sustained practice of body politics, so reminiscent of the social practices of the plebeian society»[28].

Неуязвимость Бени, трагическая смерть Хуренито, унижение Ивана Бабичева, wishful thinking, воплощенное в второй (обратной) операции над Шариковым — явления одного порядка: они все свидетельствуют о торжестве плебейской модерности и поражении ее модернистского сценария. Однако, следуя теории переплетенных модерностей[29], надо признать, что «поверженная» модернистская версия модерности сосуществовала вместе с «плебейской», то выходя на первый план, то скрываясь в подполье (андеграунде). Примечательно, что обе модели находят свое воплощение в трансгрессивной фигуре трикстера, не совпадающего с властью и идеологией и непрерывно подрывающего любой авторитарный дискурс.

Впоследствии трикстер «плебейской модерности» станет любимым персонажем соцреализма (от деда Щукаря до Василия Теркина и киноперсонажей Петра Алейникова) и его спутника городского постфольклора (анекдот, воровские песни), а трикстер-модернист станет кумиром нонконформистской культуры (от Остапа Бендера до Дмитрия Пригова). Однако, вернее будет сказать, что значение трикстера в советской культуре в том и состоит чтобы медиировать между двумя типами модерности, сталкивая их предпосылки друг с другом (именно поэтому возможны и такие гибридные образования как Абрам Терц — Андрей Синявский). При этом важно подчеркнуть, что в отличие от Шарикова и Бени Крика, все последующие трикстеры, несмотря на двойственный статус медиатора, все же отделены от героев плебейской модерности одним квалифицирующим свойством — они, как правило, лишены способности убивать и избегают насилия. И в этом они следуют примеру трикстеров-модернистов — Хулио Хуренито и Ивана Бабичева.

28 Ilya Gerasimov, *The Subaltern Speaks Out: Gerasim and the Infamous* (рукопись, 7).

29 См.: Майкл Дэвид-Фокс, "Модерность в России и СССР: отсутствующая, общая, альтернативная или переплетенная?", пер. с англ. Татьяны Перусской, *Новое литературное обозрение* 140 (2016), 19–44; *Johann P. Arnason,* "Entangled Communisms: Imperial Revolutions in Russia and China", *European Journal of Social Theory* 6.3 (2003): 307–325.

"WORDLETS"

One of Zholkovsky's Major Contributions to the Notion of Deep-Syntactic Structure

IGOR MEL'ČUK
(Montréal)

About half a century ago, a few fresh ideas from Alexander Zholkovsky, then a rookie linguist and a beginning researcher, revolutionized linguistics.[1] These ideas are simple, clear, and explicit, and they can be summed up as follows:

1. Linguistics—or, more precisely, natural language description—must be **meaning-oriented**. (Natural language is a system designed to express meanings.)
2. Linguistic meaning must be **described formally**, just like other aspects or other units of language. (Without a formal representation of meaning there cannot be a real linguistic science.)

1 See Aleksandr Žolkovskij, Nina Leont'eva, Jurij Martem'janov, "O principial'nom ispol'zovanii smysla pri mašinnom perevode," *Mašinnyj perevod* 2 (1961): 17–46; Žolkovskij, "Predislovie," "O pravilax semantičeskogo analiza," and "Leksika celesoobraznoj dejatel'nosti," *Mašinnyj perevod i prikladnaja lingvistika* 8 (1964): 3–16, 17–32, 67–103 (in English: Viktor Rozencvejg, ed., *Essays on Lexical Semantics* [Stockholm: Skriptor, 1974], 1: 171–82, 155–69, 197–234).

3. The main research tool of linguists must be **synonymic paraphrasing**, so that synonymy—different linguistic expressions for the same meaning—must be the focus of attention. (What a speaker does is exactly selecting one of several near-synonymous expressions available for a meaning he wants to express.)

In the early 1960s the linguistic landscape was completely overwhelmed by the Chomskyan Transformational-Generativist tidal wave. Against such a background, Zholkovsky's postulates represented a breakthrough—they led to two extremely important conclusions:

- The semantic description of words becomes the central task of linguistics, so that the lexicon, and not the grammar, is the primary target of linguistic studies. (The grammar is, of course, an absolutely essential component of a language and deserves the full attention of linguists, but it is secondary with respect to the lexicon, since the grammar represents a set of useful generalizations over properties of individual words.)
- Linguistics should be concerned not with the generation of texts from a mysterious starting symbol, but with the translation of given meanings into the corresponding texts, and vice versa.

I was knocked off my feet by the depth of Zholkovsky's daring ideas; I offered him collaboration, and my offer was gracefully accepted. We worked together very closely for the next ten years.[2] Soon Jurij Apresjan joined us, and thus the Meaning-Text linguistic approach was born.

2 Aleksandr Žolkovskij and Igor' Mel'čuk, "O vozmožnom metode i instrumentax semantičeskogo sinteza," *Naučno-texničeskaja informacija* (1965), No. 5: 23–28; Žolkovskij and Mel'čuk, "O sisteme semantičeskogo sinteza: I. Stroenie slovarja," *Naučno-texničeskaja informacija* (1966), No. 11: 48–55; Žolkovskij and Mel'čuk, "O semantičeskom sinteze," *Problemy kibernetiki* 19 (1967): 177–238; Žolkovskij and Mel'čuk [A. Jolkovsky, I. Mel'čuk], "Essai d'une théorie sémantique applicable au traitement de langage (modèle 'Sens-Texte')," *Proceedings of COLING'67, C67-1028* (1967), accessed April 10, 2017, http://aclweb.org/anthology/C/C67/; Mel'čuk and Žolkovskij [I. A. Mel'čuk and A. K. Žolkovskij], "Towards a Functioning 'Meaning-Text' Model of Language," *Linguistics* 57 (1970): 10–47; Mel'čuk and Žolkovskij, *Tolkovo-kombinatornyj slovar' sovremennogo russkogo jazyka/Explanatory Combinatorial Dictionary of Modern Russian*, Wiener Slawistischer Almanach, Sonderband 14 (Wien: Wiener Slawistischer Almanach, 1984).

It is not my intention here to characterize the value of Zholkovsky's general input to Meaning-Text linguistics. I want rather to discuss a particular point, which, I am afraid, has not been duly acknowledged: I mean Zholkovsky's "wordlets," a concept that is vital to the elaboration of the deep-syntactic structure of sentences.

One of the specific features of the Meaning-Text approach is the distinction between two levels of syntactic structure: deep-syntactic structure [DSyntS], geared to the meaning of the sentence to be produced, and surface-syntactic structure [SSyntS], targeting the sentence form—that is, word order, phrasing, and syntactic inflections.[3]

One of the main raisons d'être of the deep-syntactic structure of sentences is its general—that is, linguistically universal—character. DSyntS was conceived and implemented with an eye toward a universal representation of specific syntactic constructions of particular languages. This means that all highly variegated expressive means used by actual languages to mark syntactic relations—namely, structural words, word order, prosody, and inflectional morphology (agreement and government)—should be ignored in the DSyntS and replaced with a generalized formalism. Here is an illustration.

Consider several surface-syntactic constructions from different languages:

Table 1 Different Syntactic Constructions Expressing the Same Syntactic Roles (Continued)

• Direct Object:	Eng.	[*John*] *broke*—[*a*/*the*] ⟶ *cup*
	Rus.	[*Ivan*] *razbil* ⟶ *čašk+u*$_{ACC}$
	Geor.	[*Ivanem*] *gatʻexa* ⟶ *čʻika+Ø*$_{NOM}$
	Hebrew	[*Yohanan*] *šabar* ⟶ *et ha*$_{DEF}$*+kos*
	Turk.	[*Yahya*] *fincan+i*$_{ACC}$ ⟵ *kɪrdɪ* (Turk. *c* = [ǯ])
• Oblique Object:	Eng.	[*an*] *approach*$_{N}$ ⟶ *to the city*
	Fr.	*s'approcher* ⟶ *de* ['of'] *la ville*

3 See Igor Mel'čuk, *Semantics: From Meaning to Text*, 3 vols. (Amsterdam/Philadelphia: John Benjamins, 2012–15), 2: 18–93.

	Rus.	*interesovat′sja* ——→ *ximi+ej*$_{\text{INSTR}}$ 'be interested in chemistry'
		interes ——→ *k* ['to'] *ximi+i*$_{\text{DAT}}$ lit. 'interest to chemistry'
• Adnominal Complement:	Eng.	*John's* ←—— *murder*
	Fr.	*le meurtre* ——→ *de* ['of'] *Jean*
	Rus.	*ubijstvo* ——→ *Ivan+a*$_{\text{GEN}}$
	Hebr.	*sifrei*$_{\text{CONSTR}}$ ——→ *limud* lit. 'books [of] larning' = 'textbooks' [in this construction, the noun *sfarim* 'books' takes the form *sifrei*]
	Bret.	*muntr* ——→ *Yann* lit. 'murder Yann'
	Turk.	*Yahya+nın*$_{\text{GEN}}$ ←—— *cinaet+i*$_{\text{3, SG}}$ lit. 'of-John murder-his'
• Adjectival Modifier:	Eng.	*Armenian* ←—— *massacre*
	Rus.	*armjansk+aja*$_{\text{FEM, SG, NOM}}$ ←—— *reznja*
	Fr.	*massacre* ——→ *arménien* +Ø$_{\text{MASC}}$+Ø$_{\text{SG}}$
• Prepositional Complement:	Eng.	*for* ——→ *John*
	Rus.	*dlja* ——→ *Ivan+a*$_{\text{GEN}}$

This picture is fairly involved: different structural words, different linear positions, different government and agreement markers are used to express identical or very similar syntactic relations. It is further complicated by the fact that there is no one-to-one correspondence between syntactic constructions in different languages; for instance:

—What is a Direct Object in one language can be an Indirect/Oblique Object in another:

Rus. *blagodarit′*-**dir-obj** ——→ *kogo*$_{\text{ACC}}$ 'thank somebody' ~
Ger. *danken*–**indir-obj** ——→ *jemandem*$_{\text{DAT}}$ lit. 'thank to.somebody'

Rus. *ždat´*–**dir-obj** ⟶ *kogo*$_{ACC}$ lit. 'wait somebody' ~
Eng. *wait*–**obl-obj** ⟶ *for somebody*

—What is an adjectival modifier in one language can be rendered by an adnominal complement in another:
Eng. *Armenian* ⟵ **adj-modif**–*genocide* ~
Rus. *genocid*—**obj-adnom**⟶*armjan*+Ø$_{PL,\ GEN}$; and so on.

It is exactly in situations of this type that the DSyntS enters the fray. All of the above SSynt-constructions in all languages can be safely represented by just one DSynt-construction: namely, deep-syntactic actant **II**, that is, L_1–**II** ⟶ L_2.[4] To do so, we have to supply every lexical unit L of every language with what is known as Government Pattern [GP], which is part of L's lexical entry. In the headword L's GP all expressive means of the surface realization of L's actants are listed, along with the conditions for their choice, if there are alternatives. Thus:

BREAK$_{(V)}$:	**II** ⇔ – **dir-obj** ⟶ N
APPROACH$_{(V)}$:	**II** ⇔ – **obl-obj** ⟶ *to* N
MURDER$_{(N)}$:	**II** ⇔ – **possess** ⟶ N*'s*
Rus. K 'to' :	**II** ⇔ – **prepositional** ⟶ N_{DAT}
Rus. VERNYJ 'faithful':	**II** ⇔ – **obj-obl** ⟶ N_{DAT}
Rus. UBIJSTVO 'murder'$_{(N)}$:	**II** ⇔ – **obj-adnom** ⟶ N_{GEN}
	⇔ – **modif** ⟶ $A_{(poss)}$(N)

The same treatment is reserved for all possible actant-expressing constructions: they can be systematically described by seven deep-syntactic actantial relations plus GPs in the lexical entries for their governors. Then all modifiers (restrictive and qualifying), all extra-structural elements (like addresses and parentheticals), and all quasi-coordinated and coordinated strings can also be generalized so as to be subsumed under a few deep-syntactic relations. To sum up: most of the known syntactic constructions of natural languages can be safely reduced to thirteen deep-syntactic relations [DSyntRels], shown below.

4 On semantic and syntactic actants of lexical units, see Igor Mel'čuk, "Actants in Semantics and Syntax," *Linguistics* 42 (2004), no. 1: 1–66; no. 2: 247–91; Mel'čuk, *Semantics*, 3: 4–107.

Table 2 Deep-Syntactic Relations

Subordinate DSyntRels											**Coordinate DSyntRels**	
Strong subordinate DSyntRels									**Weak subordinate DSyntRels**			
Actantial DSyntRels							Attributive DSyntRels					
I	II	III	IV	V	VI	$\text{II}_{\text{dir-sp}}$	ATTRrestr	$\text{ATTR}_{\text{descr}}$	ADDRESS	APPEND	PSEUDO-COORD	COORD
1	**2**	**3**	**4**	**5**	**6**	**7**	**8**	**9**	**10**	**11**	**12**	**13**

The DSyntRels are presented here (Table 2) in the order of decreasing "subordinateness": from the strongest hypotaxis to the loosest parataxis. DSyntRel 7, $\textbf{II}_{\textbf{dir-sp}}$, stands for Direct Speech functioning as DSynt-actant **II** of a speech verb; DSyntRels 8 and 9 cover, respectively, restrictive and descriptive(= qualifying) modifiers; **ADDRESS** links a direct address to the head of the clause, while **APPEND** represents appenditive constructions, such as sentence adverbials, prolepses, and interjections; and the **PSEUDO-COORD** DSyntRel describes constructions that express elaboration (*John stays in Canada, in Quebec, in Montreal, at his parents'*) and the like.

So far, so good. However, as a general rule, languages have particular syntactic constructions that express meanings of the lexical type—that is, meanings that are normally expressed by lexical units. The stock example is the Russian "approximate" numeral construction:

1. **a.** *desjat´ kilometrov* '10 kilometers': NUM + N
versus
b. *kilometrov desjat´* 'maybe 10 kilometers': N + NUM

The construction in (1b) expresses the uncertainty of the Speaker as to the number and is best translated by adding "maybe" to the numeral phrase. This meaning is expressed by purely syntactic means—word order: the noun, which otherwise follows the numeral, is positioned before it. This construction is represented easily in the surface-syntactic structure by a special surface-syntactic relation, N–**approximate-quantitative** ⟶ NUM (which contrasts with the **quantitative** surface-syntactic relation, used for the NUM + N construction). However, this technique is not available at the deep-syntactic level. If each meaningful syntactic construction of this type is represented by a particular DSyntRel, the universal character of the DSyntS is lost. And such constructions are quite numerous across languages and highly unpredictable! So, what should then be the technique for deep-syntactic representation of such constructions?

Today, we would approach the problem as follows: (1) the DeepSyntS has two, and only two, available expressive means—deep-lexical units and deep-syntactic relations;[5] and (2) we cannot introduce as many new specific DSyntRels as we would need. Therefore, the "deviant" surface-syntactic constructions should be represented by artificial lexical units: fictitious lexemes. However, this is how we reason today! Almost fifty years ago this idea had never occurred to anybody—that is, anybody except Zholkovsky. In 1971, he spoke quite explicitly of "some meanings that, within the proposed deep-syntactic framework, appear as lexical units—words, or, better, 'wordlets' of our metalanguage, while at the surface-syntactic level they are implemented by morphological markers or syntactic constructions."[6] And he illustrated his solution with several examples, one of which I will reproduce here[7] (Zholkovsky's "wordlets" are shown by double angle quotes: «. . .»).

The Somali «MORE» Construction

Somali does not have a comparative degree of the adjective—it does not even have adjectives: the qualificative verb does the adjective's job, very much as in Mandarin or Vietnamese. The meaning 'X is.more.P than.Y' is expressed by the syntactic construction "*X and Y, Y more is.P*":

2.	*Nin + ka*	*iyo*	*naag+ta*	*nin + ka*	*baa*	*ka*	*wanaagsan*
	man the	and	woman the	man the	SentPart	CompPrev	is. good

lit. 'The.man and the.woman, the.man is more good' =
'The man is better than the woman.'

[BAA is a sentence particle, an element necessary in any full-fledged clause, which, without it, would be a nominal phrase; this particle fulfills a communicative

5 Inflectional characteristics do not exist in all languages, so we cannot use them in a general discussion of deep-syntactic structures.

6 Aleksandr Žolkovskij, *Syntaksis somali* (Moscow: Nauka, 1971), 9 (translation is mine—IM).

7 Ibid., 145.

role: it marks the Rheme of the clause. KA is a comparative preverb: it marks the use of the verb in a comparative construction.]

Using modern notations, it is possible to represent this Somali syntactic construction as follows, «MORE» being the corresponding "wordlet"—that is, a fictitious lexeme.

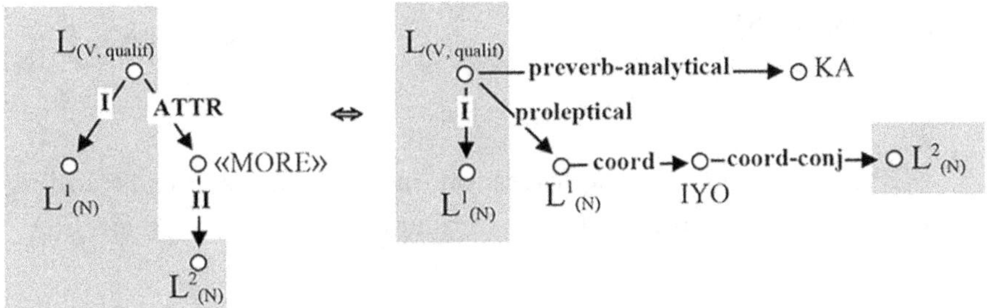

This is a deep-syntactic rule (DSyntS ⇔ SSyntS). Shadowing shows the context of the rule: elements that are not affected by the rule itself, but whose presence in the DSyntS is necessary for the rule to apply. The **proleptical** SSynt-relation subordinates the prolepsis, a nominal phrase loosely linked to the rest of the clause.

The English «DERISION» Construction

Now let me illustrate the use of fictitious lexemes in English. Meaningful syntactic constructions are not widespread in this language, but there are some, and here is an example.

3. *Politics, schmolitics!* | *Theory, schmeory.* | *Books, schmooks.* | *Baby, schmaby.*

The so-called *schm*-reduplication of a noun L expresses the Speaker's derision and skepticism about L: '*SCHM*-L' ≈ 'I dismiss L as being ludicrous and worthless'. In the DSyntS of a sentence with the lexeme *schm*-L, this meaning can be represented by the fictitious lexeme «DERISION»:

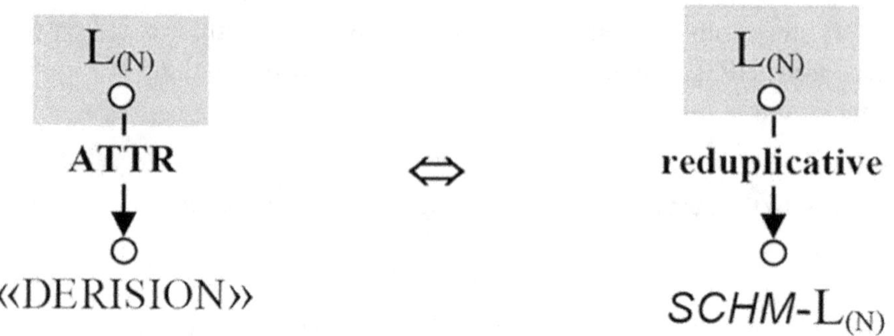

SCHM- is the name of the corresponding derivational means (adding to L the prefix /šm/ and deleting the initial prevocalic cluster, if any).

The Russian «MAYBE» and «ORDINARY» Constructions

Two other examples of fictitious lexemes come from Russian.

4. Russian [= (1), see the discussion above]

> **a.** *desjat´ kilometrov* '10 kilometers'
> versus
> **b.** *kilometrov desjat´* 'maybe 10 kilometers'

The Russian approximate construction has to be represented at the DSynt-level by the fictitious lexeme «MAYBE».

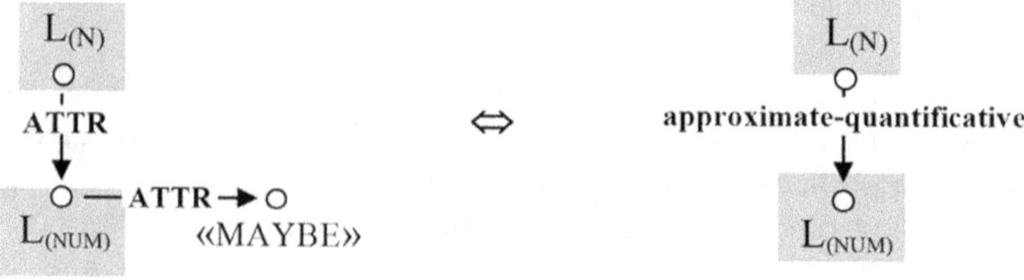

5. Russian

a. *Kniga kak kniga* lit. 'Book as book' = 'Quite an ordinary book' or 'The book is quite ordinary.'

b. *Kniga byla kak kniga* lit. 'Book was as book' = 'The book was quite ordinary.'

c. *Èto (byla) kniga kak kniga* lit. 'This is/was quite an ordinary book.'

We see here a syntactic phraseme N KAK N 'quite an ordinary N,' which can be represented in the DSyntS by the fictitious lexeme «ORDINARY». Since this fictitious lexeme can appear in two different contexts—as a complete independent clause or as an attribute of the copula BYT′ 'be,' we need two DSynt-rules to describe the corresponding constructions, the first one for the cases like (5b) and the second one for those like (5c); (5a), which either has no finite verb or contains a zero form of BYT′, is syntactically ambiguous and corresponds to either of these rules.

Deep-syntactic structure **Surface-syntactic structure**

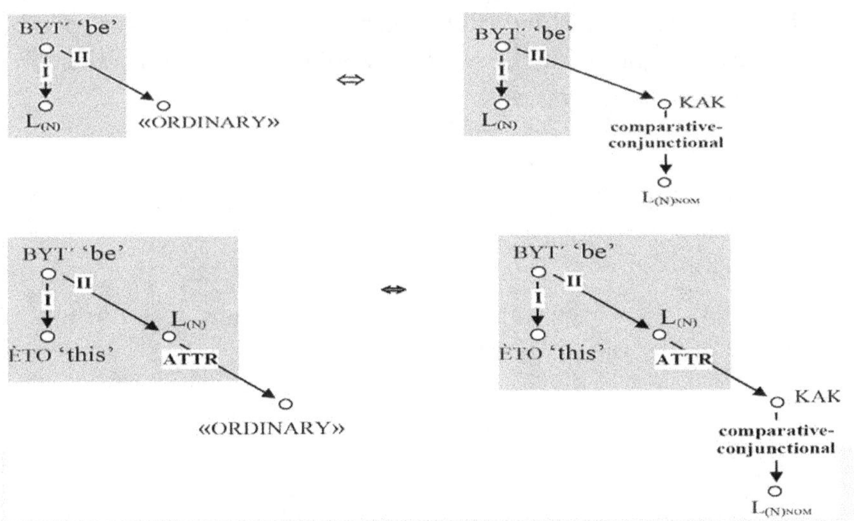

Here is a list of fictitious lexemes gleaned from various languages.[8] They feature quite abstract meanings that one could qualify as "grammatical"; that

8 Mel'čuk, *Semantics*, 2: 37–42.

is why Zholkovsky spoke of them as "belonging to a border zone between the lexicon and the grammar."[9]

«AFFECT»
«AFTER»
«ALTHOUGH»
«BE»
«BE_ABLE»
«BE_FROM»
«BECOME»
«BELONG»
«CAUSE$_{N}$»
«CONDITION»
«DERISION»
«FOR» (*buy **her** a dress*)
«FROM» (*one **from** these*)
«GOAL»
«HAVE»
«HAVE_TO»
«IF»
«IF$_{IRR}$»
«INCLUDE»
«INSTRUMENT»
«MATERIAL»
«MAYBE»
«MORE»
«MOVE$_{DIR}$»
«NAME»
«NUMBER [*of*]»
«ORDINARY»
«SAY»
«SHOULD»
«START_BRUSQUELY»
«TITLE» (***Professor** Drouin*)
«WHILE»
«WILL_BE»
«WITH»

The introduction of fictitious lexemes (= "wordlets") is one of the most important contributions of Zholkovsky's to the formalism of deep-syntactic structures in the Meaning-Text approach. But it is by no means the only one in this domain. No less important and fruitful has been his proposal for distinguishing deep and surface parts of speech. That, however, is another kettle of fish. I would like to save this topic for Zholkovsky's next anniversary.[10]

9 Žolkovskij, *Syntaksis somali*, 10 (translation is mine—IM).

10 Acknowledgments: This text was read by David Beck, Joshua Holden, Lidija Iordanskaja, and Jasmina Milićević. My most heartfelt thanks to them for the remarks and suggestions that helped me improve the presentation.

«ИНДИЯ ПУСТЬ»
Обоснование чужой одушевленности

MICHAEL MEYLAC
(Strasbourg / Saint Petersburg)

Невозможность поэзии.
Обоснование чужой одушевленности.

Невозможность поэзии. Обоснование
чужой одушевленности.

Невозможность поэзии.
Обоснование

чужой одушевленности.
Невозможность

поэзии. Обоснование чужой
одушевленности. Невозможность

поэзии. Обоснование
чужой

одушевленности.
Невозможность

поэзии.
Обоснование чужой

одушевленности, чужой
поэзии. Невозможность

обоснования
чужой

поэзии. Не-
возможность обоснования

поэзии
чужой одушевленности.

Невозможность
обоснования

чужой одушевленности. Невозможность

обоснования
(во)одушевленности

чужой поэзии.
Невозможность

поэзии. Невозможность
одушевленности

обоснования
чужой

одушевленности.
Невозможность

обоснования
невозможности

поэзии.

Incipit vita antiqua. — Почтенное это зачало употреблено здесь в двух смыслах. Primo, желая почтить блистательного юбиляра с его тончайшим поэтическим слухом, я возвращаюсь здесь к старинному обычаю комментария к собственным стихам.

Secundo. В тюрьме, где не только зимой «все дни, как близнецы» (не лишенной, однако, при всей своей мерзостности, и некоего отрицательного обаяния наподобие той «монастырской прелести», какую Лозинский находил в больнице), — в тюрьме пленник живет преимущественно воспоминаниями, часто неожиданными и причудливыми. Так, в какой-то момент меня одновременно посетила память о двух пленительных названиях сочинений, отстоящих одно от другого на 1300 лет, каковые названия сложились в вышеприведенные стихи — редкие для меня верлибры. Первое из них, «Невозможность поэзии» — заглавие немного патетического, но тем не менее, примечательного эссе Адамовича, при таких временны́х масштабах почти нашего современника. Явление второго названия — «Обоснование чужой одушевленности» — нуждается в экскурсе более обширном.

Надобно сказать… — «прерву себя»: выражение «надо сказать» (как и «кстати», вводящее, как правило, то, что совсем некстати) обычно употребляется как раз тогда, когда лучше ничего не говорить, но это же не тот случай! Нет, начнем иначе: «Перенесемся на тридцать пять лет назад» — переноситесь, а я не буду... Отвергаются и «Короче говоря» и «Без обиняков» (а раньше говорили еще: «без вавилонов») — теперь уж в самый раз «перейти к делу», но я просто последую примеру персонажа Введенского, который по поводу сочиненных им стихов о тысяча, или, как настаивал Введенский, «тысячу» девятьсот четырнадцатом годе говорит: «Без всяких предисловий читаю».

Итак (прорвалась все-таки вводное слово!) без всяких предисловий докладываю, что заглавие «Невозможность поэзии» действительно явилось мне в тюремной камере в сопровождении названия трактата Дхармакирти «Обоснование чужой одушевленности». В дальнейшем я получал множество писем от следователей, обвинителей, судей, приказных дьяков, стряпчих да повытчиков (и старших, и младших), не говоря о тюремных вертухаях (цириках, как их тогда называли), — все они дерзостно утверждали, что именно благодаря моим сомнениям в их одушевленности мне и явилось это второе воспоминание, но устанавливать подобную каузальность — это, pardon, их же сапоги в их же смятку, свинячья петрушка, колокольня в уксусе. А может быть, они и правы.

Этот трактат в издании 1922 года попался мне еще в студенческие времена в одном из букинистических магазинов на Литейном, где можно было тогда найти что угодно, — например, отправляясь на день рождения без готового подарка, достаточно было заглянуть по дороге в такой «бук» и купить, например, прижизненное издание стихов Ходасевича — стоили они обычно 5 рублей (помнится, как-то раз я набрел на томик Блока с его дарственной надписью Ахматовой и автографом посвященного ей стихотворения на титульном листе, но он стоил 30 рублей, а тогда это были большие деньги).

Трактат этот, написанный в VII веке индийским философом-буддистом Дхармакирти, известен в переводе на тибетский язык, изданном Ф.И. Щербатским в 1916 году (Bibliotheca Buddhica, XIX), поскольку санскритский текст, за вычетом названия Saṃtānāntarasiddhināmaprakaraṇa, до нас не дошел. Намеченный к изданию в серии «Памятники индийской философии» еще в 1914 году, русский перевод «Обоснования чужой одушевленности» того же Щербатского был, по понятным причинам, напечатан лишь в 1922, причем, поскольку книга была набрана до орфографической реформы, а может быть, даже и до войны, от «прежнего благого замысла» здесь сохранилось старое правописание и обозначение места издания как «Петербург», чтó, если бы кто надо обратил на это внимание, теоретически могло бы привести к полному лишению одушевленности и переводчика, и его издателей. Но ЧК, занятой в двадцать втором году самопревращением в ГПУ, было не до того.

Как поясняет Щербатской, речь идет о нашем убеждении в существовании других сознательных существ кроме нас самих, составляющем один из самых трудных в философии вопросов, хотя обыденное наше мышление и отказывается видеть в нем вообще какой бы то ни было вопрос. Буквальный смысл этого названия — «Обоснование (prakaraṇa) понятия (nāma) осуществления (siddhi) чужих (antara) истечений [проявлений] (saṃtānā, ср. *ноэтические потоки* у Гуссерля; *здесь и далее курсивы наши.* — *М.М.*)». В контексте сюжета перевод названия Щербатским, по существу точный, обладает при этом, whatever it means, необыкновенной притягательностью, однако сам же ученый в связи со словом saṃtānā говорит в предисловии об «отдельных *течениях*, т.е. отдельных личностях с ограниченным познанием, представляющих себе все в двойном виде субъекта и объекта», и далее о том, что, согласно Дхармакирти, — «всякое индивидуальное *течение сознания* развивается из материала, составляющего основное всесознание, оно есть истинный источник, causa materialis *всякого течения представлений*, составляющего личность», и потому оно безначально. Так передают название и современные переводы на европейские языки: «Обоснование чужих потоков», «Proof of Others' Mindstreams», «Substantiation of Other Mindstreams», «Fondement de l'existence des flux [des] autres (êtres animés)», — расширяя это понятие (в контексте последней цитаты) до «continuum»: «Proof of Others' Continuums», «Preuve du continuum des autres», «Prove della continuità», «Nachweis des Kontinuums anderer», и даже «Объяснение различия в синтезе представлений».

Хотя разобраться в содержании трактата я смог лишь гораздо позже, название его меня пленило сразу. Его очарование, несомненно, наложилось на особенности культурного фона времен хрущёвской оттепели, когда произошел некоторый индологический бум. Отчасти он носил естественный характер в рамках относительной свободы, свалившийся с неба после десятилетий террора, истребления востоковедов, кампании борьбы с космополитизмом и прочих прелестей сталинизма. В Петербурге и главным образом в Москве санскритом, тибетским языком и пракритами стали заниматься замечательные молодые ученые, что уже очень скоро принесло плоды — в 1960 году Вяч. Вс. Иванов и В.Н. Топоров издали в серии «Языки зарубежного Востока и Африки» книжечку «Санскрит», затем переведенную на английский язык, в том же году вышла переведенная Топоровым с пали буддийская «Дхаммапада» с его обширным введением и комментарием (вызвавшими, впрочем скандал в Институте востоковедения — об этом ниже); тамильским языком и буддологией занимался А.М. Пятигорский, ведийским языком — Т.Я. Елизаренкова, впустившая в 1972 году переводы избранных гимнов из Ригведы (а впоследствии полную Ригведу и другие ведические памятники). Одновременно в Ашхабаде с середины 50-х годов начали издаваться комментированные переводы «философских книг» «Махабхараты» в переводах Б.Л. Смирнова. Немного позже в Москве стали работать такие ученые, как П.А. Гринцер, как переводчик Упанишад А.Я. Сыркин, как рано умерший многосторонне одаренный В.С. Семенцов; в Петербурге, с его более прочными востоковедческими и индологическими традициями, — Я.В. Васильков, в частности, продолживший вместе с коллегами начатую здесь в 30-е годы работу над переводами «Махабхараты». И (не)многие другие — в Москве О.Ф. Волкова, Е.С. Семека, автор книги «История буддизма на Цейлоне» (1969) и секретарь Ю.Н. Рериха (о котором ниже), в Эстонии — Л. Мялль.

Если сказанное и вписывалась в научный процесс в условиях относительной оттепельной либерализации, то были и особые обстоятельства, всему этому способствовавшие. В первые годы своего правления Хрущёв «ставил на Индию». В 1955 году в России с государственным визитом побывал премьер-министр Индии Джавахарлал Неру, и вместо недавней песни «Русский с китайцем братья навек, Сталин и Мао слушают нас» (вечность и песни, и самого братства поместилась в каких-то несколько лет — по всей очевидности, именно на этом и построил свои исчисления Фоменко) то́лпы, согнанные для выражения ликования по поводу его приезда, проезда и особенно отъезда, скандировали «Хинди русси бхай бхай», в отечественном варианте — «Хинди русси пхай пхай». В следующем году с ответным визитом в Индию отправились Булганин и Хрущёв; помню фильм об их поездке - поросячеобразный Хрущёв и более благообразный, благодаря эспаньолке, Булганин (начинавший свою советскую службу в вохре на станции Растяпино, потом подвизался в ЧК), кисло смотрелись на фоне величавых ариев. Тогда же, в 1956 году упоминавшийся уже Б.Л. Смирнов смог напечатать важнейший том «Махабхараты» — «Бхагаватгиту» в двойном переводе — буквальном и литературном, снабженном пространным комментарием; в том же и следующем году вышли, один за другим, два немыслимых с точки зрения советской идеологии тома «Индийской философии» С. Радхакришнана, но последний еще в конце сороковых годов был послом Индии в Москве, а в это время — вице-президентом страны (нам трудно себе представить, что философы могут быть царями, но среди индийских правителей, начиная с царя Ашоки, действительно встречались философы. Как ни странно, даже в советское время и в правительстве Грузии бывали образованные люди — в семидесятые годы среди них был филолог-классик; другой, А. Алексидзе, в те же годы издал книгу о средневековом византийском «рыцарском романе», и даже безумный Звиад Гамсахурдиа был специалистом по английской литературе и переводил на грузинский язык Т.С. Элиота; наконец, философское образование есть и у придерживающегося умеренных взглядов — может быть, благодаря этому? — нынешнего президента Грузии).

Между тем, Хрущёву принадлежит еще одна заслуга, по-видимому случайная, однако, значение ее трудно переоценить. Сомнительно, чтобы варвар что-либо знал о Николае Рерихе, в двадцатых годах обосновавшемся с семьей в Индии, и о весьма противоречивых спиритуалистических представлениях Рериха и в особенности его жены (создательницы сомнительного учения агни-йоги) касательно предполагаемой сотериологической роли коммунизма и Советского Союза в глобальном масштабе. Но встретив на приеме в Индии индолога и тибетолога Ю.Н. Рериха, сына художника, Хрущёв, ничтоже сумняшеся, тут же предложил ему переехать в Советский Союз. В московском Институте востоковедения ему был предоставлен кабинет и создан Сектор — horribile dictu — истории индийской религии и философии, вокруг него собралась группа учеников, на которых он оказал огромное влияние в научном и человеческом плане. Однако, немало было и огорчений. Вокруг предисловия и комментария В.Н. Топорова к Дхаммападе, да и самой книги, ставшей XXXI томом прерванной в 1937 году по идеологическим причинам Bibliotheca Buddhica, в Институте по тем же самым причинам разгорелся скандал с подлым обвинением в «некритическом отношении к буддизму», продолженный на Президиуме Академии наук, и тираж был арестован. Книга смогла выйти лишь благодаря тому, что через Ю.Н. Рериха и занимавшегося в Москве в те же годы подобной же просветительской деятельностью ученого буддолога и дипломата, посла Цейлона Малаласекара, в Индии и на Цейлоне стало известно о ее ожидаемом выходе, и власти стали получать оттуда поздравления, в том числе от того самого вице-президента Индии С. Радхакришнана. Академическому переизданию «Бхагаватгиты» в переводе Б.Л. Смирнова, которое Ю.Н. Рерих, также вопреки противодействию чиновников, старался продвинуть в Москве, помешала его смерть. В сочетании с враждебностью, которой не скрывал партийный официоз Института, кончину его, возможно, ускорило нарушение Хрущёвым данного ему обещания открыть в Москве музей Николая Рериха (привезенные картины вместо этого рассылались по провинциальным музеям, часть их, как и библиотеки Ю.Н. Рериха, была раскрадена).

Сказанное, собственно, относится преимущественно к области науки, но на фоне духовного голода на протяжении десятилетий интерес к индийскому наследию оживился в то время и на других этажах культуры, о чем можно было судить по настроениям в кругу людей, ныне именуемом «ленинградским андерграундом». Здесь почитались Бхагаватгита и Дхаммапада, кое-кто начинал заниматься йогой, о которой в стране, отделенной от мира железным занавесом, знания собирались по крупицам. Во время гастролей Балета Баланчина мне самому довелось познакомиться с танцовщиком, обучавшимся йоге в Нью-Йорке, и так как времени было мало, он дал мне урок на пустой после репетиции сцене. Ближе к спектаклю сцена стала постепенно заполняться танцорами, которые, решив, что мы разогреваемся, стали меня спрашивать, буду ли я с ними сегодня танцевать. Когда я осенью 1962 года познакомился с Бродским, старшим меня на пять лет (мне было семнадцать), он стал меня «воспитывать» и рекомендовал мне упомянутую книгу Радхакришнана и другое, более краткое «Введение в индийскую философию» Чаттерджи и Датта, изданное в поворотном 1955 году. Об авторитете индийской традиции в субкультуре того времени можно судить по строке того же Бродского *Он знал арабский, но не знал санскрита* из его длинного стихотворения «Два часа в резервуаре» (1965). Это об «арабском представителе Меф-ибн-Стофеле», т.е. о Мефистофеле, соблазняющем Фауста (однако к буддизму, каким он был в его представлении, Бродский, как до этого Мандельштам, относился отрицательно).

В конце января 1964 года Бродский был арестован, затем судим по обвинению в «тунеядстве» и приговорен к исправительным работам на поселении. Лишь спустя месяц выяснилось, что он сослан в отдаленную деревню Архангельской области, и я немедленно к нему выехал и провел с ним несколько дней. На прощание он попросил меня навестить его друга, ныне покойного Гарика Гинзбурга-Воскова (ему посвящено стихотворение, навеянное их путешествием в горы — на южный Тянь-Шань: Гарик занимался альпинизмом). Оказалось, что мы живем рядом, мы стали часто видеться и вскоре подружились. Гарик был человек весьма необычный, стоический и высоко чувствительный к тому, что неспециалист мог тогда знать о восточной философии. Летом мы тоже вместе отправились в горы Тянь-Шаня, но более высокие и суровые — на Терскей-Алатау. Всё альпинистское снаряжение мы, разумеется, тащили на себе, что не помешало нам взять с собой Бхагаватгиту, Дхаммападу и «Обоснование чужой одушевленности», которые мы читали в нашей палатке, когда непогода не позволяла нам двигаться дальше.

Последний трактат, когда его название явилось мне в тюрьме, я перечитал и там — неудивительно, что он оказался в тюремной библиотеке: в годы террора в том же застенке побывало множество востоковедов, которых в спешке увозили вместе с их книгами и архивами. В их числе были ученики Щербатского: тибетолог, монголовед и буддолог А.И. Востриков, монголовед и буддолог М.И. Тубянский — оба были расстреляны, среди прочего, по бредовому обвинению в панмонголизме (впрочем, во время кампании борьбы с космополитизмом В.М. Жирмунского обвиняли в панисламизме за книгу об узбекском эпосе — разумеется, доисламского периода, написанную в эвакуации в Ташкенте). Чудом уцелевший труд А.И. Вострикова «Тибетская историческая литература», подготовленный к печати Ю.Н. Рерихом и его учениками, стал следующим после Дхаммапады томом возобновленной Bibliotheca Buddhica (XXXII, 1962).

О том, что в изоляторе КГБ отменная библиотека, я уже слыхал не от одного из побывавших там друзей. В один из первых же дней я потребовал вызвать библиотекаря. Мне было сказано, что книги обменивают по четвергам. Я настаивал, и библиотекарша, как потом выяснилось, по совместительству кастелянша — маловысокоодушевленная женщина (?) без пола и возраста, в огромных очках, — все-таки явилась и швырнула мне роман какого-то советского писателя, из тех, о которых Ахматова говорила, что они пишут большие романы и строят большие дачи. (Добавлю, что одна из угроз, на которые не скупилось следствие, состояла в том, что я смогу получать из библиотеки только советские романы). Вторая книга, которую она мне выдала по собственной инициативе, вероятно, «по национальному признаку», была томом довоенного издания Шолом-Алейхема.

А потом, когда я смог уже заказывать книги в законном порядке, по четвергам, — начались чудеса. Каталога, с которым могли бы знакомиться заключенные, в тюрьме не существует, есть, кажется, какая-то опись, но зэкам она недоступна. Книги приходится заказывать на авось, но отказа почти ни в чем не бывало. Я получал Пруста и Теккерея, Толстого и Диккенса, Историю Древнего Рима Моммзена и Историю древнего мира Тураева. Более чем про какие-либо книги на свете, про них можно сказать, что оне имеют свою судьбу. Растрепавшиеся тома чинят доступными им средствами сами зэки. Из растертого в воде и отжатого через носовой платок хлеба можно получить довольно неплохой клей, а оторванные корешки в старое время подшивали крест-накрест суровой ниткой, непонятно откуда берущейся в тюрьме, где даже шнурки для ботинок запрещены. Особенно любили заниматься ремонтом книг нередкие гости изолятора КГБ — уголовники, попадавшие туда по контрабандным делам, или так называемые «наседки», подсаживаемые в камеры к политическим заключенным со специальным заданием.

Потребовав как-то раз без особой надежды Данте, я получил замечательное издание Камерини начала века, где на каждой странице десяток стихов обступает напечатанный снизу и на полях мелким шрифтом комментарий. Я решил, что нашел, наконец, время и место целиком прочитать «Божественную комедию» в подлиннике и что, если я не сделаю этого теперь — этого не будет сделано никогда. Я стал читать в день по одной Песни, и через три месяца и девять дней Комедия была окончена чтением. Немало мне в этом помог также оказавшийся в тюрьме перевод Лозинского, поразительный не только по красоте, но и по точности.

Но самое удивительное открытие ожидало меня, когда я заказал английского Шекспира. Мне стали приносить томики начала XIX века с огромными круглыми печатями, в середине которых красовался двуглавый орел. Я не сразу разобрал идущую по кругу надпись, но, когда мне это удалось, изумлению моему не было границ. Надпись гласила: «Библіотека Петропавловской крѣпости». Очевидно, библиотека царской политической тюрьмы с каким-то параноическим педантизмом была передана в политическую тюрьму советскую.

Впоследствии я получал и другие издания с тем же штампом, в том числе традиционное тюремное чтение — романы Вальтера Скотта, которые, по воспоминаниям декабристов И.Д. Якушкина, И.В. Басаргина, А.Е. Розена, — подарили им в крепости немало отрадных минут.

Именно о декабристах думал, вероятно, Пушкин, когда писал о подобных романах: «В тюрьме и путешествии всякая книга есть Божий дар. И та, которую не решитесь вы и раскрыть, возвращаясь из Английского клоба или собираясь на бал, покажется вам занимательна, как арабская сказка, если попадется вам в каземате или в поспешном дилижансе». А книги из библиотеки тюрьмы при Большом доме на Литейном, которые я считал «пожизненно заключенными», в годы перестройки были переданы в Библиотеку Академии Наук; по этому поводу там была устроена выставка, и я рад был встретиться со старыми знакомыми на свободе.

Но возвратимся к нашему сюжету. Оживление индологии и интереса к ней в более широких кругах интеллигенции способствовало, вероятно, пробуждению еще одного удивительного человека. Позже, уже в семидесятые годы, мне довелось побывать в Средней Азии, в том числе в Душанбе, где я познакомился с Владимиром Танчуком, владевшим широким спектром знаний и умений — восточными единоборствами, йогой и санскритом, который сам он, будучи учеником Т.Я. Елизаренковой, освоил настолько, что мог на нем не только читать, но и писать. Всему этому он обучал комплексно, по собственной системе; учение было тяжелым. Что касается санскрита, его он преподавал не на западный манер, а по весьма эффективной традиционной индийской системе, что́ мне очень нравилось. Там, в Душанбе, я стал его учеником, потом мы продолжали заниматься в Москве до самой его эмиграции в начале 80-х годов (эмигрировали почти все, о ком я здесь говорю). Впоследствии мы несколько раз встречались в Париже и в Нью-Йорке — к этому времени он уже был выдающимся астрологом по установленному в Индии чину. Но одновременно, как всегда бывает, стали появляться и вырожденные, шизо-параноические течения, как «школа астрального каратэ», она же — школа Ахараты, она же — школа Ханса-йоги Гуру Вар Аверы, alias Валерия Аверьянова; и другие, вульгаризованные, как движение наивных кришнаитов.

Еще один «дваждырождённый», один из самых светлых людей, кого я встречал и о ком хотел бы сказать в рамках этого комментария, — Рам Микаэл Тамм. Эстонец, в 1939 году он успел спастись от советской аннексии, уплыв в Германию «на последнем пароходе» (все, кто бежали и тогда, и во время революции, всегда говорили о «самом последнем пароходе», который, если бы все они там поместились, неминуемо бы потонул; но замечательный эстонский ученый Уку Мазинг на действительно последний пароход опоздал и оказался в СССР). В Германии Рам прожил полтора десятилетия, занимаясь йогой, санскритом и индийской философией; круг его связей в этих и подобных областях был очень широк. Там он создал собственное направление философии, основанное на Адвайта-веданте (в свою очередь, восходящей к толкованию упанишад), а также буддийской шуньявады (мадхъямаки), названное им «Теория нуль-гипотезы» (Null Hypothesis Theory). В середине пятидесятых годов он собрался переехать в Индию, но решил по дороге заехать в Эстонию, чтобы повидать родных. Здесь он был интернирован и поселен в глухой деревушке без права ее покидать; от принятия советского гражданства он категорически отказывался. Конечно, он стал известен, особенно среди «ищущей» молодежи, не только по всей Прибалтике, но и в Москве и Ленинграде; стал к нему приезжать и я. Приветствовали мы друг друга мантрой «Ом Рама Тамм», общались по-английски и по-немецки — по-русски он знал только два слова: «сметана» и «хватит». Когда в середине семидесятых годов дверцы мышеловки стали приоткрываться, перед одной из наших с ним медитаций он предложил попробовать получить ответ на вопрос об эмиграции; ответ был недвусмысленно положительным, и я, как тогда делали, попросил израильских друзей прислать ему вызов якобы от родственников (в официальном обращении к властям была стандартная фраза — «надеемся, что после всего пережитого вы дадите разрешение на воссоединение нашей семьи», причем обе стороны прекрасно знали, что это фикция). Поначалу Раму разрешения на выезд не давали, потом, когда одну его санскритскую мантру я показал Володе Танчуку, и он в ней поправил ошибку, мировое равновесие восстановилось, и Рама немедленно выпустили (другую, существенную ошибку в санскрите он нашел в книге Семенцова). Вслед за Рамом отправился самый преданный ему литовский ученик, который перевел на английский язык и напечатал в Америке его трехтомную «Теорию нуль-гипотезы» (возможно, я оказался восприимчив к его учению ещё и потому, что оно отчасти перекликалось с основами философии моего учителя Я.С. Друскина — воздержание от суждения, кеносис, одностороннее синтетическое тождество). Перед своим отъездом, когда все, кроме меня, понимали, что после нескольких обысков меня должны посадить, тот самый ученик Рама предлагал спрятать меня на литовском хуторе, где никто не стал бы меня искать, но я жил по принципу «я от дедушки ушел, я от бабушки ушел, etc», и в результате отправился перечитывать «Обоснование чужой одушевленности»: на этот раз – в тюрьме.

ФЕДОР ПАВЛОВИЧ КАРАМАЗОВ — ЧЕЛОВЕК ПУШКИНСКОЙ ЭПОХИ

IGOR NEMIROVSKY
(Boston / Saint Petersburg)

I

Пушкинские подтексты, значимые для всего романного творчества Достоевского[1], особенно заметны в его последнем романе[2].

---

1 Л. Аллен, "О пушкинских корнях романов Достоевского", *Достоевский: Материалы и исследования* (СПб.: Дмитрий Буланин, 1996), 12: 43–48; В.А. Викторович, *Пушкин и Достоевский: Некоторые итоги изучения проблемы* (СПб. — Новгород, 1996), 132–134 (компьютерный набор); С.Г. Бочаров, "Из истории понимания Пушкина", *Пушкин и теоретико-литературная мысль* (М.: ИМЛИ РАН; Наследие, 1999), 144–177; М.В. Загидуллина, "Пушкинские цитаты в романах Ф.М. Достоевского", *Проблемы художественной типизации и читательского восприятия литературы: Тезисы докладов межвузовской научно-практической конференции литературоведов Поволжья (25–28 сентября 1990 г.)* (Стерлитамак: Изд-во Стерлитамакского гос. пед. ин-та, 1990), 121–122; Т.А. Касаткина, "Пушкинская цитата в романах Достоевского", *Пушкин и теоретико-литературная мысль* (М.: ИМЛИ РАН; Наследие, 1999), 328–354.

2 И.Л. Альми, "О превращениях пушкинского «Жил на свете рыцарь бедный» в художественном мире Достоевского", в ее кн. *О поэзии и прозе*, 2-е изд., доп. (СПб.: Скифия, 2002), 513–517; В.Е. Багно, "К источникам поэмы «Великий инквизитор»", *Достоевский: Материалы и исследования* (Л.: Наука, 1985), 6: 107–119; А.Л. Бем, "«Скупой рыцарь» в творчестве Достоевского: Схождения и расхождения", *The Pushkin Review = Пушкинский вестник* 1 (1998): 83–119; В.В. Борисова, "Эмблема Мадонны у А.С. Пушкина и Ф.М. Достоевского", *Пушкин и Достоевский: Материалы для обсуждения. Международная научная*

Пушкинское присутствие в «Братьях Карамазовых», рассеянное в пространстве произведения и образующее его цитатный фон, концентрируется в нескольких узлах романной структуры. Важнейшим средоточием пушкинского «присутствия» в романе является образ Федора Павловича Карамазова[3]. Основой многих ключевых сцен романа с его участием Достоевский делает пушкинские мотивы, в некоторых случаях придавая им форму драматургических конфликтов или анекдотов. Так, столкновение Федора и Дмитрия Карамазовых в «монастырских» главах романа имеет в своем подтексте конфликт между Альбером и старым рыцарем из «Скупого рыцаря» Пушкина[4]. Выявленная Бемом и ставшая классической, эта параллель между романом Достоевского и пушкинским произведением — далеко не единственная. Цель настоящего исследования — показать еще не отмеченные пушкинские подтексты образа Федора Павловича. Их высокая концентрация, на наш взгляд, обусловлена тем, что старший Карамазов представляет в романе пушкинскую эпоху, какой она виделась Достоевскому и его

конференция 21–24 мая 1998 г. [далее — *Пушкин и Достоевский: Материалы…*] (Новгород — Старая Русса: Кириллица, 1998), 97–98; С.Г. Бочаров, "Праздник жизни и путь жизни. Сотый май и тридцать лет. Кубок жизни и клейкие листочки", в его кн. *Сюжеты русской литературы* (М.: ЯРК, 1999), 192–226; Н.Ф. Буданова, "Поэтика фантастического: Достоевский и Пушкин: [«Пиковая дама» и «Братья Карамазовы»]", А.В. Архипова, Н.Ф. Буданова (отв. ред.), *Pro memoria: Памяти академика Георгия Михайловича Фридлендера (1915–1995)* (СПб.: Наука, 2003), 106–115; Н.Л. Дмитриева, "Пушкинский «рыцарь бедный» в творческом восприятии Достоевского", *Пушкин и Достоевский: Материалы…*, 107–108; Э.М. Жилякова, "«Лавром и лимоном пахнет...» (Еще два воспоминания из Пушкина в «Братьях Карамазовых»)", *Пушкин и Достоевский: Материалы…*, 118–120; Т.А. Касаткина, "Пушкинские цитаты как введение в проблематику «Великого инквизитора»", С.С. Сазонова (сост.), *Пушкин в XXI веке: Сборник в честь Валентина Семеновича Непомнящего* (М.: Русскій міръ, 2006), 190–207; А.В. Князев, "Традиции пушкинской драматургии в «Братьях Карамазовых» Ф.М. Достоевского", М.Д. Лозанская (ред.), *Взаимодействие жанров, художественных направлений и традиций в русской драматургии XVIII–XIX вв.: Межвузовский сборник научных трудов* (Куйбышев: Изд-во Куйбышевского гос. пед. ин-та им. В.В. Куйбышева, 1988), 120–132; Г.Б. Курляндская, "«Моцарт и Сальери» как идейно-эстетическое введение в романное творчество Достоевского", *Пушкин и Достоевский: Материалы…*, 136–138.

3 Перечень пушкинских цитат в речи Федора Павловича Карамазова см.: В.Е. Ветловская, *Роман Ф.М. Достоевского «Братья Карамазовы»* (СПб.: Изд-во «Пушкинский Дом», 2007), 450, 451,453, 461, 468, 474, 584.

4 Бем, "«Скупой рыцарь» в творчестве Достоевского".

современникам в шестидесятые годы девятнадцатого века, то есть во время действия «Братьев Карамазовых»[5].

II

«Русского мужика, вообще говоря, надо пороть. <…> Мужик наш мошенник»: это «откровение» своего персонажа, Федора Павловича, Достоевский привел как образец высказывания в духе «просвещенных» людей «старого времени»[6], отвечая консервативному журналисту А. Градовскому (предметом обсуждения была Пушкинская речь Достоевского). Таким образом писатель определил место Карамазова-старшего в иерархии поколений, которую составляют герои романа. Из статьи Достоевского «Старые люди» (XXI, 8–12)[7] следует, что писатель включал в понятие «старое время» не только пушкинскую эпоху, т.е. исторический период хронологически ограниченный сверху датой смерти Пушкина, но и время Белинского и Герцена. По своему возрасту Федор Павлович занимает пограничное положение между пушкинским поколением и поколением Белинского. В момент действия романа, в 1866 году, Федору Павловичу пятьдесят пять лет, следовательно, родился он не позднее 1810 года. Люди пушкинской генерации родились, в основном, в 1790–1800-е годы — П.А. Вяземский (1792), В.Ф. Вяземская (1790), С.А. Соболевский (1803), Ф.И. Тютчев (1803), а в 1810-е — Белинский (1811), Герцен (1812), Огарев (1813), Станкевич (1813), Бакунин (1814). И хотя образ Федора Павловича отражает некоторые черты, приписываемые Достоевским Герцену — а именно «остроумие» и презрение к русскому народу (XXI, 9) — Карамазов-старший представляет именно пушкинское поколение. Сверстники же Герцена в романе, где

5 Действие романа приходится на конец августа — начало ноября 1866 года. См. об этом: Ветловская, *Роман Ф.М. Достоевского «Братья Карамазовы»*, 414.

6 Ф.М. Достоевский, “Дневник писателя, 1880. Глава 3-я” (XXVI, 158–159). Здесь и далее римская цифра будет означать номер тома, а арабская страницу по изданию: Ф.М. Достоевский, *Полное собрание сочинений в 30 томах* (Л.: Наука, 1972–1990).

7 Впервые опубликовано в газете-журнале «Гражданин» (1 [1 января 1873]: 15–17) с подписью: Ф. Достоевский. Дневник писателя, 1873.

разделение героев на поколения чрезвычайно важно, представлены Миусовым, как показала в своей статье В.Ю. Проскурина[8].

Важнейшей чертой, выявляющей принадлежность к пушкинскому поколению, выступает акцентируемое самим Карамазовым и подчеркнутое «рассказчиком» дворянство Федора Павловича: как об этом говорит в романе «семинарист-карьерист» Ракитин: «...вы, господа Карамазовы, каких-то великих и древних дворян из себя корчите, тогда как отец твой бегал шутом по чужим столам, да при милости на кухне числился» (XIV, 77). Дворянство Карамазовых не случайно вызывает особое раздражение именно у Ракитина. Исследовательская традиция называет в качестве его прототипа Г.З. Елисеева (1821–1891), происходившего из семинаристов критика, печатавшегося в «Искре» и в «Современнике»[9] в начале шестидесятых годов. Однако значение образа Ракитина много шире отражения одного прототипа. Этот романный персонаж обобщает тип демократа-шестидесятника в критическом восприятии Достоевского. Высказывания Ракитина отражают взгляды Д.И. Писарева и Д.Д. Минаева[10]. «Просвечивает» сквозь образ Ракитина и Чернышевский, воспоминания о котором Достоевский начал писать незадолго до начала работы над «Братьями Карамазовыми», в 1873 году[11]. Исследователи указывают, что роман содержит полемику с романом «Что делать», представляя иное, чем у Чернышевского, видение «нового человека»[12]. Дворянство же Федора Павловича для Ракитина и его единомышленников олицетворяет принадлежность этого романного персонажа к «старому времени», в особенности

8 См.: В.Ю. Проскурина, “Федор Карамазов как либертен (Ф.М. Достоевский и XVIII век)”, *Русский язык и культура: Изучение, методы, подходы и интерпретации = Russian Language and Culture: Studies, Methods, Approaches and Interpretations* (М.: URSS / Ленанд; Middlebury College, 2015), 46–69.

9 См. об этом: В.С. Дороватовская-Любимова, “Достоевский и шестидесятники («Искра», «Современник», Чернышевский)”, *Достоевский: [Сборник статей]* (М.: ГАХН, 1928), 15–17; Charles A. Moser, “The Brothers Karamazov as a Novel of the 1860's”, *Dostoevsky Studies* 7 (1986): 77.

10 См. об этом: Леонид Гроссман, “Достоевский и правительственные круги 1870-х годов”, *Литературное наследство* (М.: Журнально-газетное объединение, 1934), 15: 104–107; Ветловская, *Роман Ф.М. Достоевского «Братья Карамазовы»*, 556, 574.

11 Глава «Нечто личное» (Дневник писателя, 1873) (XXI, 23–31).

12 См.: Ветловская, *Роман Ф.М. Достоевского «Братья Карамазовы»*, 190–192.

в сочетании с самозваным «рыцарством» Карамазова-старшего, бывшего, на взгляд людей 1860-х годов, вопиющим анахронизмом.

Анахронизм есть ключевое слово для определения поведения и мировоззрения Федора Павловича: сознательно выстраивая свое поведение по законам «старого времени», он дает людям типа Ракитина богатую пищу для критики. В наибольшей степени это проявляется в обращенности старшего Карамазова к восемнадцатому веку, с его атеизмом и либертинажем, отраженным в рассказываемых им анекдотах[13]. Наследование восемнадцатому веку и осмысление самих себя в качестве его продолжения было характерно для многих людей пушкинского поколения и в значительной степени самому Пушкину[14] — например, им было свойственно, в духе предыдущего столетия, придавать своему поведению публичный, а подчас и театрализованный характер[15].

Публичность, доходящая до театральности, — важнейшая черта поведения Федора Павловича. Рассказчик, повествующий о жизни Карамазова, отмечает не только шумный характер оргий в его доме, но и «странное» желание Федора Павловича известить весь город о сомнительных обстоятельствах своей семейной жизни:

> Федор Павлович мигом завел в доме целый гарем и самое забубенное пьянство, а в антрактах ездил чуть не по всей губернии и слезно жаловался всем и каждому на покинувшую его Аделаиду Ивановну <…>
>
> Главное, ему как будто приятно было и даже льстило разыгрывать пред всеми свою смешную роль <…>
>
> Федор Павлович узнал о смерти своей супруги пьяный, говорят, побежал по улице и начал кричать, в радости воздевая руки к небу: «Ныне отпущаеши». (XIV, 9)
>
> О полученных же пощечинах сам ездил рассказывать по всему городу. (XIV, 14)

---

13 См.: Проскурина, “Федор Карамазов как либертен”.

14 «XIX веку предшествовал XVIII, от него существенно отличный. К XVIII столетию принадлежал и его поэтическим выразителем оказался Пушкин. В русской истории XVIII век есть <...> век, по преимуществу, аристократический и дворянский, жестокий век» (П.К. Губер, *Дон-Жуанский список Пушкина* [Пб.: Петроград, 1923], 12).

15 См.: Ю.М. Лотман, “Театр и театральность в строе культуры начала XIX века”, в его кн. *Избранные статьи в 3 томах* (Таллинн: Александра, 1992), 1: 269–286.

> «Подумаешь, что вы, Федор Павлович, чин получили, так вы довольны несмотря на всю вашу горесть», — говорили ему насмешники. Многие даже прибавляли, что он рад явиться в подновленном виде шута и что нарочно, для усиления смеха, делает вид, что не замечает своего комического положения. (XIV, 9)

Из приведенных примеров видно, что публичность поведения Федора Павловича имела характер шутовства и, как он сам его определяет, «юродства» («Я шут коренной, с рождения, все равно, ваше преподобие, что юродивый» [XIV, 39]). И если для других героев романа «он был только злой шут и больше ничего», то Алексей Карамазов понимает, что шутовство его отца носит сложный характер («Алеша, веришь, что я не всего только шут? — Верю, что не всего только шут» [XIV, 123]). Амбивалентность шутовства Федора Павловича состоит в том, что оно может выражать неприятную правду и быть направлено не только против персонажей, которые, как Миусов, например, представляют в романе ложные с авторской с точки зрения ценности, но и на явления, которые находятся за пределами романа[16] и ассоциативно связаны с пушкинской эпохой.

Характерным примером такой «затекстуальной» связи может служить следующее высказывание Карамазова: «…я хоть и шут и представляюсь шутом, но я рыцарь чести и хочу высказать. Да-с, я рыцарь чести» (XIV, 82). Сочетание мотивов шутовства и «рыцарственности», значимое для всей сцены в монастыре, окрашивает ее в условные, почти оперные тона и придает «феодальный» колорит стилю, в котором Федор Павлович выражается, выдерживая его на протяжении всего этого микросюжета. При этом самохарактеристика старшего Карамазова «Да-с, я рыцарь чести…» восходит как к любимому Достоевским стихотворению Пушкина «Жил на свете рыцарь бедный», так и к лермонтовской «Смерти поэта», где «невольником чести», как известно, назван сам Пушкин.

---

16 См.: А.Л. Гумерова, “Фоновое цитирование в романе Достоевского «Братья Карамазовы»”, *Достоевский: Материалы и исследования* (СПб.: Наука, 2010), 19: 331–336.

«Рыцарем (вар. „витязем“) горестной фигуры» был назван сам Достоевский в злом стихотворении И.С. Тургенева, озаглавленном <Послание Белинского к Достоевскому>:

> Рыцарь горестной фигуры (вар.: Витязь горестной фигуры),
> Достоевский, милый пыщ,
> На носу литературы
> Рдеешь ты, как новый прыщ. (1846?)[17]

Интересно и символично, что противостояние между Достоевским и людьми сороковых годов, перерастая в его противостояние с шестидесятниками, сохраняет свою соотнесенность с пушкинской поэзией. Причем, главным инструментом этой соотнесенности остается пародия: Тургенев пародирует пушкинское стихотворение «Жил на свете рыцарь бедный», Достоевский пародийно использует пушкинскую биографию и творчество, чтобы из сниженных элементов пушкинианы своего времени построить образ Федора Павловича Карамазова.

Особенно богата пушкинскими аллюзиями, пропущенными через призму шутовства старшего Карамазова, история второго брака Федора Павловича. Так рассказ о том, как он доводил до экстаза мать Алеши, обладавшую «феноменальным смирением», имеет параллель с пушкинским стихотворением «Нет, я не дорожу мятежным наслажденьем…»: оно тоже о том, как опытный сладострастник возбуждает в «смиреннице» ответную страсть:

> О, как милее ты, смиренница моя!
> О, как мучительно тобою счастлив я,
> Когда, склоняяся на долгие моленья,
> Ты предаешься мне нежна без упоенья,
> Стыдливо-холодна, восторгу моему
> Едва ответствуешь, не внемлишь ничему
> И оживляешься потом всё боле, боле —
> И делишь наконец мой пламень по неволе! (III, 213)[18]

---

17 И.С. Тургенев, *Полное собрание сочинений и писем в 30 томах* (М.: Наука, 1978), 1: 332.

18 Здесь и далее цитаты из произведений А. С. Пушкина будут даваться по изданию: ([А.С.] Пушкин, *Полное собрание сочинений* [*в 16 томах*] (М. — Л.:

Ср.:

> «Я твою мать покойницу всегда удивлял, только в другом выходило роде. Никогда, бывало, ее не ласкаю, а вдруг, как минутка-то наступит, — вдруг пред нею так весь и рассыплюсь, на коленях ползаю, ножки целую и доведу ее всегда, всегда, — помню это как вот сейчас, — до этакого маленького такого смешка, рассыпчатого, звонкого, не громкого, нервного, особенного». (XIV, 126)

Достоевскому стихотворение могло быть известно по публикации Геннади в 1859 году (III, 1203). Отмеченная параллель может как свидетельствовать о том, что пушкинское стихотворение явилось источником монолога Карамазова-старшего, так и указывать, что пушкинские тексты служили до определенной степени строительным материалом, из которого писатель создавал монолог своего героя: прием, который Достоевский использует не раз. Так из поэтических цитат в форме палимпсеста построен монолог Дмитрия Карамазова в главе «Исповедь горячего сердца. В стихах».

История второго брака Карамазова включает, на наш взгляд, еще одну пушкинскую параллель, а именно эпизод из семейной жизни супругов Карамазовых, в котором человек по фамилии Белявский, «красавчик и богач», начинает ухаживать за «смиренницей», женой Федора Павловича. Заподозренный в том, что он хочет продать свою жену Белявскому, Карамазов получает от него пощечину. Особый интерес представляет фамилия обидчика, Белявский. Она совершенно немотивированно с точки зрения романного нарратива, маркирует белый цвет, белизну. Представляется, что эта черта была заимствована Достоевским из общеизвестного, в изложении Соболевского и других современников, рассказа о предсказании, сделанном Пушкину — о том, что он примет смерть от человека (или лошади) с белой головой[19].

Изд-во АН СССР, 1937–1949); римская цифра будет означать номер тома, а арабская — номер страницы.

19 С.А. Соболевский, “Из статьи «Таинственные приметы в жизни Пушкина»”, *Пушкин в воспоминаниях современников: в 2 томах,* 3-е изд., доп. (СПб.: Академический проект, 1998), 2: 9–11. Достоевскому статья могла быть известна по публикации в «Русском архиве»: С.[А]. Соболевский, “Таинственные приметы в жизни Пушкина”, *Русский архив* 7 (1870): 1377–1387.

Федор Павлович вызова Белявского не принял, сохранил жизнь и потерял честь, был прогнан женой, после чего возил ее на «усмирение» в монастырь к монахам. Этот сюжет, травестийный по отношению к истории пушкинской дуэли, показывает Федора Павловича не просто как шута, но и как трикстера Пушкина. И как настоящий трикстер, он низводит до уровня пародии не только высокий пафос истории гибели Пушкина, но и сам концепт «высокой любви», представленный в творчестве Пушкина и отчасти в его биографии, подменяя его собственной «философией». Простая суть ее заключается в том, что для Федора Павловича не существует безобразных и «плохих» женщин. В каждой он умеет находить достоинства: «…даже во всю мою жизнь не было безобразной женщины, вот мое правило! <…> По моему правилу, во всякой женщине можно найти чрезвычайно <…> интересное, чего ни у которой другой не найдешь, — только надобно уметь находить, вот где штука! Это талант!» (XIV, 125–126). Исключения не составляли женщины в возрасте («даже вьельфильки, и в тех иногда отыщешь такое, что только диву дашься на прочих дураков, как это ей состариться дали и до сих пор не заметили!» [XIV, 126]), и дурнушки («для меня мовешек не существовало: уж одно то, что она женщина, уж это одно половина всего» [XIV, 126]). Наибольший же интерес для Федора Павловича представляли «чернявки» и «поломоечки», которые трепетали от того, что к ним приближался такой большой барин. Своих многочисленных побед над женщинами Карамазов добивался «удивляя» свою жертву: «Удивить ее надо до восхищения, до пронзения, до стыда, что в такую чернявку как она такой барин влюбился. Истинно славно, что всегда есть и будут хамы да баре на свете, всегда тогда будет и такая поломоечка, и всегда ее господин, а ведь того только и надо для счастья жизни!» (XIV, 126).

Цитированный выше монолог Федора Павловича поразительно близок к тексту «Арии со списком» Лепорелло из оперы Моцарта «Дон Жуан»:

И старушек не обходит,
их с ума он, бедных, сводит.
Но хоть старых он и губит,
молодых всё ж больше любит.
И богата ли, бедна ли, глуповата ли, умна ли —

вы ведь это испытали —
не минует рук его, не минует рук его.
(Пер. Н.П. Кончаловской)[20]

Старушек покоряет ради удовольствия занести в список.
Но главная его страсть — неопытные девицы.
Неважно — богата ли, красива или уродлива...
лишь бы носила юбку[21].

Достоевский, конечно же, хорошо знал оперу Моцарта «Дон Жуан»; в его время она часто исполнялась по-русски[22], поэтому «Ария со списком» была доступна ему во всех подробностях.

Тень Лепорелло появляется в подтексте образа Федора Павловича не случайно: Лепорелло — трикстер по отношению к Дону Жуану, подобно тому как Федор Павлович превращен Достоевским в трикстера Пушкина. Можно предположить также, что параллель между монологом Федора Павловича и арией Лепорелло могла быть опосредована если не прямым знакомством Достоевского с дон-жуанским списком Пушкина, то общим представлением о том, что Пушкин имел много любовных увлечений, в которых он был не особенно разборчив. Альбом Е.Н. Ушаковой, куда Пушкин записал перечень своих романов двумя списками[23], выставлялся на Пушкинской выставке 1880 года, но был ли он доступен Достоевскому до этого времени, судить трудно. С большей уверенностью можно утверждать, что Достоевских был знаком с пушкинской цитатой совершенно в духе «арии со списком»: в письме В.Ф. Вяземской, жене П.А. Вяземского, Пушкин признавался

---

20 А. Эйнштейн, *Моцарт* (М.: Музыка, 1977), 403.

21 Благодарю А. В. Петрову за представленный подстрочный перевод.

22 Известно, что 12 октября 1864 года «Дон Жуан» в Мариинском театре исполнялся под руководством Э.Ф. Направника (см.: Н.Ж. Айдаров, *Эдуард Францевич Направник и Мариинский театр его времени: Диссертация ... кандидата искусствоведения* [на правах рукописи] [СПб., 2014], 171). Другую дату — 25 октября 1864 года — называет Н.В. Мякинина в статье: Н.В. Мякинина, "Сценическая судьба «Дон Жуана» Моцарта (по страницам отечественных и переводных публикаций)", Б.А. Шиндин (ред.-сост.), *Мифема «Дон Жуан» в музыкальном искусстве и литературе* (Новосибирск: Новосибирская гос. консерватория им. М.И. Глинки, 2002), 332.

23 См.: Л.Н. Майков, *Пушкин: Биографические материалы и историко-литературные очерки* (СПб.: Издание Л.Ф. Пантелеева, 1899), 373–377.

в том, что его невеста была его «сто тринадцатой любовью» (XIV, 81). Письмо это было опубликовано П.И. Бартеневым в 1874 году, т.е. совсем незадолго до того, как Достоевский приступил к работе над «Братьями Карамазовыми»[24].

Можно сказать, что биография Федора Павловича нарочито пушкинизирована в травестийном ключе. Даже случайные, казалось бы, обстоятельства жизни героя романа имеют пушкинские биографические параллели, как, например, то, что часть своей жизни Федор Карамазов проводит на юге, в Одессе. Сочетание шутовства и юродства, рассмотренное выше, также восходит, на наш взгляд, к Пушкину. Письма поэта к Вяземскому, в которых он отождествлял себя с юродивым из «Бориса Годунова», стали известны публике в публикации Бартенева незадолго до начала работы Достоевского над романом[25]: «Благодарю от души Карамзина за Железный Колпак, что он мне присылает; в замену отошлю ему по почте свой цветной, который полно мне таскать. В самом деле не пойти ли мне в юродивые, авось буду блаженнее!» (XIII, 226) и «Жуковский говорит, что царь меня простит за трагедию — навряд, мой милый. Хоть она и в хорошем духе писана, да никак не мог упрятать всех моих ушей под колпак юродивого. Торчат!» (XIII, 240). Возможно, что сама тема «юродства» Пушкина была актуализирована первой постановкой оперы Мусоргского «Борис Годунов», осуществленной в 1874 году на сцене Мариинского театра[26].

Достоевский мог быть знаком с письмом Пушкина к жене от 8 июня 1834 года исполненным горькой рефлексии по поводу собственного «шутовства»: «Теперь они смотрят на меня как на холопа, с которым можно им поступать как им угодно. Опала легче презрения. Я, как Ломоносов, не хочу быть шутом ниже у господа бога» (XV, 156). Публикация этого письма И.С. Тургеневым появилась в 1878 году, в самый разгар работы над «Братьями Карамазовыми»[27]. Вероятно и более раннее знакомство с этим текстом, так как до публикации в «Вестнике Европы», еще в шестидесятые годы он имел хождение в списках среди широкого круга, к которому принадлежал

24 См.: *Русский архив* 2 (1874): 440–441.

25 Впервые опубликованы П.И. Бартеневым в «Русском архиве» (2 [1874]: 419–421).

26 См.: А.А. Гозенпуд, *Достоевский и музыка* (Л.: Музыка, 1971), 112.

27 См.: *Вестник Европы* 3 (1878), 15–16.

и Достоевский[28]. О «юродстве» Пушкина, представляющем собой сочетание высокого, профетического начала с либертинажем, писал в своей биографии поэта «Пушкин в Южной России» (1866) П.И. Бартенев[29].

Все указанные выше пушкинские параллели к образу старшего Карамазова содержались в публикациях произведений Пушкина и биографических материалов о нем, ставших доступными читателю в шестидесятые — семидесятые годы. Образ Пушкина, который выстроился у современников Достоевского в результате этих публикаций, сильно отличался от канонического, созданного Плетневым и Жуковским сразу после смерти поэта — христианина и монархиста[30]. Перед современниками Достоевского поэт предстал как бунтарь и бретер, чей либертинаж подчас заслонял историософскую глубину его произведений[31]. Таков Пушкин в мемуарах близко знавших его М.А. Корфа, В.П. Горчакова, И.П. Липранди, И.И. Пущина, а также в воспоминаниях людей случайных, лишь эпизодически затронувших биографию поэта, вроде актера Н.И. Куликова, рассказавшего, как Пушкин и П.В. Нащокин посетили публичный дом[32]. Можно сказать, что Пушкин

---

28 См.: Н.В. Измайлов, "И.С. Тургенев — издатель писем Пушкина к Н.Н. Пушкиной", М.П. Алексеев (гл. ред.), *Тургеневский сборник: Материалы к Полному собранию сочинений и писем И.С. Тургенева* (М.: Наука, 1964), 399–416.

29 «Но, по замечательному и в психологическом смысле чрезвычайно важному побуждению, которое для поверхностных наблюдателей могло казаться простым капризом, Пушкин как будто вовсе не заботился о том, чтобы устранять названное противоречие; напротив прикидывался буяном, развратником, каким-то яростным вольнодумцем. *Это состояние души можно бы назвать юродством поэта* <курсив мой. — *И.Н.*>. Оно замечается в Пушкине до самой его женитьбы, и может быть еще позднее» (П.И. Бартенев, *Пушкин в Южной России: Материалы для его биографии* [М.: Типография Грачева, 1862], 98).

30 В.А. Жуковский, "Последние минуты Пушкина" *Современник* 5 (1837): I–XVIII (спустя четверть века публикация была дополнена "Неизданными отрывками из письма В.А. Жуковского о кончине Пушкина", *Русский архив* 1 [1864]: 48–54); [П.А. Плетнев], "Александр Сергеевич Пушкин (1799–1837)", *Современник* 10 (1838): 21–52 (1-й паг.).

31 См.: М.Н. Виролайнен, "Культурный герой нового времени", *Легенды и мифы о Пушкине: [Сборник статей]*, изд. 2-е, испр. (СПб.: Академический проект, 1995), 329–350; О.С. Муравьева, "Образ Пушкина: исторические метаморфозы", *Легенды и мифы о Пушкине*, 115–118.

32 См. об этом: М.В. Строганов, "«Гавриилиада» и Достоевский", *Пушкин и Достоевский: Материалы…*, 88–89.

в глазах читателей шестидесятых годов выступал как трикстер по отношению к самому себе, что проявлялось более всего в осмыслении пушкинской биографии как набора анекдотов и каламбуров.

Символом восприятия Пушкина в послереформенную эпоху стали «женские ножки», воспетые поэтом в «Евгении Онегине»[33]. Обратившийся к теме «ножек» в пушкинском творчестве Д.И. Писарев («…со стороны поэта даже очень похвально приписать им, для пущей поэтичности, любовь к женщине вообще или к ее ногам в особенности»[34]) счел интерес к ним Пушкина аргументом в пользу того, что общественные идеалы Пушкину были чужды («… Пушкин не имеет никакого понятия о том, что значит серьезный спор, влекущий к размышлению, и какое значение имеет для человека сознанное и глубоко прочувствованное убеждение»[35]). Достоевский, естественно, был в курсе отношения Писарева к Пушкину и к воспеванию «ножек». «Певцом женских ножек» называет Пушкина Ракитин, в недалеком будущем «прогрессивный журналист», в разговоре с Алексеем Карамазовым: «Тут влюбится человек в какую-нибудь красоту, в тело женское, или даже только в часть одну тела женского (это сладострастник может понять), то и отдаст за нее собственных детей, продаст отца и мать, Россию и отечество; будучи честен, пойдет и украдет; будучи кроток — зарежет, будучи верен — изменит. Певец женских ножек, Пушкин, ножки в стихах воспевал; другие не воспевают, а смотреть на ножки не могут без судорог. Но ведь не одни ножки...» (XIV, 74).

Как видим, и Пушкин, и Федор Павлович Карамазов зачислены Ракитиным в круг «сладострастников». Многие шестидесятники имели именно такое представление о Пушкине и людях его поколения. Они отказывались видеть в Пушкине национального поэта и считали, что он представляет только свой класс, дворян. На слуху была оценка, данная Белинским: «Везде видите вы в нем человека, душою и телом принадлежащего к основному принципу,

33 См.: И.Л. Альми, "Из истории пушкиноведения. Мотив «женских ножек» в поэзии Пушкина", *Литературоведение и литературоведы: Сборник научных трудов к 75-летию Г.В. Краснова* (Коломна: Изд-во Коломенского пед. ин-та, 1996), 93–103.

34 Д.И. Писарев, "Пушкин и Белинский", в его кн.: *Полное собрание сочинений и писем в 9 томах* (М.: Наука, 2003), 7: 211.

35 Там же, 223.

составляющему сущность изображаемого им класса; короче, везде видите русского помещика...»[36]. Добролюбов полуцитировал Белинского, говоря о «генеалогических предрассудках» поэта[37].

Особоенеприятиешестидесятниковвызывалидуэльныеистории Пушкина, поскольку дуэль, с точки зрения «новых людей», будучи и сама по себе пережитком прошлого, отражала собственническое и потребительское отношение к семье и к женщине[38], архаичный и не созвучный эпохе способ разрешения семейных конфликтов[39]. И в целом для шестидесятников Пушкин стал воплощением прошлого и воспринимался как фигура скорее закрывающая предшествующий восемнадцатый век, чем открывающая новую эпоху[40].

III

Критическое осмысление пушкинского творчества «новыми людьми», как и обывательское восприятие биографии поэта в категориях анекдота и каламбура, не отменяли сложнейшей работы по осмыслению пушкинского творческого наследия, пришедшейся

36 В.Г. Белинский, "Сочинения Александра Пушкина. Статья девятая", в его кн.: *Полное собрание сочинений в 13 томах* (М.: Изд-во АН СССР, 1955), VII: 502.

37 См.: Н.А. Добролюбов, "О степени участия народности в развитии русской литературы", в его кн.: *Собрание сочинений в 9 томах* (М.: ГИХЛ, 1962), 2: 260.

38 «Вместо того чтобы сказать читателю: как пуст, смешон и ничтожен мой Онегин, убивающий своего друга в угоду дуракам и негодяям, Пушкин говорит: „и вот на чем вертится мир", точно будто бы отказаться от бессмысленного вызова — значит нарушить мировой закон» (Д.И. Писарев, "Пушкин и Белинский", 229–230). «На женщину он смотрит исключительно с точки зрения ее миловидности. „Женщины, — говорит он в одном письме, — не имеют характера; они имеют страсти в молодости; оттого нетрудно и выводить их <...> В браке он видит только „ряд утомительных картин, роман во вкусе Лафонтена". К слову „женат" у него есть непременно две постоянные рифмы: „халат" и „рогат"» (Там же, 255). Об отношении «новых» людей к женщине и к семье см.: И.А. Паперно, *Семиотика поведения: Николай Чернышевский — человек эпохи реализма* (М.: НЛО, 1996), 54–57.

39 Об отношении Достоевского к дуэли см.: И.В. Рейфман, "Как воздержаться от дуэли: Поединок в произведениях Достоевского", в ее кн.: *Ритуализованная агрессия: Дуэль в русской культуре и литературе* (М.: НЛО, 2002), 182–247.

40 См. об этом: Т.В. Назарова, "Пушкин в критике журнала «Отечественные записки»", *Вестник Волгоградского гос. ун-та. Серия 8: Литературоведение. Журналистика* 10 (2011): 83–92; И.В. Кондаков, "Покушение на литературу (О борьбе литературной критики с литературой в русской культуре)", *Вопросы литературы* 2 (1992): 116–118.

на пореформенную эпоху. Напряженность этого осмысления определялась тем, что достоянием читающей публики стали тексты Пушкина, весьма трудные для восприятия, в том числе незавершенные. Среди них особенно важной для Достоевского оказалась незаконченная повесть, получившая редакторское заглавие «Египетские ночи».

Писатель принял участие в полемике по поводу «Египетских ночей», посвятив этой повести Пушкина статью «Ответ „Русскому вестнику"» (1861)[41]. Поводом к ее написанию послужило высказанное редактором «Русского вестника» Катковым мнение о том, что «Египетские ночи» не являются цельным произведением, т.е. не несут в себе никакого законченного смысла[42]. Идеологическим фоном статьи стала полемика о женской эмансипации. В «Ответе „Русскому вестнику"» Достоевский называет браки молодых девушек со «сладострастными и богатенькими старичками» «продажей тела» и утверждает, что «в этом случае часто виновата не бедная жертва, а ее палачи» (XIX, 126). Свое представление об эмансипации Достоевский формулирует следующим образом: «…для нас <…> вся эманципация сводится к христианскому человеколюбию, к просвещению себя во имя любви друг к другу, — любви, которой имеет право требовать себе и женщина» (XIX, 126).

Примечательно, что требование любви и всепрощения к женщинам, «возлюбившим много», которое Достоевский сформулировал так задолго до написания «Братьев Карамазовых», писатель вложил и в уста Федора Карамазова. В главе «Зачем живет такой человек!» Федор Павлович, рассказывая, как Грушенька была вынуждена сожительствовать с «почтенным человеком»,

---

41 Обоснование авторства Достоевского см.: В.Л. Комарович, "Достоевский и «Египетские ночи» Пушкина", *Пушкин и его современники* XXIX/XXX (1927): 36–37.

42 См.: Т.А. Касаткина, "«Ценою жизни ночь мою...»: Пушкинская цитата в «Идиоте» Достоевского", В.С. Непомнящий (сост. и науч. ред.), *Московский пушкинист: Ежегодный сборник* (М.: Наследие, 1998), 5: 16–21; Joseph Frank, *Dostoevsky: The Stir of Liberation, 1860–1865* (Princeton: Princeton University Press, 1986), 86–87; Lewis Tracy, "Decoding Puškin: Resurrecting Some Readers' Responses to Egyptian Nights", *Slavic and East European Journal* 37.4 (1993): 456–471; Susanne Fusso, "Prelude to a Collaboration: Dostoevsky's Aesthetic Polemic with Mikhail Katkov", *Dostoevsky Beyond Dostoevsky: Science, Religion, Philosophy* (Boston: Academic Studies Press, 2016), 201–219.

оправдывает ее тем, что «в юности пала, заеденная средой, но она „возлюбила много", а возлюбившую много и Христос простил». В ответ он слышит возражения отца Иосифа: «Христос не за такую любовь простил», и энергично парирует: «Нет, за такую, за эту самую, монахи, за эту! Вы здесь на капусте спасаетесь и думаете, что праведники! Пескариков кушаете, в день по пескарику, и думаете пескариками бога купить!» (XIV, 69)

Интересно, что замечание Федора Павловича о «пескариках» отражает известную из пушкинского *Table Talk* шутку Потемкина о Суворове: «Суворов наблюдал посты. Потемкин однажды сказал ему смеясь: *видно, граф, хотите вы въехать в рай верьхом на осетре*» (XII, 126).Опубликованный еще при жизни Пушкина, *Table Talk* был актуализирован для Достоевского публикацией этого текста в анненковском собрании сочинений Пушкина. Сознательно или нет было это пушкинское выражение использовано Достоевским, эта параллель подчеркивает глубокую укорененность его Карамазова-старшего в вольнодумной культуре восемнадцатого века, а также жанровую репрезентацию этой культуры через анекдот.

Статья «Ответ „Русскому вестнику"» значима для понимания пушкинской природы романа «Братья Карамазовы». В ней тема «не такой любви» соединяется с темой «сладострастного насекомого», воплощенной в образе Клеопатры: «…в прекрасном теле ее кроется душа мрачно-фантастического, страшного гада: это душа паука, самка которого съедает, говорят, своего самца в минуту своей с ним сходки. Всё это похоже на отвратительный сон» (XIX, 136). В последующем творчестве писателя этот «отвратительный сон», воплотился в сне Свидригайлова, а образ «сладострастного насекомого» путешествует по нескольким произведениям, пока не приходит в последний роман Достоевского[43]. В «Братьях Карамазовых» уподобление человека «сладострастному насекомому» является лишь одной половиной дихотомии «насекомое» — «ангел», которой Дмитрий характеризует себя самого и своих родственников. При этом обнажается важнейший источник этой дихотомии: стихотворение Шиллера «К радости» в переводе Ф.И. Тютчева: «Насекомым — сладострастье, Ангел — Б-гу предстоит»[44].

43 См.: Комарович, "Достоевский и «Египетские ночи» Пушкина", 45.

44 См.: Д.И. Чижевский, "Шиллер и «Братья Карамазовы»", *Достоевский: Материалы и исследования* (СПб.: Наука, 2010), 19: 23–53.

На общий замысел последнего романа Достоевского повлиял, как нам представляется, и сюжет «Египетских ночей». Отец и сын Карамазовы готовы принести жизнь в жертву за ночь любви — с Грушенькой; фабульную основу пушкинской повести, как ее воспринял Достоевский, также составляет соперничество юноши и старца за ночь любви Клеопатры. Но есть и более глубокая, хотя и менее очевидная связь между «Египетскими ночами» и «Братьями Карамазовыми». Анализируя пушкинскую повесть, Достоевский обращает особое внимание на то, что под воздействием «беспредельной страсти» «в гиене мгновенно проснулся человек, и царица с умилением взглянула на юношу. Она еще могла умиляться!» (XIX, 137). В тексте повести есть на на это только намек: «И грустный взор остановила / Царица грозная на нем» (VIII, 275). Достоевский, скорее всего, решил пойти дальше Пушкина и создать такое произведение, в котором истинная любовь смогла сделать то, что не смогла сделать любовь отрока к Клеопатре — пробудить в сладострастнице ответную любовь и возродить в ней человечность. Такова одна из главных фабульных составляющих «Братьев Карамазовых»: Грушенька (в отличие от Клеопатры) не принимает от Дмитрия в жертву жизнь, теряет свою маску сладострастницы и отвечает на его чувство. Можно сказать, что Достоевский продолжает пушкинский сюжет. Ситуация не такая уж редкая. Так, Лев Толстой, прочитав короткую и незавершенную пушкинскую повесть «<Мы проводили вечер на даче>», задумывает ее завершить. В результате появляется «Анна Каренина». Решение Толстого продолжить маленькую и незаконченную пушкинскую повесть определяется тем сюжетным и идеологическим простором, который открывал ему этот замысел. Для Достоевского же, напротив, стимулирующим является сюжетная и смысловая, с его точки зрения, полнота «Египетских ночей». Возможно, именно поэтому, в полемике с «Русским вестником» Достоевский отстаивает законченность «Египетских ночей».

Общим для Толстого и для Достоевского оказывается влияние на замыслы их романов некоего зрительного образа. Так прототипом внешности Анны Карениной стала для Толстого дочь поэта, Мария Александровна Гартунг. Для Достоевского источником сюжетной линии Настасьи Филипповны (и Грушеньки), по остроумному предположению Ю.М. Лотмана, явилась картина Рембрандта «Сусанна и старцы»[45]. Сусанна изображена на ней не матроной, в соответствии с источником, Книгой пророка Даниила (гл. 13), а маленькой девочкой, почти ребенком, за которой наблюдает старик[46].

IV

Парадоксальная двойственность образа Федора Павловича Карамазова закреплена определением, данным ему рассказчиком «зол и сентиментален» (XIV, 24). Сочетание чувствительности и твердости часто встречается в характеристиках людей пушкинского поколения. С наибольшей поэтической полнотой оно выражено в послании П.А. Вяземского Федору Толстому-Американцу, одному из возможных прототипов образа Федора Павловича[47]:

> Которого душа есть пламень,
> А ум — холодный эгоист;
> Под бурей рока — твердый камень!
> В волненьи страсти — легкий лист![48]

Пушкин планировал поставить эти строки эпиграфом к «Кавказскому пленнику» (1821), но отказался после того, как в Кишиневе, в процессе работы над поэмой узнал, что Федор Толстой-Американец был источником инсинуации о нем. Тем не менее эти строки сохранились в черновиках «Кавказского пленника», в несколько инверсированном по сравнению с оригиналом Вяземского виде:

> В минуты счастья — сын пиров,
> Во дни гоненья — твердый камень. (IV, 296)

---

45 Ю.М. Лотман, “Символ в системе культуры”, в его кн. *Статьи по семиотике искусства* (СПб.: Академический проект, 2002), 221.

46 Там же.

47 О знакомстве Достоевского с биографией Федора Толстого и о том, что последний был возможным прототипом образа Ставрогина см.: Т.И. Орнатская, “Николай Ставрогин в свете «некоторых легендарных воспоминаний»”, *Труды Отдела древнерусской литературы* XLVIII (1993): 430–432.

48 П.А. Вяземский, “Толстому”, в его кн. *Стихотворения* (Л.: Советский писатель, 1958), 114–115.

Позднее Пушкин думал сделать эти же строки эпиграфом к «Цыганам (1824) (IV, 453). Очевидно, что образ из стихотворения Вяземского, вызванный к жизни Толстым-Американцем, представлялся Пушкину очень удачным, если не уникальным, в качестве характеристики поколения, к которому он сам принадлежал, а то и в качестве автохарактеристики. Пушкин признавался в том, что характер героя поэмы «Кавказский пленник» автобиографичен, а героя поэмы «Цыганы» он наделил собственным именем — Алеко — и мстительностью, качеством, которое Пушкин хотел в себе культивировать, но которым не обладал. Примером могут служить взаимоотношения поэта с тем же Федором Толстым-Американцем, с которым в конце концов Пушкин помирился. Толстой, как известно, выступил сватом Пушкина, благодаря чему стала возможна женитьба Пушкина на «смиреннице» и «бесприданнице», Наталье Николаевне Гончаровой.

Один из самых ярких людей своего поколения, Федор Толстой-Американец определил образ этого поколения в восприятии современников Достоевского[49]. Карточный шулер и бретер, убивший на дуэли, по некоторым сведениям, одиннадцать человек, он был героем всех войн, которые вела Россия с 1809 года, умен, храбр, верен друзьям. Сложные взаимоотношения связывали его с Б-гом. Толстой-Американец, в первую половину жизни изумлявший развратом «четыре части света», во второй половине жизни стал набожен и, теряя одного за другим своих детей, считал это наказанием за убийства на дуэлях. «Квиты», — сказал он после смерти одиннадцатого ребенка[50].

Нравственная амбивалентность пушкинского поколения, пожалуй, ни в одном из современников Пушкина не отразилась в такой степени, как в личности Федора Толстого-Американца. Замечательный пример тому — характеристика данная Американцу в «Горе от ума» Грибоедова, где он — «плут», говорящий «об честности высокой» настолько патетически, что «Глаза в крови, лицо горит, / Сам плачет, и мы все рыдаем»[51].

---

49 О типе Толстого-Американца у Грибоедова, Пушкина, Льва Толстого и др. см.: С.Л. Толстой, *Федор Толстой Американец* (М.: Современник, 1990), 53–60.

50 Там же, 50.

51 А.С. Грибоедов, "Горе от ума", в его кн.: *Сочинения в стихах* (Л.: Советский писатель, 1987), 139.

Известная пушкинская эпиграмма на Федора Толстого была построена на том (и потому звучала очень обидно), что Пушкин лишал Американца закрепленной за ним в литературе романтической двойственности и делал его однозначно отрицательным:

Но, исправясь понемногу,
Он загладил свой позор,
И теперь он — слава богу —
Только что картежный вор. (II, 155)

Толстой-Американец воплощал определенный тип публичного поведения, характерный для людей пушкинского поколения, и именно такой тип поведения Достоевский травестийно отразил в образе Федора Павловича. В полифонической структуре романа с ним контрапунктически сопоставлено поведение другого пушкинского сверстника — отца Зосимы. Усилению контраста способствует то, что в биографии обоих персонажей присутствует один и тот же мотив: отказ от дуэли. И если отказ стреляться с Белявским лишает Федора Павловича чести и уважения жены, то отказ от дуэли Зосимы — на тот момент офицера — поднимает его авторитет среди товарищей по полку и вызывает одобрение любимой им женщины[52].

В силу ограниченности места, которое отец Зосима занимает в пространстве романа, а также потому, что этот образ не вписан в парадигму пушкинского поколения, настоящего контрапунктического эффекта между линиями Федора Карамазова и Зосимы не возникает. Пушкинское поколение оказывается представленным в романе ярко, но односторонне — образом Федора Павловича, а просвечивающий сквозь образ старшего Карамазова образ Пушкина отражает только одну из бытовавших в восприятии шестидесятников ипостасей Пушкина, а именно либертенную.

Возвращаясь к Федору Толстому-Американцу, оговоримся, что мы не считаем, его в прямом смысле прототипом Федора Карамазова. Необычайная биографическая яркость образа Федора Павловича в сочетании с его идеологической означенностью привели к тому, что исследователи романа с удовольствием занимались поисками

52 См.: Рейфман, "Как воздержаться от дуэли", 244–245.

прототипов старшего Карамазова и весьма в этом преуспели. В настоящее время существует целая галерея прототипов, состоящая из реальных людей, старших современников Достоевского[53], чертами которых писатель мог наделить своего героя. В своем исследовании мы исходим из другой презумпции о возможных корнях этого образа. Для нас старший Карамазов — это прежде всего литературный персонаж, и его соотнесенность с прототипами — прежде всего литературная, то есть, условная, опосредованная не личными знакомствами Достоевского, а созданными в общественном сознании образами, которые превращали реальных исторических личностей в квазилитературных персонажей. Федор Толстой-Американец — далеко не единственный тому пример. То же произошло с Николаем Борисовичем Юсуповым, ставшим известным широкому кругу современников и потомков в качестве персонажа пушкинского стихотворения «К вельможе». Нельзя не согласиться с современной исследовательницей в том, что «Федор Карамазов воплощает в себе „юсуповский", либертинский modus vivendi»[54]: именно Юсупов стоит за автохарактеристикой Федора Павловича, назвавшего себя «древним римским патрицием времен упадка»: «Так, вихорь дел забыв для муз и неги праздной, / В тени порфирных бань и мраморных палат, / Вельможи римские встречали свой закат» (III, 220). В поддержку этого яркого образа, Достоевский описывает нос и кадык Карамазова, а также наделяет своего героя специфической жизненной позицией: целью жизни ставится получение удовольствий, причем удовольствий в духе восемнадцатого века, представляющих собой сочетание разврата и атеизма.

И конечно, таким же, как Николай Юсупов, квазилитературным персонажем стал для поколения Достоевского Федор Толстой-Американец. Ю.М. Лотман указал, что Американец был прототипом

---

53 См.: М.С. Альтман, *Достоевский: По вехам имен* (Саратов: Изд-во Саратовского ун-та, 1975), 280 с.; А.С. Долинин, *Последние романы Достоевского: Как создавались «Подросток» и «Братья Карамазовы»* (М.; Л.: Советский писатель, 1963), 344 с.; Л.Ф. Достоевская, *Достоевский в изображении его дочери Л. Достоевской*, Перевод с немецкого Л.Я. Круковской, Под редакцией и с предисловием А.Г. Горнфельда (М.; Пг.: Гос. изд-во, 1922), 17–18; К. Накамура, *Словарь персонажей произведений Ф.М. Достоевского*, Перевод с японского А.Н. Мещерякова (СПб.: Гиперион, 2011), 399 с.

54 См.: Проскурина, "Федор Карамазов как либертен".

Зарецкого в «Евгении Онегине»[55], и Пушкин, характеризуя своего персонажа, подчеркивает свойственную прототипу двойственность, выраженную в противопоставлении сердца и разума:

> Он был не глуп; и мой Евгений,
> Не уважая сердца в нём,
> Любил и дух его суждений,
> И здравый толк о том, о сём. (VI, 120)

«Я ваши мысли знаю. Сердце у вас лучше головы», — говорит отцу проницательный Алеша Карамазов (XIV, 124). «У меня-то сердце лучше головы? Господи, да еще кто это говорит?» — отвечает ему Федор Павлович. Вопрос не лишний, потому что говорит о противопоставлении разума и сердца не кто иной, как Пушкин, используя его для характеристики Пестеля в дневниковой записи от 9 апреля 1821 года: «9 апреля, утро провел с П[естелем]: умный человек во всем смысл этого слова. Mon cœur est matérialiste, говорит он, mais ma raison s'y refuse» (Сердцем я материалист, но мой разум этому противится (*франц.*)). Приведенная дневниковая запись Пушкина могла быть известна Достоевскому по публикации Е.И. Якушкина, осуществленной в 1859 году[56].

Как видно из этой записи, противопоставление разума и сердца помещено Пушкиным в контекст размышлений о религии. Противопоставление ищущего Б-га разума и критически настроенного сердца принадлежало самому Пушкину не меньше, чем Пестелю, что нашло отражение в одном из ранних стихотворений «Безверие» (1817). Пушкин завершил им свою учебу в Лицее, сделав его «выпускным» произведением: «Ум ищет божества, а сердце не находит» (I, 243). Опубликованное при жизни поэта, стихотворение входило в собрания сочинений Пушкина, начиная с посмертного и включая анненковское (I, 477). Фоном, если не поводом к его написанию, послужили упреки Пушкину в «безверии сердца», о которых нам известно из позднейших воспоминаний о лицейском

---

55 Ю.М. Лотман, *Роман А.С. Пушкина «Евгений Онегин»: Комментарий: Пособие для учителя* (Л.: Просвещение, 1980), 238–239, 288–291.

56 Е.И. Якушкин, "Проза А.С. Пушкина: Библиографические замечания по поводу последнего издания сочинений поэта", *Библиографические записки* 5 (1859): 129.

периоде. «Его <Пушкина>сердце холодно и пусто; в нем нет ни *любви*, ни *религии*; может быть, оно так пусто, как никогда еще не бывало юношеское сердце», — писал директор Лицея Энгельгардт[57]. Это мнение повторил и усилил одноклассник поэта по Лицею, М.А. Корф: «…Пушкин, ни на школьной скамейке, ни после в свете, не имел ничего привлекательного в своем обращении. <…> В нем не было ни внешней, ни внутренней религии, ни высших, нравственных чувств…»[58].

Оба мнения, Энгельгардта и Корфа (под криптонимом М.А.К.) привел в своей книге «Пушкин в Александровскую эпоху» П.В. Анненков. Вышедшая в 1874 году, незадолго до начала работы над «Братьями Карамазовыми», она во многом определила представления современников о Пушкине[59]. Здесь Анненков впервые опубликовал письмо Пушкина из Одессы к неизвестному, где поэт признавался в том, что «берет уроки чистого афеизма» (XIII, 92). Подробно говорилось об участии Пушкина в «Зеленой лампе», которую Анненков с полным основанием назвал «оргиастическим обществом»[60]. В отличие от первой своей книги, «Материалы к биографии Пушкина» (1855), во второй Анненков значительно менее активно проводил свою любимую мысль о моральном перерождении поэта, наступившем в Михайловском во время работы поэта над «Борисом Годуновым». Вместо того, чтобы убедить современников Достоевского в профетическом, национально ориентированном характере творчества Пушкина и самой личности поэта, новая биография утверждала читателя в представлении о двойственности пушкинской личности. Сам Анненков осознавал этот эффект своей книги, хотя и видел свою творческую задачу в преодолении «дв[ух] противоположных воззрении[й] на Пушкина, существующи[х] доныне в большинстве нашего общества, из которых одно представляет его себе прототипом демонической натуры, не

57 Цит. по: П.В. Анненков, *Пушкин в Александровскую эпоху* (Минск: Лимариус, 1998), 42.

58 Там же, 43.

59 См. Б.Л. Модзалевский, "Работы П.В. Анненкова о Пушкине", в его кн.: *Пушкин: [Сборник статей]* (Л.: Прибой, 1929), 275–396; Г.М. Фридлендер, "Первая биография А.С. Пушкина", П.В. Анненков, *Материалы для биографии А.С. Пушкина* (М.: Современник, 1984), 5–31.

60 Анненков, *Пушкин в Александровскую эпоху*, 57.

признававшей ничего святого на земле, кроме своих личных или авторских интересов, а другое, наоборот, целиком переносит на него самого всю нежность, свежесть и задушевность его лирических произведений, считая человека и поэта за одно и то же духовное лицо...»[61]. «Первый пушкинист» сокрушался в своей неспособности создать цельный образ Пушкина: «Понятно, что примирение этих противоречий, а также и разноречивых показаний свидетелей может произойти только тогда, когда будет найден литературой и воссоздан художнически-полный тип нашего поэта, в котором примирятся и улягутся, психически-объясненные, все черты и данные, по-видимому исключающие теперь друг друга»[62]. Попытка придать образу Пушкина самобытность и цельность была сделана Анненковым в его третьей книге «Общественные идеалы Пушкина» (1880), но именно это сочинение большого влияния на читателя не получило, возможно, потому, что было заслонено близкой по смыслу и пафосу, но значительно более яркой Пушкинской речью Достоевского.

V

Методологическая невозможность создать непротиворечивый образ Пушкина, в которой сознавался Анненков, определялась тем, что исследователь рассматривал Пушкина как человека своего времени и переносил на него поведенческую и мировоззренческую амбивалентность эпохи. Громадный читательский успех Пушкинской речи определялся тем, что, создавая образ «нового» Пушкина, писатель отделил его от принадлежности поколению и классу и придал поэту статус общенационального гения. Художественные же образы, созданные Пушкиным, Достоевский лишил исторической привязки к эпохе и объявил имеющими универсальный, т.е. вневременной характер. Так, Онегин и Алеко, по мнению Достоевского, явили собой тип русского скитальца, оторванного от народной жизни, образ, который представлен в русской литературе многими героями, от Печорина до Болконского.

61 Там же, 15.
62 Там же, 43.

Точно так же Татьяна являла собой «апофеоз русской женщины» на все времена (XXVI, 140).

Легкость, с которой русский читатель забыл о том, что еще недавно Пушкин провозглашался исключительно «певцом женских ножек», определялась тем, что Достоевский предложил обществу перестать ассоциировать Пушкина с пушкинским поколением. Более того, объявив «всеотзывчивость», т.е. способность постигать другие культуры и эпохи, главным пушкинским качеством, Достоевский вырвал его произведения из контекста биографии поэта, и личный опыт автора перестал иметь значение для понимания его произведений. Можно сказать, что Достоевский проделал операцию, противоположную той, которую осуществил Писарев, отождествивший Пушкина с Онегиным и растворивший личность поэта в стереотипах, свойственных его поколению.

В качестве примеров «всеотзывчивости»Пушкина Достоевский назвал такие произведения как «Скупой рыцарь», «Жил на свете рыцарь бедный», «Дон Жуан» (так Достоевский переименовал «Каменного гостя») — произведения, бывшие у него на слуху во время рабоwты над «Братьями Карамазовыми» и отраженные в образе Федора Карамазова. Писатель называет в этом ряду и «Египетские ночи», обращаясь в своей Пушкинской речи к любимому им образу Клеопатры.

Трактуя образ «сладострастницы» не как специфически русский, а как общекультурный, Достоевский замечает: «...вот „Египетские ночи", вот эти земные боги, севшие над народом своим богами, уже презирающие гений народный и стремления его, уже не верящие в него более, ставшие впрямь уединенными богами и обезумевшие в отъединении своем, в предсмертной скуке своей и тоске тешащие себя фантастическими зверствами, сладострастием насекомых, сладострастием пауковой самки, съедающей своего самца» (XXVI, 146).

Как видим, в речи Клеопатре приданы черты, выходящие за семантические границы образа «сладострастного насекомого», сложившегося в других произведениях Достоевского и более всего в статье 1861 года. Новое состояло в том, что писатель приписывает Клеопатре «презрение к гению народному и неверие в него более». Стоит задуматься, какой народ презирала и в который не верила «более» (то есть, ранее верила) Клеопатра: египетский (мало определимый в эпоху эллинизма) или греческий, к которому она исторически принадлежала? Остается предположить, что «презрение к народу» попало сюда из характеристики, данной Достоевским в той же речи другим «сладострастникам», Алеко и Евгению Онегину. Именно они характеризуются Достоевским как воплощения типа человека, «оторванного от народа, от народной силы», «в родную почву и в родные силы ее не верующего».

В этот ряд и встает Федор Павлович Карамазов, с его признанием: «А Россия свинство. Друг мой, если бы ты знал, как я ненавижу Россию... то есть не Россию, а все эти пороки... а пожалуй что и Россию. Tout cela c'est de la cochonnerie. Знаешь, что я люблю? Я люблю остроумие» (XIV, 122).

Однако теперь, после Пушкинской речи Достоевского, Федор Павлович Карамазов уже не мог ассоциироваться с Пушкиным, потому что сам Пушкин в восприятии современников перестал был космополитом и либертеном и сделался пророком и национальным гением. Он больше не представлял прошлое. Он стал «идеалом русского человека, который явится еще через двести лет». Так пушкинская эпоха на время лишилась своего главного поэта, ушедшего в надмирную высоту «всемирной отзывчивости». Отметивший это обстоятельство К. Леонтьев остроумно определил опустевшую и оставшуюся без Пушкина пушкинскую эпоху как «поруганное прошлое»[63].

---

63 «Враждебно ли или сочувственно относятся все эти таланты к *старому порядку* и его остаткам — все равно; *они все обязаны этому поруганному прошлому* <…>» (К.Н. Леонтьев, "О всемирной любви. Речь Ф. М. Достоевского на Пушкинском празднике", в его кн.: *Восток, Россия и Славянство* [М.: Республика, 1996], 312).

МАГИЯ СТАРИННОГО СЛОВА

О любовной элегии Осипа Мандельштама «Tristia»[1]

LADA PANOVA
(Los Angeles / Moscow)

Любовная элегия «Tristia» (1918; далее — «Т») сразу же покорила читателей своим античным звучанием, похожим и одновременно не похожим на перепевы греческой и римской классики другими поэтами Серебряного века. Выявлением ее интертекстуальной матрицы ученые заняты столько десятилетий, сколько существует мандельштамоведение. Назову имена В. Терраса (1966), К. Брауна (1973), С. Бройда (1983) и Д. Майерс (1990), обнаруживших в «Т» целую россыпь подтекстов, и Н.И. Харджиева (1973), Д.И. Черашней (1992) и М.Л. Гаспарова (2001), на счету которых — отдельные ценные наблюдения[2].

---

1 Мой приятный долг — поблагодарить А.К. Жолковского и И.А. Пильщикова, прочитавших эту статью и сделавших ценные замечания.

2 См.: Victor Terras, "Classical Motives in the Poetry of Osip Mandel̆štam", *Slavic and East European Journal* 3 (1966): 251–267; Clarence Brown, *Mandelstam* (Cambridge [etc.]: Cambridge Univ. Press, 1973); Steven Broyde, "Osip Mandelštam's «Tristia»", Thomas A. Eekman, Dean S. Worth (eds.), *Russian Poetics* (*UCLA Slavic Studies* 4) (Columbus, Ohio: Slavica, 1982), 73–88; Diana Myers, "Some notes on Mandelstam's *Tristia*", Richard Freeborn, Jane Grayson (eds.), *Ideology in Russian Literature* (London: Macmillan, in association with … Univ. of London, 1990), 134–156; Н.И.

Иные подходы, нежели подтекстуальный, были редкими гостями в исследованиях «Т». Ю.И. Левин, отнесший ее к «крымско-эллинским» стихотворениям Мандельштама, при помощи контекстуального анализа выявил топику, общую этой группе[3]. Левин начал, Черашняя продолжила, а А.А. Чевтаев завершил лингвостилистический анализ местоимений 1-го л. мн. ч.[4], загадочных в виду своей неоднозначной референции. Чевтаев, кроме того, выявил две особенности лирического сюжета «Т»: любовные коллизии вокруг расставания показаны через взаимодействие «я» с Другим (включая мировую культуру), а их нарративизация колеблется между фабульностью и лирической медитацией[5]. Что касается монографического описания «Т», то первым приближением к нему можно считать исследование Бройда «„Tristia“ Осипа Мандельштама»[6] и мою курсовую работу[7].

Ныне считается аксиомой, что «Т» соткана из готовых словесных формул, восходящих к Овидию, Тибуллу, Данте, русским (пре)романтикам включая Батюшкова и Пушкина и трем поэтам-модернистам — Брюсову, Блоку и Ахматовой. Но было ли воспроизведение готового языка главной целью Мандельштама? Если положиться на его автокомментарий к «Т» в «Слове и культуре» («...ни одного поэта еще не было... Зато сколько редкостных предчувствий: Пушкин, Овидий, Гомер. Когда любовник в тишине путается в нежных именах и вдруг вспоминает, что это уже было» и т.д.), то «да». Но «нет», если исходить из современного понимания Мандельштама как поэта-«смысловика», а не цитатчика-начетчика.

Харджиев, "Комментарии", О. Мандельштам, *Стихотворения* (Л.: Советский писатель, 1973), 275; Д.И. Черашняя, "Авторское мы в книге «Tristia»", в ее кн. *Этюды о Мандельштаме* (Ижевск: Изд-во Удмуртского гос. ун-та, 1992), 29–36; Осип Мандельштам, *Стихотворения. Проза*, сост., вступ. ст. и коммент. М.Л. Гаспарова (М.: Аст — Харьков: Фолио, 2001), 633–634.

3 Ю.И. Левин, "Заметки о «крымско-эллинских» стихах" [1975], в его сб. *Избранные труды: Поэтика. Семиотика* (М.: Школа «Языки русской культуры», 1998), 75–97.

4 Черашняя, "Авторское мы..."

5 А.А. Чевтаев, "Структура лирической событийности: «Tristia» О. Мандельштама", *Новый филологический вестник* 24 (2013): 51–62 (см. 53–59).

6 Broyde, "Osip Mandelštam's «Tristia»".

7 Л.Г. Панова, «*Tristia*», курсовая работа под руководством М.Л. Гаспарова и О.Г. Ревзиной (машинопись), МГУ, 1990, 29 с.

В «Т» Мандельштам предстает прежде всего «смысловиком». Чужие словарь и топику он нагружает своим, особенным, содержанием — пропускает их через инварианты своего поэтического мира[8]. Этих инвариантов два: историософия и логоцентризм. В элегии они работают следующим образом: история любви и разлуки спроецирована на движение истории из античности в современность, и, в качестве вечной универсалии, изложена метатекстуальным языком.

Если к мандельштамовской историософии можно приблизиться через подтекстуальный анализ, то к логоцентризму, по-видимому, нет — а иначе как объяснить, что вот уже целое столетие он остается незамеченным? Тут на помощь приходят структурные методы — литературоведческие и лингвопоэтические. В настоящей работе будут выявлены разнообразные структуры, коррелирующие с проведением трех главных смысловых линий «Т»: историософии, логоцентризма и любви.

1. ОТ МЕСТОИМЕННОЙ РИТОРИКИ — К АВТОРСКОЙ САМОПРЕЗЕНТАЦИИ

Ностальгия Мандельштама по античности закреплена латинским заголовком элегии и традиционно воспринимается как ее единственная доминанта. Между тем античная топика, звучащая в «Т» в полный голос, сильно потеснена «эго»-темой. «Т» открывается словом *я*, за которым следует серия *я*, а также *мы* и *наш*. Из этой лексики составляется риторический эго-узор, наводимый поверх картин античности.

Строфа I начинается словами *я изучил*, а далее фигурирует еще один глагол 1-го л. ед. ч. *чту* с опущенным *я*. Оборотами *Я изучил…* и *И чту…* строфа поделена на две равные части, и в обеих картины античного расставания синтаксически зависимы от ментальных действий лирического «я».

8 Описывать поэзию Мандельштама в терминах «поэтического мира как системы инвариантов» начал юбиляр: А.К. Жолковский, "«Я пью за военные астры…»: поэтический автопортрет Мандельштама" [1979], в его кн. *Избранные статьи о русской поэзии: Инварианты, структуры, стратегии, интертексты* (М.: РГГУ, 2005), 60–82 (см. 60–70).

Строфа II открывается вопросительным *кто*, за которым следуют вопросительные слова *какая*, *что* и *зачем*. Они, а также относительный союз *когда* вынесены в начала строк, и, следовательно, как и глаголы 1-го л. в строфе I, занимают отмеченную — анафорическую — позицию. С их помощью задается неопределенная модальность «разлуки» — что-то вроде уравнения со множеством неизвестных. Уже знакомый читателю лирический герой, появляющийся теперь в составе *мы* и *наш*, по-видимому, примеряет эту типовую ситуацию на себя и свою возлюбленную.

В зачине строфы III *я* возникает вновь. Как и в строфе I, его синтаксическая роль — подлежащее при глаголе внутренней, на сей раз эмоциональной, деятельности *любить*.

В начале строки 3 той же строфы III лирическое «я» делает властной жест — повелительным *Смотри...* обращает внимание адресата на (как бы) разворачивающуюся ситуацию из античности: встречу Делии с вернувшимся любимым. В конце этой строфы лирический субъект, ранее обозначенный *я*, «вливается» в местоимения *наш* и *нам* (строки 5, 8), о содержательном наполнении которых контекст умалчивает.

Строфа IV открывается побудительным *Да будет так...* Этим речевым жестом, демиургическим и, значит, перформативным, «я» пытается повернуть современность вспять, обязав мужчин и женщин к подражанию античным идеалам. Дальше, в началах строк 5 и 6, появляется *мы*. Под вторым *мы* подразумеваются современные мужчины, которым противопоставлены *они* — современные женщины, а под первым — те же современные мужчины или любые современники, которым в силу их принадлежности к новым временам *гадать о греческом Эребе* не приходится.

Итак, благодаря местоимениям 1-го л. картины античного прошлого в строфах I–III и картина идеального настоящего в строфе IV обрамлены ментальными действиями лирического героя. В строфе I лирический герой *изучил* и *чтит* прошлое; в строфе II вопрошает о том, как добытый из прошлого опыт будет вновь пережит *мы* — современной парой любящих; в строфе III присоединяется к опыту прошедших веков (*И я люблю...*), совершает речевой жест, адресованный то ли читателю, то ли любимой, то ли самому себе (*Смотри...*), демонстрируя, что прошлое повторяется прямо сейчас. Затем он распространяет радость от такого узнавания на *мы*, подразумевая ныне живущих и/или лирическую пару. Наконец, в строфе IV он произносит магическое слово, насыщенное, как следует из строф I–III, опытом многих столетий: *нас* — мужчин и *их* — женщин он наставляет встречать любовь и смерть согласно поведенческим идеалам античности.

Если местоимение *я* появляется в нечетных строфах в именительном деятеля, то местоимение *мы* — в строфах II–IV (в IV-й вместе с *они*) в дательном падеже. При предикатах *предстоит*, *сулит*, *дано* местоимение *мы* (как и *они*) выступает в роли косвенного субъекта, которому выпало на долю то или иное событие. Аналогичный смысл в строфе IV передается и конструкцией 'для X-а + инфинитив', где *мужчины* и *женщины*, на которых, кстати, указывают парные местоимения *мы* — *они*, стоят в родительном падеже. Еще один дательный, в конструкции *сладок нам*, обозначает субъекта восприятия радостного момента.

Рассмотренный местоименный рисунок устроен так, а не иначе, чтобы подать авторского лирического героя в правильном свете. Произнося *нам*, он причисляет себя к классу мужчин, любовников/супругов, а также государственных мужей, участвующих в жизни и войнах города. В остальных случаях, когда он говорит о себе *я*, подразумевается поэт, овладевший античными словами для того, чтобы гармонизировать — *эллинизировать* — свою эпоху. Так поэт и поэзия в «Т» освящаются всемогущим Логосом.

Установка на Логос подводит нас к важнейшему вопросу: к какому кругу стихов тяготеет «Т»? Причислять ее к крымско-эллинскому блоку, как это сделал Левин, нет оснований. Что-что, а крымская топика там не представлена. Скорее, «Т» примыкает к группе пореволюционных стихов, в которых Мандельштам представлял себя цивилизатором пореволюционной эпохи. Эту его идентичность вскрыл М.Л. Гаспаров в статье «Orpheus Faber»[9], представляющей собой пересмотр отдельных положений монографии Бройда «Осип Мандельштам и его эпоха»[10]. Отправным пунктом для Гаспарова послужила мечта Мандельштама-эссеиста —

9 М.Л. Гаспаров, "Orpheus Faber. Труд и постоянство в поэзии О. Мандельштама" [1991], в его кн. *Избранные статьи* (М.: НЛО, 1995), 221–236.

10 Broyde, *Osip Mandel'stam and his Age: A Commentary on the Themes of War and Revolution in the Poetry 1913–1923* (Cambridge, Mass.: Harvard University Press, 1975).

закрепить за институтом литературы функцию церкви, к которой государственные деятели обращаются за советом. В стихотворениях «Декабрист», «Прославим, братья, сумерки свободы...», «Век», «Чуть мерцает призрачная сцена...» и «В Петербурге мы сойдемся снова...» под эту сверхзадачу он подвел разветвленный кластер мотивов: (1) поскольку пореволюционные государственность и культура переживают «сумеречное» или даже «ночное» состояние, поэт должен выступить в роли государственного мужа, выводящего их к солнцу; (2) его творчество приравнивается к цивилизаторской миссии Орфея; (3) в его сознании пессимистичное и оптимистичное отношение к Октябрьскому перевороту сложным образом перемешиваются: так, солнце государственности и культуры хотя и закатилось, но не навсегда — оно еще взойдет, а нынешнюю эпоху — позвонок, выпавший из скелета, — можно вправить обратно; (4) чтобы гармонизировать суровую пореволюционную среду, необходимо приобщиться к европейской традиции с ее античными идеалами; (5) при этом правильно полагаться не на романтические ценности, а на *труд и постоянство*.

В «Т» этот кластер представлен почти полностью. Ее идиллические любовники/супруги разлучены из-за исторической турбулентности, будь то скандал при дворе Августа, для Овидия окончившийся высылкой из Рима и разлукой с женой, или две войны, выпавшие на долю Мандельштама и его тогдашней пассии (бегло упомянутой во «Второй книге» Н.Я. Мандельштам[11]).

Далее, в «Т» античность подана не парадным символистским образом, но как раз через *труд и постоянство*. Волы в сенях и петух на городской стене, акрополь и исполняемые обряды, типично женские или мужские занятия претворяют более общий принцип «домашнего эллинизма», о чем ниже, а вместе с ним — окультуренную среду для жизни. В таком же ключе нужно читать строфы III–IV, в которых современный мужчина предан *битвам* и *меди*, а современная женщина — *пряже* и *воску*.

Бройд в специальной статье о «Т» заметил: хотя изображаемые там ситуации разворачиваются ночью, за тьмой следует рассвет, который предвещает *новую жизнь* — и, соответственно, новый

11 Отмечено: Myers, "Some notes...", 156.

строй. Указал он и на то, что мандельштамовское отношение к тьме и рассвету двусмысленно, если не иронично[12].

Чего в «Т» обнаружить не удается, это следов орфеева мифа. Впрочем, в роли поэта-цивилизатора выступает Овидий, превративший как любовь, так и разлуку в *ars* — науку, записанную словом и облагородившую не одно поколение читателей.

В качестве адепта цивилизационной архаики — место женщины в доме за прялкой и гаданием, мужчина же несет ответственность за акрополь, вигилии, войну и дом, — Мандельштам, разумеется, вступал в конфликт с раннесоветскими поведенческими нормами, постулировавшими равенство полов, свободную любовь и право женщин на любой пост в государстве. Но именно из прошлого с его ритуалами и обрядами черпает он ту словесную магию, при помощи которой цивилизаторское лирическое «я» определяет судьбу современников. Судьба эта, правда, выглядит трагически: разлученные мужчины и женщины, согласно строфе IV, встречают свой конец порознь. И парадоксально: претворением в жизнь античных образцов они обрекают себя на пусть благородное, но вымирание.

2. «ВЕЧНОЕ ВОЗВРАЩЕНИЕ» В ЗЕРКАЛЕ ХУДОЖЕСТВЕННЫХ СТРУКТУР

Историософия «Т» состоит в том, что следовать античному укладу — хорошо и престижно; соответственно, поэт, похитивший из античности Логос, с его помощью приказывает современности, отошедшей от парадигмы вечного возвращения, вернуться обратно в ритм повторов.

В строфе III концепт вечного возвращения изложен предельно общо — в виде формулы *Все было встарь, все повторится снова*. Более конкретно — и, для интеллектуального читателя, наглядно — он проводится подтекстами: авторы использованных в «Т» произведений, от Овидия до Ахматовой, выстраиваются в единый хронологический ряд пишущих в разные эпохи об одном и том же. Символическое воплощение он получает в образе веретена[13]. Нас же будет занимать

12 Подробнее см. Broyde, “Osip Mandelštam’s «Tristia»”, 78.

13 См. Чевтаев, “Структура лирической событийности”, 57.

самый неприметный — но оттого не менее действенный — способ его проведения: спиралевидная композиция четырех строф и другие, не столь четко организованные структурные повторы. Ими создается эффект нарратива, ходящего по кругу подобно веретену.

2.1. Спиралевидная композиция

Спиралевидность композиции нужно понимать в том смысле, что повествование одновременно топчется на месте и движется вперед. Чтобы этот принцип построения мог быть сразу усвоен читателем, Мандельштам содержательно сблизил строфы I–II. В них переход от расставания к разлуке проигран в разных модусах — изъявительном, с отсылками к Овидию, и вопросительном. Перекликаются две строфы также своей лексикой и рифмовкой, как можно будет увидеть ниже. У истории любви, дошедшей до точки разлуки, в строфах III–IV намечаются новые этапы — повторная встреча (III) и параллельная смерть разлученных возлюбленных (IV).

Вне зависимости от того, какой отрезок любовной истории излагается в строфе, она всегда имеет рамочную композицию, задаваемую зачином (вариант: зачином и серединой). Как отмечалось выше, рамочная надстройка над картинами античности составляет сюжет, движимый лирическим героем: это он *изучил…* (и *чтит…*), вопрошает, *любит*, наконец, повелевает современной цивилизации внять античным прецедентам.

Внутри рамки происходит визуализация картин прошлого и эллинизированного настоящего, и у нее — свои правила.

Во-первых, ее неотъемлемой частью являются обряды/ ритуалы, ср. *обряд*, *вигилии*, *петушиная* (т.е., согласно Майерс[14], гадательная) *ночь*; *огонь в акрополе*; рукоделие; гадание по *воску*.

Во-вторых, визуализация предполагает переживание медленно текущего времени. Оно передается одним-двумя предложениями в середине строфы, устроенными по принципу подлежащее + сказуемое, где сказуемое — одноместный предикат, обозначающий равномерно производимую деятельность и стоящий в 3 л. наст. вр. Ср. *жуют волы*; *лениво вол жует*; *снует челнок, веретено жужжит*;

14 Myers, "Some notes…", 143.

девушка глядит. К этой серии примыкает еще одно предложение, *длится ожиданье* — восприятие медленного течения времени с точки зрения наблюдателя или действующего лица античной ситуации.

В-третьих, середина каждой строфы отмечена латинизмом или грецизмом (*вигилии*, *акрополь*, *Делия* и *Эреб*). Античный камертон этой серии слов был задан овидиевским заголовком «**Tristia**».

Установив, какие именно элементы повторяются в четырех строфах, перейдем к различиям строф — необходимому компоненту для создания эффекта спирали. Это, прежде всего, эмоциональная окраска, аккомпанирующая разным этапам любви. Начав на овидиевской — *скорбной* — ноте, в середине элегии Мандельштам переориентируется на более оптимистически звучащих авторов, от Тибулла до Жуковского. Просветление достигает пика в строфе III, где звучит пусть и *бедный*, но все-таки *радости язык*. Заканчивается же «Т» смертью, поданной, скорее, не трагически, а стоически.

Еще один способ расподобления строф состоит в том, что перипетии любви наложены на ход истории. Начав с изгнания Овидия, Мандельштам переходит к акрополю и Данте, автору формулы *новая жизнь*, описывающей жизнь поэта после смерти Беатриче, затем — к преромантическому Батюшкову как переводчику Тибулла, и — далее — к русским модернистам, в том числе Ахматовой; ее Мандельштам цитирует, когда пишет о гадающей женщине и *беличьей распластанной шкурке*[15].

2.2. Синтаксические повторы

Синтаксически все строфы устроены так, что границы периодов совпадают с границами строк[16]. В строфах I, II и IV все предложения кратны двум строкам — и строятся по схеме 2 + 2 + 4. Этот принцип выдерживается и в первой половине строфы III, чтобы дальше — в самом медитативном, но и самом эмоционально приподнятом месте — быть нарушенным. Она состоит из двух восклицательных предложений, каждое в одну строку; двух медитативных предложений, занимающих вместе одну строку; и одного констативного предложения, вновь размером в одну строку.

---

15 Brown, *Mandelstam*, 273; Харджиев, “Комментарии”, 275.

16 К анжамбманам можно отнести разве что переход от 1-й ко 2-й строке в строфе IV.

2.3. Словесные повторы

На словесном уровне «Т» изобилует повторами, лексическими, а иногда и семантическими. Ср.:

> *науку* ***расставанья*** (I) — *при слове* — ***расставанье... разлука*** (II);
> ***жуют волы*** (I) — ***вол жует*** (II);
> *вигилий* ***городских*** (I) — *в* ***акрополе*** (II) — *на* ***городской*** *стене* (II);
> ***последний час вигилий*** (I) — ***на заре*** (II);
> ***петушиной*** *ночи* (I) — ***петушье восклицанье*** (II) — ***петух, глашатай*** (II);
> ***заплаканные*** *очи* (I) — ***плач*** (II);
> ***глядели... очи*** (I) — *девушка* ***глядит*** (IV);
> ***женский*** (I) — ***девушка*** (IV) — ***женщин*** (IV);
> ***скудная*** (III) — ***беден*** (III);
> *над* ***воском*** (IV) — ***воск*** (IV);
> ***гадать*** (IV) — ***гадая***.

В этот перечень просятся также анафорическое *и* (I: 5, 8; II: 5; III: 1, 8) — в функции то соединительного, то перечислительного союза, и знаменитая своей тавтологичностью рифма *новой жизни*. Отмечу еще, что *петушьим* ***восклицаньем*** предваряется восклицательный синтаксис строк 4–6 строфы III.

2.4. Рифмовка как еще один источник повторов

Рифмы — мощный ресурс для проведения повторов, и в «Т» он действует в полную силу. В каждой строфе рифмовка по преимуществу грамматическая: существительные образуют пару с существительными, прилагательные с прилагательными, а глаголы с глаголами. Есть и отклонения от этого правила, причем как в сторону разнообразия, так и в сторону еще большей унификации.

Начну с рифменной пары, открывающей строфы I и II. Речь идет о существительных на *-анье*, одно из которых *расставанье*. В строфе III, где фигурирует *узнаванье*, мы вправе ожидать сходной рифмы на *-анье*, однако Мандельштам помещает это слово в середину строки, в нарушение инерции.

В строфе II тенденция к унификации достигает своего пика благодаря не просто тавтологической, но исключительно богатой, на два слова (и два ударения) рифме *новой жизни : новой жизни*.

Если в строфах I–II используются только грамматические рифмы, то в строфах III и во второй половине строфы IV они разбавляются неграмматическими, ср. *пряжи : лебяжий*, *основа : снова*, *медь : умереть*. Между этими двумя полюсами располагается рифма *Эребе : жребий*: перед нами существительные, но из разных языков и в не совпадающих по своему звучанию падежных формах.

При всех своих отличиях от других строф, вторая половина IV-й прошита ударным *Е* — т.е. унифицирована благодаря пусть не рифмам, но фонике.

* * *

Хорошо известно, что ницшевский концепт вечного возвращения до Мандельштама культивировали символисты. Они же выстраивали отношения со своими избранницами, вдохновляясь примерами из античности, а потом перекладывали античный опыт, пережитый ими в настоящем, в стихи и прозу. Таким образом, не историософия, при всех красотах ее проведения, отвечает за уникальность «Т». Перенимая у символистов обкатанные ими историософемы, Мандельштам поступает с ними по-новому — подчиняет их Логосу. В результате происходит смещение акцентов: с картин античности — на старинное слово и на лирического героя, который им овладевает.

3. СЮЖЕТ ОВЛАДЕНИЯ СТАРИННЫМ СЛОВОМ[17]

«Т», если присмотреться к ее словарю, насыщена метатекстуальными словами, передающими звуки, речь, письмо, вдохновение, язык и книги; встречается даже литературоведческий термин. В строфе I это: почерпнутая из «Ars amatoria» Овидия *наука*, *жалобы*,

17 Тут я следую работам Жолковского о произведениях, сюжет которых вращается вокруг «силы слова», в частности, сбывшегося предсказания: А.К. Жолковский, "Скромное обаяние русской сказки № 421, или власть слова", в его кн. *Очные ставки с властителем* (М.: РГГУ, 2011), 17–32; Idem, "Слово и дело: эссе", А.П. Дмитриев, П.С. Глушаков (ред.-сост.), *Острова любви БорФеда: Сборник к 90-летию Бориса Федоровича Егорова* (СПб.: Росток, 2016), 391–398; Idem, "О геноме «Змея Тугарина» А.К. Толстого", *Звезда* 1 (2017): 251–259.

плач и *пенье муз*; в строфе II — оборот ***при слове*** — *расставанье* и отнесенные к петуху *восклицанье* и *глашатай*; а в строфе III — (*радости*) *язык* и *узнаванье* в смысле «Поэтики» Аристотеля[18]. Перелом от констативных метаописаний к демиургическому слову предваряет вторая половина строфы III. Там *скудная основа* — не только 'экзистенциальная подоплека жизни' или 'результат тканья', но и — метафорически и архетипически — сотканный текст. Этот смысл изощренно проведен синонимизацией двух прилагательных: *жизни* ***скудная*** *основа* получается из ***бедного*** *языка радости*. Наглядный пример того, как слово становится делом, следует дальше, в зачине строфы IV *Да будет так…*

Мета-лексикой изображается прежде всего процесс овладения древнегреческим и латинским словарем, а через него — усвоение обрядовой стороны домашней жизни античного мира. Те же задачи возложены на уже знакомый нам стилистический прием — употребление ровно одного откровенно «античного» слова в каждой строфе. Постигая, что такое лат. *вигилии*, лирический герой усваивает стоящую за ними идею римского распорядка дня; др.-греч. *акрополь* дает ему представление об устройстве полиса; лат./др.-греч. *Делия* — идею, что в любовной элегии должно присутствовать имя возлюбленной; а *греческий Эреб* — знакомство с цивилизованными способами перехода в мир иной. Заучив такие слова — осколки античной цивилизации, — лирический герой пытается осуществить реинституализацию древнего обряда в современной жизни. Через обряд мужчины и женщины, как порознь, так и в качестве пары, приобщаются к исторически фундированному существованию. Пример им подает лирический герой, когда в строфе III признается в любви к *обыкновенью пряжи*, а также «указывает пальцем» на Делию, выбежавшую встречать своего друга.

Изложенная трактовка соответствует мандельштамовскому эссе «О природе слова», где среди прочего разъясняется цивилизационная семантика *акрополя*:

> Но мы хотим жить исторически, в нас заложена <…> потребность найти твердый орешек <…> **Акрополя** <…> У

---

18 Черашняя, "Авторское мы…", 33.

> нас нет **Акрополя** <…> Зато **каждое слово словаря** Даля есть орешек **Акрополя**, <…> крылатая крепость номинализма, оснащенная эллинским духом на неутомимую борьбу с <…> небытием, отовсюду угрожающим нашей истории.

На фоне этого эссе окончательно проясняется та функция, которая в «Т» возложена на утварь и домашних животных —

> *груз*; *петуха*; *обыкновенье пряжи* (*челнока и веретена*) и получающуюся из нее *основу*; *пух лебяжий*; *прозрачную фигурку* из *воска, беличью шкурку, глиняное блюдо* и *медь*.

Все это — приметы существования в истории, или эллинизма по-домашнему. Вот почему их так много, и вот почему они *смешиваются с пеньем Муз*, а также затмевают собой картины расставаний, разлук и встреч. Последние показаны в масштабе синекдохи, тогда как домашняя обстановка — крупным планом.

В строфе IV раскрывается смысл того, зачем лирический герой учился старинным словам и стоящим за ними обрядам. Напитав теми и другими свою поэтическую речь, он совершает акт речевой магии — произносит *Да будет так…* Эта фраза грамматически вторит первым, демиургическим, словам из Книги Бытия: «И сказал Бог: **да будет** свет. И стал свет» (I, 3) — и в выстраиваемом Мандельштамом логоцентрическом пространстве элегии является столь же действенной.

Разрабатывая в «Т» сюжет магии поэтического слова, Мандельштам повышает статус как самой элегии, так и свой собственный — ее автора. Перед читателем, фактически, разворачивается судьбоносное обрядовое действо, как бы в напоминание о словесном ряде храмового служения, оракула или гадания. Тем самым Мандельштам ставит себя в один ряд с древними пророками, прорицателями, поэтами кельтской традиции, произносившими *гламм дикинн*, русскими кудесниками и другими потомками Орфея-цивилизатора, преображавшими действительность словом, вплоть до символистов и Хлебникова с их (квази)пророчествами религиозного и цивилизационного характера.

4. ИЗОБРАЗИТЕЛЬНОСТЬ МАНДЕЛЬШТАМОВСКОГО СЛОВА

Мандельштамовский логоцентризм находит выход и в чисто стилистических эффектах, призванных убедить читателя, что слово ему подвластно не только в прагматическом, но и в изобразительном плане.

Прежде всего, «Т» — это искусство синекдохического письма. В самом деле, о расставании и разлуке в строфах I–II рассказывается пусть и с большим количеством деталей, но все же без необходимых подробностей. Возьмем строфу I: кто с кем расстается, чья *простоволосая* голов(к)а промелькнула перед нами, для кого *длится ожиданье*, кто взвалил на свои плечи *дорожный груз* и кто, вдохновленный *музами*, переложит *женский плач* в стихи? Поскольку в единый нарратив эти детали связывает «скорбная» элегия Ovid. I, 3 («Cum subit illius tristissima noctis imago...»)[19], то благодаря ей всё расставляется по местам: простоволосая головка принадлежала жене Овидия, *дорожным грузом* был обременен Овидий, и он же, вняв *пенью Муз*, написал «Скорбные элегии».

Аналогичным образом, в первой половине строфы III, охватывающей переход от разлуки до повторной встречи, читатель наблюдает, как *пряжа*, *веретено* и *челнок* функционируют сами по себе, без участия человека, а Делия бежит навстречу неизвестно кому. Опять-таки, из подтекста строфы III — «Элегии из Тибулла» Батюшкова (вольный перевод Tib. I, 3)[20] — явствует, что прядет Делия (плюс Парки на заднем плане), и та же Делия, бросив пряжу, *летит* к дверям, чтобы обнять Тибулла.

Только что разобранные синекдохи создают иконический эффект[21]. В период разлуки имеет место распад любящих как пары, и этому вторит распад связного нарратива.

Вторая половина строфы III выдержана в философском ключе, под который перенастраивается и стилистика. Это касается

---

19 Наблюдение В. Терраса (Terras, "Classical Motives…", 259 сл.).

20 Наблюдение Н.И. Харджиева ("Комментарии", 275).

21 Об иконике см. работы Жолковского, особенно первую: А.К. Жолковский, "How to Show Things with Words (об иконической реализации тем средствами плана выражения)" [1978], А.К. Жолковский, Ю.К. Щеглов, *Работы по поэтике выразительности: Инварианты — Тема — Приемы — Текст* (М.: Прогресс, 1996), 77–92.

в первую очередь *узнаванья* — слова, порождающего целый букет обязательных и факультативных прочтений: (1) Делия узнает в пришедшем ночном госте Тибулла; (2) читатель узнает в описываемых прецедентах их античные архетипы и источники; (3) лирический герой в прядении Парок узнает императив своей судьбы; и (4) — но тут в качестве перевода термина ἀναγνώρισις — повествование достигает своей кульминации, ибо главному герою только что открылась его судьба.

Сладость от последних двух открытий, разумеется, не идет ни в какое сравнение со сладостью от двух первых, но именно с ними согласовано содержание строфы IV. Оно имеет все признаки последнего акта трагедии: главные действующие лица, предаваясь гаданию и битвам, встречают смерть.

Переход из жизни в смерть в строфе IV передан не только сюжетными коллизиями и лексикой. Предъявляя ключевое слово *умереть*, Мандельштам сопровождает его иконическими эффектами. К нему, как к развязке, движется вся событийная линия «Т», и оно же сделано последним словом элегии: конец любовной истории = конец жизни = конец повествованию.

Последнее слово стихотворения, естественно, и заключительная его рифма. До сих пор глаголы рифмовались с глаголами, ср. *предстоит : горит*, *жует : бьет*, *жужжит : летит* и *лежит : глядит*, причем с соблюдением полного грамматического тождества. В нарушение этой инерции *умереть* — инфинитив, т.е. категория, стоящая вне личных форм и вне категории времени, и зарифмован он с существительным. (На глубинном уровне некая грамматическая однородность сохраняется, ибо инфинитив — своего рода субстантивная форма глагола; более того, и *медь*, и *умереть* выступают каждый в своем предложении в роли подлежащего.) В этой смене инфинитивом личных форм глагола заложен иконический смысл: для готовящихся к смерти мужчин и женщин время останавливается[22].

В строфе IV, рассказывающей, как мы помним, об идеальном будущем, налицо и еще один фокус с остановкой времени. *Гадая умереть*, разумеется, можно понимать буквально: 'умереть в ходе

22 *Умереть* к тому же аккумулирует фонетику последних четырех клаузул строфы IV: *МЕ…Ть* в нем от *медь*, а *РЕ* — от *эРЕбе*/ *жРЕбий*.

ворожбы', в смысле фольклорных быличек о покушении нечистой силы на жизнь гадающих девушек, но вероятнее всего, Мандельштам выстраивает гиперболу, основанную на стяжении времени между гаданием и наступающей в дальнейшем смертью. Иконической отменой времени Мандельштам набрасывает некий идеально-ахронный план расставания.

Этот план в строфе IV формулируется уже знакомым нам приемом синекдохической скорописи. Она строится на том, что слова-эмблемы *воск* и *медь* развернуты в два эпизода. Один — подробно выписанное женское гадание, другой — едва намеченная мужская гибель в битве[23]. Среди синекдох смелая гипербола *гадая умереть*, в которой опущенным звеном является промежуток времени, смотрится совершенно органично — тогда как в другом типе текста она бы показалась авторским просчетом.

В «Т», при всей ее установке на классическую эстетику — чего стоит одна только синтаксическая размеренность предложений! — происходит нарочитое смешение стилей. В этом можно видеть определенный прием: любовь-разлука-встреча-смерть — универсальный сценарий, достойный того, чтобы описываться то по-книжному, то в романтическом духе, а в то в разговорном режиме. Книжная — и приподнятая — стилистическая струя, это, помимо иноязычных слов, *очи*, *Музы*, *глашатай*, *жребий*, а также гомеровская[24] синекдоха *меди*; античная и в то же время романтическая — *сладок* и *сени*; просторечьем же отдают *фигурка* и *шкурка*.

По мере движения от античных строф к современной — последней, — Мандельштам своей стилистикой подсказывает читателю, что древнее актуальнее современного. Этот смысл подчеркивается введением устаревших слов (полу)служебного характера. В строфе III вместо 'очень' употреблено разговорное *куда как*, имевшее широкое хождение в XVIII и XIX вв., а в строфе IV знак равенства между летальными функциями женского *воска* и мужской *меди* поставлен народно-поэтическим союзом *что*.

23 Какими именно, см.: Л. Панова, "«Разлука — младшая сестра смерти»: Мандельштам, «Tristia», строфа IV", *Toronto Slavic Quarterly*, 59 (2017), URL: http://sites.utoronto.ca/tsq/59/index_59.shtml (accessed April 8, 2017).

24 О чем см. Broyde, "Osip Mandelštam's «Tristia»", 83.

Еще одна стилистическая особенность «Т» — звуковые красоты. Так, ночная — предутренняя — тишина в строфах I–III нарушается большим количеством звуков, ср. ***жалобы***, *вол* ***жует***; ***плач*** и ***пенье***; *петушье* ***восклицанье***; ***глашатай***; *веретено* ***жужжит***. В строфе IV изображение звуков уходит: тишина аккомпанирует теме перехода в вечность.

5. ЛЮБОВНЫЙ ЛОГОС

За рассуждениями о цивилизационных смыслах «Т» и ее логоцентризме не следует упускать из виду ее любовный план. Выявление этого плана в полном объеме затруднительно, потому что Мандельштам сознательно приглушил любовную эмоцию, а в своей трактовке любовной тематики акцентировал ее универсальность — вечную повторяемость. Так, в «Т» большинство любовных ситуаций, почерпнутых из литературы, вынесены в подтекст; объектом признания *люблю* является не женщина, а *пряжа*; наконец, в качестве женского имени — кстати, единственного имени на весь текст, — выбрана отдающая литературностью *Делия*[25]. И все же, есть ли в «Т» точки соприкосновения Эроса и Логоса?

Наука расставанья втянута в сюжет словесной магии и поворачивается к читателю своей магической — гадательной — стороной. В случае конкретных любящих она позволяет узнать, есть ли у их союза будущее. Поскольку смертному провидеть свое будущего не дано, то разлучившиеся мужчина и женщина посылают «запрос» высшей силе. Этот «запрос» основан на предзнаменованиях, которые должны быть правильно истолкованы. Искомый вердикт вынесен за скобки повествования; зато Мандельштам демонстрирует, как предсказанное сбывается. Чтобы читатель заметил соответствующую топику, он подает цепочку событий, ведущую от гадательного вопрошания в строфе II — через гадание на воске в строфе IV — к *жребию в битве* и

25 Как справедливо отмечено в статье Д. Майерс (Myers, "Some notes...", 147), этот псевдоним возлюбленной Тибулла подхватили русские (пре)романтики включая Батюшкова и Пушкина; он стал условностью — почти что нарицательным существительным для девушки как объекта эротических вожделений поэта.

обороту *гадая умереть*, как императив судьбы. «Лексика судьбы» включает предикаты *предстоит*, *сулит* и *дано*, а «грамматика судьбы» — оборот *Не нам гадать о греческом Эребе*. В строфе III судьбоносность поступков двух влюбленных переводится в символический код. Они ткутся Мойрами/Парками при помощи *веретена* (как мы помним по «Спящей красавице», потенциального орудия смерти). Таким образом, *наука расставанья* принимает вид гадательной эпистемологии.

В строфе II лирический герой проходит через обряд гадания, совмещающий в себе черты русского гадания по петуху (перед петухом раскладывались предметы, чтобы он выбрал один, клюнув его) и античной ауспиции (гадания по полету птиц). Вопрошая, *какая нам разлука предстоит*, лирический герой, в сущности, просит высшую силу (ту самую, которая *может знать*) прояснить, *что нам сулит петушье восклицанье* и *зачем петух... крылами бьет*. Соответственно, петух является *глашатаем новой жизни* не только в привычном смысле, как поющий на заре, но и в этом специфически гадательном смысле.

Только что рассмотренный эпизод с гаданием по петуху (кстати, в строфе I названный *петушиной ночью*) продублирован в строфе IV сценой, представляющей другой тип гадания: кероскопию. Здесь *девушка* считывает предзнаменования с *фигурок* из топленого *воска*, а предреченное ей должно скоро сбыться. В той же строфе IV мужчина — воин — участвует в еще одном гадательном акте: бросании *жребия*. Узнав свою судьбу, он готовится расстаться с жизнью на поле боя.

Итак, любовь в «Т» овеяна божественным Логосом, а именно санкционирована свыше через акт гадательного вопрошания. Вопрошание, в свою очередь, осуществляется не просто в форме старинного обряда, но повторяет старинные магические формулы.

На каком-то подспудном уровне строфа IV содержит две отсылки к метасловесным формулировкам русской поэзии. Посвященное ворожбе предложение *Не нам гадать о греческом Эребе* представляет собой «обломок» тютчевских строк ***Нам не дано*** *преду**гадать***, / *Как слово наше отзовется*. Вот только слово *слово* у Мандельштама появляется не в этой строфе, а в II, в составе оборота *при **слове** — расставанье*, еще одной вариации на тот же пассаж из

Тютчева. Сходным образом, *медь*, обозначающая военные доспехи, навевает и металитературные ассоциации — примерно такого рода: *Я знак бессмертия себе воздвигнул / Превыше пирамид и крепче* ***меди***; *Воздвиг я памятник вечнее* ***меди*** *прочной* (ломоносовский и фетовский переводы оды Горация XXX «К Мельпомене», с *медью* вместо 'бронзы') и *Лишь* ***медь*** *торжественной латыни/ Поет на плитах, как труба* («Равенна» Блока).

DMITRY GOLYNKO AND THE WEAPONIZATION OF DISCOURSE POETRY[1]

KEVIN M. F. PLATT
(Philadelphia)

родинка дёргается, принося
колоссальный урон самолюбованью
и свежести восприятья, не вся
порция оприходована, стекловатный
взгляд зассыхи рабочего паренька
провожает, он удаляется преспокойно
схавав мороженое, обрушился каркас
прожитой жизни, не обойтись без кода

Dmitry Golynko, "Chuzhaia rodinka"[2]

Dmitry Golynko's poetry of the last decade threatens the reader with "massive losses for amour-propre and unjaded perception." It is a poetry of uneasiness—perhaps even revulsion—that intentionally evokes

1 Earlier versions of this essay were presented at the conference Political Violence and Militant Aesthetics after Socialism at Yale University and at the convention of the Association for Slavic, East European, and Eurasian Studies. Thanks are due to Marijeta Bozovic, Mark Lipovetsky, Serguei Oushakine, Timothy Sergay, and Alexander Skidan for their questions on those occasions.

2 Dmitry Golynko, "Chuzhaia rodinka," *Vozdukh* 3 (2008), archived on the site *Novaia karta literatury Rossii*, accessed March 8, 2017, http://www.litkarta.ru/projects/vozdukh/issues/2008-3/golynko/. Translations deployed in the analysis below are drawn from the English rendition: Dmitry Golynko, "The Other's Mole," trans. Kevin M. F. Platt, *6×6* 28 (2013), unnumbered 39–45.

uncomfortable affective responses in order to achieve rare analytical insights. Golynko's poems are focused on contemporary political and economic realities, applying the devices of discourse poetry in detailed portraits of subjects, conditions, and situations that are fearless in their investigation of the most unsavory corners of the social world—insider trading, situations of hopelessness, unredeemed debasement and abjection, violent and even sadistic relations among people and institutions, patriarchal scenes of sexual domination and objectification. Like a viewer of Quentin Tarantino's early ultraviolent films—*Reservoir Dogs*, for instance—the reader is witness to excruciating physical and social violence that enables critique, but also demands the viewer's self-examination regarding his or her own motivations and relationship to this material.[3]

In an earlier essay, I described Golynko's poetry as a "New Social Epic" and defined it as an ethnography of contemporary social life via discourse poetry—an unflinching accumulation and sampling of the often repugnant words of others.[4] In that essay, I also proposed that Golynko has crossed something of a boundary with regard to the depiction of ugliness in the lyric—a form that is to this day most commonly associated with the beautiful, or at least with subjective elevation via intellectual or aesthetic transformations of human experience. I remain convinced of the accuracy of this description of Golynko's writing. Yet I have long had a niggling sense that I have not fathomed its most important features. The elephant in the room and the reason that I was failing to deal with it adequately were one in the same, and are derived from the affective challenge of these poems—the sense of queasiness at an encounter with "things better left unexpressed" or "things one would be ashamed to admit." Obviously, I am referring to highly subjective, personal aspects of my reading to Golynko's poems. Yet, as I will demonstrate below, this is precisely what these poems demand, in their deployment of a discourse poetry dedicated to challenging intersubjective delimitations between the affective states of the poet, his audience, and the society he describes. In other words, it is only proper to launch an analysis of a poetry of affect with feeling.

3 Or perhaps the effect could be compared to the psychological conditioning undergone by Alex, the antihero of Stanley Kubrik's *A Clockwork Orange*, who was restrained, pumped full of nausea-inducing medication, and had his eyes taped open before screened images of ultraviolence.

4 Kevin M. F. Platt, "Now Poet: Dmitry Golynko and the New Social Epic," *Jacket2*, August 8, 2014, accessed January 11, 2017, https://jacket2.org/article/now-poet.

In order to comprehend what Golynko is doing with discourse poetry, we must first take a detour through one of the form's origins in Russian literature—one that has been of particular importance for experimental poetry in St. Petersburg since the end of the twentieth century: the work of American poet Lyn Hejinian. The step from Golynko to Hejinian is motivated by the genealogy that connects them via the poetry, translation, and transnational contacts of Arkadii Dragomoshchenko during the late 1980s and early 1990s. Hejinian and Dragomoshchenko spearheaded the creation of a network uniting experimental poets in the USA associated with the journal *L=A=N=G=U=A=G=E*, the "Language School" poets, with their counterparts in the USSR and then Russia, largely drawn from the literary undergrounds of St. Petersburg and Moscow.[5] Dragomoshchenko—through cultural exchange, translation, and publishing—interjected and transposed Language School poetry, practices, and theorizations into Russian literary life in the late 1980s and 1990s. He continued to loom over the St. Petersburg alternative literary scene in the early years of this century until his untimely death in 2012, serving as the literary godfather of many younger poets, from Aleksandr Skidan to Pavel Arsen'ev and Roman Osmin'kin. Golynko, too, found his place in this poetic landscape and, like any other member of the St. Petersburg experimental poetry scene, he is familiar with Hejinian's works in Dragomoshchenko's translations, as well as, in his case, in the original.

Among the general features of Language School poetry is what has been broadly described as a "post-lyric" sensibility.[6] The poets who came

5 An important published document of Hejinian, Dragomoshchenko and the network they brought into being is: Michael Davidson, Lyn Hejinian, Ron Silliman, and Barrett Watten, *Leningrad: American Writers in the Soviet Union* (San Francisco, CA: Mercury House, 1991). It has been most recently described in Jacob Edmond, *A Common Strangeness: Contemporary Poetry, Cross-Cultural Encounter, Comparative Literature* (New York: Fordham University Press, 2012), 44–94. See also Stephanie Sandler, "Arkadii Dragomoshchenko, Lyn Hejinian, and the Persistence of Romanticism," *Contemporary Literature* 46, no. 1 (2005): 18–45; and Jacob Edmond, "'A Meaning Alliance': Arkadii Dragomoshchenko and Lyn Hejinian's Poetics of Translation," *The Slavic and East European Journal* 46, no. 3 (2002): 551–64.

6 The term, now broadly applied, can be traced to Marjorie Perloff's work on late twentieth-century American poetry, including that of the Language School, on which I draw for the thumbnail sketch of that group's practices that follows here. See Marjorie Perloff, "Postmodernism and the Impasse of Lyric," in her *The Dance of the Intellect: Studies in the Poetry of the Pound Tradition* (Cambridge: Cambridge University Press, 1985), 172–200.

together around the journal *L=A=N=G=U=A=G=E* in its heyday in the 1970s and 1980s were deeply influenced by readings in poststructuralist theory. Among the theoretical and critical stances they assimilated into their work was the series of meditations on the constructed nature of authorship and subjectivity associated perhaps most emphatically with two seminal essays: Roland Barthes's "The Death of the Author" and Michel Foucault's "What Is an Author?" These essays pointed to the institutionally constructed and constraining nature of traditional concepts of authorship. The Language School poets adopted a variety of strategies in response, including conceptual poetry that obviates the need for a unified authorial voice, or that undermines it via ironic subversion, as well as writing that works in earnest to evacuate the lyric subject by abandoning the first person and instead curating the speech of others. One might take as an example a passage from a poem by Bob Perelman, "The Unruly Child":

> There is a series of solids, mother,
> Called people, who rise to the transparent obtainable
> Solo windows, mornings, afternoons,
> And there are military operations called
> Operation Patio, Operation Menu.
>
> It is the individuals who finally get the feel of the tenses.
> So that it may snow, has to snow on the muddy corpse.
> There is a boundary, mother, very far away and very
> Continuous, broken, to interrogate civilians, the self,
> The text, networks of viewers found wanting a new way
> To cook chicken, why not?, to kill while falling asleep.
> There is the one language not called money, and the other not called explosions.[7]

Here, if there is a lyric subject, it is far removed from Perelman's biographical or authorial identity. Instead, it constitutes a principle for the organization of sentences that "interrogate civilians, the self / The text," bringing to light the colonization or seizure of the individual's

7 Bob Perelman, "The Unruly Child," in *To the Reader* (Berkeley, CA: Tuumba Press, 1984), 7 of 40 unnumbered pages.

language and consciousness by power, rendering consumer existence ("viewers found wanting a new way / To cook chicken") complicit with military violence ("Operation Menu"; "kill[ing] while falling asleep"). The oscillation of the word "interrogate" between analytical and militaristic registers is itself a part of Perelman's "interrogation" of the compromised nature of language. Perelman, like many of his Language School colleagues, evacuates the lyric subject in order to examine the politics of language and subjectivity per se.

Lyn Hejinian adopted a different tack. Her poetry, while eschewing traditional modes of lyric expressiveness, determinedly investigates what it is to be a subject, what it is to be embodied, what it is to be, in short, Lyn Hejinian. Among her most well-known works is her 1980 book *My Life*, subsequently expanded and republished in 1987, 2002, and 2013.[8] This is an ongoing project of unconventional life writing, composed of a series of meditations on the intensely personal facts of Hejinian's biography—her children, married life, her own childhood and relationship to her parents. Yet biography is not offered as an expression of subjective experience in the poet's unique and unrepeatable voice, as in traditional lyric address. Instead, Hejinian presents a stream of impressions, facts, and happenings that make up the "historical individual called Lyn Hejinian," delivered via the many voices—of Hejinian and of others—that constitute her personhood as a dynamic fabric woven from many threads. Rather than writing a lyric without a subject, she shows how modern subjectivities are put together, yet without rendering the subject itself as a source of authoritative expression. Lyn shows "Lyn" not as origin of language, but as linguistic nexus in a version of discourse poetry that is not so much post-lyric as intersubjective.

In a 1988 lecture, subsequently published as the essay "The Person and Description," Hejinian explains her practice:

> All my observations are made from within a matrix of possibly infinite contingencies and contextualities. This sense of contingency is intrinsic to my experience of the self as a relationship rather than an essence. [. . .] That sense of being, of selfhood, can only be reached *after* one is in place and surrounded by possibilities. [. . .]

8 In the current essay, I refer to the last edition: Lyn Hejinian, *My Life and My Life in the Nineties* (Middletown, CT: Wesleyan University Press, 2013).

> And the exercise of possibilities (including that of consciousness) amid conditions and occasions constitutes a person. It is here that the epistemological nightmare of the solipsistic self breaks down, and the essentialist yearning after truth and origins can be discarded in favor of the experience of experience. The person, in this view, is a mobile (and mobilized) reference point or, to put it another way, subjectivity is not an entity but a dynamic.[9]

In *My Life*, the implications of this conception of subjectivity were already plain, not only with regard to the writing subject, but also in relation to "others." The subject, which is presented as a "mobile reference point" and described through writing that accesses the "experience of experience," is not only revealed in its complex dependencies on "contingencies and contextualities," but is presented as radically open to and coexistent with others. This explains the intersection of poly-vocality and individuation in *My Life*:

> I turn to look out the window, my attention drawn to the yellow truck in the sunlight. White and black are not colors but they are inks and paints. They are not interested in people's emotional upheavals but in their eccentric movements. They'll read tonight. Enzymes participate in the logic of digestion, which is why we eat the cow but not the grass. He thought a baby born of an interracial marriage would be pinto. The noise from the other apartments sweeps under the door, seeps up through the floor. I like to think about him when he's not at home and can't come into the room and spoil it. The mind has the message. A pause, a rose, something on paper—an example of parascription. The deeper register of his voice is in the pause. Carpet it.[10]

Here, an intersubjective discourse poetry presents a form of selfhood uniquely aware of its intersections with others. The fundamental device that generates this effect is the macro-organization of the poem, which metonymically collates elements of the poet's experience with that of others. Lines alternate irregularly between those that attach speech to

9 Lyn Hejinian, "The Person and Description," in *The Language of Inquiry* (Berkeley: University of California Press, 2000), 202–3.

10 Hejinian, *My Life*, 52.

concrete persons and identifiable contexts, chiefly what appears to be an authorial "I," and others in which elements of experience hang in the air, seemingly attributable to no one or anyone. Shifters—contextually dependent referential signs, personal and relative pronouns, "he," "they," "it," "this," "that"—lacking definite context, result in a sense that language and experience, conversations overheard or someone else's thoughts, are "seep[ing] up through the floor."

Hejinian's maximal investments in writing the "experience of experience" as it relates to the problem of intersubjectivity came in encounters with Dragomoshchenko, who was her correspondent, interlocutor, translator, and close friend over the period of a decade from the mid-eighties to the mid-nineties. As Jacob Edmond has argued, Hejinian conceived of her relationship with Dragomoshchenko as a scene of estrangement of essentialized conceptions of selfhood—as a result of her sense of displacement in language and social context; as a result of what she saw, in an idiosyncratic reception of Russian intellectual traditions reaching back to avant-garde and especially Formalist writings, as special features of the Russian language and cultural tradition; and as a result of her own loss of selfhood in what was a highly eroticized exchange between the two poets. For all of these reasons, Russia was, for Hejinian, the place where selfhood was prima facie effaced. As Edmond writes, Hejinian:

> quotes Dragomoshchenko as saying "You are afraid of your finitude, and we are afraid of our infinitude." "Finitude" implies a selfhood that is not dynamic, that is delimited and contained. For Hejinian, this essential selfhood is resistant to community and therefore dangerous. "Infinitude" implies the lack of a sharply defined selfhood or objects and accordingly an emphasis on community over the individual. Russia thus offers Hejinian an escape from the finitude of the Western individual through the diffusion of objects and the self. [. . .] Hejinian escapes the finitude of "me" in the "Not-me" of Russia, and clearly finds this loss of self suggestive, even erotic.[11]

These conceptions came to fruition in Hejinian's 1991 book *Oxota: A Short Russian Novel*, in which she deploys Dragomoshchenko's poetry

11 Edmond, *A Common Strangeness*, 86.

and correspondence interspersed with her own writing, and articulates the erotics of the loss of self:

> A Russian loss
> The eros of no individual, the sex that is impersonally free
> It might be a pornography, stripping and gears
> But only if I speak
> I could say I like music but I don't like rhythm when it's too much
> in the air
> It's water that's the light of the sky
> There's not a and no the there[12]

Here, as Edmond has explained, Russia, and the Russian language—in particular its lack of particles and of present tense forms of the verb to be ("not much is")—becomes a space where the individual, too, is lost in an erotic "sex that is impersonally free." For Hejinian, Russia was associated "with the dispersal of essential selfhood in favor of dynamic personhood"[13]—in other words, she imagined the Russian language and cultural tradition as performing the same beneficial dismantling of subjectivity that she, all along, had sought to achieve through poetry. In Russia, it appeared, Hejinian had discovered the homeland of intersubjective discourse poetry.

A longer version of this essay might at this point explore Dragomoshchenko's parallel poetic innovations, for to take Hejinian's positions seriously is to see intersubjective discourse poetry as a shared, transnational project. Instead, I will limit myself to the observation that, because of the centrality of Dragomoshchenko as a lynchpin of Russian-American poetic contacts at the end of the Cold War, Hejinian, too, looms as an enormously influential figure for experimental poets in St. Petersburg, including Golynko.[14] As Edmond has pointed out, Hejinian's project of transcending self in her encounter with Dragomoshchenko

---

12 Lyn Hejinian, *Oxota: A Short Russian Novel* (Great Barrington, MA: Figures, 1991), ch. 251.

13 Edmond, *A Common Strangeness*, 93.

14 One might derive the hypothesis, which remains to be examined, that the development of discourse poetry in St. Petersburg was inclined toward intersubjectivity, rather than simply post-lyric sensibilities, by the prominent roles of Hejinian and Dragomoshchenko and their poetic project.

was a utopian endeavor, shaped by euphoric expectations associated with the end of the Cold War.[15] For Hejinian, from *My Life* onward, intersubjective discourse poetry not only offered an exit from the "solipsistic" self into a loving community, but could also help realize global human solidarities. It is a minor historical irony that the end of the Cold War, rather than making the Russian constructions of collective experience that Hejinian prized available across the former geopolitical divides of the twentieth century, instead inflicted a hypertrophied version of liberal individualism and class differentiation on Russian society via the bloody social Darwinism of the 1990s. It is an additional irony that, following the assimilation in Russia, in fun-house-mirror form, of some of the worst features of liberal societies, Cold War boundaries between Russia and "the West" were reinscribed. Golynko's inheritance of Hejinian's poetic techniques and use of them to describe aspects of the global trend toward the anomie and moral isolation of liberal subjectivity is therefore a bit of poetic justice.

From the start of his career in the early 1990s, Golynko's work has been invested in discursive sampling practices.[16] As I have described elsewhere, his writing has passed through several distinct phases.[17] His early poetry was a postmodern-glam bonanza that grafted discourse collected from the social scenes of 1990s Russia onto a virtuosic panoply of intertexts from cosmopolitan avant-garde traditions. This gave way in the new millennium to social-metaphysical serial poems, the best known of which was the "Elementarnye veshchi" cycle, which carried out peculiar philosophical operations of abstraction on social reality and found speech. Finally, in the course of the 2000s and 2010s, Golynko arrived at the serial

---

15 Edmond, *A Common Strangeness*, 94.

16 Golynko's books of poetry include: *Homo scribens* (St. Petersburg: Borei-art, 1994); *Direktoriia* (Moscow: Argo-Risk, 2001); *Betonnye golubki* (Moscow: Novoe literaturnoe obozrenie, 2003); *As It Turned Out* (Brooklyn, NY: Ugly Duckling Presse, 2008); and *Chto eto bylo i drugie obosnovaniia* (Moscow: Novoe literaturnoe obozrenie, 2013).

17 Platt, "Now Poet"; Kevin M. F. Platt, "Na granitse literaturovedeniia, za predelamy postsovetskogo opyta: Dmitrii Golynko-Vol'fson," *Novoe literaturnoe obozrenie* 89 (2008): 213–20. Also see: Eugene Ostashevsky, "Dmitry Golynko-Volfson and New Petersburg Poetry," *Shark* 1 (1998): 74–86; Eugene Ostashevsky, "Editor's Introduction," in Golynko, *As It Turned Out*, ix–xiii; Dmitrii Golynko and Evgeny Pavlov, "A Poetics of Intense Precision," *Landfall* (New Zealand) 213 (May 2007): 52–59; Il'ia Kukulin, "Ischeznovenie spektaklia (traektoriia poeticheskogo soznaniia)," in Golynko, *Betonnye golubki*, 5–20.

poems described in the current essay, in which sampling from the social world arrives at a new level of intensity and, I propose, revisits the practices of Hejinian's intersubjective texts.

The poems of this phase of Golynko's work present lengthy series of stanzas composed of samples from street jargon, computer chat-room terminology, the language of state media, opposition bloggers, and other found discourse. They include such poems as "Vyn' da polozh'" (2004), "Kliuchi ot Kraia" (2007), "Ogliadyvaia vokrug" (2010), and many others. The stanzas are linked together through the repetition of basic formulae, buttressed by loose convergences in minor narratives, scenes, and speakers. As in this passage from "Looking at the Around," the text may shift from speech that resonates with the critical language of an educated observer of events unexpectedly into racial slurs or political clichés drawn from a completely distinct social register:

> оглядывая вокруг бесконечная череда репрессий
> сменяется оттепелью, признанием перегибов
> застоем, стагнацией, колониальной войною
> на рубежах, либерастией, черте-чем без бантика
> опять полоса репрессий, западает курок на спуске[18]

Here, a list of recognizable phrases begins with "endless chain of repressions" and "denunciation of extreme measures," with which most of Golynko's readers might identify, yet catches the reader off balance by its arrival at "liberasty," a cliché of Russian public discourse—a punning portmanteau of "liberal" and the common Russian anti-gay slur "pederast." As a whole, the poem, which recalls Perelman's investigation of the relationship between the language of the individual and that of state power in "The Unruly Child," is composed of multiple such arrivals—a dizzying fabric of language that presents a snapshot of a social and political scene in which readerly identification is both invited and problematized by angles of vision, political stances, and attitudes that suddenly and without warning repel, triggering a sense of impropriety through violation of the rules of polite language or political correctness. Often, in Golynko's work, the conflict between contact and repulsion reaches its climax in grotesque representations of bodily functions:

18 Dmitrii Golynko-Vol'fson, "Ogliadyvaia vokrug," *Translit* 8 (2010): 36–39, cit. on 36.

оглядывая вокруг участившийся произвол
силовых структур, участившиеся нарушенья
закона со стороны правоохранительных
органов, множество жалоб, запущенных по
инстанциям, соприкоснувшись, пот ручьем[19]

Yet it is here, in this evocation of a body that may belong to the lyrical subject, or to the reader, or to anyone, that one senses Golynko's affinity not with Perelman's "interrogation" of language, but rather with Hejinian's "experience of experience."

In order to sort out the place of the body in Golynko's poetics, and to make sense of his relationship to Hejinian's intersubjective discourse poetry, let us return to the work cited in the epigraph above, "Chuzhaia rodinka," a 2007 poem composed of eleven eight-line stanzas. The central figure of the mole, the recurrent object of fascination and of implicit violence in each stanza, possibly evokes the mole of Kat'ka, the prostitute murdered in Alexander Blok's canonical long poem "Dvenadtsat'."[20] As Pet'ka, her murderer and erstwhile lover explains:

Из-за удали бедовой
В огневых её очах,
Из-за родинки пунцовой
Возле правого плеча,
Загубил я, бестолковый,
Загубил я сгоряча . . . ах![21]

Like Golynko's work, Blok's poem is an exploration of patriarchal social violence, and it experiments both with discursive sampling from the margins of social life and with serial form. Yet Golynko's more immediate formal predecessor, at a more granular level of syntax and manipulation of language, is Hejinian. As did Hejinian, Golynko describes the "experience of experience" in his serial discourse poems, presenting subjectivity as a nexus of social contingencies and linguistic contexts that bring personhood into being. Yet unlike Hejinian, the social and linguistic contexts that he sets in motion are deeply troubling matrixes

19 Ibid., 36.
20 Thanks are due to Timothy Sergay for this observation.
21 Aleksandr Blok, *Dvenadtsat': Poema* (Petrograd: Alkonost, 1918), 38.

of anomie and abjection. In Golynko's hands, intersubjective discourse poetry is a tool to experience the negative capacity of contemporary society in all of its fullness:

> родинка перед глазами маячит
> напоминает о трудностях, о нештатной
> ситуации, сложившейся на
> предприятье, о забастовке трудящихся
> в дальнем районе, о топорном решении
> не нарушать законы, хорошо, что
> родинка малюсенькая, в нависшей
> массе есть человеческое что-то
>
> родинка на её лопатке
> его раздражает, ни в жизнь не станет
> докапываться, пестроватый купальник
> в горошинку, снятый, от старо-
> сти выцветший, сушится на трухлявом
> подоконнике, родинка неприкрыто
> подрагивает, столько халявных
> удовольствий, если за гранью срыва
>
> язык общения дрябл и рыхл
> родинка вздрагивает, отрыж-
> ка после приёма плохой
> пищи, попечительством доброхот
> доведёт до колик, дева стоит в локтевой
> или коленной, от страсти хвост
> поджав, в отражении не признать
> ни себя, ни обнявшихся, ноет десна[22]

This is reading as an uncomfortable experience—not simply because Golynko offers us a view toward frighteningly ugly aspects of contemporary society, but because his poetics implicate himself and us, the readers, in these scenes by means of exploration of the interstices of a "common tongue" ("iazyk obshcheniia") that is "slacke and laxe" ("driabl i rykhl").

---

22 Golynko, "Chuzhaia rodinka."

As in the case of Hejinian, Golynko's use of open syntactic structures as a tool for the metonymic accumulation of detail, marked with what might be called "shifting shifters" (such as the reflexive pronoun "sebia" in the last line cited above, the antecedent of which is ambiguous) and body parts that pull away from the narrative and seem to merge with our own ("gums ache") detaches elements of experience from the organizing principle of an identifiable person, whether an (elusive) lyric subject or a character in this poem, allowing these elements to wander. Whose "eyes" is the mole dangling ("maiachit'") in front of? There is a "he" here, alright, but it is an exceedingly weak link in a long chain of unattached grammatical units devoid of pronouns that could link them to any specific actor or individual. This is certainly an experience, but who is experiencing it? Is it the author, is it a loosely defined character, is it, heaven forbid, us readers?

Like Hejinian's works, "Chuzhaia rodinka" activates an erotics of trans-subjective experience, yet instead of a sense of merging with the beloved other, a loss of "essential selfhood" that we might welcome as part of a utopian politics of transcendent human collectivity, the reader is faced with interpolation into situations in which one would rather not see oneself. We, too, are "disturbed" by that to which we would rather not "dig down." The figure of the "maiden" (*deva*) on knees or hands is, perhaps, a figure of this poem's unidentifiable and abject point of identification, in which one is unable to "recognize in reflection neither self, nor those embracing" ("v otrazhenii ne priznat' ni sebia, ni obniavshikhsia"). The poem holds up a mirror, but is it the mirror of mimesis, or the mirror of satire, showing us our own reflection, or the mirror above the bed in a cheap hotel? Golynko, rather than presenting problematic scenes in a key of diagnostic precision, allowing readers to pass judgment on social ills in comfort, challenges the reader to question his or her own complicity. His suspicion of a language co-opted by patriarchal power recalls Perelman's in "The Unruly Child." Yet the Golynko poem, using techniques that evoke Hejinian more than Perelman, raises the stakes of critique by means of an interpolation of the reader, whose relationship to this language and scene is equivocal. Here, intersubjective discourse poetry has been mobilized not in the name of a utopian project, but in order to force a crisis of self-critique, demanding that readers examine their own place in the economy of cruelty that Golynko depicts with such brutal precision, presenting an opportunity for analysis of our own imbrication in the social and political unconscious, in search of a lever through which to cure ourselves as a collectivity.

Following presentation of an earlier version of this essay, one member of the audience told me that I had Golynko wrong: the stanzas cited above indicated that the poet "is just a misogynist." This reaction—a rejection of the abjection Golynko examines as a "personal problem" of the author—is understandable, but also symptomatic of the condition of liberal isolation that this text, like others of Golynko's recent works, seeks to overcome. Golynko's work draws on the devices of Hejinian's post-expressive yet subject-centered poetry in order to realize a wholly different project than hers. Instead of an exploration of trans-personal linguistic and social dimensions of personhood geared to the experience of solidarity beyond individual subjectivity, Golynko uses similar devices to grant the reader experience of the subjective interiority of the most politically problematic aspects of the contemporary social world. Hejinian's project was a utopia of radical solidarity by means of intersubjective discourse poetry. Golynko uses similar tools as a means to critique the actual dystopia of the isolated liberal subject who leaves others to their fates—the "epistemological nightmare of the solipsistic self," to recall Hejinian's essay cited above. This is no "snapshot" of the vices of others (a novel of fallen morals, a gangster film, etc.) that may easily become the vehicle, at one and the same time, for both a distanced "analysis" of social ills and for voyeuristic investment. Consider, by way of contrast, the scenes of sexual violence in Vladimir Sorokin's *Den' Oprichnika*, which may be read both as critique of patriarchal violence and as rape literature. Golynko's work frontloads this equivocation—we are never allowed not to recognize ourselves in the repellent situations we confront, and therefore we are forced always to engage in self-critique alongside social critique.

Art in the twentieth century has been challenged since the era of the first Avant-Gardes to negotiate the categorical divide between description and analysis of political situations on the one hand, and active involvement on the other. Golynko's poetry short-circuits these divides, making it impossible to adopt a distanced relationship to the repellent scenes it presents—neither a stance of disinterested analysis nor aesthetic abstraction can redeem the reader of these poems. This is poetry that is designed to insert all of us in the thick of things, where we are called upon to recognize our own complicity, whether we like it or not, in repugnant political and social realities. In other words, the ultimate target of Golynko's weaponization of intersubjective discourse poetry is us. In this poetry, we face the challenge to do something about the ills of our society, for they are our own.

SMALL TALK, WHIMSY, AND *GRAVITAS*

A Few Quasi-Zholkovskian Vignettes of Encounters with Lidiia Ginzburg

SARAH PRATT
(Los Angeles)

Lidiia Ginzburg has left us no room for meta-transcending her text, which has it all.
Alexander Zholkovsky, "Between Genres"

Alik Zholkovsky is one of the best and most challenging things ever to happen to the Slavic Department at the University of Southern California. His intellectual omnivorousness and accumulated knowledge make an immeasurable contribution to the depth and breadth of the department. His energy is reflected countless ways. He is known across the campus for his energetic swimming and bicycle riding habits. His debating skills and his puns make talks and seminars crackle. The department snaps to life when he arrives. It is not without reason that after the first Iraq war, known as "Operation Desert Storm," Alik acquired the nickname "Operation Slavic Storm." In addition, Alik's unflinching scholarly honesty is a service to his students and others. Even when he works hard to express his opinion as he puts it "in the American way with the nice stuff first," his criticism can be discomfiting for those not used to the directness and unfettered debate his close colleagues and students have come to cherish. And finally, there is the issue of Alik's overwhelming versatility as a linguist, a semiotician, a scholar of nineteenth-, twentieth-, and twenty-first-century literature, an author of vignettes, and a public intellectual in his own right. He is known for his ability to analyze everything from Soviet cookie wrappers to typological characteristics of poems based on infinitive verb forms, the cultural nuances of Russian and American life, the intricacies of their various bureaucracies, and the vicissitudes of academia.

Given all of this, it is with trepidation that I now set out to follow a short path parallel to Alik's by offering vignettes of several encounters with the scholar, literary critic, and memoirist Lidiia Ginzburg. The trepidation is all the more intense because Alik himself, after wrestling with a passage from Ginzburg's *Literatura v poiskakh real'nosti,* concludes with a note of wry self-irony and more than a hint of frustration, "Lidiia Ginzburg has left us no room for meta-transcending her text, which has it all."[1] At risk of plagiarism, I will say the same of him: Alexander Zholkovsky has left us no room for meta-transcending his text, which has it all. Therefore, I submit this essay with acknowledged humility, and as a tribute to both Zholkovsky and Ginzburg, themselves consummate practitioners of notes and vignettes.

The subfield of Ginzburg studies is marked by a bimodal structure. The first generation of Ginzburg scholars—Jane Gary Harris, Irina Paperno, Richard Gustafson, Victor Erlich, William Mills Todd III, myself, and several others—typically focused on the critic's large-scale literary investigations, *O lirike*, *O psikhologicheskoi proze*, and *O literaturnom geroe*.[2] They lived through elements of Ginzburg's historical period, and a number of them knew her and discussed her thoughts and goals with her as she wrote and revised her texts. The force of her living personality is often palpable in their works. A newer generation of scholars tends to

---

1 Alexander Zholkovsky, "Between Genres," special issue on Lidija Ginzburg, *Canadian-American Slavic Studies* 28, no. 3 (1994): 157–60; Aleksandr Zholkovskii, "Mezhdu zhanrami (L. Ia. Ginzburg)," *Literaturnoe obozrenie 10 (*1989): 78–86. See also Zholkovsky, "The Red and the Gray (Appendix: 'Between Genres')," in *Lydia Ginzburg's Alternative Literary Identities*, ed. Emily Van Buskirk and Andrei Zorin (New York: Peter Lang, 2012), 27–38.

2 See, for example, the special issue "Lidiia Ginzburg's Contribution to Literary Criticism," *Canadian-American Slavic Studies* 19, no. 2 (1985).

focus on the more scattered notes or *zapiski* that remained unpublished, or only partially published, during Ginzburg's lifetime. The lively immediacy of the earlier studies is sometimes lacking, but this generation has the benefit of historical hindsight, new theoretical approaches, and above all, access to a wide range of Ginzburg's writings not available to their precursors. An investigation of the generational transition, the historical conditions that gave rise to it, the "types" or identities of the participants, and the ongoing discussion of what it all means could not be more fitting in terms of Ginzburg's own interests and worldview. This essay is a throwback to the efforts of the older cohort, a reminiscence of some of my own encounters with Lidiia Iakovlevna, which were marked by the failure of small talk and by the power of whimsy and *gravitas*.

THE FAILURE OF SMALL TALK AND THE BEGINNING OF UNDERSTANDING

I arrived in Leningrad on the International Research and Exchanges Board (IREX) exchange in fall 1975 with a letter of introduction to Lidiia Ginzburg from my dissertation advisor, Richard Gustafson. I had virtually memorized the third chapter of Ginzburg's *O lirike* as I wrote my master's essay on Tiutchev, struggling mightily with the depth of her knowledge, the intensity of her thought, and the density of her prose.[3] The encounter with *O lirike* had made me feel as if the waves of the Neva were casting me again and again against the granite embankment of Russian culture itself. Ginzburg did not write the kind of prose that even a diligent and enthusiastic American student could read after four years studying the Russian language, but her arguments were so compelling that the value of the linguistic struggle was more than obvious. And so I settled into the dormitory on Ulitsa Shevchenko with the rest of the American IREX contingent, acquired an appropriate hoard of two-kopeck pieces for phone calls and, gathering my courage, made the call to Lidiia Iakovlevna. After a short and halting conversation, we agreed that I would visit her in her apartment on Prospekt Shvernika the next week.

The day came. Having lived as a graduate student at Columbia University in New York for some years, I was intrigued by the Leningrad trams and enjoyed the trip past the television tower to the outer regions

3 Lidiia Ginzburg, *O lirike*, expanded edition (Leningrad: Sovetskii pisatel', 1974).

of the city. The big apartment houses seemed imposing and solid amidst the more delicate cast of the scattered birch and fir trees. I managed to get off the tram at the right stop, found the right building, then the right entrance, and then the very door to Lidiia Iakovlevna's apartment. Elated and nervous, I rang the bell. Through the door I could hear the slow, muffled steps of someone walking in *tapochki*. The door opened. What I encountered was not so much a human figure but, in the manner of Tolstoyan *ostranenie*, an intense gaze that radiated from a pair of dark eyes. Indeed, the intensity of the gaze was reminiscent of photographs of Tolstoy himself, but it was by no means unfriendly. "*Zdravstvuite*," said the same firm voice I had heard on the telephone, slowly enunciating each syllable. The gaze continued to focus on my face. It seemed to be sorting impressions that would give a key to my larger identity, to my mind and my place in the intellectual world. "Oh . . . *zdravstvuite*!" I said, eagerly extending my hand to complete the greeting. This was followed by a long and unnerving pause on the other side. "*Nel'zia cherez porog!*" the voice admonished, still speaking firmly, slowly, and clearly. "*Chto*?" I responded, thinking that I might have misunderstood the words in spite of their clarity, and having no concept that I had already breached a basic element of social etiquette. The eyes took on an expression of amusement. "*Zakhodite*," said Lidiia Iakovlevna, now beginning to appear to me as a whole person—a person roughly my own height, but considerably more imposing in both weight and bearing. "*Nel'zia zdorovat'sia cherez porog*," she instructed as she led me inside.

Her apartment was full of books, of course, but it was more orderly than the apartments of other academics I would come to know. A visitor could actually sit down on one of several chairs, and the table was clear of books and set with tea and *buterbrody*. The exceptionally tasty combination of potatoes and *seledka* served with vodka would appear at later visits. The tea was strong and heartening, and we began the process of getting to know one another. We were joined by a quest for a broadly based understanding of Russian poetry, its culture, its semantics, its creators, and the society that shaped it. But I was a bright-eyed girl from California who came from a tradition of cheerful, incremental social engagement based on the British practice of "small talk." Lidiia Iakovlevna was a fearsome representative of the old Leningrad intelligentsia whose primary means of social engagement was posing "burning questions" of literary, political, metaphysical, and cultural importance marked by *gravitas*. This is not to say that the Russian tradition was devoid of human concerns, humor, or even gossip, or that the American approach permanently precluded intellectual and emotional depth—far from it. But the opening sally of social contact with Lidiia Iakovlevna was not based on the rules of engagement that I knew. I chirped and twittered polite and somewhat superficial observations about differences in American and Russian daily life. Lidiia Iakovlevna looked grave. Uneasy with the silence, I started to chat about something else. Suddenly I realized that she had drawn a breath and, in her deliberate, almost drawling manner, was saying, "And *wh-a-a-t* do you think about . . . *Venevi-i-i-tinov*? Do you think that he would have come to something more as a poet if he had only lived longer?" I had read a lot of Dmitrii Venevitinov and given thought to his work in connection with my study of Romantic images of the poet, and the relative lack of such images in Tiutchev's work. After responding too hastily when faced with typically Ginzburgian pauses several more times, I came to understand the pacing of Lidiia Iakovlevna's speech and the direction the conversation was likely to take. We agreed that Venevitinov could well have developed in interesting ways and could have made a richer and more complex contribution to Russian poetry but for his early death. She agreed to read my master's essay on the semantics of chaos in Tiutchev.[4] After she had read it, she took gentle umbrage at my challenge to one of her statements in *O lirike* about the image of the poet in Tiutchev, but ultimately appreciated the fact that I knew her work and cared about the same areas enough to challenge her assertions. Eventually she let me read pieces of the manuscripts that would become *O literaturnom geroe* and, my favorite of her works, the profoundly humane and metaphysical *Zapiski blokadnogo cheloveka*.[5] She also introduced me to Irina Paperno and Boris Gasparov. The context and significance of the excerpts from her own writing were difficult to judge at that point, but the introduction to the scholars, whose work

4 The published version of the master's essay is Sarah Pratt, *The Semantics of Chaos in Tjutčev* (Munich: Otto Sagner, 1983). See also Pratt, *Russian Metaphysical Romanticism: The Poetry of Tiutchev and Boratynskii* (Stanford, CA: Stanford University Press, 1984).

5 *O literaturnom geroe* (Leningrad: Sovetskii pisatel', 1979); "Zapiski blokadnogo cheloveka," in *Chelovek za pis'mennym stolom*, by Lidiia Ginzburg (Leningrad: Sovetskii pisatel', 1989), 517–78.

I admire to this day, radically expanded my understanding of the Tartu school and Russian literature and life.

Unexpected Whimsy 1: Ginzburg and Zabolotsky

It must have been the next spring when the days got longer and we went for a stroll along a wooded area by the trolley stop. Lidiia Iakovlevna began to reminisce about her youthful acquaintance with Nikolai Zabolotsky. As we rambled, she talked about the twenties, about the sense of wildness on the edge of revolutionary society created by NEP, about cabaret performances at the Stray Dog, and about talking into the small hours of the morning with Zabolotsky and others during the White Nights later on in the twenties. The effervescence of those times still tickled her, and I suddenly glimpsed a side of her that I had never expected: a side marked by whimsy and keen sense of joy at the potential zaniness of life. I had done some work on Zabolotsky for my master's exam, and years later would publish my book, *Nikolai Zabolotsky: Enigma and Cultural Paradigm*, which focuses in large measure on the extreme whimsy and literary metaphysics of the Oberiu.[6] These discussions with Lidiia Iakovlevna shaped my thinking in ways that I could not foresee at the time.[7] She provides one of the keys to this aspect of Zabolotsky's character—and her own—in a piece published in *Vospominaniia o Zabolotskom* entitled "O Zabolotskom kontsa dvadtsatykh godov," which includes a literary parody, "Dramaticheskii

6 Sarah Pratt, *Nikolai Zabolotsky: Enigma and Cultural Paradigm* (Evanston, IL: Northwestern University Press, 2000); see also Pratt, "The Stuffed Shirt Unstuffed: Zabolotskii's 'Early Years,' Real Life, and the Complexity of Soviet Culture," in *The Russian Memoir: History and Literature*, ed. Beth Holmgren (Evanston, IL: Northwestern University Press, 2003), 35–52. Oberiu (Ob"edinenie real'nogo iskustva, or the Association for Real Art) was an avant-garde collective in the 1920s and 30s.

7 Sarah Pratt, "*Lidiia Ginzburg, russkii demokrat na* rendez-vous," *Novoe literaturnoe obozrenie* 49 (March 2001): 387–400; Pratt, "Lidiia Ginzburg, a Russian Democrat at the Rendezvous," *Canadian-American Slavic Studies* 28, no. 3 (1994): 183–203. See also Pratt, "Lidija Ginzburg: In Memoriam," *The Slavic and East European Journal* 34, no. 4 (Winter 1990): 580–82; Pratt, "Lydia Ginzburg and the Fluidity of Genre," in *Forms of Autobiographical Statement in Twentieth-Century Russian Literature*, ed. Jane Gary Harris (Princeton, NJ: Princeton University Press, 1990), 207–16; "Lidiia Ginzburg's *O starom i novom* as Autobiography," *The Slavic and East European Journal* 30, no. 1 (Spring 1986): 45–53; Preface, Special issue on Lidiia Ginzburg's contribution to literary criticism, *Canadian-American Slavic Studies* 19, no. 2 (1985), 121–27.

monolog s primechaniiami," written by the poet on the occasion of an unsuccessful motorboat outing with Lidiia Iakovlevna in May 1928.[8] The crux of the whimsy here lies in sabotage of generic tradition, in the conflict between the piece's archaic tenor and the conspicuously modern occasion of a motorboat outing, and in the projected author's flip-flopping between the persona of a sentimentalist poet of an earlier era and that of a modern literary hooligan not unlike the real Zabolotsky of the 1920s. In the excerpts below, the ellipses in the first stanza were inserted by Ginzburg to replace the names of literary figures. The footnotes to the text are Zabolotsky's, but have been renumbered and included in the body of the text here for the sake of clarity. The work begins as follows:

ДРАМАТИЧЕСКИЙ МОНОЛОГ

С примечаниями

Обладательница альбома сидит под сенью лавров и олеандров. Вдалеке видны величественные здания храмов и академии. Подходит автор.

Автор

(робко и растерянно)

Смиряя дрожь своих коленок,
Стою у входа в Иллион[1].
Повсюду тысяча.........
И... миллион........
О Лидья Яковлевна, каюсь—
я так недолго протяну;
Куда пойду, куда деваюсь,
В котору сторону шагну???

(Оглядывается по сторонам, горько улыбается и замолкает. Проходит минута молчания. Затем автор устремляет взор в отверстые небеса и продолжает мечтательно.)

8 Lidiia Ginzburg, "O Zabolotskom kontsa dvadtsatykh godov," in *Vospominaniia o Zabolotskom*, ed. E. V. Zabolotskaia and A. I. Makedonov (Moscow: Sovetskii pisatel', 1977), 120–31; (expanded edition 1984), 145–56.

Одна осталось мне дорога—
терновый заказать венец,
а также вымолить у Бога
моторной лодки образец.

[1]Автор не силен в мифологии, но все же термин сей примечателен.

"The author" then begins a rather protracted process of departure that involves self-advertised plagiarism and a crescendo of literary effrontery.

(Умолкает. Тишина. Вдруг—протягивая руки к обладательнице альбома.)

Ах, до свиданья, до свиданья!
Бокалы выше головы!
Моторной лодки трепетанье
Слыхали ль вы, слыхали ль вы[2]?
. . . Повсюду тишь и гладь реки,
свистят, играя, кулики,
и воздух вятского затона
прекраснее одеколона.
Дышали ль вы?
Нет! Не дышали!
Слыхали ль вы?
Нет! Не слыхали!
И я, как будто не слыхал . . .

[2]Явный, но неудачный плагиат.

The plagiarism revealed by the footnote here is "obvious" in the context of Russian culture because it comes from Alexander Pushkin reinforced by Pyotr Ilyich Chaikovsky. The refrain *slykhali l' vy* marks the opening duet by Tatiana and Ol'ga in the first scene of the opera *Eugene Onegin*.[9] Not surprisingly, it is Alik Zholkovsky who brought the libretto

9 Pyotr Tchaikovsky, *Eugene Onegin: Lyric Scenes in Three Acts and Seven Scenes*, libretto by Konstantin Shilovsky and Pyotr Tchaikovsky, based on Alexander Pushkin's novel in verse of the same name (London: Richard Schauer, 1993), 4–12.

to my attention (thank you yet again, Alik). The basis of the lyrics for the duet, however, comes not from Pushkin's *Evgenii Onegin*, but from Pushkin's early sentimental poem "Pevets" of 1816. The plagiarism is "unsuccessful" because "the author" insists on undercutting his own text by means of the footnotes, and because, through the reference to eau de cologne, the text puns on the notion of the smell of the Viatka backwater based on the locution *slyshat' zapakh*.

But all is not lost. "The author" at least seems to perceive the problem as he turns to his companion and, with a wail of desperation, apologizes in the most abject fashion:

(Посмотрел на собеседницу. С отчаянным воплем.)

Я, Лидья Якольна[3], нахал!
Мошенник я, мерзавец, тать!
Как можно *этим* Вас пытать?

[3]Сие сокращение слогов как нельзя лучше свидетельствует о душевном волнении автора.

The monologue finally takes a dive into literary and intellectual chaos, reaches a point of no return, and ends. "The author" tries to ingratiate himself with "Lid'ia Iakol'na" by calling her "an unforgettable Maecenas, a Virgil in the debris of Academia, a Socrates of versification." "Academia" here is a pun, for it refers to both "the academy" in general and the Academia Publishing House with which Ginzburg was affiliated, and which ended up in a state of "debris" (i.e., it was closed down) as a result of the political tightening at the end of the twenties. He then calls up the image of a coffin laid out on a dining room table in accordance with the practice of earlier times. The scene recalls a line in Gavrila Derzhavin's well known poem "Na smert' kniazia Meshcherskogo," "Gde stol byl iastv, tam grob stoit," but it also reflects the kind of direct and presumably edifying confrontation with death that concludes numerous examples of Graveyard Poetry, including Gray's "Elegy Written in a Country Churchyard" and Zhukovsky's version of the same. In this nod to tradition lies "the author's" salvation, for as he recognizes the literary convention of death as closure, he finds a way to bring the monologue to an end, albeit a graceless end that simply crashes into the Anglicism "*Stop*!":

. . . И вот—
представьте дом неприхотливый,
в столовой гроб, в гробу—урод[4]...
....
Я знаю: вид такого дома
немножко мрачно для альбома
но дело в том, что если гроб—
то и конец. Довольно! Стоп[5]!

[4] Непонятное, неуместное кощунство, которое, однако, можно было ожидать после предшествующего.

[5] Оправдание сие—смешно и нелепо. Оно свидетельствует также о вредном свободомыслии сочинителя, который как бы не верует в загробное бытие.

The monologue not only reflects Zabolotsky's, and quite possibly Ginzburg's, ability to turn frustration into an exuberant literary spoof, but also provides a confused if edifying example of the Formalist principle of *obnazhenie priema* pushed to its functional limit. The author creates a character called "the author," who is the main character in his own work, and who declaims the monologue for a character named "Lidiia Iakovlevna" who is the owner of the album in which the monologue is written. Lidiia Iakovlevna, of course, is also the real companion of the real author on the real motorboat outing. Thus "the author" created *by* the monologue simultaneously "writes" the text *of* the monologue in "Lidiia Iakovlevna's" album and acts out the monologue as he does so. Lidiia Iakovlevna experienced the motorboat outing; "Lidiia Iakovlevna" hears the monologue as it is delivered; and both the literary character and the real person receive the monologue in written form.

Unexpected Whimsy 2: High-Spirited Students of the Formalists

A related type of whimsy crops up in Lidiia Iakovlevna and her fellow students' relation to their Formalist teachers. The relation is based on respect, but it is not a kind of respect that precludes humor. This can be seen in Ginzburg's diary entries from the twenties and thirties published in *Chelovek za pis'mennym stolom*, as well as in the good-natured "Anthem of the Formalists" ("Gimn Formalistov") written by Ginzburg, most likely with the help of others, in which "the Formal method and wine" are held up as the two things a person can count on in life.[10] Like the dramatic monologue, the anthem contains an oblique reference to the attacks on the Formalists; here, the statement right at the outset that they have been jeered. It then moves on to a series of toasts reflected by the chorus "Nalivai zhe, nalivai," interspersed with teasing descriptions of various Formalists. In a curious coincidence, the line from Derzhavin parodied in the "Dramaticheskii monolog" here appears in its original wording but still with parodic intent, for Derzhavin himself sits atop the coffin. The line had clearly struck a chord in the minds of Lidiia Iakovlevna and her friends.

«Гимн Формалистов»

За тех, кто был не раз освистан,
Но не сдался и создал нас,
Священный тост для формалистов—
Мы пьем за старый ОПОЯЗ[11].

Так наливай же, наливай
И все до капли выпивай.
Формальный метод и вино—
Вот все, что в жизни нам дано.

Наш ЛГУ[12] не Бумом знаменит—
Он Мишкой Яковлевым славен.
Где стол был явств, там гроб стоит
И на гробу сидит Державин.
(припев)

10 I would like to thank Irina Paperno for providing me with a copy of "Gimn Formalistov" in the 1980s. The hymn was published in 2008 with commentary and notes by Ksenia Kumpan and Al'bin Konechnyi in *Natales grate numeras?: Sbornik statei k 60-letiiu Georgiia Akhillovicha Levintona*, ed. A. K. Baiburin and A. L. Ospovat, Studia ethnologica 6 (St. Petersburg: Evropeiskii universitet, 2008), 266–94, accessed January 12, 2017, http://www.ruthenia.ru/document/546158.html.

11 OPOIAZ—Obshchestvo izucheniia poeticheskogo iazyka. The members of OPOIAZ articulated "the formal method" and eventually became known as Formalists.

12 LGU—Leningradskii gosudarstvennyi universitet.

Отец наш буйный—Виктор Шкловский,
Тынянов строгий—няня наша,
А Эйхенбаум не таковский:
Он наша нежная мамаша.

(припев)

Вазир-Мухтар не ведал, нет,
Убит персидскою ордою, [13]
Что будет некогда пригрет
Пятиконечною «Звездою».[14]

(припев)

А Кюхля—он не ведал, нет,
Самодержавием измучен,
Что будет некогда пригрет
Гостеприимнейшим Кубучем.[15]

(припев)

Среди Успенских популярен,
Дев лингвистических кумир,
Смиренный грешник Боря Ларин
Под словарем вкушает мир.[16]

A Christmas Tree Alight, a Swing-Away Can Opener, and a VCR

I cannot begin to convey the wisdom about literature and life that I gained during my visits to Lidiia Iakovlevna that year and in subsequent trips

13 References to Tynianov's novel *Smert' Vazir-Mukhtara* (1927–28) about the death of playwright A. S. Griboedov in Persia.

14 The literary journal *Zvezda*.

15 This stanza makes references to Tynianov's novel *Kiukhlia* (1925) about the Decembrist poet V. K. Kiukhel'beker.

16 Quotation of the description of Dmitrii Larin's grave in *Evgenii Onegin*, canto 2, stanza 36. Thanks to M. Levitt for this note.

to the gradually decaying Soviet Union. But I can nonetheless conclude with three brief scenes that suggest the fullness of her life and character. The first has to do with a *elka*, a Christmas or New Year's tree. There seemed to be no reason to expect Lidiia Iakovlevna to observe holiday traditions with particular vigor. She was a humane socialist of sorts, devoid of obvious religious affiliation. In spite of the revolutionary ideals of her youth, she was certainly not one to embrace the new Sovietized holidays with particular warmth as an adult. And yet, one day in December when I arrived at her apartment, there near the entranceway stood a healthy, pudgy *elka*, not quite as tall as its owner, bedecked with ornaments and candles. We talked briefly about holiday traditions and then moved on to our usual literary and academic themes. As the evening was coming to a close, Lidiia Iakovlevna said, in her usual slow and determined tone, "Well, it seems that we should take care of one more thing. Let's light the *elka*. I know they say it's dangerous but I always do it, and the fire marshal hasn't arrested me yet. We won't burn up the apartment." As she and I lit the candles one by one, I again saw the small spark of unencumbered joy and mischief that made this intellectual of intellectuals seem childlike just for a moment. The fire marshal did not arrest us, and the apartment did not catch fire.

Roughly six months later, I had packed up my belongings from the dormitory on Ulitsa Shevchenko and, having noted the difficulty of opening cans with the tools available in Leningrad, I decided to bequeath my Swing-Away Can Opener to Lidiia Iakovlevna. This miniature masterpiece of American industry had six-inch handles, finely matched gears, and a sharp little wheel that cut right through the top of the can. Moreover, according to the writing on one of its handles, it came with the expressed recommendation of the three American astronauts who, it was claimed, took a Swing-Away Can Opener to the moon. Lidiia Iakovlevna hummed with satisfaction to be the owner of a piece of hardware recommended by American astronauts, and as she swung the handles back and forth making ominous clicking sounds, she came up with a new use for it. Looking very pleased with herself, she stated with obvious satisfaction, "Well, if I have any trouble with my enemies, I'll just chop off their heads with this ingenious American invention—a can opener-guillotine!"

The last image I have of the revered and cherished Lidiia Iakovlevna is one reported by Jane Gary Harris, who visited her not long before her death. In the waning years of the Soviet state, Ginzburg had been awarded a *gosudarstvennaia premiia*, a prize she said she liked because "it wasn't named after anybody." Moreover, she had been able to start receiving royalties from translations of her works sold abroad. During this period of unaccustomed affluence, she used part of the money to buy a video player. And there she stood, jabbing at the buttons on the VCR—a person who had lived through the revolution, the purges, the siege of Leningrad, and myriad vicissitudes of the Soviet era, still eager to come to grips with the newest means available for understanding and examining life.

Lidiia Iakovlevna lived at the intersection where literature, psychology, and life came together in productive ferment. Alik Zholkovsky is a substantially different person from Lidiia Ginzburg in terms of historical period, life experience, outlook, and in so many other ways. But at the same time, he inhabits and nourishes that same universe of productive ferment, mischief, creativity, and rigor. It is our great good fortune to have him among us on his eightieth birthday and beyond.

«И БЕЗДНЫ МРАЧНОЙ НА КРАЮ»

OLEG PROSKURIN
(Atlanta)

1

Встатье«ИнвариантыПушкина»—новаторскомопытесистематического описания пушкинского «поэтического мира» — А.К. Жолковский выделяет в творчестве поэта несколько смысловых «зон» предметной сферы, на которые проецируется противопоставление ‘изменчивость/неизменность’. Об одной из этих зон (исследователь называет ее «биологической») он пишет следующее:

> Для этой зоны характерен настойчивый интерес поэта к гибридным ситуациям, так или иначе СОВМЕЩАЮЩИМ ‘жизньисмерть’. В частности, обращают на себя внимание поиски убедительных мотивировок ‘позитивного отношения к смерти’ <…> ‘Жизнь’ и ‘смерть’ могут при этом распределяться между разными персонажами или соотноситься с одним и тем же лицом. В последнем случае психологической мотивировкой часто служит ‘упоение гибельной опасностью’, сходное — по типу парадоксального СОВМЕЩЕНИЯ полюсов — с теми ситуациями в (34), где ‘жар вызывается холодом’[1].

1 А.К. Жолковский, “Инварианты Пушкина”, *Труды по знаковым системам* XI (*Ученые записки Тартуского гос. ун-та* 467) (Тарту, 1979), 16.

Среди приведенных в статье примеров подобных «гибридных» ситуаций с мотивировкой «упоение гибельной опасностью» центральное место — как и следовало ожидать — принадлежат «Пиру во время чумы», в частности — песне Председателя (т.н. «Гимн Чуме»):

Есть упоение в бою,
И бездны мрачной на краю,
И в разъяренном океане,
Средь грозных волн и бурной тьмы,
И в аравийском урагане,
И в дуновении Чумы.

Всё, всё, что гибелью грозит,
Для сердца смертного таит
Неизъяснимы наслажденья —
Бессмертья, может быть, залог,
И счастлив тот, кто средь волненья
Их обретать и ведать мог[2].

А.А. Долинин, комментатор и тонкий исследователь «Пира…», отмечает: «За полтора с лишним века эти двенадцать строк получили целый веер разноречивых интерпретаций»[3]. Сжато охарактеризовав (и остроумно оспорив) основные из этих интерпретаций, сам Долинин возводит песню Председателя преимущественно к идеям античных стоиков и Монтеня (находившегося со стоицизмом в неоднозначных отношениях, но во всяком случае многое из него впитавшего)[4]:

> Подобно Монтеню во время войны, пушкинский Председатель во время чумы воображает и воспевает экстатические состояния

---

2 А.С. Пушкин, *Полное собрание сочинений в 20 томах* (СПб.: Наука, 2009), 7: 171 (далее — *ПСС-20*).

3 А.А. Долинин, *Пушкин и Англия: Цикл статей* (М.: НЛО, 2007), 112. На с. 112–113 — сжатый обзор основных интерпретаций.

4 В качестве параллелей к пушкинскому тексту Долинин приводит письма Сенеки и его трактат «О провидении», поэму Лукана «Фарсалия» и эссе Монтеня «О суетности» (кн. III, гл. 9).

> «бездны мрачной на краю» (ср. «une profondeur <…> obscure»), находя в них наслаждение и утешаясь надеждой на то, что может последовать за смертью. Грозящие гибелью ситуации, которые он себе представляет, бой, шторм на море, ураган, болезнь, совпадают с теми «испытательными площадками» бесстрашия, о которых писали Сенека и Лукан. Как и стоики, он приветствует смертельные опасности, чтобы «научиться их презирать», и принимает судьбу, которая в данном случае выступает в обличье Царицы Чумы[5].

Эти тонкие наблюдения несомненно заслуживают всяческого внимания[6]. Но всё же далеко не всё в «Гимне чуме» укладывается в рамки стоицизма. Даже в приведенных Долининым цитатах из стоиков речь идет не столько о таинственном, почти эротизированном влечении к смертельным опасностям, сколько о воспитании «спокойствия» перед лицом смерти. «Испытание крайностями» неразрывно связано у стоиков (у Лукана — подчеркнуто) с демонстрацией и укреплением добродетелей; подобного морализма в «Пире…» нет. Не все однозначно обстоит и с Монтенем: puissant sommeil plein d'insipidite et indolence — крепкий сон без чувств и страданий — это не то бессмертие, которое обещают острые ситуации, грозящие гибелью и одновременно таящие в себе «невыразимы наслажденья».

Следует также заметить, что темы гибели в бою и в разъяренном океане актуализировались самой пьесой Дж. Вильсона «Город чумы», использованной Пушкиным: у Вильсона упоминаются и смерть в пешем бою, и смерть в океане (в свою очередь связанная с темой войны). Обе обрисованы без малейшей привлекательности; напротив: они настолько ужасны, что по сравнению с ними смерть от чумы предстает как благо[7]. Об упоении гибельной опасностью, намекающей на бессмертие, у Вильсона речи нет.

Иначе говоря, некоторые важные стороны экзистенциального содержания «Гимне чумы» нельзя объяснить ни стоиками, ни

---

5 Долинин, *Пушкин и Англия*, 115–116.

6 Проблема «Пушкин и стоицизм» в последние десятилетия оказалась в центре исследовательского внимания, во многом благодаря серии ярко талантливых работ Н.Н. Мазур (они перечислены в кн.: Долинин, *Пушкин и Англия*, 113).

7 См. воспроизведение оригинальной песни из текста Вильсона в изд.: Пушкин, *ПСС-20*, 7: 867–868.

Монтенем, ни тем более Вильсоном. Поиски других возможных источников идеологии «Гимна…» не перестают оставаться важной исследовательской задачей.

Особое значение в вопросе об источниках приобретает образ «мрачной бездны», выступающий в «Гимне Чуме» в одном ряду с другими — более традиционными — образами смертельной опасности, влекущими к себе смертного. Образ этот не находит даже отдаленного соответствия ни в оригинале Вильсона, ни в сочинениях стоиков и их последователей[8]. Как представляется, появление этого образа в пьесе Пушкина оказалось обусловлено соединением авторского биографического опыта[9], литературных впечатлений, и исторических обстоятельств, стимулировавших актуализацию и осмысление этого опыта и этих впечатлений.

2

В ноябре 1824 года, в Михайловской ссылке, Пушкин запросил брата, недавно уехавшего в Петербург, прислать ему книгу И.М. Муравьева-Апостола «Путешествие по Тавриде в 1820 годе» (отрывок из нее был помещен в качестве приложения к первому изданию «Бахчисарайского фонтана» по указанию Пушкина; тем не менее сам Пушкин до конца 1824 года оставался незнакомым с сочинением Муравьева-Апостола). Он получил эту книгу в начале декабря и прочитал ее с большим интересом. Знакомство с книгой стимулировало создание так называемого «Письма к Д.»[10], в котором

---

8 А.А. Долинин в этой связи приводит цитату из Монтеня (*Пушкин и Англия*, 115). Но все-таки монтеневское «une profondeur muette et obscure» — не описание физической, материальной бездны, как у Пушкина, а метафора смерти.

9 Несомненно личное биографическое обеспечение тезиса «Есть упоение в бою» (ср. рассказы о едва предотвращенной попытке Пушкина принять участие в кавалерийской атаке на Кавказе в 1829 г.).

10 Считается общепризнанным, что это письмо (в действительности — статья в форме письма) адресовано А.А. Дельвигу. Оно было впервые опубликовано в «Северных Цветах на 1826 год» под заголовком (несомненно, не авторским) «Отрывок из письма А.С. Пушкина к Д.». В «Поэмах и повестях Александра Пушкина» (СПб., 1835, ч. 1) этот текст был напечатан под измененным названием: «Отрывок из письма». Установлению подлинного адресата письма нами посвящено особое исследование.

Пушкин рассказал о своем пребывании в Крыму летом — ранней осенью 1820 года.

Связь с книгой Муравьева-Апостола и, с другой стороны, отталкивание от нее манифестировались уже в первом абзаце первоначальной (беловой) версии письма-статьи:

> *Путешествие по Тавриде* прочел я с чрезвычайным удовольствием. Я был на полуострове в тот же год и почти в то же время, как и И. М.<уравьев-Апостол>. Очень жалею, что мы не встретились. Оставляю в стороне остроумные его изыскания; для поверки оных потребны обширные сведения самого автора. Но знаешь ли, что более всего поразило меня в этой книге? различие наших впечатлений. Посуди сам.[11]

В печатный текст «Отрывка из письма…» этот абзац в итоге не вошел, зато «различие впечатлений» разными способами отмечено и в рукописном, и в печатном тексте. Всего отчетливее оно выступает в рассказе о путешествии автора через южный («полуденный») берег Крыма:

> Я объехал полуденный берег, и путешествие М. оживило во мне много воспоминаний; но страшный переход его по скалам Кикенеиса не оставил ни малейшего следа в моей памяти.[12]

Пушкин имеет в виду маршрут от Алупки до горного перехода в Байдарскую долину[13], описанный Муравьевым-Апостолом с истинным драматизмом:

> Объехав мыс Куртуры и поднявшись в гору, версты четыре от ночлега, все еще было изрядно до небольшого селения, Симейса; но от него начался ужаснейший спуск, который одним

11 Пушкин, *Полное собрание сочинений* [*в 16 томах*] (М. — Л.: Изд-во АН СССР, 1937–1949), 13: 250 (далее — *ПСС-16*).

12 Пушкин, *ПСС-16*, 8.1: 437.

13 Пушкин ошибочно именует описанную Муравьевым-Апостолом дорогу «скалами Кикенеиса»: Кикенеис (у Муравьева-Апостола: Кикинейс) — не «страшный переход», а место, где автор остановился на отдых после трудного путешествия; соответствующую помету имеет часть Письма XIV.

помышлением о нем наводит трепет. Сколько я ни нагляделся на пропасти, сколько ни уверился в надежности Татарских лошадей, не менее того сердце во мне содрогалось от ужаса, когда случалось, что коню моему надобно было переступать с камня на камень, над самою стремниною, так что если бы он только оступился, не говорю уже споткнулся, то не было бы спасения ни ему, ни всаднику. Это место по всей справедливости можно бы назвать *Флеерейскими полями,* где по языческому преданию, *чада земли сражалися с небожителями;* где

> — Pater omnipotens misso perfregit Olympum
> Fulmine et excussit subiectae Pelio ossam…[14]

Особливо и выше всякого описания, ужасен угол каменной горы, который объезжается у самого моря. Скала на скале заграждают путь; страшные их обломки висят над головою и на каждом шагу грозят страннику участью Титанов. Лошадь от страха останавливается, озирается, высматривает, где бы вернее ступить, иногда, по некотором размышлении, не находя способа идти, слагает накрест передние ноги, садится на задние и таким образом, можно сказать, не спускается, а съезжает под гору[15].

Драматизм описания Муравьева-Апостола нельзя объяснить повышенной впечатлительностью автора; его ощущения вполне соответствовали реальному состоянию единственной дороги (вернее, горной тропы) на этом участке «полуденного берега». Сходные впечатления испытывали путешественники по Крыму и до, и после путешествия Муравьева-Апостола. П.И. Сумароков так описывал примерно тот же маршрут на исходе XVIII века:

Дорога идет излучистая по косогорам между гряды чудовищных в утес гор и разверстой пропасти к морю, такою в иных местах узкою стезею, что лошадь едва переставлять может ноги, и я

14 Муравьев-Апостол не вполне точно цитирует «Метаморфозы» Овидия (Кн.1, 154): «Tum pater omnipotens misso perfregit Olympum / Fulmine et excussit subiectae Pelion Ossae» («Тут всемогущий отец Олимп сокрушил, ниспослал он / Молнию; с Оссы он сверг Пелион, на нее взгроможденный» [пер. С.В. Шервинского]).

15 [И.М. Муравьев-Апостол], *Путешествие по Тавриде в 1820 годе* (СПб.: в Тип. состоящей при особенной Канцелярии Министерства Внутренних Дел, 1823), 165–166.

> смело скажу, что ни одна наша Руская лошадь по оной пройти бы не осмелилась и не могла. <…> Испытанное мною при затруднительных переходах искуство горных лошадей решило меня не доверять боязненным своим стопам, и предпочесть первое. И так я дал свободу моему коню, от которого зависел мой жребий, и всякой шаг оного угрожал гибелью[16].

Даже десятилетия спустя после путешествия Муравьева-Апостола, несмотря на предпринятые меры по улучшению и модернизации горной дороги, путь от Алупки до Байдарских ворот по-прежнему был чрезвычайно опасен и по-прежнему способен был вызывать ужас:

> Состояние путника, едущего по дороге, à la lettre, висящей между небом и безднoю моря на чудовищных утесах незаметным и узким карнизом, исполнено столько же необыкновенных наслаждений, сколько тревог и опасений за жизнь.
>
> Чтó говорить, всякому приятно видеть например море, когда оно, как необъятной величины алмаз вдруг кинется и засверкает перед изумленными глазами огнистым переливом разноцветных волн. <…> Но не всякому приятно, если колеса экипажа то скачут, то скользят над самыми краями поминутно раскрывающихся перед ним обвалов, зияющих бездн, крутых скатов в пропасти и ужасающих одним видом своим стремнин, видимо валящихся в одну общую пучину моря[17].

И, однако же, этот головокружительный переход не оставил, по заверению Пушкина, ни малейшего следа в его памяти. Соответственно, никаких страшных пропастей, зияющих бездн и навевающих ужас стремнин в его рассказе о Крыме нет.

Однако в том, что Пушкин, в отличие от всех ранних и позднейших путешественников по южному берегу Крыма, действительно не заметил и не запомнил «страшного перехода», можно усомниться. Основание для сомнений дает стихотворение «Кто видел край, где роскошью

16 П. Сумароков, *Путешествие по всему Крыму и Бессарабии. В 1799 году...* (М.: в Университетской тип., у Ридигера и Клаудия, 1800), 95–96.

17 А. Котляревский, *Крымские цыгане: Повесть* (СПб.: в тип. Ю. Штауфа, 1853), 5.

природы...», которому Пушкин, по-видимому, придавал программное значение, над которым он долго и упорно работал с конца 1820 до марта 1821 года и которое, тем не менее, так и осталось незаконченным. Стихотворение ориентировалось на «Песню Миньоны» Гете (и на ее перевод Жуковским), а также, видимо, на подражающее Гете вступление к «Абидосской невесте» Байрона (с этой поэмой Пушкин был знаком по прозаическому переводу А. Пишо и Э. де Саля)[18].

В стихотворении содержалась и строфа о крымских дорогах, пролегающих над «безднами»:

И с седоком приморскою дорогой
Привычный конь над бездною бежит[19]…

Это значит, что специфику горных дорог Южного Крыма Пушкин прекрасно запомнил. Конь, бегущий над бездной, — чрезвычайно яркий и выразительный образ; из него, по-видимому, выросли знаменитые стихи А. Блока: «Над бездонным провалом в вечность, / Задыхаясь, летит рысак». Однако сам Пушкин нейтрализовал потенциальный драматизм картины введением эпитета «привычный»: конь *привычен* к дорогам, пролегающим над безднами, — и поэтому странствие по горам не вызывает никаких опасений и тревожных чувств. Этот эпитет восходит к поэме С. Боброва «Херсонида»[20] — Бобров использовал этот образ при описании т.н. Чертовой лестницы (*Шайтан-Мердвень)* — крутого перехода между Ялтинской и Байдарской долинами:

Не чувствовал ли ты закруги,
Когда по омрачным ступеням
Пробитым в каменном ребре
Переставлял ты робку ногу?
Ты не обык; — почтожь итти?
Здесь горный, осторожный конь,

---

18 Подробнее см. комментарий к изд.: Пушкин, *ПСС-20* (СПб.: Наука, 2016), 2.2: 820–831.

19 Там же, 111. Вариант: «Как в ясный день дорогою прибрежной / Привычный конь его в горах бежит» (Там же, 363).

20 Пушкин ее внимательно читал во время работы над «Бахчисарайским фонтаном» и над третьим посланием Чаадаеву («К чему холодные сомненья?..»), но, по-видимому, познакомился с нею раньше.

Привычный к облачным путям,
Твой вождь, и друг, и колесница[21].

Нейтрализация драматизма, конечно, произведена Пушкиным вполне сознательно и целенаправленно. Уже в 1820 году, задолго до знакомства с книгой Муравьева-Апостола, Пушкин начал выстраивать *поэтический миф о Тавриде*. В этом мифе Крым (в частности, полуденный Крым) предстает как идеальный мир, утраченный рай, о котором помнит, по которому тоскует и в который стремится душа. Стихотворение «Кто знает край…» — начальная стадия в создании таврического мифа. В этом стихотворении Крым дан как идиллический топос: изображенный край — прелестный, морские берега — мирные, небеса — радостные, воды шумят весело, и т.д. и т.п. Здесь нет места опасностям для жизни и, соответственно, ощущению «ужаса», которое окрашивало рассказы Муравьева-Апостола и других крымских путешественников. Поэтому и конный путь над бездной превращается здесь в путь легкий и приятный.

Стихотворение «Кто видел край…» осталось незавершенным, но соответствующий образ в трансформированном виде был использован в биографическом финале «Бахчисарайского фонтана», вводящем воспоминания Автора о пребывании его в полуденном Крыму:

В горах, дорогою прибрежной
Привычный конь его бежит[22].

Образ подвергся здесь дальнейшей редукции: исчезло даже само слово «бездна». Характерно, однако, что Б.М. Федоров в рецензии на «Бахчисарайский фонтан» счел необходимым разъяснить смысл эпитета и таким образам обнажить скрытый Пушкиным драматический подтекст: «Слово *привычный* дает понятие о всей трудности пути вдоль морского берега, среди гор и ввиду утесов, вкруг коих и кипят и шумят волны»[23].

---

21 *Херсонида, или Картина лучшаго летняго дня в Херсонисе Таврическом. Лиро-Эпическое песнотворение. Вновь исправленное и умноженное. Часть четвертая Разсвета полночи*, Сочинение Семена Боброва (СПб.: в Тип. И. Глазунова, 1804), 58.

22 Пушкин, *Полное собрание сочинений* [*в 16 томах*] (М. — Л.: Изд-во АН СССР, 1937–1949), 4: 171 (далее — *ПСС-16*).

23 *Пушкин в прижизненной критике. 1820—1827*, под общей ред. В.Э. Вацуро, С. А. Фомичева (СПб.: Гос. Пушкинский театральный центр, 1996), 229.

Так называемое «Письмо к Д.» представляло собою завершающую стадию в развитии пушкинского таврического мифа. В нем появились новые детали (призванные, в частности, объяснить появление некоторых пушкинских стихотворений, связанных — или якобы связанных — с Крымом), но полуденный берег по-прежнему выступал в этом мифе как безмятежный мир блаженного юга, противопоставленный тревожным заботам севера. Книга Муравьева-Апостола вступала с нарисованной Пушкиным картиной в явное противоречие. Пушкин объясняет это противоречие «разницей впечатлений»: «страшный путь» обойден молчанием, потому что-де страшный переход «не оставил ни малейшего следа» в памяти поэта. Это не соответствовало биографической реальности, но соответствовало литературным задачам: творимой Пушкиным картине прекрасного мира образ «страшного пути» пока был не нужен[24].

3

О внимательном чтении «Путешествия по Тавриде…», о тщательном выстраивании диалога с ним и вместе с тем о тщательной селекции почерпнутого из него материала свидетельствуют и другие места так называемого «Письма к Д.».

В XV письме «Путешествия по Тавриде…», снабженном пометой: *Байдары*, Муравьев-Апостол рассказывает о восхождении по Чертовой лестнице (автор называет ее просто Мердвенем) в Байдарскую долину и о новых впечатлениях:

> Тут был предел моего странствования по южному берегу; тут я простился с морем и с прелестным полуденным краем; и тут на первом шаге въезжая в Байдарский лес, нашел осень, как по грязной дороге, так и по желтым листьям на деревьях[25].

24 Сказанное относится не только к рассказам о «страшном пути». См. соответствующие мотивы у Муравьева-Апостола в описании Георгиевского монастыря: «Сойди несколько ступеней крыльца церковного и ты на террасе, как балкон висящем над ужасною пропастью <…> И когда ты насладишься произвольным трепетом, наслушаешься рева волн под ногами твоими, наглядишься на страшную скалу, как уголь черную, вокруг коей ярится море и покрывает его пеною: тогда обрати насыщенные ужасом взоры, на картину спокойствия и тишины…» (Муравьев-Апостол, *Путешествие*, 85). Ср. у Пушкина: «Георгиевский монастырь и его крутая лестница к морю оставили во мне сильное впечатление» (*ПСС-16*, 4: 438).

25 Муравьев-Апостол, *Путешествие*, 170–171.

Несколькими страницами ниже Муравьев-Апостол описывает свои эмоции, вызванные переменой обстановки, и пытается описать их причины:

> Я вспоминаю впечатление, которое сделал мне первый шаг за Яйлу. Мне казалося тогда, что я переступил прямо из лета в глубокую осень, и это скорое прехождение от хорошего к дурному, без всяких промежуточных оттенок, не чувствительно сливающих противуположности, сильно подействовало на душу мою: Я почувствовал скуку[26].

Пушкин, в свое время проделавший тот же путь (и освеживший воспоминания о восхождении на «утес Яйлы» после книги Муравьева-Апостола), в свою очередь фокусируется на стремительном изменении декораций и, подобно Муравьеву-Апостолу, описывает эмоциональную реакцию, вызванную этой внезапной переменой:

> Мы переехали горы, и первый предмет, поразивший меня, была берёза, северная берёза! сердце мое сжалось: я начал уж тосковать о милом полудне <…>[27]

Пушкинисты, кажется, не подозревают, что пушкинский рассказ произвел в свое время сенсацию среди исследователей природы Крыма. Так, В.Г. Ена, знаток крымской природной географии, писал в этой связи:

> Как это ни удивительно, но первым обнаружил березу в Крыму не ученый-ботаник, а наш великий поэт А.С. Пушкин. Пересекая в 1820 г. Главную крымскую гряду через древний перевал Шайтан-Мердвень (Чертова лестница), ведущий с Южного берега в Байдарскую котловину на северном склоне гор, он стал первооткрывателем березы в Крыму[28].

---

26 Там же, 175–176.

27 Пушкин, *ПСС-16*, 8.1: 437–438.

28 В.Г. Ена, “*Betula verrucosa Ehrh.* в ландшафтах Крыма”, *Ботанический журнал* 54.1 (1969): 590; повторено (с вариациями) в ряде позднейших работ исследователя.

Значение открытия Пушкина очень живо и наглядно разъяснено в популярном пересказе работ крымского ученого — в сетевом ботаническом справочнике:

> Напомним: это был 1820 год. Крым присоединен к России в 1783 г. В конце этого же, XVIII века, полуостров посещают и обследуют В.Ф. Зуев, К.И. Габлиц[29], П.С. Паллас. Обследуют, пишут, публикуются — и ни в одном из их физико-географических описаний о березе ни слова! И только спустя четверть века после Пушкина напишет о березе в Крыму лесничий П.Е. Зубковский. Он обнаружит участок березового леса в верховьях реки Альмы. <…> По мере изменения климатических условий — потепления, **береза бородавчатая** (повислая) начала вымирать и, в конце концов, стала редким деревом на полуострове. Поэтому она попросту не встретилась первопроходцам Крыма. Встреча Пушкина со своей соотечественницей в Крымских горах не что иное, надо полагать, как счастливая случайность. В наше время березовая рощица, порадовавшая поэта, к сожалению, погибла[30].

Между тем сделанное Пушкиным открытие все же не следует переоценивать, как не следует торопиться с присвоением Пушкину звания первооткрывателя. Верить пушкинскому рассказу в «Отрывке из письма…» было бы так же неосторожно, как верить его рассказу (в том же письме) о том, как в сентябре 1820 года, у Георгиевского монастыря, на баснословных развалинах храма Артемиды, им было создано послание «К Чаадаеву» («К чему холодные сомненья…»), в действительности написанное совсем в другое время и совсем в другом месте[31]. Все (или, во всяком случае, *почти* все) события, описанные в пушкинском письме, — не мемуарная хроника, а элементы биографического мифа.

---

29 В оригинале опечатка: К.К. Габлиц.

30 Береза // Деревья и кустарники Крыма: Каталог [Электрон. изд.] http://poluostrov-krym.com/nashkrym/derevya-kryma/bereza.html (accessed April 5, 2017).

31 См. наш комментарий в изд.: А.С. Пушкин, *Сочинения*, Комментированное изд. под общей ред. Д.М. Бетеа (М.: Новое изд-во, 2007), 1 (Поэмы и повести. Часть 1, коммент. О.А. Проскурина при участии Н.Г. Охотина): 358–361.

Мы никогда не узнаем, что в действительности почувствовал Пушкин, поднявшись в Байдарскую долину (и почувствовал ли он вообще что-нибудь), но мы можем уверенно сказать, что весь эпизод с переходом символической границы ориентирован на рассказ Муравьева-Апостола о прощании с полуденным краем. Этот рассказ определил и содержание, и структуру соответствующего эпизода пушкинского повествования.

У Муравьева это поворотное место в повествовании, своего рода переход символической границы. Поэтому рассказ об этом событии особо эмоционально окрашен. Так же строится соответствующий эпизод и у Пушкина: у рассказчика, как и у повествователя в книге Муравьева, сжимается сердце и пробуждается тоска (Муравьев-Апостол говорит о *скуке*; но следует принять во внимание, что в его языке, как, впрочем, и у многих его современников, слово *скука* ближе по значению к нынешнему понятию *тоска*)[32].

И Муравьев, и Пушкин описывают стремительный переход «от хорошего к дурному». У обоих знаком этого перехода выступает образ из мира природы. У Муравьева-Апостола это контраст «солнечное лето — ненастная осень». Пушкин, однако, не смог бы повторить Муравьева-Апостола. Автор «Путешествия по Тавриде» поднялся в Байдарскую долину во второй половине октября (что соответствует началу ноября по новому стилю); Пушкин — на исходе первой недели сентября. Не только на полуденном берегу, но и в северной части полуострова тогда стояла сухая теплая погода. Муравьев-Апостол, въезжавший в Крым в десятых числах сентября (почти в то же время, когда его покидал Пушкин; они разминулись днем-другим), свидетельствовал: «Погода была прекраснейшая. Термометр показывал 23° тепла»[33]. Даже если Пушкин и не помнил, какой именно была крымская погода в пору пересечения им Яйлы, книга Муравьева-Апостола о том напомнила. На символике перехода из лета в осень рассказ о возвращении домой строить было нельзя.

Но скорее всего Пушкин не только не мог, но и не хотел механически повторять автора «Путешествия по Тавриде…».

---

32 См. в этой связи, напр.: А.Б. Пеньковский, *Нина: Культурный миф золотого века русской литературы в лингвистическом освещении*, Изд. 2-е, испр. и доп. (М.: Индрик, 2003), 187–267; Е.В. Муравенко, М. Калюга, “Система и узус в истории глагола *скучать*”, *Вестник ПСТГУ. Серия III: Филология* 13 (2008): 72–84.

33 Муравьев-Апостол, *Путешествие*, 48–49.

Использовав прием Муравьева-Апостола, он его модифицировал и деформировал: контраст перехода «от хорошего к дурному» строится у Пушкина не на переходе лета в осень, а на замещении южной природы северной. Представителем «севера» и выпало быть в его рассказе березе. Пушкин, конечно, не знал, что береза в Крыму практически не встречается (если бы знал, то, наверное, подобрал бы другое дерево); он был озабочен не ботаническим правдоподобием, а яркостью и наглядностью литературной символики.

4

Итак, XIV («байдарское») письмо из книги Муравьева-Апостола послужило стимулом и структурной моделью для создания яркого эпизода в крымском очерке-письме Пушкина. Тем важнее понять, почему Пушкин никак не отозвался на другое место из того же самого письма — продолжение размышлений о «скуке» и ее причинах.

Как мы помним, первая причина тоски, вдруг объявшей повествователя в книге Муравьева-Апостола, — «скорое прехождение от хорошего к дурному, без всяких промежуточных оттенок». Но, как тут же выясняется, эта причина — не единственная и не главная. Продолжим оборванную цитату:

> …я почувствовал скуку. Старался рассеять ее. Мысленно обращался к ощущениям моим в местах живописных, опасных… и открыл еще другую причину скуки моей, против первой несравненно сильнее действующую: мне жаль было расставаться с пропастьми, с стремнинами, по которым я странствовал несколько дней с ряду. Вот удивительное чувство, которое заставляет человека и бояться опасностей и любить их; любить то, что угрожает ужаснейшим в природе разрушением! Так точно! И вот почему: если опасности угрожают разрушением, за то оне и дают человеку способность живее ощущать свое бытие; в чем единственно состоит настоящая жизнь души. И в самом деле, что делает воина столь пристрастным к ремеслу своему, в котором смерть грозит ему на каждом шаге, как не это же самое живое ощущение бытия, или иначе сказать, сознание в себе сильной воли, все преодолевающей, даже самою природою посеянное в сердце нашем отвращение к уничтожению? Война кончилась,

> опасности миновалися и жизнь воина становится томною, потому что приобыкший к сильным потрясениям, без таковых, способности души его дремлют, ни чем не пробуждаемые. Переход к сему положению от деятельности, есть ужаснейшее состояние на свете, от коего зараждается смертельная души болезнь — *скука*; источник несметных зол, нещастий и вместе бич, какого Провидение кажется, не могло избрать жесточае для карания притеснителя человечества и сластолюбца пресыщенного в недрах роскоши и неги.
>
> Следует ли из сего, что всякому человеку должно искать опасностей: конечно нет; но следует истина не оспоримая, что всяк тот, кто родился не veluti pecora[34], обязан предполагать в жизни своей какую нибудь высокую цель, к которой он должен всечасно стремиться и никогда не достигать, по тому что мы сотворены не с тем, что бы *иметь*, а что бы *желать*, не с тем чтобы наслаждаться, а что бы искать наслаждений… Но где же они[35]?

Эти поразительные страницы, содержащие развернутое обоснование жизненной стратегии, — своего рода философский и этический итог путешествия Муравьева-Апостола по Крыму. Результаты рефлексии автора над пребыванием в полуденном Крыму и над переживаниями, вызванными этим пребыванием, претендуют на универсализм, на общечеловеческое значение: человеку свойственно одновременно страшиться опасностей и стремиться к ним, даже любить их; «если опасности угрожают разрушением, за то оне и дают человеку способность живее ощущать свое бытие». Из этого обобщения выводится практическая философия: для

---

34 Подобным скотам (лат.). Выражение из вступительной фразы сочинения Гая Саллюстия Криспа «О заговоре Катилины» (1.1): «Omnis homines qui sese student praestare ceteris animalibus summa ope niti decet ne vitam silentio transeant veluti pecora, quae natura prona atque ventri oboedientia finxit» («Все люди, одушевленные стремлением возвыситься над животным миром вообще, нравственно обязаны приложить наибольшую энергию к тому, чтобы не пройти своего жизненного пути и молчаливом бездействии, подобно скотам, самой природой созданным с поникшей головой и подчиненным низменным животным инстинктам» [пер. С.П. Кондратьева]). Муравьев-Апостол использовал эту фразу Саллюстия в 9 письме из Москвы в Нижний Новгород (1814). См.: И.М. Муравьев-Апостол, *Письма из Москвы в Нижний Новгород*, изд. подгот. В.А. Кошелев (СПб.: Наука, 2002), 55–56.

35 Муравьев-Апостол, *Путешествие*, 176–177.

обретения полноты жизни, для исполнения и, так сказать, живого переживания своего предназначения человек должен стремиться если не к смертельной опасности, то к высокой цели — сам процесс поисков «наслаждений» соответствует цели творения.

Формулируя свою «философию жизни», Муравьев-Апостол, превосходный знаток античной культуры и автор, вообще не чуждый философских интересов[36], во многом опирался на стоиков, которых хорошо знал и ценил, и на Монтеня, которого любил[37]. Особенно наглядна связь с соответствующими традициями в размышлениях над тем, *что такое* истинные наслаждения, которых должен искать человек. Они заключены не в «чувственности» эпикурейца («Безумец! тут они всего дешевлее, везде под рукою, тот час доступны; за ними в след идет пресыщение, следственно и скука»); они даже не в страсти к познанию («...но если поприщу сему нет предела и нет на нем пресыщения, за то самая сия потребность души нашей, *стремление к бесконечному*, может иногда приводить к ужасной пропасти, где на краю стоят сомнение и *отчаяние* — та же скука в ином виде, в высшей степени»). Истинное наслаждение, обеспечивающее защиту от «скуки», заключено «в *добродетели*, которая *одна* не знает пресыщения, *одна* не истощает желаний, *одна* которой надежды возрастают по мере наслаждений, коей действие по всюду, а цель и здесь и за пределами жизни»[38].

Но, конечно, концепция Муравьева-Апостола явно выходит за пределы этики стоицизма: не только с достоинством встречать опасности, но стремиться к ним и находить в них удовольствие для переживания полноты жизни — это уже предвестье нового, романтического мироощущения.

Тем показательнее, что Пушкин, откликнувшись (открыто или скрыто) в «Отрывке из письма Д.» на ряд положений книги Муравьева-Апостола, совершенно обошел вниманием ее смысловой центр. Это особенно показательно, если учесть, что рефлексии

---

36 Тринадцатое письмо из Москвы в Нижний Новгород целиком посвящено проблемам философии; Муравьев-Апостол, между прочим, рассказывает в нем о своих кенигсбергских беседах с Кантом в 1797 году (Муравьев-Апостол, *Письма*, 90).

37 Так, в «Письмах из Москвы в Нижний Новгород» он неоднократно упоминает и цитирует Сенеку и Монтеня (Монтаня) (Муравьев-Апостол, *Письма*, 23, 40, 74, 94).

38 Муравьев-Апостол, *Путешествие*, 177–179.

Муравьева-Апостола над первой причиной «скуки» (как тут же выясняется — не самой главной, хотя и лежащей на поверхности), нашли у Пушкина живой творческий отклик.

В финале крымского «письма» Пушкин обращается к (полу-) воображаемому корреспонденту: «Растолкуй мне теперь, почему полуденный берег и Бахчисарай имеют для меня прелесть неизъяснимую...» («Ужас и прелесть вместе»[39], — сказал бы по соответствующему поводу Муравьев-Апостол) — и тут же дает ответ, хотя и замаскированный под вопрос: «...или воспоминание самая сильная способность души нашей, и им очаровано всё, что подвластно ему?»[40]. Собственно, этот ответ объясняет и отсутствие в пушкинском сочинении каких-либо отголосков муравьевских размышлений о соотношении ужаса и любви. Всесильное «воспоминание» — это не биологическая, а поэтическая память, поэтическое творчество, преобразующее внешний мир сообразно своим законам и требованиям. В преображенном этой памятью идеальном мире «полуденного берега» по-прежнему нет места опасностям, то есть безднам, пропастям и стремнинам. А если их нет — то нет и почвы для рефлексии над ними, нет необходимости осмысливать природу парадоксального сочетания страха и любви.

Однако впечатления от чтения книги Муравьева-Апостола не пропали втуне. Они отложились в творческой памяти Пушкина, чтобы активизироваться в нужный момент. Этот момент настал осенью 1830 года, в Болдине. В результате взаимодействия внешних и внутренних обстоятельств в центре внимания Пушкина-писателя в это время оказались проблемы, которые в следующем столетии будут названы экзистенциальными, — проблемы существования и поведения в «пограничных ситуациях». Эти проблемы воплотятся в ряде болдинских произведений: среди них и повесть «Выстрел», и стихотворение «Герой», и маленькая трагедия «Каменный гость», и — как кульминация — «Пир во время чумы».

То, что казалось ненужным еще пять с небольшим лет назад, теперь оказалось востребовано. В это время Пушкину, по-видимому, вспомнились и размышления Муравьева-Апостола о странном влечении к смертельным опасностям, которые «дают

---

39 Там же, 164.

40 Пушкин, *ПСС-16*, 8.1: 439.

человеку способность живее ощущать свое бытие», и питавшие эти размышления рассказы об опасном пути по полуденному Крыму. Воспоминание о книге Муравьева-Апостола должно было активизировать и собственные воспоминания Пушкина о путешествии над крымскими безднами. Все это отозвалось в «Гимне Чуме». Пребывание «у бездны мрачной на краю» заняло важнейшее место среди источников «невыразимых наслаждений», а сам образ *бездны* приобрел — да простится нам метафизический каламбур — дополнительную глубину, таинственно обещающую бессмертие.

SEEING THE FOREST THROUGH THE TREES

The Underlying Structure of Gumilev's "Les"

BARRY P. SCHERR
(Hanover)

ЛЕС

В том лесу белесоватые стволы
Выступали неожиданно из мглы.

Из земли за корнем корень выходил,
Точно руки обитателей могил.

Под покровом ярко-огненной листвы
Великаны жили, карлики и львы,

И следы в песке видали рыбаки
Шестипалой человеческой руки.

Никогда сюда тропа не завела
Пэра Франции иль Круглого Стола,

И разбойник не гнездился здесь в кустах,
И пещерки не выкапывал монах.

Только раз отсюда в вечер грозовой
Вышла женщина с кошачьей головой,

Но в короне из литого серебра,
И вздыхала и стонала до утра,

И скончалась тихой смертью на заре,
Перед тем как дал причастье ей кюре.

Это было, это было в те года,
От которых не осталось и следа,

Это было, это было в той стране,
О которой не загрезишь и во сне.

Я придумал это, глядя на твои
Косы—кольца огневеющей змеи,

На твои зеленоватые глаза,
Как персидская больная бирюза.

Может быть, тот лес—душа твоя,
Может быть, тот лес—любовь моя,

Или, может быть, когда умрем,
Мы в тот лес направимся вдвоем[1].

Alexander Zholkovsky has time and again skillfully demonstrated how full appreciation of verse requires attention to its formal elements. In an article that approaches a poem through the particular type of stanza in which it was written, he remarks that both a form's structural qualities and its functioning in the poetic tradition need to be considered.[2] In my more modest offering, I look at the structure of the most basic stanza form, the couplet, and limit examination of its use to the works of a single poet

1 Nikolai Gumilev, *Stikhotvoreniia i poemy*, Biblioteka poeta, Bo'lshaia seriia (Leningrad: Sovetskii pisatel', 1988), 311. Comments regarding Gumilev's poems and verse collections refer to this edition when not specified otherwise.

2 Aleksandr Zholkovskii, "Ia4242zhmzhm, ili formal'nye kliuchi k 'Matrosu v Moskve' Pasternaka," in his *Poetika za chainym stolom i drugie razbory* (Moscow: Novoe literaturnoe obozrenie, 2014), 33.

in an effort to show why Nikolai Gumilev ultimately used that stanza in "Les." My beginning point is an anomaly: the striking mismatch between the work's thematic makeup and the organization implied by the division into couplets. Searching for an explanation led back to the poem's original format, and from there ensued an attempt to determine why "Les" took on its final form.[3]

"Les" is the second poem in *Ognennyi stolp*, the last collection overseen by Gumilev and apparently published toward the middle of August 1921, after he had been arrested and just days before he was shot. Most would agree that this thin volume was Gumilev's most accomplished.[4] Its twenty-two poems include a disproportionate number of his best works, including "Pamiat," "Dusha i telo," "Shestoe chuvstvo," "Moi chitateli," "Zvezdnyi uzhas," and perhaps his single most renowned poem, "Zabludivshiisia tramvai." With so many outstanding examples of Gumilev's verse from which to choose, critics and scholars may be forgiven for having paid only sporadic attention to "Les" since his death.

However, in the few months before Gumilev's execution the poem acquired some notoriety. It was written, along with a handful of other works, during the summer of 1919, after Gumilev had gone nearly a year without composing any poetry.[5] At the time he was promoting the literary career of Irina Odoevtseva, who a year earlier had taken a course with him at the "Institute of the Living Word" and was now a part of his literary studio. He clearly regarded her as a talented poet, and by Odoevtseva's own account she eventually became known as "Gumilev's pupil." "Les" was initially published early in 1921 in the almanac *Drakon* with a dedication to Odoevtseva, which, she states in her memoirs, aroused the jealousy of Gumilev's wife, Anna Engel'gardt. As a result he removed the mention of Odoevtseva when the poem appeared in *Ognennyi stolp* and instead dedicated the entire volume to his wife.[6] Engel'gardt's suspicions

3 I want to thank Michael Wachtel and the graduate students in his course at Princeton on "The Evolution of Russian Poetic Form," where I was a guest speaker in the spring of 2016 and first dealt with the matters discussed here. Their comments have done much to inspire and shape this paper.

4 See, for example, Earl D. Sampson, *Nikolay Gumilev* (Boston: Twayne Publishers, 1979), 129; N. A. Bogomolov, *Russkaia literatura pervoi treti XX veka: Portrety, problemy, razyskaniia* (Tomsk: Vodolei, 1999), 76.

5 The gap in his poetic output is mentioned, for instance, by Valerii Shubinskii in his *Zodchii: Zhizn' Nikolaia Gumileva* (Moscow: Izdatel'stvo Ast, 2014), 594.

6 Irina Odoevtseva, *Na beregakh Nevy* (Moscow: Khudozhestvennaia literatura, 1988), 271.

may not have been out of place. Odoevtseva had the curly red hair ("tvoi / Kosy—kol'tsa ogneveiushchei zmei") and green eyes ("tvoi zelenovatye glaza") mentioned in lines 24–25. Indeed, a poem placed by Gumilev in Odoevtseva's album refers to "golden reddish plaits" and concludes with the couplet referring to "your greenish eyes" that then appeared in "Les."[7] The resemblances to her were such that some years later Kornei Chukovskii still remembered the poem as being about Odoevtseva.[8] Furthermore, even if the emphasis is on a spiritual rather than a physical connection, "Les" reads as a love poem.

In her memoir Irina Odoevtseva refers briefly to the scandal that arose soon after *Drakon* was published. Erikh Gollerbakh had been born in 1895, the same year as Odoevtseva, and was active in Petrograd's artistic and literary circles. Primarily an art historian, he was also a literary critic and composed some poetry; *Gorod muz* (1927), on Tsarskoe Selo, the city of his birth, is perhaps his best-known work. In February 1921, right after *Drakon* appeared, he published a rather flippant review in which he identified Odoevtseva as the addressee of "Les." In light of the dedication and the obvious physical resemblance of Odoevtseva to the figure in the poem, anyone who knew her would have surmised as much, but Gumilev took offense—perhaps because of the tone; perhaps because, as Odoevtseva remarks, others were already claiming that in the work Gumilev was confessing his love for Odoevtseva. Gumilev publicly berated Gollerbakh, who defended himself in a letter and then by asking a "court of honor" within the Petersburg branch of the Writers' Union to intervene. The court eventually issued a rather ambiguous resolution that seemed to leave both more or less satisfied, but for a time in the spring of 1921 the dispute and thus the poem received much attention.[9]

The drama surrounding the poem's publication perhaps helped assure that most would ignore its formal features. "Les" consists of fifteen couplets, all with paired masculine rhymes, which are exact throughout.

7 Ibid., 266.

8 In 1927 Chukovskii recalled Gumilev's first reciting to him a work "about Odoevtseva, a woman with red hair" and quotes the poem's twenty-first line. Kornei Chukovskii, *Dnevnik 1901–1929* (Moscow: Sovetskii pisatel', 1991), 417.

9 For Gollerbakh's account of his relationship with Gumilev along with documents that shed further light on the events, see E. F. Gollerbakh, "N. S. Gumilev" in *Nikolai Gumilev: Issledovaniia i materialy; Bibliografiia*, comp. M. D. El'zon and N. A. Groznova (St. Petersburg: Nauka, 1994), 577–92; Iu. V. Zobnin and V. P. Petranovskii, "K vospominaniiam E. F. Gollerbakha o N. S. Gumileve," ibid., 592–605.

Approximate rhymes had become a common feature in Russian poetry during Gumilev's day, but they were far more frequent in feminine and dactylic endings (where the rhyming component covers two and three syllables, respectively, rather than just one). Therefore, the absence of any approximate rhymes over a thirty-line poem is not a total surprise. More unusual is the amount of "open" rhyming (masculine rhymes that end in a vowel): eleven of the fifteen rhymes fall into this category, far more than typical.[10] Even the closed rhymes mostly end in sonorants. Metrically, the poem is noteworthy for suddenly switching from one trochaic meter to another.[11] The first twenty-six lines are in trochaic hexameter without caesura, a relatively uncommon form that is the sole meter in less than 1 percent of the poems written during the time when Gumilev was active, while the final four lines employ the far more widely used trochaic pentameter.[12] "Les" thus falls into the category of "polymetrical compositions" in which segments are written in different meters. The trochaic hexameter without caesura usually has constant or near-constant stressing on the even-numbered strong positions or ictuses (2, 4, 6), and relatively weak stressing on the others.[13] The net result often leads to a narrow range of rhythmic patterns: of the thirty-two theoretical combinations of stressed and unstressed ictuses for lines in this meter, just three—each omitting two or three metrical stresses—account for twenty of the first twenty-six lines. As a result only about two-thirds of the ictuses in these lines are stressed. This combination of relatively light stressing and many open

10 M. L. Gasparov's extensive study shows that poets over the years have far more often shown a clear preference for closed masculine rhymes. See "Evoliutsiia russkoi rifmy," in his *Izbrannye trudy*, vol. 3, *O stikhe* (Moscow: Iazyki russkoi kul'tury, 1997), 303–20. (table 4, last two columns). Figures for the early poetry of Gumilev show him favoring closed masculine rhyme by about a 60:40 ratio (311).

11 O. A. Smagina has noted the relatively high reliance on iambic and trochaic meters in *Ognennyi stolp* (eleven of the first twelve poems, fifteen of all twenty-two), and points out that "Les" is placed between two poems written in a single trochaic meter—trochaic pentameter—so that the three form the first of the metrical complexes that she discerns throughout the collection: Ol'ga Aleksandrovna Smagina, "Poeticheskii mir Nikolaia Gumileva: 'Ognennyi stolp'" (Avtoref. diss., Smolenskiii gosudarstvennyi pedagogicheskii universitet, 2000), 16.

12 On the frequency of these meters, see the figures in M. L. Gasparov, *Ocherk istorii russkogo stikha: Metrika, ritmika, rifma, strofika* (Moscow: Fortuna Limited, 2000), 316.

13 For a more detailed description of this form's rhythmic tendencies, see Kirill Taranovskii, *Russkie dvuslozhnye razmery: Stat'i o stikhe*, trans. V. V. Sonkin (Moscow: Iazyki slavianskoi kul'tury, 2010), 317–25.

masculine rhymes gives the bulk of the poem a free-flowing quality. Then in the final two couplets the change in meter, the syntactic parallelism in lines 29–30, and the presence of at least a weak stress on nineteen of the twenty ictuses combine to impart a strong sense of closure.

The most striking feature, though, is the manner in which the stanza form disrupts more than it underscores the thematic composition of the work, which evokes the atmosphere of an ancient enchanted forest before turning to the present and the woman who inspires the poet's admiration.[14] Gumilev appears to have been thinking primarily in quatrains rather than in couplets as he put the poem together. For instance, the second couplet completes the image of the first: the trunks appearing out of the gloom are linked to the roots that resemble arms belonging to the inhabitants of graves. If lines 1–4 form a thematic unit, so do 5–8, referring to unusual beings, and 9–12, which oddly talk about what has *not* happened "here" but nonetheless enhance the aura of strangeness. The following six lines, referring to the woman with the head of a cat, form the next cluster. A sharp break then occurs, as 19–22 firmly ascribe everything from the first eighteen lines to a distant time and place. Lines 23–26 go further, specifying that the poet concocted all this while looking at the

14 The imagery giving rise to that atmosphere is very much in keeping with the ethereal and spiritual qualities that mark *Ognennyi stolp* as a whole. Scholars have rarely addressed "Les" in detail but have suggested various sources for specific elements and commented on individual themes. Thus Milivoje Jovanović finds a hint of Dante in the motif of souls that have lost their way; see his "Nikolai Gumilev i masonskoe uchenie," in *N. Gumilev i russkii Parnas: Materialy nauchnoi konferentsii 17–19 sentiabria 1991 g.*, comp. I. G. Kravtsova and M. D. El'zon (St. Petersburg: Muzei Anny Akhmatovoi v Fontannom Dome, 1992), 42. More generally, E. P. Mstislavskaia includes "Les" among the works in *Ognennyi stolp* that have a strong biographical element and refers to the poem when citing such motifs in that volume as death, folkloric elements, and a sense of oneness with the spiritual essence of the universe; she further notes that love is a topic in nearly all the collection's poems. See her "Poslednii sbornik N. S. Gumileva, *Ognennyi stolp* (K probleme soderzhatel'noi tselostnosti)," *Gumilevskie chteniia: Materialy mezhdunarodnoi konferentsii filologov-slavistov*, ed. Iu. V. Zobnin (St. Petersburg: Sankt-Peterburgskii gumanitarnyi universitet profsoiuzov, 1996) 180–83. Ewa Thompson cites this poem as one of Gumilev's best and states that the "fantastic and uncanny forest" is where "the male and the female unconscious meet—and merge": "Some Structural Patterns in the Poetry of Nikolay Gumilev," *Die Welt der Slaven* 19–20 (1974–75): 348. Her remark earlier in the article, that the archetype of the feminine can split into opposites (347), suggests an explanation for the appearance of the woman with a cat head, whose bleak death contrasts with the spiritual union envisioned for the beloved at the poem's end.

features of the poem's addressee, and then the final four focus on the poet and the woman, suggesting that the forest may be both her soul and his love, and that perhaps the two of them will go there together when they die. The thematic elements suggest the following line groupings: 4 | 4 | 4 | 6 || 4 | 4 | 4. The poem thus exhibits a kind of asymmetrical symmetry: the three sets of four lines at the start are matched by the three sets at the end, while the six-line grouping that appears in the exact middle belongs more to the first section of the poem than to the second.

The punctuation further emphasizes this structure. Commas appear after lines 6, 10, 14, 16, 20, 24, and 28 in the edition quoted here; the other even-numbered lines are marked by full stops. Most other editions (including the poem's first publication) also have a comma after line 2, so that periods only mark thematic boundaries.[15] Stanzas in Russian poetry tend to be syntactically closed, ending with a punctuation mark signaling the end of a sentence or at least a clear intonational break (ellipsis, colon). S. A. Matiash has provided data showing that many Russian poets use syntactically closed stanzas well over 80 percent of the time; her figures for Gumilev reveal that in his works the frequency is about 95 percent.[16] Yet in "Les" eight of the fourteen borders between stanzas are open (assuming a comma after line 2). Since Matiash included all lengths of stanza in her surveys and since, as we shall see, some of his other poems in couplets have both open and closed borders between stanzas, Gumilev's couplets would have accounted for a significant portion of his syntactically open stanzas. Thus when he uses stanzas other than couplets, the percentage that are syntactically closed must be well over the roughly 95 percent that Matiash observed in his verse as a whole. In other words, Gumilev treats

15 For recent examples of a comma after line 2, see Nikolai Gumilev, *Sochineniia v trekh tomakh* (Moscow: Khudozhestvennaia literatura, 1991), 1:290; also, N. S. Gumilev, *Polnoe sobranie sochinenii v desiati tomakh* (Moscow: Voskresen'e, 2001), 4:68. Minor variations in punctuation—typically without editorial comment—mark the publications of this poem. The 1991 edition goes further than others in altering Gumilev's sometimes non-standard punctuation: for instance, it adds a comma after *tem* in line 18 and replaces the dash in line 24 with a comma. (One editor, perhaps reflecting the belief that stanzas need to be syntactically closed, simply ignored Gumilev's preferences and placed a period at the end of each couplet—including at the end of line 24, where the sentence structure clearly demands a comma: Nikolai Gumilev, *Sobranie sochinenii v chetyrekh tomakh* 4 [Regensburg: (Posev), 1947], 4:42–43.)

16 S. A. Matiash, "Strof‌icheskii perenos v russkoi poezii (Voprosy teorii i istorii)," in *Slavianskii stikh, 8: Stikh, iazyk, smysl*, ed. A. V. Prokhorov and T. V. Skulacheva (Moscow: Iazyki slavianskoi kul'tury, 2009), 195–97.

the borders of couplets differently than his other stanzas in his willingness to leave them syntactically open.

Given the openness of so many stanzas in "Les" and the way that the themes are treated mostly in groups of four lines, the key issue becomes: just why does Gumilev employ couplets in "Les"? Would it not have made more sense for him to use mostly quatrains (rhyming aabb) rather than these short stanzas with their aa rhymes?

An intriguing twist to these questions arises from an important modification that took place over the textual history of "Les." The poem has always been printed with couplets since its appearance in the collection *Ognennyi stolp*. However, upon its first publication just a few months earlier in *Drakon*, "Les" looked quite different. It contained only a single division that split the work into sections of eighteen and twelve lines.[17] This layout corresponded to the overall structure of the poem, while sentence periods allowed readers to perceive the other thematic borders at lines 4, 8, 12, 22, and 26. Gumilev was the driving force behind the publication of *Drakon* and corrected the proofs; he also reviewed the proofs for *Ognennyi stolp*.[18] Thus he, rather than an editor or compositor, was almost certainly responsible for (or at the very least approved) the poem's division into couplets. So the question then arises as to why Gumilev, who apparently never remarked on the modification, abandoned the original layout.

One, admittedly dubious, possibility is that, smarting both from his wife's reproaches and Gollerbakh's review, he wanted to mitigate the direct reference to Odoevtseva. Just removing the dedication would have left a sharply delineated, twelve-line concluding section about a red-haired woman with green eyes. Once the poem has been turned into a series of two-line stanzas, the final six couplets do not stand out so distinctly. The move to the present from the ancient past is less obvious, and casual readers might be more inclined to see a continuation of the poem's mystical atmosphere rather than to perceive the portrait of an actual woman—the more so because the comparison of the woman's braids to the coils of a fiery snake and of her eyes to a Persian turquoise are in keeping with the exotic quality of the poem's first part.

17 *Drakon: Al'manakh stikhov* (Petrograd: Izdanie Tsekha poetov, 1921), 7.

18 P. N. Luknitskii, *Trudy i dni N. S. Gumileva*, ed. Iu. V. Zobnin (St. Petersburg: Nauka, 2010), 675 and 718.

More probable explanations are to be found in the significant clues that can be gleaned from Gumilev's other works. A survey of the stanza forms used in *Ognennyi stolp* and in the collections that immediately preceded it turns out to be revealing. In the "Biblioteka poeta" collection of his verse, *Ognennyi stolp* contains twenty-two poems (with the three-part "Dusha i telo" counted as three separate works). The final two contain lines in groupings of various lengths and are unrhymed. Of the other twenty, "Les" and one other are in couplets. Eighteen are in quatrains—including an unrhymed poem, nine with his favorite AbAb rhyme scheme, and five with aBaB (capital letters indicate feminine rhyme and small letters masculine). The preceding three collections of original verse that Gumilev published present a similar picture. There are forty-four poems in *Kolchan* (1916). Of these, thirty-four employ quatrains, with the AbAb stanza occurring in nineteen. The remaining poems manifest a relatively wide variety (for Gumilev) of stanzas: three have six-line stanzas, two are in eight-line stanzas, two others in couplets, one uses a three-line stanza, one consists of a sonnet, and, finally, one poem contains eight rhymed lines not divided into stanzas. *Koster* (1918) has twenty-nine poems. Three are unrhymed (though one is divided into eight-line stanzas); of the twenty-six rhymed poems, twenty-five employ quatrains (in thirteen of these the AbAb form) and one uses couplets. Of the fifteen poems in the 1918 collection *Shater*, one is unrhymed and divided into line groups of varying length. Of the rest, thirteen are in quatrains (seven of which rhyme AbAb, while one is unrhymed), and one is in couplets.

The four collections have 110 poems in total; of the 104 that use stanzas, ninety (or 86.5 percent) are written in quatrains and six (5.8 percent) in couplets. Gumilev turns out to be somewhat of an outlier in his extremely heavy reliance on quatrains and in his consequently slight use of other common stanza lengths. A study of the stanzas employed by thirteen poets from the eighteenth through the twentieth centuries has shown that quatrains, on average, have accounted for about two-thirds of the poems written in stanzas. The next most popular are eight-line and then six-line stanzas, while couplets and five-line stanzas each appear in about 5 percent of the poems.[19] Thus the frequency of couplets in Gumilev is about what one would expect, but he has many more quatrains and

19 Barry P. Scherr, "Odd Stanzas," *Studia Metrica et Poetica* 1, no. 1 (2014), appendix (between 54 and 55).

consequently far fewer stanzas in the other common lengths. His practice is hardly unique; for instance, I. F. Annenskii used quatrains in more than 90 percent of his lyric stanzaic verse, with couplets and six-line stanzas the only other forms that appear with any regularity.[20] However, as Vadim Baevskii has observed, most of Gumilev's contemporaries have a significantly more varied repertoire of stanzas; his originality lies not in the range of forms but in his actual usage.[21]

As the examination of these collections illustrates, Gumilev's rhymed verse nearly always contains stanzas; divisions of the sort that appeared in the first publication of "Les," with 18 + 12 lines, are atypical. Perhaps the only occasion when Gumilev uses long clusters of adjacent masculine rhymes (that is, without breaking them up into regular stanzas) is in the long narrative work *Mik*, subtitled *Afrikanskaia poema*. The first ninety-eight lines (out of more than 1000) are divided into sets of fourteen, twenty-four, eighteen, eighteen, and twenty-four lines; of these, the last four lines represent the first instance in the poem of alternating rhyme (abab), while the previous ninety-four all rhyme (aa . . .). These ninety-eight lines are immediately followed by another "paragraph" of sixteen lines in adjacent masculine rhymes, and long runs of aa rhymes occur throughout the rest of the poem as well. However, in his rhymed lyric (as opposed to narrative) poetry Gumilev strongly favors fixed-length stanzas.

For that matter, his adjacent rhyme is largely limited to couplets. Instances of adjacent rhyme in quatrains do occur: "Ot"ezzhaiushchemu" from *Kolchan*, with dactylic and feminine rhyme (A´A´BB); "Damara" in *Shater* (AABB); and, from *Ognennyi stolp*, "P'ianyi dervish" (aabb, where the fourth line in each stanza is identical, and hence the b rhyme is based on the same vowel throughout). But these are very much exceptions. The overwhelming majority of his quatrains instead contain alternating rhyme (most often, as we have seen, AbAb, but also aBaB, abab, etc.). Couplets, meanwhile, although infrequent, appear in his verse throughout his career: of the 361 lyric poems in the "Biblioteka poeta" edition, no fewer

20 S. A. Butovskaia, V. M. Zakharova, and G. R. Monakhova, "Metrika i strofika I. F. Annenskogo," in *Peterburgskaia stikhotvornaia kul'tura*, vol. 2, *Materialy po metrike, strofike i rifme peterburgskikh poetov*, ed. E. V. Khvorost'ianova (St. Petersburg: Nestor-istoriia, 2013), 165, table 13.3.

21 V. S. Baevskii, "Nikolai Gumilev—master stikha," in *Nikolai Gumilev: Issledovaniia i materialy: Bibliografiia*, comp. M. D. El'zon and N. A. Groznova (St. Petersburg: Nauka, 1994), 93.

than twenty are written in couplets. If anything, they become even more important in his late work and are the only stanza form other than quatrains that can be found in all four of the collections examined here.

Thus far we have seen that Gumilev (a) was generally averse to writing rhymed lyric poems in what are essentially verse "paragraphs"—lines placed into groups of varying lengths—but instead strongly preferred stanzas; (b) used adjacent rhyme primarily in couplets and only very rarely in quatrains, which were by far his preferred stanza length; and (c) despite his quite limited range of stanza forms had an interest in couplets that spanned his career. It remains to take a closer look at the nature of those couplets.

Six of the twenty poems in couplets differ from the rest and will not be considered further here. They appear in still another late publication, *Farforovyi pavil'on*, which consists of what could be described as free adaptations of Chinese poems with the assistance of French translations.[22] Thus the formal features of the couplets in *Farforovyi pavil'on* appear to have been influenced by the material with which Gumilev was working and do not necessarily reflect his preferences as a poet. For instance, unrhymed verse, otherwise appearing only occasionally in his poetry, predominates in *Farforovyi pavil'on*. As a result, five of the six poems in this collection that use couplets lack rhyme (the exception, "Laos," has paired feminine rhymes [AA] in the first nine couplets and ends with two linked couplets [AB AB]).

The remaining fourteen poems in couplets, including "Les," display some interesting traits. Gumilev's poetry as a whole contains iambs in about one-third of his poems, trochees in about a fifth, ternary verse (dactyls, amphibrachs, or anapests) in about one-fourth, and the then new, "non-classical" meters (most notably, *dol'nik* verse) in about one-fifth; compared to his contemporaries, Gumilev used non-classical verse more often and iambs less often.[23] In his couplets, however, he shows a clear preference for iambic and trochaic verse, avoiding non-classical meters entirely: eight of the poems employ iambs, four trochees, and two use ternary verse. While the small sample means this distribution could simply be an anomaly, just four meters (iambic and trochaic pentameter and hexameter) account for ten of the poems, suggesting that he generally relied on familiar forms when composing these stanzas.

22 Gumilev, *Stikhotvoreniia i poemy*, 582.

23 Baevskii, "Nikolai Gumilev," 80.

He is even more consistent in his use of rhyme. The main patterns for couplets are limited: aa, AA, A′A′ (masculine, feminine, or dactylic rhyme). Other possibilities exist; thus in the unrhymed couplets from *Farforovyi pavil'on* Gumilev carefully repeats the clausula sequence from stanza to stanza (in "Schast'e" the endings are xX in each couplet, in "Poet" they are Xx). However, in the fourteen poems from other collections he largely eschews variety, using all masculine rhyme (aa) no fewer than eleven times. Twice (in "Molitva masterov" and "Dva Adama") he alternates stanzas in masculine rhyme with those in feminine, and once ("Kakoiu muzykoi moi slukh vzvolnovan?") he begins with one couplet in feminine rhyme before employing masculine for the remaining four. What is more, in an age when approximate rhyme had come into wide use (especially in feminine rhymes), the rhymes in his couplets, even the few times when he employs feminine rhyme, are almost invariably exact. The only exceptions occur in the final couplets of two poems published in 1915: stikhi / stikhii ("Vecher") and the more noticeable kliuchi / stuchit ("Rai").[24] This predominance of masculine exact rhyme and reliance on just a few meters speak to a formal conservatism when he employs couplets.

While it is difficult to draw broad conclusions about the subject matter, in his couplets Gumilev seems also to have reworked a rather small number of motifs. If "Les" is ultimately a love poem featuring an evocative landscape, with references to night, to dreaming, and to various elements that belong to myth or to ancient times, then similar features appear in a striking number of the other poems in couplets, even though the tenor of the works varies considerably. Thus one of the earliest, "Pokornost'," takes place under the stars in a swampy overgrowth and the poet summons a pale maiden.[25] "Somnenie" is set in the quiet evening hour with the poet thinking "only of you," and refers to a hazy meadow, flowerbeds, and a pine tree.[26] In the course of "Rai" the poet literally knocks on heaven's door, invokes various saints, says he has dreamed of heavenly gardens, and talks of a love that would melt the ice of hell.[27] The narrator of "Rassypaiushchaia zvezdy"

24 The first of these (truncated final *i kratkoe* in masculine rhyme) came into use around the turn of the twentieth century, while Aleksandr Blok in particular popularized the second, the truncation of other consonants. D. S. Samoilov, *Kniga o russkoi rifme*, 2nd enl. ed. (Moscow: Khudozhestvennaia literatura, 1982), 209, 218.

25 Gumilev, *Stikhotvoreniia i poemy*, 132.

26 Ibid., 162.

27 Ibid., 243.

is addressing a woman, says she comes to him "as if in a dream," refers to her "gustaia priad'" (cf. "kosy" in "Les"), mentions her eyes reflecting the "magical" moon, and talks of her scattering stars as well as flowers.[28] Other poems—"Vecher," "Dva Adama"—could be cited in this regard as well. This is not the only set of topics found in his couplets; for instance, something of a "warrior" line runs through several works ("Rytsar' s tsep'iu," "U kamina," "Somaliiskii poluostrov"), though even these at times exhibit motifs that overlap with those found in his other couplets.

Finally, the discordance between the stanza form of "Les" and its thematic structure turns out to be a trait found in several of Gumilev's other poems in couplets. The earlier couplets most often exhibit closure at the end of every stanza, with each pair of lines dealing with a distinct theme (in "Za chasom chas bezhit i padaet vo t'mu," "Pokornost'", and "Rytsar' s tsep'iu"). In "Molitva masterov," the other example of couplets in *Ognennyi stolp*, the last seven couplets form complete entities in terms of both syntax and semantics. The only deviation occurs in the opening stanzas, where the first line ends with a colon and then the next three lines form a unit without regard to the stanza boundary. Usually, though, Gumilev finds more complex ways to create tension between the couplet form and the thematic structure. Even among the early works, "Okhota" displays commas after lines 2, 6, 10, 12, 16 and 20; therefore the punctuation alone suggests a 4 | 4 | 6 | 4 | 4 structure—a symmetry remarkably close to that of "Les," though in "Okhota," except for the six-line unit, each couplet tends to present a separate motif and so is closed semantically if not syntactically. In "Rassypaiushchaia zvezdy" the sixteen lines readily divide into four four-line groups (and, strikingly, line 14 displays no punctuation at all, signaling not just a syntactically open border but clear enjambment between the last two couplets); it is as though Gumilev had written quatrains but then decided to place them on the page as couplets. Usually, as in "Les," the total number of lines is not divisible by four, so that Gumilev cannot create groupings into four lines throughout but instead devises interesting structures. "U kamina" contains twenty-six lines. The first four lines introduce the narrator and the last two again describe him; the ten couplets in the middle divide into symmetrical units of 6 | 4 | 4 | 6 lines. In "Somaliiskii poluostrov" the scene is set in the first five couplets, where the ten lines break down into two sets: the opening four, where the

28 Ibid., 269.

verb "pomniu" appears twice; and the next six, describing the location. The poet then turns to the immediate events, and the remaining thirty-two lines form units of 6 | 6 | 4 | 4 | 6 | 6, yet again suggesting a symmetrical design. The fourteen-line "Vecher" ("Kak etot vecher gruzen, ne krylat!") may be the most radical in the disconnect between stanza breaks and thematic organization. The first two couplets, as in "Molitva masterov," contain a one-line statement followed by three lines that go together. After line 4 the one clear syntactic break is marked by an ellipsis at the end of line 9, while enjambment occurs after the fourth couplet (line 8) and the fifth. The thematic composition thus divides into 1 | 3 || 5 | 5, which virtually ignores the structure implied by the stanza divisions.

Thus, if Gumilev's other stanzas are almost always closed syntactically, he took a much more varied approach to couplets, frequently using them with a freedom in terms of closure that causes them to behave almost as much like verse lines as like stanzas. That is, they can function as building blocks with which he creates larger structures within the poem, often forming a symmetrical pattern. The complex interaction between the innate quality of the stanza as in integral unit and the thematic structure of the poem then serves as a counterpoint to the relative conservatism of his couplets in terms of meter and rhyme.

And so it is with "Les." In the absence of any direct comment from Gumilev, it seems reasonable to suppose that he initially created the single break found in *Drakon* in order to underscore the poem's most significant shift in topic. However, having composed the poem in masculine adjacent rhyme throughout, he then put it into the couplets that he associated both with this rhyme scheme and, at least to some extent, with the subject matter. Thus the change to couplets in "Les" after its publication in *Drakon* brings the poem into alignment with the great majority of Gumilev's other lyrics exhibiting masculine adjacent rhyme, while the poem itself serves as another example of the compositional variety that he managed to create in what would initially appear to be a form with only limited possibilities.

КНИГА ИОВА В «БРАТЬЯХ КАРАМАЗОВЫХ»,

или «надрывная» теодицея

WOLF SCHMID
(Hamburg)

1

Теодицея, т.е. оправдание бога перед лицом существующего в мире зла и страдания[1], — одна из центральных проблем, занимавших Достоевского. Понятие теодицеи восходит к Готфриду Вильгельму Лейбницу. В своих «Опытах теодицеи о благости Божией, свободе человека и начале зла» Лейбниц[2] старается снять противоречие между всемогуществом бога и существованием в мире зла, указывая на данный мир как «наилучший из возможных миров». Наилучший из возможных миров есть мир с наибольшим разнообразием ступеней совершенства имеющихся в нем существ. Лейбниц полагает, что бог, по благости своей желающий наилучшего мира, не

1 См. обзор систематики и истории проблемы теодицеи: P. Gerlitz [et al.], "Theodizee I–VI", *Theologische Realenzyklopädie* (Berlin — New York: De Gruyter, 1977–2004), 33: 210–237 (далее — *TRE*).

2 Gottfried Wilhelm Leibniz, *Essais de Théodicée sur la Bonté de Dieu, la Liberté de l'Homme et l'Origine du Mal*, 2 tomes en 1 vol. (Amsterdam: Troyel, 1710).

желает зла, но допускает его постольку, поскольку без него желаемое разнообразие осуществиться не может[3].

Над оптимистическим трактатом Лейбница иронизировал Вольтер в своей философской повести «Кандид, или Оптимизм» («Candide, ou l'optimisme», 1759). Ее герой Кандид после многолетних странствий, подверженный многообразным бедствиям и разочарованиям, отворачивается от лейбницовского оптимизма, который пропагандировал его учитель Панглосс, и приходит к трезвому заключению, что человек призван «возделывать свой сад» («il faut cultiver notre jardin»).

В записи Достоевского от 24 декабря 1877 г. под названием «Memento. На всю жизнь» мы находим заметку «Написать русского Кандида» (XV: 409)[4]. План «Русского Кандида» (по всей очевидности — Анти-Кандида) осуществлен частично в заветном романе «Братья Карамазовы»[5].

Замысел «русского Кандида», подразумевающий критическое отношение к Вольтеру, не значит, что Достоевский занимал позицию Лейбница. Лейбницевский оптимизм, пропагандируемый в «Кандиде» Панглоссом, в «Братьях Карамазовых» исключен уже мотивом страдающих детей. «Хорошая коллекция» (XIV, 218) ужасных случаев в рассказе Ивана, в котором Достоевский использует свои собственные записи из газетных статей, исключает

3 См.: С.С. Аверинцев, "Теодицея", *Философский энциклопедический словарь*, 2-е изд. (М.: Советская энциклопедия, 1989), 647.

4 Все цитаты из произведений Достоевского приводятся по изданию: Ф.М. Достоевский, *Полное собрание сочинений в 30 томах* (Л.: Наука, 1972–1990), с указанием тома и страницы.

5 О «русском Кандиде» Достоевского ср.: Л.П. Гроссман, "Русский Кандид: К вопросу о влиянии Вольтера на Достоевского", *Вестник Европы* 5 (1914): 192–203. Гроссман старается показать, что так называемые «карамазовские вопросы» были уже поставлены в творчестве Вольтера. Наряду с «Кандидом» он рассматривет как источники, влияющие на мышление Ивана Карамазова, «Поэму о лиссабонской катастрофе» («Poème sur le désastre de Lisbonne», 1756) и роман «История Дженни, или атеист и мудрец» («Histoire de Jenni, ou le Sage et l'athée», 1775). О роли Вольтера в произведениях Достоевского см. также: Alfred Rammelmeyer, "Dostojevskij und Voltaire", *Zeitschrift für slavische Philologie* 26.2 (1958): 252–278.

всякую мысль о том, что для Достоевского «всё к лучшему в этом лучшем из миров»[6].

О присутствии вольтеровского «Кандида» в «Братьях Карамазовых» свидетельствует разговор между тринадцатилетним Колей Красоткиным и Алешей. Красоткин, признающий себя социалистом и говорящий о прогрессивных идеях времени, о которых он знает только понаслышке, уверяет, что читал «Кандида».

К Вольтеру отсылает не одна аллюзия[7]. Важное место в романе занимает его афоризм «Si Dieu n'existait pas, il faudrait l'inventer»[8]. Его упоминают разные персонажи «Братьев Карамазовых». В разговоре с Алешей Иван, исходящий в тот момент — в отличие от Вольтера — из того, что «человек выдумал бога» (XIV, 214), ссылается — на двух языках, с небольшой неточностью во французском — на «од[ного] стар[ого] грешник[а] в восемнадцатом столетии, который изрек, что если бы не было бога, то следовало бы его выдумать, s'il n'existait pas Dieu, il faudrait l'inventer» (XIV, 213–214)[9].

---

6 Вполне справедливо замечает Игорь Смирнов, что «Братья Карамазовы» «протестуют и против лейбницевской теодицеи, и против ее опровержения у Канта» (Игорь П. Смирнов, "Преодоление литературы в «Братьях Карамазовых» и их идейные источники", *Die Welt der Slaven* XLI [1996]: 283; переработанная версия: "От «Братьев Карамазовых» к «Доктору Живаго»", в его кн. *Роман тайн «Доктор Живаго»* [М.: НЛО, 1996], 165).

7 См.: Victor Terras, *A Karamazov Companion: Commentary on the Genesis, Language, and Style of Dostoevsky's Novel*, 2nd ed. (Madison, Wis.: University of Wisconsin Press, 2002), по указателю.

8 В послании «Автору книги о Трех самозванцах» («À l'auteur du livre des Trois imposteurs», 1768), являющемся ответом Вольтера на атеистический манифест «Трактат о трех самозванцах» (имеются в виду Моисей, Христос и Мухаммед).

9 Из этого высказывания нельзя делать вывод, что Иван — атеист. Иван не отрицает существования бога, а сомневается в нем. В своих многочисленных высказываниях и текстах ищущий герой занимает каждый раз иную позицию, колеблясь между *pro* и *contra*, перебирая разные возможности, мыслительные модели, не отождествляя себя ни с одной из них. Колебание его мышления отличает Ивана от его последователей (Смердяков, Ракитин, Красоткин), фиксирующих его ищущее мышление лишь в одной позиции, а именно атеистической, на самом деле не являющейся последним словом Ивана. Иван, обвинитель бога, жаждущий, как показывает его разговор с дьяволом, веры в справедливый потустронний мир, предстает в конечном счете в гораздо большей степени метафизиком, мыслит более трансцендентно, чем ищущий блага в мире сем старец Зосима. Францисkански-пантеистическая вера Зосимы, его убеждение, что человек уже на земле может достичь рая, направлены ведь скорее на мир земной, чем на свет иной. В то время как Иван от бога требует

В вышеупомянутом разговоре с Алешей Коля Красоткин признается:

> …я ничего не имею против бога. Конечно, бог есть только гипотеза, но я признаю, что он нужен, для порядка: для мирового порядка и так далее: и если б его не было, то надо бы его выдумать. (XIV: 499)

Уже в начале романа Федор Павлович перифразирует слова Вольтера, применяя их к крючьям, на которых черти по изображаемому в иконах представлению затаскивают души грешников в ад:

> …коли нет крючьев, стало быть, и все побоку, значит, опять вероятно: кто же меня тогда крючьями-то потащит, потому что если уж меня не потащат, то что ж тогда будет, где же правда на свете? Il faudrait les inventer, эти крючья, для меня нарочно, для меня одного, потому что если бы ты знал, Алеша, какой я срамник!.. (XIV: 23–24)

2

Разговор между братьями, в котором Иван, процитировав упомянутое высказывание Вольтера, приходит к выводу, «что человек выдумал бога», предшествует «бунту» Ивана. Этот бунт заключается не в отрицании существования бога, а в обвинении бога в инструментализации страдания невинных детей[10]. Это не ослабление богохульства, а, напротив, его обострение. С полным правом пишет Достоевский по поводу «инквизитора и главы о детях»: «в Европе такой силы атеистических *выражений* нет и *не было*» (XXVII: 86; курсив в источнике).

Из писем Достоевского явствует, что он старался «торжественно опровергнуть» (XXX.1: 64) богохульство Ивана. Опровержение

справедливости в окончательной гармонии, Зосима рисует утопическую картину мира сего, в котором преступления уменьшатся «в невероятную долю» (XIV: 59–61), картину сугубо еретическую с точки зрения христианства.

10 См.: Вольф Шмид, "«Братья Карамазовы» — надрыв автора, или Роман о двух концах", *Проза как поэзия: Пушкин, Достоевский, Чехов, авангард*, 2-е изд., испр. и расшир. (СПб.: Инапресс, 1998), 171–193.

обвинения бога Иваном — это теодицея, к которой Достоевский стремился. Сознавая, что критика бога не поддается рациональному опровержению, автор перешел к прагматической и эстетической аргументации. Ответ был, — как пишет автор К.П. Победоносцеву, обер-прокурору Святейшего Синода, — «не прямой, не на положения, прежде выраженные по пунктам, а лишь косвенный», заключаясь «в художественной картине» (XXX.1: 122).

Достоевский в целях теодицеи между прочим применяет *argumentum ad hominem*[11], в данном случае предостережение от лжепророков из «Нагорной проповеди»: «По плодам их узнаете их» (Мф 7: 16). Одно из доказательств существования благого бога — это мысли и поступки положительных и отрицательных героев. По убеждению Достоевского нравственное поведение возможно только на основе веры в Христа. Достоевский не допускает земной основы этики, потому что человек сам по себе не имеет силы к братству. Возможность добродетели без веры в бессмертие души защищается в романе одним только безбожным семинаристом Ракитиным.

Для того чтобы опровергнуть обвинение бога, Достоевский прибегает также и к классическому приему теодицеи, к восхвалению творения. В «Братьях Карамазовых» самый убедительный аргумент в пользу существования благого бога — это красота мира. Здесь, может быть, и кроется смысл загадочных слов «Красота спасет мир», проходящих по роману «Идиот»[12]. Во всяком случае, хвала красоты божьего мира звучит в цепной реакции прозрений и озарений, идущей от Маркела и достигающей даже Ивана[13]. Обращение безбожных фигур сопровождается каждый раз потрясающим восприятием прекрасной природы и ее внутренней организованности. Это действительно даже для Ивана, который, будучи рационалистом, тем не менее признается Алеше, что он любит «клейкие весенние листочки» (XIV: 210). Правда, выражение «клейкие листочки» взято из стихотворения Пушкина «Еще дуют

---

11 См.: В.Е. Ветловская, *Поэтика романа «Братья Карамазовы»* (Л.: Наука, 1977), 78 и др.

12 См.: Wolf Schmid, "Die Schönheit der Welt in Dostoevskijs ästhetischem Gottesbeweis", *Wiener Slawistischer Almanach* 66 (2010): 59–72.

13 См.: Вольф Шмид, "Апогей событийности в «Братьях Карамазовых»", Susi K. Frank, Schamma Schahadat (Hrsg.), *Archiv und Anfang: Festschrift für Igor' Pavlovič Smirnov zum 65. Geburtstag* (*Wiener Slawistischer Almanach* 59) (München: Otto Sagner, 2007), 477–486.

холодные ветры» (1828). Любовь Ивана к природе становится относительной не только по причине частичного восприятия природы, но и по причине ее литературности. Тем не менее, даже Иван отдает красоте мира некую дань.

Цепная реакция обращений пускается в ход перерождением умирающего Маркела. В его обращении уже ясно обрисовываются контуры идейного рисунка всего романа: любовь к людям неразрывно связана с приятием божьего мира, с любованием красотой природы, с признанием собственной виновности и с радостью. Но нельзя упускать из виду, что вера, пропагандируемая здесь автором, направлена не столько на трансцендентность, сколько на посюсторонность, на божий мир. Любовь и любование красотой этого мира носят черты францисканского имманентизма, даже пантеизма[14]. В вере умирающего Маркела бог фигурирует не как трансцендентное существо, а сливается с любовью, с красотой и с радостью, в которых он проявляется.

3

В житии Зосимы мы находим претекст теодицеи, т.е. Книгу Иова, которая имела для Достоевского чрезвычайное значение и которой и Зосима дает предпочтение перед всеми другими книгами Ветхого и Нового заветов. Мы понимаем, почему предпочтение Зосимы было так важно для Достоевского. Пересказ истории Иова Зосимой является одним из стержней всего романа[15]. В книге Иова поставлен

---

14 Такого рода францисканский, даже пантеистический имманентизм, разумеется, не может приниматься православием. Обнаруживается щекотливая параллель между Зосимой и вольтеровским героем: Кандид, выздоровевший от лейбницевского оптимизма, приходит к концу романа к заключению: «Il faut cultiver notre jardin». Нельзя ли усмотреть в поразительном факте ухода Зосимы за садом отголосок вольтеровского совета? Не кто иной, как старый Карамазов отмечает высокую садоводческую культуру вокруг скита Зосимы: «Посмотрите-ка, <…> в какой они долине роз проживают!» (XIV: 35). Нарратор подтверждает это с некоторой оговоркой: «Действительно, хоть роз теперь и не было, но было множество редких и прекрасных осенних цветов везде, где только можно их насадить. Лелеяла их, видимо, опытная рука. Цветники устроены были в оградах церквей и между могил. Домик, в котором находилась келья старца, деревянный, одноэтажный, с галереей пред входом, был тоже обсажен цветами» (XIV: 35).

15 О роли Книги Иова в «Братьях Карамазовых» существует ряд работ, которые, однако, не вносят никакого вклада в тему настоящей статьи.

центральный вопрос теодицеи, как может благой бог допускать зло и страдание. Достоевский, философ страдания, конечно интересовался ответом, который в этом священном тексте дается на вопрос о смысле страдания.

Жалоба пораженного человека опровергается речью господней из бури. Но на жалобу Иова господь, собственно говоря, ответа не дает. Страдание не объясняется и не обосновывается. Речи господни не выражают ни причины, ни цели, ни необходимости страданий Иова. Создатель только хвалит себя за свою демиургическую компетентность и восхваляет совершенство своего творения, наглядно показывая его на примере диких коз, осла, единорога, павлина, бегемота и левиафана. Посмотрим на небольшой отрывок из многочисленных стихов речи господней из бури (Иов 40: 15–32):

> Воззри: я Бегемота сотворил, как тебя;
> травой он кормится, словно вол.
> Какая мощь в чреслах его
> и твердость в мышцах его живота!
> Как кедр, колеблется его хвост;
> сухожилия бедер его сплелись.
> Нога его, как медяная труба,
> и, как стальная палица, его кость!
> Он — начало Божьих путей,
> сотворен над братьями своими царить;
> ибо горы приносят ему дань
> со всеми зверями, что играют в них.
> Меж зарослей лотоса он лежит,
> в болотах, в укроме тростника;
> заросли лотоса покрывают его,
> и обступают его ивы ручья.
> Вздуется ль поток — не страшно ему,
> хотя б пучина хлестала ему в пасть.
> Кто его ухватит возле глаз,
> подцепит его за нос багром?
> Ты можешь Левиафана поймать удой
> и прижать леской ему язык?
> Проденешь ли тростник ему в нос
> и проколешь ли его челюсть шипом?

> Станет ли он множить мольбы,
> говорить тебе умильные слова?
> Заключит ли он с тобой договор,
> возьмешь ли его в рабы навек?
> Станешь ли, как с пташкой, с ним играть,
> свяжешь ли на забаву для девиц?
> Будут ли рыбаки вести о нем торг,
> между хананеями тушу делить?
> Пробьешь ли копьем кожу ему
> и голову — рыбацкой острогой?
> Подыми-ка на него свою длань
> и запомни: ты бьешься в последний раз![16]

Недостаточная согласованность речи господней с жалобой пораженного человека, рассматриваемая часто как генетически обусловленный недостаток сплоченности этой книги из ТАНАХа[17], Достоевским, по всей вероятности, не воспринималась как «ткацкий порок», а как намеренная структура. Жалоба не понимающего человека отражается похвалой благоустроенности мира, превосходством создателя и некомпетентностью человека.

Эта хвала творению имеет в «Братьях Карамазовых» эквивалент. На своих странствиях по Руси молодой Зосима любуется природой:

> Ночь светлая, тихая, теплая, июльская, река широкая, пар от нее поднимается, свежит нас, слегка всплеснет рыбка, птички замолкли, все тихо благолепно, все богу молится. (XIV: 267)

Это одна из редких описаний природы в творчестве Достоевского.

Растроганный красой мира божьего, молодой Зосима восхваляет созданную богом телеологию:

> Всякая-то травка, всякая-то букашка, муравей, пчелка золотая, все-то до изумления знают путь свой, не имея ума,

---

16 "Книга Иова", пер. С. Аверинцева, И. Брагинский (общ. ред.), *Поэзия и проза Древнего Востока* (*Библиотека всемирной литературы* 1) (М.: Художественная литература, 1973), 622.

17 О сложном генезисе Книги Иова см.: Jürgen Ebach, "Hiob/Hiobbuch", *TRE*, 15: 360–380.

> тайну божью свидетельствуют, беспрерывно совершают его сами <…> (XIV: 267)

Спутник Зосимы, молодой крестьянин, говорит, что любит лес, птичек лесных, каждый их свист понимал, каждую птичку приманить умел: «лучше того как в лесу ничего я, говорит, не знаю, да и всё хорошо» (XIV: 267).

> «Истинно, — отвечаю ему, — всё хорошо и великолепно, потому что всё истина. Посмотри, — говорю ему, — на коня, животное великое, близ человека стоящее, али на вола, его питающего и работающего ему, понурого и задумчивого, посмотри на лики их: какая кротость, какая привязанность к человеку, часто бьющему его безжалостно, какая незлобивость, какая доверчивость и какая красота в его лице. <…> все создание и вся тварь, каждый листик устремляется к слову, богу славу поет, Христу плачет, себе неведомо, тайной жития своего безгрешного совершает сие». (XIV: 267–268)

Зосима здесь обнаруживает эстетический пантеизм, мало нравившийся христианской доксе. Как в Книге Иова, так и в «Братьях Карамазовых» благоустроенность мира служит эстетическому доказательству всемогущества и доброты христианского бога.

Достоевский не ставит все на карту веры в трансцендентность. Религиозную мотивировку он всегда подстраховывает реалистической мотивировкой. Таким образом трансцендентность обеспечивается имманентностью. Бог обнаруживается, становясь доступным человеческому опыту, в красоте мира. Человек наделен рецепторами для не-эвклидического. К ним принадлежит и эстетическое восприятие. Поэтому красота мира является эстетическим доказательством существования благого бога.

4

Однако красота мира как доказательство существования благого бога действительно только для одного из двух абстрактных авторов, проявляющихся в «Братьях Карамазовых», а именно для Достоевского-*pro*. Это религиозный ревнитель, желающий веровать во что бы то ни стало, против всех искушений сомнения, надрывающийся автор. Ему противостоит глубоко сомневающийся автор Достоевский-*contra*. Свидетельство расщепления автора в два «я», жаждущего веры Достоевского-*pro*, и глубоко сомневающегося Достоевского-*contra*, находится уже в известном письме Наталье Фонвизиной 1854 года:

> Я скажу Вам про себя, что я — дитя века, дитя неверия и сомнения до сих пор и даже (я знаю это) до гробовой крышки. Каких страшных мучений стоила и стоит мне теперь эта жажда верить, которая тем сильнее в душе моей, чем более во мне доводов противных. <…> если б кто мне доказал, что Христос вне истины, и действительно было бы, что истина вне Христа, то мне лучше хотелось бы оставаться со Христом, нежели с истиной. (XVIII.1: 176)

Достоевский-*contra* обнаруживается в некоторых не соответствующих священному источнику местах в пересказе Зосимой Книги Иова. Рассмотрим два таких места.

Зосима вносит в ветхозаветный текст там не существующий мотив соревнования, пари между богом и сатаной как его противником. А это значит, Зосима вносит в строго монотеистический ТАНАХ там не существующий дуализм двух неземных сил:

> И похвалился бог диаволу, указав на великого святого своего. И усмехнулся диавол на слова божии <…> (XIV: 264)

Мысль о пари между богом и его противником подтверждается словами дьявола в кошмаре Ивана. Этот буржуйский чертик жалуется на то, что его на Иове «так зло поддели во время óно» (XV: 82).

Пересказ Книги Иова Зосимой в двух отношениях сильно расходится с библейским текстом.

1. В Книге Иова бог хвалит перед сатаной не себя, а богобоязненность своего раба Иова.
2. Называя сатану дьяволом, Зосима допускает грубый анахронизм. В Танахе «сатана» значит «противник на войне» (1 Цар 29: 4; 3 Цар 5: 4), «обвинитель в суде»

(Пс 108: 6) или «обвинитель перед богом» (Зах 3: 1; Иов 1: 6). Только в послебиблейском иудаизме и в христианстве сатана стал под влиянием персидского дуализма воплощением зла, противником бога[18]. В Книге же Иова не находится ни следа того имплицитного дуализма, приводящего в послебиблейском иудаизме и в христианстве к конфликту с эксплицитным монотеизмом. В Книге Иова сатана является одним из «сынов Божиих» (Иов 1: 6), принадлежащим как прокурор ко двору господнему. Вводя новозаветную фигуру дьявола в эту книгу Танаха, Зосима вводит туда еще не существовавший дуализм.

Подспудная мысль о соревновании между богом и его противником становится явной в надменных словах «насмешников и хулителей», слышимых Зосимой:

> …как это мог господь отдать любимого из святых своих на потеху диаволу, отнять от него детей, поразить его самого болезнью и язвами <…> и для чего: чтобы только похвалиться пред сатаной: «Вот что, дескать, может вытерпеть святой мой ради меня!» (XIV: 265)

Но мало того. В словах «насмешников и хулителей» звучит не только мысль о соревновании, но даже мысль о самолюбивости бога и инструментализации человеческого страдания ради своей собственной славы, мысль, которая в Танахе основы явно не имеет. Такие изменения, проведенные Зосимой, образуют точку опоры для критики бога, которую мы должны отнести к Достоевскому-*contra*. Обвинение бога в инструментализации людского страдания является одним из центральных аргументов Ивана. Не выражено ли здесь тайное сомнение самого Достоевского?

---

18 См.: A. Sharma, “Satan”, Mircea Eliade (editor-in-chief), *The Encyclopedia of Religion* (New York: Macmillan, 1987), 13: 81–82; K. Koch [et al.] (Hrsg.) *Reclams Bibellexikon*, 4. revidierte u. erw. Aufl. (Stuttgart: Reclam, 1987), 445–446; K. Nielsen, “Teufel. II. Altes Testament”, *TRE*, 33: 115–117.

5

В своем пересказе о замене умерших детей Иова детьми новыми Зосима предвосхищает вопрос «насмешников и хулителей»:

> Да как мог бы [Иов], казалось, возлюбить этих новых [детей], когда тех прежних нет, когда тех лишился? Вспоминая тех, разве можно быть счастливым в полноте, как прежде, с новыми, как бы новые ни были ему милы? (XIV: 265)

Такие вопросы могли мучить самого Достоевского, потерявшего два года назад трехлетнего сына Алексея. Когда в 1868 году его дочь Софья умерла в три месяца, Достоевский был неутешным. В письме Аполлону Майкову он пишет:

> И вот теперь мне говорят в утешение, что у меня еще будут дети. А Соня где? Где эта маленькая личность, за которую я, смело говорю, крестную муку приму, только чтоб она была жива? (XXVIII.2: 297)

Зосима же отвечает на все такие вопросы неутешных родителей немедля:

> Но можно, можно: старое горе великою тайной жизни человеческой переходит постепенно в тихую умиленную радость. (XIV, 265)

Мотив замещения умерших детей появляется вновь 240 страниц спустя. В «Братьях Карамазовых» фигурирует своего рода Анти-Иов. Это сумасшедший штабс-капитан Снегирев. Умирающий Илюша Снегирев поручает отцу после своей смерти взять другого, хорошего мальчика, назвать его Илюшей и любить его вместо себя. Но Снегирев не хочет другого мальчика, как он дико шепчет, скрежеща зубами, цитируя начальные слова из псалма 136 «Аще забуду тебе, Иерусалиме, да прильнет…». В русском переводе первые шесть стихов гласят:

1. При реках Вавилона, там сидели мы и плакали, когда вспоминали о Сионе;

2. на вербах, посреди его, повесили мы наши арфы.
3. Там пленившие нас требовали от нас слов песней, и притеснители наши — веселья: «пропойте нам из песней Сионских».
4. Как нам петь песнь Господню на земле чужой?
5. Если я забуду тебя, Иерусалим, — забудь меня десница моя;
6. прилипни язык мой к гортани моей, если не буду помнить тебя, если не поставлю Иерусалима во главе веселия моего.

Цитируя псалом 136, Снегирев ссылается на ветхозаветный образец верности. Соотношение заботливого в смерти Илюши и сбитого с толку, ребячащегося Снегирева рассматривалось толкователями, прежде всего, с точки зрения обращения ролей сына и отца. Но в связи с Книгой Иова мотивика Снегиревых возбуждает ряд других вопросов: Не бросает ли верность этого русского Иова, несчастного отца, пораженного всяческими бедами и потерями, некую тень на конечное умиротворение ветхозаветного прообраза и его полную удовлетворенность новыми детьми? Не подразумевает конечная удовлетворенность Иова новыми детьми измену по отношению к умершим детям? И в связи с этим: не утрачивает ли силу из-за критического потенциала мотивики Снегирева как Анти-Иова эстетическое доказательство существования благого бога? Ведь это доказательство основывается на параллели романа с ветхозаветной книгой. Не терпит ли теодицея «Братьев Карамазовых» определенный ущерб из-за того, что она в некоей мере обесценивается скрытой критикой образа Иова? И в конечном счете спрашивается, насколько сознательно Достоевский допускал ослабляющий теодицею потенциал мотивики верного Снегирева. С другой стороны, заставляет задуматься тот факт, что провокационные вопросы «насмешников и хулителей», не имеющие основы в библейском тексте, занимают центральное место в пересказе Книги Иовы Зосимой и в романе Достоевского.

STRUCTURES OF TIME AND THE TOPOS OF RUIN IN KIRA MURATOVA'S *AMONG GREY STONES*

ANDREAS SCHÖNLE
(London)

Historical periods can be described broadly in terms of the particular sense of time that underpins their cultural orientation and their identity formations. Renaissance, classicism, Modernism, Avant-Garde, stagnation, perestroika, transition, restoration and many other such period labels imply specific ways of articulating a way of being in time. Sandwiched between the past and the future, the present moment of a society has always to decide what it wishes to do with the past it inherits—whether it wants to reject, overcome, transcend, synthesize, imitate, reinvent, cherry-pick, absorb, ignore, destroy, or celebrate the legacy offered by its immediate and more distant history—and how it will approach its future—optimistically or pessimistically, as a broad open field or constricted passage, as an opportunity, a menace, a challenge, a tactical game, a long-term effort, a continuation of the same, or an imminent implosion of times.[1]

A highly schematic (and necessarily reductive) periodization of postwar Soviet history, foregrounding its temporal habitus, might look like the following: The Stalinist conviction of standing at the apex of time, having subsumed everything that existed before, yielded to a revitalized

1 For a sample treatment of these issues, see Reinhart Koselleck, *The Practice of Conceptual History: Timing History, Spacing Concepts*, trans. Todd Samuel Presner et al. (Stanford, CA: Stanford University Press, 2002).

Modernist aspiration for novelty and progress in the late 1950s and early 1960s, associated with a new phase of rejection and destruction of the past. This short-lived dash into the future caused the emergence of a somewhat contrarian interest in and attachment to the ruins of the past, partly inspired by nationalist proclivities, while official culture promptly lapsed into a period of consolidation, stagnation, and oppression, which gave only lip service to the ideology of progress and allowed its infrastructural base to degrade slowly. It was only in the perestroika years that the wind of renewal started to blow again, but this time it did not lurch forward. Instead it looked backward to exhume, rehabilitate, and regenerate entire tracts of cultural production and historical precedent that had been nearly obliterated or pushed underground. By way of restoring this manifold cultural heritage, perestroika and the initial post-Soviet years brought about a much more pluralist public sphere, replete with various temporal sensibilities, but by and large the premise that a viable future would emerge from restoring the "forgotten" past proved unwarranted. Progressively, the state began to dictate the kind of past it needed for its own survival, which eventually led to a selective restoration of Soviet authority in the Putin years and to an ever-shrinking public sphere.

Let us look in greater detail at the initial phases of this process. With its monumental neo-classicist architecture, Stalinist culture posited that it had transcended history and therefore looked ahead to an unchanging, eternal future. As Vladimir Paperny put it, "the future, having become eternity, was so homogeneous and unchanging that it was pointless even to look there—there was nothing to be seen."[2] The Moscow Kremlin, insulated from human traffic by heavy walls and neatly preserved so that it would not reveal any traces of decay, likewise "paralyzed time" in its "autonomous historical zone."[3] In this mythological mindset, the confidence in the immutability of the future resulted from a logic of domination and assimilation: the past had been fully ingested and absorbed, its energy converted into the establishment of a timeless present.[4] Having subsumed history into an unchanging present, time was essentially frozen.

2 Vladimir Paperny, *Architecture in the Age of Stalin: Culture Two*, trans. John Hill and Roann Barris (Cambridge: Cambridge University Press, 2002), 18.

3 Mikhail Yampolsky, "In the Shadow of Monuments: Notes on Iconoclasm and Time," in *Soviet Hieroglyphics: Visual Culture in Late Twentieth-Century Russia*, ed. Nancy Condee (Bloomington: Indiana University Press, 1995), 97.

4 Paperny, *Architecture*, 252.

Historical time returned with a vengeance in the architecture of the 1960s, along with a sense of hope for the future. The construction of Modernist ensembles—notably the destruction in the early 1960s of a culturally significant segment of the Arbat neighborhood in Moscow to make room for Prospekt Kalinina, a sprawling avenue lined with concrete and glass towers—marked the abandonment of the Stalinist eclectic appropriation of the past and the return of the historical dialectic. Architectural historian Grigorii Revzin argued that post-Stalinist architecture always aspired to a short life cycle, as if, one could surmise, to mark the abrupt re-eruption of history into the Soviet empire.[5] The Modernist wind sweeping through Moscow in the early 1960s brought a sense of openness and energy, a renewed faith in the radiant prospects held by the Communist future, although it also required yet again that one painfully disown the past.

However, this time the Modernist rhetoric of a break with the past did not quite mobilize the country in the same way it did in the wake of the revolution. The year 1966 marks the foundation of VOOPIK, the All-Russian Society for the Preservation of Monuments of History and Culture, following a decree of the Soviet of Ministers of the Russian Federation on July 23, 1965. Membership in this society in the 1970s reached above 10 million citizens, but whether this means that it was a genuine grassroots organization is debatable.[6] The society reflected the contradictions of the preservation movement in Russia: on the one hand there was a drive to centralize architectural preservation, and on the other to democratize it and to remove it from the control of governmental bodies. It is perhaps not entirely coincidental that the founding of the society coincided with the resumption of show trials in Russia. Andrei Siniavskii and Iulii Daniel were arrested in September 1965 and their trial started on February 10, 1966, initiating a new period of cultural repression. In this context, the creation of VOOPIK could represent an attempt to mobilize greater support for the government by inciting nationalist sentiment, even if eventually the society may have outdistanced the apparatus of the regime and evaded its full control. Yet even if the society represented a top-down initiative, it cannot be denied that it earned the personal commitment and identification of millions of Soviet citizens.

---

5 Grigorii Revzin, "Modern dolzhen byt' razrushen," *Kommersant-vlast'*, no. 23 (576), June 14, 2004, 51.

6 A proper history of the society has yet to be written.

The politics of that identification, on the personal level, are far-reaching. The testimony of the current director of the society, G. I. Malanicheva, whose reminiscences are quoted on the website of the society, gives a sense of the politics involved:

> Одно из незабываемых воспоминаний моей жизни. Представьте: русская глубинка семидесятых годов, в центре села—старая деревянная церковь, а в воздухе разливается фольклорная песня. Ощущение непередаваемое—ощущение праздника, я тогда поняла, что вот оно, родное, настоящее, подлинное. Такое ощущение у меня возникало и еще один раз—в Замоскворечье, в восьмидесятых. Я почувствовала непрерывность времен, и это просто потрясло меня. Спасая церкви, усадьбы, документы, мы сохраняем нечто большее, чем просто стены, убранство, памятники материальной культуры, мы сохраняем русскую душу. И это самое главное[7].

The idea of preserving the history of the Russian nation, as the residue of some ineffable authenticity that endures in the present, became widespread, even though it contradicted Communist dogma. Some of the more active writers in the preservationist movement were the *derevenshchiki* (village prose writers), people like Valentin Rasputin or Vladimir Soloukhin, whose nationalism was and remains unconcealed and unapologetic.[8] In any case, the idea of salvaging some continuity in time emerged shortly after a new wave of Modernist architecture had started to threaten historical neighborhoods. Interestingly, the Stalinist notion of fullness of time became a feature of a slightly countercultural mode of thinking in the 1960s, except that now the continuity of time was no longer attached to monumental classicist buildings, but to more or less well-preserved prerevolutionary buildings; to local, sometimes unassuming architecture; and to places that were held dear in childhood memories.

---

7 All-Russian Society for the Preservation of Monuments of History and Culture, accessed March 10, 2017, http://www.voopik.ru/voopiik/.

8 As Catriona Kelly reminds us, not all preservationists shared a Russian nationalist agenda. See Catriona Kelly, "'Ispravliat' li istoriiu': Spory ob okhrane pamiatnikov v Leningrade 1960-kh–1970-kh gg.," *Neprikosnovennyi zapas* 2 (2009), accessed March 10, 2017, http://magazines.russ.ru/nz/2009/2/kk7-pr.html.

By the late 1970s, the Modernist utopia had faded. In its wake, it is the imagery of ruin that became prominent. In 1974–75 the Conceptualist artists Komar and Melamid created a series of works under the title "Scenes from the Future," which feature the ruins of iconic Modernist buildings such as the Guggenheim Museum in New York. Andrei Tarkovskii's movie *Stalker* (1979) depicted life in the aftermath of an ecological catastrophe, in a landscape littered with industrial ruins. Through its multiple display of ruins, the movie explored the demise of human rationality and the collapse of the ideology of progress, the outcome of a civilizational collapse. In Tarkovskii's subsequent film *Nostal'giia* (1982), the trope of the ruin returned in the form of an awe-inspiring abandoned Gothic church. Homelessness became more metaphysical. Vasilii Aksenov's story "The Ruin of Pompeii" ("Gibel' Pompei," 1979) embedded a doomsday sensibility in the tropes of the demise of an epoch, transparently depicted as the Soviet regime, although in the end, he alluded to the possibility of some epiphany. The poet Joseph Brodsky explored the topos of ruins throughout his poetic oeuvre, but with particular prominence in his "Roman elegies" (1981), in which the ruin becomes a paradoxical figure of timelessness, the material embodiment of the world's emptiness. Brodsky's friend Alexander Kushner wrote a series of ruin poems in 1978, including his poem "Ruins," which explores possible responses to the collapse of civilizational projects such as modernization or Westernization.[9]

This is the context within which this article will consider another important treatment of ruin, namely Kira Muratova's movie *Sredi serykh kamnei* (1983).[10] Based on a story by Vladimir Korolenko entitled "V durnom obshchestve," the film is set in the nineteenth century,

9 For a more extensive discussion of the treatment of ruins in Soviet and post-Soviet culture, see Andreas Schönle, *Architecture of Oblivion: Ruins and Historical Consciousness in Modern Russia* (DeKalb: Northern Illinois University Press, 2011).

10 The movie was censored in the final stages of production and was completed by someone else, to such an extent that Muratova refused to put her name on it and the movie was instead released under the generic name of Ivan Sidorov. Nevertheless, this film has generally been considered as an intrinsic part of her oeuvre and one clearly recognizes Muratova's unique tropes, settings, and artistic techniques. Once released, Muratova never explicitly renounced the film. The most detailed analysis of the movie's production history can be found in Eugénie Zvonkine, "*Parmi les pierres grises* de Kira Mouratova (1983), l'itinéraire d'un filme soviétique," *1895: Revue de l'Association française de recherche sur le cinéma* 62 (2010): 104–31. See also the relevant documents published in Irina Izvolova, "Sredi serykh kamnei," in *"Polka": dokumenty, svidetel'stva, kommentarii*, ed. Valerii Fomin (Moscow: Materik, 2006), 3:88–103.

in a somewhat indistinct place in the Russian provinces; Muratova was instructed to play down the original location of Korolenko's story in the former Kingdom of Poland and in the Pale of Settlement.[11] Despite its prerevolutionary setting, the movie's display of death and decay, destruction and degradation gains broader significance, including as a commentary on Muratova's present, the period of stagnation in the Brezhnev and immediate post-Brezhnev years. Not much has been written on Muratova's treatment of time, so my focus will be on the ways in which the movie invokes various metanarratives to capture a specific sense of history.

The story it tells is fairly simple. It features a young boy from a respectable family, Vasia (Igor' Sharapov), who is left to entertain himself after the death of his mother. His father (Stanislav Govorukhin), a judge, had never paid much attention to the boy and is now consumed by the loss of his wife. He insulates himself as much as possible from his family, giving his son complete freedom. The boy becomes acquainted with a group of homeless people who live in the ruins of a castle, and then subsequently, once they are driven from this baronial estate, in the crypt of an abandoned Uniate church. There Vasia befriends a boy of his age, Valek (Roman Levchenko), and his sister Marusia (Ol'ga Shlapak). Initially the children hide their encounters from their respective fathers, as they expect reprobation on both sides. However, having discovered this bond, Valek's father Valentin (Sergei Popov), an articulate, self-consciously histrionic character, welcomes the boy to their temporary home, the cave under the church, which they share with a group of colorful, half-insane characters. Valentin lives off petty stealing, but speaks with respect of Vasia's father, as the judge had once rejected the bribes of a count who sought to be exonerated of a crime he had committed. Marusia, meanwhile, becomes increasingly ill and seems to fade away. To cheer her up, Vasia steals a porcelain doll that his sister had received from their mother. Marusia very much takes to the doll—Muratova seems to play on the equivalence of girl and doll—but dies nonetheless. As he personally returns the doll to Vasia's father, Valentin tells him of Vasia's kindness, and the father realizes that his son is not as bad as he had suspected. Vasia reacts strongly to the news of Marusia's death. The last scene of the movie shows Valek and Valentin walking away, while an offscreen voice, presumably that of Vasia's sister, learns a ditty about Marusia's life and death, as if seeking to consign the life of the little girl to memory.

11 See the documentation in Izvolova, "Sredi serykh kamnei," 89.

In many of its themes and devices, the movie anticipates the characteristic techniques Muratova developed in subsequent landmark movies such as *Astenicheskii sindrom* (Asthenic syndrome). Settings and props (the doll, the graveyard, cluttered inner spaces, masks), typical behavioral patterns (disengagement from the present, repetitive muttering, mechanical and repetitive speech, inability or unwillingness to communicate), characteristic techniques (the use of silence and stills, incongruent soundtrack, cacophony, disruption of categorical boundaries, decentered shots); all these features mark this movie as a product of Muratova's aesthetic, even though its unfolding is more linear and straightforwardly narrative than in most of her movies.[12]

The film interlaces a family drama—the death of the mother, issues about remembering or repressing her death, and tense, fraught relations between Vasia and his father, sister, and family servants—with a social drama, the progressive overcoming of social boundaries, first on the level of the children, and then the fathers, although in the end, no lasting reconciliation between social groups emerges out of Marusia's death. But what I will argue here is that beyond this obvious thematic level, the film deploys various strands of temporality that all circle around but ultimately fail to come to terms with the reality, and ubiquity, of death.

The first shot of *Sredi serykh kamnei* is a close-up of the father's face, covered with his hands. The judge is turned inward. Throughout the movie he tries to create a void around himself, throwing the furniture out of his room, responding with irritation to claims on his attention, and objecting to any noise. He lives, quite clearly, in the past, mourning the trauma of his loss and refusing to engage with the present. He wishes, as it were, that time would have stopped with the death of his wife. In the opening sequence of the movie, Vasia is sitting on a tree, throwing something down near his father to attract his attention. He wears the mask of a cat, which he later refers to as his lion mask, and while his father cries, he insouciantly makes cartwheels, sings, and climbs trees. His father repeatedly and almost threateningly asks him, "ty pomnish' matushku?" The boy is clearly in denial about the tragedy that befell his family and responds to the loss of his mother by simulating carefree playfulness. Thus the film initially sets up a dichotomy between mourning and play, the rejection of the present and its playful, somewhat theatrical deflection. In his way of

12 For an extensive analysis of Muratova's devices, see Eugénie Zvonkine, *Kira Mouratova: Un cinéma de la dissonance* (Lausanne: L'Age d'Homme, 2012).

inhabiting time, the boy eschews any engagement with past and present alike. His defiantly carefree attitude is a mask that allows him to keep his father at bay and to evade commitment and attachment. The father and son thus depict two different ways of divesting themselves of the relentless and ineluctable course of time and its ruptures: one is fixated on the past, while the other denies the urgency of memory.

Nevertheless, Vasia displays a connection with reality that his father lacks, even if it is transitory. His mother's last gift to him was a set of binoculars that he uses to observe the surroundings from his position perched high in the trees. Through his binoculars, he witnesses people running out of a ruined castle in the vicinity. The camera then abruptly cuts to the ruins, capturing a scene in which by order of the count, its presumptive owner, a bailiff evicts a group of homeless squatters. While the bailiff makes his eviction pronouncement, people sing and dance, responding to police power with ritual chanting. On the one hand, we witness the residue of aristocratic privilege. The castle is in ruins, the count clearly impoverished, yet still capable of projecting power. Some of the homeless are his former servants whom he allows to remain in the ruins. On the other, this picture of unremitting aristocratic decay is contrasted with the lifestyle of the indigent, who express their identity and their humanity through chanting, but whose community quickly falls apart under the pressure of police coercion. They promptly turn against one another. More importantly, each of them seems locked in an imaginary identity they crafted for themselves. Their compulsive, repetitive behavior betrays at once their need to acquire some humanity by staking out some set role in an identity narrative, and at the same time their inability to adjust to new realities and to one another.[13] For example, in a parody of aristocratic power, one tramp runs around uttering compulsively, "Ia general Turkevich. Ia vse zapreshchaiu," as if wanting to destroy anyone else's aspirations to live and grow with the present. Power, here, is clearly associated with entropy and stagnation, with the compulsion to stop any manifestations of initiative and free spirit. So the collectivity breaks apart into individual lives locked into repetitive enactments of identity scenarios. More often than not, these identities are tied to something the homeless used to be in the past. The servants cling to their role and a patriarchal relationship to the count.

13 See Yampolsky, "In the Shadow of Monuments," 116 and 124, on Muratova's rejection of collective loyalty as such.

The professor mutters continuously as if continuing to profess. These are, in short, degraded people, just as the ruins are degraded architecture.[14] The temporality of their lives, then, is that of repetition, a mindless inhabiting of time without any sense of progress or aim. Is there an alternative to the opposition between teleology and mechanical repetition? At one point, asked about his life, Valentin answers: "Kak ia zhivu? Ia nikak ne zhivu. Nenastoiashchaia zhizn'. Mne kazhetsia, ia voobshche ne zhivu. Vse smutno, sputanno, i riad godov, nichem ne otmechennykh." What is characteristic here is both the sense of unreality, that is, disconnection from life, and the sense that time unfolds in an unstructured, repetitive, and random accumulation of years, undistinguishable from one another.

In short, the film deploys at least four different modes of temporality: absorption with the past, the decay of aristocratic grandeur, the recurrent performance of fixed scenarios of identity, and a playful, improvisational, if non-committal engagement with the present. On a higher level of abstraction, the first three could be grouped as a fixation with the past, in one form or the other. What unifies all these modes is that none of them negotiates a meaningful transition between past, present, and future. The future is noticeably absent, or rather it exists only in two forms, either as a continuing mindless repetition of the same, or as death, the only form of change envisioned in this story. Perhaps the movie hints at the indistinguishability between these two states, or non-states. And in light of the absence of a meaningful future, the past is cast mostly as irretrievable loss, condemning the living to an empty rehearsal of what is now no longer real. Sandwiched between an irrecuperable past and an empty future, the present has literally nowhere to go.

The only protagonist who seems to be living is Vasia, even if he inhabits a transitional place. His cat mask initiates the theme of animality that Muratova weaves through the movie.[15] The disguise implies a shedding of the boy's social identity as the son of a well-to-do, respected family.[16] Toward the end of the film, as his father yet again asks if he remembers his

---

14 Mikhail Yampolsky also draws an analogy between the ruins of the setting and the vagrants' "unconnected fragments" of culture. Mikhail Iampol'skii, *Muratova: Opyt kinoantropologii* (St. Petersburg: Seans, 2008), 82.

15 Critics have often commented on the theme of animality, understood not as a categorical opposite to humanity, but in a seamless continuum with it. See Yampolsky, "In the Shadow of Monuments," 119–21, and Iampol'skii, *Muratova*, 169–85.

16 See Yampolsky, "In the Shadow of Monuments," 119, on Muratova's theme of opposition to social conventions.

mother and Vasia responds that he does not remember anything, the father erupts: "ty stal pokhozh na zver'ka." Remembering the mother also entails remembering one's social standing and Vasia, who has by now befriended Valek and Marusia, no longer feels beholden to his family background. Meanwhile, the paupers, too, associate themselves with animals. Valentin says of Vasia's father: "On ne khochet trevozhit' zver'ka v svoei poslednei berloge," wondering why he does not send the police to flush them out of the church. In the end, in a moment of reconciliation between father and son, both put on animal masks, as if the father had learned to transcend the confines of his social role.

This moment of seeming epiphany in the family drama represents a more positive and sentimental closure for the movie than one would expect from Muratova. But throughout the movie it is only Vasia who displays an ability to move across normative boundaries and to learn from his experiences. If initially his ostentatious carefree playfulness seemed a bit frivolous, Vasia becomes genuinely attached to Valek and Marusia and begins to care for them. He not only brings apples from his orchard, but also steals his sister's porcelain doll for Marusia while attempting to play with her to distract her from her illness. Vasia also protects the paupers from his father, refusing to betray them. He takes badly to the news of Marusia's death, but toward the end of the movie we see him embrace the portrait of his mother, overcoming, as it were, his compulsion to block off the past. Meanwhile in the last scene of the movie, we hear Vasia's sister repeating a little ditty about Marusia and about Vasia's generosity toward her, suggesting at least some degree of family reconciliation.

One of Vasia's most positive features is his fearless exploration of ruins. While in Korolenko's story the ruins of the church are described in a slightly Gothic mode as gloomy, frightening structures, Vasia is driven by his curiosity to examine their haunting beauty. And it is in fact in the ruins, a liminal space that embodies the crossing of boundaries, that he meets Valek and Marusia for the first time. To gain access to the ruins, Vasia has to climb the walls of the church and penetrate through a high window, a scene which is part and parcel of Vasia's playful demeanor: it is clearly set against the initial shots of Vasia climbing on trees, suggesting that there is nothing sacred that can restrain his frolicking. The framing of the scene makes the Gothic church window seem much higher than it is in reality, underscoring the element of risk.

But once inside, in the chiaroscuro of the church, and with a ray of light falling on the strangely unmoving silhouette of Marusia dressed in picturesque rags, the mood changes. Marusia puts her hands together in a manner suggesting that she might start to pray, but as the camera closes up on her, one realizes that her hands are moving mechanically together and apart again, as if she anticipated the apple that Vasia would throw her later. The film deflects the religious aura it could easily acquire.[17] There is no transcendence to the world these children inhabit and no religious justification for their miseries. The casual throwing of an apple makes a parody of the story of original sin, while the towering crucifix caught almost incidentally on camera suggests the irrelevance of the doctrine of salvation. The blank fixity of Marusia's gaze is not one of inward spirituality, but of a lifeless prostration born of hunger and destitution, the signs of someone who is losing her connection with life. The scene seems to repeat in the tunnel that leads to the crypt. Holding a candle, Marusia again suggests imagery of inwardness and spirituality, but these connotations are promptly disrupted by her trance-like "Idi siuda, ko mne," uttered with mechanical, repetitive intonation.[18] Her prostration and mechanical fixity make her increasingly look like the porcelain doll she will receive in the end. The reasons she dies are unexplained, but her father links it with the ruins, claiming that "Seryi kamen' vysasyvaet zhizn'." Yet when Marusia is out in the open and in the sun, she insists on going home, that is, underground into the ruins where she belongs. A trope of boundary-crossing, the ruins become the cause of the ultimate crossing, the journey into nowhere.

The film thus explores two kinds of liminality, one defined as an increasingly lifeless transitioning into death, the other as a sense of play that disregards boundaries and wards off the looming presence of mortality. When Vasia enters the crypt, he recites to himself a few lines from the beginning of Pushkin's "Skazka o mertvoi tsarevne i o semi bogatyriakh":

17 My reading here differs from Iampol'skii, who sees religious and eschatological imagery in the movie. Iampol'skii, *Muratova*, 77–78.

18 On repetition of speech as a way to stress its "alien quality," itself part of a set of devices to deconstruct the idea of the self as an organic totality, see Yampolsky, "In the Shadow of Monuments," 128, and Zvonkine, *Kira Mouratova*, 207–10. Zvonkine concludes that repetition can both draw attention to the signifying potential of an object and produce an effect of de-realization that gives the object a spectral existence. Both of these effects are involved here.

Перед ним гора крутая;
Вкруг неё страна пустая;
Под горою тёмный вход.
Он туда скорей идёт.
Перед ним, во мгле печальной,
Гроб качается хрустальный <…>

Anticipating Marusia's death while inverting social categories (the tsarevna becoming a pariah girl), these lines unambiguously link the underground with death. For Vasia, who has recently lost his mother and who plays among tombstones, the basement of the ruined church provokes a confrontation with mortality, death appearing not as the end point of a journey, but as a ubiquitous presence. The architectural rubble had already signaled the collapse of soteriological metanarratives, and the crypt now brings home the sense that death is a continuous process interlaced with life and immune to narrative emplotment. Although Vasia claims not to remember anything about his mother, she seems in fact continuously to hover on the margins of his consciousness. If the past is lost as a series of narratable events, it endures as a sort of haunting presence. Not only is transcendence foreclosed, but attempts to keep life and death categorically separate prove impossible. For Vasia, abandoning his social identity means entering a transitory realm that can only lead to proximity with death, held off temporarily by his playful demeanor. Social norms are no more than an artificial veneer that conceals the categorical indistinguishability of life and death. At one point Vasia says "A ia ne boius' kladbishcha, tut moia mama," looking intently into nowhere and thus signaling at once the immediate proximity and unreachability of the dead. When his father asks him whether he is content with his life ("Tebe khorosho zhivetsia?"), Vasia takes an hourglass out of his pocket and looks silently at the falling sand, contemplating the ineluctable passing of time. Later, he embraces the portrait of his mother, while his father concedes to Valentin that he "zarazilsia smert'iu" (I became infected with death) and adds that "smert' eto razlozhenie," which yet again underscores the lack of transcendence and presents death as a process, rather than an event.

Ultimately, the liminality of the ruin is a transition to nowhere. If ruins are "sucking life out," it is not in order to make room for some kind of alterity, but rather to undermine the differences that underpin our cognitive order. In his upbeat narrative of the advance of the spirit, G. W. F. Hegel had been distrustful of the ruin, which he thought encouraged sentimental self-complacency and fatalist acquiescence to a sense of ineluctability. Instead, as he stated in his *Lectures on the Philosophy of History*, ruins ought to instill confidence in the strength of the spirit, which continuously discards old forms in its progress toward self-realization:

> But the next consideration which allies itself with that of change, is, that change while it imports dissolution, involves at the same time the rise of *a new life*—that while death is the issue of life, life is also the issue of death. [. . .] Spirit—consuming the envelope of its existence—does not merely pass into another envelope, nor rise rejuvenescent from the ashes of its previous form; it comes forth exalted, glorified, a purer spirit. It certainly makes war upon itself [. . .] but each successive phase becomes in its turn a material, working upon which it exalts itself to a new grade.[19]

And in his *Principles of the Philosophy of Law*, he advanced his theory of the "happy war": destruction encourages people to identify with the state and dedicate all their efforts to its empowerment, as it progresses toward a better future.[20] Hegel thus ascribes a collective significance to ruins as an index of what history cheerfully leaves behind in its embrace of the future.

No philosophy could be more inimical to Muratova's sensibility than Hegel's. In *Sredi serykh kamnei* the ruins index the bankruptcy of any collective identification and purpose, and hence also the blatant hollowness of teleological metanarratives. And while the movie does not encode any direct reference to the late Soviet context, it is clear that its dismissal of the ideology of progress, its parodic description of power as the projection of fossilized habits of thought, and its description of the paupers as incapable of communal living, all strike at the core of the Soviet project. While hardly sentimental, Muratova's treatment of the ruin foregrounds the authenticity of decay, the material correlative of temporality. Contemplating the demise of matter is not about wallowing in fatalistic self-complacency but

19 G. W. F. Hegel, *Werke in zwanzig Bände*, vol. 12, *Vorlesungen über die Philosophie der Geschichte* (Frankfurt am Main: Suhrkamp, 1970), 98. Translation by J. Sibree from http://www.marxists.org/reference/archive/hegel/works/hi/hiconten.htm, accessed March 10, 2017.

20 G. W. F. Hegel, *Werke in zwanzig Bände*, vol. 7, *Grundlinien der Philosophie des Rechts* (Frankfurt am Main: Suhrkamp, 1970), 492–93.

about drawing the ultimate consequences from temporality, namely that the transience of everything turns existence into a paradoxical category. One exists only to the extent that one is in the process of ceasing to exist. All the rest is just artificial delusion.

To encode this reflective theme of fearless confrontation with time, the movie foregrounds the act of watching. When Vasia observes the scene of eviction from his tree at the beginning of the movie, the camera cuts back and forth between his binocular-watching and the unfolding of the eviction, although in a way that blurs the difference between the visual perspectives involved. As Eugénie Zvonkine has noted, the first shot of the eviction is from a traveling perspective too low to imply that it is seen from the top of the tree where Vasia is sitting.[21] Yet when the camera cuts back to Vasia, the soundtrack of the eviction continues, as if to imply that Vasia is so engrossed in the scene that he has moved in diegetically unmotivated proximity to it. We later see him milling among the homeless and observing scenes of violence among them, but in a further disruption of diegetic logic, he no longer carries his binoculars with him. The point of these subtle devices is not only to foreground the importance of gazing over and above the simple unfolding of the plot, but also to deploy a multiplicity of perspectives rooted more in subjective disposition than in physical location. Gazing, as it were, always transcends its immanent context.

Throughout the movie, Vasia is the only one sufficiently alert and inquisitive to contemplate his surroundings, from the ruins of the church to the clutter in his family house, to the life the paupers lead in the crypt. In the initial encounter with Marusia in the ruined church, the camera seems to oscillate between inhabiting his gaze and displaying him in the act of gazing, the importance of the scene underscored by a nearly silent soundtrack that seems to suspend the course of time. Marusia is similarly gazing motionlessly, and it is their mutual ability to surrender to watching that establishes the foundation of their relationship. Gazing interrupts the flow of events, the logic of everyday life, opening up toward a reality beyond immediate empirical life. The camera does similar work, interspersing seemingly unmotivated static shots of the setting, for example, the dried flowers in Vasia's house, a pile of dolls, or views of a bell tower in the middle of a dialogue between Vasia and his father, and thus placing

21 Zvonkine, *Kira Mouratova*, 299.

the viewer in the position of the gazer. The meaning of these moments of contemplation is never explicit, although they always contain a latent claim to meaningfulness. More than anything else, they seem to cast the gazer in a position both of inquisitiveness and of distance, as a bystander at once engaged in the unfolding of life and removed from it, thus existing on a level beyond the course of empirical time. The link between contemplation and death is made explicit in a brief reminiscence of the father, who asks Vasia if he remembers how his mother would sit in front of an open window and contemplate the scene of spring, "proshchaias' s nei v poslednii god svoei zhizni." Gazing, then, is less about taking possession than about taking one's leave, watching from the other side of life, as it were; Marusia's blank and lifeless gaze becomes emblematic of this interpenetration of life and death.

In this light, one begins to understand why Muratova chose a historically and geographically distanced ruin to pass judgment on her contemporary times. The ruin of the Uniate church offers a form of defamiliarization.[22] In the absence of any historical context, the ruination of the church remains unexplained, stripped of any causal chain of events that would provide an intelligible rationale for its condition. The abandonment of a religious site suggests the destabilization of meaning and the collapse of a community. As a sign of secularization, it would imply the rejection of transcendent grounding for an order of meaning. Of course, there was no shortage of abandoned churches in the Soviet landscape, and a Soviet spectator might have been reasonably familiar with such a site and cued to respond to it in conventional ways. Yet by transposing the ruin into prerevolutionary times, and by situating it in a geographically and culturally indistinct, removed, or alien area, Muratova prevented her spectators from identifying sentimentally with it, undercutting the nationalist appropriation of ruins fostered by VOOPIK. This is not the ruin of "our" church, but ruin in and of itself, a more virulent and disturbing figure of the collapse of humanity's attempts to make sense of its being in time. The gaze the spectators cast on such a ruin is deliberately dehistoricized, suggesting that the ruin is first and foremost a philosophical

22 For a slightly different use of Formalist categories in relation to Muratova, see Oleg Aronson, *Metakino* (Moscow: Ad Marginem, 2003), 206–11. For Aronson, Muratova's emphasis on the constructedness of vision, a constructedness created by the technological means of cinema, serves to produce "ecstatic" rather than defamiliarizing gazing (209).

trope. Muratova's ruins force spectators to rise above the conventional parameters of their existence and accept the estrangement from ideas of home and self that the relentless course of time induces in all of us. Her commentary on Soviet stagnation is hence grounded not in an alternative ideological program, but in the existentialist practice of a distancing gaze alert to the irrepressible transience of life.

THE PARADOX OF TOLSTOYAN INTERIORITY

THOMAS SEIFRID
(Los Angeles)

One of the most interesting things about Leo Tolstoy is the consistency with which his poetics, if not his very identity as a writer, is cast in terms of paradox. The best known of these assessments is Isaiah Berlin's 1953 essay, "The Hedgehog and the Fox," which invokes a fragment of the Greek poet Archilochus—"The fox knows many things, but the hedgehog knows one big thing"—in order to define Tolstoy as a thinker who "was by nature a fox, but believed in being a hedgehog; that is, his gifts and achievements are one thing, and his beliefs, and consequently his interpretation of his own achievement, another."[1] But Berlin is not alone, and virtually every significant contribution to the field of Tolstoy studies sooner or later identifies some sort of essential paradox at the heart of this restless and protean writer. In Richard Gustafson's account he is at once "resident" in and "stranger" to the social and political world of Russia in the nineteenth century—as well as a thinker steeped in Western European philosophy whose world view nonetheless turns out to rest in its most essential elements on Russian Orthodox theology.[2] In Gary Saul Morson's study of how novels portray time, Tolstoy emerges as a writer who uses the temporal devices of the conventional novel in order, in the end, to undermine them.[3] For

1 Isaiah Berlin, *The Hedgehog and the Fox: An Essay on Tolstoy's View of History* (New York: Ivan R. Dee, 1993), 5.

2 Richard F. Gustafson, *Leo Tolstoy: Resident and Stranger* (Princeton, NJ: Princeton University Press, 1986).

3 Gary Saul Morson, *Narrative and Freedom: The Shadows of Time* (New Haven, CT: Yale University Press, 1994).

Krystyna Pomorska, Tolstoy deploys the symbolic systems of the Russian language and the novel, but does so as part of a militant campaign "contra semiosis."[4] And so on down to Vladimir Lenin, who in an essay that was once obligatory reading for any literary scholar educated in Soviet Russia, claimed that Tolstoy's consummate talent as a realist writer enabled him to portray social tensions pointing (as Lenin would have it) toward eventual revolution that his landowning-nobleman's mind could not bring itself to countenance; or to Daniel Rancour-Laferriere, for whom Tolstoy the preacher of sexual abstinence was one of the most lustful men alive.[5]

Rather than resist this seemingly inescapable paradigm, I want to explore another of its manifestations which I think has been overlooked but which seems to me as deeply embedded and significant as any of the others: one having to do with Tolstoyan narration and the unexpectedly complex ways in which it portrays human consciousness. The suggestion that there might be some kind of paradox here should seem counterintuitive, because Tolstoy is widely celebrated as a writer who perfected narrative means for representing his characters' inner states. For Lidiia Ginzburg, a preeminent scholar of Russian Realism, the Tolstoyan depiction of inner states accomplished nothing less than a "revolution in the conception and depiction of human beings."[6] Tolstoy's talent in this regard was noted early in his career: Nikolai Chernyshevsky recognized the innovative nature of Tolstoyan narrative and in a review entitled "*Voennye rasskazy* L. N. Tolstogo" published in 1856 in the journal *Sovremennik* just after the appearance of the *Sevastopol'skie rasskazy*, referred to the Tolstoyan method of portraying characters' inner lives as "dialektika dushi." Chernyshevsky also coined the term "vnutrennii monolog" to describe the means by which this dialectic was represented on the page. The focus of Tolstoy's works, Chernyshevsky claimed, is "sam psikhicheskii protsess, ego formy, ego zakony, dialektika dushi."[7] To illustrate his

4 Krystyna Pomorska, "Tolstoy contra Semiosis," in her *Jakobsonian Poetics and Slavic Narrative: From Pushkin to Solzhenitsyn* (Durham, NC: Duke University Press, 1992), 57–64.

5 V. I. Lenin, "Lev Tolstoi kak zerkalo russkoi revoliutsii," in *Polnoe sobranie sochinenii* (Moscow: Politizdat, 1968), 17:207–13; Daniel Rancour-Laferriere, *Tolstoy on the Couch: Misogyny, Masochism, and the Absent Mother* (New York: New York University Press, 1998).

6 Lydia Ginzburg, *On Psychological Prose*, ed. and trans. Judson Rosengrant (Princeton, NJ: Princeton University Press, 1991), 275.

7 N. G. Chernyshevskii, *Izbrannye esteticheskie proizvedeniia* (Moscow: Iskusstvo, 1978), 516.

point Chernyshevsky quotes a long passage from one of the military tales in which two characters, Praskukhin and Mikhailov, throw themselves to the ground as a bomb flies in. The passage consists entirely of Praskukhin's thoughts as he lies waiting for the bomb to explode:

> «Кого убьет—меня или Михайлова? Или обоих вместе? А коли меня, то куда? В голову, так все кончено; а если в ногу, то отрежут, и я попрошу, чтобы непременно с хлороформом,—и я могу еще жив остаться. А может быть, одного Михайлова убьет; тогда я буду рассказывать, как мы рядом шли, его убило и меня кровью забрызгало. Нет, ко мне ближе [. . .] меня!» Тут он вспомнил про двенадцать рублей, которые был должен Михайлову, вспомнил еще про один долг в Петербурге, который давно надо было заплатить[8].

As Chernyshevsky notes, what interests Tolstoy is not the result of the psychic process but the process itself, "edva ulovimye" "manifestations of this inner life, which succeed one another with extreme rapidity and inexhaustible variety."[9]

---

8 Ibid., 517.

9 Ibid., 519–20. One could add to Chernyshevsky's remarks the observation that Tolstoy is such an enthusiast for inner consciousness that he even bestows it on animals. The most obvious example is the story "Kholstomer," which is narrated from the perspective of a horse; but Tolstoy endows animals with consciousness throughout his works. In *Anna Karenina*, for example, Levin sets out early one morning to hunt alone with his dog Laska. When the dog freezes and points in the direction of a snipe hiding just on the other side of a hummock, Levin urges her forward:

> —Пиль, пиль,—крикнул Левин, толкая в зад Ласку. «Но я не могу итти,—думала Ласка.—Куда я пойду? Отсюда я чувствую их, а если я двинусь вперед, я ничего не пойму, где они и кто они». Но вот он толкнул ее коленом и взволнованным шопотом проговорил: «Пиль, Ласочка, пиль!» «Ну так если он хочет этого, я сделаю, но я за себя уже не отвечаю теперь», подумала она и со всех ног рванулась вперед между кочек.

In this instance, not only does the dog reflect on what it is doing, it weighs, in a very Tolstoyan manner, the moral consequences of its actions. (L. N. Tolstoi, *Polnoe sobranie sochinenii*, 90 vols. [Moscow: Khudozhestvennaia literatura, 1928–58], 19:168.)

On one level, Chernyshevsky is absolutely right about the prominence of inner states in Tolstoy's works, and the narrative phenomenon he identifies focuses a set of beliefs that emerged within European thought around the seventeenth century (in this case it does not matter whether we are talking about Eastern or Western Europe—otherwise an issue in Tolstoy—because the heritage of ancient Greek thought is the same for both). If the "dominant tradition of the ancients" was that the human subject was defined in relation to the world outside of it (so that in Plato order in the human soul is inseparable from a rational vision of the order of being) and "man came most fully to himself when he was in touch with a cosmic order, and in touch with it in the way most suitable to it as an order of ideas, that is, by reason," then what began in the seventeenth century (e.g., with Descartes and his *cogito ergo sum*) was a shift toward the modern notion of the subject as self-defining. Henceforth the world was no longer viewed as a locus of meanings but a domain of merely contingent, de facto relations, while humans within it now had "to draw back from the world, and concentrate purely on our own processes of observation and thought about things."[10]

Something of the radical change in sensibility this shift involved can be apprehended through spatial conceptions of our place in the world—which are never neutral and which moreover turn out to be relevant to Tolstoyan narration. Among the ancient Greek concepts of space one of the most influential was Aristotle's "volumetric" or "receptacle" notion which saw the space around us as a vessel containing us, with a relation of interdependence binding the container and its contents. The Renaissance revived this concept together with the Platonic understanding of space as the medium in which sensible events partake of mathematical character and therefore become intelligible. Newton then defined space and time as an infinite receptacle containing all creaturely being, and he explicitly identified it with the infinite and eternal God, for it is in God that we live and move and have our being.[11] But this Newtonian deism runs into a problem, because if God is thought of as the infinite *container* of all things then the extent to which he enters the world and is accessible to us is problematic, much as a box cannot

10 Charles Taylor, *Hegel* (Cambridge: Cambridge University Press, 1975), 6–8.

11 Thomas F. Torrance, *Space, Time and Incarnation* (Oxford: Oxford University Press 1969), 7, 37, 38.

become one of the objects it contains. An unintended dualism thus arises between creator and creation, and as human subjects we now find ourselves inhabiting a cosmic receptacle whose meaning-endowing creator is absent or at least inaccessible in any certain way to us and our experiences (this, NB, is at odds with the Nicene theology influential in Eastern Orthodoxy, Tolstoy's native theological tradition, with its concept of *homoousion*, which insists that God and creation are of the same substance). This dualist plight eventually leads to Kant's distinction between "things-in-themselves" and "things-for-us." Kant reaches the conclusion that the only knowledge we can have is of things in the mode in which they appear *to us* in our experience. Since God in himself remains unknowable, beyond our intuitive representations, the "point of absolute rest" for human knowledge, the place where you can stand and be sure that what you know is real and not ephemeral, is now for Kant transferred to a center in man himself, his self-understanding. As Thomas Torrance comments, "what Kant did was to apply to the human mind itself the receptacle notion of space which conditions and makes possible our knowledge of nature."[12] In related form these ideas define the Cartesian tradition as well, because

> philosophers in the Cartesian tradition wanted consciousness to provide a foundation for all knowledge. But for consciousness to give us a certain foundation for knowledge, we must first have certain knowledge of conscious states; hence the doctrine of incorrigibility.[13] To know consciousness with certainty, we must know it by means of some special faculty that gives us direct access to it; hence the doctrine of introspection [. . .] if the self is to be the source of all knowledge and meaning, and these are to be based on its own consciousness, then it is natural to think that there is a necessary connection between consciousness and self-consciousness; hence the doctrine of self-consciousness.[14]

12 Ibid., 43, 44.

13 "Incorrigibility is the notion in Descartes that one has 'special first-person awareness of the contents of one's own mind' which is distinct from the awareness we have of physical objects and of others' mental states" (*Cambridge Dictionary of Philosophy*, ed. Robert Audi, 2nd ed. [Cambridge: Cambridge University Press, 1999], 648).

14 John Searle, *The Rediscovery of the Mind* (Cambridge, MA: MIT Press, 1992), 149.

As a novelist who inevitably inherited the problematic of a genre that arose in the West, Tolstoy could be said to proceed from this epistemological position. His primary interest is in the part of the self that knows, and that knows itself knowing (i.e., is self-conscious), which he sees as residing in the immediacy of experience, that is, in emotional reaction to external events. In fact, extending Chernyshevsky's insight one could say that the interaction between intense inner experience and the world through which it moves—especially the social world, which for him is so problematic—is his consistent theme as a novelist. Nowhere is this more evident than in the passage in *Anna Karenina* describing Anna's journey to the train station in a fit of jealous anger, just before her suicide—one of the most vivid examples of "interior monologue" in all of Tolstoy's works:

> Вот этот доволен собой,—подумала она о толстом, румяном господине, проехавшем навстречу, принявшем ее за знакомую и приподнявшем лоснящуюся шляпу над лысою лоснящеюся головой и потом убедившемся, что он ошибся. —Он думал, что он меня знает. А он знает меня так же мало, как то бы то ни было на свете знает меня. Я сама не знаю. Я знаю свои аппетиты, говорят французы. Вот им хочется этого грязного мороженого . . . Всем нам хочется сладкого, вкусного. Нет конфет, то грязного мороженого. И Кити так же: не Вронский, то Левин. И она завидует мне. И ненавидит меня. И все мы ненавидим друг друга. Я Кити, Кити меня. Вот это правда. Тютькин, coiffeur. Je me fais coiffer par Тютькин . . . Я это скажу ему, когда он приедет,—подумала она и улыбнулась[15].

In its projection of Anna's inner turmoil onto a nearly random survey of elements in a street scene this passage anticipates the "stream of consciousness" narration mixing unmediated inner monologue with observations of everyday urban life that was to come to fruition in works like James Joyce's *Ulysses*, written some forty years later.[16] But there is an

15 Tolstoi, *Polnoe sobranie sochinenii*, 19:340. Consider also the passage in the earlier *Kazaki* (1863) in which Olenin rides in a carriage through Stavropol': "Stavropol', chrez kotoryi on dolzhen byl proezzhat', ogorchil ego," vyveski i t.d. "bol'no podeistvovali na nego." In Anna's case, Tolstoy does not offer this kind of psychologizing summarization and allows Anna's incoherent thoughts to approach authenticity.

16 For Morson, such moments of inner confusion (of which Anna's state on the way to the station is admittedly an extreme example) are evidence of Tolstoy's redemptive

important difference, because what Joyce's novel presents as an authentic medium for knowing the world (indeed, it offers virtually no escape from this mode of knowing) is fenced off with quotation marks in Tolstoy and marked as pathology—just as he describes the musical pieces "written in the new style" (the thinly veiled reference is to Milii Balakirev's *King Lear* suite of 1860) that Levin hears at a concert in Moscow as a specimen of inner disturbance:

> Беспрестанно начиналось, как будто собиралось музыкальное выражение чувства, но тотчас же оно распадалось на обрывки новых начал музыкальных выражений, а иногда просто на ничем, кроме прихоти композитора, не связанные, но чрезвычайно сложные звуки . . . Веселость и грусть, и отчаяние, и нежность, и торжество являлись безо всякого на то права, точно чувства сумасшедшего. И, так же как у сумасшедшего, чувства эти проходили неожиданно[17].

Passages in Tolstoy which convey this kind of intense first-person experience are not always tragic, as in the example of the elation Levin experiences after Kitty accepts his proposal of marriage, which causes him to view everything around him in a radiant light.[18] But they are always marked as pathology—always held at narrative arm's-length, as specimens for us to contemplate and avoid. In other words, over the

---

resistance to any kind of "system" that would seek to impose overbearing order on the happenstance nature of experience. In Morson's view, for Tolstoy the essence of the self "is composed at all times of accidental as well as ordered elements" (*Narrative and Freedom*, 205). I believe this is partly true, in that Tolstoy restlessly rejects any easy, conventionalized account of experience. But to suggest that he gladly accepts the disorder of immediate, purely subjective experience is to ignore the search for a deeper, more authentic truth that equally defines his character depictions.

17 Tolstoi, *Polnoe sobranie sochinenii*, 19:261–62.

18 Ilya Kliger suggests that those passages in which the character's intense inner experience is at odds with the world without "testify to the capacity of consciousness unreconciled with reality to shed truthful light on the world" (*The Narrative Shape of Truth: Veridiction in Modern European Literature* [University Park: Pennsylvania State University Press, 2011], 147). This is true if we consider the given passage from the narrator's perspective, where the character's misperception is in effect staged in order to "estrange" our otherwise automatic perception of the phenomenon described (as in Natasha's visit to the opera in *War and Peace*, the signal example of *ostranenie* in Viktor Shklovskii's "Iskusstvo, kak priem"). But it is not true if we look at the passage on the level of the character's—a self's—search for adequate knowledge.

Praskukhin passage in *Sevastopol'skie rasskazy* and others like it in Tolstoy hovers the sign of *false* or incomplete consciousness, *false* awareness. This is where the paradox arises. The immediate forms of consciousness that Tolstoy so vividly portrays always end up being suspect for him. He endows them with an intense, first-person self-awareness—but pulls up short of granting any kind of essential weight to the mode of knowing they represent. For as any attentive reader of Tolstoy soon realizes (especially those of us who have not only *Sevastopol'skie rasskazy* but all the later works at our disposal too), the kind of "inner monologue" Chernyshevsky identified is really a kind of babble of the soul constituting merely the raw data of consciousness and is not yet the authentic self. Instead, Tolstoy persists in suspecting that there must be some form of truth *outside* of and not immediately accessed by this immediate self (an epistemological sense which is actually not that different from Kant, who separates morality from the motivation of happiness or pleasure—and thus sees moral life as a perpetual struggle.[19]

This is why so many of Tolstoy's most significant heroes are compelled to undertake a search for a deeper and truer self. But where, in Tolstoy, does this truth outside immediate experience lie? Consider some scenes in which Tolstoy depicts psychic processes that go beyond the kind of mental chatter in the Praskukhin passage and Anna's carriage ride (emphasis added in these passages).

Early in *Anna Karenina* Oblonsky contemplates whether he should go to his wife's room in an attempt to heal the rift caused by his affair with the children's governess:

> «Пойти или не пойти?» говорил он себе. И *внутренний голос* говорил ему, что ходить не надобно, что кроме фальши тут ничего быть не может, что поправить, починить их отношения невозможно, потому что невозможно сделать ее опять привлекательною и возбуждающею любовь или его сделать стариком, неспособным любить. Кроме фальши и лжи, ничего не могло выйти теперь; а фальшь и ложь были противны его натуре[20].

19 Taylor, *Hegel*, 31–32.
20 Tolstoi, *Polnoe sobranie sochinenii*, 18:12.

Or Kitty, elated by what she believes is Vronsky's love for her but aware, at the margins of her joy, that she has offended Levin by rejecting his proposal of marriage:

> Она [. . .] вспоминала любовь к себе того, кого она любила, и ей опять стало радостно на душе, и она с улыбкой счастья легла на подушку. «Жалко, жалко, но что же делать? Я не виновата», говорила она себе; но *внутренний голос* говорил ей другое. В том ли она раскаивалась, что завлекла Левина, или в том, что отказала,—она не знала. Но счастье ее было отравлено сомнениями[21].

And in *Voina i mir*:

> «Рассветает,—подумал Пьер.—Но это не то. Мне надо дослушать и понять слова благодетеля». Он опять укрылся шинелью, но ни столовой ложи, ни благодетеля уже не было. Были только мысли, ясно выражаемые словами, мысли, которые кто-то говорил или сам передумывал Пьер. Пьер, вспоминая потом эти мысли, несмотря на то, что они были вызваны впечатлениями этого дня, был убежден, *что кто-то вне его говорил их ему*. Никогда, как ему казалось, он наяву не был в состоянии так думать и выражать свои мысли[22].

This Tolstoyan "inner voice" speaks throughout his oeuvre, and one could argue that it amounts to nothing more than a pipeline to the apodictic, absolute voice of the author, which stands above his fictional worlds (the "absolute and uncompromising language" of so many Tolstoyan narrative statements, as Morson calls it).[23] But to do that—to cede completely the "monologism" that Mikhail Bakhtin sees in him—would be to deprive his portrayals of inner life of all their significance. Rather, the mysterious entity of the Tolstoyan "inner voice" that speaks to Oblonsky, Kitty, and Pierre is symptomatic of the paradox I am pursuing here because the experiencing self, the one that provides the narrative occasion for the kind of "inner monologue" celebrated by Chernyshevsky, stands somehow

21 Tolstoi, *Polnoe sobranie sochinenii*, 18:59.
22 Ibid., 11:291.
23 Morson, *Narrative and Freedom*, 9.

apart from the presumably more essential part of the self wherein resides the "inner voice," whose judgments are as much reported to the character as they are to us but whose own inner awareness is not shown. Or another way of putting it: a *bifurcation* takes place within the representation of the Tolstoyan self which leaves self-knowledge stranded, as it were, in the antechamber of immediate experience while the more fundamental self remains stubbornly inaccessible to awareness.

I believe there is something going on here which involves more than a simple identification of the character with his or her immediate emotional state (because the Tolstoyan notion of the self could—and superficially does—accommodate both emotional and moral selves). In an effort to escape the charge of trivial misrepresentation, I want to look at three closely related passages in *Anna Karenina* whose very import is to show the revelation of inner essence or self. The first of these occurs in part 5, in the scene in which Anna's son, Serezha, has performed badly at his lessons because he cannot understand the notion of Old Testament foreshadowing of New Testament events.

> Он не мог [учиться] потому, что в душе его были требования более для него обязательные, чем те, которые заявляли отец и педагог. Эти требования были в противоречии, и он прямо боролся с своими воспитателями. Ему было девять лет, он был ребенок; но душу свою он знал, она была дорога ему, он берег ее, как веко бережет глаз, и без ключа любви никого не пускал в свою душу. Воспитатели его жаловались, что он не хотел учиться, а душа его была переполнена жаждой познания[24].

For Gustafson such metaphors of covers shielding a divine inner core are evidence for the deeply assimilated Orthodox Christian beliefs in Tolstoy's worldview.[25] But the *narrative* fact remains that when Tolstoy wants to show the innermost self, he represents it as an *object*: Serezha's soul is something he holds, possesses, and protects, but in a certain curious sense it is not he. Another passage in this series (all of which, interestingly, are found in part 5 of the novel) is the description of the exiled Russian artist Mikhailov, whom Anna and Vronsky meet during their time in Italy. On being shown Mikhailov's painting *Pilate's Admonition* (an obvious allusion

24 Tolstoi, *Polnoe sobranie sochinenii*, 19:97–98.
25 Gustafson, *Leo Tolstoy*, 270–71.

to the real-life Aleksandr Ivanov's *Appearance of Christ before the People*), Anna, Vronsky, and their friend Golenishchev praise its technique. This angers Mikhailov, who works from a fundamentally different conception of the work of art:

> Часто он замечал, как и в настоящей похвале, что технику противополагали внутреннему достоинству, как будто можно было написать хорошо то, что было дурно. Он знал, что надо было много внимания и осторожности для того, чтобы, снимая покров, не повредить самого произведения, и для того, чтобы снять все покровы; но искусства писать, техники тут никакой не было. Если бы малому ребенку или его кухарке также открылось то, что он видел, то и она сумела бы вылущить то, что она видит. А самый опытный и искусный живописец-техник одною механическою способностью не мог бы написать ничего, если бы ему не открылись прежде границы содержания[26].

That last sentence is a telling one (apart from the fact that one wonders whether it was the inspiration for Lenin's famous dictum about any *kukharka* being able to run the Soviet state) because it points to the Platonic roots of Mikhailov's aesthetic: authentic objects exist in an ideal realm of being, the artist simply transcribes them or otherwise aids their full manifestation in our own flawed world of becoming. Nonetheless, as in the case of Serezha and his soul, the way this Platonic doctrine works within the passage is to render the artist oddly detached from his work, especially if we want to regard that work as any kind of *expression* of his artistic self. In a sense, he has not "created" it at all, as an expression of his self; he cannot even touch it, he can only unwrap it, as an object received in a package through the mail. This, again, comes at the moment when Tolstoy purports to tell us about what is most interior and intimate in the process.

A still more profound example, which deploys the same metaphor of essential core within inessential wrappings, undoubtedly underpinned by the same Orthodox ontology of the self, is the passage relating the death from tuberculosis of Levin's brother, Nikolai. The sick man suffers, and is surrounded by people who wish he were already dead but who conceal

26 Tolstoi, *Polnoe sobranie sochinenii*, 19:42.

their feelings so that their ministrations to him are "lozh', gadkaia, oskorbitel'naia i koshchunstvennaia lozh'."[27] Yet the sufferings "delali svoe delo i prigotavlivali ego k smerti" by bringing him to regard death as "a fulfillment of his desires, as happiness"—"I potomu vse zhelaniia slivalis' v odno—zhelanie izbavit'sia ot vseh stradanii i ikh istochnika, tela."[28] This takes us directly to the nexus of concerns in the Tolstoyan representation of the self, because what Tolstoy indisputably excels at, what he is a master of, is representing the experience of the life of the body—its destructive passions but also its joys. Yet what he feels compelled to insist, over and over, is that this is *not* where our essential self resides. The inner, essential self, however, remains mute here: "dlia vyrazheniia etogo zhelaniia osvobozhdeniia ne bylo u nego slov, i potomu on ne govoril ob etom."[29] The experience of the bodily self as inessential wrapping is then displaced from Nikolai, who ought to have it, to his consort Maria Nikolaevna, who comes to Levin telling him that Nikolai must be near death because he "has begun to clutch at himself," and Levin notices that all day long his brother "khvatal na sebe i kak budto khotel sdergivat' chto-to."[30] At the moment of its apotheosis, first-person experience of the most essential moment of being (because if impending death does not reveal to us who we really are, then nothing will) is deferred to a third-person perspective, and all Tolstoy tells us is that suddenly Nikolai's face brightened and a smile appeared under his moustache—then the women set about preparing the body, with no mention of death per se. When Tolstoy expansively rewrote this death scene as "Smert' Ivana Il'icha" (1886), the protagonist is presented as a man bereft of any real self, a person who has emptily lived his entire life comme il faut (a state Tolstoy even adjectivizes as "comme il faut'*nyi*[31]) and who realizes this lack only when death is imminent. The only entity that gives him pause in his agonized sense of vacuity is something Tolstoy calls "golos dushi" and "vnutrennii golos." Ivan Il'ich engages in *dialogue* with it over the question of how to live but it is manifestly not he in any first-person experiential sense.

What these narrative moments reveal, then, is that Tolstoy is always *telling* us of the existence of this essential inner core, as a point of doctrine,

---

27 Tolstoi, *Polnoe sobranie sochinenii*, 19:72.

28 Ibid., 19:72, 73.

29 Ibid.

30 Ibid., 19:74.

31 Ibid., 26:71.

yet he can never do anything more than portray it as an object. My version of the Tolstoyan paradox is thus that the inner self experience that Tolstoy portrays is never rendered as genuinely "first-person" knowledge (or ontology, to borrow a term from John Searle, who draws a distinction between first- and third-person ontologies, an example of the latter being a machine *acting* as if it had mental states while not really possessing them).[32] The inner voice or inner consciousness in Tolstoy is always really only a third-person ontology. What is posited as the authentic self turns out to be an object, incompletely knowable, something which can at best be intuited from without. Tolstoy repeatedly stages episodes whose point would appear to be the closing in on essential rather than merely inward experience; but at the very moment when we approach the nucleus of the self, it is deferred, separated off from us as an object, a third-person entity rather than a first-person experience.

Drawing on some formal analysis of Tolstoyan discourse by Viktor Vinogradov (who notes that there are two types of interior monologue in Tolstoy, irrational and rational), Ginzburg comes close to addressing the phenomenon I have in mind when she says that Vinogradov's two discourse types "reflect one of the most basic and productive contradictions in Tolstoy's point of view" (paradox again!)—that between his rationalist side, his anachronistic fondness for eighteenth-century rationalism, and his Rousseauian conviction that the rational veneer of life had to be penetrated in order to reach its "innate, natural essence."[33] Thus the "rationalist" Tolstoy, who relentlessly examines the motives behind actions and words, may be responsible for the elusiveness of first-person being in his works: the minute a self comes into view, out comes the magnifying glass that turns it into an object of examination—precisely because, and at the very moment that, he turns his keen attention toward it.

Other work on Tolstoy, in particular that of Gustafson, suggests that there are philosophical reasons for this paradox and that Tolstoyan narrative simply reflects a very different sense of self modeled on Eastern Christian rather than Western philosophical lines.[34] In some of the later

32 Searle, *Rediscovery of the Mind*, 17.

33 Ginzburg, *On Psychological Prose*, 279.

34 Donna Orwin similarly notes the "complex attitude toward subjectivity" in Russian Realism, which is more pronounced than that in Western European literatures. In the Russian tradition the soul is regarded as the gateway to absolute meaning and the individual is rooted in the Fichtean transcendental sphere. In Orwin's view, what Tolstoy

entries in Tolstoy's diaries (specifically, from 1903 and 1910) he in fact addresses these questions directly and posits a fundamental division within the self between a lower form of consciousness, which knows the material world of physicality, space, and time, but which is isolated within itself; and a higher form, which strives for unification with the "All." As Gustafson puts it, for Tolstoy, "in true life there can be no consciousness of self as present to itself; in true life there is only the consciousness of self in its transcendence; in true life there is only the eternal going forth from self to other."[35] This second self is the spiritual one, and Gustafson argues that its ontology has escaped many readers of Tolstoy because it derives from Eastern Orthodox theology rather than Western philosophy. "Personality's consciousness," as he calls the lower form, is "an animal, temporal consciousness," whereas the divine self is spiritual and non-temporal. Moreover, "the personality's consciousness is always understood as a screen which obscures the consciousness of the fundamental, divine self. It is the crust of animality which must be removed. In this sense the task of life is the 'clarification of consciousness, a liberation from the covers which obscure the soul, the divine spark of truth' within."[36]

But it is to this "crust" that Tolstoy grants the kind of first-person knowledge from which the Tolstoyan literary hero, like a good post-Cartesian subject, always begins the search for selfhood, and here, again, is where the paradox lodges: whatever ontology of selfhood Tolstoy might posit (e.g., in the diaries), in *narrating* he can never shift from an essentially Cartesian or Kantian mode of knowing the world. Yet neither is he satisfied with this or willing to leave life suspended in ambiguity, and for that reason will not go down the road toward literary Modernism that he otherwise so brilliantly intuits, as in the passage describing Anna's carriage ride. In fact, when you go back to the diary entries it turns out that Tolstoy's Eastern-inflected theory of selfhood is less confident than his positive statements of it make it seem.

First of all, Tolstoy repeatedly insists on the essentiality of consciousness of the first kind, the self's immediate knowledge of itself and the surrounding world. In a diary entry for April 1910, for example, he writes,

---

does is "to protect the irrationality of human subjectivity." See her *The Consequences of Consciousness: Turgenev, Dostoevsky, and Tolstoy* (Stanford, CA: Stanford University Press, 2007), 10–11, 28–29, 43, 66.

35 Gustafson, *Leo Tolstoy*, 268.

36 Ibid., 270.

"Soznanie probuzhdaet ot sna. Takzhe tol'ko soznanie—kto ia?—probuzhdaet ot lozhnoi telesnoi zhizni. Dusha, eto soznanie."[37] On May 1903 he had similarly written,

> Жизнь начинается, когда начинается сознание в себе духовного существа [...]. Сознание же это начинается при первом воспоминании того, что было со мною. [...] Это сознание единства различных состояний есть начало духовной жизни. Только достигнув этого сознания, человек понимает, что он—духовное существо, отделенное от всего другого[38].

In a particularly interesting entry for July 1903 Tolstoy suggests that only to an outside observer does an insane person appear to have any kind of life: "zhizn' zhe istinnaia, zhizn' soznaniia otsutstvuet"[39]—just as conscious life is absent, he explains, in sleep, in the womb, in earliest childhood. These remarks are in fact consistent with what I have elsewhere argued is the profound visualism of Tolstoy's writing—not just an interest in visual experience, but a belief in the philosophical indispensability of sight (cf. the ocularcentrism devolving to us from ancient Greek thought), a deep-seated conviction that only if something is seen can it be known, that seeing is in some way constitutive of truth.[40] A telling entry in this regard is one Tolstoy made on 1 March 1897: while dusting a room, he approaches the divan and cannot remember whether he has dusted it or not; this simple lapse of memory inspires the claim that consciousness and even life itself are essentially predicated on seeing:

> Так что, если я обтирал и забыл это, т.е. действовал бессознательно, то это все равно, как не было. Если бы кто сознательный видел, то можно бы восстановить. Если же никто не видал или видел, но бессознательно; если целая сложная жизнь многих людей проходит бессознательно, то эта жизнь как бы не была[41].

---

37 Tolstoi, *Polnoe sobranie sochinenii*, 58:42.

38 Ibid., 54:175.

39 Ibid., 54:181.

40 Thomas Seifrid, "Gazing on Life's Page: Perspectival Vision in Tolstoy," *PMLA* 113, no. 3 (May 1998), 436–48.

41 Tolstoi, *Polnoe sobranie sochinenii*, 53:141–42.

In the diaries the conceptual move toward the second self seems always to encounter difficulties: in the very passage from June 1903 in which he outlines his notion of the higher, atemporal, and incorporeal self connected with the All, he writes, "Vtoroe zhe soznanie—dukhovnoe—ia ne mogu soznat'. Ia soznaiu tol'ko, chto ia soznaiu, i soznaiu, chto ia soznaiu, chto soznaiu, i tak do beskonechnosti." When he comes back, a few lines later, to the vision of a second, higher self providing access to "vsemirnoe, dukhovnoe soznanie" he states that this is what we understand life itself to be—but quickly adds the parenthetical comment "Opiat' ne to. Dal'she ne mogu" and a bit later adds, "I mnogoe drugoe—ne mozhem znat'. . . (Ustal)."[42] A similar note of frustrated entrapment sounds in the April 1910 entry, when he remarks,

> Что такое сознание? То, что я спрошу себя: кто, что я?—и отвечу: я—я. Но я спрошу себя: кто же этот второй «я»?—И ответ только один: опять я, и сколько не спрашивай; все я—я... Одно, что единственно есть.—Все могло произойти от условий пространства и времени телесное, только не сознание. А сознание—все. (Хорошо)[43].

Tolstoy never resolves this paradox. Instead, what he does—the best he can do—is to frame compromises. Consider two illustrations. First, the remarkable mowing scene in part 3 of *Anna Karenina*, whose proverbial connotations mark it as a significant moment in Levin's journey toward self-awareness. The peasant mowing ahead of Levin tells him, "—Smotri, barin, vzialsia za guzh, ne otstavat'!"[44]—the metaphor is that of life's task; there are clear allegorical implications in the fact that Levin mows between an old man and a young peasant; their noon meal becomes a kind of secular communion in which they share simple peasant bread and creek water from the peasant's rusty tin box, and so on. It is also a lesson for Levin—by implication, on how to live. At first he has difficulty mowing, swinging his scythe with his arms rather than his whole body and struggling to keep up with the old man ahead of him, who seems to do it all effortlessly. But

42 Ibid., 54:179–80.

43 Ibid., 58:42–43.

44 Ibid., 18:264.

gradually he falls into the rhythm of the work and enters into a state in which

> он ничего не думал, ничего не желал [. . .]. В середине его работы на него находили минуты, во время которых он забывал то, что делал, ему становилось легко, и в эти же самые минуты ряд его выходил почти так же ровен и хорош, как и у Тита. Но только что он вспомнил о том, что он делает, и начинал стараться сделать лучше, тотчас же он испытывал всю тяжесть труда, и ряд выходил дурен. [. . .] В самый жар косьба казалась ему не так трудна. Обливавший его пот прохлаждал его, а солнце, жегшее спину, голову и засученную по локоть руку, придавало крепость и упорство в работе; и чаще и чаще приходили те минуты бессознательного состояния, когда можно было не думать о том, что делаешь. Коса резала сама собой. Это были счастливые минуты. [. . .] Чем долее Левин косил, тем чаще и чаще он чувствовал минуты забытья, при котором уже не руки махали косой, а сама коса двигала за собой все сознающее себя, полное жизни тело, и, как бы по волшебству, без мысли о ней, работа правильная и отчетливая делалась сама собой. Это были самые блаженные минуты[45].

Later in the chapter, when Levin is climbing a steep mound, Tolstoy remarks that, "On chuvstvoval, chto kakaia-to vneshniaia sila dvigala im."[46] This is a remarkable passage, and the moment it describes is the most transcendent of all experienced by Levin in his troubled efforts to figure out "how to live." But it encompasses an odd compromise. To resolve the problem of the inadequacy of the "personal" self (bodily, immediately knowing), Tolstoy has to pitch it all to some vague external intentionality which "as if by magic" knows what to do and guides Levin. Throughout this novel Tolstoy searches for a natural *order* in Russian life, and claims to find it on the land rather than in urban civilization and the falsehood of social relations. But as this passage shows he in effect has to embody this order as a fantasy—and this, recall, is the same Tolstoy who suggests that if he does not remember dusting then it did not happen.

45 Ibid., 18:265–67.
46 Ibid., 18:270.

Another passage which seems to embody the kind of compromise that is the best Tolstoy can do with his dilemma of interiority comes toward the end of the novel. It shows Tolstoy thinking of consciousness in the literally spatial terms of a *container* mentioned earlier—even as it signals the tentative, inconclusive, ambiguous end of Levin's search for the meaning of life. Levin has just learned from a wise peasant that one should live not for one's belly but "dlia Boga, dlia dushi."[47] He responds joyously to this revelation, but then is brought up short by the question of faith. He knows that he has been raised an Orthodox Christian, that millions of Russian peasants and some of the Russian nobility he most respects unquestioningly believe. But what about adherents of Islam, Buddhism, and other faiths? Tolstoy negotiates this doubt in a passage on vision and spatiality that could have been designed to illustrate the spatial concepts mentioned earlier.

> Лежа на спине, он смотрел теперь на высокое, безоблачное небо. «Разве я не знаю, что это—бесконечное пространство, и что оно не круглый свод? Но как бы я ни щурился и ни напрягал свое зрение, я не могу видеть его не круглым и не ограниченным, и, несмотря на свое знание о бесконечном пространстве, я несомненно прав, когда я вижу твердый голубой свод, я более прав, чем когда я напрягаюсь видеть дальше его»[48].

Given all those assertions of an "inner voice," a second self, and so on, this is a remarkable moment of self-contradiction: Tolstoy places his questioning hero precisely in the cosmic receptacle within which the only point of rest for knowledge is man himself in his limited self-knowledge—and declares this to be good. In both his literary works and his diaries Tolstoy's declarative statements betray a desire to return to a pre-Cartesian worldview in which meaning is somehow transmitted (perhaps "magically," as in the mowing episode) to the self from the natural order outside it—but his narrative practices show him to be a post-Cartesian who can only examine the world from the vantage point of his own restlessly questioning mind. He is, in other words, really a Modernist—malgré lui.

47 Ibid., 19:738.

48 Ibid., 19:381–82.

ОБНАЖЕНИЕ МАСТЕРА, ЗАСЕКРЕЧИВАЮЩЕГО ПРИЕМ

(Источники груневальдского эпизода в романе Владимира Набокова «Дар»)

IGOR P. SMIRNOV
(Konstanz)

В своем анекдотизме кража одежды у купающегося, о которой рассказывается в заключительной части «Дара», восходит к чеховскому «Роману с контрабасом» (1886), но при этом наполняется отнюдь не шуточным смыслом — примерно так же, как устная история о петербургском чиновнике, потерявшем в камышах на охоте лепажевское ружье, перерастает в сюжет «Шинели», в высшей степени сложный по семантическому содержанию. Второй анекдотический претекст, составляющий не более чем формальный фон отрывка, в котором Годунову-Чердынцеву приходится голым пройтись по городу, — «Двенадцать стульев» (1927) Ильфа и Петрова. Как и инженеру Щукину, очутившемуся нагишом за захлопнувшейся дверью квартиры на лестничной площадке, Федору Константиновичу после пропажи связки ключей, которые лежали в кармане украденных у него брюк, не удается в концовке «Дара» проникнуть вместе с Зиной в свое жилище[1].

В качестве метафикционального сочинения набоковский роман последовательно проводит этот жанрообразующий принцип и за пределом реферирования к обозначенным в нем разного рода художественным, литературно-критическим, философским и иным произведениям, действительно существующим или вымышленным, — также там, где перед нами как будто прямое изображение действительности, обступающей Федора Константиновича. Как предстоит показать, Набоков не просто знакомит нас с обстоятельствами, в которых его герой лишился одежды, но заодно исподволь перерабатывает, оценивая и толкуя, множество текстов, поднимающих те же темы, что и Пятая глава «Дара».

«Шинель» была названа не всуе. Стражи порядка, задающие обворованному Федору Константиновичу нелепые вопросы («Кто украл?»[2]), ставят его в то положение, в какое попал в полицейском участке пошедший туда искать защиты от грабителей Акакий Акакиевич, а Зина, опасающаяся, что ее возлюбленный простудится после прогулки под дождем в одних купальных трусиках по Берлину, держит в памяти сцену смертельного заболевания гоголевского персонажа, подхватившего «горячку» в непогоду на петербургских улицах. Чтобы разобраться в том, что таится за откликом Набокова на «Шинель», следует учесть параллель, которая протянута между оказавшимся почти в чем мать родила Федором Константиновичем и метафорически оголенным в его памфлете Чернышевским:

> Какое-то тайное возмездие было в том, что он <Чернышевский>, строивший свою философию на познании мира, которого сам не познал, теперь очутился, *наг и одинок*, среди <…> до конца еще не описанной природы северо-восточной Сибири. (422)

1 О возможной связи «Двенадцати стульев» с «Романом с контрабасом» см.: Ю.К. Щеглов, "Комментарии к роману «Двенадцать стульев»", И. Ильф, Е. Петров, *Двенадцать стульев* (М.: Панорама, 1995), 579. *Украденная* одежда Федора Константиновича — наполовину ветхая, наполовину новая, что корреспондирует с хронологией двух анекдотов, использованных в мотивном построении «Дара».

2 Владимир Набоков, *Собрание сочинений русского периода в пяти томах* (СПб.: Симпозиум, 2000), 4: 522. В дальнейшем ссылки на этот том — в корпусе статьи.

В ряду многочисленных обвинений, брошенных Чернышевскому, Годунов-Чердынцев упрекает его и за недооценку Гоголя («Чернышевский <...> сожалел, что Гоголь не знал таких вещей, как принцип. Бедный Гоголь!» [432]). Помещая Годунова-Чердынцева и Чернышевского в сходные позиции и снабжая груневальдский эпизод намеками на «Шинель», Набоков возвращает Гоголю ту значимость, которая была отнята у него в 1860-х годах. Хотя грабеж не ведет в «Даре» к трагическому исходу, как у Гоголя, не приходится сомневаться в том, что Набоков приписывает «Шинели» прототипическую силу, способную программировать жизненные ситуации и влиять на их восприятие сторонним наблюдателем[3].

«Шинель» для Набокова, таким образом, менее всего игра с языком, к которой свел это гоголевское повествование Б.М. Эйхенбаум в известной статье. Если с точки зрения Эйхенбаума выбор имени, подходящего герою «Шинели», нацелен прежде всего на производство комического «звукового жеста», то в «Даре» такое отношение к личному знаку характеризует тупых полицейских, один из которых требует от называющего себя Годунова-Чердынцева прекратить «делать вицы» (522)[4].

К полемике с Эйхенбаумом Набоков присовокупляет, приближаясь к завершению романа, спор с В.Б. Шкловским. Ирина Паперно с полным на то основанием выявила в «Жизни Чернышевского» ссылку Годунова-Чердынцева на сборник статей Шкловского «Ход коня» (Берлин, 1923)[5]. И в набоковском тексте-в-тексте («...всякое подлинно новое веяние есть ход коня...» [417]), и в предисловии к книге Шкловского, объясняющим ее заголовок («Много причин странности хода коня, и главная из них — условность искусства <...> конь не свободен, — он ходит вбок потому, что прямая дорога ему запрещена»[6]), движение шахматной фигуры одинаково

3 На сопоставимость «Дара» и «Шинели» обратил в свое время внимание Ю.И. Левин, но лишь пообещал развить это соображение в будущем: Ю.И. Левин, "О «Даре»" [1977], в его кн. *Избранные труды: Поэтика. Семиотика* (М.: Школа «Языки русской культуры», 1998), 300.

4 Witze machen 'острить' (*нем.*). — *Ред.*

5 Ирина Паперно, "Как сделан «Дар» Набокова" [1992], Д.К. Бурлака (отв. ред.), *В.В. Набоков: pro et contra* (СПб.: Изд-во РХГИ, 1997), 492–493.

6 Виктор Шкловский, *Гамбургский счет: Статьи — воспоминания — эссе (1914–1933)*, сост. А.Ю. Галушкина и А.П. Чудакова, коммент. и подгот. текста А.Ю. Галушкина (М.: Советский писатель, 1990), 74.

ассоциировано с непрямолинейностью в развитии художественного творчества, с его отступлением в сторону от наметившегося было пути. Паперно, однако, упустила из внимания, что в Пятой главе Федор Константинович берет назад согласие с формальной школой: сравнивая занимавшие его размышления о груневальдском ландшафте со «скачком» на шахматной доске «ф3 — г1» (505), он, как отмечает в комментариях к роману А.А. Долинин, имеет в виду «обратный ход коня, возвращающегося на свою исходную позицию» (764)[7]. Под занавес романа Годунов-Чердынцев предстает перед читателями как автор всего этого текста, оставляя в прошлом «Жизнь Чернышевского». Набоковский герой эволюционирует, отрекаясь от родства с формализмом, и воспроизводит тем самым диахронию русской словесности, пережившей в середине 1920-х годов и позднее преобразование, которое оторвало ее от раннеавангардистских художественных экспериментов, нашедших отражение в литературоведческой доктрине ОПОЯЗа. Как метафикциональный текст «Дар» вбирает в себя теоретико-литературную составляющую и вступает в прения, которые писатель, рефлексирующий по поводу творчества, ведет с учеными из формалистского лагеря, бывшими по совместительству также авторами романов[8].

Один из пунктов этих прений — формалистское представление о себя выставляющей на показ технике литературного письма, схваченное Шкловским в термине «обнажение приема». Перечисляя недостатки «Жизни Чернышевского», Кончеев, с которым Федор Константинович ведет в Груневальде воображаемый диалог,

7 Подробный анализ конфронтации Набокова с Шкловским в Пятой главе «Дара» см.: Александр Долинин, *Истинная жизнь писателя Сирина* (СПб.: Академический проект, 2004), 247–250.

8 О литературной практике теоретиков формализма, Шкловского и Эйхенбаума, см. подробно: Ян Левченко, *Другая наука: Русские формалисты в поисках биографии* (М.: ВШЭ, 2012), а также цикл работ Ильи Калинина: “Вернуть: вещи, платье, мебель, жену и страх войны: Виктор Шкловский между революционным бытом и теорией остранения”, Nadežda Grigor'eva, Schamma Schahadat, Igor' P. Smirnov (hr.), *Nähe Schaffen, Abstand Halten: Zur Geschichte der Intimität in der Russischen Kultur* (Wiener Slawistischer Almanach, Sonderband 62), München: Otto Sagner, 2005, 351–386; Idem, “История как искусство членораздельности (исторический опыт и металитературная практика русских формалистов)” *Новое литературное обозрение* 71 (2005): 103–131; Idem, “История литературы как Familienroman (русский формализм между Эдипом и Гамлетом)”, *Новое литературное обозрение* 80 (2006): 64–84.

неспроста критикует ее за то, что она, раскрывая условность чужого письма, внезапно оглашает и свою «сделанность», что есть ошибка. По словам Кончеева, повествование Федора Константиновича

> вдруг дает непроизвольный перебой, который является уже *собственной ужимкой* <читай: «приемом». — *И.С.*>, а не пародией на ужимку <…>, то есть получается так, как если кто-нибудь, пародируя неряшливое актерское чтение Шекспира, увлекся бы, загремел бы по-настоящему, но мимоходом переврал бы стих. (514)

В дальнейшем разговоре с Зиной Федор Константинович проектирует «Дар» как текст с завесой и утверждает, что «Все самое очаровательное в природе искусства основано на обмане» (539). Проступание приема на поверхности текста сменится палимпсестом, умалчивающим о своей подоплеке, загадкой, разгадка которой лежит в ее дискурсивном происхождении, «литературностью», являющей собой не modus operandi произведения, а его modus vivendi.

Термин «обнажение приема» был введен Шкловским в оборот в очерке об исповедальной прозе Василия Розанова (1921), включенном в сборник «Ход коня». В роли автора уже не «Жизни Чернышевского», а «Дара» герой Набокова опрокидывает прием в реальность, обнажает себя, а не орудийные средства, которые находятся в распоряжении литературы. Преодолевая формализм, Набоков вместе с Годуновым-Чердынцевым отказывается отчленять изображение от изображенного, отелеснивает знак, деконвенционализует его. Годунов-Чердынцев, подставляющий свое тело без остатка солнцу, интратекстуально наследует в романе портрету «абсолютно голой графини», которую зовут «д'Икс» (243). В этом имени зашифрована фамилия Отто Дикса (Dix), ведущего представителя течения, получившего едва ли передаваемое по-русски название «Neue Sachlichkeit», а в 1937 г. ставшего жертвой нацистского запрета на художественную деятельность. Одна из работ Дикса «Автопортрет с Музой» (1924) кажется особенно существенной для писательской программы, воплощенной в «Даре». На этой картине живописец касается кистью тела Музы, позирующей ему, не различая тем самым вне- и внутрихудожественную реальность (см. ил.). Муза облачена у Дикса в тронутую ветром прозрачно-голубую накидку — похожую

Рис. 1 Отто Дикс, «Автопортрет с Музой» (1924).

на платье, которое Федор Константинович принимает за одеяние Зины (она же Мнемозина) в ее комнате, но которое, как выясняется, принадлежит ее кузине — *отсутствующему* в «Даре» лицу[9]. «Дар» в полном охвате текста допустимо считать скрытым экфразисом к полотну Дикса при том, что явно «голая графиня» (которая «…стояла, держа в руках себя же самое, уменьшенную втрое» (там же) оскорбительно профанирует иконописный и позднейший сюжет Богородицы с младенцем Христом, несущий в себе идею сверхдара, полученного человечеством.

Метафикциональный роман Набокова имеет предметом литературу, каковая выступает жизненной практикой персонажей. Руководствуясь этой установкой, Набоков переосмысляет в Пятой

9 О других вероятных антецедентах живописи набоковского Романова см. подробно: Yuri Leving, *Keys to* The Gift: *A Guide to Vladimir Nabokov's Novel* (Boston: Academic Studies Press, 2011), 194–205. Ср. обзор изображений обнаженного тела в русской живописи XX в.: Ольга Буренина, "Ню (Искусство авангарда и теснота)", *Nähe Schaffen…*, 387–400.

главе тот самый жанр исповеди, который побудил Шкловского к рассуждениям о тексте, откровенничающим о своем построении. На место «Опавших листьев» и «Уединенного» в «Даре» приходит «Исповедь» (1765–1770) Жан-Жака Руссо. У «обнажения приема» отыскивается генезис, который отсчитывается Набоковым от вступительных в «Исповеди» признаний Руссо в обуявшей его в детстве тайной страсти быть наказанным поркой и переворота этой темы в сцене, где воспитательница порочного ребенка, мадмуазель Ламберсье, неловко оступившись, падает и оголяет зад на глазах у проезжавшего мимо сардинского короля. Мазохистская авторефлексия и эксгибиционизм — вот тот, говоря на языке формалистов, «материал», откуда берет начало на себя указывающий «прием». Предваряя раскаяние в грехах неким смягчением вины, Руссо рассказывает об отвращении, вызванном в нем продажной любовью, о виденных им углублениях в земле вдоль горной дороги, в которых она вершилась, и сравнивает гадливое отношение к ней с тем впечатлением, что производило на него совокупление собак. Перед тем как отправиться в Груневальд, Федор Константинович наблюдает «кукольный механизм проституток» (500), а попав туда, вспоминает о том, что в этих местах он «однажды <...> набрел на *ямку* (бережно вырытую перед смертью), в которой лежал, удивительно изящно согнувшись, лапы к лапам, труп молодой, тонкомордой *собаки* волчьих кровей» (506). То, что можно принять исключительно за меткость глаза, подмечающего яркие детали в окружающей повествователя городской и пригородной среде, на самом деле являет собой набор сигналов, адресующих нас к претексту, на который опирается (с заменой Эроса у Руссо на Танатос) набоковский роман. Точнее сказать, обращение к литературному источнику и передача реальности сливаются в «Даре» в нерасторжимое единство. Читатель «Дара» вводится в Груневальдский лесопарк таким же манером (буквально: через жопу), как и читатель Руссо — в «Исповедь», открывающуюся мотивами раздетого телесного низа:

> В конце бульвара зазеленелась опушка бора, с пестрым портиком недавно выстроенного павильона (в атриуме которого находился ассортимент уборных — мужских, женских, детских), через который <...> следовало пройти, чтобы попасть в только что разбитый сад. (504–505)

Живописуя Груневальд, Годунов-Чердынцев как будто солидаризуется с эмпиризмом и философским скептицизмом Давида Юма, идеи которого он приписывает своему отцу («…надобно остерегаться того, чтобы в процессе наблюдения, пускай наивнимательнейшего, наш рассудок <...> не подсказал объяснения, незаметно начинающего влиять на самый ход наблюдения…» [505]). Вряд ли имеет смысл безоговорочно доверять этому манифесту непредвзятого видения, если учесть, что груневальдский ландшафт в «Даре» текстуализован отсылками к «Исповеди» и что Юм был связан с Руссо узами дружбы и единомыслия. Остается, наконец, заметить, что дата посещения Федором Константиновичем Груневальда — 28-е июня — это день рождения Руссо (впрочем, такой однозначной интерпретацией в данном случае не обойтись, о чем пойдет речь ниже).

Педагогический пафос Руссо чужд Федору Константиновичу — он перестает с наступлением жаркого лета, выбираясь в Груневальд, давать уроки, которыми зарабатывал себе на жизнь. Отношение Набокова к Руссо неоднозначно. Быть человеком природы — значит для Федора Константиновича добиться самотождественности, но она невозможна там, где есть преступность, полицейский надзор и власть предрассудков. Набоков присоединяется к сонму критиков руссоизма. Как известно, к многочисленным полемическим выпадам Достоевского против скандально разоблачившего свои слабости Руссо принадлежит и кладбищенский рассказ «Бобок». Насмешливо переиначивающие «Исповедь» Руссо картины Груневальда составляют эквивалент к «Бобку» и серией аллюзий удостоверяют эту равнозначность[10] (знаменательно, что в «Дневнике писателя» за 1873 г. «Бобок» идет вслед за воспоминаниями Достоевского о Чернышевском «Нечто личное», как бы предсказывая тем самым расположение частей в «Даре»). Издеваясь над верой Руссо в то, что человек способен сам сказать о себе всю правду, не дожидаясь, стало быть, Страшного суда, оглашения божественного приговора тварным существам, Достоевский рисует в «Бобке» лжевоскресение — посмертную жизнь полуразложившихся тел, решившихся вещать

10 В одновременном интересе к Руссо и Достоевскому Набоков не был одинок в русской литературе XX в. Сходное совмещение этих двух писательских фигур имело место и в интертекстуальной ориентации, которую А.К. Жолковский прослеживает в прозе Исаака Бабеля: А.К. Жолковский, *Полтора рассказа Бабеля: «Гюи де Мопассан» и «Справка/Гонорар»: Структура, смысл, фон* (М.: КомКнига/URSS, 2006), 71–101.

ничем не прикрытую истину: «Мы будем вслух рассказывать наши истории и уже ничего не стыдиться <...> Заголимся и обнажимся!»[11]. Вдогонку за Достоевским Набоков придает Груневальду черты кладбища и загробного царства: здесь в «ложбинке» застрелился Яша Чернышевский (ясно, почему похотливые псы Руссо перевоплощаются в «Даре» в собаку, выкопавшую себе могилу, — она аналог самоубийцы[12]), здесь же Федор Константинович думает о душевной болезни и смерти Александра Яковлевича (рассказчик в «Бобке» сетует на то, что критики обвинили его, сочинителя, в помешательстве) и ассоциирует загорающих с покойниками: «... на полоске травы <...> лежало три голых трупа, белый, розовый и коричневый, как тройной образец действия солнца» (519). Еще один труп, на который набредает в Груневальде Федор Константинович, — спящий «безработный бродяга» с прикрытым газетой лицом (506), т.е. Феликс[13], убитый в «Отчаянии» писателем Германом. Груневальдский ландшафт текстуализован не только за счет отсылок к чужим литературным произведениям, но и благодаря автореминисценциям. Подобно тому как рассказчик у Достоевского неосторожным звуком выдает себя и прерывает подслушиваемые им разговоры мертвецов, немец, принятый Федором Константиновичем за Кончеева, останавливает внезапной репликой на полуслове мысленную беседу двух литераторов. По ходу этой беседы Кончеев, alter ego Годунова-Чердынцева, конечно же, неспроста сообщает о своей любви к «автору „Двойника“ и „Бесов“» (516). И у Достоевского, и у Набокова царство смерти выступает одинаково эротизированным (подходя к Груневальду, Федор Константинович чувствует «наплыв безнадежного желания» (504); «одинокая нимфа» (510) на берегу озера пробуждает у него вожделение, которое он делит с тремя глазеющими на нее мужчинами). «Обнажению души», к каковому стремился Руссо, Достоевский скатологически противопоставляет в «Бобке» «вонь <...> души»[14], что Набоков повторяет в открытую, без

11 Ф.М. Достоевский, *Полное собрание сочинений в 30 томах* (Л.: Наука, 1980), 21: 52.

12 Помимо прочего, Набоков реализует фразеологизм «Вот где собака зарыта» и таким способом дает понять, что Груневальд — это ключ к расшифровке общего замысла романа.

13 См. комментарий Долинина (Набоков, *Собрание сочинений русского периода*, 4: 764).

14 Достоевский, *Полное собрание сочинений*, 21: 51.

обиняков, когда подытоживает отталкивающее в своих подробностях («…старческие ноги <...> тяжелые гузна <...> прыщавые лопатки…») описание массового досуга в Груневальде:

> И над всем этим, особенно по воскресеньям, когда теснота была всего гаже, господствовал незабываемый запах, запах пыли, пота, тины, нечистого белья, проветриваемой и сохнувшей бедности, *запах* вяленых, копченых, грошевых *душ*. (511)

Быть может, подхватыванием мотивов «Бобка» мотивировано и то, что перечень русских романистов, по поводу которых иронизирует Федор Константинович, представляя себе, как он обменивается мнениями с Кончеевым, замыкает Боборыкин, чей псевдоним «Боб» Достоевский обыграл в названии своего текста[15].

Сцепляя «Дар» с «Бобком», Набоков вставляет тему обнажения в богословский контекст, о чем среди прочего сигнализирует обмирщение апокатастазиса, делающегося всего-навсего восстановлением сил берлинцев на отдыхе «*по воскресениям*». Отдав апокатастазис на откуп извращающим его обывателям, Набоков, в отличие от Достоевского, расходившегося с Руссо в том, как понимать обретение конечной истины о человеке, движется от того же, что и в «Бобке», претекста, от «Исповеди», к самому началу рода людского: Федор Константинович ищет в Груневальде «первобытный рай» и чувствует там себя «адамом, всем чем угодно, но только не голым горожанином» (508). Набоков подчеркнуто обособляет своего героя от обывательских скопищ: он загорает голышом в уединенном «тайном» уголке лесопарка. В pendant к этой уникализации героя, сопоставимого с первочеловеком, Набоков направляет преимущественное внимание в том, что касается теологии, на мистику, обязательной предпосылкой которой служит ее сосредоточенность на персональной воле к Богопознанию. Рассудком, поучал Майстер Экхарт, толкуя евангельскую фразу «Хорошо, добрый и верный раб» (Мф. 25: 21), мы постигаем вещи, созданные Творцом, — воля же позволяет нам (разумеется: в личной решимости) отстраниться от всего, что не есть сам Творец. Тексты именно этого доминиканского проповедника (конец XIII — начало XIV вв.), обвиненного в булле папы Иоанна XXII в ереси, были заложены Набоковым в теологический

15 О «Бобке» как реакции на творчество П.Д. Боборыкина см. подробно комментарий В.А. Туниманова к рассказу Достоевского (Там же, 404–405).

субстрат Груневальдского эпизода. Не удивительно поэтому, что пробегающие мимо Федора Константиновича «пять евангелических сестер» (519), которые символизируют для него срежиссированную без режиссера гаромонию в theatrum mundi, судя по цветам их наряда — они были «в черных платьях и белых наколках» (там же), — принадлежат к Доминиканскому ордену.

Один из главных мотивов в Экхартовых наставлениях, если не самый главный в них, — апология лишенности (privatio) как условия sine qua non для бытия-в-Боге. Теряя все, включая сюда накопленные знания, человек в проповеди «Блаженны нищие духом» оказывается равным себе, как если бы он был только что создан Всемогущим. Отвечая этому требованию, Федор Константинович в костюме Адама прекращает духовную деятельность — он подтверждает догадку воображаемого Кончеева, который говорит ему: «...мне кажется, всякая работа мысли совершенно невозможна для вас при этаком обнаженном состоянии?» (513). В «Книге Божественного утешения» Майстер Экхарт рассуждал о том, что, воспринимая Бога в самоотвержении, мы получаем возможность оценить дар свыше, если он ниспослан нам, таким, каков он есть[16], т.е. в его неземном значении. Похоже, что отсюда берет исток концепция набоковского романа в целом, коль скоро в нем утрата героем родины и собственности сочетается с поисками разгадки дара, который явлен в Годунове-Чердынцеве сам по себе, невесть откуда взявшись. В Пятой главе, где Федор Константинович выступает, с одной стороны, признанным после публикации «Жизни Чернышевского» талантом, а с другой — жертвой кражи, генеральная тема романа воссоздается в сжатом виде, выражается в моментальном запечатлении ее носителя. Ничем не владеющий, опустошенный бедняк, писал Майстер Экхарт в той же «Книге Божественного утешения», совершает переворот в природе: «Пустота делает воду поднимающейся вверх и [производит] иные чудеса...»[17]. Устами Кончеева Годунов-Чердынцев переводит

16 Вот этот, не совсем простой для интерпретации, отрывок текста в переводе (Йозефа Квинта) со средненемецкого на современный немецкий язык:«...im eigentlichen Sinne nimmt man Gott entbehrend als nehmend; denn, wenn der Mensch empfängt, so hat die Gabe das, weswegen der Mensch froh und getröstet ist, in sich selbst» (Meister Eckhart, *Das Buch der göttlichen Tröstung* , ins Neuhochdeutsche übertr. von Josef Quint [Frankfurt am Main: Insel, 1961], 17).

17 Ibid., 21.

теологию опрощения и нищеты, развитую доминиканцем, в эстетический план: «Муза прелестна бедностью» (516). Мир, в котором пребывает сбросивший с себя одежды, глядящий в небо Федор Константинович, меняет верх и низ:

> А еще выше, над моим запрокинутым лицом, <...> хвоя напоминала водоросли, шевелящиеся в прозрачной *воде*. И если еще больше запрокинуться, так, чтобы сзади трава <...> казалась растущей куда-то вниз, в *пустой* прозрачный свет, и была бы верхом мира, я улавливал ощущение, которое должно поразить перелетевшего на другую планету <...> — особенно когда проходила вверх ногами семья гуляющих <...> (507)

Ничем более не обладающий человек восходит у Майстера Экхарта на высшую ступень экзистенции, на которой он, отрешенный от всего неэссенциального, обожившийся, пребывает в мире с собой, находит совершенное душевное равновесие. Такой же, говоря словами А.К. Жолковского, «превосходительный покой»[18] переживает и Годунов-Чердынцев, осененный благодатью после завершения «Жизни Чернышевского» и в предвкушении «полной жизни с Зиной» (521).

Набоков справедливо усматривает в доктрине Майстера Экхарта с ее упором на отказ от владения земным достатком продолжение гностической традиции, к которой и сам примыкал, как это стало ясно после издания пионерского исследования Сергея Давыдова[19]. Реминисценции из позднесредневековой мистики смешиваются в последней части «Дара» с отзывами на гностическое Евангелие от Фомы (I–II вв.). Пятая глава романа нумерически соответствует, таким образом, неканоническому расширению Новозаветного четверокнижия до пятикнижия. Раздеваясь донага, Федор Константинович «не ощущает стыда» (308), следуя тому положению Евангелия от Фомы, согласно которому обнажившие срамные места

18 Ср.: А.К. Жолковский, "«Превосходительный покой»: об одном инвариантном мотиве Пушкина", А.К. Жолковский, Ю.К. Щеглов, *Поэтика выразительности* (*Wiener Slawistischer Almanach*, Sonderband 2) (Wien, 1980), 87–113.

19 Sergej Davydov, «*Teksty-matreški*» *Vladimira Nabokova* (*Slavistische Beiträge* 152) (München: Otto Sagner, 1982), 100–182.

и скинувшие одежду к стопам своим избавятся от боязни и узрят Сына Бога живого (изречение 42; ср. Быт. 2: 25). То, что неизвестный вор украл у Федора Константиновича только одну туфлю, вовсе не озорство нарушителя права на собственность, а соблюдение им содержащегося в Евангелии от Фомы завета слагать два в одно, неважно, будь то мужское и женское или парные органы тела: глаза, руки и — ноги (изречение 26). Федор Константинович вполне солидарен с этой заповедью гностического Иисуса, хотя и несколько модифицирует ее:

> …у природы двоилось в глазах, когда она создавала нас (о, эта проклятая парность, от которой некуда деваться: лошадь — корова, кошка — собака, крыса — мышь, блоха — клоп) <…> (518)

В Евангелии от Фомы (изречения 54–55) восшествие в царство Божие знаменуется облачением тел в ризы света (которыми богословие, озадаченное тем, что первочеловек не ощущал своей наготы, наделяет и Адама до грехопадения[20]). У Майстера Экхарта мотив нездешнего сияния (Иоан. 1: 5) осложняется призывом к такому бегству из тварного мира, который освободил бы страждущих потусторонности от него полностью, в том числе и даже прежде всего от света, отприродно присущего ему. Приводя в сочинении «О благородном человеке» стихи из «Песни песней» (1: 5): «Не смотрите на меня, что я смуглая, ибо солнце опалило меня», — Майстер Экхарт толкует загар как сокрытие образа Божия, отпечатанного в людских душах. Чтобы слиться с Богом, изъявить свою сокровенно-адамическую сущность, человек обязан «выселиться», как сказано у Майстера Экхарта, из всех земных образов, из себя самого. И тогда Сын обретет Отца своего. Увлечение Набокова мистикой и гностицизмом нацелено отнюдь не на реставрацию этих форм веры, оно не дает на выходе стилизацию, подчиняющую современность, с каковой имеет дело роман, далекому прошлому. Как раз напротив: углубляться в эволюцию интеллекта необходимо для того, чтобы убедиться в конечности его

20 См. подробно: Erik Peterson, "Theologie des Kleides" [1934], in: idem, *Marginalien zur Theologie und andere Schriften* (Würzburg: Echter, 1995), 10–19.

порывов, корреспондирующую с ограниченностью человеческой жизни (для Федора Константиновича возрождение минувшего — химера: «…вечная переработка будущего в прошедшее <…> — призрачный <…> процесс, — лишь отражение вещественных метаморфоз, происходящих в нас» [517]). Если ординарный человек, проводящий досуг в Груневальде, обмирщяет воскресение мертвых (мысля то, что грядет, из того, что было и есть, из пребывания здесь и сейчас), то индивидуалист Годунов-Чердынцев секуляризует и фамильяризует интерпретации Священной истории. Вразрез с Майстером Экхартом, Федор Константинович связывает загар, которым сплошь покрыто его тело, с эдемским одеянием Адама «в Славе» — до первородного греха: «Как сочинение переводится на экзотическое наречие, я был переведен на *солнце* <…> собственное же мое я <…> как-то разложилось и растворилось, *силой света* сначала опрозрачненное, затем приобщенное ко всему мрению летнего леса с его <…> *райски*-зелеными листьями <…>» (508). Стать бытийным, по Майстеру Экхарту (проповедь «Знайте, что близко Царствие Божие» [Лука 21: 31]), можно только в сопричастности подателю сущего, Богу. Набоковский же герой бытиен как частица физического универсума: «Солнце навалилось <…> Я постепенно чувствовал, что <…> существую, только поскольку существует оно» (Там же). Через месяц после отъезда Щеголевых в Данию Федору Константиновичу предстоит покинуть снимаемую у них комнату, о чем роман сообщает на подступах к рассказу о Груневальде, но это «выселение» ведет в неопределенность, а не в страну обетованную, как в «Книге Божественного утешения». В сновидении, посещающем Федора Константиновича в ночь после его прохода голым по Берлину, ему является отец — живой и здоровый. Unio mystica ниспровергается в «Даре» с небес на землю, перестает быть теологической спекуляцией, становясь грезой о восстановлении отдельно взятой разрушившейся семьи[21]. И все же

21 Полемика с мистицизмом протянута через весь набоковский роман и метит в самых разных мыслителей этого сорта — см. подробно: Игорь Смирнов, "Логико-философский роман «Дар»", *Звезда* 2 (2016), 225–244. В то же время Набоков, кажется, был осведомлен и в догматическом богословии, разбирался в сочинениях Отцов церкви. Купание Годунова-Чердынцева в озере сопоставимо с крещением, которое, в трактовке Василия Великого («О Святом Духе», 374–375), возвращает в сыноположение.

в той мере, в какой отец лишь мнится сыну невредимым, Набоков не просто обытовляет мистику, но и вторит, даже приспосабливая ее к здравомыслию, Майстеру Экхарту, объявившему в проповеди на «Деяния апостолов» («Савл встал с земли и с открытыми глазами никого не видел» [Деян. 9: 1]), что Бог есть Ничто (всего вещественного), «бытие без бытия»[22]. Парадоксальность Майстера Экхарта, полагавшего, к примеру, что нужно стать безрелигиозным, забыть о Боге, дабы дать Тому действовать в нас по собственному усмотрению («Блаженны нищие духом»), глубоко родственна логике Набокова (так, его Адам мучим соблазном, но Евы нет рядом с ним, впутан в правонарушение, но не как агенс, а как пациенс, покидает Эдем, но не в «одеждах из кожи», а в первозданном виде).

Свою двусмысленную интертекстуальную игру с сочинениями Майстера Экхарта Набоков оттеняет однозначным профанированием мистического богословия, отличающим непосвященных от избранного на вхождение в историю культуры Годунова-Чердынцева. Полицейский, пытающийся задержать нагого героя, остается в неведении о его имени, хотя оно и произнесено, и комически оглупляет тем самым апофазис, в традиции которого Майстер Экхарт, следуя за Дионисием Ареопагитом, настаивал (в уже упомянутой проповеди о близости Царствия небесного) на безымянности Бога[23]. В этом же тексте Майстера Экхарта значится, что созерцать Бога, чье бытие тонет в Ничто, дано лишь слепым. Незрячий попрошайка, обращающийся за подаянием к обворованному Федору Констнтиновичу, хотя и должен был бы слышать, что он бос,- существо, которое пародирует центральную идею Майстера Экхарта, выбивая житейскую выгоду из пауперизма, из

22 Meister Eckhart, *Deutsche Predigten und Traktate*, Hrsg. von Josef Quint (München: Hanser, 1985), 334.

23 Подключая к романному действию полицейских и обывателей, которых равно возмущает раздетый Федор Константинович, Набоков реконструирует в концовке сцены в Груневальде социокультурную амбивалентность неприкрытой плоти — райски догреховной, с одной стороны, а с другой — ставящей человека вне закона, так что он (как homo sacer) не смеет более надеяться на правовую защиту со стороны общества. Об этой амбивалентности см. подробно блестящий теологический очерк: Джорджо Агамбен, *Нагота* [2009], пер. Марии Лепиловой (М.: Grundrisse, 2014), 91–139.

того состояния, каковому надлежало бы открывать путь (via negativa) в просветленное инобытие[24].

Вернемся к Руссо. Автор «Второго дискурса» (1757) и «Общественного договора» (1762) воспринимал социальность в двух измерениях: в одном из них она отчуждает человека от благой первозданности, так что тот в корыстных помыслах забывает о свойственном ему от природы сочувствии к ближнему, в другом — она поддается разумному переупорядочению на основе добровольно взятых на себя народом и правителем взаимных обязательств по выполнению заключенного ими контракта. Даже будучи социальным, человек способен освободиться от неистинной противоестественности, в которую он впал. Для Набокова надежда на счастливое самоустроение людей иллюзорна. В «первобытный рай» дано вновь вступить только одиночке — коллективное тело оскверняет Эдем. Оно монструозно в Груневальде, а затем принимает в романе политически-праздничный вид, в котором оно, с точки зрения Годунова-Чердынцева, припоминающего «Исповедь» Руссо и дискредитирующего его социальную утопию, оголяет себя, становится скинувшим с себя покровы телом желания — высокомерного и агрессивного:

> Был какой-то государственный праздник. Из окон торчали трех сортов флаги: черно-желто-красные, черно-бело-красные и просто красные: каждый сорт что-то означал, а смешнее всего: это что-то кого-то могло волновать гордостью или злобой. Были флаги большие и малые <...>, но от всего этого *эксгибиционизма гражданского возбуждения* город не стал привлекательнее. (533)

Русская революция, о которой Федор Константинович думает, наблюдая на Тауэнтциенштрассе манифестацию немецких коммунистов, осознается им как «повторение Ходынки, с <...>

---

24 В «Мифе XX века» (1930) Альфред Розенберг возвел Майстера Экхарта в ранг одного из самых представительных культурных героев германской расы. Не исключено, что, поручая профанирование немецкой мистики немцам же, Набоков держал в памяти трактат Розенберга, насмешливо дистанцируясь от этого произведения. Об актуальности для «Дара» немецкоязычных текстов, появившихся в печати в канун захвата власти нацистами, в том числе и «Мифа XX века», см. подробно: Игорь Смирнов, “Сыр да пиво (Из интертекстуального комментария к роману Набокова «Дар»)”, *Звезда* 8 (2016), 233–239.

прекрасно организованным увозом трупов...» (534). Сочетание мотивов праздничного шествия, как бы обнаженности и массовой смерти сцепляет концовку «Дара» с драмой Леонида Андреева «Савва» (1906), заглавный герой которой жаждет той же, что и Майстер Экхарт, независимости от цивилизационной среды, но сообщает этой посылке насильственно-революционный смысл — он обращается к сестре Липе со словами:

> Остерегайся вещей! <...> Их нужно уничтожить. Нужно, чтобы теперешний человек голый остался, на голой земле. Тогда он устроит новую жизнь[25].

Осуществляя свой план, Савва закладывает динамит на дороге, по которой движется в монастырь процессия богомольцев, чтобы встретить там Пасху, но чудо спасает верующих — взрыв не причиняет им вреда. У Набокова разрушительны, чреваты смертоубийством сами «казенные фестивали» (533) революции,

25 Л.Н. Андреев, *Драматические произведения в двух томах* (Л.: Искусство, 1989), 1: 112. Нагота революции станет после свержения старого режима топосом русской литературы, как то показывают, например, датированные 1917-м годом стихи Велимира Хлебникова: «Свобода приходит нагая, / Бросая на сердце цветы» (Велимир Хлебников, *Творения*, сост., подгот. текста и коммент. В.П. Григорьева и А.Е. Парниса [М.: Советский писатель, 1986], 461), «Переписка из двух углов» (1921) с проведенной в ней Михаилом Гершензоном темой освобождения от износившихся «одежд» культуры, «Голый год» (1922) Бориса Пильняка или роман Леонида Леонова «Вор» (1927), в котором один из персонажей, писатель Фирсов, так определяет свою творческую задачу: «О голом человеке интересуюсь я <...> Человек без орнаментума и есть голый человек. Тем и примечательна революция наша, что скинула с человека ветхий орнаментум» (Л.М. Леонов, *Вор*, Nachdruck der ersten Ausgabe Moskau/Leningrad 1928 mit einer Einleitung von Friedrich Scholz [*Slavische Propyläen* 129] [München: Wilhelm Fink, 1975], 40–41). Трудно судить, учитывал ли Набоков эту, инициированную драмой Андреева, традицию. Стоит, впрочем, сказать, что важное для Набокова разграничение рая, предзаданного человеку, и революционного псевдосовершенного общества было предпринято до «Дара» в таком же, как и он, метафикциональном «Воре». Вот притча, поведанная у Леонова мастером Пчховым (Пуховым) налетчику Митьке Векшину, в недавнем прошлом красному командиру: «Когда у Адама и Евы случилось э т о, то и погнали их из сада помелом <...> Тут подошел к ним самый соблазнитель <...> „В тот сад и другая дорога есть“ <...> И повел <...> С тех пор все и ведет <...> А ноне на аэропланах катит <...> Долга она, окольная дорожка <...> А все стремится ветхий Адам <...> ничто его жажды насытить не может» (Там же, 138).

а уравниваются «в голых правах с природой» (508) только те, кто, подобно Годунову-Чердынцеву, строят в своем воображении мир, «где каждый сам по себе» (534)[26]. По мере развертывания Пятой главы Набоков разбрасывает по тексту несколько отметин, призванных свидетельствовать о том, что она писалась с оглядкой на творчество Андреева. Если Савва мечтает «Сломать тюрьму, в которую запрятаны идеи…»[27], то Кончеев, говоря о них же с Федором Константиновичем, заявляет: «…мысль любит занавеску, камеру обскуру <…> *Тюрьма* без тюремщика и сад без садовника — вот, по-моему, идеал» (513). Подзаголовок пьесы Андреева «Ignis sanat» находит отражение в двойной характеристике силы, источаемой солнцем, «жгучей» и вместе с тем «блаженной» (520). Сценичность действий, которые производят, как по волшебству (словно бы «за соснами» был «режиссер» [519]), «пять евангелических сестер», привносит в обрисовку Груневальда театральность, соотнесенную с чудом, спасшим в андреевской пьесе посетителей монастыря. Наконец, разбившийся среди деревьев у озера «небольшой аэроплан» (506) побуждает читателей «Дара» вспомнить в начале Груневальдского эпизода о рассказе Андреева «Полет» (1913). Правда, там авиатор гибнет, ставя рекорд высоты, а не «катая свою даму по утренней лазури» (506), как сказано у Набокова, но все же и герой Андреева, взмывая в небо, не расстается в мыслях с женой. На подходе к Груневальду Федор Константинович признается себе в том, что домогается «далей» и ищет «бесконечность, где сходится все, все» (504), однако натыкается в зарослях на противоположное его вожделению — на место самоубийства Яши Чернышевского. В этой рассогласованности поиска и находки Федор Константинович

26 Еще недавно нагой, Годунов-Чердынцев, переходя к политическому протесту, вернее, к обличению политики как таковой, уподобляется юродивым, вершившим поругание власть имущих как бы из догреховного состояния человека — оголяя свою плоть, о чем Набоков мог узнать из сочинения Джайлса Флетчера «О государстве Русском» (1591). Об интересе Набокова к запискам иностранцев о Московии (он был знаком с текстом Адама Олеария, 1656) см.: И.П. Смирнов, “Timoška Ankundina и галерея самозванцев в романе Набокова *Отчаяние*”, Susi K. Frank, Schamma Schahadat, Igor’ Smirnov (Hrsg.), *Gedächtnis und Phantasma. Festschrift für Renate Lachmann* (*Die Welt der Slaven.* Sammelband 13) (München, 2011), 556–562. О наготе византийско-русских юродивых см. подробно: А.М. Панченко, “Смех как зрелище” [1976], Д.С. Лихачев, А.М. Панченко, Н.В. Понырко, *Смех в древней Руси* (Л.: Наука, 1984), 92 сл.

27 Андреев, *Драматические произведения*, 1: 152.

совпадает с героем «Полета», жаждущим вечности, но падающим на землю, на которую он не хотел возвращаться.

Русская и немецкая действительности наслаиваются в Пятой главе одна на другую, как и на протяжении всего романа, но на этот раз в своей одинаковой дестабилизованности и в равно свойственном им политическом нивелировании индивидуальных починов, которое оценивается Годуновым-Чердынцевым безоговорочно отрицательно. Веймарская демократия составляет лишь мнимую альтернативу к происходящему в стране, покинутой им; текущую немецкую литературу он аттестует, соответственно, как «фальшивую» (525). Тем не менее, этот приговор допускает послабления и исключения: «Ведь есть же в Германии поэты. Плохонькие, местные — но все-таки не мясники» (518). В той степени, в какой немецкая литература демонстрирует бесперспективность и катастрофизм Веймарского режима в его позднем развитии, она берется в расчет Набоковым при вписывании «Дара» в художественный контекст. В Пятой главе таким сопряженным с «Даром» произведением актуальной немецкой словесности выступает роман Ганса Фаллады «Маленький человек — что дальше?» («Kleiner Mann — was nun?», 1932), в свое время сенсационный. Равнодушный как к нацизму, так и к коммунизму, герой этого текста Йоханнес Пиннеберг втянут в иную, чем кипящую вокруг него партийно-политическая, схватку — в дарвинистскую борьбу за существование, в которой он терпит поражение, став безработным и не зная, как прокормить жену и недавно родившегося ребенка. Роман Фаллады кажется на первый взгляд не более чем идейно бедным воспроизведением повседневности, типичной для конца Веймарской республики, но при пристальном рассмотрении обнаруживает далеко не тривиальный концептуальный каркас, скрытый за вязнущим в мелочах быта фактографическим повествованием. Фаллада сталкивает два модуса существования за гранью общества — без социального костюмирования. Пиннеберг и его друг Хайльбутт служат продавцами в принадлежащем Манделю магазине готового платья. Если Пиннеберг обрекается, говоря словами Джорджо Агамбена, на «голую жизнь» в роли пациенса, переставая в силу обстоятельств, по причине растущей безработицы, быть тем, чей труд предоставляет людям возможность войти в социальный образ, отвечающий моде, то Хайльбутт оказывается уволенным из торгового дома Манделя, потому что бросает вызов обществу, фотографируясь обнаженным с дротиком («Ger») в руке и давая разрешение на публикацию этих изображений (в финале романа он сам делается издателем журнала, о котором неизвестно, пропаганда ли то натуральности или средство, возбуждающее плотские желания). Федор Константинович, чья «похабно-спортивная нагота» (516) оскорбляет выдуманного им Кончеева и чьи деньги становятся добычей вора, объединяет в себе обоих персонажей Фаллады. Пиннеберга снабжает деньгами, необходимыми, чтобы погасить задолженность по квартплате, почти сказочный помощник, сожитель его матери Хольгер Яхманн — Федора Константиновича спасает из такого же затруднительного положения Зина. Полицейские прогоняют опустившегося Пиннеберга с берлинской улицы, которая запретна и для обворованного героя Набокова. С кивком на промысел, которым был занят Хайльбутт, Набоков заставляет Годунова-Чердынцева сравнивать себя, еще не тронутого загаром, «зимнего», с «бледным снимком», а себя же «летнего» — с сошедшим оттуда «бронзовым, преувеличенным подобием» фотопортрета (508). Конечно же, «брошюрка нюдистов» (там же), сочувственно упомянутая восхваляющим наготу Федором Константиновичем, могла быть книгой Ганса Сурена «Человек и солнце» (1925), как это предположил Долинин[28], или каким-то аналогичным изданием идеологов натуризма, но ведь и роман Фаллады знакомит своих читателей с собранием союза, участники которого (среди них и Хайльбутт) практикуют культуру свободного тела (Freikörperkultur). Неопределенность «брошюрки» пускает читателя сразу по множеству интертекстуальных следов. Первый сигнал, оповещающий о релевантности «Маленького человека…» для «Дара», дается Набоковым в тот момент, когда Федор Константинович еще только начинает углубляться в Груневальдскую чащу, на краю которой «сидит, протянув страшные босые ноги, в одном белье женщина и штопает чулок, а около нее возится младенец, с почерневшими от пыли пашками» (506). Штопкой зарабатывает на жизнь себе и ребенку жена Пиннеберга после того, как тот теряет место продавца.

---

28 См. его комментарий к роману (Набоков, *Собрание сочинений русского периода*, 4: 765).

И в Веймарской Германии, и в большевистской России общество, согласно Годунову-Чердынцеву, милитаризовано, одержимо внутренней распрей; социального мира нет ни там («…из тумана какой-то скучнейшей демократической мокроты <...> торчат все те же сапоги и каска» [525]), ни здесь (воображение Федора Константиновича, переносящее его на родину, рисует «долгополых солдат» [533]). Пятая глава предупреждает об опасности — о продолжаемости так и не утихшей Первой мировой войны. Федор Константинович посещает «первобытный рай» в годовщину последнего дня перед началом великой битвы народов. 28-е июня не только день рождения Руссо, но и, что много важнее для понимания «Дара», дата покушения Гаврилы Принципа на австрийского престолонаследника Франца Фердинанда (сербская тема, словно невзначай, дважды выводится в Пятой главе наружу: почтальон приносит Щеголеву «белградскую газетку „За Царя и Церковь“» (531); над «мрачной процессией» немецких коммунистов веет знамя «с русской надписью „За Серб и Молт!“» [533]). Переезд Федора Константиновича с Танненбергской улицы, название которой подразумевает, как известно, разгром русских войск в Восточной Пруссии в 1914 году[29], на Агамемнонштрассе, откуда он попадает в Груневальд, прочерчивает исторический путь от первых сражений Мировой войны к тому ее результату, каким стала гибель царского режима. Ибо: придумывая имя улицы, с которой Годунов-Чердынцев рано утром (что подчеркивается в романе) отправляется плавать в озере («…он плавал долго, полчаса, пять часов, сутки, неделю, другую» [511]), Набоков, скорее всего, имел в виду стихотворение Николая Гумилева (из сборника «Жемчуга») «Воин Агамемнона» (1909), перетолковывая этот текст не без язвительнейшей иронии — ясной, если принять во внимание, что «позор» жизни без монарха в источнике оборачивается в Пятой главе прогулкой голого *Годунова* (переведенного на язык русской истории андерсеновского голого короля) по людным городским местам: «Что я? Обломок старинных обид, / Дротик, упавший в траву, / Умер водитель народов Атрид, / Я же, ничтожный, живу. // *Манит прозрачность глубоких озер*, / Смотрит с укором *заря*, / Тягостен, тягостен этот *позор*, / *Жить, потерявши царя*»[30].

29 Там же, 4: 639–640.

30 Н.С. Гумилев, *Полное собрание сочинений в 10 томах* (М.: Воскресенье, 1998), 1: 223. Автор благодарен Надежде Григорьевой и Александру Долинину за помощь в работе.

ORGANICITY
From the History of a Discourse

GALIN TIHANOV

(London)

The purpose of this brief paper in honor of Professor Zholkovsky is to offer a historical perspective on the discourse of organicity in Russia, with a particular emphasis on the time between 1917 and Stalin's death in 1953. As part of this task, I consider closely the fortunes of two sub-discourses (of romanticism and the romantic) and their significance for Soviet ideological life. Importantly, these two sub-discourses would sometimes undermine (rather than enhance) the master narrative of organicity; organicity and the romantic are thus not always the synonymic discourses one would expect them to be.

Methodologically, the discourse of organicity is far from simple. Carl Schmitt demonstrates in a 1960 article[1] that there are at least seven different meanings to be discerned under the umbrella notion of organicity. According to Schmitt, organicity is:

1. not mechanic: in this sense, "organic" implies the rejection of an instrumental idea of, and attitude to, culture, the state, and so on;
2. not from outside: in this sense, "organic" implies that culture and the state are embodiments of a deep-seated immanence;

1 Carl Schmitt, "Der Gegensatz von Gemeinschaft und Gesellschaft als Beispiel einer zweigliedrigen Unterscheidung: Betrachtungen zur Struktur und zum Schicksal solcher Antithesen," in *Estudios Juridico-Sociales: Homenaje al Profesor Luis Legaz y Lacambra* (Santiago de Compostela: Universidad de Santiago de Compostela, 1960), 1:165–76.

3. not from above: in this sense, "organic" implies that culture and the state are the product of the common will of all; the rule of governments as opposed to the grass-roots work of the nation seen as a huge cooperative;
4. not through force: in this sense, "organic" implies a preference for evolution over revolution;
5. not atomistic or individualistic: in this sense, "organic" implies that the collective is more important than the individual;
6. as corollary of this principle, not particularistic: in this sense, "organic" implies the ultimate supremacy of the whole over any of the parts;
7. "organic" as the opposite to everything active and conscious.

If we cast a look at the origins of the modern discourse of organicity in Russia, we will find that at the point of origin—the work of the Slavophiles—these different meanings are all available, sometimes implied, sometimes in an explicit way. After 1917, however, the discourse of *romantika* departs in a very significant way from this paradigm. The post-1917 discussions and appropriations of romanticism and the romantic should be understood as a manifestation of a larger European "post-romantic syndrome"; as such, they demonstrably deviate from some of the claims that the nineteenth-century discourse of organicity had made (while preserving at the same time some of its other aspects in a transformed fashion and working as an ideological myth). Historically, there is a clearly identifiable dynamic to this process: the initial phase, roughly from the early 1920s until circa 1934 (largely hostile to the discourse of organicity, following the rampant celebration of the will of the proletariat as an all-important factor in the revolutionary transformation of society in the years around the October Revolution and the civil war) differed significantly from a subsequent stage (after 1934) of complex negotiation and remobilization of that discourse.

In Russia, the post-1917 age called into being a state-sponsored stream of "revolutionary romantic" (*revoliutsionnaia romantika*) that was more than a mere artistic current and stood for an entire worldview and a broader life-attitude. The resurrection of the Romantic legacy at various points of the twentieth century was the inevitable result—and outward manifestation—of Russia's complicated dealings with modernity. The Russian case displays the complex dynamics of first officially encouraging

Romanticism and then negating it as the unproductive, even disruptive and pernicious, "Other" of the revolutionary process. The former of these two strategies flew in the face of nineteenth-century notions of organicity; the latter exhibited a complex negotiation of the collectivist principle embedded in the discourse of organicity. After 1936, the romantic, as I demonstrate briefly below, vanished from the surface of Soviet culture and ideology; subterraneously, however, its resources were mobilized to send across the message of a homogenous society that hailed the victory of socialism in one country and worked for its perpetuation.

In the first half of the 1920s, the "revolutionary romantic" was regime-assertive, designed to affirm, if only obliquely, the radical reforms initiated by the revolution and, above all, to glorify its sublimity. This line survived into the mid-1920s when enthusiasm for the revolution was increasingly ousted by the new sobriety of the NEP. Toward the end of the NEP, the ideologues of modernization began to see romanticism as an impeding rather than a facilitating cultural force. Old misgivings were revived: in the 1850s and the 1860s, Romanticism had been criticized as irrelevant, contemplative, and vacant. Bazarov in Ivan Turgenev's *Ottsy i deti* uses the term to express his contempt for superfluous tradition; in Chernyshevsky's novel *Chto delat'?*, romanticism is dismissed as frail, insubstantial, and inconsequential. These criticisms of romanticism could often be heard later on in Germany as well, notably in Carl Schmitt's attack on the emptiness and vagueness of Romantic subjectivism.[2] At the beginning of 1927, the arguments of the main opponent of Romanticism, the writers of the Revolutionary Association of Proletarian Writers (RAPP), took up and modified this line: they accused those writing in the vein of poet Sergei Esenin of being insufficiently modern, in giving themselves over to the primitivism and organicity of village life, thus putting a spoke in the wheel of modernization. The ultimate purpose of the Proletarian Writers was the "derustication" of their rustic colleagues (*raskrest'ianivanie krest'ianskikh pisatelei*). The attack extended to include non-Russian writers of the past who were seen as idealist, if not idle. Thus in 1929 Alexander Fadeev made a speech later published under the (today) rather embarrassing title "*Doloi Shillera!*" (compare this with the radically different attitude to Friedrich Schiller and the other German classics in

2 See Carl Schmitt, *Political Romanticism*, trans. Guy Oakes (Cambridge, MA: MIT Press, 1986).

the mid-1930s, in the context of attempts to build a united anti-fascist front).

Any successful defense of romanticism at the time had to refer to its efficiency and usefulness for the processes of modernization. In a move that was as much tactical as it was substantive, Maxim Gorky split romanticism into a passive variety that was, yes, admittedly contemplative, out-of-touch, and irrelevant—but he also carved out a domain for what he called "active romanticism," a romanticism that cultivates the human will and keeps alive the critical sense of reality that must position the new Soviet person above the banality of the everyday. (One cannot fail to notice the fact that Gorky's initial distinction between "active" and "passive" romanticism is the palimpsest beneath Georg Lukács's later influential split of romanticism into "progressive" and "reactionary".) Romanticism was thus for Gorky a cultural ally that supported an enduring sense of dissatisfaction with the sheer banality of reality; it acted as a guarantee that the heroic spirit of the revolution would be kept permanently alive.[3]

All this led to a rehabilitation of revolutionary romanticism in the run-up to the First All-Union Congress of Soviet Writers in 1934. Following the time from the mid-1920s until about the early 1930s when romanticism was looked at with suspicion as an enemy of modernization, Gorky, in a number of meetings with Stalin and other writers in 1932, insisted that romanticism was vital to the Soviet project and, in the literary domain, represented no less than a "pseudonym" for the method of Socialist Realism. In the official documents of the Congress, however, the idea of romanticism as a creative method interchangeable and on equal footing with Socialist Realism suffered a severe setback. Here romanticism was demoted from a method of conceiving and depicting reality to a mere stylistic variety; it was seen as no more than a constituent element of Socialist Realism—rather than as another, equally valid version of it. This trend intensified with the adoption of the new constitution in 1936, which proclaimed the success of Stalin's vision of socialism in one country. Romanticism now began to recede into the background of Soviet culture, where it remained until Stalin's death, for it carried the unacceptable

3 I draw this useful survey of the changing fortunes of romanticism in the 1920s and up to 1934 from Michel Niqueux's most informative article "Revoliutsionnaia romantika," in *Sotsrealisticheskii kanon*, ed. Hans Günther and Evgeny Dobrenko (St. Petersburg: Akademicheskii proekt, 2000), 472–80.

implications of constant yearning, of dis-identification with reality as it was, and thus of protest and subversion. After 1934, we witness a process of domestication of the romantic, of trying to purge its activist energies and reduce it to a subservient element in the discourse of organicity (the acceptance of social evolution and the privileging of a collectivist notion of homogeneity). Yet beneath the surface, in the Soviet circumstances after the mid-1930s, one observes a highly intriguing manifestation of the larger "post-romantic syndrome" referred to above, which was not confined to Soviet Russia.[4] Significantly, this phenomenon takes place at a critical juncture in the process of modernization when the intensification of collectivization and the ensuing divisions within society had to be mastered by unprecedented inner terror. Similarly, the processes of heavy and accelerated industrialization, as well as the attempt to solve the national problem by force, both called for a strategy of papering over the profound differences in what was essentially a multinational, multicultural society. Stalin's ideological platform in the years after 1936 amounted to a return to the resources of romanticism, while remaining on the surface critical of it. The focused and very vocal promotion of the doctrine of *narodnost'*—that is, the supposed uniqueness and unity of the Russian nation—harkened back to Ivan Kireevsky's key 1852 essay on the nature of Enlightenment in Europe (the West) and Russia. Kireevsky, as is well known, had asserted the alleged advantages of Russia over the West that sprang from: (a) the purity of Russian Christian lore (unpoisoned by the divisions the Western Church had experienced after the great schism); and (b) the social harmony and homogeneity of Russian collectivism. It was this insistence on social homogeneity that drove forward the agenda of *narodnost'* after 1936. Organicity was once again in fashion. Vulgar materialism was rejected as too sociological, too causal, and too mechanistic; folklore was revitalized and generously sponsored; some of the best minds in Russian cultural and literary theory were involved during the 1930s in discussions on the essence of folklore designed to demonstrate that it was not a disappearing cultural form destined to vanish under the ruthless boot of industrialization. Deep down, the revival of folklore and the reawakening of Soviet folkloristics in the 1930s was a sign of reaction to the crisis of modernization that prescribed the placebo of premodern cultural and social forms.

4 For more on this, see Galin Tihanov, "The Post-Romantic Syndrome: Reflections on Work, Wealth, and Trade from Adam Müller to Ernst Jünger," *Primerjalna književnost* 39, no. 3 (2016): 43–58.

Mikhail Bakhtin, so it seems to me, did not remain entirely unaffected by this new current in the 1930s, as one can gather from the ideologically controversial messages of his book on Rabelais.[5]

We thus see how the discourse of organicity, worked out in the 1830s to 1850s mostly by the Slavophiles, underwent a number of ideological transformations in the period 1917 to 1953, from initial negation to restoration and subtle manipulation from about 1934 onward, always in complex symbiosis with the discourses of romanticism and the romantic.

5 For more on the revival of folklore and Bakhtin's position in the Soviet debates on folk culture, see Galin Tihanov, "Framing Semantic Paleontology: The 1930s and Beyond," *Russian Literature* 72, nos. 3–4 (2012): 36–84; and Tihanov's sections on Bakhtin in Katerina Clark and Galin Tihanov, "Soviet Literary Theory in the 1930s: Battles over Genre and the Boundaries of Modernity," in *A History of Russian Literary Theory and Criticism: The Soviet Age and Beyond*, ed. Evgeny Dobrenko and Galin Tihanov (Pittsburgh, PA: University of Pittsburgh Press, 2011), 109–43 and 346–55.

ИЗ ГОГОЛЕВСКОЙ АНТРОПОНИМИКИ

BORIS USPENSKY
(Moscow / Naples)

Мы привели потому это, чтобы читатель мог сам
видеть, что это случилось совершенно по необходимости и
другого имени было дать никак невозможно.
«Шинель»[1]

Собственные имена у Гоголя насыщены ассоциациями — подчас явными, иногда же, напротив, скрытыми. Имена персонажей могут казаться случайными, немотивированными (например: *Артемий Филиппович Земляника* в «Ревизоре», *Иван Павлович Яичница* в «Женитьбе»)[2]; в других же случаях мотивировка кажется совершенно очевидной и не нуждается в комментарии (учитель *Деепричастие* в «Иване Федоровиче Шпоньке», полицейский *Держиморда* в «Ревизоре», казак *Свербыгуз* в «Ночи перед Рождеством», богослов *Халява* в «Вие»). Есть, однако, более сложные случаи, когда возможны разные объяснения одного и того же имени, причем так или иначе они могут, по-видимому, учитываться автором.

Так, например, в «Ночи перед Рождеством» ведьму зовут *Солоха*. Это может быть сокращенная (гипокористическая) форма

1 Н.В. Гоголь, *Полное собрание сочинений* [М. — Л.: Изд-во АН СССР, 1937–1952], III: 143 (далее — *ПСС*).

2 Лишь в редких случаях такого рода фамилии обыгрываются в тексте. Ср.: «Ж е в а к и н. <…> с кем-с имею счастье изъясняться? || И в а н П а в л о в и ч. В должности экзекутора, Иван Павлович Яичница. || «Ж е в а к и н *(не дослышав)*. Да, я тоже перекусил» («Женитьба», явл. XVI; Гоголь, *ПСС*, V: 28–29); и далее следует рассуждение о том, какие странные бывают фамилии.

имени *Соломония / Соломонида*; память св. Соломонии отмечается 1 августа и 16 декабря. Вместе с тем в польском языке *sołocha* в свое время означало ‘ведьма’[3], ср. также рус. диалектное *солоха* ‘русалка’[4]. Скорее всего, оба объяснения одинаково верны, т.е. это имя имеет двойную мотивировку. Гоголь, вероятно, исходил именно из последнего, мифологического значения (*солоха* ‘ведьма’), но читатель, незнакомый с подобным значением, должен был воспринимать имя *Солоха* как производное от *Соломония / Соломонида*. Кажется, что такого рода эффект мог быть предусмотрен автором[5].

Вместе с богословом Халявой (о котором мы уже упоминали выше) в «Вие» фигурируют философ *Хома Брут* и ритор *Тиберий Горобець*. Имени *Тиберий* нет в святцах, но *Тиберий* и *Брут* очевидным образом связаны общими ассоциациями; определения *философ* и *ритор* поддерживают эти ассоциации[6]. *Горобець* — несомненно, фамилия, которая вообще встречается у Гоголя (ср. *есаул Горобець* «Страшной мести»). В сочетании с фамилией имя *Тиберий* естественно ассоциируется с именами на *-ий* церковного календаря (такими, как *Патрикий*, *Тивуртий*, *Тертий* и т.п.).

---

3 См.: A. Brückner, “Etymologische Glossen”, *Zeitschrift für vergleichende Sprachforschung auf dem Gebiete der indogermanischen Sprachen* XLIII.4 (1910): 304. Неточно у Фасмера, который говорит о украинском языке (см.: Макс Фасмер, *Этимологический словарь русского языка*, пер. с нем. и дополнения О. Н. Трубачева [М.: Прогресс, 1971], III: 714). В польских источниках XVII в. так называют колдунью Соломонию, которая была в войсках Богдана Хмельницкого; слово *sołocha* при этом становится именем нарицательным. См.: А.В. Пигин, *Из истории русской демонологии XVII века. Повесть о бесноватой жене Соломонии: Исследование и тексты* (СПб.: Дмитрий Буланин — Köln [etc.]: Böhlau, 1998).

4 Владимир Даль, *Толковый словарь живого великорусского языка*, 3-е, испр. и значительно доп. изд. под ред. И.А. Бодуэна-де-Куртенэ (СПб. — М.: М.О. Вольф, 1907), III: стлб. 382; *Словарь русских народных говоров* (СПб.: Наука, 2005), XXXIX: 305. Ср. прозвище *Солох* в Древней Руси: «Севастьяникъ Солохъ, крестьянинъ», 1495 г.; «Аникейко Солохъ, крестьянинъ», 1649 г. (Н.М. Тупиков, *Словарь древнерусских собственных имен* [СПб.: тип. И.Н. Скороходова, 1903], 424).

5 В наброске «Имена, даваемые при крещении» (из «Книги всякой всячины, или Подручной энциклопедии»), где приводятся украинские народные формы христианских имен, Гоголь записывает соответствие: *Соло́ха — Соломонида* (Гоголь, *ПСС*, IX: 513).

6 Ср. вообще имена с античными коннотациями у Гоголя: *Пифагор Пифагорович Чертокуцкий* в «Коляске», *Фемистоклюс* и *Алкид* в «Мертвых душах» (дети Манилова). Имя *Фемистоклюс* отражает псевдо-латинское гиперкорректное произношение (ср. греч. Θεμιστοκλῆς, лат. Themistocles).

Можно предположить, что Гоголь рассчитывал на такое именно восприятие; иначе говоря, он рассчитывал, видимо, на эффект антропонимической инерции у читателя.

Нечто подобное может быть усмотрено в наименовании *Солопий Черевик* в «Сорочинской ярмарке». Это наименование предстает как сочетание (личного) имени и прозвища. Ср. слова Грицька в «Сорочинской ярмарке» (гл. 3): «Если хочешь, *и имя, и прозвище*, и всякую всячину расскажу: тебя зовут *Солопий Черевик*»[7]. И в другом случае мы встречаем у Гоголя имя *Солопий* в сочетании с прозвищем или фамилией: в повести «Страшный кабан» (того же времени, что и «Сорочинская ярмарка») упоминается мельник *Солопий Чубко*[8].

В сочетании с прозвищем (фамилией) ожидается личное имя христианского происхождения. Именно так и воспринимается имя *Солопий*: окончание *-ий* типично для мужских христианских имен. Церковные имена на *-ий* соответствующие греческим формам на -ιος (такие, как *Савватий, Евстратий, Панкратий* и т.п.), имеют обычно — как в украинской, так и в поздней (со второй половины XVII века) русской традиции — ударение на предпоследнем слоге (в исходной форме именительного падежа)[9]. Таким образом, мы должны предполагать произношение *Соло́пий*; так собственно это имя и произносится современными чтецами и актерами.

Итак, *Солопий* воспринимается как крестильное (календарное) имя. Такое восприятие, по-видимому, входило в авторский замысел.

Между тем имени *Солопий* в святцах нет. Представляется, что и в данном случае (так же, как и в случае с именем *Солоха*), определяя читательское восприятие, Гоголь мог исходить из каких-то, может быть, неявных для читателя, но актуальных для него самого ассоциаций.

Украинское слово *солопíй* означает ‘ротозей, раззява’[10], и мы могли бы предположить, что именно это слово и послужило

---

7 Гоголь, *ПСС*, I: 118 (курсив мой. — *Б.У.*).

8 Ср. прозвище (или фамилию) *Чуб* у одного из героев «Ночи перед Рождеством»: казак *Чуб*.

9 См. И.И. Огиенко, *Об ударении в собственных именах исторических лиц, писателей, деятелей и т.п.* (Киев: И.И. Самоненко, 1912), 20–21; Б.А. Успенский, *Из истории русских канонических имен (История ударения в канонических именах собственных в их отношении к русским литературным и разговорным формам)* (М.: Изд-во Московского ун-та, 1969), 61–78.

10 Отсюда *солопíти* ‘дивитися на кого-небудь, широко розкрывши очі, безтямно’.

отправным пунктом для Гоголя. При этом слово *солопíй* (имя нарицательное) произносится с ударением на последнем слоге. Это имя встречается в рифмованной басне («казке-байке»), написанной шестистопным ямбом, П.П. Гулак-Артемовского «Солопій та Хівря, або Горох при дорозі», опубликованной в «Украинском вестнике» (10 [1819]: 80), откуда, скорее всего, Гоголь и взял это имя: действительно, жену Солопия Черевика в «Сорочинской ярмарке» зовут именно Хивря, так же, как у Гулак-Артемовского. Судя по стихам, в этой басне предполагалось произношение *Солопíй*, с ударением на последнем слоге, т.е. собственное имя героя басни совпадало с нарицательным. Таким образом, у Гулак-Артемовского *Солопíй* выступает как прозвище; между тем у Гоголя имя *Солопий* появляется в сочетании с прозвищем *Черевик* и тем самым воспринимается не как прозвище, а как личное имя. Если Гоголь действительно взял это имя у Гулак-Артемовского, он его переосмыслил.

Мы не знаем, к сожалению, как произносил имя *Солопий* (имя персонажа «Сорочинской ярмарки») сам Гоголь. Но если он произносил его с ударением на предпоследнем слоге (как принято произносить сегодня), он мог исходить еще из одного ассоциативного ряда.

Слово *соло́пий* может трактоваться как прилагательное, производное от слова *солоп* 'membrum virile'. В сочетании *Солопий Черевик* оно выступает как определение к слову *черевик* 'сапог, башмак'. Таким образом, в основе этого сочетания лежит, можно думать, представление об обутом фаллосе.

Слово *солоп* надежно зарегистрированное в русской разговорной речи и в современной русской литературе[11], не отмечается в словарях[12]. Тем не менее, мы вправе предполагать его древнее происхождение. В самом деле, этимологически и семантически оно может быть связано с древнерусским *ослоп* 'дубина, палка': исторически солоп и ослоп представляют собой формы одно и того же слова[13].

11 См. http://ruscorpora.ru (Национальный корпус русского языка, 2004–...).

12 Ср. относительно нередкую фамилию *Солопов*. Эта фамилия зафиксирована уже в XVI веке: «Андрей Наумов Солопов, холоп», 1545 г. (С.Б. Веселовский, *Ономастикон: Древнерусские имена, прозвища и фамилии* [М.: Наука, 1974], 296).

13 Семантическая соотнесенность этих слов отразилась, например, в выражении *кинуть палку* 'futuere'.

Как в имени *Солоха*, так и в имени *Солопий* у Гоголя имеет место двойная мотивировка имени. В обоих случаях разные интерпретации одной и той же формы не исключают друг друга, создавая своего рода явление контрапункта.

В заключение остановимся на имени чичиковского кучера в «Мертвых душах» — *Селифан*. Это имя, кажется, не несет особых ассоциаций у современного читателя, разве что оно может восприниматься им как архаичное, вышедшее из употребления. Между тем ранее, по-видимому, дело обстояло иначе. В Житии Иосифа Волоцкого, написанном Саввой Черным, рассказывается о иноке Виссарионе, которого братия *за простоту* прозвала *Селифаном*:

> …бѣ нѣкїи инокъ ѿ простыа чади, именемъ Виссарїонъ, и вида егѡ братїа внѣшнюю простоту, нарекоша его Селифономъ: простъ бо бѣше внѣшнимъ, внутрь же имѣа чистоту и цѣломудрїе ѿ чрева матере своеа.[14]

Во избежание недоразумения необходимо подчеркнуть, что *Селифан* не является мирским (светским) именем инока Виссариона: это его иноческое прозвище — вместо того, чтобы звать его *Виссарионом*, монастырская братия называет его *Селифаном. Селифан* — гиперкорректная форма имени *Селиван*[15]; в свою очередь, *Селиван* представляет собой просторечную форму имени *Силуян*. Таким образом, имя *Селифан* (в отличие от имени *Виссарион*) причудливым образом сочетает в себе элементы гиперкоррекции и просторечия; возможно, Гоголь имел в виду сочетание этих нюансов, наделяя в «Мертвых душах» именем *Селифан* своего героя.

---

14 "Житие преподобного Иосифа Волоколамского, составленное Саввою, епископом Крутицким", подготовил К.И. Невоструев, *Чтения в Обществе любителей духовного просвещения* 2 (1865): 27.

15 Гиперкорректным является оглушение согласного [v] в интервокальной позиции. Не исключено, что форма *Селифан* возникла по аналогии с *Митрофан*.

LA LEÇON D'ANATOMIE

Как царь Петр своих подданных от брезгливости не отучил[1]

ILYA VINITSKY
(Princeton)

I have never felt that the important thing is to find out the truth about the past. Rather, it is to find out what is real rather than what is true.
Hayden White, "Aim of Interpretation"[2]

Анекдот довольно не чист, но рисует обычаи Петра.
А.С. Пушкин, "Table Talk"[3]

В прошлом году я имел удовольствие послушать лекцию профессора А.К. Жолковского, посвященную известной истории о параноидальной реакции Сталина на триумфальное выступление Анны Ахматовой в 1946 году. Согласно Александру Константиновичу, слова вождя народов «Кто организовал вставание?», ставшие «ярким мемом», являются апокрифом, сочиненным самой Анной Андреевной «по мотивам» одной из сцен шекспировского «Макбета». Версия Жолковского показалась мне парадоксальной и стимулирующей.

---

1 Автор выражает благодарность Кириллу Осповату, Кэрил Эмерсон и Майклу Гордину за полезные советы и замечания.
2 Hayden White, *Metahistory: The Historical Imagination in Nineteenth-Century Europe* (Baltimore: Johns Hopkins Univ. Press, 2014), XIII.
3 А.С. Пушкин, *Полное собрание сочинений* (М. — Л.: Изд-во АН СССР, 1937—1949), 12: 157.

Вообще анекдоты о словах и поступках тиранов — жанр древний и крайне интересный для исследователя. Имеют ли эти анекдоты фактическую основу? (Понятно, что в абсолютном большинстве случаев это определить невозможно да и не нужно, — но все-таки хочется). Из какого материала, в каком идеологическом, политическом или эстетическом контексте эти истории кристаллизуются? Кем они создаются (если создаются) и как и почему распространяются-возвращаются? Как они интерпретируются разными авторами? О чем говорят в разные исторические периоды и почему им так часто доверяют не только «поэты», занимающиеся, по Аристотелю, тем, что «могло бы случиться», но и «историки», опирающиеся на то, «что было на самом деле». Предлагаемая работа представляет собой попытку такого рода исследования.

1

Есть очень известный исторический анекдот о царе Петре, который посетил в Лейдене анатомический кабинет знаменитого доктора Германа Боергава (Бургаве, Бурхаве, Boerhaave, 1668–1738) и, прослушав его лекцию, заставил свою брезгливую и суеверную свиту разгрызать зубами сухожилия трупа в качестве просветительского урока. Я этот ультра-натуралистический (некрофилический) анекдот часто студентам привожу в пример цивилизаторских усилий царя (насильственная секуляризация традиционных для московской теократии представлений о человеческом теле и лютая борьба с любой — даже физиологически мотивированной — оппозицией), но недавно задумался о его исторической достоверности и происхождении. Перед тем как подойти к решению этой проблемы, я задумал устроить маленький социологический опрос и обратился к своим коллегам — известным историкам и литературоведам, российским и американским, — с наивным (с научной точки зрения) вопросом: *кажется* ли вам этот жутковатый рассказ исторически достоверным или вымышленным? Приведу ниже ответы моих уважаемых респондентов:

1. Безусловно! Так и было. Петр был не просто дик и жесток, но любил еще и экспериментировать над своими подданными

и унижать их. Вспомните у Корба: почувствовал боярин Головин врожденное отвращение к салату и уксусу, так Петр его повелел схватить и собственноручно стал наполнять ему ноздри и рот салатом и уксусом до тех пор, пока несчастный не закашлялся так, что у него пошла кровь из носа.

2. Инстинктивно не верю, но это, может быть, потому что я продукт последовавшего уже после «просвещения». Конечно, у этого мифа две стороны: просвещенность и дикость, меня всегда больше привлекала просвещенность.
3. I think he could have done this. He was a weird, gross guy. But in the end, fact and legend are so intertwined with this figure, that it is impossible to sort them out fully one from another.
4. I remain somewhat uncertain in my judgment of the story, and am inclined to disbelieve it, because of its foreign local, which might have made Peter show some constraint, and the punishment particularly brutal even from his point of view. On the other hand, I could be convinced otherwise if there is credible evidence to its factuality.
5. I have no reliable sense of whether the Peter story seems plausible. It fits perfectly every image I have of him, but then those images are themselves cultural constructs. I'll be curious to hear what your other colleagues think!
6. I would have found it plausible. (Not least b/c of the era: positivism and science, à la Kuntskamera and Slezkine's article on the Petrine era).
7. I've heard this werewolfish-vampiric Pelevin-like tale before, usually documented as a "rumor," and personally I do not believe it. Terror and Greatness, yes, and for all that Russian tyrants, like Shakespearean kings, authenticate themselves by traumatizing their subjects — there is a sense in which this grossly materialistic tsarist representative of the Russian Enlightenment might have dreamed of it — but the experiment could have poisoned his courtiers. And it seems more like an episode that others dreamed up about him. But I have no facts either way […]
8. I have assumed this was true […]. Peter was also known for practicing dentistry on his courtiers (pulling out teeth) […]. But the story seems consistent with Peter's penchant for trying to shock people out of the old ways and "superstitions".

Мнения респондентов разделились на две почти равные группы, причем, хочу заметить, вне зависимости от того, является ли отвечающий литературоведом или историком: *да*, потому что такой поступок вполне в характере Петра (любопытство, дикость, презрение к подданным, ненависть к суевериям, садизм) и в духе его преобразований и времени; *нет*, потому что детали этого рассказа представляются весьма сомнительными (иностранцы бы не позволили, спутники отравились бы после такого эксперимента, да и вообще такое изуверство неслыхано даже для этого далеко не доброго монарха) или подозрительно литературными (ассоциация с шекспировскими тиранами). Ответы коллег не только выявляют риторическую природу этой истории, но и «драматизируют» ее прочтение исследователем. Перед нами оказывается фантастический (в значении, которое приписывал этому термину Цветан Тодоров) рассказ: мы колеблемся между признанием его реальности или сказочности. Такое сомнение, как мне кажется, придает этому рассказу не только герменевтическую, но и эстетическую привлекательность. Как заметил один из моих респондентов, «it seems more like an episode that others dreamed up about him [Петр]».

Между тем вопрос о фактической достоверности этой исторической фантазии в принципе решаем. В конце концов, в отличие от бечисленных анекдотов о тиранах далекого прошлого, герой этого рассказа жил в исторически документируемое время. Если что-то было, то какие-то следы должны остаться.

2

История этой истории в русском и западно-европейском контексте представляется мне крайне любопытной и поучительной.

В 1862 году этот анекдот, со ссылкой на неназванный источник («известие»), привел в своей книге «Наука и литература в России при Петре Великом» П.П. Пекарский:

> Бывши в Лейдене, Петр не преминул посетить другую медицинскую знаменитость того времени, доктора Бэргавена (Boerhaven), и осматривал также анатомический театр. Сохранилось известие, что там царь долго оставался перед трупом, у которого мускулы

> были раскрыты для насыщения их терпентином. Петр, заметив при том отвращение в некоторых из своих русских спутников, заставлял их разрывать мускулы трупа зубами[4].

Историю подхватил и «препарировал», в соответствии со своими убеждениями, Дмитрий Писарев в рецензии на книгу Пекарского, озаглавленной «Бедная русская мысль» и опубликованной в «Русском слове»[5]. Потом ее включил в свои лекции и «Историю» Сергей Соловьев (со ссылкой на Пекарского)[6]. Затем ее популяризировал Василий Ключевский, поместив в свой образцовый «исторический портрет» Петра[7]. Неудивительно, что этот колоритный анекдот привлек к себе внимание авторов исторических романов и повестей — Даниила Мордовцева («Похороны», 1885), Дмитрия Мережковского («Петр и Алексей», 1903), Александра Аросева («Записки Терентия Забитого», 1922), Алексея Толстого («Петр Первый», 1929–1943) и Даниила Гранина («Вечера с Петром Велким», 1996). Эту историю (со ссылкой на только что вышедший том Соловьева) упоминал в материалах к задуманному роману о Петре Лев Толстой[8]. Она часто включается в работы о петровской эпохе современных российских и западных ученых. В наше время эта история добралась до газет и популярных журналов (в одной из публикаций Петр сам зубами труп рвал, в другой — «криками и пиками» заставлял приближенных рвать жилы у трупа зубами).

Воспринятая как факт петровской биографии, эта история стала объектом культурно-семиотического осмысления. Виктор Живов интерпретирует жестокий петровский приказ как своеобразную инициацию, через которую царь решил провести своих суеверных и

---

4 П.П. Пекарский, *Наука и литература в России при Петре Великом* I (СПб.: В тип. товарищества «Общественная польза», 1862), 10.

5 «На анекдоте, приведенном в книге г. Пекарского, не стоило бы останавливаться, если бы в этом анекдоте не выражались самым рельефным образом типическия черты благодетельных преобразований великого Петра» (Д. Писарев, "Бедная русская мысль. (Наука и литература в России при Петре Великом, исследование П. Пекарского)", *Русское слово* 5 [1862]: 62).

6 С.М. Соловьев, *Сочинения в 18 книгах* (М.: Мысль, 1991), 8: 536.

7 В.О. Ключевский, *Русская история. Полный курс лекций в двух книгах* (М.: Олма-Пресс, 2002), 2: 255.

8 Л.Н. Толстой, *Полное собрание сочинений* (М.: Гос. изд-во «Художественная литература», 1936), 17: 386.

непокорных спутников «для осознания ими необходимости усвоить европейские установления, нравятся они им или не нравятся»:

> Петр требовал от своих подданных преодолеть себя, демонстративно отступиться от обычаев отцов и дедов и принять европейские установления как обряды новой веры: понятно, что преодоление страха и отвращения были естественными компонентами ритуала инициации и анатомический театр прекрасно подходил для этой роли[9].

Страстный интерес Петра к анатомии и вивисекции хорошо известен[10]. Молодой царь восхищался удивительными экспонатами анатомического кабинета знаменитого Рюйша, слушал его лекции, присутствовал при операциях и пытался оперировать сам, очевидно, считая анатомирование (как и стоматологию) царским делом: прежде, чем излечить государство путем изъятия больных органов нужно понять, из чего вообще сделаны его подданные. Вообще к вивисекции и спиртованию Петр относился как к искусству, вызывавшему сильное

9 В.М. Живов, *Разыскания в области истории и предыстории русской культуры* (М.: ЯСК, 2002), 384.

10 См. у И.И. Голикова: «Сей Великий Государь по врожденному любопытству и по особливой склонности к наукам любил присутствовать при анатомических и хирургических операциях и будучи первый раз в Амстердаме нарочно сему искусству обучался, и первый он, который ввел сие в употребление в России. Любовь его к сей науке столь далеко простиралась, что он приказывал уведомлять себя, если в госпитале или где-нибудь в другом месте надлежало анатомить тело или делать какую-нибудь хирургическую операцию и когда только время позволяло, редко пропускал такой случай, чтоб не присутствовать при оном и часто даже сам помогал операциям. Со временем приобрел он в том столько навыку, что весьма искусно умел анатомить тело, пускать кровь, вырывать зубы и делал то с великою охотою, когда имел к сему удобный случай. Для сего носил он всегда в кармане <…> два ланцета и шнипер для кровопускания, анатомический ножик, пеликан и клещи для вырывания зубов, лопатка, ножницы, катетер и проч. для лекарей потребные инструменты» (И.И. Голиков, *Деяния Петра Великого, мудрого преобразителя России*, изд. 2-е [М.: тип. Н. Степанова, 1838], 8: 225). О голландских анатомических впечатлениях Петра см. М.А. Веневитинов, *Русские в Голландии: Великое посольство 1697–1698 г.* (М.: тип. и словолитня О.О. Гербека, 1897), 133–136; Luuc Kooijmans, *Death Defined: The Anatomy Lessons of Frederik Ruysch* (Boston: Brill, 2011). Об интересе Петра к анатомированию см. К.А. Богданов, *Врачи, пациенты, читатели: Патографические тексты русской культуры* (СПб.: Азбука-Аттикус, 2017), 34–64.

эстетическое переживание (так, сохранилось известие, что однажды он увидел у Рюйша «превосходно препарированный труп ребенка, который улыбался, как живой, не утерпел и поцеловал его»[11]). Много лет спустя Петр приобрел уникальную анатомическую коллекцию Рюйша для своей Кунсткамеры.

Согласно поденному «юрналу» Великого Посольства, лейденский анатомический театр Петр посетил по возвращению из Англии ранним утром 28 апреля (8 мая) 1698 года[12] и вечером того же дня (или на следующий день) устроил грандиозное пиршество по случаю святой недели (замечательная рифма с сеансом расчленения кадавра!), в котором участвовали те же самые волонтеры[13]. Но заставлял ли Петр Алексеевич в тот знаменательный день своих спутников-волонтеров (их было 16 человек)[14] грызть труп? Еще «строгий реалист» Писарев — человек эпохи Пирогова и Сеченова — удивлялся тому, что петровская свита не потравилась «от прикосновения гнилых соков к нежным тканям рта»[15] и не перемерла взамен полезного урока. Похоже, что сомневался в достоверности этой истории и библиограф А.С. Лацинский, пересказавший ее в статье о пребывании Петра в Голландии и Заандаме: «...заметив у некоторых из русских, сопровождавших его, брезгливость к представившейся им отталкивающей картине трупа со вскрытыми мускулами, Царь заставил их подойти ближе к трупу и перекусить зубами (??) несколько мускулов»[16]. Современные исследователи Д.Ю. и И.Д. Гузевичи считают, что часто встречающееся в научной литературе описание анатомических занятий, которые Петр якобы брал у Бургаве, «слишком смахивает на позднейший анекдот (скорее всего речь идет о разовом посещении театра)»[17].

---

11 Ключевский, *Русская история*, 2: 255.

12 «<…> проехали город Лейден и были в Академии и в Анатомии» (Н. Устрялов, *История царствования Петра Великого* (СПб.: В тип. II Отд-ния Собств. Е.И.В. Канцелярии, 1858), 3: 607.

13 Н.А. Бакланова, «Великое посольство за границей в 1697–1698 гг.», *Петр Великий* (М. — Л.: Изд-во АН СССР, 1947), 54.

14 Д. Гузевич, И. Гузевич, *Великое посольство* (СПб.: Феникс, 2003), 105.

15 Писарев, "Бедная русская мысль", 62.

16 А.С. Лацинский, "Петр Великий, Император России, в Голландии и в Заандаме в 1697 и 1717 гг.", *Русская старина* 3 (1916): 388.

17 Гузевич & Гузевич, *Великое посольство*, 63.

Далее я постараюсь доказать, что рассматриваемая история, кажущаяся многим специалистам достоверной или хотя бы вероятной (Жолковский бы сказал, что от нее исходит «аромат подлинности»), представляет собой несомненную фальшивку (от чего этот анекдот не становится менее интересным для исследователя) и установить, кто и зачем пустил ее в ход и какую роль играет она в петровском мифе.

3

Кто же сочинил или «организовал», говоря словами другого тирана, этот кажущийся вероятным исторический анекдот? Очевидно, что не Петр Петрович Пекарский. Несколько лет тому назад К.А. Богданов указал на то, что схожую с рассказанной Пекарским историю можно найти в брошюре голландца Яна Меермана (Johan Meerman), вышедшей по-французски и частично переведенной и проанализированной в книге М.А. Веневитинова «Русские в Голландии: Великое посольство 1797–1698 г.» (1897)[18]. Брошюра Меермана — активного сторонника Наполеона, графа Империи и сенатора — была напечатана в Париже в 1812 году[19]. Меерман отмечает, что Петр, заставив своих спутников разгрызать сухожилия трупа, посоветовал им никогда не подходить с предубеждением к тому, чего они не знают («…et leur conseilla de tâcher toujours de se rendre familiers avec les choses pour lesquelles ils pourroient avoir mal-à-propos de la répugnance»[20]). Заметим, что автор брошюры не указал на источник своей информации о посещении Петром анатомического кабинета Боергава. В 1814 году рассказ о петровском уроке анатомии

18 «Пожелав однако прежде осмотра растений посетить анатомический театр, царь долгое время с прикованным взглядом стоял над трупом с обнаженными и налитыми скипидаром мускулами. Увидев вдруг, что некоторые из его русских спутников почувствовали отвращение к такому противному предмету, он приказал каждому из них зубами оторвать по мускулу от этого мертваго тела и посоветовал им постараться приучить себя к таким вещам, которыя могли-бы совершенно некстати казаться им противными» (цит. по: Веневитинов, *Русские в Голландии*, 136).

19 Johan Meerman, *Discours sur le premier voyage de Pierre le Grand: principalement en Hollande* (Debure, 1812). Публикации предшествовала лекция Меермана в ученом собрании Гааги в 1812 году.

20 Ibid., 69.

привел, со ссылкой на Меермана, его соотечественник историк Якоб Штельтема в своих анекдотах о путешествии Петра Великого в Голландию и Заандам, вышедших по-голландски и во французском переводе[21].

Но и Меерман не был создателем этого анекдота. Более того, по всей видимости, он позаимствовал его не из отчественных голландских источников и преданий, а из французских исторических сочинений. Рассказ о лейденском уроке царя приводится во втором издании «Histoire de Russie et des Principales Nations» (1800) Шарля Левека (еще одно издание этого труда, содержащее интересующий нас анекдот, вышло в 1812 году). Приводится он Левеком как пример «férocité» русских и их отца нации[22]. В сноске, сопровождающей этот анекдот, говорится, что он восходит к историку Н.-Г. Леклерку, ссылавшемуся на Якоба фон Штелина (Staelin), который, в свою очередь, услышал эту историю от племянника знаменитого доктора Боергава[23].

В самом деле, в третьем томе «Histoire physique, morale, civile et politique de la Russie ancienne» Леклерка (1784) приведен рассказ об утреннем посещении Петром анатомического кабинета Боергава в Лейдене и уроке, данном царем его свите. Следует заметить, что этот анекдот был включен Леклерком в раздел историй о «слабостях» российского монарха, оттеняющих его высокие достоинства. Источником своей информации Леклерк (врач по профессии, состоявший одно время лейб-медиком вел. кн. Павла Петровича) действительно называет

---

21 J[acobus] Scheltema, *Anecdotes historiques sur Pierre-le-Grand et sur ses voyages en Hollande et à Zaandam, dans les années 1697 et 1717* (Lausanne: Marc Ducloux, 1842), 146.

22 «Un jour qu'il contemplait dans le cabinet anatomique de Boerhaave un cadavre préparé et humecté d esprit de thérébentine, l'odeur forte, où l'horreur du spectacle causa des nausées à quelques seigneurs de sa suite. Le Tsar, voulant qu'ils apprissent à vaincre cette aversion si naturelle, les força de mordre les muscles qui leur inspiraient tant de dégoût. C'est ainsi qu'incapable de conserver une juste modération même dans ses goûts les plus louables, il les porta jusqu'a un excès qui tenait de la férocité» (Pierre-Charles Levesque, *Histoire de Russie*, nouvelle édition [Hamburg et Brunswick: Pierre-François Fauche et compagnie, 1800], 5: 189). В первом издании «Истории» Левека (1785) этот рассказ отсутствовал.

23 «Cette anecdote, rapportée par Mr. Leclerc, faisait partie du recueil de Staelin, qui la tenait du neveu de Boerhaave. Il a cru dans la suite, pour l'honneur de son héros, devoir la retrancher du manuscrit destiné à l'impression: mais elle l'on paraît pu moins authentique» (Ibid., 5: 189n).

племянника Боергава, лейб-медика императрицы Елизаветы Германа Каау-Бургава (Боергава, 1705–1753). Стоит также заметить, что в своем пересказе этой истории Леклерк отмечает своеобразное чувство юмора Петра и указывает, что покусанный его челядью скелет до сих пор хранится (с отметками боярских зубов!) в лейденской анатомической коллекции[24]. Замечательно, однако, что этого анекдота нет в числе рассказов о Петре, опубликованных Я. Штелиным (1788) со слов его информантов, среди которых был и Каау-Бургаве (можно, конечно, допустить, что он находится в неопубликованных материалах Штелина, некогда переданных в библиотеку санкт-петербургской медико-хирургической академии[25]).

Мы, кажется, достигли предела *документируемости* лейденского анекдота — устный рассказ, приписываемый русскому врачу и племяннику знаменитого голландского доктора, родившемуся через семь лет после петровского визита в анатомический театр Лейдена и умершему за 21 год до публикации «Истории» медика Леклерка.

4

Я полагаю, что якобы восходящая к устному рассказу Каау-Бургаве[26] история о петровской попытке «приучить русских к поучительным

24 «„Eh bien, dit le Tzar en riant, n'est-il pas vrai que le plus sûr moyen de se guérir d'une aversion mal fondée, c'est de se familiariser avec l'objet qui l'inspire?" Les marques de morsures se voient encore aujourd'hui sur ce cadavre. Cette anecdote est de Herman Kaau Boerrhave, qui la communiquée à M. Schtélin, Conseiller d'Etat» ([Nicolas Gabriel] Le Clerc, *Histoire physique, morale, civile et politique de la Russie ancienne...* [Paris: Froullé — Versailles: Blaizot, 1784], 3: 158).

25 В. Штейн, "Боергаве", *Русский биографический словарь* (СПб.: Имп. Рус. историческое общество, 1908), 3: 168. С Германом Боергаве Петр встречался еще раз в 1717 году.

26 О генезисе и прагматике исторических анекдотов XVIII века в целом и анекдотов о Петре Г. фон Штелина, в частности, см. Е.Я. Курганов, *Анекдот как жанр* (СПб.: Академический проект, 1997); А.С. Мезин, «Анекдоты о Петре Великом как явление русской историографии XVIII в.», *Историографический сборник* (Саратов: Изд-во Саратовского ун-та, 2002), 20: 18–54; Наталья Витальевна Смирнова, *«Подлинные анекдоты о Петре Великом» Я.Я. Штелина как источник для изучения деятельности Петра I и его времени: Диссертация на соискание ученой степени кандидата исторических наук* (М.: МГУ. Исторический факультет, 2006).

наблюдениям» (Грот) является очевидным апокрифом, созданным во Франции и адресованным западному читателю: курьезный эпизод, оттеняющий величие царя-просветителя. «Цивилизационный конфликт», представленный в этой истории, усиливается за счет того, что ее действие происходит не в дикой Московии, но в европейской цитадели медицинской науки XVII столетия. Это западный взгляд на Петра: в каком-то смысле сам государь (вместе со своими спутниками) становится поразительным человеческим экспонатом, наблюдаемым в чаше лейденского театра западной публикой. Иначе говоря, перед нами воображаемая картина, выражающая европейское представление о русском цивилизаторе. Никаких документальных подтверждений реальности этой истории нет (если не считать кадавра, обглоданного петровской свитой, но мне лично в его существование верится с трудом[27]). Ни сам знаменитый доктор Боергаве, ни кто-либо из спутников и современников царя не упоминают об этом событии. Возможно, что в основе этой легенды были какие-то исторические впечатления, относящиеся к «свирепому» московскому, а не «культурному» голландскому периоду деятельности царя (так, если верить И.Г. Корбу, в начале 1699 года Петр Алексеевич повелел боярам присутствовать при анатомических упражнениях у врача Цопота, «хотя они им и [были] противны»)[28].

Между тем этот вымышленный или синтезированный из разных эпизодов рассказ стал своеобразным историко-культурным *фактом*. Примечательно, что наибольшее распространение на Западе он получил в наполеоновский период: иллюстрация дикой жестокости русского тирана и рабской покорности его подданных. Можно заметить, что он соответствовал «каннибалистскому» образу свирепых русских, занимавшему особое место в наполеоновской пропаганде, особенно в последний период Империи. Рискну предположить, что этот анекдот ассоциировался в эту эпоху с хорошо известными рассказами Геродота и Гая Юлия Солина о скифах-антропофагах, имевших обычай на похоронах разгрызать

---

27 Я, разумеется, послал соответствующий запрос архивариусу Лейденского университета, но, к сожалению, не получил ответа.

28 И. Г. Корб, *Дневник путешествия в Московию (1698 и 1699 гг.)*, пер. и примеч. А.И. Малеина (СПб.: А.С. Суворин, 1906), 121.

зубами трупы родственников. Новые скифы, с их свирепым отцом нации, оказывались ничуть не лучше своих предков.

В России этот анекдот получил известность гораздо позже, в пореформенные 1860-е годы, благодаря блестящей рецензии Писарева на труд Пекарского, заимствовавшего эту историю из французских источников. Именно Писарев превратил лейденскую легенду, хорошо вписывавшуюся в «патологоанатомический» дискурс эпохи русского реализма[29], в один из ярких символов петровского просветительства, оторванного от реальных нужд народа и абсолютно неэффективного:

> Вот, видите ли, великому человеку любопытно смотреть на обнаженные мускулы трупа, а простым смертным этот вид кажется неприятным: надо же проучить простых смертных, имеющих дерзость находить не по вкусу то, что нравится великому человеку; великий человек и заставляет их зубами разрывать мускулы трупа; должно сознаться, что это средство побеждать неразумное отвращение настолько же изящно, насколько оно действительно. Наверное, спутники Петра, испытавшие на себе это отеческое вразумление, после этого случая входили в анатомические театры без малейшего отвращения и смотрели на трупы с чувством живой любознательности. Если бы даже случилось, что некоторые из них заразились от прикосновения гнилых соков к нежным тканям рта, то и беда небольшая, — тем действительнее будет урок, данный остальным присутствующим: они наверное поймут, что простому смертному нельзя иметь собственнаго вкуса, что главная и единственная обязанность простого смертного — смотреть в глаза великому человеку, отражать на своей физиономии его настроение и с надлежащим подобострастием любоваться теми предметами, которые обратили на себя его благосклонное внимание[30].

29 К.А. Богданов отмечает, что в 1860-е годы «антиэстетические» черты практической анатомии («грязь» и «вонь») служили «иллюстрацией к „идейному" противопоставлению „поэзии" о жизни и неприкрашенной „правды" самой жизни» (Богданов, *Врачи, пациенты, читатели*, 242–243). Анатомический театр в эту эпоху становится одной из важных метафор самого реалистического метода (своего рода очная ставка с гниющей действительностью), а образ вивисектора — метафорой писателя или литературного критика.

30 Писарев, "Бедная русская мысль", 62.

«Кому были нужны эти преобразования? — риторически вопрошал Писарев. — Кто к ним стремился? Чьи страдания облегчились ими? Чье благосостояние увеличилось путем этих преобразований?»[31]. Совершенно очевидно, что «рельефный» анекдот о Петре в анатомическом театре Писарев использовал не только для развенчания культа этого преобразователя (и вообще романтического культа великой личности), но и для критики современных ему реформ сверху. Знаменательно, что рецензия Писарева на книгу Пекарского о Петре-реформаторе была напечатана в «Русском слове» после статьи критика о другом апологете реальных знаний и вивисекции, тургеневском Базарове, — враче, физиологе и нигилисте, скончавшемся «от небольшого пореза, сделанного во время рассечения трупа» (роман «Отцы и дети» вышел в том же 1862 году)[32]. Героический образ Базарова также находится в центре программной статьи Писарева «Реалисты», написанной в Петропавловской крепости в 1864 году. Тургеневский персонаж-разночинец не только интерпретируется Писаревым как один из первых представителей нового поколения русских реалистов, все содержание жизни которых «пока исчерпываются тремя словами: „любовь, знание и труд“», но и как скрытая антитеза безумному деспотическому «великому человеку», не сумевшему излечить свой народ от невежества и заложить основы истинного просвещения[33].

С легкой руки Писарева история о петровском уроке анатомии становится объектом многочисленных психологических, исторических, мистических и культурологических спекуляций. Я.К. Грот увидел в ней несомненное свидетельство «тесного сочетания не совместных по-видимому, но явных и поразительных противоречий» первого русского императора[34]. Д.Л. Мордовцев, вложивший в своем историческом повествовании рассказ о принудительном разрызании трупа в уста противницы Петра царевны Софьи («Указал своим

31 Там же, 62–63.

32 Д. Писарев, "Базаров: (Отцы и дети, роман И.С. Тургенева. Русский Вестник, № 2)", *Русское слово* 3 (1862): 47.

33 Д.И. Писарев, *Сочинения в четырех томах* (М.: Гос. изд-во художественной литературы, 1956), 3: 138.

34 «Так он, будучи в Голландии, в одном анатомическом кабинете с умилением целует улыбающееся лицо мертвого ребенка, а в другом заставляет своих сопутников зубами рвать мускулы человеческого трупа, чтобы приучить русских к поучительным наблюдениям» (Я. Грот, "Петр Великий как просветитель России", *Записки Имп. Акад. Наук* XXI.I [1872]: 38).

молодцам мертвечину жрать — мертвых людей есть. <…> от пьянства человек взбесился»), подчеркнул в соответствующей сноске, что «так россияне того милого времени понимали занятия царя анатомиею» и саркастически заметил об изуверском приказе молодого цивилизатора: «Хорош прием»[35]. Казимир Валишевский в своей беллетризированной истории Петра Великого (1897) привел лейденский анекдот в качестве иллюстрации граничащих с безумием причуд императора[36]. А.С. Лацинский увидел в нем проявление «той в высшей степени странной» черты характера Петра, «которая заставляла его, — там, где он замечал у кого-либо из своих спутников какое-либо отвращение или брезгливость к чему бы то ни было, — требовать, чтобы тот пересилил в себе это чувство»[37]. Инфернальное (мистическое) истолкование этой истории было предложено в романе Мережковского «Петр и Алексей» («Антихрист»)[38].

В свою очередь, «пропетровская» интерпретация этого анекдота (в такой стране только так и можно было бороться за просвещение) также восходит к началу 1860-х годов. В 1864 году выходит 14-й том «Истории» Соловьева, содержащий эту историю как одну из иллюстраций досадного непонимания замысла Петра людьми, «которые уперлись против естественного и необходимого движения России на новый путь» и теми, кто «признавали несостоятельность старины, необходимость преобразований, но которые не могли понять, что преобразования должны совершаться именно тем

---

35 Д. Мордовцев, "Похороны: Исторический роман в двух частях. Часть вторая", *Наблюдатель* IV.7 (1885): 289, 289n.

36 К. Валишевский, *Полное собрание сочинений* (М.: Сфинкс, 1911), III (*Петр Великий: Воспитание. Личность. Дело*, полный перевод с франц. А. Гретман): 132–133.

37 Лацинский, "Петра Великий", 388. Юрий Лотман приводит эту историю в качестве примера странностей петровского характера: «В анатомическом музее, когда один из его спутников выразил отвращение к разрезанному, в спирту лежащему препарату, Петр заставил его зубами рвать эти кишки. Человек был, мягко скажем, своеобразный» (Ю.М. Лотман, *Воспитание души: Воспоминания, беседы, интервью* [СПб.: Искусство-СПБ, 2003], 436).

38 «В Лейдене, в анатомическом театре, наблюдая, как пропитывают терпентином обнаженные мускулы трупа и заметив крайнее отвращение в одном из своих русских спутников, царь схватил его за шиворот, пригнул к столу и заставил оторвать зубами мускул от трупа» (Д.С. Мережковский, *Антихрист (Петр и Алексей)* [СПб.: Изд. М.В. Пирожкова, 1905], 135).

путем, по которому шел молодой царь»[39]. В конце XIX века история о полезном уроке, преподнесенном царем-преобразователем своим темным боярам, приобретает хрестоматийный характер и даже входит в круг детского чтения. Так, проф. Ив. Ив. Иванов в брошюре «Как царь Петр стал преобразователем России» (издание журналов «Детское чтение» и «Педагогический листок», 1904) превратил этот краткий анекдот в целую психологическую картину с характерным сочувственным комментарием:

> Петру пришлось быть в анатомическом собрании другого ученого. Здесь не было ничего приятного и красивого, — только очень хорошо были приготовлены разныя части человеческого тела.
>
> Царь долго стоял над трупом, смотрел на мускулы, политые скипидаром.
>
> Далеко не всем спутникам царя нравилась эта картина. Некоторые не могли смотреть на нее без отвращения.
>
> Петр это заметил, — и что же он сделал?
>
> Ему, должно быть, тотчас же представилась старая Москва, зараженная невежеством и всевозможными предрассудками, — та самая Москва, где и верили в колдунов, и жгли их, и собирали разныя волшебныя вещи и обматывали простаков.
>
> И Петр немедленно на месте решил наказать москвичей за брезгливость, а может быть — и за темный предрассудок.
>
> Он приказал каждому из своих спутников зубами оторвать по мускулу от трупа, — и прибавил еще поучение: пусть они постараются привыкнуть к таким вещам, которыя они считают противными вовсе не кстати.
>
> Уже по этому случаю можно было судить, как Петр примется переделывать своих подданных, прививать к русской земле то, чему он научился за границей.[40]

В наиболее радикальном (одиозном) виде пропетровское истолкование царского урока анатомии представлено в словах идеального чекиста

39 Сергей Соловьев, *История России с древнейших времен* (М.: В Тип. Грачева и Комп., 1864), 14 (*История России в эпоху преобразования* 2): 241.

40 Ив. Ив. Иванов, *Как царь Петр стал преобразователем России* (М.: Издание редакции журналов «Детское чтение» и «Педагогический листок», 1904), 58–59.

Клейнера из романа ранне-советского писателя А.Я. Аросева, перенесшего действие истории из Лейдена в Швецию. Этот чекист-рационализатор предлагает показывать сцены казни в кинематографе «для всех», «чтобы всем урок был, чтобы боялись». Сомневающемуся в эффективности этого метода рассказчику он отвечает: «Вы с предрассудками. Петр I завез русских студентов в Стокгольм и велел им в анатомическом театре у трупов мускулы зубами раздирать, чтобы научились препарировать. Это небось не развратило. Что необходимо, то не развращает. Поймите это. Что необходимо, то не развращает»[41].

Менее радикально-восторженное, но явно сочувственное отношение к петровскому поступку находим у А.Н. Толстого, включившего этот анатомический рассказ в дневник «любознательного голландца» Якова Номена: еще одно проявление экстраординарной личности молодого русского царя (заметим, что в настоящем дневнике Номена этой истории нет)[42]. Наконец, рассказчик из «Вечеров с Петром Великим» Даниила Гранина объясняет чудовищный приказ царя его деспотической любознательностью[43].

---

41 *Красная новь* 1 (1921): 47. Любопытно, что приблизительно в то же самое время (1922), когда был опубликован роман Аросева, новый цивилизатор России Лев Троцкий обратился «ко всем наиболее чутким, наиболее честным, наиболее сознательным слоям молодого пролетариата и передового крестьянства» со ставшим впоследствии знаменитым призывом: «учитесь, *грызите молодыми зубами гранит науки*...» (Л. Троцкий, "Доклад на V Съезде РКСМ", в его кн. *Поколение Октября: Речи и статьи* [Пг. — М.: Молодая гвардия, 1924], 239).

42 Толстой заменил Боергава на другого анатома — Рюйша, которого Петр также хорошо знал. «Когда Рюйш снял простыню с разнятого для анатомии другого трупа, — царь заметил отвращение на лицах своих русских спутников и, гневно закричав на них, приказал им зубами брать и разрывать мускулы трупа...» (Алексей Толстой, *Полное собрание сочинений* [М.: Гос. изд-во художественной литературы, 1946], 9: 315).

43 «Запреты, опасность остановить его не могут. Люди для него те же деревянные заготовки — попробуем из них выточить нечто. Так, он насильно выдирает больные зубы, не считаясь с желанием пациента. Его убеждает практика, он экспериментатор. Пациент — научный объект. Больных зубов он надергал несколько десятков, пока научился. Пробует на больном приемы лечения водянки. А зачем?.. В Голландии в анатомическом театре сам пробует резать труп. Заставляет своих приближенных. Он копается в кишках, щупает, где там селезенка, где печень» (Даниил Гранин, *Собрание сочинений в трех томах* [М.: Любимая Россия, 2006], 2: 101).

5

Подведем итоги. Как предположил один из моих респондентов, история о Петре в лейденском анатомическом театре действительно является культурным конструктом или, точнее сказать, культурной метафорой. Современные исследователи, опирающиеся на этот анекдот как исторический факт, вводят читателя в заблуждение. Петр, конечно, был крайне жесток в осуществлении своих цивилизаторских планов (или просто садистских наклонностей[44]), во всем видел оппозицию и протест и не терпел суеверий и брезгливости (хотя сам, если верить Якобу фон Штелину, боялся тараканов). Но едва ли ему пришло бы в голову приказать своим спутникам откусывать от трупа по мускулу даже в качестве полезного урока, причем в присутствии светила европейского просвещения, доктора Германа Боергава.

Я вовсе не хочу сказать, что перед нами обычный апокриф, преломляющий представления о царе Петре и его времени. Этот анекдот кажется мне гораздо более глубоким и значительным, мифологическим в своей основе (древнейшие представления о связи абсолютной власти с антропофагией[45]). С жанровой точки зрения, рассказ о Петре в анатомическом театре, сложившийся, как мы видели, в конце XVIII века и ставший достоянием западной публики в наполеоновскую эпоху и русской публики в эпоху болезненных социальных реформ и расцвета естественных наук (прежде всего физиологии), лежит на пересечении двух архаических фольклорных традиций. Назовем эти традиции «медицинско-просветительской» и «пыточно-тиранической». Так, с одной стороны, рассматриваемая нами история вписывается в многовековую традицию «патологоанатомических» анекдотов, часто

---

44 Жуткий приказ Петра в этом случае можно рассматривать как *физическую* реализацию «mental cruelty», определяемой Эрихом Фроммом как «the wish to humiliate and to hurt another person's feelings» посредством слов, а не грубой силы (Erich Fromm, *The Anatomy of Human Destructiveness* [New York — Chicago — San Francisco: Holt, Rinehart and Winston, 1973], 284). Разумеется, легенда предполагает, что в случае ослушания физическое насилие было бы немедленно применено Петром.

45 О связи революционного насилия с архаическими страхами см.: Eli Sagan, *Citizens & Cannibals: The French Revolution, the Struggle for Modernity, and the Origins of Ideological Terror* (Lanham, MD [etc.]: Rowman & Littlefield, 2001).

связывавшихся с именами знаменитых лекарей (заметим, что мотив отвращения от мертвого тела, которое должен преодолеть будущий врач, нередко встречается в подобных рассказах)[46]. Истоки истории о петровском сеансе в анатомическом театре, по всей видимости, следует искать среди анекдотов о великом учителе всех докторов Европы Германе Боергаве (как мы помним, именно его племянника французский историк указывал в качестве информанта). С другой стороны, этот петровский апокриф вписывается в традицию средневековых экземпл об остроумном тиране-злодее, «веселящемся чудовище, испытывающем <и пытающем. — *И.В.*> свои жертвы»[47]. Если приводить конкретный прообраз (разумеется, типологический, а не непосредственный), то это будет хорошо известный в Европе сюжет о «зломудром» румынском господаре Дракуле, отучившем (подобно Петру, — правда, еще более радикальным образом) своего подданного от брезгливости (очевидно, последняя интерпретируется тираном как своего рода физиологический протест против его действий):

> Как-то обедал Дракула среди трупов, посаженных на кол, много их было вокруг стола его. Он же ел среди них и в том находил удовольствие. Но слуга его, подававший ему яства, не мог терпеть трупного смрада и заткнул нос и отвернулся. «Что ты делаешь?» — спросил его Дракула. Тот отвечал: «Государь, не могу вынести этого смрада». Дракула тотчас же велел посадить его на кол, говоря: «Там ты будешь сидеть высоко, и смраду до тебя будет далеко!»[48]

Патологоанатомическое (патологическое) остроумие деспота, отмеченное создателем (как я полагаю) лейденской легенды медиком

---

46 По словам современного историка, «beginning in the 1530s a haze of unsavoury stories on the topic of vivisection gradually collected around the names of famous anatomists» (Lynda Payne, *With Words and Knives: Learning Medical Dispassion in Early Modern England* [Aldershot, U.K.: Ashgate, 2007], 25). См. также: Katharine Park, "The Criminal and the Saintly Body: Autopsy and Dissection in Renaissance Italy", *Renaissance Quarterly* 47.1 (1994): 18.

47 Б.С. Мейлах, *Русская повесть XIX века: История и проблематика жанра* (Ленинград: Наука, 1973), 29.

48 Л.А. Дмитриев, Д.С. Лихачев (ред.), *Памятники литературы Древней Руси* (Москва: Художественная литература, 1982), 5: 561.

Леклерком («„Eh bien, dit le Tzar en riant, n'est-il pas vrai que le plus sûr moyen de se guérir d'une aversion mal fondée, c'est de se familiariser avec l'objet qui l'inspire?"»), со временем было отброшено историками и писателями, воспринявшими этот рассказ как реальную сцену из жизни Петра и наполнившими его идеологическими смыслами в соответствии со своими задачами и убеждениями.

Один из моих уважаемых респондентов остроумно уподобил лейденский анекдот историческому сновидению. В самом деле, этот вымышленный петровский урок анатомии представляет собой своеобразный культурный *фантазм*, порожденный тектоническим сдвигом в российской истории конца XVII века[49] и материализующий характерное для XVIII–XX вв. двойственное представление о русском тиране-цивилизаторе и реформируемой / излечиваемой / испытываемой / пытаемой / уничтожаемой / воскрешаемой[50] им стране. Глубинный мифологический потенциал этой странной некрофилической легенды, впервые представленной публике в 1780-е годы, объясняет ее долгую жизнь в западном и российском историческом воображении. В конце концов прошлое преследует нас не потому, что было, а потому что кто-то его своевременно и удачно выдумал, препарировал и заспиртовал.

---

49 Luba Golburt, *The First Epoch: The Eighteenth Century and the Russian Cultural Imagination* (Madison, WI: Univ. of Wisconsin Press, 2014), 11.

50 Здесь несомненно интересна хронологическая привязка лейденского рассказа к пасхальному периоду (апрель 1698 года).

"THOUGH I SPEAK WITH THE TONGUES OF MEN AND OF ANGELS . . ."

Some Notes on Velimir Khlebnikov's "Liminal" Neology

RONALD VROON
(Los Angeles)

1

In the spring of 1919 Velimir Khlebnikov traveled from Petrograd to Moscow to arrange for the publication of his collected works.[1] The edition failed to materialize, but the preface he prepared has survived, providing valuable insight into the poet's own understanding of his creative processes. Of particular interest are the remarks he makes concerning verbal creation in the most literal sense of that phrase, that is, the coining of new words:

> Найти, не разрывая круга корней, волшебный камень превращенья всех славянских слов одно в другое, свободно плавить славянские слова—вот мое первое отношение к слову. Это самовитое слово вне быта и жизненных польз. Увидя, что корни лишь призраки, за

1 For details on the circumstances surrounding these efforts, see Aleksandr E. Parnis, "Khlebnikov i neosushchestvlennnyi zhurnal 'Internatsional iskusstva' (1919)," in *Na rubezhe dvukh stoletii: Sbornik v chest' 60-letiia A. V. Lavrova*, ed. Vsevolod Bagno, John Malmstad, and Mariia Malikova (Moscow: Novoe literaturnoe obozrenie, 2009), 530–56.

> которыми стоят струны азбуки, найти единство вообще мировых языков, построенное из единиц азбуки,—мое второе отношение к слову. Путь к мировому заумному языку[2].

The two types of neology outlined here bracket Khlebnikov's entire oeuvre. Neologisms of the first type, built mostly on a rearrangement of productive, unproductive, and obsolete roots and affixes common to the Slavic languages, are perhaps the most characteristic feature of Khlebnikov's earliest poetic experiments. Those of the second type are most frequently encountered in the works he wrote during the last three years of his life, when the utopian dream of a globally shared linguistic consciousness captured his imagination. But a third class of neologisms, though they were already present in his work, is missing here. Khlebnikov would address this type in "Nasha osnova," a manifesto he composed about a month after the one cited above:

> Заменив в старом слове один звук другим, мы сразу создаем путь из одной долины языка в другую и, как путейцы, пролегаем пути сообщения в стране слов через хребты языкового молчания<…>.
>
> [В слове—RV] скрыт ночной звездный разум и дневной солнечный. Это потому, что какое-нибудь одно бытовое значение слова так же закрывает все остальные его значения, как днем исчезают все светила звездной ночи. Но для небоведа солнце—такая же пылинка, как и все остальные звезды. И это простой быт, это случай, что мы находимся именно около данного солнца. И солнце ничем не отличается от других звезд. Отделяясь от бытового языка, самовитое слово так же отличается от живого, как вращение земли кругом солнца отличается от бытового вращения солнца кругом земли. Самовитое слово отрешается от призраков данной бытовой обстановки и на смену самоочевидной лжи строит звездные сумерки[3].

The sort of neology Khlebnikov describes here is commonly referred to as "contamination" or "blending," which involves combining all or part of

---

2 Velimir Khlebnikov, *Sobranie sochinenii v shesti tomakh*, ed. Rudol'f V. Duganov and Evgenii R. Arenzon (Moscow: IMLI RAN, 2000–2006), 1:8.

3 Khlebnikov, *Sobranie sochinenii*, 6.1:168.

one word with all or part of another to create a new one whose semantic field contains elements of both. Among the examples Khlebnikov gives in "Nasha osnova" are *nravda* (cf. *pravda*), *poets* (cf. *boets*), *tvoriane* (cf. *dvoriane*), and *mniaz'* (cf. *kniaz'*), all of which involve the substitution of the first letter of the model word to create a different morpheme, resulting in the creation of a new word that shares the meaning of both. The components of the neologism may or may not correspond with actual morphemes. In the latter case we may, with Viktor P. Grigor'ev, use the term "quasifix" to signify word segments that do not conform to recognizable morphemes.[4] *Mn-iaz'* (modeled after *kn-iaz'*) is a good case in point: *mn-* is a legitimate root, *iaz'* is a "quasifix," that is, a word segment not operative in Russian derivational morphology. This particular example also illustrates another common feature of these neologisms: though their creation may involve the replacement of only a single phoneme (in this case *m* replacing *k*), the meaning of the new word derives, not from what Khlebnikov believes to be the inherent semantics of that phoneme, as would be the case if we were dealing with transrational language (*zaumnyi iazyk*), where *m* would signify the "delenie odnoi velichiny na beskonechno malye chasti,"[5] but from the new morpheme that results from the substitution of one sound by another (here *mn-*, "of or relating to thought," as in *mn-it'* and *mn-enie*). We should also note that while many of the neologisms involve the replacement of only a single initial phoneme to effect the required change, two or more, or even a full syllable, are also operative, as in *mn-ezd(a)*, based on *zv-ezd(a)*, or *khorosh-av(a)*, based on *molozh-av(a)*. And finally, in some cases it is not always transparent what specific word serves as the model for the neologism: a neologism like *golub-es(a)*, for example, might be modeled on any one of several words that use this archaic plural ending: *neb-es(a)*, *chud-es(a)*, *och-es(a)*, and so on. Nonetheless, we may speak of contamination, blending and so on

4 Viktor P. Grigor'ev, *Slovotvorchestvo i smezhnye problemy iazyka poeta* (Moscow: Nauka, 1986), 94–95; the entire contents of the book are reproduced in his *Budetlianin* (Moscow: Iazyki russkoi kul'tury, 2000); see 273. Grigor'ev calls this sort of neology *skornenie* (*Slovotvorchestvo i smezhnye problemy*, 154–56; *Budetlianin*, 315–17). This form of neology is also discussed in Natal'ia N. Pertsova, *Slovotvorchestvo Velimira Khlebnikova*, 2nd ed. (Moscow: Izd. Moskovskogo universiteta, 2012), 83–87; see also Ronald Vroon, *Velimir Xlebnikov's Shorter Poems: A Key to the Coinages*, Michigan Slavic Materials 22 (Ann Arbor: Dept. of Slavic Languages and Literatures, University of Michigan, 1983), 165–68.

5 Khlebnikov, *Sobranie sochinenii*, 6.1:175.

because the morpheme in question is heavily marked stylistically, so that the new word combines the meaning of the root with the stylistic coloring of the affix (or quasifix).

We call these neologisms—and the discourse in which they occur—a form of "liminal" discourse.[6] By this we mean that utterances of this sort are in a virtually permanent state of "in-between-ness," both structurally and semantically. They share two (and sometimes more) semantic fields, but the combination of these fields in the new word cannot be wholly identified with either, though they are necessary sources of reference. If and until they are actually adopted by the language (which very rarely happens) they remain in this state of intermediacy.[7] The liminality of such coinages is also underscored by the lack of well-defined referents: they are "floating signifiers"[8] (in Jacques Derrida's rather than Claude Lévi-Strauss's sense) that point less to a particular referent than to other signifiers whose referents in some way merge to create a new referent whose signifier is the coinage. It is critical, however, to stress that the coinages are ultimately in search of a referent; they are not "void of meaning and thus apt to receive any meaning"[9] as some would define a "floating signifier." Khlebnikov insists that "novoe slovo ne tol'ko dolzhno byt' nazvano, no i byt' napravlennym k nazyvaemoi veshchi."[10]

Liminality, in the sense we are using the word, would obviously extend to entire texts in which such neologisms are deployed, but not just because they draw special attention to themselves or force us to integrate them into the normal syntactic and semantic environment of the poems in which they are placed. They also are designed to reintroduce liminality (as we have used this term) into the real words that serve as models for

---

6 My use of the term is only marginally related to the way it was deployed by Arnold Van Gennep and Victor Turner in the field of anthropology, where it designates "margin" or "*limen*," the second of three phases universally present in rites of passage, lying between "separation" and "aggregation." See Victor Turner, "Liminality and Communitas," in his *The Ritual Process: Structure and Anti-Structure* (Chicago: Aldine Publishing, 1969), 94.

7 Grigor'ev speaks of a simultaneous compression of meanings and their diffusion and indeterminacy (Grigor'ev, *Grammatika idiostilia*, 156; *Budetlianin*, 316).

8 See Jeffrey Mehlman, "The 'Floating Signifier': From Lévi-Strauss to Lacan," Yale French Studies 48 (1972): 10–37.

9 Claude Lévi-Strauss, *Introduction to the Work of Marcel Mauss* (London: Routledge & Kegan Paul, 1987), 63–64.

10 Khlebnikov, *Sobranie sochinenii*, 6.2:172.

the coinages. Khlebnikov gives a striking example of this with respect to the word *zen'*:

> Так, слово *зиры* значит и звезды, и глаз; слово *зень*—и глаз, и землю. Но что общего между глазом и землей? Значит, это слово означает не человеческий глаз, не землю, населенную человеком, а что-то третье. И это третье потонуло в бытовом значении слова, одном из возможных, но самом близком к человеку. Может быть, *зень* значило зеркальный прибор, отражающую площадь[11].

Thus a neologism like *mniaz'*, which Khlebnikov defines as "a thinker" (*myslitel'*)—presumably a thinker whose thoughts bear marks of sovereignty—forces us to backtrack to the word *kniaz'*, analyzing it according to the poet's poetic morphology, and determine what denotative or connotative value the quasi-morpheme *kn-* has in words like *kn-iga* or *kn-ut*.

There is also a contextual liminality that must be considered in analyzing "blended" coinages and the works in which they occur. Neology of this type represents a clear middle stage in Khlebnikov's own engagement with the language and its renovation. During the first (and most prolific) stage, from around 1908 to 1912, as he announces in the aforementioned preface to the projected collected works of 1919, he was mostly concerned with grounding Russian in the world of Slavic antiquity. He underscored this fact in a letter he wrote to Viacheslav I. Ivanov in 1908, enclosing several poems that contain archaizing neologisms: "Chitaia eti stikhi, ia pomnil o 'vseslavianskom iazyke,' pobegi kotorogo dolzhny prorasti tolshchi sovremennogo, russkogo."[12] The function of these neologisms is essentially aesthetic: "Eto samovitoe slovo vne byta i zhiznennykh pol'z."[13] Over the next several years—up to around 1917—Khlebnikov wrote few works that deployed neologisms,[14] but became more and more interested in exploring the meaning of individual sounds. By April 1919 he had prepared a detailed registry of the spatial and kinetic semantics of Russian consonants, which he saw as the key to a future global language—a

11 Khlebnikov, *Sobranie sochinenii*, 6.1:168.

12 Ibid., 6.2:112.

13 Ibid., 1:8.

14 For a brief overview of the chronological distribution of neologisms across Khlebnikov's oeuvre, see Pertsova, *Slovotvorchestvo Velimira Khlebnikova*, 87–92.

fundamentally utilitarian rather than aesthetic project. It would appear, therefore, that he had transitioned smoothly from an archaizing form of neology to a futuristic one, but rather unexpectedly, the third form that is the focus of our interest here attracted his attention particularly in 1919–20. He had already created neologisms of this sort earlier (see, for example, the neological masterpiece "Nemotichei i nemichei . . ."),[15] but now, for the first time, he articulated his thoughts on this particular type in "Nasha osnova." Its intermediary (and also in this sense "liminal") status lies in the fact that it shares elements of both other kinds, but resists their structural restraints and integrity. Like the ethnocentric (or more concretely, "Slavocentric") kind, it was built on the principle of combining roots and affixes, but their boundaries were not constrained by the norms of Russian derivational morphology. And like the wholly universal, global kind, it focused mostly on the semantics of individual sounds, but their meaning was subordinated to—and in some cases, suppressed by—the meaning of the roots in which they appeared. The function of these neologisms thus lies somewhere between the purely aesthetic and the purely utilitarian. They enrich our appreciation of words both old and new by revealing meanings hidden behind the mundane definitions assigned in everyday life; they also provide keys to our understanding of the universe, since "iazyk tak zhe mudr, kak priroda, i my tol'ko s rostom nauki uchimsia chitat' ego."[16]

What prompted Khlebnikov to focus on neologisms of this type? A key to this conundrum may lie in the poet's emphasis on the "nocturnal astral reason" (*nochnoi zvezdnyi razum*) hidden by the "daytime solar reason" (*dnevnoi solnechnyi razum*) that dominates normal discourse, and in the assertion that "samovitoe slovo otreshaetsia ot prizrakov dannoi bytovoi obstanovski i na smenu samoochevidnoi lzhi stroit zvezdnye sumerki."[17] These remarks resonate with those of English literature's greatest word-coiner, James Joyce, who claimed that in *Finnegans Wake* he wished to reconstruct "the nocturnal life"[18] and that "in writing of the night I really could not, I felt I could not, use words in their ordinary connections.

15 Khlebnikov, *Sobranie sochinenii*, 1:49–54.

16 Khlebnikov, *Sobranie sochinenii*, 6.1:169.

17 Ibid., 168.

18 Jacques Merconton, "The Hours of James Joyce," trans. Lloyd C. Parks, in *Portraits of the Artist in Exile: Recollections of James Joyce by Europeans*, ed. Willard Potts (Seattle: University of Washington Press, 1979), 209.

Used that way they do not express how things are in the night, in the different stages—the conscious, then semi-conscious, then unconscious. I found that it could not be done with words in their ordinary relations and connections."[19] Specifically with relation to neology, Joyce said that his novel "would be written to suit the aesthetic of dream, where the forms prolong and multiply themselves, where the visions pass from the trivial to the apocalyptic, *where the brain uses the roots of vocables to make others from them which will be capable of naming its phantasms, its allegories, its allusions.*"[20] Both Joyce and Khlebnikov seem cognizant of certain realities, or stagings of reality, that cannot be adequately described or explored in ordinary language, and these are related in some way to a crepuscular or nocturnal world. For Joyce it is the subconscious world of Dublin's denizens after dark; for Khlebnikov, as we shall see, it is the "twilight of the gods," a world of myth that feeds the imagination; for better or worse, it must eventually disappear, but can at least be preserved in verse.

2

The set of poems in which Khlebnikov used neologisms of the "liminal" sort we have been describing can be divided into two major groups, with a few "outliers." By far the larger of these two groups consists of twelve texts (including both original poems and their variants) that describe the appearance and movements of ineffable, ethereal beings and their destiny. These poems include: "Angely";[21] "Selo golubogo mechtoga . . ."[22] and its variant "Kak vol'nye volia mechtoga . . .";[23] the small *poema* "Kak sneg serebrovoe temia . . .";[24] a previously unpublished early draft of the *poema* that begins, "Kryl'iami makhari . . .";[25] "Leteli nezurnye dymy . . .";[26] "Lelianoiu vesti, lelianoiu grusti . . ." and "Lelianoiu nochi, lelianoiu

19 Quoted in Richard Ellman, *James Joyce*, rev. ed. (Oxford: Oxford University Press, 1982), 546.

20 Ibid. The italics are mine.

21 Khlebnikov, *Sobranie sochinenii*, 2:61–64.

22 Ibid., 65

23 Ibid., 517.

24 Ibid., 105–7.

25 RGALI (Rossiiskii gosudarstvennyi arkhiv literatury i iskusstva), f. 527 (Khlebnikov V. V.), op. 1, ed. khr. 27, l. 9.

26 Khlebnikov, *Sobranie sochinenii*, 2:108.

grusti..." (two variants of the same poem);[27] "Ustalye kryl'ia mechtoga...";[28] "I veter, leleia vozdushnuiu leiu...";[29] "Oni goluboi tikhoslavl'..." (plane 13 of *Zangezi*),[30] and an unpublished draft of the same.[31] The second group consists of poems about the Caspian Sea and Sten'ka Razin ("Eto parus rekacha..." and several others). The "outliers" include a pair of "landscape poems"—"Step'" and "Begava vod s verkhot doliny...,"[32] variants of which are inserted into *Zangezi*,[33] and a short political allegory ("Molon upal v polon...).[34] Our focus will be the poems in the first group, which establish the earliest and most important semantic fields in which neological discourse of this type operates.

The earliest poems in this cluster are "Angely," "Selo golubogo mechtoga...," and its variant, "Kak vol'nye volny mechtoga..." They were composed in the closing months of 1919, when Khlebnikov arranged to have himself committed to the Kharkov Municipal Clinical Psychiatric Hospital (better known as "Saburova dacha") to avoid conscription by the White Army forces occupying the city. Several of these texts were commissioned by his physician, Professor Vladimir Ia. Anfimov, who wished to use them for diagnostic purposes.[35] Two texts *not* belonging to this cluster, but also written at the behest of Professor Anfimov, provide an important contextual frame for our understanding of these poems. The first is "Lunnyi svet," a small prose fragment that sets up a critical opposition in the poet's consciousness between the irrational, enchanting world

27 Ibid., 440–41.

28 Ibid., 442.

29 Vroon, *Velimir Xlebnikov's Shorter Poems*, 206. The poem has not been reproduced in any of the standard collected works.

30 Khlebnikov, *Sobranie sochinenii*, 5:329–30.

31 RGALI, f. 527, op. 1, ed. khr. 26, l. 30–30 ob.

32 Ibid., 66–67.

33 Khlebnikov, *Sobranie sochinenii*, 5:330–31.

34 Ibid., 2:68.

35 "V protsess raboty eksperimental'no-psikhologicheskogo issledovaniia, ia dlia izucheniia sposobnosti fantazii dal svoemu ispytuemomu tri temi—okhota, lunnyi svet i karnaval. V rezul'tate u menia okazalos' tri original'nykh proizvedeniia krupnogo khudozhnika slova, khotia i otmechennykh pechat'iu boleznennogo tvorchestva." Vladimir Ia. Anfimov, "K voprosu o psikhopatologii tvorchestva: V Khlebnikov v 1919 godu," in *Trudy 3-i krasnodarskoi klinicheskoi gorodskoi bol'nitsy*, fasc. 1 [Krasnodar: Izd. Krasnodarskogo gorzdravotdela, 1935], 307; a facsimile of this rare article is reprinted in *Arabist. Khlebnikoved. Chelovek: Sbornik pamiati M. S. Kikteva*, ed. Evgenii R. Arenzon (Moscow: Gumanitarii, 2007), 299–313.

of moonlight and the world of discrete, measurable phenomena: the speed of light, the distance between the earth and the sun, various numerical relations, and so on. He opens with a prayer addressed to the Sumerian moon god Sin and concludes by addressing the prime number 317 and describing it as a universal constant in cosmic and human affairs:

> Син, сын сини <,> сѣй сонныя сѣни и силы на сёла и сад. Чураясь дня<,> чаруй чарой голубого вина меня, землежителя, точно волна падающаго одной ногой вслед другой. Мои шаги<,> шаги смертнаго—ряд волн. Я купаю смертные волосы мои в голубой влаге твоего тихаго водопада<,> и вдруг восклицаю<,> разрушаю чары: площадь<,> описанная прямой, соединяющей солнце и землю в 317 дней, равна площади прямоугольника<,> одна сторона котораго—полупоперечник земли, а другая <—> путь, проходимый свѣтом в год. И вот в моем разумѣ восходишь ты, священное, число 317, среди облаков<,> неверящихъ в него. Струна *la* делает 435 колебанiй в секунду<.> Удар сердца <–> 70 раз в минуту<,> в 317 раз крупнее. Петрарка написалъ 317 сонетов в честь возлюбленной. По германскому закону 1914 года во флотѣ должно быть 317 судов<.> Поход Рожественскаго (Цусима) был через 317 лет после морского похода Медины-Сидонiи в 1588 году, англичане в 1588 году и японцы в 1905 году. Германская имперiя в 1871 году основана через 317·6 после римской имперiи в 31 году до Р. Христова. Женитьба Пушкина <б>ыла через 317 дней после обрученiя[36].

Most interesting for our purposes here is that the opening address to Sin is marked by properties that we commonly associate with poeticized discourse (strong alliteration, paronomasia, folk etymology) and the evocation of a mythological, archaic past (not only the god Sin, but

36 The piece was first published by Vladimir Anfimov ("K voprosu o psikhopatologii tvorchestva," 72–73; see also Arenzon, *Arabist*, 308–9). The title is Anfimov's. Though it is written in prose, he took the line segments in the manuscript to be lines of verse, capitalized the first word of each and turned the text into a poem. This error was repeated when the piece was republished in Khlebnikov, *Sobranie sochinenii*, 2:59–60. Here I reproduce it its original prose form, retaining the orthography of the original (see RGALI, f. 527, op. 2, ed. khr. 7, l. 2 ob., 2, 3 ob., 3). In keeping with Russian transcriptional practice, editorial interpolations here and below (chiefly punctuation) are enclosed in angle brackets.

also the veiled allusion to the "Slovo o polku igoreve" ("goluboe vino"; cf. "cherpakhut' mi sinee vino"); as soon as the charm of moonlight is broken, however, the speaker reverts to "scientific" discourse. Thus the tension between two world views, one archaic and poetic, the other contemporary and prosaic, is reflected on the level of both content and diction.[37]

The second work that provides a useful contextual frame for our cluster of poems is the well-known *poema* "Poet," Khlebnikov's response to Anfimov's request that he produce a text on the theme of carnival. The work describes *maslenitsa* festivities, eventually focusing in on two female figures: the Theotokos and a *rusalka*. The former is reduced to the status of a beggar woman, and the latter is despondent because she believes that the poet champions the "prazdnik nauchnogo truda" and has predicted her own demise. The poet presents himself, however, as a "vechnyi uznik sozvuchiia," and in the end he promises to be their guardian:

По белокаменным ступеням
Он в сад сошел и встал под Водолеем.
"Клянемся, клятве не изменим,—
Сказал он, руку подымая,
Сорвал цветок и дал обеим.—
Сколько тесных дней в году,
Стольких воль повторным словом
Я изгнанниц поведу
По путям судьбы суровым."[38]

Vladimir Markov notes that "the poem reflects a deep crisis in Khlebnikov. Gone are the days when he dreamed of resurrecting ancient gods and of reconciling such a resurrection with scientific progress. Now he sees that *Nad drevnim mirom uže noč'*, and that there is no place for a *rusalka* at the 'holiday of scientific fire' [. . .]. Paganism, Christianity and poetry are outcasts in the post-Revolutionary world of crowds and science: *Pojmite, vy*

37 Not coincidentally, "Gornye chary," another poem about "charms" written at about the same time as these, deploys the same sort of hypnotic alliteration, paronomasia, and "internal declension" that we find in the opening of "Sin, syn sini . . ." (Khlebnikov, *Sobranie sochinenii*, 2:69–70).

38 Khlebnikov, *Sobranie sochinenii*, 5:329–30.

vezde izgnannicy. There is a yearning in the poem for a paradise lost, and the end of the poem stands in tragic contrast to its beginning."[39]

It is against this background that we approach "Angely" and the neological poems that follow. We do not know if Anfimov suggested the theme of "Angely" to Khlebnikov, but irrespective of its origins it clearly reflects Khlebnikov's preoccupation with "paradise lost" and a last attempt at "resurrecting ancient gods." The "plot" of the poem, insofar as a plot is discernible, revolves around the rebellion of certain angels and their expulsion from heaven. The poem is divided into six sections, each of which describes a separate chapter in this dramatic tale. This classic Christian narrative is contaminated with strong folkloric motifs that situate the fallen angels on earth, and also deviates from that narrative in its sympathetic depiction of these angels. Most significantly, the narrator seems to identify with them and even count himself among them. The opening of the last strophe reads:

> Мы мчимся, мы мчимся<,> тайничіе<,>
> Сіяютъ какъ сонъ волоса
> На призракахъ бѣлой сорочки<.>
> Далекаго міра дайничіе,
> Нездѣшнею тайной вѣйничіе,
> Молчебныя ночери точки,
> Синѣютъ небесъ голоса[40].

In other words, the narrator places himself squarely in the company of fallen heavenly beings who are essentially good, but rendered mortal by the fall. This point of view finds interesting parallels in other works by Khlebnikov, where he identifies himself as a denizen of some other world who finds himself suddenly and uncomfortably incarnate in the material world.[41]

---

39 Vladimir Markov, *The Longer Poems of Velimir Khlebnikov*, University of California Publications in Modern Philology 62 (Berkeley: University of California Press, 1962), 137.

40 See Khlebnikov, *Sobranie sochinenii*, 2:64. I have reproduced here the poem in its original orthography and corrected an error in the second line (RGALI, f. 527, op. 2, ed. khr. 4, l. 1 ob.).

41 As early as 1913 Khlebnikov would suggest a series of neologisms meaning "poet" that reflect this point of view, among them *nebogrez* and *nebesniaz'* (see his letter to Aleksei Kruchenykh in Khlebnikov, *Sobranie sochinenii*, 6.2:156). In an early essay, "Voin ne nastupivshego tsarstva . . ." (1912–13), he makes himself out to be "soia nebes," i.e., of

The poem has been analyzed at length by Liudmila V. Evdokimova, who identifies significant allusions to and subtexts from the Bible (in particular Psalms, Isaiah and Ezekiel in the Old Testament, and Ephesians, 1 Peter, and Revelation in the New Testament).[42] She also makes a case for the influence of Pseudo-Dionysius's *Celestial Hierarchy* on the poem.[43] The deviation from the Christian narrative she attributes to folkloric contamination transmitted via Aleksandr N. Afanas'ev's *Poeticheskie vozzreniia slavian na prirodu*. Our primary concern, however, is how the subject of angels relates to the neological orientation of the work. Here is a list of the coinages in lemmatized form, but in reverse order so as to group the words in morphological clusters (the number in parentheses indicates the line in which the word occurs; the prerevolutionary orthography of the original is preserved).

байба (4)
виньба (40)
*
убава (102)
*
вава (38)
*

немрава (109)
*
летава (107)
зенницава (41)
*
омлада (68)
слада (88)

ослада (63)
*
сторода (9)
*
видана (11)
*
койна (35)
*

the tribe of heaven (Khlebnikov, *Sobranie sochinenii*, 6.1:204). In a poem written much later and addressed to a young woman with whom he was particularly enamored, he writes: "Ia ved' takoi zhe, sorvalsia ia s oblaka, / Mnogo mne zla prichiniali / Za to, chto ne etot, / Vsegda neliudim, / Vezde neliubim" (Khlebnikov, *Sobranie sochinenii*, 2:219). Numerous other examples could be cited.

42 Liudmila V. Evdokimova, "'Nebesnaia ierarkhiia' v poeme V. Khlebnikova 'Angely,'" in *Tvorchestvo V. Khlebnikova i russkaia literatura: Materialy IX Mezhdunarodnykh Khlebnikovskikh chtenii, 8–9 sentiabria 2005 g.*, ed. Genadii G. Glinin et al. (Astrakhan: Izd. dom Astrakhanskii universitet, 2005), 51–66.

43 Other subtexts have been suggested, but are more tenuous. They include the "Cherubic Hymn" from the Orthodox Divine Liturgy (see, inter alia, Duganov and Arenzon's commentary in Khlebnikov, *Sobranie sochinenii*, 2:516; Liudmila V. Evdokimova, "O religioznykh istochnikakh poemy V. Khlebnikova 'Angely,'" *Vestnik Rossiiskogo universiteta druzhby narodov: Literaturovedenie, Zhurnalistika* 4 [2013]: 24); Alexander Scriabin's "Divine Poem" (see Larisa L. Gerver, "Skriabin i Khlebnikov: 'Bozhestvennaia poema' i poema 'Angely,'" *Muzykal'naia akademiia* 4 [1993]: 185–90), the Coptic *Pistis Sophia* and the Book of Enoch (see Evdokimova, "O religioznykh istochnikakh," 25–27).

огласа (40)
*
любеса (19)
нагеса (17, 66)
божеса (15)
можеса (73)
зіеса (61)
сіеса (13)
инеса (71, 100)
тихеса (10, 58)
*
озолота (87)
*
волота (68)
*
летота (44)
нѣтота (39)
*
лобница (52)
*
вѣничіе (58, 85)
*
земьё (9)
нѣмьё (7)
*
багій (50)
*
грезничій (88)
дайничій (95)
тайничій (92)
койничій (86)
струйничій (61, 87)
вѣйничій (96)
небесничій (83)
весничій (63, 80)
несничій (75)

пѣсничій (90)
*
умчій (18)
шумчій (18)
*
нѣтучій (30, 44, 45)
*
мервый (42)
*
синеглазый (108)
*
гологолый (1)
*
вѣимый (74)
*
ніебный (24)
молчебный (97)
*
идесный (32)
ніесный (55)
*
нѣтотный (25, 31)
*
мѣшенство (27)
*
бойско (31)
свойско (36)
*
Святно (11)
*
хладро (1)
владро (12)
младро (65)
*
мечтогъ (77)
ничтогъ (78)
*

крылопадъ (64)
*
юнчикъ (2, 3)
*
гологолъ (104)
неодолъ (101)
*
небомолъ (105)
*
толъ (22)
*
Тіебенъ (20)
лелебенъ (15)
*
роинъ (29)
соинъ (33)
*
воложанинъ (84)
темянинъ (87)
боложанинъ (89)
*
мервонецъ (47, 56, 56)
*
просторецъ (44)
*
ночерь (97)
*
литать (107)
*
младость (108)
*
сребровѣять (70)
*
мемя (49)
вѣмя (53)

The vast majority of these neologisms belong to the group we have targeted for description.[44] A conflation of the "root" meaning of each neologism and the meaning of the model (or models) from which it derives account for a semantic liminality linking the "daylight" world, morphologically "rooted" in reality, and the nocturnal world of the unspoken, hidden referent. Connotation overwhelms denotation. Thus, for example:

Neologism	Root	Model	Connotations
летава	лет-	держава	flight, power, sovereignty
омлада	млад-	услада	youth, sweetness
койна	-кой (as in по-кой)	война	peaceful militancy, militant peacefulness
лелебен	лел-	молебен	lulling ritual of prayer; Lel', the putative Slavic god of love
мервонец	мер- (as in с-мер-ть, у-мер-еть)	червонец	brilliant gold-red hue, corruption and mortality

In addition to words built on the conflation of a root and a "quasifix" associated with a specific word (moreover, a word that may even be present in the poem), we also see two large clusters built on the conjunction of a root and the archaic inflectional morpheme –*es*(*a*), traceable back to Old Church Slavic, or the historically marked derivational morpheme –*nich*(*ii*). In the former case the two most likely models, *chudesa* and *nebesa*, fall within the semantic aureole of the "angelic" topos, and their archaic inflectional plural lends an archaic feel to all eight nouns that use this ending, whether they

44 For inexplicable reasons, Evgenii Arenzon claims that "slovotvorcheskoe stikhotvorenie Khlebnikova 'Angely' [. . .] est' pervaia neposredstvenno-tvorcheskaia zaiavka na 'zvezdnyi' iazyk tselogo riada tekstov nachala 1920 g." See Evgenii R. Arenzon, "Eshche raz o khlebnikovskoi 'zaumi,'" *Vestnik Velimira Khlebnikova* (Moscow), no. 3 (2002): 123. "Zvezdnyi iazyk" is a "language" of mostly monosyllabic words that foregrounds consonants and contextualizes them as a way to bring out their spatial or geometric meaning. This sort of coinage is present only marginally, if at all, in "Angely" and the other poems of the cluster I am describing.

appear to designate spaces (e.g., *siesa*—presumably light-filled heavens) or beings (e.g., *bozhesa*)—or something indefinable that shares the properties of both. The ten neologisms that share the suffix *–nich*(*ii*) are far more concrete and, by virtue of the historical realia associated with their main models—*lesnichii, gorodnichii*, and so on—introduce the aura of order and hierarchy to the ranks of the fallen angels that they appear to designate.

The second stage in the development of such liminal discourse is best represented by "Kak sneg serebrovoe temia . . . ," a seventy-eight line poem composed in April 1920 and divided into four unequal parts. The manuscript is written in a modified new orthography, as are virtually all Khlebnikov's works written from 1920 on. A fragmentary draft of this work, however, can be traced back to late 1919: it is written in the old orthography and in a hand very similar to the manuscript of "Angely." This suggests that the "second stage" represented by "Kak sneg serebrovoe temia . . ." grew out of the same circumstances—historical and biographical—as "Angely," but represents an alternate discursive path. It has several distinguishing features. Most obviously it downplays plot. Where "Angely" in its six numbered strophes traces the mythic fall of the angels and their incarnation in the folkloric world of supernatural beings, and perhaps in human form as well, "Kak sneg serebrovoe temia . . ." reads more like four variations on a single complex theme. Second, the removal of any concrete reference to angels blurs an already tenuous denotative function in the neologisms. Third, there are far fewer clusters (30) of neologisms in "Kak sneg serebrovoe temia . . ." than in "Angely" (49), that is, far fewer groups of neologisms formed in imitation of a single derivational model (as in the case of "Angely," the number in parentheses indicates the line in which the coinage occurs; the modified new orthography of the original is preserved):

межба (38)
нежба (40)
*
всегдава (32, 34)
иногдава (34)
*
младуга (51)
темногда (35)
*
шумана (73)
*

дайна (36, 60)
*
веяна (19, 74)
сіяна (21, 72)
леляна (62 x 2)
*
летура (33)
*
голубеса (6)

инеса (8)
*
Темнигов (50)
*
мечтог (44)
летог (45)
*
окопад (52)
*
летеж (58)

нетеж (54)
*
сонз (17)
стонз (18)
*
веокій (9)
*
небесничій (5)
*
серебреющій (11)
*
серебровый (1)
вечеровый (63)
*
доразумный (16)
*
грезурный (77, 78)
незурный (51)

летурный (48)
нетурный (46 x 2)
*
инесный (33)
*
могатый (4)
*
могно (22)
прахно (40)
духно (41)
*
сіесо (67)
махесо (66)
*
озор (62)
*
всегдавец (24)
иногдавец (25)
*

Никогдавль (71)
Тихославль (13, 69)
улетавль (70)
*
махарь (23)
дахарь (25)
*
трусть (15)
*
вразурь (55)
незурь (59)
грезурь (53, 56, 57)
*
немя (3)

The two most dominant clusters are nouns modeled on *lazur'* (three neologisms, five iterations), and adjectives derived from them (four neologism, six iterations). These establish the main semantic loci of the poem: dream (*grezur', grezurnyi*) and absence or negation (*nezur', nezurnyi*), the latter assisted by other neologisms that exploit the same negative particle as a "quasi-root" (*netezh, neturnyi*). The feeling of bright, lulling, undulating spaces are conveyed by a cluster of neologisms fashioned after the model *poliana* (*veiana, siiana, leliana*). A fairly large cluster of neologisms accentuate flight (*letura, leturnyi, letog, letezh, uletavl'*).

If we can speak of "keys" to the poem, one would most certainly be the "destination" of the winged creatures:

Они голубой Тихославль,
Они золотой Ярославль,
Окутаны вещею трустью,
Летят к доразумному устью[45].

45 Khlebnikov, *Sobranie sochinenii*, 2:105.

Their "retreat," in other words, is into the world, not of transrational (*zaumnyi*) discourse, but prerational (*dorazumnyi*) discourse—that of "paradise lost," as Vladimir Markov writes.[46]

A second key is found in the opening of the fourth part of the poem:

Леляною вести, леляною грусти
Ее вечеровый озор.
Увидев созвездье, опустим
Мы, люди, задумчивый взор.
Ни шумное крыл махесо,
Ни звездное лиц сиесо,
Ничто нас тревожить не может[47].

Here the setting suggests that the ethereal being of the poem may be identified in some way with constellations, or at least that the constellations symbolize these creatures. Observing them, the poet reflects on their movement across the heavens. This hypothesis is consonant with the fact that so many of the constellations represent the gods and creatures of antiquity. As we have already noted, one of them, the Sumerian moon god Sin, is addressed in the prose piece "Sin, syni sini . . . ," and in "Poet" the narrator makes his pledge to guide the *rusalka* and the Theotokos under the sign of Aquarius. Significantly, the image of the *rusalka* appears in the 1919 preparatory draft of "Kak sneg serebrovoe temia . . . ," where we read:

По небу ночному летуры
Русалочей чары поюры,
Промчатся вечерней виданой
Какъ призракъ заветный и странный[48].

Here, once again, the poet has allied himself with those spirits (*poiury*) who champion the world represented by mythological figures of the prerational world.

46 Vasilii V. Babkov relates this "prerational world" to the unsemiotized world of mental streams and impressions in Wilhelm von Humboldt's philosophy of language. See his "Konteksty Dosok Sud'by" in *Doski sud'by*, by Velimir Khlebnikov, ed. Vasilii V. Babkov (Moscow: Rubezh stoletii, 2000), 213–15.

47 Khlebnikov, *Sobranie sochinenii*, 2:107.

48 See Appendix for the full text.

The deployment of liminal neologisms as a way to convey something about the prerational world of mythic thought is increasingly circumscribed from this point on. In late 1920 Khlebnikov composed a new poem, "Lelianoiu vesti, lelianoiu grusti . . . ," an abridged version of "Kak sneg serebrovoe temia . . ." that draws most of its lines from the third and fourth sections with no stanzaic breaks and no title.[49] The abridgement served only to increase the amorphousness of the whole. Sometime in 1921 Khlebnikov composed yet another short poem on the same theme, "I veter, leleia vozdushnuiu leiu . . . ," this time making it clear that the fleeting figures he has in mind are indeed "Leturnye bogi, sozvezdii runo."[50] At around the same time he began to assemble the cycle or "supertale" (sverkh-povest'), *Zangezi*, where he returned once again to the storehouse of lines contained in "Kak sneg serebrovoe temia . . ." and "Lelianoiu vesti, lelianoiu grusti . . . ," remixing them and adding some additional ones to create a new forty-nine-line poem constituting the thirteenth "plane" (*ploskost'*) of the cycle. Very similar to its antecedent, the poem differs primarily in its more extensive use of neologisms employing the negative particle *ne-* (*nekhotiai, netota, nezurnyi, netava, netura, netezh, neturich, neturnyi*) and the pronominal root *et-* (*etota, etavl'*), all of which only contributes to the suppression of denotation in the piece. The context in which the poem is placed, however, signals what all these *letury, ischezai, begurichi*, and so on really are. In plane 11, we see a flock or swarm of gods (Tian, Shang-di, Juno, Unkulunkulu, Veles, and others) crossing the sky and disappearing, frightened off by the voices of those who have gathered to listen to the poet's alter ego, the prophet Zangezi. As they disappear, he gives a short sermon on the true forces that govern the universe, which are instantiated in the very letters of the alphabet. But a profound nostalgia for the older, mythic way of looks at things compels him to compose one last hymn in a liminal key:

Они голубой тихославль,
Они голубой окопад.

49 The poem was originally published in the miscellany *Mir i ostal'noe* (Aleksei E. Kruchenykh, Tat'iana V. Tolstaia-Vechorka, and Velemir [sic] Khlebnikov, *Mir i ostal'noe* [Baku: n.p., 1920], *l. 30–30 ob.*; see Khlebnikov, *Sobranie sochinenii*, 2:440; the republication inadvertently omits the line: "Bezburnomu nochi grezur'iu" directly following "Letite k zemnomu vrazur'iu."

50 Vroon, *Velimir Xlebnikov's Shorter Poems*, 206. In the *poema* "Lesnaia toska" (1919–1921) Khlebnikov also includes the figure of the *rusalka* among those destined to disappear. Addressing the wind she says: "Leni drug i vrag truda, / Ty poklialsia, veriu chudu, / Chto uchimsia v nikogda [...]" (Khlebnikov, *Sobranie sochinenii*, 4: 71).

Они в никогда улетавль,
Их крылья шумят невпопад.
Летуры летят в собеса
Толпою ночей исчезаев.
Потоком крылатой этоты,
Потопом небесной нетоты[51].

This is Zangezi's—and ipso facto Khlebnikov's—final tribute to the gods of antiquity and what they represent: a prerational world that has been displaced by a new worldview that can account "scientifically" for all those forces previously attributed to these divinities. Despite his attachment to them and the world they represent, however, he recognizes that their time is past. At the conclusion of this tribute to the gods Zangezi's disciples plead with him: "Zangezi! Chto-nibud' zemnoe! Dovol'no neba! Grian' 'kamarinskuiu'! Myslitel', skazhi chto-nibud' veselen'koe! Tolpa khochet veselogo. Chto podelaesh'—vremia posleobedennoe."[52] And on that self-deprecating note the poet's experiments in "angelic" speech came to an end.

51 Khlebnikov, *Sobranie sochinenii*, 5:329.

52 Ibid., 330.

APPENDIX

The source of the text is Rossiiskii gosudarstvennyi arkhiv literatury i iskusstva (RGALI), *fond* 527 (Velimir Khlebnikov), *opis'* 1, *edinitsa khraneniia* 27, *list* 9r. This storage unit contains drafts of *Zangezi*, but the present text was almost certainly composed before Khlebnikov conceptualized the "*sverkhpovest'*" as such. Eventually, however, versions of some lines were incorporated in Plane 13 of the work. A ten-line fragment of the poem was first published in Pertsova, *Slovotvorchestvo*, 100–101 (see vv. 1–2, 19–26 below). The basic text is written in light purple ink with virtually no corrections; a second layer of corrections, relatively minor, is entered in brown ink. Following typical Russian academic transcriptional practice, editorial conjectures are enclosed in angular brackets. No attempt has been made to alter authorial punctuation, however, because to do so would remove syntactic ambiguities that inhere in the text. In several cases the poet introduces interlineal variants without crossing out the word or words they are intended to replace. In such cases we have consistently incorporated them into the basic text reproduced below, banishing the initial version to the notes that follow, but annotating them to make clear that the initial version has *not* been definitively rejected by the poet and should be regarded as an alternate reading.

Крыльям<и> махари

Вдали голубые всегдавцы,
Дахари свѣта, земли иногдавцы.
Снегов<ъ> серебристое темя,
Огнями глаза зажжены,
А рядомъ великое нѣмя
Мiрами могатой волны.
Игрою небесъ, небесничiе
Прорѣютъ пятном<ъ> голубесъ,
И кроткое пало величiе
Ручьями вечернихъ инесъ.
Вѣокiя перья и очи,
Качается солнечный глазъ,
Перо серебристое ночи
На вѣткѣ качается часъ.
На нитях<ъ> качается ласъ.
Онъ сине<е> поле на поле зеленомъ,
Онъ воздухъ въ рѣсницахъ изъ сновъ.
Онъ сонъ о умершемъ влюбленномъ,

Потокъ голубыхъ летуновъ.
Он<и> — голубой Тихославль,
Они — золотой Ярославль.
Окутаны вѣщею трустью,
Летятъ къ доразумному устью.
Потокомъ синѣющихъ сонзъ,
Надъ міромъ задумчивых<ъ> стонзъ.
Мужскія и женскія онзы,
Крылами изъ <__________> бронзы,
<. . . . .>

2

Изъ звѣздныхъ временъ.
Ихъ бѣлые падаютъ волосы
Какъ сотня дѣвичихъ именъ
Одѣи качаются полосы.
На длинной нити дѣвы имя,
Ресницей черною одѣто,
Какъ снѣжный глазъ плыветъ за ними,
Изъ полумглы и полусвѣта.
Но снѣжнымъ вѣтромъ не забыта
Въ потопѣ востока всегдава
Летуры инеснаго быта,
И право и граво и нраво,
Свѣтуръ голубая летава.
Пѣвцовъ солодая вѣдава
Въ всегдавѣ инесъ иногдава
Толпой черносиней сында
Мятежная чернымъ руномъ.
Ласитвою пѣсенъ труда
Могуча весничихъ крыломъ.
Летитъ въ вышинѣ иногда
Когда же идетъ темногда
И небо нечаянной дайной,
Очертится чорною тайной,
Исполнено синей можбы
За вихрями бѣлой нѣжбы
Размечетъ ночное прахно

И дышитъ въ чужое духно,
Лучей утопающій ласъ,
Тогда созерцающій часъ,
Омлады исполненъ и холода,
И неба державнаго голода,
Онъ высинитъ небо и васъ.
Летуры потоком усладъ.
Ресницам<и> ницъ, небопадъ,
По небу ночному летуры
Русалочей чары поюры,
Промчатся вечерней виданой
Какъ призракъ завѣтный и странный.

1 *The line is a later addition in brown ink and could represent either a title, the opening line of the poem assigned after the main text was written, or a segue between this text and earlier lines on a different leaf that has been lost.*

3 Как<ъ> снегъ серебристое темя

8 Прорѣютъ волной голубесъ,

9 И кроткое льется величіе

10 Потокомъ вечернихъ инесъ.

16 Какъ синее поле на поле зеленомъ.

17 *The initial word* Какъ *is crossed out.*

18 Мечта о умершемъ влюбленномъ,

20 Он<ъ> голубой Тихославль,

25 Надъ міромъ печали и стонзъ.

27 *Part of the lower left quadrant of the leaf is missing; it would have included the missing word(s) in line 27 and approximately eight additional lines.*

29, 31–32 *The word* нити *is entered in the right margin opposite line 29; the word with which it forms a rhyming pair,* событій, *is entered between the words* полосы *and* имя *in lines 31 and 32. Neither word is integrated syntactically into the poem.*

30 Струями дѣвичихъ именъ
The word Струями *is erased and overwritten with the words* Какъ волны. *The word* сотня *is inserted beneath the word* волны *with no indication which of these two words is the preferred variant.*

31 *The line began initially with the word* Струями *and another that is indecipherable; both have been partially erased and overwritten with the neologism* одѣи.

37–38 *Between the two lines the following has been partially erased:*
Толпы благовѣщ<...> <...>дава

39 Для знѣва чудеснаго право

50 *Two words,* темною *and* черною, *are inscribed over the words* чорною тайной *and are partially erased.*

51 *The partially erased word* чорной *is inscribed over the word* синей.

52 *The partially erased word* облак<ами> *is inscribed over the word* вихрями .

60 Везуры ладимыхъ усладъ
This variant has not been crossed out.

61 Порогами ницъ, небопадъ,
The word Порогами *has not been crossed out.*

FOUR NOTES ON PUSHKIN'S PROSE

MICHAEL WACHTEL
(Princeton)

1. PUSHKIN AND SCOTT

As a poet, Alexander Pushkin was remarkable for his ability to borrow creatively from the work of his predecessors. The repetition or variation of a single word or phrase is sufficient to create a chain of associations. At times, it is essential to recognize the source text; at times, it is not. However, even in these latter cases we are given a glimpse into the poet's creative laboratory and a chance to understand the way his creativity worked.

It should come as no surprise that the same principles, so amply cataloged in studies of Pushkin's poetry, are also at work in his prose. The numerous connections of Pushkin's novel *The Captain's Daughter* to Sir Walter Scott's *Rob Roy* have long been recognized. Scholars have examined Pushkin's reception of Scott in terms of characters, plot outlines, and even views of history.[1] However, the level of detail that a poet attends to has generally been overlooked.

1 The most detailed comparative analysis of *The Captain's Daughter* and *Rob Roy* is Mark Al'tshuller, "Rob Roi Val'tera Skotta i Kapitanskaia dochka A. Pushkina," in *Russian Language Journal* 44, nos. 147–49 (1990): 91–108. On other aspects of Pushkin's reception of Scott, see Melissa Frazier, "Kapitanskaia dochka and the Creativity of Borrowing," *The Slavic and East European Journal* 37, no. 4 (1993): 472–89; and Aleksandr Dolinin, "Val'ter-skottovskii istorizm i 'Kapitanskaia dochka,'" in *Pushkin i Angliia: Tsikl statei* (Moscow: NLO, 2007), 237–58.

At the very beginning of *Rob Roy*, the narrator, who has supposedly been undergoing a business apprenticeship but has instead been writing poetry, is called home and forced to confront his disappointed father. (As Al'tshuller notes, this difficult father-son relationship repeats in *The Captain's Daughter*, even to the point of the son demonstrating his unworthiness by composing verse.[2]) Scott relates their confrontation humorously by applying military metaphors:

> I shall long remember that dinner-party. Deeply affected by feelings of anxiety, not unmingled with displeasure, I was unable to take that active share in the conversation which my father seemed to expect from me; and I too frequently gave unsatisfactory answers to the questions with which he *assailed* me. Owen, hovering betwixt his respect for his patron, and his love for the youth he had dandled on his knee in childhood, like the timorous, yet anxious *ally* of an *invaded* nation, endeavoured at every blunder I made to explain my no-meaning, and to *cover my retreat*; *maneuvres* which added to my father's pettish displeasure, and brought a share of it upon my kind advocate, instead of *protecting* me.[3] (Emphasis mine)

In the standard translation of A. J. B. Defauconpret (the version that Pushkin most likely read),[4] the passage retains and in some ways even extends this same imagery:

> Je me rappellerai long-temps ce dîner. Inquiet sur le sort qui m'était réservé, craignant de devenir la victime de l'intérêt, et cherchant les moyens de conserver ma liberté, je ne pris pas à la conversation une part aussi active que mon père l'eût voulu, et je faisais trop souvent des réponses peu satisfaisantes aux questions dont il m'*accablait*. Partagé entre son respect pour le père et son attachement pour le fils, qu'il avait

2 Al'tshuller, "Rob Roi Val'tera Skotta," 92–93.

3 Sir Walter Scott, *Rob Roy* (London: Penguin, 1995), 11.

4 Pushkin owned one English edition of Scott's prose and two French editions, though apparently only certain volumes of each. See B. L. Modzalevskii, "Katalog biblioteki <A. S. Pushkina>," *Pushkin i ego sovremenniki* 9–10 (1910): 333 (items 1366, 1368, and 1369). Despite Russian claims to the contrary (see, for example, Al'tshuller, "Rob Roi Val'tera Skotta," 147), Pushkin's command of English was insufficient to read a novel the length of *Rob Roy* in the original, though he conceivably looked at certain passages in English.

> fait danser tant de fois sur ses genoux, Owen, semblable à l'*allié* craintif, mais bienveillant, d'une contrée *envahie*, s'efforçait de réparer mes fautes, de suppléer à mon *inaction* et de *couvrir ma retraite*: *manœuvres* qui ajoutaient au mécontentement de mon père, dont le regard sévère imposait aussitôt silence au bon vieillard.[5] (Emphasis mine)

In chapter 6 of *The Captain's Daughter*, we once again find military terminology applied to a domestic quarrel:

> Василиса Егоровна возвратилась домой, не успев ничего выведать от попадьи, и узнала, что во время ее отсутствия было у Ивана Кузмича совещание и что Палашка была под замком. Она догадалась, что была обманута мужем, и приступила к нему *с допросом*. Но Иван Кузмич *приготовился к нападению*. Он нимало не смутился и бодро отвечал своей любопытной сожительнице [. . .] Василиса Егоровна увидела *коварство* своего мужа; но, зная, что ничего от него не добьется, прекратила свои вопросы и завела речь о соленых огурцах, которые Акулина Памфиловна приготовляла совершенно особенным образом[6]. (Emphasis mine)

This is a classic example of Pushkin's poetics of appropriation. He does not simply borrow a technique from his predecessor, he improves on it. In the context of Scott's novel, there is no clear logic for the application of martial imagery to the domestic sphere. The protagonist's father is not a military man, but a merchant. The comic effect is simply a result of hyperbole. In the Pushkin novel, however, it is especially apt because the Mironovs have spent their entire lives in military service. The depiction of their argument in these terms enhances the comic quality of the passage, particularly since the husband (the captain) is on the defensive, while his wife (the traditionally subservient party) is on the attack. It might also be noted that even the formal dinner—the setting of the passage in Scott's novel—seems to find an echo in the reference to the pickles that Akulina Pamfilovna so splendidly prepares. (The combination of food and military activity takes a macabre twist in the tenth chapter of the novel, where the general in

---

5 *Œuvres complètes de Sir Walter Scott* (Paris: Charles Gosselin, 1826), 20:15.

6 Aleksandr Pushkin, *Polnoe sobranie sochinenii v shestnadtsati tomakh* (Moscow-Leningrad: Izdatel'stvo Akademii Nauk SSSR, 1937–49), 8:315.

Orenburg, upon hearing of the gruesome deaths of Mironov and his wife, comments: "Zhal' ego: khoroshii byl ofitser. I madam Mironov dobraia byla dama i kakaia maisteritsa griby solit'!")[7]

2. *LOSHADINAIA POGOVORKA*: ON ONE (ABSENT) PROVERB IN *THE CAPTAIN'S DAUGHTER*

Even a casual reader of Pushkin's novel recognizes that it is saturated with references to folk culture. Savelich, Grinev's servant, is a constant source of folk wisdom, spouting proverbs at every opportunity. However, he is in a sense pitted against another folkloric character, Pugachev, who so assiduously aligns his behavior with folk norms that at numerous junctures he acts against his own self-interest (a certain "potlatch" quality that David Bethea has discussed).[8]

There is a striking moment at the end of chapter 9 where these two bearers of folk wisdom collide. After sparing Grinev and allowing him to set off for Orenburg, Pugachev sends a man after him to deliver a sheepskin coat and a nag, in accordance with the folk principle that he himself will cite in chapter 11: "Dolg platezhom krasen."[9] Savelich, however, chooses to ignore the generosity of this gesture:

> «Вот видишь ли, сударь»,—сказал старик,—«что я не даром подал мошеннику челобитье: вору-то стало совестно, хоть башкирская долговязая кляча да овчинный тулуп не стоят и половины того, что они, мошенники, у нас украли, и того, что ты ему сам изволил пожаловать; да все же пригодится, а с лихой собаки хоть шерсти клок»[10].

The most amusing thing about this closing statement (the final words of chapter 9) is that it is obviously the wrong proverb for the situation. Rather than saying "s likhoi sobaki khot' shersti klok" ("from a mad dog at least a tuft of hair," or, more idiomatically, "grab what you can"), the appropriate

7 Pushkin, *Polnoe sobranie sochinenii*, 8:338.

8 David M. Bethea, "Taboo and the Family Romance in *The Captain's Daughter*," in *Taboo Pushkin*, ed. Alyssa Dinega Gillespie (Madison: University of Wisconsin Press, 2012), 329.

9 Pushkin, *Polnoe sobranie sochinenii*, 8:350.

10 Ibid., 8:337.

proverb remains unspoken: "Darenomu koniu v zuby ne smotriat" ("Don't look a gift horse in the mouth"). The absence of the "correct" proverb is especially ironic, given that the one thing Savelich knows is horses. He is by profession a groom (not a manservant), and earlier in that very scene (the abovementioned "chelobit'e"[11]) he had addressed Pugachev with a proverb in which a horse is invoked: "Ne gnevis': kon' i o chetyrekh nogakh da spotykaetsia." (It is the second time in the novel that Savelich has recourse to that particular proverb.)

3. METONYMY IN PUSHKIN'S "QUEEN OF SPADES"

> Из карет поминутно вытягивались то стройная нога молодой красавицы, то гремучая ботфорта, то полосатый чулок и дипломатический башмак. Шубы и плащи мелькали мимо величавого швейцара[12].

This type of narration, built entirely on synecdoche, is rare in Pushkin's prose.[13] If asked to identify this passage out of context, a reader could be forgiven for assuming that it was written by Nikolai Gogol. In fact, it is not out of the question that Gogol responded to it on the opening page of "Nevsky Prospect":

> Как чисто подметены его тротуары, и, Боже, сколько ног оставило на нем следы свои! И неуклюжий грязный сапог отставного солдата, под тяжестию которого, кажется, трескается самый гранит, и миниатюрный легкий, как дым, башмачок молоденькой дамы, оборачивающей свою головку к блестящим окнам магазина, как подсолнечник к солнцу, и гремящая сабля исполненного надежд прапорщика, проводящая по нем резкую царапину[14].

11 Ibid., 8:335.

12 Ibid., 8:236.

13 It does appear in Pushkin's lyric poetry, though likewise infrequently. See his poem "Gorod pyshnyi, gorod bednyi" and the exemplary analysis of it by Alexander Zholkovsky, "Gorod i lokon: Ob odnoi pushkinskoi miniatiure," *Zvezda*, no. 2 (2011): 221–30.

14 N. V. Gogol', *Polnoe sobranie sochinenii i pisem* (Moscow: Nauka, 2009), 3:126–27. It is difficult to ascertain precisely when Gogol began work on "Nevskii Prospekt," but all evidence suggests that it is unlikely to have been before 1834. Ibid., 748.

In both passages we find people represented by footwear; there are even some semantic echoes; of the "noga *molodoi krasavitsy*" in the "bashmachok *moloden'koi damy*" and of the "*gremuchaia* botforta" in the "*gremiashchaia* sablia." The differences are, however, hard to miss. Gogol's prose is verbose, with each synecdoche amplified by a simile. If Pushkin had written this passage, it would read more like: "I neukliuzhii sapog otstavnogo soldata, i miniatiurnyi bashmachok moloden'koi damy, i gremiashchaia sablia praporshchika." Returning to the fuller passage from Pushkin, the motive for synecdoche becomes evident, as does an essential difference between the prose styles of Pushkin and Gogol.

> «Нет! расчет, умеренность и трудолюбие: вот мои три верные карты, вот что утроит, усемерит мой капитал и доставит мне покой и независимость!»
>
> Рассуждая таким образом, очутился он в одной из главных улиц Петербурга, перед домом старинной архитектуры. Улица была заставлена экипажами, кареты одна за другою катились к освещенному подъезду. Из карет поминутно вытягивались то стройная нога молодой красавицы, то гремучая ботфорта, то полосатый чулок и дипломатический башмак. Шубы и плащи мелькали мимо величавого швейцара. Германн остановился.
>
> — Чей это дом?—спросил он у углового будочника.
>
> — Графини ***,—отвечал будочник.
>
> Германн затрепетал[15].

This scene, where Hermann mysteriously finds himself in front of the countess's house, prepares his transition from a believer in "raschet, umerennost' i trudoliubie" to a monomaniac who believes that he can achieve his goals only through gambling and ghosts. Instead of an orderly series of observations, Pushkin offers us a chaotic jumble of impressions. It is essential to recognize that this is not the way Pushkin (or, more precisely, Pushkin's narrator) views the world, but rather a reflection of Hermann's unbalanced mental state. In other words, we are confronting a type of free indirect discourse, whereby the narration—without being explicitly marked as such—reflects the character's perspective. Pushkin's metonymic narration hints at his character's descent into irrationality

15 Pushkin, *Polnoe sobranie sochinenii*, 8:235–36.

(and ultimately madness). In Gogol's work, in contrast, metonymic narration is not a special effect, but a standard way of depicting a world that is eternally illogical and unpredictable. Metonymy is not the province of a single character, but of the narrator himself.

4. PUSHKIN AND CASANOVA

When Tomsky relates the story of the three cards in the opening passage of "The Queen of Spades," he makes a fleeting reference to Casanova.

> Вы слышали о графе Сен-Жермене, о котором рассказывают так много чудесного. Вы знаете, что он выдавал себя за вечного жида, за изобретателя жизненного эликсира и философского камня, и прочая. Над ним смеялись, как над шарлатаном, а Казанова в своих Записках говорит, что он был шпион[16].

Tomsky's emphasis is, of course, on St.-Germain, and his allusion to Casanova seems nothing more than a parenthetical comment. The good reader (who recognizes that there are no extraneous details in Pushkin's writing) wonders why Casanova should be mentioned at all. One might, for example, see the presence of the famous libertine and adventurer as a hint at the sexual power struggle hidden just beneath the surface of the opening anecdote and (in perverse reflection) at Hermann's own behavior later in the tale. However, even if the reference to Casanova can be explained in this way, the relevance of spying remains unclear. In Pushkin's tale, St.-Germain is definitely not a spy (whatever else he might be), and the broader plot does not feature spying in any significant way.

To my knowledge, the only reader who has posed this question is Wolf Schmid, who notes with his characteristic perspicacity (and in a cognate -studded Russian):

> Как это часто бывает у Пушкина, для интертекстуального осмысления релевантен не ограниченный потенциал отдельного мотива, к которому отсылает данный текст, а потенциал всего претекста. Пушкинская интертекстуальность не локальна, а экспансивна, контекстуальна—она заставляет

16 Ibid., 8:228.

> читателя распространять интертекстуальное восприятие на весь претекст[17].

Schmid's own conclusion is that both Casanova and St.-Germain are prototypes of Tomsky—fabulators with little regard for the truth. The idea that Pushkin is consciously creating a sequence of unreliable narrators has an undeniable appeal (especially to scholars of narratology), yet there is little about Casanova that justifies such a claim. Schmid avers that Casanova "ne vsegda byl dostovernym istochnikom,"[18] but there is no reason to think that Pushkin (and Pushkin's contemporaries) doubted him and, indeed, recent accounts emphasize that Casanova's few errors were simply a result of memory slips rather than any sort of intention to falsify his story.[19]

I would agree with Schmid, however, that the motif of spying is meant primarily to draw our attention to the broader context of Casanova's memoirs. If we return to that celebrated text—which Pushkin probably read shortly before writing "The Queen of Spades"—we discover that Casanova did indeed consider St.-Germain a spy. But another detail of the portrayal of St.-Germain is far more relevant to the plot of "The Queen of Spades":

> St.-Germain acted as if he were extraordinary; he wanted to amaze and often succeeded. His tone was decisive, but his manner so polished that he could not displease. He was erudite, he spoke most languages perfectly, he was a great musician, a great chemist, good-looking, and a master at charming all women; since, while offering them rouge and cosmetics to make them more beautiful, he flattered them—not to make them young again (since he had the modesty to admit that he was incapable of this) but to preserve

17 Vol'f Shmid, *Proza Pushkina v poeticheskom prochtenii: "Povesti Belkina" i "Pikovaia dama"* (St. Petersburg: Izdatel'stvo S.-Peterburgskogo universiteta, 2013), 320.

18 Ibid., 323.

19 "Yet despite its supposed meanders into fiction, Casanova's *History*, where it can be corroborated, turns out to be just that: history." Ian Kelly, *Casanova: Actor, Lover, Priest, Spy* (New York: Penguin, 2008), 7. In a comment of 1835, Pushkin praised Casanova's memoirs for their "original'nost'" (Pushkin, *Polnoe sobranie sochinenii*, 10:295), but it should be remembered that, in Pushkin's usage, the word "original'no" meant "unique" or "unusual." See *Slovar' iazyka Pushkina*, ed. V. V. Vinogradov et al. (Moscow: Gosudarstvennoe izdatel'stvo inostrannykh i natsional'nykh slovarei, 1959), 3:143.

> them in their present state, thanks to a concoction that he would say cost him a great deal of money, but which he would offer them as a gift [. . .]. This remarkable man, born to be the king of impostors, would insist in a confident tone and manner that he was three hundred years old, that he possessed a cure-all, and that he could make of nature anything he wished.[20]

In Casanova's view, St.-Germain was a charlatan, but an endearing one. What matters is not so much his ability to make up improbable stories about himself as the point on which most of these stories pivot: his ability to avert the effects of aging (on himself and others). Schmid cites other contemporary memoirists who likewise describe St.-Germain's ability to tell stories convincingly, but these stories invariably pertain to his recollections of earlier eras that he claimed to have witnessed.[21] As such, St.-Germain embodies the idea that so fascinated Pushkin—how one historical era lives on into the next.

It is difficult to imagine that Pushkin, whose fascination with "plot rhymes" verged on the obsessive, would not have appreciated the parallel that emerges: the constellation of characters in the Paris scene (the youthful Russian countess and her three-hundred-year-old benefactor)[22] is

---

20 My translation from the French original: *Mémoires de Jacques Casanova de Seingalt, écrits par lui-même: Édition originale, la seule complète* (Brussels: J. P. Meline, 1833), 6:128. Pushkin owned this edition (Modzalevskii, "Katalog biblioteki," 185, item 706). Pushkin wrote "The Queen of Spades" in October–November of 1833; hence it is possible that he obtained and read this edition earlier that same year. If not, there were other (less complete) editions he could have known. For example, the same passage (with somewhat different wording) can be found in *Mémoires du vénitien J. Casanova de Seingalt, extraits de ses manuscrits originaux* (Paris: Tournachon-Molin, 1828), 8:93. This edition was a back translation from the German. For an overview of the various editions, see S. A. Reiser, "Pushkin i memuary Kazanovy," *Vremennik Pushkinskoi kommissii 1976* (1979), 125–30.

21 Shmid, *Proza Pushkina*, 322.

22 It is worth noting that, even before the appearance of the three-hundred-year-old St.-Germain, the potential of a liaison between the young Russian countess and an aged French admirer is already mentioned: "Rishel'e za neiu volochilsia, i babushka uveriaet, chto on chut' bylo ne zastrelilsia ot ee zhestokosti" (Pushkin, *Polnoe sobranie sochinenii*, 8:228). The Richelieu in question is Armand de Vignerot du Plessis (1696–1788), renowned for his womanizing, who also makes a cameo appearance in the dissolute Paris of Pushkin's *Arap Petra Velikogo* (ibid., 8:4). He would have been in his late seventies at the time of the countess's Paris adventures in "The Queen of Spades."

echoed in Petersburg by the youthful Hermann and the "ancient" countess (repeatedly described as a relic of an earlier age) whom he tries to mold into his own benefactor. Of course, the pattern is reversed; old man and young woman are replaced by young man and old woman. More importantly, the saintly count Germain (equal in rank to the Russian countess)[23] is replaced by the diabolical commoner Hermann (as has long been noted, the French name "Germain" translated into Russian becomes "Hermann"), and the attempt to replicate the success of the Paris gaming tables ends in disaster when transferred to Petersburg.

23 Pushkin mentions the countess's husband, but does not call him "count." He was apparently recent aristocracy ("rod babushkina dvoretskogo," ibid., 8:228) and therefore perhaps not worthy of the title. Hence the true "graf" and "grafinia" are St.-Germain and Anna Fedotovna, and Pushkin repeatedly refers to them with these epithets. On the role that social class plays in the story, see Andrew Wachtel, "Rereading 'The Queen of Spades,'" *Pushkin Review* 3 (2000), 13–21.

CAN WE KNOW THE WRITER FROM HIS WORK?

The Case of Alexander Zholkovsky

WILLEM G. WESTSTEIJN
(Amsterdam)

As is well known, Russian Formalism was the first critical movement in the twentieth century that was not concerned with an external approach to literature, but studied literature for its own sake. Before the Formalists, literature was primarily seen as a manifestation of political, social, religious, or philosophical ideas. The message was more important than the particular way in which the message was presented. Literature was reduced to ideology and served other disciplines: history, sociology, philosophy.[1] In his essay on Velimir Khlebnikov, "Noveishaia russkaia poeziia" (1921), Roman Jakobson was one of the first to defend literature (*literaturnost'*) for its own sake:

> ...до сих пор историки литературы преимущественно уподоблялись полиции, которая, имея целью арестовать определенное лицо, захватила бы на всякий случай всех и всё, что находилось в квартире, а также случайно проходивших по улице мимо. Так и историкам литературы все шло на потребу—быт, психология, политика, философия. Вместо науки о литературе

1 See, for instance, Aleksandr Pypin, *Istoriia russkoi literatury*, 4 vols. (St. Petersburg: Tipografiia M. M. Stasiulevicha, 1898–99); and Dmitrii Merezhkovskii, *L. Tolstoi i Dostoevskii* (Moscow: Nauka, 2000).

> создавался конгломерат доморощенных дисциплин. Как бы забывалось, что эти статьи отходят к соответствующим наукам—истории философии, истории культуры, психологии и т. д., и что последние могут естественно использовать и литературные памятники как дефектные, второсортные документы[2].

In general, Russian Formalism can be considered a reaction to nineteenth-century positivism with its causal explanations and interpretations. As Viktor Erlich writes in his still unsurpassed study on Russian Formalism:

> While the European intellectual scene was dominated by positivism, regarding natural science as the only *bona fide* type of scientific inquiry, and causal determinism as the only legitimate frame of reference, the notions of purpose or function were bound to be discarded as relics of medieval mysticism. With the structural analysis of literature thus made impossible, the genetic method had its heyday. Taine's theory of art or the *Kulturgeschichtliche Schule* in German philology focused the attention of the scholar not on the literary work itself, but on "that which lies at the bottom of this work and manifests itself in it."[3]

One of the most influential positivist views in literary criticism was that of the French critic Hyppolyte Taine.[4] A literary work, he maintained, was determined by *race*, *milieu*, *moment*—an author's heredity, environment, and experience. If you knew all this about an author, you could understand his work and, vice versa, on the basis of his work it was possible to understand the author. Taine argued that there was always a close relationship between the author and his work, the work being the reflection of the author's life.

The Russian Formalists and after them the American New Critics disapproved of this so-called biographical method. One of the best discussions

2 Roman Jakobson, "Noveishaia russkaia poeziia: Nabrosok pervyi; Podstupy k Khlebnikovu," *Selected Writings*, vol. 5, *On Verse, Its Masters and Explorers* (The Hague: Mouton, 1979), 299–54.

3 Viktor Erlich, *Russian Formalism: History, Doctrine* (The Hague: Mouton, 1965), 22.

4 See: Sholom Kahn, *Science and Aesthetic Judgment: A Study in Taine's Critical Method* (New York: Columbia University Press, 1953).

of the role of the author's biography in the study of his literary work is still Boris Tomashevskii's article "Literatura i biografiia."[5] In the beginning of this article Tomashevskii indicates two movements in literary studies, the "old," biographical one, which uses documents, including an author's works, not for the study of literature or its history, but rather for "the study of the author as a man," and the new one, which concentrates on "the specific poetic elements in verbal art."[6] There seems to be a profound split between literary scholars, he maintains, which leads him to the crucial question: "Do we need the poet's biography in order to understand his work, or do we not?"[7]

Answering this question, Tomashevskii introduces the reader, in whose consciousness the author's biography operates, and concentrates on the literary function of biography. There have been times during which the audience was not interested in the personality of the author. In other times, however, authors were not only writers but also public figures. In the eighteenth century, for instance, Voltaire's works were inseparably linked with his life. "Those who admired his writings were worshipers of his personality; the adversaries of his writings were his personal enemies."[8] The same holds true for Rousseau and both writers realized the importance of their biography for the reading public. "In fact, the knowledge that their biographies were a constant background for their works compelled Voltaire and Rousseau to dramatize certain epic motifs in their own lives and, furthermore, to create for themselves an artificial legendary biography composed of intentionally selected real and imaginary events."[9] During the era of Romanticism the personality of the writer, the poet, became even more important. "A biography of a Romantic poet was more than a biography of an author and public figure. The Romantic poet *was* his own hero. His *life* was poetry, and soon there developed a canonical set of actions to be carried out by the poet."[10] Poets wrote their works in such a way as to convince the reader that they were telling the "truth" about their own lives. Because readers took everything poets wrote as literal

5 Boris Tomashevskii, "Literature and Biography," in *Readings in Russian Poetics: Formalist and Structuralist Views*, ed. Ladislav Matejka and Krystyna Pomorska (Ann Arbor: Michigan Slavic Publications, 1978), 47–55.

6 Ibid., 47.

7 Ibid.

8 Ibid., 48.

9 Ibid., 49.

10 Ibid.

truth, even completely fictional "facts," and "demanded the complete illusion of life," poets were much concerned about their biographies and the images of themselves they created in their works. Hence it is sometimes difficult to decide whether literature describes real biographical facts or presents fictional facts as real ones in order to create the "right" biography. Biographies of real authors became legends, backgrounds for the poets' literary works, and they were carefully maintained by the poets themselves. In these cases, Tomashevskii argues, it is not the real biography that is important for the literary historian, but only the biographical legend. Such biographical legends are found not only in the eighteenth century and the Romantic era, but also in Symbolism (Alexander Blok) and Futurism (Vladimir Mayakovsky). The latter's work can be considered "an open diary in which intimate feelings are recorded."[11]

There are, however, authors without biographies—they have, of course, actual biographies, but these biographies do not shed light on the meaning of their works. Many writers consciously conceal their private lives and do not provide any information about themselves. Their biographies are not useful to the literary historian, as they are not literary facts, but "may be considered only as external (even if necessary) reference material of an auxiliary nature."[12]

In their influential study *Theory of Literature* (1949), one of the key works that proclaimed the autonomous study of literature, René Wellek and Austin Warren were as critical as Tomashevskii of the so-called "biographical method." In the chapter of their book titled "Literature and Biography," they propose as crucial questions: "How far is the biographer justified in using the evidence of the works themselves for his purposes? How far are the results of literary biography relevant and important for an understanding of the works themselves?"[13] As regards the first question, they emphasize that a work of art is not a document for biography and deal summarily with those scholars who take statements in poems as literal biographical truths or ascribe feelings and emotions of literary characters to the author himself. "This is the type of argument which has led people to argue that Shakespeare must have visited Italy, must have

11 Ibid., 55.

12 Ibid.

13 Rene Wellek and Austin Warren, *Theory of Literature* (Harmondsworth: Penguin Books, 1973), 76.

been a lawyer, a soldier, a teacher, a farmer. Ellen Terry gave the crushing reply to all this when she argued that, by the same criteria, Shakespeare must have been a woman."[14] This valid argument seems to be repeated by Joseph Pearce in his *The Quest For Shakespeare*. Criticizing other, postmodern critics, he writes: "For the proponents of 'queer theory' he [i.e., Shakespeare—WGW] becomes conveniently homosexual; for secular fundamentalists he is a proto-secularist, ahead of his time; for 'post-Christian' agnostics he becomes a prophet of modernity."[15] Pearce, however, falls into the same trap as all those critics who, owing to the lack of external facts about Shakespeare's life, try to create his biography from his works. In his passionate plea for the fact that Shakespeare must have been a Roman Catholic, he has no scruples about ascribing statements by characters in Shakespeare's plays to the author himself. On the basis of *Coriolanus*, *The Tempest*, *Twelfth Night*, *Othello*, and other plays, he writes: "Shakespeare did not merely condemn each of the seven deadly sins; he ordered them in conformity to the teaching of the Catholic Church, as reflected in the work of St. Thomas Aquinas and as echoed by Dante in his Thomistic masterpiece, *The Divine Comedy*."[16]

Even for the adversaries of the "biographical fallacy" there is use in biographical study, at least "if we distinguish sharply between the empirical person and the work."[17] Biography may explain allusions in an author's work and offer information about his surroundings (friends, contacts, the cities he has lived in, etc.) that may be relevant for literary history. Important as this information might be, it has, however, no critical importance. "No biographical evidence can change or influence critical evaluation."[18]

Despite the cautious and prudent attitude of the adherents of the intrinsic study of literature, the writing of biographies is still booming. Famous authors—poets as well as novelists—are particularly rewarding subjects because, in addition to their literary works, there are usually many other texts that the biographer may use and on which he may base his image of the author: letters, diaries, memoirs, autobiographies, and so on. When there is a lack of such material the biographers do not hesitate

---

14 Ibid., 79.

15 Joseph Pearce, *The Quest for Shakespeare: The Bard of Avon and the Church of Rome* (San Francisco, CA: Ignatius Press, 2008), 179.

16 Ibid., 22.

17 Wellek and Warren, *Theory of Literature*, 79.

18 Ibid., 80.

to use the literary works as a primary source of information about the author. Take for instance the recent biography of Wallace Stevens by Paul Mariani.[19] Stevens is, famously, a poet in whose life not much happened: he had a job in insurance that was not particularly exciting, led a quiet life with a wife and a daughter, and never left North America. After his death, his wife destroyed many of his personal papers because, in her opinion, neither his home life nor his business life was relevant for the understanding of his poetry. However, since he is a great poet, he unavoidably falls into the category of famous people who "deserve" a biography because they are famous. People who led very "interesting" lives full of improbable adventures and/or passionate love relationships, but who are not famous, are not considered worthy subjects for a biography, whereas the lives of celebrities, even if they are entirely uneventful, are described in detail. That is, perhaps, unfair, but for the "biographies" of non-famous people we have novels. Both novels and biographies stem from the insatiable inquisitiveness we seem to have about other people's lives.

As regards Wallace Stevens, an extensive biography of him, almost a thousand pages in two volumes, was written more than thirty years after his death by Joan Richardson.[20] She gave all the available facts of the poet's history, from his ancestry and family to his business career, social relations, and publications. One might think that this would be enough, but it was not, as it never is in the case of a really great and for that reason "famous" poet. There are, for instance, countless biographies of Pushkin, in various languages, each biographer presuming that he can add something to the work of his forerunners—not new information perhaps, but at least a new view. After Richardson's biography of Stevens a number of other ones appeared. As Helen Vendler noted in her review of Mariani's biography in *The New York Review of Books*, these later biographies necessarily departed from Richardson's work, but added some new information. Among this information were recollections and anecdotes from Stevens's acquaintances, some of them (as it always happens in such cases) people who hardly knew the poet. Mariani's biography does not present new factual information about Stevens's life, but tries to represent his inner life, in order to come to a better understanding not of the poet's

19 Paul Mariani, *The Whole Harmonium: The Life of Wallace Stevens* (New York: Simon and Schuster, 2016).

20 Joan Richardson, *Wallace Stevens: The Early Years* (New York: Beech Tree Books, 1986); *Wallace Stevens: The Later Years* (New York: Beech Tree Books, 1988).

work, but of the poet himself. To reach his aim the biographer employs a rather strange device: discussing Stevens's poems, he pretends to know the poet's thoughts (the biography is full of sentences such as "he was still thinking about . . . ," "he was glad to see . . .") and mixes the descriptions of these inferred thoughts with external facts of the poet's biography that sometimes are not even mentioned in the poems. According to Vendler, this procedure often leads to fallacious assertions, misunderstandings, and misinterpretations. She is clearly not amused by this "unconvincing" new biography that "has already been warmly welcomed by some reviewers."[21]

Convincing or unconvincing, the question remains: can we know the author from his work? Even in the case of autobiography, we can never know for certain whether the author is telling the truth about his own life. In a recent biography of a Dutch writer, poet, and television producer who died in 2002, it was revealed that almost everything the poet wrote about his own life was pure fiction.[22] He pretended to be a homosexual and after that a pedophile—you have to do something to attract attention in tolerant Holland—and in one of his books lamented the death of his only son. In "real life," his sorrow at this loss was so genuine that even friends and acquaintances, who did not know that he secretly had a son, were convinced that this son really existed and had died. The son and many other "facts" in the poet's autobiographical works turned out to be pure figments of his imagination.

Not all authors who write about their own lives are inventing things, of course, but it often seems justified to call into question personal declarations or confessions. This particularly holds true for those writings that are presented as literary texts: poems, stories, novels. In principle, these texts are fiction. They may pretend to be a mirror of reality, but do not necessarily describe reality as it exactly is or was. In Pushkin's time, the rules of the genre of the elegy required that the poet write about tragic love, death, melancholy, and sorrow, but this did not mean that the poet in his own life must have experienced tragic love or must be in a sad mood to write an elegy. Critical evaluation of an elegy does not depend on the question of whether the poet really experienced the feelings he describes

21 Helen Vendler, "Wallace Stevens: The Real and the Made-Up," *The New York Review of Books*, July 14, 2016, 43–47.

22 Eva Rovers, *Boud: Het verzameld leven van Boudewijn Büch* (Amsterdam: Prometheus Bert Bakker, 2016).

or not, but only on the particular, aesthetically successful way in which he describes them.

When we know a writer personally it is, perhaps, easier to connect him with his work than in the case of a writer with whom we are not acquainted, or whom we cannot know because he died long ago. When a writer whom we know personally is, ostensibly, an author "with a biography,"—that is, an author who frequently, or even exclusively, writes about himself—we are apt to believe him and consider what he writes about himself and others as the literal truth. Take, for instance, the writer Alexander Zholkovsky, who is also a literary scholar and critic, and one not unknown to the contributors to this book and to many future readers of this Festschrift. As a writer, Zholkovsky has published a number of so-called *vin'etki*, which are short anecdotes about his own life and the people he has met. These vignettes seem to be based on fact, as is clear from the title of one of the books in which a number of them were collected: *Memuarnye vin'etki i drugie non-fictions*.[23] As literary texts[24] they form a different category from Zholkovsky's *rasskazy*, as in, for instance, his collection *NRZB: Rasskazy* [Illegible: Fictions],[25] which is presented as fiction. It is, however, a moot point whether there is a real difference between the vignettes and the stories. In a new and later edition of *NRZB*, entitled *NRZB: Allegro Mafioso*, translated by the author as "Illegible (Fictions): Allegro mafioso (Vignettes),"[26] fictions and vignettes are brought together. In one of the vignettes published in 2009 in *Novyi mir*, "S istochnika zhizni," Zholkovsky contends that he prefers fact to fiction, but that, when he is making up a story, he is fictionalizing as much as possible, combining literary motives with his own experiences.[27] In another vignette published in *Novyi mir* he mentions a blogger who complained that there is too much death in his vignettes. On the one hand, Zholkovsky denies this: in view of his own age and that of his heroes, there is incredibly little death in his work. On the other hand, he

23 Aleksandr Zholkovskii, *Memuarnye vin'etki i drugie non-fictions* (St. Petersburg: URBI, 2000).

24 Most of the vignettes were published in the "literature" section in the literary journals *Novyi mir* and *Zvezda*. Accordingly, we will consider them as literature, which has, whether we like it or not, the flavor of non-fiction.

25 Aleksandr Zholkovskii, *NRZB: Rasskazy* (Moscow: Vesy, 1991).

26 Aleksandr Zholkovskii, *NRZB (Rasskazy): Allegro Mafioso (Vin'etki)* (Moscow: OGI, 2005).

27 "Vymyslu ia predpochitaiu otdelku faktov, no, zadavshis' sochineniem rasskazov, vydumyval, kak mog, kombiniruia literaturnye motivy s materialom sobstvennogo opyta." Zholkovskii, "Effekt babochki: Vin'etki." *Novyi mir* 2 (2009): 98.

admits, "ne bez udovol'stviia otvozhu smerti rol' zakonnoi razviazki."[28] In the same *Novyi mir* publication, he mentions Hayden White and apparently confirms the latter's opinion that non-fiction does not exist: "vsia staratel'no dokumentirovannaia faktografiia—ne chto inoe, kak eshche odno opravdanie vymysla."[29]

As a literary scholar and critic who has analyzed quite a few stories and poems and is versed in Structuralism and semiotics, Zholkovsky is, of course, well-informed about all possible literary tricks, devices, and conventions. He is clearly aware of the fact that the hero of a story, autobiographical though it is, can never be identified with the empirical author. All the same, particularly in the vignettes, which all have a first-person narrator, he tries to convince the reader that he himself is the narrator of the stories and that they are all based on fact and on his own experiences. They form a kind of meta-self-portrait, a "selfie."[30] Can we really believe him? There does not seem to be much difference between the vignettes and the professedly fictional stories, although the latter do not always have a first-person narrator. In one of his vignettes Zholkovsky writes that he is sometimes reproached for introducing too much "macho boasting" into his work.[31] Zholkovsky does not deny it, but the accusation does not really bolster the reader's sense of his "non-fictional" narrators' reliability. Yet his fictional stories seem to say, in a more indirect way, as much about himself as his vignettes. Take for instance the vignette "Dar," which has been translated into English as "The Gift,"[32] and the story "Aristokratka."[33] "The Gift" is an amusing story about the way the first-person narrator (to be understood as the author himself) succeeded in acquiring

---

28 "Nedavno kakoi-to bloger napisal, chto v svoikh vin'etkakh ia slishkom upiraiu na smert'—personazhi u menia mrut, kak mukhi. Chto tut skazhesh'? Uchityvaia, skol'ko mne i moim geroiam let, udivitel'nogo malo. Khotia ne budu otritsat', chto inogda ne bez udovol'stviia otvozhu smerti rol' zakonnoi razviazki." Aleksandr Zholkovskii, "'Vopros vybora' i drugie vin'etki." *Novyi mir* 5 (2016): 108.

29 Ibid., 111.

30 "V vin'etkakh ia [. . .] vse vremia razbiraiu svoe i okruzhaiushchikh proshloe pri pomoshchi tekh zhe literaturovedcheskikh priemov, kotorye ran'she primenial k analizu chuzhikh proizvedenii [. . .] etot razdel zakliuchaet [. . .] svoego roda meta-avtoportret,—esli ugodno, selfi,—zhanra." Aleksandr Zholkovskii, *Vybrannye mesta, ili Siuzhety raznykh let* (Moscow: CoLibri, 2016), 6.

31 Aleksandr Zholkovskii, "Zadachki na pamiat': Vin'etki." *Novyi mir* 8 (2015): 84.

32 Russian version at *Stengazeta.net*, December 25, 2014, and *Stengazeta.net*, February 27, 2017, accessed July 17, 2017, https://stengazeta.net/?p=10042123. English translation in *The Institute of Modern Russian Culture at Blue Lagoon Newsletter* 69 (2015): 1–4.

33 First published in Zholkovskii, *NRZB: Rasskazy*. Recently republished in Zholkovskii, *Vybrannye mesta*, 257–69.

train tickets back in the Soviet days by bribing the girl at the ticket office with an expensive bottle of perfume. It is, in principle, a rather common anecdote, and many travelers really did pay such bribes, but Zholkovsky knows how to make a story according to the rules. In the first paragraph, the first-person narrator introduces himself as someone who is not good at giving presents.

> Дарить подарки я толком не умею. Не приучен с детства, да так и не научился в дальнейшем. То есть принести, идя в гости, бутылку вина и в крайнем случае коробку конфет хозяйке, не говоря о вручении коллегам собственных книг, для меня не проблема. Но уже, скажем, букеты и духи дамам сердца могу пересчитать по пальцам одной руки. Причем истории эти все больше с каким-то заграничным иностранным ароматом. Например, дарение цветов прелестной датчанке на различных железнодорожных вокзалах Европы. Или доставка из Штатов беспошлинных французских духов «Poison» указавшей на них не менее прелестной москвичке. Ну, еще пару мелодраматических эпизодов с цветами, наверное, можно наскрести, но это уже будет практически все[34].

After the introduction of the "hero" comes the setting: a spa in the Northern Caucasus where the narrator, accompanied by a "charming Francophone" with whom he is having an affair, is receiving treatment for stomach problems. Then, of course, comes the complication: a cholera epidemic looms, and the hero and his lover desperately want to leave for Moscow. There are, however, no train tickets and, moreover, to purchase a ticket one has to prove that he is a legal resident of Moscow. An expensive perfume called "Red Moscow" that the hero happens to find in a shop does wonders: even without showing his passport (which he, of course, forgot to bring with him to the station) he immediately receives two tickets. As is fitting for a good story it has an "authorial" afterword.

> Мы мгновенно сложились и через сутки (двое?) были в Москве. То есть, отделались, можно сказать, легким каламбуром. А в дальнейшем победила как водится, дружба. Видимся, правда, редко: я живу в Калифорнии, и бываю в год от года все более

34 *Stengazeta.net*, February 27, 2017, accessed July 17, 2017, http://stengazeta.net/?p=10042123.

> красной Москве только летом, а она преподает в Москве, живет же в основном во Франции. Но иногда пересекаемся.
>
> А ведь победить могла бы,—если бы не божественный глагол, вернее, божественная группа существительного, вовремя коснувшаяся моего чуткого лингвистического слуха,—победить могла бы не дружба, а любовь. Типа, как у Ромео и Джульетты,—короткая, зато окончательная, вечная[35].

"The Gift" has all the elements of a good short story, both as regards its structure, its light and slightly ironic tone, and its hero, the first-person narrator, whom we easily identify as the author. Whether the events as told in the story really happened or not is less important: we do not judge the story for its actuality, but for the way it is presented, its *literaturnost'*.

The protagonist of the story "Aristokratka" is a professor (Professor Z.) who is reading an article on Mikhail Zoshchenko, one of his favorite authors. The article was written by an American Slavist, who offers a Freudian interpretation of Zoshchenko's work. At first, the professor is rather skeptical ("another American Slavist who projects on the author his own identity crisis"), but gradually he is won over to the author's argument, which is not without ingeniousness, and even compares himself to the "young impudent" (*nakhal*), remembering the days before he became a literary scholar and a professor. He is even proud when he notices something the Slavist has missed and can add to the latter's interpretation. At a certain point, he comes to consider himself a coauthor of the article, feels some jealousy toward his "colleague," and is very happy when, at the end of the story, the article disappears, which means that is has not yet been written, and he can therefore write it himself.

This story, one of Zholkovsky's most successful, provides some interesting indirect information about its author, the empirical author Alexander Zholkovsky. We know, of course, that like his protagonist, Professor Z., Zholkovsky is a professor who has written a number of articles on Mikhail Zoshchenko, one of his favorite writers. He probably reads what other scholars write about Zoshchenko, may feel some jealousy when others discover something new, something he himself had not thought of, and is probably proud of his own discoveries. In the story, the narrator mentions some motifs that Professor Z. has detected in Zoshchenko's

35 Ibid.

humorous stories: narcissism, a Don Juan complex, a statue myth. What the professor sees in Zoshchenko may be connected with himself and, accordingly, with the empirical author. Professor Z. knows, of course, that it is "vulgar" to compare an author with his heroes, but the entire story is constructed in such a way that the different instances of (empirical) author, narrator, protagonist, and the protagonist's object of study seem to merge into one and the same "person."

Alexander Zholkovsky is a humorous writer who describes his own adventures with a lot of panache. Although readers take some of his "tall tales" cum grano salis, they easily recognize the author in his first-person narrators and protagonists. Even if a story or a vignette is completely invented (which the author, no doubt, denies), Zholkovsky himself shines through[36] and we learn a lot, not only about his personal life—the various people he met, his escapades, his Don Juan-esque romantic adventures—but also about his mentality and character. Future biographers, if any, will have no problem in reconstructing both the "ideal biographical legend" and the "real" author (or at least the biographer's version of him). Zholkovsky is one of the most successful and respected Slavic scholars of his generation. Of praise, however, you never can get enough. Let us hope that he will be really flattered with this belated, but entirely deserved Festschrift.

36 As Leon Edel notes: "However much a great work is independent of its creator, and may be judged independently, invisible threads remain—many more than anyone can discover and disentangle—which bind it to the fashioning consciousness." Leon Edel, *Literary Biography* (Bloomington: Indiana University Press, 1973), 54.

ALEKSEI BALABANOV'S "CINEMA ABOUT CINEMA"

FREDERICK H. WHITE
(Orem / Salt Lake City)

In the fine arts, bricolage is the creation of a work from random or diverse elements. In literature, it is associated with intertextuality. In architecture, it is the combination of different architectural styles. This is characteristic of Postmodern art, an assemblage of styles and materials that create new meanings and understanding. Claude Lévi-Strauss offered the idea of the bricoleur, in opposition to the engineer, as a craftsman who takes material from a variety of sources in order to create a new artifact. In creating this new artifact, the original components lose their individual purpose and the assembled piece becomes a unique object. The craftsman responds to the materials and is prompted in new directions, instead of working from a predetermined plan.[1]

In some way, we might say that Aleksei Balabanov himself was a bricoleur. He assembled his films from literary and cinematic narratives, incorporating musical components that resulted in a distinctly Postmodern filmic text. Lévi-Strauss had argued that the development of these adapted artifacts became an extension of the bricoleur's own identity.[2] Balabanov's identity emerged as an auteur filmmaker of popular fare consisting of bandits, musicians, alcoholics, and freaks of all types, enmeshed in classic literary narratives, and accompanied by a withering political and social

1 Claude Lévi-Strauss, *The Savage Mind*, trans. J. Weightman and D. Weightman (Chicago: Chicago University Press, 1966).

2 Ibid.

commentary. In retrospect, Balabanov was a Postmodern craftsman, a cinematic bricoleur.

Since the filmmaker's untimely death in 2013, scholars have begun to consider exactly what Balabanov achieved with his "cinema about cinema." This article will offer an interpretation of this unifying thematic. I assert that Balabanov at his core was acutely aware of the binary opposition between the sacred and the profane, especially in his later films. His films were metadocumentaries meant to expose the moral vacuity and bestiality of a society devoid of the sacred, in which everything is permitted. Television and cinema distributed the noxious fumes that poisoned society, creating a false "neo-reality" saturated with Communist ideology (previously) or materialism (presently), and giving rise to freaks and men constantly vulnerable to Russian authoritarianism.

Yet Balabanov never abandoned his desire for the sacred. In his final film *Ia tozhe khochu* (I also want, 2012), he seems to bring himself to a final reckoning in front of the camera. Outside of an abandoned church, surrounded by a nuclear winter, the filmmaker and his constant companion, a Russian bandit, learn that they will not find eternal happiness, but will remain in this planet's celluloid neo-reality:

Bandit:	"There is something that I do not understand . . ."
Balabanov:	"What, that they did not take [you]? There lies one; he ran around, shouting: *I want happiness*! A friend of his (or whomever he was to him?) was taken! But not this one. Now there he lies."
Bandit:	"*I want happiness*!"
Balabanov:	"Yes, I want it too."
Bandit:	"Who are you?"
Balabanov:	"I am a filmmaker; a member of the European Film Academy. And who are you?"
Bandit:	"I . . . I am a simple band . . ."
Balabanov:	"Did you do something bad?"
Bandit:	"Yes, and not just once."
Balabanov:	"I do not know what [I did]. But *I want happiness*."
Bandit:	"I want it too."[3]

3 Dialogue from *Ia tozhe khochu* (2012).

After wandering into the church from which he had hoped in vain to leave the earth, Balabanov tells how he foresaw his death and then falls over dead. This scene in *Ia tozhe khochu* is an important part of Balabanov's Postmodern text—the actual filmmaker, playing himself, telling of his experiences and dying on-screen less than a year before his actual death. Yet for all of that supposed *reality*, it is still a simulation of the death of the filmmaker, the profane representation of a sacred, final moment.

In this article, I will suggest that like the bricoleur, Balabanov gradually assembled over more than a dozen films a cinematic text concerning the neo-reality of zero values depicted on television and movie screens, a degenerate Russia corrupted by its past and present moral vacuity. Balabanov's "cinema about cinema" was not predetermined, but grew organically from the mid-1990s until the filmmaker's death. As Balabanov himself changed, becoming ever more devout in his Orthodox faith, so too did his adaptation of cinematic and literary artifacts in order to depict the sacred. Now, in retrospect, we can read this filmic text as a commentary on Russian reality—one that offered a harsh social and political critique of post-Soviet society.

The concept of the sacred and the profane originates from the work of Émile Durkheim in which the sacred relates to the ideal, the extraordinary, while the profane is the ordinary and mundane side of life.[4] Durkheim's suggestion that the profane is a contamination of the holy informs Mircea Eliade's discussion of how the sacred is included in the human experience within the profane or secular world. For Eliade, the sacred is the highest value, while the profane is a non-religious space of no values.[5] The notion of a reality of higher values (sacred) in opposition to a neo-reality of zero values (profane) corresponds closely to that of Ivan Karamazov in Dostoevsky's *The Brothers Karamazov* (1880), who presents the provocative idea that if you were to destroy in mankind the belief in immortality, then nothing would be immoral; everything would be permitted. At issue for many of Dostoevsky's and Balabanov's characters is this weighty responsibility of human freedom. When characters like Ivan confront traditional morality with reason, they reject the possibility of goodness in a quest for ultimate freedom. Yet for Dostoevsky, those

4 Émile Durkheim, *The Elementary Forms of Religious Life*, trans. Karen E. Fields (1912; repr., New York: Free Press, 1995).

5 Mircea Eliade, *The Sacred and the Profane: The Nature of Religion*, trans. Willard R. Trask (1957; repr., New York: Harcourt, 1987).

characters who are possessed by freedom and reject God completely must confront a world in which inhumanity wreaks havoc on society. Within the larger philosophical questions concerning goodness (sacred) and freedom (profane), Balabanov depicts a Russian and Soviet past that rejects the higher values of the sacred in pursuit of complete freedom, which ultimately results in a post-Soviet society of bandits, alcoholics, and freaks, vulnerable to a strong authoritarian government promising "miracle, mystery and authority."[6]

* * *

Early in his career, Balabanov made clear his source texts and adhered closely to the original. *Schastlivye dni* (Happy days, 1991) is an adaptation of Samuel Beckett's play and *Zamok* (The castle, 1994) is based on Franz Kafka's unfinished novel. Later in his career, Balabanov also completed Sergei Bodrov Jr.'s adaptation of Mikhail Bulgakov's early semi-autobiographical stories for *Morfii* (Morphine, 2008). Wacław Sieroszewski's *Predel skorbi* (The limits of sorrow; Polish title *Dno nędzy*, 1900) formed the basis of the filmmaker's *Reka* (River, 2002). Less obvious quotations are found in *Mne ne bol'no* (It doesn't hurt me, 2006) and *Ia tozhe khochu*. In these two films, we discover unattributed cinematic quotations from Frank Borzage's *Three Comrades* (1938) and Andrei Tarkovskii's *Stalker* (1979), respectively. Although Balabanov vigorously argued that *Ia tozhe khochu* had no thematic connection to *Stalker*,[7] the parallels are too obvious to ignore. After all, *Gruz 200* (Cargo 200, 2007) is a cinematic relocation of William Faulkner's novel *Sanctuary*, which Balabanov suggested for a very long time was a film inspired by real events—with no admission that it was a cinematic adaptation.[8] As time goes on, scholars will certainly unearth many more cinematic citations, literary variations, and visual references.

Significant for Balabanov's literary re-locations is the tension between the sacred and the profane represented in an unvarnished metadocumentary style.

6 Frederick H. White, "*Cargo 200*: A Bricolage of Cultural Citations," *Studies in Russian and Soviet Cinema* 9, no. 2 (May 2015): 94–109.

7 Tat'iana Tkachenko, "Aleksei Balabanov: 'Mne nravitsia snimat' ne artistov, a liudei, lichnostei, organichnykh i ne isporchennykh teatrom,'" *Telekritika*, October 20, 2012, accessed April 11, 2014, http://www.telekritika.ua/cinema/2012-10-20/76067.

8 White, "*Cargo 200*."

Aptly, Jean Baudrillard has argued that we have lost the ability to recognize the artifice. Similar to other thinkers who have made distinctions between the sacred and the profane, Baudrillard offers the symbolic and the semiotic as comparative states. For him, Postmodern culture is artificial because *reality* is only the simulacra of the symbolic, a world of simulation. Thus, media translates the symbolic into the semiotic, providing a culturally constructed neo-reality.[9] As a result, Postmodern society views the world through the lens of commercialized media images, which in turn alienates people from the symbolic. A world that is seemingly engaged in constant communication is actually participating in the "simultaneous systematic destruction, reduction, simplification and replacement of human relations."[10] In reaction, one might turn away from the neo-reality of music videos, commercials, and government-regulated news programs in order to search for the honesty of the symbolic (the sacred).

Similarly, Balabanov rejected the consumer culture of Russian capitalism and the media representations of Russian democracy by depicting the less attractive citizens of the profane world: bandits, soldiers-of-fortune, alcoholics, and freaks. Balabanov was committed to the documentary form and, by the end of his film career, employed untrained actors with minor directorial interference in what he called "fantastic realism." More importantly, the camera's gaze was ever-present in Balabanov's work. The audience was never to forget that this is not real, that life is mediated, that the images projected onto the screen hold no higher truth. Anthony Anemone has argued that Balabanov took a special interest in photography, cinema, and phonography, the technologies that have contributed to our contemporary media-saturated world.[11] In fact, it is the filmmaker's simulated environment of steamboats, trains, trams, photography, and cinema that represent the pathology of Modernism. Balabanov deliberately represents this Modernist technology in order to underline the notion that a society can be technologically advanced but spiritually and physically degenerate. Whether a simulated 1890s or 1990s, Balabanov's

9 Jean Baudrillard, *For a Critique of the Political Economy of the Sign* (St. Louis, MO: Telos Press, 1981), 148–62; Baudrillard, *The Consumer Society: Myths and Structures* (London: Sage, 1998), 122–26.

10 William Merrin, *Baudrillard and the Media: A Critical Introduction* (Cambridge: Polity Press, 2005), 23.

11 Anthony Anemone, "About Killers, Freaks and Real Men: The Vigilante Hero of Aleksei Balabanov's Films," in *Insiders and Outsiders in Russian Cinema*, ed. Stephen M. Norris and Zara M. Torlone (Bloomington: Indiana University Press, 2008), 134.

critique is consistent because he considers that Russia's national pathology has remained the same.[12] Balabanov's cinematic gaze, like that of Dziga Vertov, was to capture the deeper truth about society. "My path leads to the creation of a fresh perception of the world," wrote Vertov in 1923. "I decipher in a new way a world unknown to you."[13] Balabanov in a similar fashion attempted to use his camera to challenge visual representations of the profane world.

Early in his career, Balabanov refracted this degenerate Modernism in the short film *Trofim*, part of the collection *Pribytie poezda* (Arrival of the train, 1995), which showcased various new directors for the centenary celebration of the birth of cinema. *Trofim* tells the story of a peasant venturing into the city after committing murder in his village. By accident, Trofim (Sergei Makovetskii) walks into the frame of a metanarrative featuring the Lumière brothers' famous *The Arrival of a Train at La Ciotat Station* (1895). The reference is apparent, although in this case it is late 1904 and the train arrives in St. Petersburg—the simulacra of the real event. Trofim walks directly into the camera shot of a French filmmaker (Lumière, maybe) and then goes to a tavern for sustenance and then on to a bordello, where he is eventually arrested. In present-day St. Petersburg, Balabanov brings to the film studio a short film that has been retrieved from the archives called, in French, *The Arrival of a Russian Train.* A director (played by the real-life filmmaker Aleksei German Sr.) watches it twice and then asks the editor to cut out the section with the peasant looking into the camera. With a quick cut of the film, Trofim no longer exists (nor will he be remembered into the future). Balabanov's friend and producer, Sergei Sel'ianov, has suggested that *Trofim* is successful because it contrasts the simple-minded peasant with the insincerity of cinema.[14]

This recalls Daniel Boorstin's critique of the graphic revolution in which "fantasy is more real than reality, where the image has more dignity than the original." Boorstin argues that we can no longer rely on a commonsense understanding of true or false, but rather must reform

12 Frederick H. White, "*Of Freaks and Men*: Aleksei Balabanov's Critique of Degenerate Post-Soviet Society," *Studies in Russian and Soviet Cinema* 2, no. 3 (2008): 281–97.

13 Annette Michelson, ed. and intro., *Kino-Eye: The Writings of Dziga Vertov*, trans. Kevin O'Brien (Berkeley: University of California Press, 1984), 18.

14 Mariia Ledneva and Aleksei Lednev, "'Sol' Balabanova v tom, chto on byl ochen' chestnym, iskrennim chelovekom': Sergei Sel'ianov ob Aleksee Balabanove, Chast' 1," *Russkii reporter* 48 (326), December 5, 2013, accessed March 27, 2014, http://rusrep.ru/balabanov/.

our concept of truth.[15] In this case, once Trofim is cut from the film and tossed into the trash, the visual evidence suggests that he never existed. Although Balabanov layers his short film with references to the crime novels of Dostoevsky and the cinema of the Lumière brothers, the final critique is of the process by which a cinematic reality is created by desecrating the individual.

In *Brat* (Brother, 1997), Danila Bagrov (Bodrov Jr.) interrupts the filming of a music video for Nautilus Pompilius and security is sent to punish him for trespassing and, in fact, for interrupting the filming process. Later in the film, Danila uses some of the money from his first contract killing to buy his girlfriend, Sveta, a VCR. It is on this that the two watch a bootleg video of the singer Viacheslav Butusov and his band Nautilus Pompilius. Danila notes to Sveta as they watch the concert on the VCR that he had been tricked and sold a bad copy. Here, the reference is to a copy of a copy of a copy—drawing attention to the degraded value of the simulacra. A recurring theme in Balabanov's films will be that the filmmaker and producer hold all of the power in this process. Just as the director could eliminate Trofim from the movie, Danila now realizes that what he thought he was buying is not, in fact, what he got. The copy of the copy is not an accurate (or quality) reproduction of the real.

In *Brat*, Danila returns home after a tour of duty in Chechnya. With nothing to do in provincial Russia, he is sent by his mother to St. Petersburg, where he is immediately drawn into his brother's (Viktor Sukhorukov) criminal business as a hit man. Relying on the skills he learned as a soldier, Danila is able to bring down an entire group of criminals. All the while, Danila maneuvers through a fractured society finding his way within Russia's new materialist (and criminal) culture. In *Brat 2* (Brother 2, 2000), Danila evolves into a national hero when he goes to America to exact revenge for the murder of one of his "brothers," reflecting Russia's own dissatisfaction with American chauvinism. Balabanov's film established a myth of national fraternity in which your *brother* can be any survivor from the Soviet past—a prostitute, a pop star, an NHL hockey player. According to Eliot Borenstein, the character Danila alleviated Russian national anxieties and avenged post-Soviet humiliations: economic, military, social, and political.[16]

---

15 Daniel Boorstin, *The Image: A Guide to Pseudo-Events in America* (New York: Vintage, 1992).

16 Eliot Borenstein, *Overkill: Sex and Violence in Contemporary Russian Popular Culture* (Ithaca: Cornell University Press, 2007), 184–92.

At the beginning of *Brat 2* Danila again comes across a film crew, this time avoiding conflict. A man in front of a Hummer quotes from Mikhail Lermontov: "No, I'm not Byron, I am someone else." Danila then goes to Ostankino and appears on a television talk show. This media experience allows him to meet Irina Saltykova and provides the mafia with an image to put with his name later in the film. At one point, Danila watches one of Saltykova's pop music videos, which he finds derivative and highly manufactured. This is not the music favored by Danila, Russian rock, but instead the type of glitz and glamour favored by those who drive Hummers and struggle their way through well-known poems by Lermontov. It is an indication of Russian materialism and the zero values of post-Soviet culture.

As Balabanov's professional reputation grew, he was asked more and more often about the art of cinema. Balabanov struggled with the price that society would pay for a media-saturated world concentrated on materialism and consumerism:

> It was in the twentieth century, as you know, that we first used weapons of mass destruction—in 1914, [poisonous] gases. And as civilization further developed, it went so rapidly that [this development] almost destroyed [our] spiritual life. Now, people are more interested in whether there is electricity or hot water than other more serious things. This is the twenty-first century. Yes, and all of the inventions of civilization—the radio, television, cinema—are in fact no good for anyone.[17]

In Balabanov's films, the Modernist technology of the movie camera and photography is shown as an objectifying mode of communication and commerce, whether in *Brother*, *Brother 2*, or *Pro urodov i liudei* (Of freaks and men, 1998). Balabanov remembers that during post-production of *Zamok*, he went to the Erotic Art Museum in Hamburg, Germany. There he watched a non-stop video exhibition of pornography from the late nineteenth and early twentieth centuries. The video made a great impression upon him and he eventually decided that he wanted to make a film about the sadomasochistic tendencies exhibited in this video—essentially, a film about filmmaking. Balabanov even went so far as to stylize the final

17 Tamara Sergeeva, "Aleksei Balabanov: 'Pro brat'ev i urodov,'" *Isskustvo kino* 4 (April 2000), accessed March 31, 2014, available at http://kinoart.ru/ru/archive/2000/04/n4-article17.

look and feel of his film, produced in a sepia color that approximated the aged films and photographs in the museum.[18] As I have argued previously, Balabanov's pastiche of fin-de-siècle Russian pornographers cannibalizes the Modernist technology of film and photography in order to reassemble a Postmodern cinematic reference to the persistent deviance and degeneration within post-Soviet society.[19]

In *Pro urodov i liudei*, Putilov (Vadim Prokhorov) makes early pornographic films that are then watched by all strata of Russian society. Of all of the characters in the film, Putilov is the only one who seems to find success, chased by a gaggle of female admirers at the film's end. *Pro urodov i liudei* tells the story of two men (Sergei Makovetskii and Viktor Sukhorukov) who engage in nefarious business practices at the beginning of the twentieth century. At first, the business is pornographic pictures (mainly of naked women being spanked) that are sold as postcards, but eventually evolves into peep shows and pornographic films shot by the young film student Putilov. As other characters are laid low by this business, only Putilov profits from this technology of the future—cinema.

Balabanov's irony cannot be ignored. Putilov falls in love with the young Liza (Dinara Drukarova) and offers his chivalric protection when her father dies, but eventually is the one who profits the most from her naked image on the screen. In one of the final scenes, the disreputable businessman Johann, sitting in a movie theatre, watches one of Putilov's films, *Nakazanie za prestuplenie* (Punishment for a crime), in which Liza is spanked by an old woman. Here, as in Balabanov's other film *Voina* (discussed below), the camera allows the possessor to profit from the suffering of others. The filmic narrative that is sold to and projected for an audience creates a narrative from the suffering of others for deviant sensual pleasure (in this case) or for propaganda purposes (as in *Voina*).

Let us not forget that in *Pro urodov i liudei* there is also the recurring motif of the train that first represents Liza's desire to see the world, but later provides Liza and the Siamese twins (Alesha Dyo and Chingiz Tsydendambaev) with an escape from sexual slavery. Once again, the train is associated with modernity (as in *Trofim* and at the beginning of *Morfii*), but also with a deviant civilization in decline. Liza goes west and

18 Mariia Kuvshinova, "Aleksei Balabanov: 'Tak okazalos', chto ia zdes' zhuvu,'" *Seans*, February 25, 2014, accessed March 23, 2014, http://seance.ru/blog/chtenie/balabanov_book_intrvw/.

19 White, "*Of Freaks and Men*."

the twins go east, yet neither finds salvation. For Balabanov, the West is the continued victimizer, not the salvation, of Liza, while the East proves to be ineffective, enticing the twins once again to work in a freak show. Balabanov thus challenges all manner of cultural clichés in his depiction of Russian degeneration.

Lidiia Maslova has argued that beginning with *Pro urodov i liudei* and on through *Kochegar* (Stoker, 2010), Balabanov was creating cinema about cinema—"contemplation about the nature of cinema, often vicious, cruel, murderous, [and] about the restrictions of its representative devices, which the director is forced to overcome."[20] Mariia Kuvshinova also believes that the major theme of Balabanov's cinematic oeuvre is "cinema about cinema." In particular, she suggests that for Balabanov, "cinema—is simply a means of pain relief."[21] I would add to these assertions that as he went on, Balabanov became ever-more intentional about his own cinematic gaze and the metadocumentary style of his films. As Vertov had wished to diminish the corrupting influence of entertainment films on proletarian sensibilities by providing a documentary style (Kino-Pravda; film-truth) of filmmaking that revealed a deeper truth about society, the bricoleur Balabanov intended, similarly, to reveal the materialist consumerism and political propaganda of the profane world. As in Vertov's *Chelovek s kinoapparatom* (*Man with a Movie Camera*, 1929), described as a manifesto "on the making and meaning of film in the modern world,"[22] Balabanov intentionally depicted the filmmaking process in order to show Russia as a flawed, profane society.

Voina (War, 2002) begins with the beheading of captured Russian soldiers, which is filmed. The footage is then sold in south Caucasus markets and uploaded onto the Internet as evidence of Chechen victories over the Russian military. Ivan Ermakov (Aleksei Chadov), a young Russian soldier, is held prisoner by the Chechens and forced to manage their Internet connection via satellite phone (among other duties). The Englishman John Boyle (Ian Kelly) and his Danish fiancée Margaret (Ingeborga Dapkunaite) are also taken into captivity by the Chechen warlord Aslan

20 Lidiia Maslova, "Sam sebe kochegar," *Kommersant.ru*, October 11, 2010, accessed March 18, 2014, http://www.kommersant.ru/doc/1516636.

21 Mariia Kuvshinova, "Biografiia," in *Balabanov*, ed. Liubov' Arkus, Mariia Kuvshinova, and Konstantin Shavlovskii (St. Petersburg: Masterskaia Seans, 2013), 123.

22 Jeremy Hicks, "Man with a Movie Camera," in *Directory of World Cinema: Russia*, ed. Birgit Beumers (Bristol: Intellect, 2011) 293.

(Giorgi Gurgulia). Boyle is eventually released in order to raise a ransom while Margaret is kept as a hostage. Boyle is unable to raise the money required by Aslan. In desperation, he agrees to film the entire ordeal for a UK television company. Although Boyle fails to raise the entire amount, he returns to Russia and contracts with Ivan (who was also released by Aslan at the same time), to help him liberate Margaret. All during this adventure, Boyle records their efforts to find and liberate Margaret, mirroring the metanarrative of the Chechens who behead Russian soldiers. Equally as important, Ivan tells his version of events to a reporter while in prison—establishing the entire film as a metadocumentary through a cinematic assemblage of Boyle's and Ivan's retelling of their adventures of war, a war that is being mediated through various lenses in order to give multiple versions of the conflict.

Eventually, Aslan is killed; Margaret and Captain Medvedev (Bodrov Jr.) are liberated by Ivan, Boyle, and a Chechen shepherd (Evklid Kyurdzidis). For most of this action Boyle narrates his own actions for future viewers of his documentary, even securing the camera to his head during a firefight. Several times Balabanov offers the audience the view from Boyle's video camera, never letting them forget that the entire Chechen war is mediated for their viewing (dis)pleasure. Boyle's documentary of the ordeal eventually garners him great success once he returns to England. As with the Chechens at the beginning of the film, Boyle has capitalized on the cruelty and suffering of others for his own gain. The realities (and horrors) of war are reorganized as a metanarrative of valor, adventure, and honor. The Russian hero, in contrast, tells his story from a prison cell. Ivan's story is also a metanarrative, but he has suffered greatly for his supposedly altruistic actions. Three accounts of the conflict—Russian, British, and Chechen—show the visual text to be a powerful instrument in the propagandistic narrative of war.

According to Balabanov, the beheading of English citizens around 1998 made a great impression on him and was the impetus for this film. Once he had collected the cast for *Voina*, he showed them one of the videos that the Chechens themselves had filmed. It was a "very grim spectacle" that left members of the cast quite disturbed.[23] In another interview,

---

23 This quote comes from a press conference for the film *Voina* in 2002. The transcript of the press conference, last accessed March 31, 2014, has been posted at http://alekseybalabanov.ru/.

Balabanov insisted on his film's authenticity: "I watched tapes, shot by the militants, with scenes of horrific abuse, sadistic torture, executions. It is something out of the Middle Ages. I decided not to repeat them entirely in a feature film, but made a representation [of them], starting from the genuine documentary narrative."[24] In the same interview, Balabanov stated, "Cinema reflects life, but has no influence on this same life. Here is television that, yes [influences life], because it brainwashes, and quite strongly. But the cinema does not brainwash. It is like a mirror, reflecting what is happening in our country."[25]

Balabanov's position is similar to Vertov's assertions about his Kino-Pravda series of agitational films. Vertov opposed commercial cinema, which he believed had developed solely in pursuit of profit. Similar to Balabanov's rejection of Hollywood-inspired filmmaking via his own brand of "fantastic realism," Vertov favored a "film-truth" that made "the invisible visible, the unclear clear, the hidden manifest, the disguised overt, the acted nonacted; making falsehood into truth."[26] Whereas Vertov sought to reveal the Communist decoding of the world in opposition to the detrimental influences of bourgeois society, Balabanov's film-truth exposed a Russian simulacra of zero values in an effort to recapture the sacred.

When asked about the notion that Balabanov was always making cinema about cinema, Ian Kelly, who had played Boyle in *Voina*, responded:

> Yes, we talked about this a lot. Balabanov said from the beginning that he was interested in documentaries. He was also interested in conveying a story through screens and cameras in order to deny the theatricality through acknowledging the technology. That stuff is all there in the script—"In English, shooting [film] and shooting [guns] is the same." As is the idea that an element of the war was being fought on camera and that the horror of it and the dehumanizing aspect of it have been misappropriated by news media and TV.[27]

24 Nelli Protorskaia, "Rezhisser dolzhen byt' nemnogo glupovat," *Tribuna*, April 2, 2002, accessed March 31, 2014, available at http://alekseybalabanov.ru/.

25 Ibid.

26 Michelson, *Kino-Eye*, 41.

27 Frederick H. White, "Interview with Ian Kelly (from Aleksei Balabanov's *War*)," *Kinokultura* 47 (January 2015), accessed May 20, 2017, http://www.kinokultura.com/2015/47i-white_kelly.shtml.

In 2003, Balabanov was asked in an interview if Russia had its own national cinema. Balabanov responded in the negative, arguing that the commercial aspects of filmmaking forced Russians to do whatever was necessary to sell their films. He likened this to American cinema, which he felt was particularly "manufactured," imitating cartoons with live actors or, more specifically, reproducing comics that promoted American values.[28] This position was easy for Balabanov to take as all business decisions were handled by his producer and longtime friend Sergei Sel'ianov. Yet Balabanov was keenly aware that he was making Russian films for a Russian audience (not specifically for the festival circuit or foreign audiences). For this audience he was also increasingly critical of post-Soviet society when revealing his own film-truth.

Two years later Balabanov was queried about his perceived practice of making a film for a mass audience (*Brat*), so that he could then make a festival film (*Pro urodov i liudei*) for himself. Balabanov responded that this plan no longer worked:

> I now understand that our country absolutely does not need marginal cinema. I am not going to make films for myself. The people who go to the cinema are [not older than] twenty-five, this is the main [cinema] audience. Therefore, I have decided to make films that the youth will come [to see].[29]

It is probably no coincidence that Balabanov's next two films, *Zhmurki* (Dead man's bluff, 2005) and *Mne ne bol'no*, were both written by other screenwriters and are today understood as his genre films—black comedy and melodrama respectively. In fact, one might argue that those two films then allowed Balabanov to make his next two more personalized and socially critical films—*Gruz 200* and *Morfii*.

When asked about reports of the horror-film quality of *Gruz 200*—the story of a Soviet militiaman who kidnaps and tortures a young girl—Balabanov sounded much more like his earlier (2003) self. He claimed

28 Igor' Linchevskii, "Samoe vazhnoe iz vsekh isskustv—ne isskustvo: Interv'iu s Alekseem Balabanovym," *Ozon.Gid* (June 2003), accessed March 31, 2014, http://www.ozon.ru/context/detail/id/1455697/.

29 Dmitrii Savel'ev, "Zhmurki-zhmurki: Interv'iu s Alekseem Balabanovym," *Chaika* 11 (46), June 3, 2005, accessed March 31, 2014, http://www.chayka.org/article.php?id=786.

that he was aware that this was a "scandalous" film and that many people would say that they did not like it, but Balabanov said that he was comfortable with this fact. "Remember how everyone was talking about the severity of the film *Pro urodov i liudei*? *Gruz 200* is [even] more severe."[30] In this film, the militiaman's alcoholic mother sits and watches hours of Soviet television as her son physically and emotionally tortures his young captive in the next room. The alternative Soviet reality, beamed into Soviet apartments through radios, televisions, and cinema, is as noxious as the poisonous gases of 1914 that Balabanov had referenced several years earlier. In 2000, Balabanov had already made clear his disdain for TV: "It is necessary to take into account the fact that today all of culture is restricted to the television. The television is the basis and the most powerful means of influencing a person. The need for art has simply disappeared; before people at least wanted something, but now the button is pressed and [the person just] sits."[31] In one of the final scenes of *Gruz 200*, flies infest the apartment due to the rotting corpses in her son's room, but Captain Zhurov's mother sits and watches a Soviet variety show on TV.

As I have argued previously, *Gruz 200* is a Postmodern visual text that draws on the philosophical ideas of Dostoevsky and Nietzsche, reinterpreted within the context of the "miracle, mystery, and authority" of Socialist Realism. With this backdrop, Faulkner's *Sanctuary* is displaced to the late stagnation period. Most importantly, *Gruz 200* was meant to interrupt an increasing nostalgia for a Soviet past and to question the reemergence of authoritarianism in post-Soviet Russia, most of it conveyed through Kremlin-controlled television channels. Via the simulacra of Dostoevsky and Faulkner, Balabanov explored the realities of a godless, morally corrupt Soviet society in which anything and everything was permitted—challenging the official nostalgia for this recent past.[32]

The same year, Balabanov made *Morfii*, based on the script that Bodrov Jr. had adapted from Bulgakov's collection of short stories. Bodrov Jr. and his film crew were killed in a rockslide in 2002 while filming *Sviaznoi* (The messenger). In Bodrov's version of *Morfii*, Doctor Poliakov is saved from his morphine addiction by the revolution—simply because

30 Sergei Nekrasov, "Aleksei Balabanov: 'Gruz-200' nikogo ravnodushnym ne ostavit," *Kinobiznes segodnia* (February 2007); reposted on the CTB website for the film and accessed March 31, 2014: http://www.gruz200.ru/interview/balabanov/.

31 Sergeeva, "Aleksei Balabanov."

32 White, "*Cargo 200*."

there are no more drugs available.[33] In Balabanov's version, Doctor Poliakov (Leonid Bichevin) commits suicide in a movie theater at the end of the film. For Balabanov, the power of the cinema is found in its voyeuristic qualities. As in *Pro urodov i liudei*, in which Johann watches a pornographic film involving Liza before he steps out onto an ice floe, Poliakov steps into the cinema to inject a final dose of morphine, watch *Roman s kontrabasom* (*Romance with a Double Bass*, 1911) and commit suicide. Just prior, Poliakov had killed the feldsher-turned-Bolshevik Lev Gorenburg (Iurii Gertsman), who was using the resident revolutionary guard to control the local drug market. The movie theater is a place of moral vacuity and false reality, a meeting point of capitalism and aesthetic sensibilities that pander to a mass audience of soiled workers (*Morfii*) or degenerate masturbators (*Pro urodov i liudei*).

In *Morfii*, Balabanov returns to many of the themes of his earlier pastiche of the Russian fin de siècle. Here, again, he depicts the destabilizing forces of a society in a process of rapid moral decline. Poliakov's drug addiction is only one indication of larger social and political problems. In this case, morphine addiction and the deleterious impact of the Bolshevik revolution are synonymous. Poliakov, once he has reached the depths of his degeneration, kills himself in the cinema; this may be a sarcastic nod toward Vladimir Lenin's assertion that cinema was the technological tool by which he would be able to spread the revolution. In contrast, Balabanov seems sympathetic to Vertov's position that the camera should be used as an instrument to explore real (sacred) life, in opposition to an artificial (profane) studio reality.

Shortly after the premiere of *Morfii*, Balabanov was asked if he knew what his next project would be. He answered that if Sel'ianov could secure the rights it would be a work by Vladimir Nabokov. Balabanov claimed that he already had a synopsis written and that if they got permission, then he would flesh this out to create a script.[34] In a Russian *Esquire* interview the following year, Balabanov said that he had always wanted to make a film based on Nabokov's 1932 *Kamera obscura* (named *Laughter*

33 Igor' Naidenov, "Stsenarii 'B': Aleksei Balabanov; Piat' let nazad," *Russkii reporter* 45 (75), November 26, 2008, accessed March 31, 2014, http://www.rusrep.ru/2008/45/interview_balabanov.

34 Dmitrii Savel'ev, "Balabanov pro 'Morfii,'" *Empire*, November 20, 2008; originally a blog post for empireonline.ru; accessed April 7, 2014, archived here: http://archive.is/bfR5v.

in the Dark in the author's own English translation [1938]).[35] Although Balabanov never made this film and we should not speculate too much as to what exactly interested the filmmaker about this particular text, there are some interesting thematic parallels with his previous films.

In Nabokov's book, a slightly discontented husband and art critic, Bruno Krechmar (Albert Albinus in the English version), seduces (or is seduced by) Magda (Margot) Peters—a sixteen-year-old aspiring actress. The two meet at the cinema where Magda works as an attendant and over several encounters their relationship develops. Although Krechmar hopes *only* to have an affair, his marriage is quickly ruined and Magda is able to position herself as his mistress, with the intent of becoming his wife. In order to keep Magda contented as his mistress (and to avoid marrying her), Krechmar finances a film in which Magda plays one of the supporting roles. Here, as it is for Balabanov, the cinema is a place of moral vacuity.

The relationship becomes even more complicated when Magda's first lover, Robert Gorn (Axel Rex) returns to Berlin. Unwittingly, Krechmar reintroduces Magda to Gorn and their romance is rekindled. Magda, however, still hopes to marry Krechmar. Yet at the movie's premiere it is revealed that Magda is a terrible actress, which she herself recognizes, made worse as she is now caught between a man whom she does not love and a lover who will only hasten her ruin. The movie theater once again is the locus of deception and treachery. The triangular romance continues with Krechmar suspecting, but not being able to prove, that Magda and Gorn are deceiving him. Only once blinded and nearly impoverished (through the machinations of Magda and her lover) is Krechmar's ruin complete. Nabokov's final paragraph is written as if it was from a film script. As in Balabanov's films, the false reality of the movie theater enables the lies and deception that haunt the work's characters. Balabanov never completely abandoned the idea of adapting *Kamera obscura* for the silver screen.[36]

After the filmmaker's death, the rock musician and actor in *Ia tozhe khochu*, Oleg Garkusha, noted that Balabanov had not intended to make

35 Kirill Sorokin, "Aleksei Balabanov," *Esquire*, Pravila zhizni (July–August 2009), accessed April 2, 2014, http://esquire.ru/wil/aleksey-balabanov.

36 Iurii Leving, "Balabanov i Nabokov: K istorii neekranizirovannogo romana," in *Brikolazh rezhissera Balabanova*, ed. Frederik Kh. Uait (Nizhnii Novgorod: DEKOM, 2016), 206–16.

a film about the young Iosif Stalin, as had been reported, but "about a love triangle" as his next project.[37] It is possible that just as Balabanov adapted Faulkner's *Sanctuary* for the screen without proper reference to the original work in *Gruz 200*, he intended to film Nabokov's novel about infidelity, deception, and treachery that had special reference to cinema. Notably, echoes of *Kamera obscura* can be found in Balabanov's final script, *Moi brat umer* (My brother died).[38]

In *Kochegar* Balabanov presents a metanarrative in the form of a story by Ivan Skriabin (played by Mikhail Skriabin) called "Khailakh," which in fact had been written decades earlier by Wacław Sieroszewski, the Polish ethnographer. Skriabin believes, after a severe concussion during military service, that Sieroszewski's tale of a Russian exile's rape of a Yakut woman who is then beaten by her husband for this transgression is his own story to (re)tell and that it serves as an explanation of Russian bestiality throughout history. Skriabin's (re)telling of "Khailakh" is accompanied at the end of *Kochegar* by a black and white silent film (as if from some film archive—similar to the episode in *Trofim*), creating a *vintage* visual metanarrative for Sieroszewski's original literary text. Balabanov later admitted to Dmitrii Bykov that he was quite upset when, at the premiere of *Kochegar* in Moscow, the theater turned up the house-lights thinking that the black and white "ethnographic" film was not part of his movie.[39]

During his many years in Siberian exile, Sieroszewski had written one of the first ethnographic accounts of the Yakut peoples along with several literary works about them. Sieroszewski's experiences were put to film, *Na Sibir'* (Exile to Siberia, dir. Henryk Szaro), in 1930, which Balabanov referenced using remnants from his unfinished film *Reka*.[40] As Nancy Condee notes, this ethnographic metanarrative is "fixated on the most horrific aspects of human bestiality." Thus a rather common tale of

37 Oleg Garkusha, "'Poslednii iz nastoiashchikh khudozhnikov—zheg sebia s oboikh kontsov, vyzyval smert' na vechnye strelki': Renata Litvinova, Aleksandr Mitta, Oleg Garkusha i drugie ob Aleksandre Balabanove," *Afisha*, May 24, 2013, accessed November 24, 2017, https://daily.afisha.ru/archive/vozduh/archive/balabanov-memories/.

38 Aleksei Balabanov, *Moi brat umer*, in Arkus et al., *Balabanov*, 350–63.

39 Dmitrii Bykov, "Aleksei Balabanov: Kochegar—schastlivyi chelovek, Poka ego doch' ne ubili," *Sobesednik* 41, October 26, 2010, accessed March 17, 2014, http://sobesednik.ru/interview/aleksei-balabanov-kochegar-schastlivyi-chelovek-poka-ego-doch-ne-ubili.

40 Mikhail Trofimenkov, "Nikakikh metafor," *Komersant.ru*, September 20, 2010, accessed March 29, 2014, http://www.kommersant.ru/doc/1618937.

betrayal and murder in Russia of the 1990s is made somewhat more *noble* (or horrific) with Skriabin's parallel story, elevating this crime drama to the level of legend or saga.[41]

Kochegar tells the tale of Masha (Anna Korotaeva) and Sasha (Aida Tumutova), who own a fur business in St. Petersburg. Their fathers, Sergeant (Aleksandr Mosin) and Skriabin, had fought in Afghanistan together. Both daughters are, unknowingly, sleeping with the same man, Bison (Iurii Matveev), Sergeant's criminal business partner. When Masha learns of Bison's relationship with Sasha, she goes to her father, Sergeant, who has Sasha killed in order to placate his daughter. Sergeant has been burning the corpses of his criminal associates throughout the film, and Skriabin, who has been keeping the furnace running while working on his Yakut story "Khailakh," learns of his daughter's murder when Sasha is brought to be cremated. In rather short order, Skriabin kills both Sergeant and Bison, which illustrates his understanding of good and evil as described in his tale. Also, it underscores Skriabin's belief that Russia's enemies are no longer external, but now internal. Skriabin then returns to his place near the furnace and commits suicide as two little girls who have been enjoying his tale photograph him as he is dying. Their camera makes its appearance in the final scene of the movie, reminding us of Boorstin's assertion that the image is given more dignity than the original.

Condee raises many questions about *Kochegar* in her review, but ultimately decides that "the film is about filmmaking" with Skriabin, dressed in Balabanov's distinctive style, as his substitute. Most interesting is the suggestion that both Skriabin (the character) and Balabanov (the director) provide illustrations of Sieroszewski's ethnographic work.[42] Skriabin's retelling of a story within the Postmodern context of a "quotation" of the original provides a new understanding of the present condition when retold to a contemporary audience. Like Skriabin, the bricoleur Balabanov retells Sieroszewski's story of Russian bestiality in order to offer yet another visualization of his constant theme: If there is no God, then everything is permitted; or more specifically, the enemies of Russia are the godless, profane Russians themselves.

---

41 Nancy Condee, "Aleksei Balabanov: *Stoker* (*Kochegar*, 2010)," *Kinokultura* 32 (April 2011), accessed March 17, 2014, http://www.kinokultura.com/2011/32r-kochegar.shtml.

42 Ibid.

In his final film, we find Balabanov's explicit attempt to bridge the sacred and the profane. *Ia tozhe khochu* begins with a television show called "Remarkable People" hosted by Sergei Sholokhov. The host is interviewing the young Petr (Petr Balabanov), whose premonitions often prove to be true. Petr tells of a large planet that is not in our solar system on which there is water, life, and happiness—a premonition of the sacred world. The scene shifts to a bar in which the musician Oleg (Oleg Garkusha) sits drinking a beer. The barman changes the channel from Petr's premonition to a romantic adventure in which a young man enters on a white horse as a young girl looks down from her bedroom window. Oleg seemingly pays no attention either to the premonition or to the young man's declaration of love. Yet, when Oleg and his friends give Petr a ride later in the film, his first words to the young man are "I saw you on television."

In this film a bandit, a musician, an alcoholic, the alcoholic's father, and a prostitute are all traveling together to reach a mystical bell tower that takes certain people to a place of happiness. Because the tower is located in an area that has experienced a nuclear winter and high levels of radiation, those who are not accepted by the tower soon die of radiation poisoning. Although all of the characters on this pilgrimage have unattractive qualities and histories, it is the bandit and the filmmaker who are not accepted by the bell tower. The question is, why would the filmmaker not be taken by the tower and transported, we assume, to the big planet with water, life, and happiness? We can only surmise that filmmakers are rejected as peddlers of false reality, contributing to the destruction, reduction, simplification, and replacement of human relations, as Balabanov's earlier films suggested, drawing humanity away from the sacred and toward the profane.

Arguably, Balabanov excluded two filmmakers from this blanket rejection. One was Vertov, who used documentary film techniques for social and political commentary in order to reach a higher truth. Another was Tarkovskii, who was able to explore the symbolic realm during the height of the stagnation period. *Ia tozhe khochu* can be read as a Postmodern dialogue with Vertov's notion of "film-truth" and with Tarkovskii's *Stalker*, a film that Balabanov watched and appreciated in his university years.[43]

---

43 Uait, *Brikolazh*, 49, 54.

In conclusion, over more than a dozen feature films, Balabanov articulated a position that the technology of modernity refracted a neo-reality, one that alienated people from the sacred. Russia's degeneration was rooted in the materialist consumerism and political propaganda of the profane. Kirill Mazur remembered of Balabanov: "The older he got, the more conservative the values he professed. By the end of his life, he had become very devout."[44] The harmful messages conveyed by television and the cinema enhanced the moral vacuity and bestiality of a godless, profane society—one that was vulnerable to the promises of the "miracle, mystery, and authority" of Russian authoritarianism. To counter this, Balabanov's "cinema about cinema" was a reminder that the simulacra of Russian reality is, in fact, a mediated visual text requiring interpretation, and one that provided a withering social and political critique of post-Soviet society, which he depicted as a profane neo-reality of zero values.

44 Ibid., 59.

СИМВОЛИКА ПЕРЕСЕЧЕНИЯ ГРАНИЦ В ВОСТОЧНОСЛАВЯНСКИХ ЗАГОВОРАХ

ALEKSEY YUDIN
(Ghent / Brussels)

Проблема лиминальности в традиционной культуре, как и лиминальности (пороговости, пограничности) и ее символизма в культуре вообще, принадлежит к числу достаточно хорошо исследованных в антропологии, этнолингвистике и фольклористике. В работах по этой проблематике обычно справедливо ссылаются на знаменитый труд этнолога и фольклориста Арнольда ван Геннепа «Обряды перехода» (1909), который ввел в научный оборот сам термин *лиминальность* (также *лиминарность*), «пороговость», и рассматривал это явление как важнейший смысловой элемент обрядов перехода (*rites de passage*). Ван Геннеп писал, например, о двери в традиционном жилище:

> …la porte est la limite entre le monde étranger et le monde domestique s'il s'agit d'une habitation ordinaire, entre le monde profane et le monde sacré s'il s'agit d'un temple. Ainsi «passer le seuil» signifie s'agréger à un monde nouveau[1].

1 Arnold van Gennep, *Les rites de passage: Étude systématique des rites* [1909] (Paris: A. et J. Picard, 1981), 29. В русском переводе: «…дверь — это рубеж между чуждым миром и миром домашним, если речь идет об обычном жилище, или рубеж

Эта идея лиминальной зоны как переходной между мирами с разной степенью сакральности, вдохновившая многих фольклористов и антропологов, лежит в основе и нашей статьи.

Вторым именем, обычно называемым в работах о нашей проблеме, является Виктор Тернер, сделавший лиминальность неотъемлемым понятием культурной антропологии[2]. Понятие лиминальности продолжает использоваться в современной антропологии и смежных дисциплинах[3].

Нас в этой статье интересует аспект лиминальности, связанный с народной магией, прежде всего целительной, а именно: какие именно границы (начиная с собственно порога дома как первой и важнейшей человеческой границы), присутствующие в заговорном тексте и в обрядовой стороне заговорного акта, переходят персонажи заговорного текста и — символически — сам субъект заговаривания, чтобы достичь цели исполнения магического текста?

Основной тезис статьи состоит в том, что граница (часто между своим и чужим пространством) представляется в восточнославянских (преимущественно русских) заговорных текстах как локус (очередного) порогового состояния, за которым следует изменение какого-либо качества субъекта или мира: изменение сакральности пространства, степени здоровья или защищенности субъекта заговора и др. Чтобы показать это, рассмотрим виды пространственных границ, присутствующих и пересекаемых в

между миром профанным и миром сакральным, если речь идет о храме. Таким образом, „переступить порог“ означает приобщиться к новому миру» (Арнольд ван Геннеп, *Обряды перехода: Систематическое изучение обрядов*, пер. с фр. Ю.В. Ивановой, Л.В. Покровской [М.: Восточная литература, 1999], 22).

2 Victor Turner, *The forest of symbols: Aspects of Ndembu ritual* (Ithaca, N.Y.: Cornell Univ. Press, 1967); Idem, "Liminal to Liminoid, in Play, Flow, and Ritual: An Essay in Comparative Symbology", *Rice University Studies* 60.3 (1974): 53–92. О связи понятия лиминальности с карнавальными праздниками и театром см.: Idem, "Frame, Flow and Reflection: Ritual and Drama as Public Liminality", *Japanese Journal of Religious Studies* 6.4 (1979): 465–499.

3 Например, о его применениях в социально-политических исследованиях см.: Agnes Horvath, Bjørn Thomassen, Harald Wydra, "Introduction: Liminality and Cultures of Change", Idem (eds.), *Breaking Boundaries: Varieties of Liminality* (Oxford: Berghahn Books, 2015), 1–8; Arpad Szakolczai, "Liminality and Experience: Structuring transitory situations and transformative events", *International Political Anthropology* 2.1 (2009): 141–172 (republished in *Breaking Boundaries* as Chapter 1). Во второй работе дается обзор использования этого понятия в антропологии, философии и социологии.

текстах заговоров, а также пересекающих эти границы субъектов заговора (заговаривающийся может быть представлен в тексте формами первого лица глагола и местоимением «я») и фольклорных персонажей. В рамках статьи невозможно дать исчерпывающую подборку примеров из источников, потому мы ограничимся наиболее выразительными текстами.

Фольклористам хорошо известны так называемые «эпические зачины» русских заговоров, описывающие действия субъекта заговора (заговаривающего), который выходит из дома и идет через село в поле, последовательно пересекая границы между концентрическими локусами реального и связанного с ним мифологического мира[4] (дом : порог — двор : ворота — поле — (под-)восточная сторона…). Перед нами движение от одного сакрального центра (дом) к другому, лежащему в мифологическом мире. Чистое поле (как пустое, неосвоенное человеком пространство) оказывается здесь наименее сакральным локусом — и одновременно наиболее лиминальным, оно само — граница между мирами, движение через него на восток открывает путь в мир сакральный, мифологический. Здесь в тексте эпического зачина появляются имена собственные: ономастический код «включает» религиозно-мифологическое измерение текста, сакрализует его, поскольку имена, связанные с называемыми ими сакральными местами или фигурами, транслируют их сакрум в текст, приносят с

4 О пространственной организации этого мира в заговорах см.: С.Г. Шиндин, “Пространственная организация русского заговорного универсума: образ центра мира”, Вяч. Вс. Иванов, Т.Н. Свешникова (отв. ред.), *Исследования в области балто-славянской духовной культуры. Заговор* (М.: Наука, 1993), 108–127; Idem, “К общей характеристике восточнославянских заговоров”, В.Н. Топоров (отв. ред.), *Этноязыковая и этнокультурная история Восточной Европы* (М.: Индрик, 1995), 303–318; А.В. Юдин, *Ономастикон русских заговоров: Имена собственные в русском магическом фольклоре* (М.: МОНФ, 1997), 6–7, 20–21; Idem, “Мифотопонимия русских заговоров”, *Etnolingwistyka* (Lublin: Wyd. UMCS, 1999), 11: 177–196. Подробнее о мифологическом пространстве и мифологеме пути см.: В.Н. Топоров, “Пространство и текст”, Т.В. Цивьян (отв. ред.), *Текст: семантика и структура* (М.: Наука, 1983), 227–284 (о «пути»: 256–271). О заговорах как важнейшем источнике для реконструкции основоположных координат мифологического мира см.: В.Н. Топоров, “Заговоры и мифы”, С.А. Токарев (гл. ред.), *Мифы народов мира: Энциклопедия в двух томах* (М.: Советская энциклопедия, 1980), 1: 451.

собой сверхъествественную силу своих обладателей[5]. Дальнейшие области стандартного эпического зачина: море (*Океан*[6]) — остров (*Буян*[7]) / церковь (святая, *Христова…*) / *Иерусалим* и *Иордан* — объект в виде камня, алтаря, стола, престола, стула … (алтарь / камень (*Алатырь*[8]) / наковальня…), на котором обычно находятся сакральные персонажи-помощники (какой-либо святой или святые, *Богородица*, сам *Христос*, иногда неясные фольклорные персонажи…). Само заговаривание нередко действительно производилось в лиминальном локусе: на меже полей, на перекрестке дорог, у порога дома и т.п., так что зачин можно считать своего рода метаописанием действий знахаря. Вот пример такого типичного зачина в заговорном тексте из Архангельской области:

> *Ходишь без шапок — уши заломит, так слова скажешь, масличком помажешь и пройдет.* Стану, благословясь, пойду, перекрестясь, из избы дверьми, из ворот воротьми. И выйду на широкую улицу, погляжу, посмотрю в восточную сторону. В восточной сторон<е> есть океан-море, в океане-море стоит золотой престол, на золотом престоле сидит Жилин муж, машет, хвощет рабу Божью Анну по кожной шерстиночке, по кожной щетиночке, выбивает беспятную хворось, накоти, шатун, ветряной прострел, споевой, ломовой и томовой. И поди-тко-се, хворось, за темные леса, за зыбучие болота, за сухие вершины — там тебе место[9].

---

5 О связи имен собственных с традиционной моделью пространства см.: Юдин, *Ономастикон*, 19–21.

6 Мы приводим «типичные», наиболее известные имена собственные. Море в русских заговорах может еще называться: *Арабское*, *Ариянское*, *Асаф*, *Астраханское*, *Белое*, *Буян*, *Елена*, *Исячь*, *Кий*, *Киян*, *Киянское*, *Огненное*, *Сионские*, *Сиян*, *Тивириадстое*, *Чердан*, *Чермное*, *Чёрное*, *Хвалынское* и др.

7 Остров может еще называться: *Бобер*, *Built*, *Дубовой*, *Киян*, *Курган*, *Океан*, *Остроян* и др.

8 Связь между именем *Алатырь* и словом *алтарь* постулировалась еще в XIX в., но фонетически эта этимология маловероятна. Обзор существующих этимологий имени *Алатырь* см. в кн.: Юдин, *Ономастикон*, 194–196. Известны также камни с названиями: *Араб*, *Белатарь*, *Белорус*, *Бул*, *Златырь*, *Злачий*, *Злочан*, *Калмык*, *Ладан*, *Лазырь*, *Латар*, *Латый*, *Латырь*, *Латыш*, *Матырь*, *Океан*, *Оран*, *Хвалынский*, *Янтарь*, *Яфант* и др.

9 В.П. Аникин (ред.), *Русские заговоры и заклинания: Материалы фольклорных экспедиций 1953–1993 гг.* (М.: Изд-во Московского ун-та, 1998), 233.

В конце этого текста мы видим еще один пример «запредельного» пространства, лежащего за границами нашего мира. Это своего рода «антипространство», куда в заговорах нередко отсылаются персонифицированные болезни и зловредные существа. Вот еще один пример такого лиминального «антилокуса», места отсылки, на этот раз обозначенного именем собственным. В смоленском заговоре от воров из собрания Добровольского вора проклинают следующим образом:

> Будь ты, вор, проклит маим сильным загаворым у землю преисподнию, за горы Араратскии, у смалу кипучую, у залу гарючую, у тину балотную, у дом бяздонный, у куўшин банный[10]...

Араратские горы представляются здесь границей преисподней, лежащей, очевидно, далее за ними на юге.

Менее известно то, что в заговорах, относящихся к «черной», вредоносной магии, сакральные границы могли отрицаться при помощи создания своего рода магического антитекста. Это можно увидеть на примере следующего заговора из Нижегородской губернии:

> Встану я, раба Божия (имя рек), не благословясь, пойду, не перекрестясь, из дверей не в двери, из ворот не в ворота, сквозь дыру огородную. Выйду я не в чистое поле, не в подвосточную сторону, посмотрю в подзакатную сторону. Под той ли подзакатной стороной течет смородяная река; по той ли смородяной реке плывет смердячий челн, в смердячем челне сидит Немал-человек — чертова рожа, змеиная кожа, сычьи глаза, волчья пасть, медвежий взгляд, образ звериный, а вздох змеиный. И как этот Немал-человек страшен и ужастен, горек и приторен, — так же бы казался и страшен, и ужастен, и горек, и приторен раб Божий (имя рек) рабе Божией (имя рек)[11].

---

10 В.Н. Добровольский, *Смоленский этнографический сборник* (*Записки Имп. Русского географического общества по отделению этнографии* XX) (СПб.: Евдокимов, 1891), 1: 206.

11 Н. Виноградов, *Заговоры, обереги, спасительные молитвы и проч.* (СПб.: Тип. МПС, 1908), 2: 73.

Такой текст также подразумевает прохождение субъекта через своего рода лиминальные пространства и пересечение границ между ними, но эти пространства и границы негативны, антисакральны. Вместо ворот заговаривающийся покидает дом через дыру в заборе, заговор читает лицом на запад. *Смородяная река* (более известная в фольклоре как речка Смородина), как и огненная река, нередко играет в заговорах и былинах роль пограничного «антилокуса». Ее негативная роль подчеркивается этимологией названия речки (и одноименной ягоды), происходящего от слова *смород*, «смрад» (т.е., если перевести это название на язык детского фольклора последней трети XX века, река *Смородина* — это *речка-вонючка*)[12].

Следующая граница, нередко встречающаяся в заговорных текстах и очень важная с магической точки зрения — граница между землей и водой (озером/морем и сушей). Лиминальная область здесь — берег. Эту границу пересекают демонические персонажи, выходящие из воды и несущие угрозу людям (персонифицированные лихорадки и т.п.). На берегу их встречает святой (часто Сисиний или Сизиний), который расспрашивает их об их именах, что они собираются делать, а потом изгоняет, избивая палкой. Тексты, представляющие этот сюжет, были широко распространенные у всех православных славян и вообще на православном Востоке от России до Эфиопии. Они хорошо изучены в русской науке — начиная от классических трудов исследователей XIX века и заканчивая новейшими работами А.Л. Топоркова и Т.А. Агапкиной[13]. Приведем только один пример, начало типичного письменного заговора от лихорадки из старинного травника:

> На Черном мори стоит послан от Бога свят апостол Сизиний и зрит в море; и возмутися море до облак, изыдоша из моря (на то) десять простовласых жен, окаянных видением диаволы (ов); он же вопроси их, святы апостол Сизиний: «Что вы за жены,

---

12 Об этимологии и мотивации названия *Смородина* см.: А.В. Юдин, "Мифоним Смородина", Е.С. Отин (отв. ред.), *Восточноукраинский лингвистический сборник*, (Донецк: ДонГУ, 1996), 2: 109–111.

13 См. подробное исследование Сисиниевых текстов: Т. Агапкина, А. Топорков, "Сисиниевы молитвы у восточных и южных славян", Љубинко Раденковић (уред.), *Заједничко у словенском фолклору* (Београд: Балканолошки институт, 2012), 77–92.

> окаянные видением диаволы, пришли милостивою Христовою?» Оне же реша ему: «Мы — жены трясовицы и послушницы Ирода царя и прочих сих.» И вопроси их великий святитель Сизиний и рече им: «Почто есть, диаволы, пришли мучить род человеческий, главу жечи и кости ломить, и сердце щипать?»[14]

Еще одна граница, чрезвычайно существенная для мира фольклорных текстов и для традиционной культуры вообще — река. В заговорах представлена известная нам из других жанров (былин, сказок) огненная река, через которую лежит (калиновый) мост. Например, в белорусских заговорах от вывиха и от бельма огненную реку пересекает Христос на коне, часто едущий с Сияньской (или подобной) горы причем конь спотыкается на мосту и ранит/вывихивает ногу. Вот несколько коротких заговоров от вывиха с Гомельщины, содержащих только мотив моста:

> Ехав Сус Христос чараз калиновый мост на ослёнку, на жарабёнку. Калиновый мост обломився, Исус Христос остановився. Так станьтя суставы на своём месьти <…>[15]

Господь Сус Христос ехал через золотой мост на сивом коне, конь споткнулся и вывих прошел:

> Ехав жа сам Господь Сус Христос чараз золотый мост на сивом кони; конь спотыкнувся — и звих и выбой минувся[16].

Сус Христос ехал с Сиянской горы на сивом коне через огненную реку по проволочному мосту, мост проломился, конь споткнулся, сустав (с суставом?) сошелся, вывих прошел:

> Ехав Сус Христос с Сияньския горы на сивом кони, чараз огнянную раку, чараз дротяный мост. Мост проломився, конь спотыкнувся, сустав соткнувся, штоб етому рабу божаму звих минувся[17].

---

14 Л. Майков, *Великорусские заклинания* (СПб.: Тип. Майкова, 1869), 45–46.
15 Е.Р. Романов, *Белорусский сборник* (Витебск: типо-лит. Г.А. Малкина, 1891), 5: 70.
16 Там же, 71.
17 Там же, 71.

В заговорах от крови (чаще в украинских и белорусских) распространен апокрифический мотив остановки воды в Иордане во время крещения Иоанном Крестителем Христа. Этот мотив восходит к остановке вод Иордана, описанной в кн. Иисуса Навина (Ис Нав 3:1 – 4:18). В польской заговорной традиции мотив остановки вод контаминировался с крещением в Иордане Иисуса Христа, в результате чего возникли тексты наподобие следующих:

> Swięty Janie, boży kapłanie, chrzcileś Pana Jezusa w rzece Jordanie. Zatrzymałeś wszystkie wody, zatrzymaj i ta moja krew.[18]

> Stań krew w ranie (имя больного и его матери) jak stanęła woda w rzece Jordanie, gdy św. Jan chrzcił P. Jezusa <…>[19]

Ср. сходный белорусский заговор от крови католического происхождения из сборника Евдокима Романова[20], известны и украинские тексты с подобным мотивом[21]; подробный анализ этого мотива в связи с близкими мотивами перехода евреев под предводительством Моисея через Красное море и др. и с примерами польских заговоров см. в работе Магдалены Зовчак[22]. Ср. также близкий мотив поворота вод Иордана вспять в украинской псальме на Богоявление Господне «Иордане уготовися…»: «Вспѧть Іорданъ сѧ возвраташе, Море въ бездны своѧ бѣжаше <…>»[23]. В южнорусских текстах широко использовалась типичная короткая формула, отсылающая к этому сюжету, но не эксплицирующая его. Например, в калужском заговоре на кровь велят крови, чтобы она встала в ране, как вода в реке Иордан: «Встань, кровь, в ране, как вода в Иордане»[24].

18 Magdalena Zowczak, "Mitologia zamawiania i mistyka zamów na podstawie współczesnych materiałów z Wileńszczyzny", *Literatura ludowa* 4.6 (1994): 15.

19 Henryk Biegeleisen, *Lecznictwo ludu polskiego* (*Prace Komisji Etnograficznej Polskiej Akademii Umiejętności* 12) (Kraków: PAU, 1929), 95.

20 Романов, *Белорусский сборник*, 5: 69.

21 Biegeleisen, *Lecznictwo ludu polskiego*, 95.

22 Zowczak, "Mitologia zamawiania", 12–16.

23 *Богогласник, или собрание набожных песнопений с переложением оных песней на ноты*, издание второе, вновь исправленное и дополненное (Киев: Холмское православное Свято-Богородицкое братство, 1885), 35.

24 Аникин, *Русские заговоры и заклинания*, 267.

Наконец, распространенным заговорным мотивом является защитная граница, устанавливаемая субъектом заговора вокруг себя или вокруг объекта защиты (вокруг дома против ведьм и нечисти, вокруг стада коров от волка и медведя и др.). Функцию такой границы могут исполнять каменный город (т.е. крепость), железная стена или забор [*тын*][25] (иногда до неба), огненная река и т.п. Эта граница служит для того, чтобы сделать для враждебных сил невозможным ее пересечение. Приведем два примера заговоров с мотивом ограды. Первый («Молитва-огород», мы приводим только фрагмент длинного текста) происходит из Великоустюжского сборника XVII в., опубликованного А.А. Туриловым и А.В. Чернецовым:

> И сходят с небеси Михаило архаггил и Гаврил, Козма и Домьян, и сносят оне с небеси железен тын и заборолу булатную. И ставят оне около меня, раба Божия имярек, железен тын и заборолу булатную от востоку и до западу, от земли и до неба и замыкают Михайло и Гавриил, Козма и Домьян семеры замки и одным ключем золотым. И бросают они во святое море Окиан, и говорят Михаил и Гаврил, Козма и Домьян: «Ой, естя вы, ведуны, и ведунии, и волховники, и волховници, и всякие лихие люди. Коли вы высушите святое море Окиян, коли вы найдете в море Окияне золотой ключь, коли вы отомкнете семеры замки однем золотым ключем, протепете железен тын и заборолу булатную, тогда вы раба Божия имярек испортите, изурочите»[26].

В заговоре из Карелии на отпуск коням и коровам (т.е., чтобы они могли безопасно пастись в лесу) субъект говорит, что он поставит ограду, которая крепка как синий камень в синем море, черный камень в Черном море, камень араб в Арабском море, Хвалынский камень в Хвалынском море, камень океан в море океане. Затем субъект говорит, что сколько крепок камень океан в море океане (не крошится, не ломается, не распадается), столь бы крепко стояла ограда вокруг стада для его сохранения и сбережения.

---

25 Мотив возведения железной стены вокруг субъекта заговора рассмотрен Андреем Топорковым (А.Л. Топорков, *Заговоры в русской рукописной традиции XV–XIX вв.: История, символика, поэтика* [М.: Индрик, 2005], 59).

26 А.Л. Топорков, А.А. Турилов (отв. ред.), *Отреченное чтение в России XVII–XVIII веков* (М.: Индрик, 2002), 216.

> И закреплю я, раб Божий имярек, и заговорю свое честное стадо Божиею милостию, сими моими словами, огороду поставлю; сколь моя огорода крепка, аки синей камень в синем море, аки черной камень в Черном море, аки араб-камень в Арабском море, аки Хвалынский камень в Хвалынском море, аки океан-камень в океан-море. Сколько крепок океан камень в океане море: не крошится, ни ломается, ни рознится, столь бы крепко стоял сей огород и сей заговор круг моего честного стада на сохранение и на сбережение, и в место на случение, и ко двору на прихождение, крестьянскому скоту, милому животу, на леготу, на здравие, на Божию милость, на плод, на живот[27].

Вариант защитной границы — известный мотив одевания субъекта в небесные тела, встречающийся преимущественно в заговорах на подход к властям и судьям (но иногда и в других). Этот мотив в восточнославянских заговорах, история его исследования, его источники и книжно-письменные, межжанровые и инославянские параллели были образцово описаны А.Л. Топорковым[28]. Приведем типичный текст из Южной Сибири, содержащий сразу два интересующих нас мотива с лиминальной символикой: одевание в небесные светила и ограждение себя железным тыном. Заговаривающийся описывает, как он одевается в облака, зарю и месяц, обтыкает себя звездами и освещается солнцем. Небесные тела, став одеждой и покровом субъекта заговора, защищают его от злых сил.

> Встану я, раб Божий (имя рек), благословясь, пойду перекрестясь; умоюсь студеной ключевой водою, утрусь тонким полотенцем; оболокусь я оболоками, подпояшусь красною зарею, огорожусь светлым месяцем, обтычусь частыми звездами и освечусь я красным солнышком. Огражду вокруг меня (имя рек) и дружины моей с ослятами тын железный, почву укладну, небо булатно, чтоб никто не мог прострелить его, от востока до запада, от севера на лето, ни еретик, ни еретица, ни колдун, ни

27 Т.С. Курец, *Русские заговоры Карелии* (Петрозаводск: Изд-во ПетрГУ, 2000), 144–148.

28 См.: Топорков, *Заговоры в русской рукописной традиции XV–XIX вв.*, 210–271.

> колдуница, годный и негодный, кто на свете хлеб ест. Голова моя — коробея, язык мой — замок[29].

Защитная граница — известный элемент ритуалов защитной магии, описанных этнографами, таких как опахивание села во время эпидемии, обегания собственного дома и под[30].

К мотиву защитного магического круга близка «целительная» круговая линия, смысл которой состоит в локализации болезни. Такие линии не упоминаются в текстах заговоров, но встречаются в комментариях знахарей о том, как исполнять короткие заговорные формулы от ячменя, чирея, бородавки, нарыва, змеиного укуса и под. В этих комментариях нередко упоминается обведение кру́гом больного места как элемент заговаривания. Вот типичная формула на исцеление от чирья:

> Как этому безымянному пальцу имени нет, так этому чирию-вереду на моем теле места нет. Посохне, поблекне у рабы Божьей *(имя)*. Веки по веку, отныне до веку. Аминь. *Три раза сказать и правой рукой обвести веред*[31].

Итак, мы видим, что основными функциями лиминальных локусов в заговорной магии является: а) маркировать вступление субъекта заговора в пространства с различной степенью сакральности (эпический зачин); б) способствовать исцелению от различных заболеваний при помощи мобилизации находящихся в лиминальном локусе сакральных сил (заговоры от лихорадки, вывиха, кровотечения); в) защищать от враждебных сил и болезней или быть местом победной встречи с ними (заговоры с мотивом магического защитного круга, сисиниевы заговоры от лихорадки).

Добавим в заключение, что интересным материалом для сравнения с заговорными текстами могли бы стать реальные пространственные границы и лиминальные области, проводимые, пересекаемые или используемые как место действия в целительных

---

29 Майков, *Великорусские заклинания*, 26–27.

30 Подробно см. об этом: Н.И. Толстой, “Граница”, Н.И. Толстой (ред.), *Славянские древности: Этнолингвистический словарь* (М.: Международные отношения, 1995–2014) 1: 537–540; Е.Е. Левкиевская, “Опахивание”, *Ibid.*, 3: 548–550.

31 Аникин, *Русские заговоры и заклинания*, 286.

ритуалах (не «заговорных»), но не названные в сопутствующих текстах. Примерами таких ритуальных действий могут быть широко известные у разных народов обычаи пролезания больных через различные отверстия (дупло, печь…) или помещение в них младенцев, имитирующие новое рождение. Кроме реальных пространственных границ, большое значение имеют и реальные временны́е границы («пограничное время»). Ср., например, ритуальную маркированность полуночи, полудня, утренних и вечерних сумерек, и в частности, обычное произнесение заговоров на рассвете и на закате солнца.

ИМПЕРАТОР ИЛИ КНЯЗЬ?

(Комментаторская виньетка)

ANDREI ZORIN
(Oxford / Moscow)

Несколько лет тому назад на одних из Эткиндовских чтений А.К. Жолковский мягко попенял мне на склонность представлять научные доклады как своего рода загадку, решение которой отыскивается в неизвестном аудитории документе, предъявляемом ближе к концу выступления. В результате слушатели оказываются втянуты в игру, по-настоящему участвовать в которой они не могут, и вынуждены терпеливо дожидаться, пока припрятанный туз будет извлечен из рукава. Я согласился с этим критическим разбором с тем большей готовностью, что Александр Константинович выразил осторожное намерение написать на мои доклады пародию, и мне, разумеется, хотелось всячески способствовать осуществлению столь лестного для меня замысла.

Пародия, однако, так и осталась ненаписанной, и поэтому я пользуюсь случаем предложить вниманию юбиляра еще один опыт в том же духе — один из комментаторских сюжетов, не вошедших в мою недавнюю книгу об Андрее Ивановиче Тургеневе[1]. Книга эта посвящена любовным переживаниям главного героя, поэтому от сюжета, связанного с его политическими взглядами, пришлось,

1 А.Л. Зорин, *Появление героя: Из истории русской эмоциональной культуры конца XVIII — начала XIX века* (М.: НЛО, 2016).

скрепя сердце, отказаться, сколь бы его внутренняя структура ни соответствовала моим вкусам и пристрастиям.

* * *

Фрагмент из дневника Андрея Тургенева от 3 октября 1800 года, о котором пойдет речь, был опубликован в 1958 году Ю.М. Лотманом в его монографии «Андрей Сергеевич Кайсаров и литературно общественная борьба его времени».

Для удобства читателей мы позволим себе заново воспроизвести эту публикацию с незначительными исправлениями по рукописи. В то же время, для сохранения поэтики, столь проницательно проанализированной Александром Константиновичем, я позволю себе пока не восстанавливать сделанную публикатором купюру:

> Россия, Россия, дражайшее мое отечество, слезами кровавыми оплакиваю тебя, тридцать миллионов по тебе рыдают!
>
> Но пусть они рыдают и терзаются! От <л.74> етого услаждаются два человека, их пита<ет?> кровавый пот их; их утучняют горькие слезы их, они услаждаются, на что им заботиться.
>
> Но естьли этот безчисленный, угнетенный народ, которым вы так дерзко, так безстыдно, так бесчеловечно ругаетесь, естьли он будет действовать так как он мыслит и чувствует. Вы, ты и безчувственная, сладострастная жена твоя; вы будете первыми жертвами! вы бы могли облегчить его участь, и ето бы ничего вам не стоило! И при всем етом вы могли етого не хотеть.
>
> ———
>
> Тебя наградят благословения миллионов, тебя наградит твоя совесть, которая тогда пробудится тогда для того, чтобы хвалить. Отважься! достигни етой награды[2]!

В центре внимания Лотмана была общественная позиция членов Дружеского литературного общества — одного из первых русских

2 Рукописный отдел Института русской литературы (Пушкинского Дома) РАН [далее — РО ИРЛИ], ф. 309, ед. хр. 271 (Дневник Андрея Ивановича Тургенева, 1799–1800), л. 73 об. – 74. Ср.: Ю.М. Лотман, *Карамзин* (СПб.: Искусство-СПБ, 1997), 694.

литературных объединений. По мнению исследователя, разлом, определявшийся политическими взглядами участников, был настолько глубоким, что раскалывал не только небольшой круг молодых литераторов, но даже семьи. Андрей Тургенев и Андрей Кайсаров, наряду с А. Мерзляковым и А.Ф. Воейковым, составляли, по мнению Лотмана, радикальное тираноборческое крыло общества, противостоявшее сентиментально-пиетистской группе, куда входили В. Жуковский, Александр Тургенев, Михаил Кайсаров и С. Родзянко. Понятно, что Лотмана особенно интересовали политические высказывания Андрея Тургенева, который был признанным лидером Дружеского общества. В дневнике Андрея Ивановича, в основном посвященном его интимным переживаниям, таких высказываний немного — приведенная запись самое развернутое из них, поэтому исследователь остановился на ней особенно подробно.

По мнению Лотмана, фрагмент свидетельствует не только о радикально-демократических взглядах Тургенева, но и его тираноборческих настроениях. Действительно, «тридцать миллионов», рыдающих по России, — это ее крестьяне, а «облегчение участи» «угнетенного народа» в абсолютной монархии могло исходить только от трона. Естественно, предположить, что тургеневская инвектива должна была быть обращена к императору.

Изданный Павлом I в 1797 году коронационный «Манифест о трехдневной барщине» не привел к сколько-нибудь заметному улучшению положения крестьян, в то время как массированная раздача государственных крестьян помещикам (только при коронации приближенным императора было пожаловано 82 000 крепостных, а всего за четыре года павловского царствования в царские руки было передано до 600 000 душ крестьян[3]) и снятие екатерининского запрета на покупку земель с крестьянами для заводов и фабрик были хорошо заметны и ясно свидетельствовали о направлении государственной политики в крестьянском вопросе. Как пишет современный исследователь, «никаких намерений по облегчению участи крепостных у императора не было»[4]. Между тем наследник престола цесаревич Александр Павлович имел

---

3 А.Б. Каменский, *От Петра I до Павла I: реформы в России XVIII в. Опыт целостного анализа* (М.: РГГУ, 1999), 498.

4 Каменский, *От Петра I до Павла I*, 499.

устойчивую репутацию реформатора, что делало идею цареубийства привлекательной для многих. Менее чем через полгода после того, как была сделана приведенная запись, император Павел Петрович был убит в ходе дворцового переворота.

Такое чтение, естественно ставит перед исследователем вопрос о смысле призыва «отважиться», которым заканчивается запись. Как полагает Лотман, всю заключительную часть этого фрагмента после отточия «нельзя истолковать иначе как в связи с идеей тираноубийства»:

> Зная отношение Андрея Тургенева к Павлу I <…> невозможно предположить, что «ты» до многоточия и после относятся к одному и тому же лицу. Осенью 1801[5] года у Андрея Тургенева уже не было никаких иллюзий относительно подлинного характера правительственного курса[6].

Эта эффектная интерпретация наталкивается, тем не менее, на определенные трудности. Прежде всего, предложенное Лотманом двойное чтение местоимения «ты» в различных местах дневниковой записи Тургенева выглядит все же как известный tour de force. Кроме того, вызывает недоумение характеристика жены героя записи как «безчувственной» и «сладострастной». Императрице Марии Федоровне в 1800 году было 51 год, она успела к этому времени родить десять детей, занималась, в основном, женским образованием и призрением сирот и пользовалась значительной популярностью в том числе в масонской среде, откуда вышел Тургенев[7]. К тому же после дворцового мини-переворота лета 1798 года, когда фаворитка Павла Е.И. Нелидова, считавшаяся близкой подругой императрицы, была удалена и заменена на А.П. Лопухину, влияние Марии Федоровны на мужа и, соответственно, на государственные дела стремилось к нулю, о чем высокопоставленные масоны, и в том числе отец Андрея Тургенева Иван Петрович, были хорошо осведомлены.

---

5 Последняя цифра, конечно, представляет собой описку или опечатку, поскольку Павел был убит в марте 1801 года, да и датировка записи в дневнике Тургенева 3 октября 1800 года не вызывает сомнений.

6 Лотман, *Карамзин*, 694.

7 Е.С. Шумигорский, *Императрица Мария Федоровна* (СПб.: Тип. И.Н. Скороходова, 1892).

Стоит отметить, что, говоря о перспективе народного возмущения, автор дневника явно имел в виду нечто подобное пугачевщине, бушевавшей в родной для него Симбирской губернии за несколько лет до его рождения. Юный Тургенев должен был слышать и о стрелецких мятежах, и о московском чумном бунте 1771 года. Опыт такого рода эксцессов совсем не свидетельствовал о том, что царствующая семья была обречена стать «первой жертвой» бунта, напротив того, гнев низов обычно направлялся против высокопоставленных лиц, в той или иной мере приближенных к трону.

И, наконец, (пришло время вытащить козырную карту!) в рукописи приведенный фрагмент имеет заглавие: «*Из письма к К.Г.*»[8]. Лотман опустил его при публикации, возможно, полагая, что оно не имеет особого значения для понимания. Однако, было бы естественно предположить, что за использованным в записи местоимением «ты» должен стоять человек, к которому эта запись обращена. Сочиняя свои обличения, Андрей Иванович видел перед собой совершенно определенного адресата. Соответственно, чтобы корректно интерпретировать эту пламенную тираду, необходимо попытаться установить личность персонажа, зашифрованного в заглавии фрагмента.

Перед тем, как переходить к разгадке, попробуем суммировать информацию, которую можно извлечь из текста:

1. Имя или титул интересующего нас человека должны иметь сокращение «К.Г».
2. У его жены должна быть сомнительная и даже одиозная репутация.
3. В представлениях автора, К.Г. и его жена обладали исключительными возможностями влияния на императора и его решения. Тургенев предполагал, что К.Г. в состоянии побудить императора подписать указ, облегчающий участь тридцати миллионов крестьян.
4. На момент создания письма К.Г., с точки зрения автора дневника, погряз в пороке и бесчувственности. Вместе с тем он не представлялся Тургеневу человеком вовсе

8 РО ИРЛИ, ф. 309, ед. хр. 271, л. 73 об.

> безнадежным, напротив того, Андрей Иванович полагал, что совесть в адресате его письма еще может пробудиться.

Сформулировав такой, вполне эксклюзивный, набор критериев, мы без особого труда можем найти единственно возможное решение интересующей нас задачи.

Князь Павел Гаврилович Гагарин (1777–1850) был всего на четыре года старше Тургенева. Учитывая, что его отец, князь Гавриил Петрович Гагарин был видным масоном, посещавшим те же ложи, что и отец Андрея Ивановича[9], естественно предположить, что младшие Гагарин и Тургенев должны были быть знакомы друг с другом, тем более, что оба они были начинающими литераторами и печатались в университетском журнале «Приятное и полезное препровождение времени». Князь Гагарин был храбрым офицером, воевавшим под началом А.В. Суворова, и был тяжело ранен в Итальянском походе. Но, самое главное, в феврале 1800 года, за восемь месяцев до того, как была сделана интересующая нас дневниковая запись, Гагарин был обвенчан с фавориткой Павла I Анной Петровной Лопухиной.

Уже осенью 1799 года, в преддверии этого брака, на всю семью Гагариных был обрушен поток высочайших благодеяний — Павел Гаврилович был награжден бриллиантовым крестом ордена святого Иоанна Иерусалимского высшим орденом Российской империи, делавшим его кавалеров рыцарями Мальтийского ордена, верховным покровителем которого был император. Кроме того, младший Гагарин был произведен сначала во флигель-адъютанты, а уже на следующий день в генерал-адъютанты. Примерно в то же время его отец князь Гавриил Петрович был назначен главным директором Государственного заемного банка, президентом коммерц-коллегии и произведен в действительные тайные советники — высший чин по Табели о рангах, доступный чиновнику, не принадлежавшему к царствующей фамилии.

Таким образом, представляется несомненным, что опущенное заглавие опубликованного Ю.М. Лотманом фрагмента следует читать как: «*Из письма к К<нязю> Г<агарину>*». Андрей Тургенев мысленно обращался к своему знакомцу с пылким призывом использовать

9 А.И. Серков, *Русское масонство. 1731–2000: Энциклопедический словарь* (М. РОССПЭН, 2001), 212.

свой внезапный фавор не для личного обогащения и придворной карьеры, но для облегчения участи угнетенного народа, попутно запугивая князя тем, что ему и его «сладострастной» жене, делившей, по мнению юного энтузиаста, ложе с императором, предстоит сделаться жертвой крестьянского бунта. По свидетельству некоторых современников[10], роман Павла к Лопухиной имел рыцарски-платонический характер, но понятно, что у восемнадцатилетнего Тургенева могло быть другие представления о характере отношений императора и его фаворитки.

Едва ли письмо, выдержка из которого приведена в дневнике, было действительно отправлено Гагарину. Много более вероятно, что оно существовало только в воображении автора, но для наших рассуждений это обстоятельство не имеет особого значения. Тургенев часто пытался разыгрывать в уме те или иные жизненные и литературные коллизии, подставляя себя на место персонажей, о которых думал. Такую практику он называл «отдаленным созерцанием»[11]. В этой перспективе, в идее Лотмана, что призыв «отважиться» Тургенев адресовал, в том числе, себе самому, есть доля истины. Андрей Иванович, конечно, обращался к князю Гагарину, но в то же время, он в «отдаленном созерцании» пытался представить себе, как бы он сам мог повести себя на месте обласканного императором мужа фаворитки.

Горячее сочувствие Тургенева угнетенному крестьянству не подлежит сомнению, но деятельным проявлением такого сочувствия должно было стать, с его точки зрения, не тираноубийство, как полагал Лотман, но благородное и альтруистическое использование близости к высочайшему телу. Он воображал себе одну из тех «очных ставок с властителем», поэтику которых так блистательно разобрал Александр Константинович Жолковский[12].

---

10 Н.К. Шильдер, *Император Павел I: Историко-биографический очерк* (СПб.: Изд. А.С. Суворина, 1901), 484–488.

11 Зорин, *Появление героя*, 246–252.

12 А.К. Жолковский, “Очные ставки с властителем: Из истории одной пушкинской парадигмы”, Дэвид М. Бетеа, А.Л. Осповат, Н.Г. Охотин, Л.С. Флейшман (ред.), *Пушкинская конференция в Стэнфорде, 1999: Материалы и исследования* (М.: О.Г.И., 2001), 366–401.